기술평가와 금융

Valuation of Technology and Intellectual Property in Finance

김재진 지음

연세대학교 출판문화원

기술평가와 금융

Valuation of Technology and
Intellectual Property in Finance

발행 2022년 3월 2일 1판 1쇄 2022년 10월 18일 1판 2쇄

지은이 김재진
펴낸곳 연세대학교 출판문화원
주소 서울특별시 서대문구 연세로 50
등록 1955년 10월 13일(제9-60호)
전화 02) 2123-3378~80
팩스 02) 2123-8673
전자우편 ysup@yonsei.ac.kr
홈페이지 http://press.yonsei.ac.kr
인쇄 화신문화(주)

ISBN 978-89-6850-641-3(93320)

값 35,000원

Valuation of Technology and Intellectual Property in Finance

기술평가와 금융

김재진 지음

PUBLICATION INDUSTRY PROMOTION AGENCY OF KOREA
2022
세종도서
학술부문
한국출판문화산업진흥원

연세대학교 출판문화원

머리말

정부의 기술개발정책이 기술창출과 더불어 개발성과의 활용에도 큰 비중을 두게 됨에 따라 기술사업화, 기술이전거래, 기술금융이 주요 정책과제로서 지속적으로 추진되고 있다. 지난 20여년을 되돌아보면, IMF외환위기가 발생한 1990년대 후반부터 침체된 경제활력 회복을 위한 벤처기업 육성정책과 2005년의 중소기업금융지원체계 개편의 일환으로 기술평가금융 활성화 정책이 추진되면서 기술평가를 통한 금융지원이 본격화되었다. 이후 2014년, 정부가 기술금융을 국내 은행권 전반으로 확산시키기 위해 기술신용평가제도를 구축·가동함에 따라 기술신용평가를 통한 금융이 새로운 여신관행으로 정착되고 있다.

일반적으로 불확실성과 위험요소가 상존하는 기술과, 안정성 및 예측가능성을 중요시하는 금융은 그 속성상 상호 결합이 쉽지 않다. 기술평가는 기술금융 공급자와 수요자간에 발생하는 정보 비대칭성과 불확실성을 해소함으로써 상반된 속성의 기술과 금융간 연결고리 역할을 하고 있다. 기술금융 측면에서의 기술평가는 기술사업화 과정에 대한 진단 또는 유망한 기술사업화의 성공여부를 사전적으로 예측하기 위한 활동이다. 금융부문이 기술금융자원을 효과적으로 배분하기 위해서는 기술이 사업가치로 전환되는 기술사업화 과정과 기술사업화의 성공과 실패요인을 충분히 반영한 기술평가체계와 모형의 이해가 중요하다.

본 필자가 이 책을 쓰게 된 배경은 다음과 같이 두가지 이유를 들 수 있다.

첫째, 필자는 지난 10년간 대학원 또는 학부에서 기술가치평가, 기술·IP사업화, 기술·IP금융분야를 강의해왔다. 강의분야가 관련 업계나 전문가들만이 관심을 갖는 특수한 주제이고 이공계·비이공계로 구성된 수강학생들의 관련 지식과 경험수준이 부족하여 적합한 수업교재를 찾지 못했다. 그래서 학기 때마다 여기저기 흩어진 자료를 수집한 후 PPT파일로 정리·편집하여 수업을 진행하는 과정이 반복되었다. 강의를 준비하는 필자는 강의시수에 맞추어 교안을 작성할 때 강의콘텐츠의 선별·편집에 애로가 많았다. 또한, 수업받는 학생들에게는 체계적으로 정리된 교재도 없이 산만한 수업자료를 제공할 때마다 늘 미안한 마음이 들었다. 그러던 중 필자가 재직중인 대학의 지식재산교육전담교수로서 맡고 있었던 '지식재산평가와 금융' 과목이 대형강좌로 확대되었다. 이를 계기로 비대면으로 진행된 강의내용과 그리고 강의이해를 돕기 위해 증보된 내용을 체계적으로 정리·활자화된 교재를 마련하게 되었다. 기본 개념 중심의 이 책이 전공이 다양한 수강학생들에게 제공됨으로써 학습편의 제고와 함께 수업 내용에 대한 이해도가 높아지게 될 것으로 기대한다.

둘째, 앞에서 언급한 것처럼 정부는 기술·지식재산권의 사업화 및 기술·지식재산금융 확대 정책을 적극 추진하고 있다. 그 결과, 2021년 하반기 중 은행권과 정책금융기관이 공급한 기술금융 잔액이 300조원대에 진입하여 590조원대에 이르는 중소기업대출 총잔액의 과반을 초과하였다. 무늬만 기술금융이라는 비판도 제기되고 있지만 그 비중과 중요성을 부인할 수 없다. 이에 따라 금융기관은 물론 기술평가기관, 기술신용평가기관 직원들이 기술혁신·기술사업화 전 과정에서 수반되는 기술·IP금융 및 기술평가에 대한 개념적 지식과 실무역량을 강화할 필요성이 더욱 커지고 있다. 이 책은 기술금융·기술평가·기술신용평가 관련분야 종사자들에게 기본 개념서로서, 더 나아가 기술·지식재산평가에 관심이 있는 분들에게는 유용한 입문서가 되었으면 하는 바램이다.

이 책의 특징과 주요내용을 요약하면 다음과 같다.

제1장 기술과 지식재산의 이해에서는 기술과 지식재산의 개념, 특성, 유형, 주요 지식재산권에 대하여 개괄적으로 정리하였다.

제2장 기술사업화에서는 기술경영의 개념과 영역 그리고 기술경영의 핵심활동인 기술전략, 기술혁신, 기술사업화, 기술사업타당성분석을 살펴보았다.

제3장 기술평가 일반론에서는 기술평가의 개념과 기술평가방법, 유형등을 정리한 다음 기술평

가시스템을 구성하고 있는 법·제도, 기술평가인프라 및 국내의 주요 기술평가모형체계를 알아보았다.

제4장 기술력등급평가에서는 국내 주요 기술평가기관 등에서 운영되고 있는 기술력등급평가모형에 대하여 기술평가모형체계 및 기준, 등급산출체계 등을 정리하고, 국내 기술금융의 주요 인프라로 자리잡은 기술신용평가 관련 정책·제도, 이론과 실무를 정리하였다.

제5장 기술가치평가에서는 기술평가에 관한 총칙 및 절차·방법·내용들을 수익·시장·비용접근법을 중심으로 산업통상자원부와 기술보증기금의 지침서를 토대로 가감·정리하였다.

제6장 기술·지식재산금융에서는 기술·지식재산금융의 개념과 기술금융과 관련된 주요 정부정책 그리고 국내에서 운영중인 대표적인 기술금융수단을 개괄적으로 살펴보았다.

책이라는 것은 많은 공부와 경험 그리고 성찰을 거친 뒤 그 책의 성격과 목적에 맞는 핵심내용을 뽑아내서 정리하는 결과물이라고 생각한다. 필자는 이 책을 구상하면서 알고 있는 약간의 지식과 바깥에서 꼭 필요한 주요내용들을 싹싹 긁어모으고 필자의 생각을 덧입혀 모두 활자화하겠다는 결의가 있었다. 하지만 그 결의가 얼마나 무모한 것인지를 깨닫는데는 그리 오랜 시간이 걸리지 않았다. 이론과 실무를 담아야 하는 본 교재는 집필자가 창작하는 것이 아니라 이미 검증된 연구결과와 실무경험을 종합하여 체계적으로 편집하는 것에 불과하다는 사실을 실감하였다. 책을 완성하고 나니 수정하고 보완해야 할 부분이 도처에서 발견되어 얼굴이 화끈거린다. 이 책에서는 이미 공기관이 배포하거나 발표한 제반 지침서를 비롯하여 다양한 이론, 정보, 자료를 직접적으로 인용 또는 원용하고 있다. 책의 내용에 오류가 있거나 미흡한 부분 그리고 자료를 인용하는 과정에서 출처를 명확하게 제시하지 못한 부분이 있을 것으로 생각되는데 이는 전적으로 필자의 책임이며 너그러운 마음으로 양해를 구한다. 덧붙여 이 책의 몇 곳에서는 동일 또는 유사한 내용의 글이 중복되고 있는데 이는 독자들의 강독편의를 위한 조그만 배려임을 밝혀둔다.

책을 내는 과정에서 기술보증기금의 이재식 박사는 기술력등급평가에 대하여, 한국신용정보원의 이철흠박사는 기술신용평가에 대하여 최신 자료 제공과 함께 원고를 읽고 표현을 점검해주었는데 많은 도움이 되었다. 또한 책을 출간하게 해준 본교 대학출판문화원과 신속한 출간을 위해 행정처리와 교정에 도움을 주신 직원 선생님들에게도 감사드린다. 책 쓰는 일은 본 서가 비록 졸저일지라도 심신이 지치는 고된 작업이었던 것 같다. 그만두고 싶은 고비가 수차례 있었으나 예전부터 갖고 있었던 책임감과 떨어진 자존감을 회복하고자 하는 의지로 버텨냈다. 하지만 제 자신의 결핍을 채우는 것에 집착한 나머지 소중한 가족들에게 너무도 소홀했다. 지난 10개월 동안 공휴일이나 집에서도 폐쇄된 공간으로 도피한 가장의 이기적인 처신을 인내하고 말없이 성원해준 가족에게 고마움과 사랑을 전한다.

2022년 2월

저자 **김 재 진**

차 례

제1장 기술과 지식재산의 이해

제2장 기술사업화

제3장 기술평가 일반론

제4장 기술력등급평가

제5장 기술가치평가

제6장 기술·지식재산금융

제1장

기술평가와 금융

기술과 금융 그리고 기술평가를 논의하기 위해서는 기술 및 지식재산의 개념과 특성에 대한 충분한 이해가 필요하다. 일반적으로 기술은 기계, 도구, 공정 혹은 기능, 방법이란 의미로 인식하는 경향이 있다. 그러나 기술이 자연현상 또는 경제·사회체제와 상호 밀접하게 연관되어 있는 과학기술기반 경제·사회시스템에서는 기술의 개념을 선형적으로 인식하는 것은 적절하지 않다. 기술의 다면성 때문에 과학·기술자, 산업계 등의 전문가들이 인식하는 기술의 개념에는 크고 작은 차이가 있다. 여기서는 먼저 과거 연구자들이 다양한 관점에서 정립한 기술·지식재산의 정의와 속성, 분류 및 유형, 특허, 상표, 디자인, 저작권 등 주요 지식재산권의 핵심내용을 학습한다.

기술과 지식재산의 이해

제 1 절 기술의 이해

1. 기술의 개념

1) 사전적 의미

국립국어원의 「표준국어대사전」에서 기술은 "과학이론을 실제로 적용하여 자연의 사물을 인간 생활에 유용하도록 가공하는 수단(예: 건축기술, 공업기술)" 또는 "사물을 잘 다룰 수 있는 방법이나 능력(예: 운전기술)"으로 설명하고 있다. 여기서 우리는 과학의 연구결과를 응용하여 무엇인가를 만드는 수단과 실제 생활에서의 유용성을 기억할 필요가 있다.

첫 번째 사전적 의미는 흔히 과학이나 산업에서 다루는 기술로 영어의 'technology'[1](기예+지식)에 해당되고, 두 번째 의미는 어떤 일을 솜씨 있게 할 수 있는 능력 또는 재능으로 영어의 'technique'(기능)에 해당된다고 할 수 있다.

1) 'technology'의 어원은 그리스어 'technologia'에서 유래한 말로 art, skill, craft의 의미를 갖는 'techne'와 지식 분야를 나타내는 'logia'가 합쳐진 것이다.

2) 다양한 관점에서의 정의

가) 전통적 관점(협의)

기존에 연구자들이 정의한 기술은 "조직의 투입물을 산출물로 변환시키는데 사용되는 지식, 도구, 기법 및 행동(Daft, 1986)" 또는 "생산에 응용된 지식 또는 투입요소를 산출로 변환하는 방법에 관한 지식(Rosegger, 1986)"[2)]등으로 요약할 수 있다. 한편, 세계지적재산권기구(WIPO)[3)]는 기술을 "특정 분야 지식의 실제적 응용과정, 제조 또는 농·공·상업 분야의 서비스의 제공을 위한 체계화된 지식"으로 정의하고 있는데 기존 정의와 거의 유사하다.

전통적 관점의 기술은 ① '투입물을 산출물로 변환하는 과정', ② '산출물을 더 많이 생산하거나 더 좋은 제품을 만드는 모든 활동', ③ 전술한 ① 또는 ②와 관련된 '지식'이나 '정보', ④ 인간에 체화되어있는 '경험·기능·노하우'등을 포함하는 협의의 기술이다.

나) 현대적 관점(광의)

현대적 관점에서는 전통적인 기술의 개념을 확장하여 투입을 산출로 바꾸는 과정을 수행하게 될 '조직 상황과 산업의 여건'도 기술의 일부로 간주하고 있다(Dahlman, C.J. and L.E. Westphal, 1981). 즉, ① 과학적 지식과 이론을 활용해 투입물을 산출물로 변환하는 행위 또는 수단, ② 명시적·묵시적 지식, 정보, 경험·기능·노하우를 포함하고, ③ 자본, 인력, 조직과 역량, 시스템까지도 기술의 범주에 포함하고 있다.

다) 관련 법률에서의 정의

기술의 이전 및 사업화, 현물출자 대상 등을 규정한 해당 특별법에서는 기술의 범위를 열거하고 있는데 개별 법률의 제정 목적에 따라 다소 다르게 정하고 있다.

「기술의 이전 및 사업화 촉진에 관한 법률」(약칭: 기술이전법)제2조에서는 기술을 다음 각 항

---

2) Rosegger의 설명에 의하면, 기술은 ① 제품과 공정에 관한 기록된 정보 또는 명시적 지식(explicit knowledge)으로써 청사진, 설계도면, 작업매뉴얼, 기술문헌과 기타 문서화된 정보 ② 기록된 정보를 생산적으로 활용하는데 필요한 기록되지 않은 노하우 또는 암묵적 지식(implicit knowledge)으로 구성된다.

3) WIPO(World Intellectual Property Organization, www.wipo.int)는 세계 지식재산권(IP)을 관장하는 UN전문기구로, IP에 관한 서비스, 정책, 정보교류 및 국제협력등을 도모하고 있으며 192개의 회원국을 두고 있다.

목의 어느 하나에 해당하는 것으로 정의하고 있다.

① 특허법 등 관련 법률에 따라 등록·출원된 특허, 실용신안, 디자인, 반도체집적회로의 배치설계 및 소프트웨어 등 지식재산

② 지식재산의 기술이 집적된 자본재

③ 지식재산 또는 자본재 등에 관한 정보

④ 그 밖에 위 ①부터 ③까지에 준하는 것으로서 대통령령[4]으로 정하는 것

「산업교육진흥 및 산학협력 촉진에 관한 법률」(약칭: 산학협력법)제2조제8호[5] 및 동법시행령 제3조[6]에서는 '기술지주회사'의 사업화 대상 기술의 범위를 정하고 있는데 그 범위는 상기 기술이전법에서 정한 기술의 범위와 동일한 내용으로 열거되어 있다.

또한 「벤처기업육성에 관한 특별조치법」(약칭: 벤처기업법)6조[7]제1항에서는 벤처기업에 대한 현물출자 대상으로 '특허권·실용신안권·디자인권, 그 밖에 이에 준하는 기술과 그 사용에 관한 권리'[8]를 정하고 있다. 그리고 제2항에서는 대통령령으로 정하는 기술평가기관이 산업재산권 등의 가격을 평가한 경우 그 평가 내용은 「상법」제299조의2와 제422조에 따라 공인된 감정인이 감정한 것으로 간주하고 있다.

「외국인투자촉진법」제2조제1항제8호라목에는 외국인투자가의 출자목적물로 '산업재산권, 대통령령[9]으로 정하는 지식재산권(저작권 중 산업활동에 이용되는 권리, 반도체집적회로의 배치설

4) 동법 시행령제2조(기술의 정의) 법제2조제1호라목에서 "대통령령으로 정하는 것"이란 이전 및 사업화가 가능한 기술적·과학적 또는 산업적 노하우를 말한다.

5) 산학협력법제2조제8호: "산학연협력기술지주회사"(이하 "기술지주회사"라 한다)란 제25조에 따른 산학협력단 또는 연구기관이 보유하고 있는 대통령령으로 정하는 기술의 사업화를 목적으로 다른 회사의 주식(지분을 포함한다)의 소유를 통하여 그 회사를 지배하는 회사를 말한다.

6) 산학협력법 시행령 제3조(사업화 대상 기술의 범위) 법 제2조제8호에서 "대통령령으로 정하는 기술"이란 다음 각 호의 어느 하나에 해당하는 것을 말한다.
1.~ 4.: 기재생략(기술이전법제2조에서 규정한 내용과 동일)

7) 벤처기업법 제6조(산업재산권 등의 출자 특례) ① 벤처기업에 대한 현물출자 대상에는 특허권·실용신안권·디자인권, 그 밖에 이에 준하는 기술과 그 사용에 관한 권리(이하 "산업재산권등"이라 한다)를 포함한다.
② 대통령령으로 정하는 기술평가기관이 산업재산권등의 가격을 평가한 경우 그 평가 내용은 「상법」 제299조의2와 제422조에 따라 공인된 감정인이 감정한 것으로 본다.

8) 특허권의 경우 특허권자 이외의 자가 일정 범위 내에서 특허발명을 업으로서 실시할 수 있는 권리인 실시권(license)을 예로 들 수 있다. 실시권 유형으로는 전용실시권, 통상실시권 등이 있다.

9) 외국인투자 촉진법 시행령 제2조제10항: 법 제2조제1항제8호라목에서 "대통령령으로 정하는 지식재산권"이란 「저작권법」에 따른 저작권 중 산업활동에 이용되는 권리와 「반도체집적회로의 배치설계에 관한 법률」 제2조제5호에 따른 배치설계권을 말한다

계권), 그 밖에 이에 준하는 기술과 이의 사용에 관한 권리'를 규정하고 있다. 동법 제30조제4항에서는 벤처기업법 제6조제2항과 동일하게 법상 기술평가기관이 '산업재산권 등'의 가격을 평가한 경우 그 평가내용은 공인된 감정인이 감정한 것으로 간주하고 있다. 이처럼 벤처기업법과 외국인 투자법에서는 기술의 범위를 직접적으로 정하고 있지 않다. 하지만 두 법률 모두 현물출자 목적물로서의 '산업재산권 등'의 가격평가를 기술평가기관이 할 수 있는 것으로 규정하고 있기 때문에 평가대상으로서의 기술의 범위를 간접적으로 규정한 것으로 볼 수 있다.

각 법률에서 정한 기술의 범위를 비교·정리해보면 기술이전법과 산학협력법, 벤처기업법에서는 공통적으로 상표권과 저작권이 기술의 범위에 포함되어 있지 않다. 그러나 외국인투자법에서는 앞서 언급한 법률과 다르게 상표권을 포함한 산업재산권, 저작권 중 산업활동에 이용되는 권리(예: 컴퓨터프로그램저작물 등), 신지식재산권 중 반도체집적회로의 배치설계권이 열거되어 있다.

라) 기술금융을 위한 기술평가 관점(최광의)

산업통상자원부 발간 「기술평가실무가이드」(2021년)에 수록된 투자용 기술력 평가모형 구성체계는 경영역량, 기술역량, 사업역량 그리고 시장잠재력 등 4개 대항목과 각각의 대항목 아래 중항목과 소항목으로 세분화되어 있다. 또한, 기술평가결과를 금융의사결정시 기준으로 삼고 있는 기술보증기금('기보'라 함)의 기술평가항목 및 구성체계는 경영주 역량, 기술성, 사업성 그리고 시장성 등 4가지를 대항목으로 하고 대항목 아래 중항목, 소항목으로 세분화 되어 있다. 투자용 기술력 평가모형[10]과 기보 KTRS(Kibo Technology Rating System)[11]의 기술평가표상 기술평가항목과 기술평가등급 산출시 반영하는 다양한 변수들을 동일한 성질의 부류로 묶어 재구성할 때 기술·제품 그 자체의 기술성, 개인과 기업 등 기술활용주체의 종합적 사업역량 그리고 기술과 상호작용하는 고객·시장·산업·경제적 외부환경요인 등 세가지 범주로 구분된다.

지금까지 설명한 기술의 정의와 현행 주류 기술평가모형에 의한 기술평가등급에는 평가대상기술의 기술성 및 기술활용주체의 사업역량 그리고 대내외 환경 및 경제변수 등이 반영되어 있는

10) 투자용 기술력평가모형은 기보의 KTRS를 참고하여 투자기업 발굴을 하기 위해 개발된 모형이다. 현재 기술보증기금은 기존 KTRS에서 AI기반의 新기술평가시스템(AIRATE)을 개발하여 적용하고 있으며, 기술평가등급산출방법, 등급 의미, 평가항목별 세부평가방법은 투자용 기술평가모형과 다르게 운영하고 있다.

11) 기술보증기금 홈페이지(https://www.kibo.or) 기술평가표 참조

점을 감안할 때 기술금융을 위한 기술평가 관점에서의 기술의 범위에는 아래의 5가지 유형이 모두 포함된다고 할 수 있다.

① 도구, 기계·장치, 부품·소재 등과 이에 결합된 하드웨어(H/W)

② 특허, 디자인 등 지식재산, 공정규격, 처리방법 및 이론 등 소프트웨어(S/W), 명시화된 정보 또는 지식

③ 기능, 경험, 통찰력, 암묵적 지식 등이 개인에게 체화된 인적 능력 또는 노하우

④ H/W와 S/W, 정보, 지식, 시스템, 인적능력 등을 통합하는 조직 및 조직역량

⑤ 기술과 관련된 산업 및 시장 상황, 경제·사회·문화시스템 등

지금까지 살펴본 기술의 다양한 정의를 요약·정리하면 다음과 같다.

[표 1 - 1] 다양한 관점별 기술의 정의

<table>
<tr><th colspan="2">관점</th><th>기술의 정의(범위)</th></tr>
<tr><td colspan="2">표준국어대사전</td><td>① 과학 이론을 실제로 적용하여 자연의 사물을 인간 생활에 유용하도록 가공하는 수단(예: 건축기술, 공업기술)
② 사물을 잘 다룰 수 있는 방법이나 능력(예: 운전기술)</td></tr>
<tr><td colspan="2">전통적 관점
(협의)</td><td>① 투입물을 산출물로 변환하는 과정
② 산출물을 더 많이 생산하거나 더 좋은 제품을 만드는 모든 활동
③ 위 ①또는 ②와 관련된 지식이나 정보(Rosegger, G)
④ 인간에 체화되어있는 경험·기능·노하우 등
⑤ 특정 분야 지식의 실제적 응용과정, 제조 또는 농·공·상업 분야의 서비스의 제공을 위한 체계화된 지식(WIPO)</td></tr>
<tr><td colspan="2">현대적 관점(광의)</td><td>전통적 관점(협의)에다 자본, 인력, 조직과 역량, 산업여건 및 시스템까지 포함(Dahlman, C.J. & L.E., Westphal)</td></tr>
<tr><td rowspan="2">법적
관점</td><td>기술이전법
(제2조)</td><td>①「특허법」등관련 법률상의 특허, 실용신안(實用新案), 디자인, 반도체집적 회로의 배치설계및 소프트웨어 등 지식재산
② 지식재산의 기술이 집적된 자본재(資本財)
③ 지식재산과 자본재의 기술에 관한 정보
④ ①부터 ③까지에준하는 것으로서 이전 및 사업화가 가능한 기술적·과학적 또는 산업적 노하우</td></tr>
<tr><td>산학협력법
(시행령제3조)</td><td>기술지주회사의 "사업화 대상 기술의 범위"를 정하고 있음
: 기술이전법에서 정한 기술의 범위와 동일</td></tr>
</table>

관점		기술의 정의(범위)
법적 관점	벤처기업법 (제6조)	**벤처기업**에 대한 **"현물출자 대상"**으로 '특허권·실용신안권·디자인권, 그 밖에 이에 준하는 기술과 그 사용에 관한 권리*(산업재산권 등이라 함)를 규정함 * 사용에 관한 권리의 예시: 전용실시권
	외국인투자법 (제2조)	**외국인투자가**의 **"출자목적물"**로 산업재산권, 지식재산권(저작권 중 산업활동에 이용되는 권리, 반도체집적회로의 배치설계권), 그 밖에 이에 준하는 기술과 이의 사용에 관한 권리를 규정하고 있음
기술평가 관점 (최광의)		① 도구, 기계·장치, 부품·소재 등과 이에 장착된 하드웨어(H/W) ② 특허, 디자인 등 지식재산, 공정 규격, 처리방법 및 이론 등 소프트웨어(S/W), 명시화된 정보 또는 지식 ③ 기능, 경험, 통찰력, 암묵적 지식 등이 개인에게 체화된 인적 능력 또는 노하우 ④ H/W와 S/W 및 정보, 시스템, 인적 능력 등을 통합하는 조직 및 조직역량 ⑤ 기술과 관련된 산업 및 시장 상황, 경제·사회·문화시스템 등

지금까지 정리한 기술의 정의를 생산프로세스를 통해 다음과 같이 나타낼 수 있다.

[그림 1 - 1] 생산 프로세스상에서의 기술의 범위

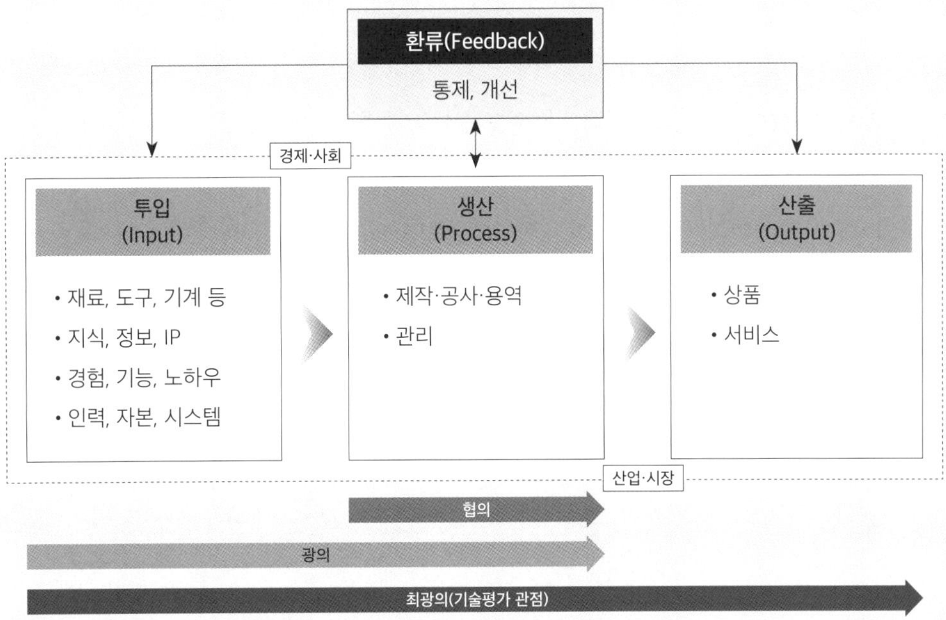

2. 지식·과학·기능의 개념 및 관계

우리는 과학과 기술, 지식이란 단어가 결합된 '과학기술', '과학지식', '기술지식'이란 문구를 종종 접하게 된다. 과학과 기술 또는 지식이 하나로 뭉쳐서 마치 단일명사처럼 인식하고 사용하기도 한다. '과학'의 사전적 의미는 "자연에서 보편적인 진리나 법칙의 발견을 목적으로 한 체계적인 지식"을 말한다. 이미 살펴본 것처럼 '기술'은 과학을 활용하여 인간의 효용을 증가시킬 수 있는 재화·서비스의 생산에 필요한 수단 또는 응용된 지식으로 요약된다. 과학과 기술의 의미를 보면 공통적으로 '지식'이란 단어로 끝을 맺고 있는데서 이들이 지식의 형태로 존재하지만 다루는 대상이나 추구하는 목적, 특성 등이 차이가 있음을 알 수 있다.

여기서는 과학과 기술이 공유하고 있는 지식에 대한 개념을 정리한 후 이들이 상호 교차하고 작용하는 접점들이 무엇이며 어떠한 연관관계에 있는지를 살펴본다.

1) 지식(knowledge, 知識)

가) 지식의 개념[12)]

표준국어대사전에서 지식의 의미는 ① "어떤 대상에 대하여 배우거나 실천을 통해 알게 된 명확한 인식이나 이해" ② "알고 있는 내용이나 사물"로 설명되어 있다. 지식은 일반적으로 정보를 포함하는 넓은 개념으로 이해하고 있으나 종종 정보와 동일한 것으로 혼동하고 있다. 하지만 가치와 의미 측면에서 볼 때, 지식은 구조화되고, 해석된 정보라는 점에서 구별된다. 지식과 정보 및 자료와의 관계를 지식피라미드[13)] 구성요소인 사실(Facts)-자료(Data)-정보(Information)-지식(Knowledge)-지혜(Wisdom)를 활용하여 설명할 수 있다. 자료(data)는 정보의 기본 단위로써 발신자(originator)에게서 수신인(recipient)에게 보내진 신호라고 할 수 있으며, 자료중에서 수신인에게 의미있는 것들은 정보가 된다.

정보란 지식발전을 위한 투입이며, 지식이 이전될 때 갖는 형태로 이해하기도 한다. 지식이란 정보 및 그 정보의 사용으로부터 도출된 기술들의 누적이다(Burton-Jones, 1999). 지식은 발신자

---

12) 지식을 뜻하는 'knowledge'는 '알다'라는 뜻의 중세영어 'knowen'과 명사화 접미사 -leche가 합쳐서 나온 단어이다.

13) 지식피라미드(DIKW 피라미드): Data(관찰된 객관적 사실 그 자체) → Information (처리 또는 가공한 데이터) → Knowledge (정보를 토대로 찾은 패턴, 규칙) → Wisdom (지식에 유연성을 더한 것으로, 상황이나 맥락에 맞게 규칙을 적용)

로부터 수신자에게 단순히 전달된 신호(signal)나 수신자에게 의미있게 받아들여진 자료(data)와도 구별된다. 지식은 의미있는 정보의 누적 스톡과 수신인이 정보를 사용함으로써 유도한 기술(skills) 등을 말한다.[14)]

정보와 지식의 차이를 예를 들어 다음과 같이 설명할 수 있다. '2021년 11월 15일 현재 낮 최고기온이 영상 20도'라는 것은 자료(data)이다. 이러한 자료가 어떤 맥락에서 읽히게 될 때 정보(information)가 된다. 즉, '11월 15일에 영상 20도를 기록한 것은 예년에 비해 온도가 높다'라고 하는 것은 정보이다. 주어진 자료와 정보로부터 이끌어낸 결론이 지식이라고 할 수 있다. 전술한 예로부터 '최근의 고온 현상은 지구온난화가 서서히 진행되고 있다는 증거이다'라고 하는 결론은 지식이 된다.

지금까지 살펴본 내용을 정리하면 지식이란 "정보를 보다 체계화하고 개념화[15)]"하여 정보에 가치와 의미를 부여한 것으로 해석할 수 있다.

이러한 지식은 의미와 형태 그리고 체계에 따라 다양한 유형으로 분류되고 있다.

[그림 1 - 2] 지식피라미드

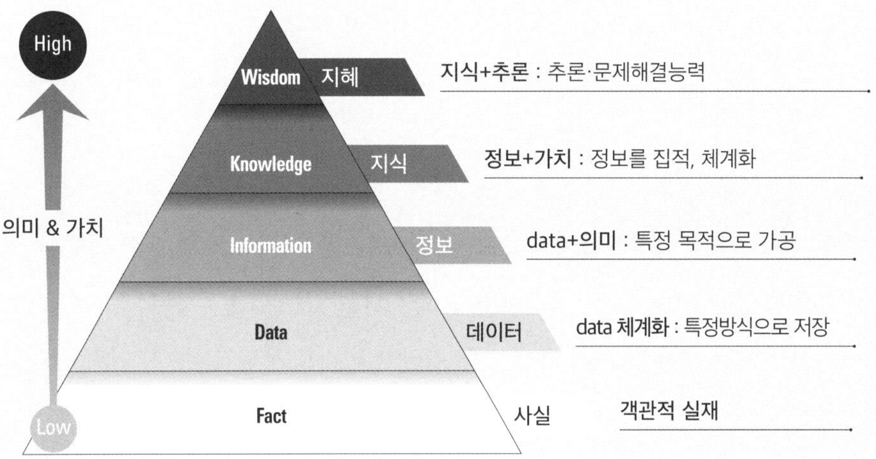

14) 한국지식재산연구원(2008), "지식기반경제의 이해", p. 38 발췌 인용

15) 개념화(conceptualization)란, 원래 연구에서 특정한 용어를 사용할 때 무엇을 의미하는지를 명확하게 구체화하는 과정을 말하는 것으로 연구목적을 위해 개념에 대한 명시적이고 합의가 이루어진 의미를 만든다. 여기서는 정보를 구조화함으로써 사람으로 하여금 보다 쉽게 이용할 수 있게 하고 이해 가능하도록 하는 것을 말한다.

나) 지식의 분류

(1) 지식의 의미에 따른 분류

지식의 의미에 따라 방법지, 사물지, 명제지로 분류하고 있다.[16)]

방법지(方法知, to know how to do)는 어떤 일을 할 능력을 갖추고 있거나 수단과 방법을 사용하고 실천할 힘이 있다는 의미의 지식이다. 예를 들면 "나는 서울역으로 가는 길을 안다." "나는 삼각형 면적 구하는 공식을 안다." 등이 방법지에 해당되며 능력지, 실천지, 절차지라고 부르기도 한다.

사물지(事物知, To know by acquaintance)는 어떤 사물이나 사람에 대한 인지상태의 지식이다. 예컨대, "나는 내 어머니에 관해서 안다." "나는 서울특별시를 안다." 영상이나 음악을 경험하여 아는 것도 사물지에 해당된다. 익숙지, 대상지, 표상지라고도 칭한다.

명제지(命題知, know that; to know by description)는 특정한 생각이나 정보를 담은 명제나 진술, 문장과 관련된 앎이다. 예컨대 "나는 귀의 전정기관[17)]이 우리 몸의 평형감각을 담당하고 있는 것을 안다." 나는 "포유류인 고래가 바다에 살고 있다."는 문장이 진실임을 안다는 것이 명제지에 해당되며 사실지라고 칭하기도 한다.

전술한 방법지와 사물지, 명제지는 따로따로 존재하지 않고 상호 의존관계에 있다. 내가 서울역으로 가는 길을 안다면, 나는 서울역의 위치와 그곳으로 가는 방법과 수단에 관한 정보를 명제 형태로 이미 갖고 있어야 한다. 또한, 내가 제주도를 안다면 그 지역에 관한 특정한 정보를 갖고 있어야 한다. 명제지의 경우에도 문법 구조와 맥락을 파악할 수 있는 능력이 있어야 한다. 그러나 인간의 인지활동의 근본이 되고 이론적 사고(思考) 또는 실질적인 탐구활동에서 모두 필요한 지식은 명제지(사실지)이다. 명제지는 생각이나 정보를 담고 있는 명제와 진술, 문장이 어떤 맥락에서 참인지 거짓인지, 옳은지 그른지, 다시 말해 정당한 근거로 뒷받침되는지 따져 판단한 결과로 얻은 지식이다.

---

16) http://ocw.sogang.ac.kr/rfile/2017, 서상복교수 '인식론 제1강 지식 분류와 지식 정의'를 참고하여 작성함

17) 전정기관(vestibule): 귀의 가장 안쪽에 있는 내이(內耳)에 위치하며 몸의 평형감각을 맡고 기관으로 둥근주머니, 타원주머니, 반고리관으로 이루어져 있다.

[표 1 - 2] 지식의 의미에 따른 분류

구분	개념	사례
방법지	어떤 일을 할 능력을 갖추고 있거나 수단과 방법을 사용하고 실천할 힘이 있다는 의미의 지식(능력지, 실천지, 절차지)	"나는 서울역으로 가는 길을 안다." "나는 삼각형 면적 구하는 공식을 안다."
사물지	어떤 사물이나 사람에 대한 인지상태의 지식. (익숙지, 대상지, 표상지)	"나는 내 어머니에 관해서 안다." "나는 서울특별시를 안다."
명제지	특정한 생각이나 정보를 담은 명제나 진술, 문장과 관련된 앎(사실지)	"나는 귀의 전정기관이 우리 몸의 평형감각을 담당하고 있는 것을 안다." 나는 "포유류인 고래가 바다에 살고 있다."는 것을 안다.

(2) 지식의 형태에 따른 분류

암묵적 지식(암묵지, tacit or implicit knowledge)은 학습과 체험을 통하여 개인에게 습득되지만 겉으로는 드러나지 않는 내재적 지식이다. 인간의 몸과 두뇌에 체화되어 있고 언어, 부호 등의 형식으로 표현하기 어려우며 주관적이고 개인적인 특성을 갖고 있다는 점에서 기능과 유사하다. 통상 기술적 지식은 개인에게 체화되어 있는 암묵적 지식의 측면이 강하다. 예컨대 자전거 타는 방법을 배울 때 자전거를 잘 타는 사람의 말과 글보다는 많은 시행착오를 거쳐 배우게 되는데 이는 사람에게 체화된 지식이 다 드러나거나 전수되기가 쉽지 않은 특성 때문이다. 대표적인 암묵지로는 기능, 기예(art, craft)를 들 수 있으며 대개 '접촉'을 통해 전수된다. 18세기 영국의 운하 개척자였던 브린들리(James Brindley)[18]는 문맹이었는데, 그의 운하건설 방법은 그의 조수들에게 '구전'을 통해 이전된 것으로 알려져 있다.

형식적 지식(형식지, explicit knowledge)은 암묵지가 문서나 매뉴얼처럼 외부로 표출되어서 여러 사람이 공유할 수 있는 지식으로 명시적 지식이라고도 말한다. 즉, 책이나 문서, 기호, 그림 등으로 표현하여 표준화된 지식의 대량보급 및 대량소비가 가능한 지식이다. 예컨대 이미 언급한 5가지 기술의 유형 중 특허, 디자인, 공정규격, 처리방법 및 이론 등이 명시화된 지식에 해당된다.

18) James Brindley(1716-1772) 영국의 기술자이자 운하 개척자, 학교 교육을 거의 받지 못했으나 탄갱의 배수기 발명, 1759년부터 브리지워터 공작을 위한 워슬리 운하, 맨체스터-리버풀 간 운하 등 영국의 많은 간선 운하를 건설하였다.

[표 1 - 3] 지식의 형태에 따른 분류

구분	개념	사례
암묵지	- 학습과 체험을 통하여 개인에게 습득되지만 겉으로는 드러나지 않는 내재적 지식. - 인간의 몸과 두뇌에 체화되어 있고 언어, 부호 등의 형식으로 표현이 어렵고 주관적이며 개인적인 특성	자전거타기, 기예, 기능
형식지	- 암묵지가 문서나 매뉴얼처럼 외부로 표출되어서 여러 사람이 공유할 수 있는 지식. - 책이나 문서, 기호, 그림 등으로 표현하여 지식의 대량보급 및 대량소비가 가능(명시적 지식)	특허, 디자인, 공정규격, 처리방법 및 이론

(3) 지식의 체계화에 따른 분류

OECD(1996)는 지식의 개념을 Know-what·why·how·who로 체계화하여 구분하였다.

'know-what' 개념의 지식은 자연, 사실, 물리적 실체 등과 관련된 지식으로 정보와 가장 가까운 지식이다. 과학적, 기술적 지식이 이에 해당된다.

'know-why'개념의 지식은 자연의 원리와 법칙에 관한 과학적 지식과 기술진보 및 기술혁신의 기초가 되는 지식을 말한다.

'know-how'개념의 지식은 어떤 일을 수행하는 데 요구되는 숙련된 기술, 역량, 기능과 관련된 지식을 말한다. 개인과 조직에 체화되어 있으며 경험적, 개별적인 특성이 있다.

'know-who'개념의 지식은 위 세가지 유형의 지식을 지니고 있는 사람(제품)이 누구(무엇)인지, 그 누구(무엇)를 아는 사람(제품)과 관련된 지식이다.

종합하면,"Know-what, Know-why"개념의 지식은 통상 과학적 지식에 바탕을 둔 형식지 유형의 지식으로 기술을 매개로 한 생산활동을 통해 제품으로 발현되며, 산업측면에서는 지식기반제조업으로 분류된다. 반면, "Know-how, Know-who"개념의 지식은 개인의 경험, 기능, 역량에 바탕을 둔 암묵지 유형의 지식으로, 지식의 매개체인 인간이 지식을 분배하고 사용하여 서비스를 산출한다. 산업측면에서는 지식집약서비스업으로 분류한다.[19)]

19) 창업진흥원(2017), "기술기반창업의 범위 및 경제적 효과에 관한 연구", 조사연구-2017 참조하여 작성

[그림 1 - 3] 지식의 체계와 개념

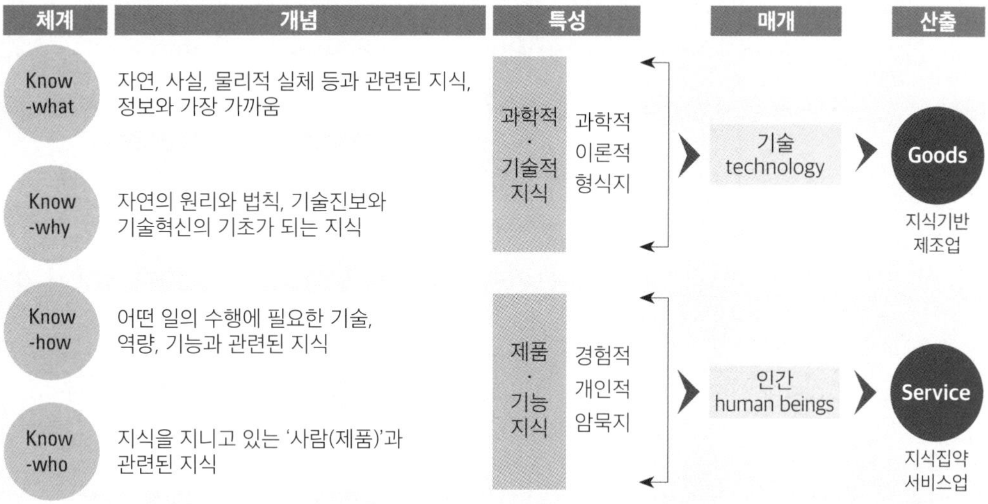

2) 과학(science)

사전에서 과학[20]은"보편적인 진리나 법칙의 발견을 목적으로 한 체계적인 지식으로 정의되고 있으며, 추구하는 바에 따라 순수과학과 응용과학으로 나눈다. 순수과학은 자연을 탐구하여 이론과 원리를 체계화하는 학문이다. 순수과학은'기초과학'으로 부르기도 하며 화학, 생물학, 물리학 등을 그 예로 들 수 있다. 응용과학은 순수과학의 연구결과를 통해 인류의 필요를 충족시키려는 학문으로 대표적으로 공학이 있다. 또한, 연구대상에 따라 자연과학과 사회과학, 인문과학으로 구분한다. 자연과학은 자연현상 및 법칙에 관한 일정한 이론 체계를 연구하는 학문이고 사회과학은 인간들의 행동과 그들이 이루는 사회를 과학적인 방법으로 연구한다. 인문과학은 인간과 인간의 문화에 관심을 갖거나 인간의 가치와 인간만이 지닌 자기표현 능력을 바르게 이해하기 위한 학문이다.

20) 과학을 뜻하는 영어 science는 "앎, 지식"을 의미하는 라틴어 scientia에서 왔으며, 이는 "알다(know)"라는 뜻의 접두사 scio-에서 파생되었다.

3) 기능(技能, skill, craft)

기능(技能, skill, craft)은 국어대사전에서 "육체적, 정신적 작업을 정확하고 손쉽게 해 주는 기술상의 재능"으로 설명하고 있다. 예컨대, "기능을 닦다", "기능을 연마하다"와 같이 기능은 누군가 어떤 일을 완수할 수 있게 하는 방법이나 절차로써 일정기간 동안 반복적인 훈련 또는 연습을 통해 숙련된 능력으로 기술을 포함하거나 또는 포함하지 않을 수도 있다.

한편, 동음이의어인 기능(機能, function)은 국어사전에서 "하는 구실이나 작용을 함"으로 풀이하고 있다. 바꾸어 말하면 어떤 재료, 부품, 기계, 시스템 등이 대상의 특성을 변형하거나 유지하는 성능이라 할 수 있다. 통상 기술이 물리적 실체 등에 체화되어 있으면 기능(機能, function)으로, 사람에게 체화되어 있으면 기능(技能, skill, technique)으로 구별할 수 있다.

4) 기술과 지식·과학·기능의 관계

가) 기술과 과학·지식

전술한 과학과 기술의 의미에서 공통적으로 '지식'이란 단어가 포함되어 있음을 확인할 수 있는데 이는 과학과 기술이 지식의 형태로 존재한다는 것을 의미한다. 하지만 과학과 기술은 다루는 대상이나 추구하는 목적과 결과, 특성 등 여러 가지 측면에서 차이가 있다.

먼저 과학은 자연 및 자연현상을 대상으로 하고 있는데 비해 기술은 재화 및 서비스와 같은 인공물(artifact)을 대상으로 하고 있다. 동기(motivation)측면에서 과학은 지적 호기심에서 비롯되고 기술은 실제 유용성(utility)에서 출발한다. 과정(procedure)에 있어서 과학은 가설연역적[21] 방법이고 검증하는 과정을 거치지만 기술은 가설을 응용하는, 즉 문제를 해결하는 과정을 중요시한다. 따라서 과학의 법칙은 보편적이고 미래 예측적이지만 기술의 규칙은 구체적이고 처방적[22] (규범적)인 특성이 있다. 목적(aim)에 있어서 과학은 자연현상을 합리적으로 이해하거나 근본적인 원리를 추구하는데 비해 기술은 인공물을 만들거나 개량하여 인간에게 경제적 유용성을 제공하기 위한 것이다(홍성욱, 1994). 이에 따라 과학의 결과는 지식의 축적과 이론, 실험·분석·종합

21) 보편적 법칙 또는 일반적 명제(전제)를 토대로 하여 구체적인 명제(결론)에 도달하는 사고 방식으로 전제(명제)가 된 가설의 진위에 탐구의 관심을 두고 있다.(https://search.naver.com 검색자료 재구성)

22) 처방적: 특정 결과를 얻기 위해 어떠한 수단과 방법을 이용해야 하는지를 의미. 즉, 발견된 문제에 대한 솔루션을 규정하는 것

능력으로 나타난다. 이에 비해 과학적 지식이 결합된 기술의 결과는 기술혁신을 통한 물건의 생산과 개량으로, 과학적·기술적 지식이 개인에게 체화된 기능(know-how, know-who)은 서비스로 나타난다.

[표 1 - 4] 과학과 기술의 개념 비교

구분	과학	기술
대상	자연현상	인공물
동기	지적 호기심	실제 유용성
과정	가설연역적, 검증	가설의 응용, 문제해결
특성	보편적, 미래 예측적	구체적, 처방적(규범적)
목적	자연현상 합리적 이해, 근본적 원리 추구	인공물 이해, 경제적 유용성
결과	지식의 축적(이론적), 실험·분석·종합능력	물건의 생산·개량(실천적), 서비스, 효율

나) 기술과 기능

기술과 기능을 비교해보면, 기술은 과학과 기술적 법칙의 응용이 수반되기 때문에 과학적, 이론적, 보편적 특성을 갖는데 비해 기능은 개인의 학습과 경험을 통해 얻어지기 때문에 보다 더 경험적, 신체적, 개별적인 특성을 갖는다. 기술은 "객관적이고 구조적이며 체계적인 것"에 비하여 기능은 "주관적, 심리적, 개인적"이라는 점에서 차이가 있다. 기술은 지식의 형태로 개인에서 개인에게로 전승될 수 있는 것이지만 기능은 개인의 숙련에 의하여 획득된다. 기술혁신을 통한 기술의 산출물은 인간이 실생활에 유용한 물건의 생산 또는 개량, 시스템으로 나타나고 인간의 기능을 통한 최종 산출물은 서비스로 나타난다.

[표 1 - 5] 기술과 기능의 비교

구분	기술	기능
개념	과학적 지식의 응용/혁신, 인공물에 체화	기술이 개인의 능력으로 체화
과정	연구개발, 기술혁신	학습과 경험
특성	과학적, 이론적, 보편적, 객관적, 구조적, 체계적	경험적, 신체적, 개별적. 주관적, 심리적, 비체계적
산출물	물건의 생산, 개량, 시스템	서비스

다) 과학과 기술·기능의 관계

전술한 바와 같이 과학과 기술, 기능은 개념적으로 차이가 있다. 그러나 현대사회의 산업·경제 시스템에서 과학과 기술, 기능은 분리되어 독립적으로 존재하는 것이 아니라 상호작용을 통해 영향을 주고받으며 발전하는 공명(共鳴, resonance)관계에 있다(이공래, 2000).

오늘날의 전기조명은 전자기학에서 물질에 전기를 통과시키면 빛과 열이 발생한다는 과학적 발견으로 시작되었다. 반대로 기술의 발전이 과학의 발전을 유도하는 사례도 있다. 고기능·고해상도의 천체망원경이 개발되면서 과거에는 관찰이 불가능했던 우주의 현상을 관찰할 수 있게 됨에 따라 천문학의 발전을 가져왔다. 이처럼 과학적인 발견이나 발명이 새로운 기술의 발생을 촉진시키고 이러한 기술이 다시 과학연구를 가속화시키는 상호의존 관계에 있다.

또 다른 예를 통해서 과학과 기술·지식·기능 간 밀접한 관계를 확인할 수 있다. 대학 실험실에서 교수들은 이미 만들어진 기계, 장비, 도구 등을 통해 자연을 관찰하고, 측정하고, 조작해서 새로운 '현상'을 발견하고 새로운 것을 만들어 낸다. 연구팀의 일원으로서 교수는 다양한 실험과정에서 직접 기계, 장비 등을 만들고 조작해야 하는 상황이 발생한다. 이 때 과학자로서의 교수에게도 "기술적 기능"과 "암묵적 지식"을 필요로 한다. 이처럼 과학은 추상적인 이론과 지식체계로만 되어 있지 않고, 다양한 이론, 실험실에서의 응용, 기계·기구, 기능 등이 결합되어 있다.

기술과 기능의 경우에도 상호 보완적으로 밀접하게 연계되어 있다. 예컨대 기술은 기능의 지원에 의하여 인간의 효용을 증가시키는 도구를 만들 수 있고 기능은 기술의 보완으로 도구를 보다 더 정교하게 만들 수 있다. 주관적·개인적 기능이 객관화되고 체계화되어 새로운 기술로 바뀌어 가고, 그 새로운 기술의 적용으로 기능이 더 우수해지는 순환과정을 거쳐 상호 발전해나간다(홍성욱, 1994)

정리하면 과학과 기술 그리고 기능은 차별적인 의미와 고유의 특성을 갖고 있지만, 과학은 기술의 도움으로 발전하고, 기술은 과학적 요소와 기능적 요소가 중첩되어 존재한다. 다음 그림은 지금까지 살펴본 과학과 기술, 지식, 기능 간의 상호의존적 관계를 나무뿌리와 줄기 및 잎사귀를 이용하여 형상화한 것이다.

[그림 1 - 4] 과학과 기술·지식·기능의 연관관계

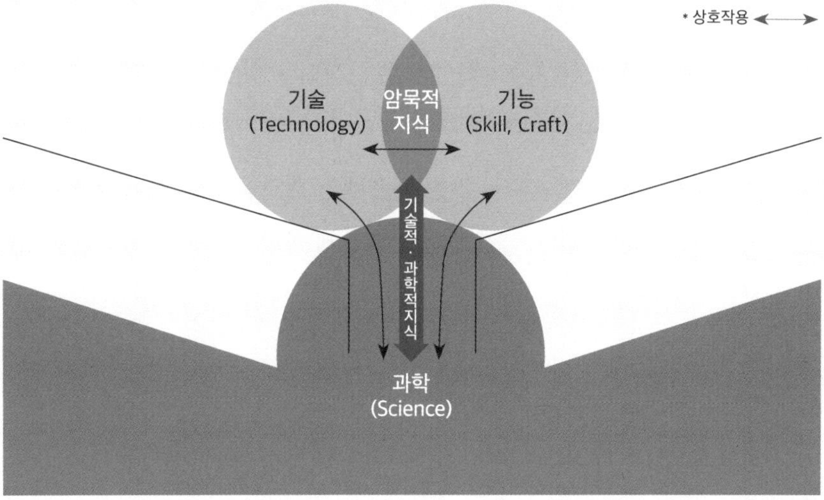

3. 기술의 속성

기술로 인식하고 있는 대상 및 유형은 다양한 관점에 따라 차이가 있다. 이는 기술이 그 자체로만 존재하는 것이 아니라 경제·사회 등 인간의 일상생활에 지대한 영향을 미치는 불가분의 관계에 있기 때문이다. 즉 현대기술은 서로 이질적일뿐만 아니라 인간과 사회, 자연과 역사를 포괄하고 있기 때문에 이러한 특수성을 동시에 고려하여 기술의 속성을 파악하는 일은 현실적으로 매우 어려운 일이다. 그럼에도 불구하고 기술평가실무에서 평가대상인 기술의 속성을 파악하고 이해하는 것은 합리적인 기술평가에 요구되는 전제조건이라고 할 수 있다. 여기서는 기술의 본질적 속성과 경제·사회의 인과관계에서 나타나는 기술의 경제·사회적 속성 중 주요 내용을 정리한다.[23)]

23) 김재진·송경모외 3, 「기술금융의 이해와 실무」개정4판, 2021, ㈜조세통람, pp. 25-26 일부 인용

1) 본질적 속성

가) 비가시성(invisibility)

기술은 도구, 기계 등 눈에 보이는 물리적 실체로 인식되는 경우도 있지만 기술의 본질은 원리나 기능처럼 물리적 실체가 없는 무형적·개념적 성격이 강하다. 보고 만질 수 없는 기술은 기계 등 물리적 실체(H/W)에 체화되거나 암묵적 지식 형태로 개인 또는 조직에 체화되기도 한다. 이러한 기술의 비가시성은 다른 사람에 의한 모방을 힘들게 하고 기술보유자로부터 다른 주체로의 기술이전 및 확산을 어렵게 할 수 있다.

나) 상호의존성(interdependence)

기술은 기술의 구성요소 간, 기술을 다루는 개인 간, 기술과 조직 간 상호의존적 관계에 있다. 기술자 혹은 산업 현장에서 다루는 기술은 독립된 그 자체만으로 완성되고 기능을 발휘하기보다는 여러 원리나 다른 기술, 물리적 실체, 개인·조직 등과 결합되었을 때 더 나은 기능을 발휘하거나 새로운 기술이 발생할 수 있다.

다) 복잡성(complexity)

기술은 단일 요소만으로 존재하는 것이 아니라 동종 또는 이종 기술과 물질, 부품 등이 결합되어 있는 경우가 대부분이다. 기술이 여러 기술과 물질 등의 결합으로 인해 기술개발과정이 복잡·다양하고 정형적인 구조가 없으며 표준화도 어렵다.

라) 진부화(obsolescence)

기술은 시대의 흐름에 따라 역동성을 가지고 변화하며 인간처럼 수명을 갖고 있다. 진부화란 자산에 대해서 발생하는 경제적 또는 기능적 감가 요인을 말한다. 자산의 일종인 기술도 구식으로 원래의 기능을 충분히 발휘하지 못하거나 대체기술의 출현으로 쓸모가 없어질 때 그 가치가 감소하고 진부화되는 특성이 있다(상세내용: 후술한 기술수명과 진부화 참조)

2) 기술의 경제·사회적 속성

가) 공공재(public Goods)

공공재는 국방, 경찰서비스, 도로 등과 같이 모든 사람들이 공동으로 이용할 수 있는 재화 또는 서비스를 말한다. 공공재는 어떤 재화·서비스에 대하여 대가를 치르지 않더라도 소비에서 배제시킬 수 없는 특성(비배제성)과 한 사람이 더 많이 소비한다고 해서 다른 사람이 소비할 수 있는 양이 줄어들지 않는 특성(비경합성)이 있다.[24)]

기술의 경우에도 소비에서 배제할 수 없고 소비과정에서 경쟁이 일어나지 않는 공공재적 성격이 있다. 어떠한 기술이 새로 나오면 무형의 지식이라는 기술의 특성상 최초 개발자가 많은 시간과 비용을 들여서 개발한 기술을 다른 사람들이 쉽게 이용할 수 있다(비배제성). 또한 기술은 누군가 그 기술을 사용했다고 해서 타인이 덜 사용하게 되는 것도 아니다(비경합성). 기술의 비경합적 성격과 비배제성은 자신이 기술을 직접 개발하기보다는 어느 누군가가 특정 기술을 먼저 개발해 주기를 기다리게 만든다. 이로 인해 기술개발투자에 소극적 태도를 취하게 됨에 따라 결국에는 필요한 기술이 과소 생산되고 자원배분이 효율적으로 이루어지지 못하는 '시장의 실패'를 가져올 수 있다.

이러한 시장의 실패를 보완하기 위해 만들어진 대표적인 제도가 특허권이다. 특허권은 기술개발자에게 법률에 의거 특정기간 동안 독점적인 지위를 부여하고 지적 결과물에 대한 정당한 이익을 일정기간 누릴 수 있게 보호해줌으로써 많은 사람들의 지적 창작 활동을 유도하기 위한 제도이다.

나) 외부성(externality)

외부성(외부효과)이란 어떤 개인이나 기업과 같은 경제주체의 행위가 정상적인 거래 및 가격결정과정을 통하지 않고 다른 경제주체에게 편익(benefit)을 주거나(긍정적 외부성) 비용(cost)을 유발시키는 것(부정적 외부성)을 말한다. 생산·유통·소비 관련 경제주체들의 경제활동은 해당시장에서 수요와 공급을 통해 가격이 결정되고 효용극대화를 추구한다. 그러나 어떤 경제활동은 모

24) 공공재의 반대인 사유재는 재화의 수요와 공급에 의하여 가격이 결정되며 그 가격을 지불하고 구입한 소비자만이 독점적으로 사용하고 효용을 증가시키는 배타적 성격(배제성)이 있다. 또한 어떤 사람이 재화의 일정 물량을 사용하게 되면 다른 사람의 사용가능성이 줄어드는 경합성이라는 특성을 갖고 있다.

든 비용과 편익이 가격 기구를 통하지 않는 경우도 있다. 기술의 경우에도 외부효과가 나타날 수 있다. 예를 들어 기술의 발전이 다른 기업들에게 긍정적 영향을 미치면 다른 기업들은 정당한 대가를 지불하지 않고도 생산비용을 절감할 수 있다. 전술한 기술의 공공재적 특성에 편승하여 타인의 기술의 일부 또는 전부를 아무런 대가 없이 이용하여 경제적 이득을 취할 수 있는데 이러한 외부성과 공공재적 특성은 기술시장의 형성에 부정적 영향을 미치기도 한다.

다) 법적 권리성(legal rights)

기술은 인간의 창조적 활동 또는 경험 등에 의하여 창출되거나 발견된 지식·정보·노하우 또는 그밖에 무형적인 것을 포괄하는 것으로 수익을 창출하고 재산적 가치를 실현할 수 있는 수단이다. 그런데 기술과 같은 무형의 재산은 직접적 지배가 불가능하기 때문에 다른 사람이 대가를 지불하지 않고도 이용하는 무임승차자(free rider)가 발생함으로써 개발된 기술에서 나오는 수익을 전적으로 향유할 수 없게 되고 이로 인해 적극적인 기술개발을 주저하게 만든다. 이에 따라 국가가 기술개발자에게 특정기간 동안 법적으로 독점적인 지위를 부여하고 지적 결과물에 대한 정당한 이익을 전유할 수 있게 보호해주는 특허제도와 기술정보, 경영정보와 같은 영업비밀보호제도 등을 통해 법적 권리를 부여하고 있다.

라) 불확실성(uncertainty)

실제 결과가 기대한 결과에서 이탈될 가능성으로 측정되는 불확실성은 기술에 관한 불완전한 정보 및 정보비대칭성에서 발생한다. 기술의 불확실성은 기술·경제적 측면의 불확실성과 기술위험 관련 불확실성으로 구분할 수 있다. 기술·경제적 불확실성은 기술개발과 상용화과정에서의 불확실성이다. 기술위험 관련 불확실성은 기술위험이 사전에 파악되지 못한 상황에서 발생하는 기술의 사회적 수용과 관련된 불확실성을 말한다. 불확실성은 과소투자를 초래하고 가치 측정을 어렵게 하며 공공재적 성격 및 외부성과 함께 기술시장의 형성을 방해하는 요인으로 작용하기도 한다.

마) 축적성(accumulation)

기술은 필요시점의 기술적 상황과 조건에 따라 개발하기 때문에 오랜 기간 경험과 학습을 통해서 축적되고 혁신을 가져오는 특성이 있다. 현재의 기술은 학습과 상징체계 등을 통해 다른 기술, 제품 또는 시스템, 나아가서 개인, 조직 등에 경험 또는 체계화된 지식형태로 체화되고 이들이 다음 기술로 이어지면서 축적된다. 예컨대, 최초로 상용화된 아날로그 방식의 휴대전화가 현재의 스마트폰으로 진화하기까지 기존 기술이 단말기 또는 사람, 기업, 산업시스템에 축적되고 계승되어 새로운 기능이 추가되는 과정을 거치게 된다. 기술의 축적성은 특정 분야에 전문화된 기술을 보유한 기업의 생존과 경쟁력의 기반이 될 수 있지만 신기술의 출현과 환경변화에 유연한 대응을 어렵게 하는 요인으로 작용하기도 한다.

바) 경제성(economic efficiency)

기술이란 과학을 활용해서 인간의 효용(utility)[25]을 증가시킬 수 있는 사물을 생산하는 데 유용한 지식을 의미한다. 새로운 기술의 출현과 발전은 개인의 효용을 증대시키기도 하며 일상생활과 소비패턴의 변화를 일으킬 수 있다. 나아가서 기업 및 산업, 국가 경제시스템 이외에도 노동 및 직업 환경에 변화를 가져오고 생명윤리, 공해문제를 야기하는 등 긍정적 효과뿐만 아니라 부정적 효과가 발생하기도 한다.

기술개발의 동기는 경제 논리와 기술논리로 구분할 수 있다. 경제논리는 경제성 측면에서의 기술적 수요에 의해 기술개발을 위한 자원이 배분되어야 한다는 것을 의미하며, 기술논리는 기술적 우수성의 확보를 위해 자원이 우선적으로 배분되어야 한다는 것이다. 그러나 기술논리는 결국 경제성을 확보하는 것으로 귀결되는 만큼 기술과 경제간 연계성은 견고한 관계에 있다고 볼 수 있다. 따라서 인간과 경제사회에 유용성이 없는 기술, 즉 경제학적 측면에서 효용의 증가를 가져오지 못하는 기술은 주목받지 못하고 폐기될 수 밖에 없다. 정리하면 경제 또는 기술논리에 따라 개발이 이루어지고 활용되는 기술의 유용성 여부는 기술의 효율성(efficiency)[26] 검증을 거쳐 최종적으로 경제성을 갖추고 있는지 여부에 따라 결정된다.

사) 산업재(industry material)

산업재는 판매를 목적으로 한 제품 또는 서비스를 생산하기 위하여 직간접적으로 필요한 원자

25) 효용(utility): 효용은 소비자가 어떤 재화나 용역을 소비함으로써 얻는 개인의 주관적 만족의 정도를 말한다.
26) 효율성(efficiency): 최소한의 투입으로 기대하는 산출을 얻는 것을 말하며 효과성과 능률성을 합친 개념이다.

재, 부품, 설비, 소모품 또는 기업의 용역활동에 제공되는 것을 말한다. 기술은 이러한 산업재로서 어떤 제품 또는 특정 문제를 해결하기 위한 원자재 또는 중간재로 사용될 수 있다. 산업재는 소비재와 달리 표준화되어 있지 않고 개별적 솔루션 성격을 띠는 경우가 많다.

4. 기술의 분류

기술의 분류는 기술의 동질성(homogeneity)과 이질성(heterogeneity)을 표현하는 방법이고 과학기술활동의 본질을 파악하는데 유용한 수단이다. 바람직한 기술분류체계는 기술과 관련된 원리나 대상에 대하여 이질성과 동질성을 명확히 표시하고 기술의 변화패턴을 정확하게 반영하고 있어야 한다(강희동, 2004). 그러나 다원적인 특성을 지닌 기술의 복잡다기화, 학문영역 간 또는 기술 간 융합화 추세의 확산으로 명확한 기술분류기준을 설정하는 것은 쉽지 않은 일이다.

현행 기술분류체계와 활용실태를 살펴보면, 기술을 유형화·체계화하는 기술분류의 목적이 기술의 원리나 학문적 탐구에 활용하기보다는 합리적인 국가 과학기술정책의 수립에 주로 활용하는데 있다고 할 수 있다. 즉, 국가연구개발사업의 연구·기획·평가·관리 업무와 기술예측 및 기술수준 평가 그리고 기술 지식·정보의 관리 및 유통 등에 활용함으로써 국가기술정책의 성과를 제고하기 위해 기술분류기준을 만들고 있다.

여기서는 크게 3가지 측면 즉, 기술의 수요·공급 측면인 연구개발 및 활용 목적에 따른 거시적 관점, 기술의 내용, 특성, 경제사회시스템과의 연계성 등에 따른 미시적 관점, 그리고 국가 과학기술정책 목적에 따른 기술분류체계를 중심으로 정리하였다.

1) 거시적 관점에 따른 분류

가) 연구개발 목적에 따른 분류

정부에서 과학기술분야에 대한 정부와 민간부문의 역할분담을 논의하고 국가의 기술정책 수립과 연구개발자원의 배분기준을 결정하는 과정에서 과학기술을 기초과학, 원천기술, 산업기술로 분류하고 있다. 혹자는 기술의 활용측면에서 기초과학과 공공기술 및 산업기술로 분류하기도 하나(이공래, 2000), 공공기술의 본질은 산업기술과 유사하다고 할 수 있다. 이에 따라 여기서는 연구개발단계별 목적에 따른 기초과학-원천기술-산업기술 분류체계(유경만·양혜영, 2008)를 중심으로 정리하였다.

(1) 기초과학(Basic Science)

자연현상에 대한 순수한 지식과 진리를 탐구하는 학문으로 공학 또는 응용과학의 기초가 되는 순수과학(또는 학문)이다. 생산활동에 직접적인 관련은 없지만 산업기술이 형성되고 발전하는데 밑바탕이 되는 과학기술의 한 유형이다. 물리학, 화학, 생물학, 지구과학, 수학 등 자연계의 기본원리를 탐구하는 자연과학과 공학, 의학, 약학, 농학 등 실용적인 목적을 전제로 하는 응용과학이 포함된다. 때때로 연구자들은 공학의 기초로서 중요한 위치를 차지하는 분야를 가리켜 기초과학이라 할 때도 있고, 반대로 기술과의 연계를 고려하지 않은 학문을 자연과학이라고 지칭하기도 한다.

(2) 원천기술(Original & Fundamental Technology)

원천기술이란 문구는 "샘물이 나오는 근원"이라는 의미의 원천(源: 근원원, 泉: 샘천)과 기술이 조합되어 "샘물이 처음 시작되는 곳과 같은 기술"로 풀이되나, 일반적으로, "중요하고 없어서는 안될 가치있는 기술"의 의미로 인식하고 있다. 정부의 과학기술정책에서 기초원천기술, 산업원천기술 등과 같은 합성어로도 많이 혼용되기도 하는데, 여기서 원천기술은 "최초로 제시된 신개념 기술로 그로부터 많은 기술들이 샘물처럼 지속적으로 파생하여 나올 수 있는 기술"이라는 의미로 해석할 수 있다 .

원천기술은 기초과학과 산업기술을 연결하는 중복부분으로서 공유기술이라고 부르기도 하는데, 성격에 따라 다시 선도기술(pathbreaking technology), 핵심기술(critical technology), 기반기술(infrastructural technology)등으로도 구분한다(이공래, 2000).

원천기술은 창의성과 신규성이 높은 기술로서 새로운 산업의 형성을 가능하게 한다. 기초과학을 바탕으로 한 기초연구 결과를 이용하여 신기술의 창출 또는 기존기술의 획기적 개선을 목적으로 하는 응용연구의 수행과정에서 발생한다. 원천기술은 기초과학을 바탕으로 향후 제품이나 서비스를 개발하는데 필수불가결한 독창적 기술로서 지속적으로 부가가치를 창출하고 여러 기술분야에 응용이 가능한 미래선도형 기술이다(국가과학기술연감, 2011).

이상의 내용을 종합해볼 때, 원천기술은 자연현상을 규명하는 과정에서 우연히 발견되거나 특정 목적의 연구를 통해서 얻어지는 경우가 많으며 독창성, 독보성, 혁신성을 기본특성으로 하고 있다.[27] 하지만 원천기술은 응용의 잠재력이 큰 반면 아직 시장이 형성되지 않아 투자에 대한 위험부담으로 민간의 투자가 어렵기 때문에 정부 등 공공부문이 담당하여 발전시켜야 하는 기술로 인식되고 있다(이공래, 2000).

한편, 법원의 재판과정에서 정의한 원천기술은 "① 어떤 제품을 생산하는 데 있어 없어서는 안 될 핵심 기술로서 ② 다른 기술에 의존하지 않는 독창성을 지녀야 하며, ③ 그로부터 다수의 응용기술을 만들어 낼 수 있는 생산성이 있어야 한다."라고 기록되어 있다.[28]

우리 주변에서는 원천기술의 예를 많이 찾아볼 수 있다. 자전거를 살펴보면, 두개의 바퀴와 동력전달장치(체인)와 조향장치(핸들)는 최초의 개념발명인 원천기술이자 자전거에 없어서는 안될 핵심기술이라 할 수 있고, 소재, 모양, 첨삭 등은 개량기술에 해당된다. 이외에도 퀄컴의 CDMA기술, 샤프의 LCD기술, 톰슨의 MP3기술, 나노기술 등을 들 수 있다.

(3) 산업기술(Industrial Technology)

산업[29] 현장의 단기적으로 시급한 문제해결이나 산업 전반의 경쟁력 제고에 긴요한 핵심 기술 등 상용화·실용화를 전제로 하여 산업전반에 걸쳐 파급효과가 큰 기술이다. 특정 제품, 공정, 서비스, 시스템 등과 산업에 곧바로 활용하기 위한 기술을 개발하는 연구단계에서 창출되고 있다. 산업기술은 사업, 산업, 교육, 정부에서의 전문화된 기술과 기술적 관리에 대한 영역으로 복잡한 기술적 시스템의 설치, 유지, 운영, 관리와 밀접한 관계를 가지는 기술이다. 즉, 기업과 같은 조직들이 생산 활동을 영위하는 과정에서 활용되는 기술의 한 유형으로 활용되는 분야에 따라 농업기술, 제조업기술, 광업기술등으로 분류될 수 있는데 주류를 이루는 기술유형은 제조업기술이다(이공래, 2000).

---

27) 독창성: 다른 기술에 의존하지 않는 신규성, 독보성: 어떤 제품을 생산하는데 있어 없어서는 안될 핵심성, 혁신성: 다수의 응용기술을 만들어낼 수 있는 생산성.
유경만·양혜영(2008), 기초·원천연구의 개념 정립 및 추진방안에 대한 정책제언, R&D Focus 제9호, kistep

28) 황우석박사 재판에서 서울중앙지방법원 반용병 기술서기관의 법적 판단, "원천특허란 무엇인가?", 2007.10.9

29) 국립국어원 표준국어대사전을 보면 농업, 목축업, 임업, 광업, 공업을 비롯한 유형물의 생산 이외에 상업, 금융업, 운수업, 서비스업 따위와 같이 생산에 직접 결부되지 않으나 국민경제에 불가결한 사업도 포함하고 있다. 산업발전법 제2조(정의)에서 '산업'이란 "제조업과 제조업의 경쟁력 강화와 밀접하게 관련되는 서비스업"으로 정의하고 있다.

한편, 「산업기술의 유출방지 및 보호에 관한 법률」에서는 산업기술에 대하여 별도로 정의하고 있다. 동법(제2조)에서 “산업기술”은 제품 또는 용역의 개발·생산·보급 및 사용에 필요한 제반 방법 내지 기술상의 정보 중에서 행정기관의 장이 산업경쟁력 제고나 유출방지 등을 위하여 이 법 또는 다른 법률이나 이 법 또는 다른 법률에서 위임한 명령에 따라 지정·고시·공고·인증하는 다음 각 목의 어느 하나에 해당하는 기술로 정의하고 있다.

① 국가핵심기술, ② 산업발전법상 첨단기술, ③ 산업기술혁신촉진법상 신기술, ④ 전력기술관리법상 새로운 전력기술, ④ 환경기술산업법상 신기술, ⑤ 건설기술 진흥법상 새로운 건설기술, ⑥ 보건의료기술법상 보건신기술, ⑦ 뿌리산업법 상 핵심 뿌리기술

[그림 1 - 5] 기초과학·원천기술·산업기술의 비교

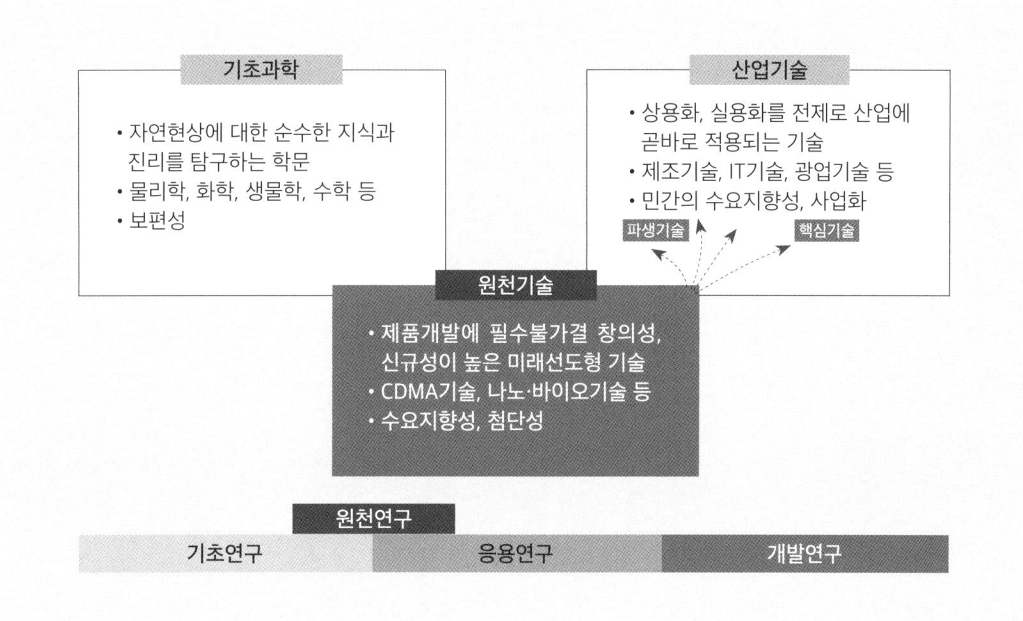

나) 기술의 수요측면 및 활용목적에 따른 분류

정책적 니즈로 기술을 창출하는 공공연구기관에서는 연구개발단계별 결과물의 활용목적과 수요처의 적용범위에 따라 기술유형을 기초·기반·상용화기술로 분류하기도 한다.[30)]

30) 한국전자통신연구원, 기초·기반기술연구의 개념 정의, 1995

(1) 기초기술(Basic Technology)

기초기술은 종종 기초과학, 기초연구 등과 혼용하고 있으나 용어의 의미를 자세히 살펴보면 차이를 발견할 수 있다. 앞에서 설명한 것처럼 기초과학은 수학, 물리학, 화학, 생물학 등에 있어서 특정한 응용목적을 두지 않고 지적호기심을 해결하는 학문 분야를 의미한다. 기초기술은 과학적 문제해결을 위해 필요한 가장 근본적인 기술을 의미하지만, 때로는 특정 기술분야에서 가장 선행적인 특성을 띄거나 측정·분석과 같은 도구적 기술을 의미하기도 한다(이광호 외 6, 2009).

기초연구(basic research)는 기초과학이나 기초기술을 연구대상으로 하는 것으로, 보통 '기초-응용-개발연구'의 3단계로 구분하는 연구개발주기에 있어서 활용목적이 뚜렷하지 않은 초기단계의 연구를 칭한다.[31] 기초연구를 통하여 새로운 개념이 많이 나타나기 때문에 기초·원천기술 창출을 위하여 기초연구가 중요하다고는 볼 수 있으나, 반드시 원천기술이 기초연구를 통해서 나타나는 것은 아니다. 특히 원천기술은 기초연구성과를 활용한 응용연구를 통하여 많이 창조된다.

이상의 내용을 정리해보면 기초기술은 새로운 방식·소재·원리 등과 같이 새롭게 발명하고 확인된 기술로써 개혁적·원천적 변화를 유도하는 미래 선도기술이다. 기술의 형태는 기술성숙도(TRL)1-3단계인 기술개발 개념 정립 및 아이디어에 대한 특허 출원 또는 연구실 규모의 기본성능이 검증된 단계의 기술로 논문, 기본 특허, 공학 원리 가능성 등으로 산출된다. 기초기술은 국가차원에서 기술주도권 확보를 목적으로 개발되는 기술로서 기술적 파급효과가 크나 수요처 및 시장성이 불투명하고 성공가능성이 매우 낮아 주로 대학이나 국책연구기관에서 기술개발을 수행하고 있다.

(2) 기반기술(Fundamental Technology 또는 Infratechnology)

기반기술은 시설, 장비, 지식네트워크 등 연구 인프라를 토대로 하여 연구개발을 지원하는 기술로서 기술영역에서 인프라의 역할을 할 수 있는 기술을 말한다. 즉, R&D, 생산, 시장개발 등 각 단계에서 생산성이나 효율성을 증가시켜주는 기술적 도구들을 말하며 과학적·공학적 데이터, 측정 및 시험 방법, 실행 및 기법 등을 포함한다(Tassey, G., 2009)

31) 기초연구 목적성의 정도에 따라 과학적인 지식탐구나 이해를 목적으로 수행하는 이론적 연구로서 여러 분야에 적용 가능한 순수기초연구와 특정분야의 기술적 한계를 극복하기 위해 수행하는 기반적인 기술지식탐구활동으로써 정보통신, 컴퓨터 등 특정분야에 적용되는 목적기초연구로 구분하기도 한다.

과거에는 개발된 기술의 상용화단계에서 필요한 측정, 시험방법, 프로세스 제어 모형 등이 주요 기반기술의 형태였다. 지금은 최첨단분야인 생명과학 분야의 세포제어·조작기술, 유전정보 측정기술, 모방기술 등 기초과학 및 기초연구 분야에 필요한 최첨단 기술들로 그 범위가 크게 확대되었다.

기술의 형태는 기존지식이나 기초기술을 바탕으로 실생활에 응용이 가능하도록 혁신이 이루어진 기술로써 기술성숙도(TRL) 4-5단계에 해당되는 개선특허, 특허개발을 앞둔 기술의 확인 또는 표준 및 기술검증물 등으로 창출된다.

기반기술은 성능혁신을 통하여 요소적이며 불특정 다수를 위해 보편적·공통적으로 사용되는 기술로써 사회기반구조 고도화, 공공복지증진 및 산업공통애로해소, 이미 기능이 확인된 요소기술의 특성을 지니고 있다. 통상 국가의 기술경쟁력 확보를 목적으로 여러 제품에 활용되거나 공공·공익분야, 새로운 산업분야에 적용되므로 주로 국책연구기관이 기술개발을 수행하고 있다.

(3) 상용화기술(Commercialization Technology)

기반기술에 의해 확인되어 제품화를 목적으로 개발되는 기술로 제품경쟁력을 확보하는데 기술의 목적이 있다. 즉, 소비자의 수요욕구에 따라 영리를 목적으로 한 제품, 공정 및 서비스를 구현하는 기술이다. 시제품의 인증 또는 표준화가 수행되고 양산을 통한 사업화가 완료된 상태의 기술로써 기술성숙도(TRL: Technology Readiness Level) 8-9단계에 해당된다. 상용화기술은 정립된 기술의 결합·개량 등을 통해 특정기업의 제품차별화로 그 효과가 나타나는데, 수요처와 시장성이 비교적 명확하여 성공가능성이 기반기술에 비해 높은 편이다. 기초기술, 기반기술과 상용화기술을 개념, 특성, 목적 등의 측면에서 비교해보면 다음과 같다.

[표 1 - 6] 기초·기반·상용화 기술의 비교

구분	기초기술	기반기술	상용화기술
개념	새로운 방식·소재·원리 등과 같이 신규 발명하고 확인된 기술	기초기술을 바탕으로 실제 응용이 가능하도록 혁신된 기술	기반기술에 의해 확인되어 제품화를 목적으로 개발된 기술
특성	개혁적·원천적 변화를 유도하는 핵심기술로 미래선도적임	성능혁신을 통해 요소적이며 다수를 위해 보편적·공통적 사용	수요에 따라 영리를 목적으로 제품, 공정 및 서비스를 구현
기술 결과물	논문, 개념특허, 공학원리·가능성 (TRL 1-3단계)	개선특허, 기존기술혁신, 표준 및 기술검증물 등 (TRL 4-5 단계)	정립된 기술의 결합, 개량특허, 제품 등 (TRL 8-9 단계)
목적	기술주도권 확보	기술경쟁력 제고	제품경쟁력 제고
적용범위	수혜자 불투명, 광역성	여러 제품 또는 특정 분야	특정기업의 제품차별화

다) 기술수준에 따른 분류

또 다른 거시적 관점에서 기술수준에 따라 기술유형을 분류하기도 한다.

제품생산에 투입되는 기술의 수준에 따라 첨단기술(high technology), 중급기술(medium technology), 기존기술(low technology) 등으로 구분하고 있다(이공래, 2000). 상대적인 개념인 기술수준은 원래 국가 간의 기술격차를 나타내는 용어로서 사용되었으나 이후 각 국가의 산업과 기업을 비교하는데 많이 사용되고 있다(Martino, 1993).[32)]

OECD(2005)는 새로운 기술에 대한 R&D활동 또는 새로운 기술의 투입정도를 의미하는 기술집약도[33)]가 높은 산업을 기술집약산업으로 정의하고 제조업 부문을 기술집약도에 따라 고기술, 중고기술, 중저기술, 저기술 산업으로 분류하였다. OECD 기준에 따르면 고기술산업(high technology industries)은 기술집약도 4이상, 중고기술산업(medium-high technology industries)과 중저기술산업(medium-low technology industries)은 1~3.9, 저기술산업(low technology industries)은 1미만에 해당한다(OECD, 2001; OECD, 2005). OECD의 기술집약도에 따른 산업의 '기술수준별' 분류방식은 시장수요와 공급 등 시장경쟁 환경 속에서 집단내 공통성과 집단 간 차별성이 비교적 잘 반영되어 있다(홍지승, 2008). 이러한 기준에 따라 OECD가 발표한 기술수준별 산업은 다음과 같다.

32) 기술수준의 의미는 후술한 "5. 기술의 상대적 위치-기술수준"을 참조하기 바란다.

33) 연구개발 지출이 해당 산업의 부가가치 생산에서 차지하는 비중

[표 1 - 7] 기술집약도에 따른 기술수준 및 해당산업 비교

<table>
<tr><th>기술수준별 산업</th><th>기술집약도</th><th>해당산업</th></tr>
<tr><td>고기술 산업</td><td>4 이상</td><td>항공우주산업, 제약산업, 사무 및 컴퓨터기계, TV통신장비, 의학 및 정밀광학산업</td></tr>
<tr><td>중고기술 산업</td><td rowspan="2">1~3.9</td><td>전기기계, 자동차산업, 화학산업, 철도·수송산업, 그 외 각종 기계산업</td></tr>
<tr><td>중저기술 산업</td><td>선박제도 및 수리, 고무 및 플라스틱 산업, 석유정제산업, 기타 금속 및 비금속산업</td></tr>
<tr><td>저기술 산업</td><td>1미만</td><td>재활용산업, 목재 펄프 및 종이제조, 섬유산업 등</td></tr>
</table>

첨단기술로도 불리는 고기술은 매우 정밀하고 진보된 기술을 의미하는데 경제와 산업발전의 원동력이 되고 평균이상의 높은 수익을 가져오기 때문에 국가와 기업들은 고기술 확보에 많은 노력을 기울이고 있다. 그러나 고기술은 통상 변화속도가 빠르고 기술개발에 상당한 자원과 지식이 동원되어야 하므로 국가별 또는 기업별 기술수준과 총체적인 기술개발능력에 부합하는 치밀한 고기술 획득전략이 요구된다고 할 수 있다.

반면, 저기술은 변화속도가 느리고 낮은 연구개발 비용을 수반하며, 저기술 기업의 혁신활동도 과학적 또는 기술적 지식 보다는 주로 제품생산 공정에서 학습과정을 통한 실용적, 기능적 지식으로 나타난다.

2) 미시적 관점에 따른 분류

가) 기술 간 결합여부 및 상태에 따른 분류

기술 간 결합 여부 및 결합상태에 따라 요소기술과 융복합기술로 분류할 수 있다. 기술은 독립된 요소기술 그 자체만으로 기능을 발휘하기도 하지만 대부분의 기술은 여러 과학적·기술적 원리와 물질, 부품, 제품 등으로 결합되어 기능이 향상되거나 새로운 기술로 나타나기도 한다. 4차 산업혁명시대에서는 기술 간 결합 또는 기술과 제품 또는 산업과의 결합 등의 기술혁신에 의해 신제품이 출현하고 신산업이 형성되고 있다.

(1) 요소기술

요소기술(elementary technology)이란 기반기술의 구체적인 부분 또는 제품제조 시 사용되는 단위 요소의 기술을 의미한다. 예를 들어 화자(話者) 확인시스템에서 화자 인식을 통해 신분확인을 하고 출입을 통제할 수 있도록 하는 신분확인·출입통제 기술, 얼굴인식기술 등이 요소기술이다. 또한 복사기 제품에는 본체, 광학, 종이공급 트레이, 전사, 현상부, 감광체, 종이전송부 등의 기술이 필요한데 이러한 각각의 기술 역시 요소기술이다.[34]

기술은 여러 가지의 과학적 원리와 물질, 부품 등이 결합되어 있는 점에서 알 수 있는 것처럼 요소기술 하나만으로는 제품이 되는 경우가 별로 없고, 서로 다른 요소기술이나 재료, 부품들의 상호 보완적인 결합을 통해 새로운 기술 또는 제품이 생산된다는 특성이 있다.

기술평가 실무에서 요소기술에 대한 평가는 기술이 적용된 제품에 대한 기여도, 기술의 독창성(특허성 포함), 기술의 원천성 및 우위성, 기술의 파급효과, 기술의 발전가능성 등에 대한 검토를 통하여 이루어지고 있다.

(2) 융·복합기술

오늘날의 기술혁신은 어느 한 기술이나 특정분야에 분야에 국한되지 않고 신기술 간 또는 기술과 타 분야와의 상승적 결합을 통한 융합기술(converging technology)이 주도하고 있다.

융·복합기술은 '융합기술'과 '복합기술'로 구분할 수 있다. 복합기술은 개별 요소기술 등의 물리적인 결합으로 기존 산업의 한계를 극복해 나가는 과정에서 일어나는 공동 기술혁신 현상을 말한다. 기술의 복합화는 '본원적 니즈와 일부 기능이 결합된 부분 복합형 융합'으로 두가지 이상의 기술 또는 기능들을 합쳐 놓은 물리적 결합(A+B=A′or B′or AB)이다. 프린터에 팩스와 복사기 등의 기능을 추가한 복합기는 각각의 본질은 유지하면서 서로 다른 기술이 연결된 복합기술에 속한다.

반면, 융합기술은 화학적 결합으로 인해 개별 요소기술들의 특성이 상실되면서 전혀 새로운 특성을 갖는 혁신적 기술이 창출되는 현상을 의미한다. 즉, 기술의 융합화는 '기존의 기능을 포괄하는 완전 통합형 융합'으로 둘이 녹아서 새로운 하나가 되는 화학적 결합(A+B=C)으로 설명된다. 기술융합의 사례로는 의료기술과 정보통신기술(ICT)이 융합되어 새로운 기술로 나타난 헬스

34) 기술보증기금(2008), "기업기술의 평가", p. 3를 참조하여 작성

케어를 들 수가 있다. 위에서 언급한 기술의 융합화와 기술의 복합화를 정리하면 다음과 같다.[35)]

[표 1 - 8] 기술복합화와 기술융합화 특징의 비교

<table>
<tr><th></th><th>기술의 융합화</th><th colspan="2">기술의 복합화</th></tr>
<tr><td rowspan="2">결합 형태</td><td>A+B=C</td><td colspan="2">A+B=A'or B' 또는 A+B=AB</td></tr>
<tr><td>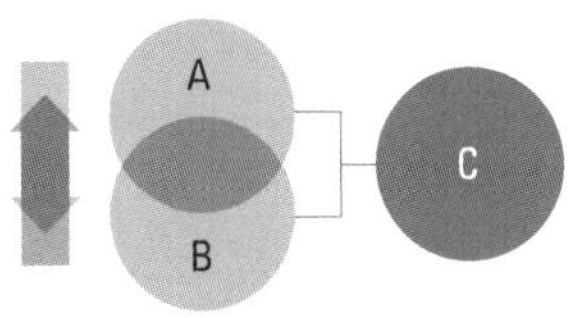
</td><td>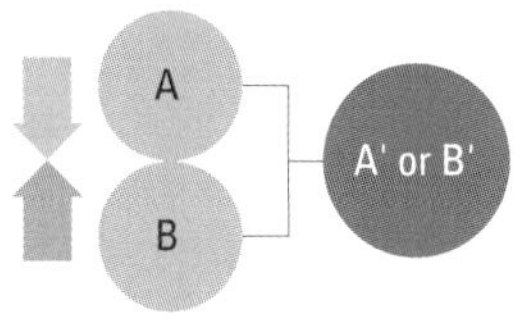
</td><td>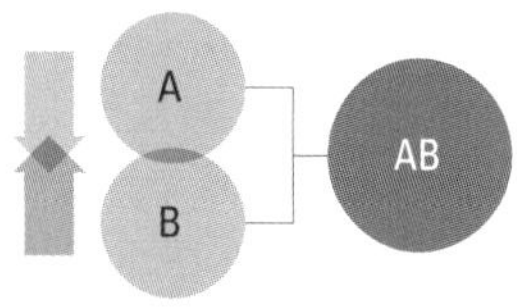
</td></tr>
<tr><td>융합 목적</td><td>신기술 개발</td><td colspan="2">기존 제품/서비스의 고도화</td></tr>
<tr><td rowspan="2">특징</td><td>혁신성, 독창성</td><td colspan="2">향상성</td></tr>
<tr><td>태동기술
(Emerging technology)</td><td colspan="2">개선기술(Improving technology)</td></tr>
<tr><td>파급 효과</td><td>새로운 시장형성</td><td colspan="2">기존시장의 유지 및 확대</td></tr>
</table>

기술평가 실무에서 융·복합기술의 평가는 요소기술 평가항목을 포함하여 제품의 수익성, 타사 제품과의 가격 및 품질경쟁력, 대체가능성, 시장점유율 등 기술성 항목 이외에도 시장성 및 수익성 등에 대한 검토를 통해 이루어지고 있다.

융합기술은 미래의 다양한 경제·사회적 수요를 충족시키기 위해 과학, 기술, 문화 등과의 창조적 융합이 강조되는 개념으로 변천하고 있다. 즉, 기존의 '이종기술 간 화학적 결합'이라는 협의의 융합기술은 이종·동종의 다양한 기술들의 결합을 넘어 경제·사회적 수요를 해결하기 위한 학문 및 산업과의 결합까지 포함하여 폭넓게 재정의하고 있다. 한편, 산업융합촉진법(제2조)에서는 산업 간, 기술과 산업 간, 기술 간의 창의적인 결합과 복합화를 통하여 기존 산업을 혁신하거나 새로운 사회적·시장적 가치가 있는 산업을 창출하는 활동을 '산업융합'으로 정의하고 있다.

기술융합이 이루어지는 형태는 크게 활용 목적별 관점과 기술 중심적 관점으로 구분하고 있다[36)]. 원천기술창조, 신산업창출, 산업고도화 등은 활용목적별 기술의 융합이고 NT, BT, IT 등 신기술간의

35) 정부합동(2007), "국가융합기술발전 기본방침"을 참고하여 재구성하였음
36) 국가과학기술위원회(2008), "국가융합기술발전 기본계획('09~'13)"

융합에 의해 기존의 단일기술한계를 극복하는 융합기술(예: 디스플레이, 바이오칩 등)은 기술분야 중심의 융합이다.

[표 1 - 9] 활용목적별 융합기술 유형

활용목적	원천기술창조형	신산업창출형	산업고도화형
개념	이종 신기술 또는 신기술과 학문이 결합하여 새로운 기술을 창조하거나 융합기술을 촉진하는 유형 (예: 자율주행차)	경제·사회·문화적 수요에 따른 신산업·서비스 구현을 위해 이종 신기술과 제품/서비스가 결합하는 유형 (예: 휴머노이드 로봇)	신기술과 기존·전통산업이 결합하여 현재의 시장수요를 충족시킬 수 있는 산업/서비스를 고도화하는 유형 (예: 첨단도시개발사업)
연구개발	기초·원천연구	응용·개발연구	
관점	창의적인 기술 주도	경제·사회·문화적 니즈 견인	

나) 기술의 발전단계 및 수명주기[37]에 따른 분류

기술은 기술개발 초기의 불명확하고 애매모호한 상태의 기술에서 시간과 투자가 진행됨에 따라 핵심기술로 성장하여 기업에 막대한 이익을 가져다주지만, 기술의 성숙과 더불어 새로운 대체기술이 나타나면 기존 기술은 사라지기도 한다. 이러한 기술의 발전단계와 수명주기에 따라 태동기술, 전개기술, 핵심기술, 근간기술로 분류하기도 한다.[38]

(1) 태동기술

태동기술(embryonic technology)은 연구개발 초기단계에 있어 제품에 적용되려면 기술의 진보와 시간이 요구되는 기술로서 발아기술 혹은 미래기술(emerging technology)이라고도 한다. 다양한 대체기술 개발방향 및 내용에 따라 신산업 또는 신사업을 창출할 수 있는 미래의 전략기

37) 정부는 NTIS(국가과학기술지식정보서비스) 과제 관리 시 기술수명주기를 다음과 같이 구분하고 있다.
- 도입기: 기술의 잠재적 가치만 인정되고 기술의 응용분야와 개발비용도 불확실하거나 기술을 생산에 적용하더라도 기술개발자가 기술을 독점하여 기술개발주체만이 제품생산을 할 수 있는 단계
- 성장기: 점차 기술의 가격이 상승하며, 기술 복잡성으로 인해 기술개발자와 기술격차가 적은 기업으로만 기술이전이 가능
- 성숙기: 선진기업 간에 기술이전이 활발해지고 기술도 표준화·일반화되면서 후발기업으로 이전됨. 따라서 기술의 이전가치가 낮아지게 됨에 따라 기술이전이 활성화됨
- 쇠퇴기: 이 단계는 기술가치의 하락이 급격히 이루어지며 후발 기업 간의 기술이전 거래가 활발히 이루어짐

38) 정형지, 홍대순 외5(2007), 「제3세대 R&D 그이후」, 케이디북스, p. 139

술로도 발전할 수 있는 기술이다. 그러나 수명주기상 발아기(유아기)에 있어 불확실성이 높으며 경쟁우위 확보에 미치는 영향은 대체로 불투명한 상태에 있다.

(2) 전개기술

전개기술(pacing technology)은 태동기술 다음 단계로 초기 실용화가 가능하나 아직 개발단계에 있다. 향후 개발진행상황에 따라 경쟁 우위를 가져다 줄 수 있는 핵심기술로 성장할 가능성이 있는 기술이며 부상기술(emerging technology)로도 부른다. 수명주기에서 성장 전기에 해당되며 통상 태동단계에 비해 불확실성이 낮아지고 기술경쟁력은 향상된다.

(3) 핵심기술

핵심기술(key technology)은 제품 또는 공정의 차별화를 통해 현재 시점에서 시장에서의 경쟁우위를 갖게 함으로써 기업의 전략적인 기술로 자리잡고 있는 기술이며 수명주기상 성장후기 또는 성숙기에 접어든 경우가 많다. 핵심기술은 제품, 기업과 같은 미시적 관점과 산업과 국가와 같은 거시적 관점에 따라 그 범위와 의미에 차이가 있다.

① 제품의 핵심기술

현재의 제품 또는 향후 제품 로드맵 상에서 기획된 예상 제품의 경쟁우위를 결정하는 요소기술을 의미한다. 제품에 필수적인 요소기술이라도 경쟁우위 확보에 별 도움이 되지 않는다면 핵심기술이라고 할 수 없다. 제품 핵심기술은 시장환경, 경쟁제품 및 기술의 변화·발전에 따라 핵심기술의 기준과 개념도 바뀌는 상대적인 개념이다.

② 기업의 핵심기술

기업이 보유한 핵심기술의 일부 또는 전부가 유출되었을 때 기업의 현재 및 미래의 경쟁력에 중대한 손실을 끼치는 기술을 의미한다. 기업핵심기술은 현재의 제품군과 로드맵상에서 정의된 신제품, 기업경쟁력에 직접적으로 영향을 미치는 핵심기술이외에도 제품설계 및 생산을 지원하는 서비스 및 인프라 관련 핵심기술을 포함한다.

③ 국가의 핵심기술

국가핵심기술 중 유출 또는 확보 시 현재 또는 미래 국가경제·산업 및 안보 경쟁력에 막대한 손실 또는 이득을 초래하는 핵심기술을 의미한다. 한편「산업기술의 유출방지 및 보호에 관한 법률」(약칭: 산업기술보호법)에서 정의한 "국가핵심기술"이란 국내외 시장에서 차지하는 기술적·경제적 가치가 높거나 관련 산업의 성장잠재력이 높아 해외로 유출될 경우에 국가의 안전보장 및 국민경제의 발전에 중대한 악영향을 줄 우려가 있는 산업기술로서 동법 제9조(국가핵심기술의 지정·변경 및 해제 등)에 따라 지정된 것을 말한다. 국가핵심기술은 산업통상자원부 고시에 의해 지정되며 관계 중앙행정기관으로부터 지정·변경이나 해제 요청을 받은 경우에는 위원회의 심의를 거쳐 변경 또는 해제하고 있다.[39)]

(4) 근간기술

근간기술(base technology)은 사업수행을 위해 반드시 보유해야 할 기반기술로 표준화되어 있는 경우가 많으며 대부분의 경쟁자들이 이용하고 있는 기술이며 기반기술로도 부르고 있다. 신규개발 투자를 계속한다 하여도 경제성이 없고 새로운 기술로 진전되지 않는 성숙기 또는 쇠퇴기에 위치하고 있다. 주로 개량 위주의 개발이 전개되다가 시간이 흐르면서 기술혁신속도가 떨어져 결국 새로 등장하는 우수한 기술이 기존의 기술을 대체하게 된다.

[표 1 - 10] 기술의 발전단계 및 수명주기에 따른 분류

발전단계	개념 및 특성	경쟁력 (중요도)	수명주기
근간기술 (Base Technology)	- 사업수행을 위해서 빈드시 보유해야 할 기술 - 표준화되어 있으며 대부분의 경쟁자들도 이용가능	낮음	성숙기, 쇠퇴기
핵심기술 (Key Technology)	- 제품/공정의 차별화 및 경쟁우위를 갖는 기술 - 제품과 공정에서 실용화가 잘된 기술 - 제품·기업·국가 핵심기술의 의미와 범위가 다름	매우높음	성숙기, 성장후기
전개기술 (Pacing Technology)	- 초기 실용화가 가능하나 개발단계에 있는 기술 - 사업화되지는 않았지만 향후 경쟁우위를 가져올 수 있는 핵심기술로 발전할 가능성이 있음	높음	성장전기
태동기술 (Embryonic Technology)	- 연구개발 초기단계의 기술. 제품에 적용되려면 기술의 진보와 시간이 요구됨 - 불확실성이 매우 높으나 신산업 또는 신사업을 창출할 수 있는 미래의 전략기술로 발전할 수도 있음	불투명	발아기

* 출처: 정형지, 홍대순 외5(2007), 「제3세대 R&D 그 이후」참조하여 작성

39) 산업통상자원부 고시 제2021-13호(2021.1.15.) 별표 "국가핵심기술": 반도체, 디스플레이, 전기·전자, 자동차, 철강, 조선, 원자력, 생명공학 등 12개 분야별 세부기술이 표로 정리되어 있다.

다) 기술의 적용분야·변화대상에 따른 분류

기술이 적용되는 분야 및 기술변화의 대상에 따라 제품기술과 공정기술 그리고 정보기술로 구분할 수 있다. 초기에 주도기술이 출현한 이후 점진적으로 제품기술에서 공정기술로 기술개발의 초점이 바뀌면서 기술혁신의 속도도 떨어지게 된다.

(1) 제품기술

제품기술(Product Technology)은 기술적 아이디어를 제품·서비스에 구현시키는 기술로 제품기획, 제품설계, 실용기술 등으로 구성되어 있다. 기술이 적용되는 대상 제품·서비스(what)의 고유성능, 기능, 화학적 특성 확보 등(why) 제품자체와 관련된 기술이다. 또한 제품기술은 생산제품의 범위를 확대하면 생산비용이 절감되는 '범위의 경제(scope economy)'를 실현할 수 있는 기술이다. 카메라로 유명한 캐논의 경우 광학기술, 전자기술 등을 조합해 카메라 이외에도 복사기, 프린터 등 다른 카테고리의 제품으로 확장하여 성공을 거뒀는데, 이것이 '범위의 경제'의 대표적 사례이다.

(2) 공정기술

공정기술(Process Technology)은 제품의 생산이나 서비스를 제공하는 과정에서 적용되는 기술로 어떤 제품을 어떠한 방법(how)으로 효율적으로 생산하기 위한 기술을 의미하며 제조기술이라고도 한다. 이 기술은 제조에 필요한 재료, 전용장치와 공구, 재료의 취급, 제조시스템, 품질관리 그리고 유지 및 보수 등 다양한 요소로 이루어지며 대형유통회사의 물류 및 배송, 재고관리시스템도 공정기술에 포함된다.[40] 공정기술은 생산부서 등 특정부서에서 국한되어 쓰이거나(예: 첨단제조기술) 기업조직의 전 부서에서 의사소통, 작업능률향상을 위해 쓰이기도 한다(예: 사무자동화기술). 한편 공정기술은 규모가 커질수록 또는 생산량이 증가할수록 평균비용이 감소하는 '규모의 경제(scale economy)'를 실현할 수 있는 기술이다.

40) 박다현, 박상욱, "신기술/신제품 개발이 기업의 수익성에 미치는 영향과 조절변수에 대한 연구", 경영정보논총 제17권제1호, pp. 59-75, 2007.8

(3) 정보기술

정보기술(Information Technology)은 컴퓨터를 기반으로 하는 정보 및 정보시스템의 제공, 처리, 이용과 관련된 기술로써 정보기술을 통하여 필요한 자료를 획득, 가공, 전달함으로써 보다 효율적인 의사결정을 할 수 있게 되며 통상 하드웨어와 소프트웨어로 구성되어 있다. 하드웨어는 컴퓨터관련 자동화기계, 휴대폰, 태블릿, MP3 등을 들 수 있고, 소프트웨어는 윈도우, 자바, 응용프로그램, 휴대폰 운영체제(iOS, OS), 각종 앱(app)관련 프로그램 등이 있다. 사람과 사물·공간의 초연결사회인 4차산업혁명시대에서는 수집한 지식, 정보의 네트워크화가 핵심자산이 되고 있다. 정보기술은 네트워크에 이용자가 추가될 때 비용은 추가되지 않으면서도 한계이익이 더 많이 발생하는 '네트워크 경제(network economy)'를 실현하는데 유용한 기술이다. '네트워크 경제'는 사용자가 늘수록 서비스의 가치가 커진다는 점에서 수요 측면에서의 '규모의 경제'라고 할 수 있으며, 네트워크로 사람, 데이터, 사물, 공간 등 모든 것을 연결하는 측면에서는 '범위의 경제'를 포함하고 있다.

[표 1 - 11] 기술의 적용분야·기술변화의 대상에 따른 분류

구분	제품기술 (product technology)	공정기술 (process technology)	정보기술 (information technology)
개념	기술적 아이디어를 제품·서비스에 구현시키는 기술	제품의 생산이나 서비스를 제공하는 과정에서 적용되는 기술	컴퓨터 기반 정보 및 정보시스템의 제공, 처리, 이용관련기술
특성1	고유성능·기능·화학적 특성 등	효율적 생산방법, 물류방법 등	- 사람·사물·공간 간 초연결 - 지식, 정보의 네트워크화
특성2	What/Why Scope Economy	How Scale Economy	How/When/Where/Who/What Network Economy

라) 기술의 체화대상에 따른 분류

기술이 체화된 대상에 따라 다음과 같이 분류할 수 있다.

(1) 기계·설비에 체화된 기술

기계·설비에 체화된 기술(physical facilities)은 기술이 재료, 도구, 기계, 장비, 장치 등 하드웨어에 체화된(embodied) 형태의 기술을 말한다. 통상 해당 기술이 적용된 재료, 제품, 장치 등을 구매를 통해 기술이전이 이루어지고 있으나 완전한 기술획득에는 한계가 있다.

(2) 인적자원에 체화된 기술

인적자원에 체화된 기술(human abilities)은 기술이 학습, 훈련, 경험, 지식 및 기능을 통해 개인에게 체화된 인적 능력을 의미하며 주로 교육이나 현장지도, 학습, 인력교류 등을 통하여 기술이전이 이루어지고 있다.

(3) 무형자산에 체화된 기술

무형자산에 체화된 기술(documented facts)은 특허, 공정규격, 디자인, 노하우, 정보, 조직역량과 같은 무형자산에 체화된 기술로 주로 문서화와 규정의 형태를 띠고 있으며 특허권의 양도 또는 라이선싱 등을 통해 기술이전이 이루어진다.

3) 국가 과학기술 정책목적에 따른 기술분류

국가차원의 과학기술관련 정책을 수립하거나 정보·인력·연구개발사업 등을 효율적으로 관리하기 위해 과학기술을 분류하고 있다. 그러나 정부·공공 기관들의 사용용도와 목적이 다름에 따라 각 기관별 분류기준이 상이하여 관련 DB의 호환이 어려운 문제점이 있다.

특허와 기술적 노하우 등에 대한 기술평가실무에서는 대부분 정부와 주요 연구관리전문기관의 기술분류체계를 활용하고 있다. 기술평가 관점에서 기술분류의 필요성은 평가대상기술의 범위와 분류를 정확하게 파악하여 적합한 평가전문가의 선정, 기술이 속하는 분야의 산업분류체계와 연계, 평가기술 관련 정보를 검색·분석, 정책수립 등에 활용을 들 수 있다. 여기서는 국가과학기술표준분류, 산업기술분류, 6T분류 등 정부와 주요 연구관리전문기관들의 기술분류체계 중 기술평가와 금융실무에서 주로 사용하는 기술분류체계를 정리한다.

가) 국가과학기술표준분류

국가과학기술표준분류는 과학기술기본법[41]에 의해 과학기술 관련 정보·인력·연구개발사업 등을 효율적으로 관리하기 위해 만들어진 과학기술 전분야에 대한 표준적인 분류 틀이다. 국가과학기술 표준분류체계는 국가과학기술의 기획·평가·관리의 기본체계로 활용되며, 과학기술관련 조사의 분류기준과 지식·정보의 관리와 유통에 활용되고 있다.

분류체계의 구조는 과학기술 분야와 인문사회과학 분야를 연구분야로, 공공분야와 산업분야를 적용분야로 구분한 이원배치형으로 연구의 내용과 연구가 적용되는 분야를 매트릭스 방식으로 연계시키고 있다. 2018년 개정된 현행 표준분류체계는 연구분야의 경우 대분류 33개, 중분류, 371개, 소분류 2,898개의 수직적 구조로, 적용분야는 대분류 33개로 구성되어 있으며 분류표와 해설서는 한국과학기술기획평가원(KISTEP) 홈페이지에서 조회할 수 있다.

[표 1 - 12] 국가과학기술표준분류체계와 표기방식

<table>
<tr><th colspan="2">적용분야</th></tr>
<tr><th>공공</th><th>산업</th></tr>
<tr><td>대분류 13</td><td>대분류 20</td></tr>
</table>

<table>
<tr><th colspan="2">분야</th><th>대분류</th><th>중분류</th><th>소분류</th></tr>
<tr><td rowspan="6">연구
분야</td><td rowspan="3">과학
기술</td><td>자연</td><td colspan="2" rowspan="6">[국가과학기술표준분류 표기방식] ED0203
대분류 ED : 전기/전자
중분류 ED02 : 반도체장비
소분류 ED0203 : 반도체에칭장비</td></tr>
<tr><td>생명</td></tr>
<tr><td>인공물</td></tr>
<tr><td rowspan="3">인문사회
과학</td><td>인간</td></tr>
<tr><td>사회</td></tr>
<tr><td>인간과학과 기술</td></tr>
</table>

41) 과학기술기본법 제27조(국가과학기술표준분류체계의 확립) ① 과학기술정보통신부장관은 과학기술 관련 정보·인력·연구개발사업 등을 효율적으로 관리할 수 있도록 관계 중앙행정기관의 장과 협의하여 과학기술에 관한 국가표준분류체계를 세우고 국가과학기술표준분류표를 만들어 시행하여야 한다.

나) 산업기술분류

산업통상자원부는 신기술의 등장과 유사기술의 융합 등 산업기술의 변화에 부응하여 산업기술분류체계를 제정하여 운용하고 있다. 산업기술혁신사업 공통운용요령[42)] 제16조(산업기술분류체계)를 보면 "장관은 사업의 기획·평가·관리에 관한 업무를 효율적으로 추진하기 위해 산업기술분류체계를 수립하여 활용할 수 있다."라고 명시하고 있다. 동 요령에 의거 제정된 산업기술분류체계는 기계·소재, 전기·전자, 정보통신, 화학, 바이오·의료 등 8개 분야를 대분류로 하고 하위체계로 중분류 및 소분류로 세분하여 운영하고 있다.

[표 1 - 13] 산업기술분류체계와 표기방식

<table>
<tr><th>대분류</th><th>중분류</th><th>소분류</th><th>코드번호</th></tr>
<tr><td>기계·소재</td><td colspan="2" rowspan="8">[산업기술분류 표기방식] 300601
대분류 30 : 정보통신
중분류 3006 : RFID/USN
소분류 300601 : RFID기술</td><td></td></tr>
<tr><td>전기·전자</td><td></td></tr>
<tr><td>정보통신</td><td>예: 300601</td></tr>
<tr><td>화학</td><td></td></tr>
<tr><td>바이오·의료</td><td></td></tr>
<tr><td>에너지·자원</td><td></td></tr>
<tr><td>지식서비스</td><td></td></tr>
<tr><td>세라믹</td><td></td></tr>
</table>

다) 미래유망신기술(6T)분류

정부는 국가연구개발사업의 집행 현황에 대한 체계적인 조사를 통해 R&D 추진현황의 다양한 분석자료를 산출하고 효율적인 국가연구개발사업 추진과 정책 방향성 제시를 위한 기초자료로 제공하고자 미래유망신기술 별 국가R&D사업 집행 추이를 매년 발표하고 있다.

6T는 2001년 국가과학기술위원회에서 21세기 성장동력이 될 국가 중점투자대상으로 정보기술(IT: Information Technology), 생명공학기술(BT: Bio Technology), 나노기술(NT: Nano Technology), 에너지환경기술(ET: Environmental Technology), 우주항공기술(ST: Space

42) 산업통상자원부고시 제2022-4호(2022. 1. 4.)

Technology), 문화기술(CT: Culture Technology) 등 총 6가지 첨단기술분야를 발표하고 집중육성해오고 있다. 분류체계는 6T에 해당하는 6개의 대분류와 해당 세부기술로 이루어진 수평구조로 되어 있으며 정부의 투자현황 및 성과분석, 중소벤처기업부의 「중소기업 기술개발사업 관리지침」등에서도 6T분류체계를 활용하고 있다.

[표 1 - 14] 6T의 개념 및 관련 기술(예시)

구분	개념	기술(예시)
IT	정보를 생성, 도출, 가공, 전송, 저장하는 모든 유통과정에서 필요한 기술	핵심부품(통신 및 통신망기술 및 반도체 기술 등) 차세대네트워크기반(4세대이동통신, 대용량 광전송시스템 기술 등), 바이오컴퓨팅기술, 정보처리 및 S/W(정보보안 및 암호기술 등)
BT	생명현상을 일으키는 생체나 생체유래 물질 또는 생물학적 시스템을 이용하여 산업적으로 유용한 제품을 제조하거나 공정을 개선하기 위한 기술	기초·기반기술(유전공학, 세포공학, 효소공학 등) 보건의료관련(바이오신약, 의료생체공학, 뇌과학, 유전자치료, 유전체이용 육종기술 등) 바이오칩기술 등 생명공학기술위주의 융합기술
NT	물질을 원자, 분자크기의 수준(10-9n)에서 조작·분석하고 이를 제어할 수 있는 과학과 기술	나노소자 및 시스템(나노소재, 나노공정기술, 나노 측정기술, 나노 모사기술 등), 나노소재기술, 나노바이오(센서 등 나노바이오보건 기술 등)
ET	환경오염을 저감, 예방, 복원하는 기술로 환경기술, 청정기술, 에너지기술 및 해양환경기술을 포함	환경기반(지구환경보전, 환경오염방지, 폐기물처리기술 등), 에너지(미활용에너지 활용기술, 연료전지기술, 수소생산이용기술, 바이오에너지기술 등) 청정생산(청정원천기술, 환경친화형소재개발기술 등), 해양환경(관리기술, 연안생태계복원기술 등)
ST	위성체, 발사체, 항공기 등의 개발과 관련된 복합기술	위성기술(위성 설계 및 개발기술, 위성 관제기술 등), 발사체기술(위성 탑재체 기술, 로켓추진기관 기술, 발사체 설계 및 개발기술 등), 항공기기술 등
CT	디지털미디어에 기반한 첨단 문화 예술산업을 발전시키기 위한 기술을 총칭하며 주로 기존의 아날로그 컨텐츠를 디지털화 시키는 기술	문화컨텐츠(가상현실 및 인공지능응용기술, 디지털영상·음향 및 디자인 기술 등), 생활문화(사이버 커뮤니케이션 기술, 인터액티브 미디어 기술 등)

라) 국제특허분류(IPC)

IPC는 International Patent Classification의 약어로 국제특허분류를 의미한다. 국제특허분류(IPC)는 발명의 기술분야를 나타내는 국제적으로 통일된 특허분류체계로 특허문헌에 대해 국제적으로 통일된 분류와 검색이 가능하도록 하기 위해 1954년 국제특허분류에 관한 유럽조약과 1971년 스트라스부르(Strasbourg) 조약을 통해 만들어졌다.

자국의 형편에 따라 보조적인 분류체계를 혼용하기도 하지만 유럽은 물론 미국, 일본 등 대부분의 나라에서 국제특허분류에 의한 분류체계를 표기하고 있다. 우리나라는 1999년 스트라스부르 조약에 가입하고 모든 출원건에 대해 IPC 코드를 부여하고 있다.

우리나라 특허청에 등록된 모든 지식재산권은 국제표준분류체계인 IPC 분류체계에 맞추어 등록, 관리를 하고 있으며 매년 개정되고 있다. IPC코드는 5개의 코드조합으로 구성되는데, 기술 전체를 8개의 섹션(section)[43]으로 나누고 알파벳 A~H로 표시하며 각각의 섹션에 대해 클래스(class), 서브클래스(sub class), 메인그룹(main group), 서브그룹(sub group)으로 세분화하여 코드를 부여하고 있다.[44]

[표 1 - 15] IPC 코드 구성예시(F16K1/02: 리프트 밸브의 구성요소 중 나사스핀들)

Section	A	B	C	D	E	F	G	H
Class	F16							
Sub-class	F16K							
Main-group	F16K1/00							
Sub-group	F16K1/02							

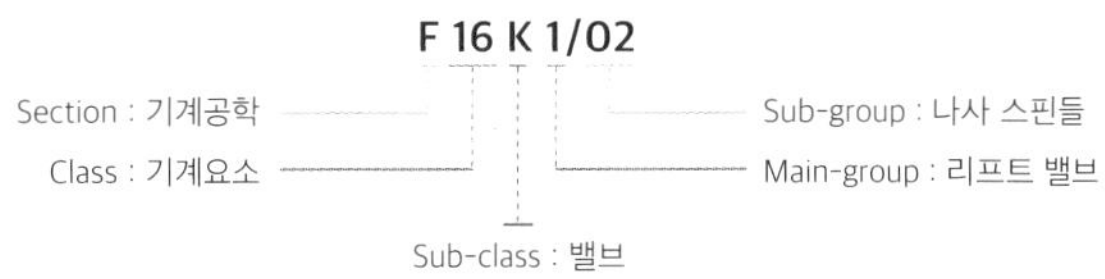

- 섹션: IPC 계층구조의 가장 상위레벨, 총 8개로 구성 → F~기계공학
- 클래스: IPC 계층구조의 두 번째 레벨, 섹션기호에 2개의 숫자를 붙임 → F16~ 기계요소(단위)
- 서브클래스: IPC구조의 세 번째 레벨, 클래스 기호뒤에 1개의 대문자 붙임→ F16K~ 밸브
- 메인그룹: 서브클래스 기호 뒤에 사선(/)으로 구분된 숫자를 붙임 → F16K1/00~ 리프트 밸브
- 서브그룹: 메인그룹 및 사선(/)이후에 00이외의 2개의 숫자를 붙임 → F16K1/02~ 나사 스핀들

43) IPC(국제특허분류체계)중 Section의 구성

표시	A	B	C	D	E	F	G	H
내용	생활 필수품	처리조작	화학 ; 야금	섬유 ; 지류	고정 구조물	기계공학 ; 조명 ; 가열 ; 무기 ; 폭파	물리학	전기

44) 김재진 외4(2021), "기술금융의 이해와 실무" pp. 33-34 인용

4) 기업회계기준에서 기술의 분류

가) 개요

기업은 경제적 자원을 사용하거나 부채를 부담하여 과학적·기술적 지식, 새로운 공정이나 시스템의 설계 및 실행, 지식재산권, 고객 또는 공급자와의 관계, 고객평판, 시장점유율과 판매권 등의 무형자원을 취득·개발하고 유지하거나 개선한다. 여기서 기업이 보유하고 있는 무형의 자원은 앞에서 설명한 넓은 의미의 기술에 포함된다고 할 수 있다.

기술은 물리적 실체가 없는 무형의 자원으로서 재무제표상에 보고될 경우에는 무형자산으로 분류하고 있다. 재무제표[45)]상에 보고되는 기술은 법률적으로는 재산으로서의 요건과 함께 회계적으로는 무형자산으로서의 요건을 갖추고 있어야 한다.

재산(property)은 개인, 기업, 국가 등이 소유하는 토지, 건물, 금전 등 금전적 가치가 있는 물건 및 권리·의무의 총체를 말하며 흔히 재산권과 같은 의미로도 사용된다. 기술이 재무상태표에 계상되려면 지식재산권을 확보하였거나 권리화 가능성 등 일정 조건을 갖추고 있어야 한다. 즉, 특허권, 디자인권, 저작권 등 권리로 인정되는 경우에 한하여 무형자산으로 반영될 수 있으며 그 이외의 기술은 재무상태표에 반영되지 않고 부외자산으로 남아 있는 경우가 대부분이다.

자산(asset)의 사전적 의미는 기업 등이 소유하고 있는 유형·무형의 재화, 서비스, 권리 등으로서 가치가 있는 구체적인 실체를 말한다. 전통적 회계기준에서 자산은 국제적으로는 미국 재무회계기준심의회(FASB)의 '개념설명서'와 국제회계기준위원회(IASC)의 '재무제표의 작성과 표시를 위한 개념체계'에 규정된 것을 의미한다. 우리나라의 한국회계기준위원회에서 제정한 재무회계 개념 체계를 보면, 자산을 '과거 사건의 결과로 기업이 통제하고 있고 미래 경제적 효익이 유입될 것으로 기대되는 자원'으로 정의하고 자산 등 재무제표의 주요 구성요소를 규정하고 있으며, 기업회계기준에서는 세부 항목을 규정하고 있다.

기업회계의 회계등식(accounting formula)에 따르면 자산은 부채와 자본의 합으로 이루어진다. 이는 자산 형성이 부채조달에 의해 이루어진 부분(=채권자 지분)과 자기자본 투입에 의한 부

45) 기업경영에 따른 재무상태나 경영성과를 회계원칙에 따라 간단하게 표시한 재무보고서로써 재무상태표, 손익계산서, 현금흐름표, 자본변동표 등이 있다. 이 중 재무상태표는 특정 시점에서 자금이 어디에서 조달하고 어디에 사용되었는지를 자본, 부채, 자산이라는 회계언어로 정리한 보고서이다.

분(=소유주 지분)으로 되어 있다는 것을 의미한다. 환언하면, 부채는 타인으로부터 조달된 자금(타인자본)이고, 자본은 주주로부터 조달된 자금(자기자본)이다.

재무상태표의 자산은 유동성을 기준으로 1년 내에 현금화되거나 소비되는 유동자산과 1년 이상의 장기간에 걸쳐 기업내에 체류하여 영업활동 등에 사용되는 비유동자산으로 구분된다. 비유동자산은 다시 기업의 판매활동 이외의 장기간에 걸쳐 투자이익을 얻을 목적으로 보유하고 있는 투자자산, 영업활동에 장기간 사용하는 물리적 실체가 있는 유형자산(tangible asset), 그리고 영업활동에 장기간 사용할 목적으로 보유하고 있는 물리적 실체가 없는 무형자산(intangible asset)으로 세분된다.

무형자산은 재화의 생산과 서비스의 공급에 기여하거나 사용되는, 또는 기업이나 개인에게 미래에 경제적 편익을 가져다 줄 것으로 기대되는 비물리적 요소를 말한다. 기업회계기준에서 '무형자산'은 재화의 생산이나 용역의 제공, 타인에 대한 임대, 관리에 사용할 목적으로 기업이 보유하고 있으며, 물리적 실체는 없지만 식별할 수 있고, 기업이 통제하고 있으며, 미래 경제적 효익이 있는 비화폐성자산으로 정의하고 있다. 무형자산의 유형으로는 처분가능한 지식재산권(산업재산권, 저작권 등)이나 영업권, 개발비, 라이선스(면허)와 프랜차이즈, 컴퓨터소프트웨어, 임차권리금, 광업권, 어업권 등이 있다. 이외에도 고객 평판, 종업원의 능력, 경영관리 시스템의 효율성, 고객목록 등 측정불가능한 항목도 포함된다.

이처럼 다양한 종류의 무형자산 중 기술평가실무에서 종종 접하게 되는 기술관련 무형자산인 산업재산권, 개발비, 영업권, 컴퓨터 소프트웨어에 대하여 간단히 살펴본다.

[표 1 - 16] 재무상태표상의 자산구조와 무형자산의 유형

<table>
<tr><th colspan="3">자산</th><th colspan="2">부채</th></tr>
<tr><td colspan="3">유동자산</td><td colspan="2">유동부채</td></tr>
<tr><td rowspan="2"></td><td>당좌자산</td><td></td><td rowspan="2"></td><td>매입채무, 단기차입금....</td></tr>
<tr><td>재고자산</td><td></td><td>미지급비용 등</td></tr>
<tr><td colspan="3">비유동자산</td><td colspan="2">비유동부채</td></tr>
<tr><td rowspan="6"></td><td>투자자산</td><td></td><td rowspan="2"></td><td>장기차입금</td></tr>
<tr><td>유형자산</td><td></td><td>장기충당부채 등</td></tr>
<tr><td rowspan="4">무형자산</td><td>영업권</td><th colspan="2">자본</th></tr>
<tr><td>산업재산권, 저작권</td><td colspan="2">자본금</td></tr>
<tr><td>개발비</td><td colspan="2">자본잉여금</td></tr>
<tr><td>S/W, 프랜차이즈 등</td><td colspan="2">이익잉여금</td></tr>
</table>

나) 산업재산권

산업재산권은 법률에 의하여 일정기간 독점적·배타적으로 이용할 수 있는 권리로 특허권, 실용신안권, 디자인권 및 상표권 등이 있다. 자체개발하여 취득한 산업재산권은 투입된 직접재료비, 직접노무비, 제조간접비 등 취득원가를 계상하고 외부로부터 기술이전거래등을 통해 구입한 경우에는 구입가액에 법률비용 등의 부대비용을 가산한 취득원가로 계상한다.

다) 개발비[46)]

내부적으로 창출한 무형자산이 인식기준에 부합하는지를 평가하기 위해 무형자산의 창출과정을 연구단계와 개발단계로 구분한다. 창출과정을 연구단계와 개발단계로 구분할 수 없는 경우에는 창출과정에서 발생한 지출은 모두 연구단계에서 발생한 것으로 본다.

(1) 연구단계

프로젝트의 연구단계에서는 미래경제적 효익을 창출할 무형자산이 존재한다는 것을 입증할 수 없기 때문에 연구단계에서 발생한 지출은 무형자산으로 인식할 수 없고 발생한 기간의 비용(연구비)으로 인식한다.

(2) 개발단계

개발활동 또는 내부 프로젝트의 개발단계에서 발생한 지출은 다음의 조건을 모두 충족하는 경우에만 무형자산으로 인식하고, 그 외의 경우에는 발생한 기간의 비용으로 인식한다.

㉠ 무형자산을 사용 또는 판매하기 위해 그 자산을 완성시킬 수 있는 기술적 실현가능성 제시

㉡ 무형자산을 완성해 그것을 사용하거나 판매하려는 기업의 의도가 있음

㉢ 완성된 무형자산을 사용하거나 판매할 수 있는 기업의 능력을 제시

㉣ 무형자산이 미래경제적 효익을 창출하는 방법, 즉, 무형자산의 산출물이나 무형자산 거래시장의 존재함을 제시, 또는 무형자산이 내부적으로 사용할 경우 그 유용성을 제시

㉤ 무형자산의 개발을 완료하고 그것을 판매 또는 사용하는 데 필요한 기술적, 재정적 자원 등을 충분히 확보하고 있음을 제시

46) 한국회계기준원의 기업회계기준서 제1038호에서 발췌 인용

ⓑ 개발단계에서 발생한 지출을 신뢰성 있게 구분하여 측정할 수 있는 기업의 능력

라) 영업권

영업권은 인수합병(M&A) 등 다른 기업을 합병하거나 영업양수하는 과정에서 기업 순자산의 공정가액을 초과하여 지급한 금액으로 재무제표에 나타나지 않는 가치를 인정하는 일종의 권리금이다. 예를 들어 피인수기업이 우수한 경영진 및 기술진 등 인적자원, 잘 갖춰진 유통망, 우수고객 등을 확보하고 있어 인수기업의 생존과 지속적 성장에 도움이 되는 경우에는 그 기업의 공정가액보다 더 많은 금액을 지불할 것이다. 이때 더 지불한 금액은 그만큼 무형적인 가치를 인식한 것으로 재무제표상에 영업권으로 계상하게 되는데, 기업이 보유하고 있는 기술도 영업권에 반영될 수 있다.

마) 컴퓨터 소프트웨어

소프트웨어를 내부적으로 개발할 때 그 지출비용이 무형자산으로서의 인식조건을 모두 충족하면 '개발비' 과목의 무형자산으로 기록하고, 그렇지 않으면 경상개발비라는 당기비용으로 처리한다. 외부에서 소프트웨어를 구입한 것으로 무형자산 인식조건을 충족하게 된다면 소프트웨어 구입비용을 '소프트웨어'라는 무형자산으로 기록한다.

5. 기술의 상대적 위치(위상)

아이디어와 개념설정에서 부터 개발완료 후 성과물의 양산단계까지의 기술혁신과정에서 R&D관리 또는 투자의사결정을 위해 해당 기술분야 전문가들이 기술의 현재 상태를 점검하고 동일 또는 다른 분야 기술을 상호 비교한다. 더 나아가 기업·산업·국가 간 기술을 비교하여 국가과학기술 및 산업정책에 반영하거나 기업의 경영전략 수립·추진에 활용하고 있다. 여기서는 기술의 상대적 위치를 나타내는 지표로서 기술평가시 분석·반영되고 있는 기술완성도, 기술수명 및 진부화, 기술수준 및 기술격차의 개념을 간단히 정리한다.

1) 기술완성도

일반적으로 개발된 기술을 사업화(commercialization)하기 위해서는 3가지 요건, 즉 완성도가 높은 기술이어야 하고, 사업화 추진 주체가 결정되어야 하며 사업성(사업화 성공가능성)이 있어야 한다. '기술의 완성도'는 단순한 아이디어 단계에서 출발하여 개념설정, 시제품 개발 등으로 이어지는 기술개발 진척도가 어느 정도인지, 더 나아가 제품화 및 상업화가 가능한 단계 중 어느 단계에 위치하고 있는지를 나타낸다. 기술완성도는 기업이 아이디어 또는 신기술을 개발하고 사업화를 추진할 때 가장 먼저 검토하는 항목으로써 기업의 R&D관리, 사업위험관리, 의사결정 등에 활용되고 있는 핵심요소이다. 기술완성도가 높을수록, 즉 기술이 제품 양산화에 적용될 수 있는 단계에 가까워질수록 불확실성과 위험도가 감소하게 된다. 이에 따라 사업화 성공가능성도 높아지며 기술의 가치 또는 기술평가등급에 긍정적인 영향을 미치기 때문에 기술평가시 주요 평가항목의 하나로 반드시 검토되고 있다.

통상 기술사업화 단계는 아이디어 창출, 개념설정, 시제품 개발, 양산·상업화 단계로 구분된다. 기술의 완성도를 검토한다는 것은 이러한 기술사업화 과정에서 개발중이거나 개발완료된 기술이 양산단계의 사업화로 연계될 가능성이 어느 정도인지를 확인하는 활동이다. 기술완성도 측정방법으로는 TRL[47](Technology Readiness Level, 기술성숙도, 또는 기술준비도)과 TF(Technology Factor)모델이 활용되고 있다. TRL은 핵심요소기술의 기술성숙도를 수준별로 정의하고 객관적인 지표를 통해 기술개발단계를 구분하는 방법으로 기술완성도 측정지표로 널리 사용되고 있다.

기술성숙도는 해당 기술이 실제로 응용되어 쓰일 수 있기까지 어느 정도 준비가 되었는지를 확인하는 객관적인 지표이다. 개발기술의 시작과 종료시점까지의 기술적인 목표달성 정도를 평가하기 위해 연구개발환경(실험실·유사·실제 운용환경)[48], 연구개발결과물(시제품, 완제품), 기

47) 미국 항공우주국(NASA)에서 우주산업의 기술투자 위험도 관리를 목적으로 1989년 TRL이 도입된 후 미국방부(DoD)에서 무기체계개발에 적용하고 있으며 기술개발 착수 전 기술성숙 여부를 판단하여 기술적 위험의 저감을 꾀하고 있다. 국내의 경우 방위사업청은 무기체계개발 사업의 주요 시점마다 기술적 구성요소 및 성숙도를 평가하도록 방위사업청 예규에 규정하고 있으며, 산업통상자원부는 R&D사업에 산업기술별로 핵심부품소재를 선정하여 기술성숙도를 평가, 적용하고 있다.

48) '실험실 환경'은 구성품 또는 조립품의 기능을 실험하기 위해 조성된 환경을 말한다. '유사 운용환경'은 기술의 성능에 영향을 미치는 조건을 고려하여 M&S(Modeling & Simulation), VR 등 인위적으로 구성된 환경을 말하며, '실제운용환경'이란 최종체계에서 요구되는 모든 운용조건을 포괄하는 환경을 말한다.

술수준(개념, 시현, 성능검증)에 따라 기술성숙도를 분류하고 있다. 즉 TRL 단계는 기초연구(T1), 실험(T2), 시작품(T3), 실용화(T4), 사업화(T5)의 5단계와 9개의 세부단계로 구분하고 있다. 기초연구단계는 TRL1(기초이론/실험)단계와 TRL2 (실용목적의 아이디어, 특허 등 개념정립)단계로, 실험단계는 TRL3(실험실규모의 기본성능검증)단계, TRL4(실험실 규모의 소재·부품·시스템 핵심성능 평가)단계로, 시작품단계는 TRL5(확정된 소재·부품·시제품 제작 및 성능평가)단계와 TRL6(유사 환경에서 확정된 소재·부품·시제품 제작 및 성능평가)단계로 구분된다. TRL 후기단계인 실용화단계는 TRL7(실제 환경에서 신뢰성 평가 및 수요기업 평가)단계와 TRL8(시제품 인증 및 표준화단계로 개발완성)단계로, 최종 사업화단계는 TRL9(양산·사업화)단계로 실제적인 응용 및 품질관리가 중요한 단계이다.

구체적인 사례를 통해 TRL 단계를 구분해보자. 갯벌진흙을 화장품 원료로 사용하기 위해 수년간의 연구개발로 기초연구(T1) 및 실험단계(T2)를 마치고 특허권을 출원·등록하여 권리가 보호되고 있다. 현재 시제품을 제작하여 샘플링으로 화장품 업체의 연구소에서 적용하고 있다(T3). 기술이 최종 완성되려면 시제품 검증을 통과하고 양산이 가능한 표준화를 달성하고(T4) 이후 상용화 제품의 양산단계(T5) 까지 진행될 경우 기술의 완성도가 최종단계에 도달했다고 평가할 수 있다. TRL 단계별 정의는 제조기술·장비, 소재·부품, 소프트웨어, 바이오·의료 등 산업·기술 분야에 따라 다르게 운용될 수 있다(다음 표 참조).

[표 1 - 17] 산업·기술분야별 TRL 측정기준 예시(산업통상자원부)

구분	TRL 단계	단계별 정의	기계/장비 유형	소재/물질 유형	소프트웨어 유형	바이오/의료 유형
기초 연구 단계 (T1)	1	기초이론/실험	기초논문/연구	기초논문/연구	기초이론/실험	발견, 응용원리
	2	실용목적, 아이디어, 특허 등 개념 정립	응용논문, 특허 등 개념 정립	응용논문, 특허 등 개념 정립	실용목적, 아이디어, 논문 등 개념 정립	탐색·정제, 개념설정 및 정립
실험 단계 (T2)	3	실험실 규모의 기본성능 검증	모델링/설계	소재합성/배양	SW 모델링 (분석,설계)	효능연구, 후보물질 도출
	4	실험실 규모의 소재/부품/ 시스템 성능평가	핵심요소기술 도출	최적의 배합비 도출	연구시제품 (프로토타입) 구현	(신약)효능검증 독물실험 핵심요소기술
시작품 단계 (T3)	5	확정된 소재/ 부품/시스템의 시작품 제작 및 성능평가	제작기술 확보	공정 최적화	알파버전 완료, 서브시스템 개발(분석/설계/ 구현)	(신약)안전성/ 효능검증 공정최적화 (분리·배양)
	6	유사환경에서 파일롯 규모의 소재/부품/ 시스템의 시작품 제작 및 성능평가	실제현장에서 구현될 수 있도록 발전 해당 기계/ 장비 특허출원	실제현장에서 구현될 수 있도록 발전 해당 소재/ 물질 특허출원	베타버전단계 서브시스템 시험/유효성 확인	제재화 임상시험(1상)
실용화 단계 (T4)	7	실제환경에서 신뢰성 평가 및 수요기업 평가	신뢰성 평가 및 수요기업 평가	시작품의 신뢰성평가 및 수요기업평가	실제 환경에서의 시스템통합/ 검증	임상시험(2상)
	8	시제품 인증 및 표준화	시제품 인증 및 표준화 (KS/ISO 인증)	시제품 인증 및 표준화 (KS/ISO인증)	패키징/커스터 마이징, 시스템 시험/인증, 등록	임상시험(3상), 신약허가신청
사업화 단계 (T5)	9	실제적용 및 본격 양산	양산·사업화	사업화 양산준비	출시, 판매	식약청 허가, 양산

* 자료 : 산업통상자원부, 한국산업기술평가관리원

기술성숙도는 R&D단계별 명확한 연구개발 목표설정 및 사업성과 제고에 기여할 목적으로 도입·사용되고 있는데, 국내에서는 주로 정부 등 공공부문의 R&D관리에 활용되고 있다. 즉, 방위사업청은 연구개발을 위한 국내 기술수준을 판단하고 기술적 위험을 사전 식별하여 대안수립 등 위험을 관리할 목적으로 무기체계에 적용되는 핵심기술요소(CTE: Critical Technology Elements)들이 어느 정도로 성숙되어 있는지를 정량적으로 평가하고 있다.[49] 또한 산업통상자원부에서는 R&D지원사업의 산업기술별 핵심부품소재 선정 및 관리 시, 국토교통부에서는 국토교통 R&D사업의 진척도 관리시 기술성숙도를 평가하고 있다. 기술평가기관에서도 기술가치평가를 하거나 기술등급평가를 수행할 경우 기술완성도 즉, 평가대상기술이 아이디어 단계에서 사업화단계에 이르는 과정 중 어디에 위치하고 있는지를 기술성숙도를 활용하여 측정하고 있다.

한편, TF모델[50]은 사업성 관점에서 타 기술과 비교·분석하는 기술성 분석(technology feasibility)으로 기술의 완성도를 검토하는 방법 중 하나이다. TF모델의 기술성분석은 유용성(utility)과 경쟁성(competitiveness)평가로 구성되어 있다. '유용성 평가'는 확보된 기술이 해당 사업에 얼마나 유용한 기술인지, 즉 어느 정도 사용가치가 있는지를 평가하는 것이며 '경쟁성 평가'는 사업화 대상 기술이 경쟁기술과 비교하여 차별성, 영속성, 독창성 등이 있는지, 즉 얼마나 경쟁력이 있는 기술인지를 평가하는 것이다.

2) 기술수명과 진부화

가) 기술수명주기

인간이 수명을 갖고 있는 것처럼 기술도 수명이 있다. 사람은 태어나 유아기를 거쳐 청년으로 성장하고 중년의 성숙기를 거쳐 노년기에 도달한다. 마찬가지로 기술도 기술개발을 통해 생성되는 태동기가 있고, 기술의 성능이나 수준이 빠른 속도로 개선· 발전되는 성장기를 거치게 된다. 이어서 혁신 기술·제품이 대중에 확산되어 최대정점인 성숙기에 도달하고 기술이 더 이상 제기

49) 방위사업청 예규로 제정된 「기술성숙도평가(TRA: Technology Readiness Assessment) 업무지침」 참조

50) TF모델은 미국의 다국적 컨설팅 회사인 ADL(Arthur D. Little)이 최초로 고안하고 Dow Chemical사가 이를 실제 적용하였으며 이후 Inavisis사가 확대발전시켜온 것이다. 이 모델은 유용성 부문 9가지 항목과 경쟁성 부문 9가지 평가항목 등 총 18개 항목으로 구성되어 있으며 각 항목에 대해서는 5점 척도로 평가하여 종합점수를 산정하는 방식으로 기술의 유용성과 경쟁성을 계량화하고 있다.

능을 발휘하지 못하거나 대체기술이 출현하면 쇠퇴기에 접어들고 사라지게 된다. 이처럼 기술이 개발되어 다양한 제품을 생산하는데 활용되다가 새로운 기술에 의하여 대체될 때까지의 주기를 기술수명주기(TLC: Technology Life Cycle)라고 한다. 이 TLC는 통상 태동기(도입기)-성장기-성숙기-쇠퇴기 등 4단계로 구분되는데 각 단계는 다른 특징이 있다(양동욱외 2, 2015).

기술의 태동기(emerging)는 새로운 기술이 도입되는 시기로써 기본적인 문제에 대한 해결이 필요한 단계이며 해당분야의 핵심기술(dominant design)이 아직 나타나지 않은 상황이다. 이 시기는 제품가격이 높으나 고객의 관심은 비교적 낮고 시장의 수요도 형성되지 않은 단계로써 기술개발 방향에 따라 기술적 위험이 큰 편이다.

성장기(growth)는 초창기의 기술과 시장에 대한 불확실성이 점차 낮아지고 기술의 응용범위가 넓어지며 기술혁신속도는 안정을 찾게 된다. 시장규모가 빠르게 성장하고 기술적 표준에 대한 논의가 시작됨에 따라 기술적 위험이 감소하지만 혁신기술이 대중화되기 전에 수요가 정체되거나 단절(chasm이라고 함)을 겪기도 한다. 다른 경쟁자들이 진입을 시작하기 때문에 기업은 원천·응용·개량 기술(또는 특허)을 확보하여 경쟁력을 강화할 필요가 있다.

성숙기(maturity)는 관련 시장의 규모가 최대점에 도달하고 기술표준이 수립됨에 따라 기술적 위험이 낮은 단계이다. 이 시기는 점진적 기술혁신이 진행되기는 하나 시장의 수요가 최대정점에 있어 성장률이 정체되고 많은 경쟁자들의 진입으로 공급이 수요를 초과하기 시작한다. 보유기술의 라이선스 아웃 등을 통해 수익 극대화를 추진하는 것이 바람직하다.

마지막으로 쇠퇴기(decline)는 시장규모가 감소하기 시작하고 기술표준이 완성된 단계에 있어 기술적 위험이 다시 증가하게 된다. 현재 기술을 바탕으로 새로운 제품혁신이 일어나게 되므로 보유기술에 대한 실사(due diligence)를 거쳐 기술이전 또는 사업 철수 및 새로운 사업을 모색하는 등 내부지향성이 강한 단계이다.

[그림 1 - 6] 기술수명주기

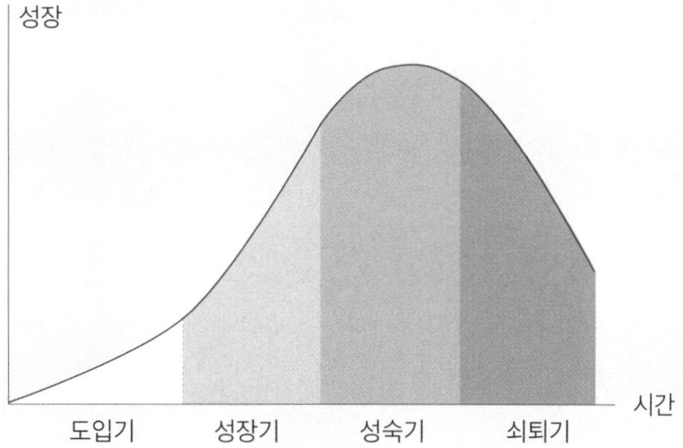

나) 기술수용주기

기술수명주기는 새로운 기술 혁신의 채택, 수용 및 궁극적인 감소를 예측할 수 있게 한다. 기술수명주기의 각 단계에서 소비자가 새로운 기술을 채택하는 차별적 성향을 수명주기별 인구통계를 활용하여 구분하고 있다. 로저스(Everett M. Rogers, 1966)는 소비자가 혁신적인 기술이나 하이테크 제품을 채택하고 수용하는데 걸리는 시간과 태도에 따라 혁신수용자, 조기수용자, 전기다수수용자, 후기다수수용자, 지각수용자의 5개 소비자군으로 구분하였다.

혁신수용자(innovators)들은 가장 먼저 혁신제품을 수용하는 소비자층으로 첨단지향적인 '기술애호가(technology enthusiasts)'들이다. 새로운 제품·서비스가 주는 편익보다는 일단 한번 써보는 모험적인 성향이 강한 사람들로서 신제품 수용에 따른 위험을 기꺼이 감수한다. 혁신수용자층은 전체 소비자 인구의 2.5%를 차지하고 있다.

조기수용자(early adopter)는 혁신제품·서비스를 구매하여 남보다 앞서려고 하는 경향이 있는 선각자(visionary)들이며 일반적으로 위험을 감수하며 신기술에 비교적 잘 적응한다. 다른 소비자들의 의사결정에 상당한 영향을 미치는 오피니언 리더(opinion leader)군이기 때문에 초기시장에서 혁신 제품·서비스가 성공하기 위해서는 이들의 지지가 필수적이다. 조기수용자층은 전체 소비자의 약 13.5%를 차지하고 있다.

전기다수 수용자(early majority)는 이전 두 소비자층보다는 훨씬 크지만 신중한 그룹으로 실질적인 문제에 관심을 갖는 실용주의자(pragmatist)들이다. 신기술 수용에 따른 리스크를 줄이기 위해 혁신수용자와 조기수용자들에 의해 검증된 제품·서비스를 구매하는 성향이 있는데, 주로 베스트셀러를 선호한다. 기업들이 마케팅하기에 어려운 상대들이지만 주류시장 진입에 가장 중요한 고객집단으로 전체 소비자의 34%를 차지하고 있다.

후기다수수용자(late majority)는 전체 소비자의 절반이상이 제품을 수용한 후 제품을 구매하는 보수주의자(conservatives)들로서 위험회피적이고 시대에 뒤떨어지지 않는 정도에서 만족한다. 가격에 민감하고 주변상황에 영향을 받는 집단으로 전체의 약 34%를 차지한다.

지각수용자(laggards)는 전통적인 가치를 중시하고 현재의 상황을 유지하기를 원하며 신기술이나 혁신제품에 대해 매우 부정적인 회의론자(skeptics)들로서 혁신제품이 대중화된 후에 마지못해 구매하는 집단이다. 대개 자신과 비슷한 그룹과만 어울리거나 사회적으로 고립된 경우가 많으며 전체 소비자의 16%를 차지하고 있다.

[그림 1 - 7] 소비자들의 기술수용주기 곡선

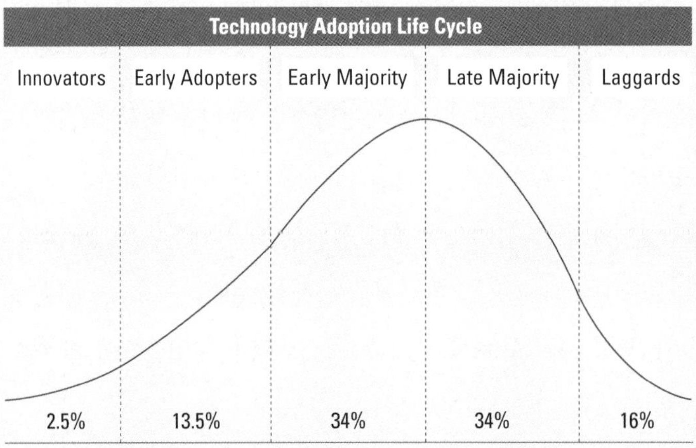

출처 : Rogers & Shoemaker(1971)

다) 진부화

시장에 도입된 신기술·신제품은 경영환경과 경쟁기술 간 상호작용을 통해 성장하고 대중화된 기존기술로써 성숙기에 도달한 이후 쇠퇴하는 전형적인 패턴(S-curve)을 나타낸다. 이와 같이 기존 기술은 내재된 기술경쟁력이 저하되면서 시장점유율이 급격하게 떨어지고 기술의 가치가 감소하는 현상을 기술의 진부화(obsolescence)라고 한다. 기술의 수명을 결정하는 요인인 진부화

유형은 물리적 진부화와 기능적·기술적 진부화, 경제적 진부화가 있다.

물리적 진부화는 자산의 사용 및 노후화로 인해 발생하는 진부화로 주로 건물, 장비, 기계 등 유형자산에서 발생하는 진부화를 말한다.

기능적 진부화는 기술자산의 기능, 효용, 가치를 감소시킬 수 있는 구조, 재료 또는 디자인 등의 결점에서 오는 진부화이다. 기술적 진부화는 상대적으로 우수한 신기술이 도입되면서 기존기술을 더 이상 사용할 필요가 없게 됨으로써 발생하는 진부화를 말한다. 급격한 기술변화 추세속에서 기술적 진부화는 기능적 진부화의 주요요인이 되고 있다.

경제적 진부화는 기술이 그 기능을 수행하고 있으나 외부적인 요인으로 인해 수익성이 떨어지는 경우 발생하는 진부화를 말한다. 경제적 진부화의 요인들로는 사양산업, 관련 법규 및 규제, 수요감소, 비용상승 등이 있다. 기술사업화에서의 기술수명은 기술적으로 사용할 수 있는지 여부보다는 기술의 경제성이 판단기준이 되고 있다. 기술이 현재 사용가능하고 제기능을 발휘하고 있더라도 기술을 적용한 제품이 팔리지 않거나 수익이 발생하지 않는다면 기술의 경제적 수명이 다했다고 보는 것이다.

3) 기술력·기술수준[51] 및 기술격차

가) 기술력

기술은 과학적 지식 또는 경험에 기초한 지식체계로서 특정 목적을 위해 체계화·조직화되어 생산설비, 제품이나 시스템, 인간·조직 등에 체화되어 있다. 기술력은 한마디로 기술 역량의 크기를 말한다. 여기서 기술 역량은 현재의 기술수준과 기술개발력을 통합한 종합적인 역량을 의미한다. 기술수준은 확보된 기술 및 제품 또는 공정이 현재의 생산활동에 사용됨으로써 실현되는 것을 말한다. 반면, 기술개발력은 앞으로 어떤 주체가 자주적으로 기술을 개발할 수 있는 능력으로서 미래의 생산활동에서 실현된다. 기술수준과 기술개발력 간에는 현재의 기술개발력이 확충되면 기술수준이 향상되며, 향상된 기술수준을 바탕으로 생산성이 높아지고 기술개발력이 증대되는 등 상호의존관계에 있다.

---

51) 홍순기, "제조업의 기술력 측정과 지표개발에 관한 연구: 방법과 사례분석", 정책자료, pp. 1-63, 과학기술정책연구원, 2006.2 참조하여 작성함

한편, 산업통상자원부가 고시한 「기술평가기준 운영지침」과 「기술평가실무가이드」에서 기술력평가는 기술을 활용하는 주체의 인력, 조직, 기술, 지원서비스 등 평가요소를 종합적으로 평가하여 등급, 점수 등 다양한 형태로 표시하는 것, 즉 사업주체의 기술개발능력, 흡수능력, 기술혁신 및 사업화능력을 평가하는 활동으로 설명하고 있다.

상기 내용을 토대로 기술력을 정리해보면 '기술을 사용하는 주체가 기술을 개발 또는 습득·소화·변용·활용하는데 필요한 제반 지식과 숙련도, 경험 등을 포괄하는 역량'이라고 할 수 있다. 기술력은 국가 또는 기업과 같은 비교 상대가 존재하거나 비교시점이 존재할 때 표현이 가능한, 즉 상대적인 비교 개념을 내포한 용어이다. 그런데 국가간, 기업간 또는 산업별 기술력을 측정하고 비교하는 것은 쉽지 않은 일이다. 왜냐하면 조직들의 기술혁신 전체 과정을 포괄하는 하나의 지표로 통합하여 표현하는데 어려움이 있기 때문이다. 또한 국가, 기업 등은 다양한 분야의 수많은 개별기술을 보유하고 있는데, 기술자체가 지식정보라는 본질적 속성상 정량적 평가방법을 보편화하는데도 한계가 있다(홍순기, 2004). 이러한 한계에도 불구하고 국가, 산업 등의 기술력을 측정하는 목적은 산업기술의 현위치와 미래의 변화속도를 파악하고 국가 또는 산업간, 기업간 기술력에 대한 현수준을 비교평가하여 기술혁신전략 수립의 기초자료로 활용하고자 하는데 있다.

이러한 기술력은 3가지 측면에서 인식할 수 있다(홍순기, 2006).

첫째, 현재 제품·서비스 생산활동에 사용되고 있는 특정 산업기술의 능력 즉, 제품 및 공정의 물리적·화학적·기계적 또는 생물학적 특성과 기능을 수행하는 능력으로 협의의 기술수준을 의미한다. 이는 자동차 연비, 안전성 등과 같이 개별 기술의 상세한 성능을 기업 간에 비교할 때 일반적으로 사용하는 개념이다. 둘째, 수많은 개별 기술의 수준 변화가 가져오는 생산성의 변화로서 산업 또는 국가의 총체적인 기술수준을 평가할 때 많이 사용된다. 셋째, 기술수준의 변화를 가져오는 기술개발력 수준으로서 이는 기술개발에 투입되는 연구비용, 연구인력, 연구시설, 기술정보 등 R&D 자원의 질과 양, 연구경험, 효율적인 기술경영시스템에 의해 결정된다.

나) 기술수준 및 기술격차

전술한 기술력의 개념에서 알 수 있듯이 기술수준은 종종 기술역량, 기술력, 기술개발력으로도 사용되는 개념으로서, 기술뿐만 아니라 지식까지 포함한다. 기술수준에 대한 정의는 다양한 기술의 정의만큼 평가목적이나 범위에 따라 다양하게 나타나고 있다. 연구자들의 정의를 살펴보면,

Schmookler(1966)는 '산업생산과 관련된 기술지식의 축적 정도(Stock of knowledge)'라고 하며, Solow(1957)는 '지식의 축적 정도가 아니라 투자, 생산, 혁신에 있어 기술지식을 효율적으로 사용하는 능력'으로 정의하였다. 또한 Martino(1993)는 '기술이 목적으로 하는 기능을 얼마나 잘 수행하는가를 기능모수와 기술모수로 구분하여 정량적으로 나타낸 것'으로 정의하였다. 일본의 '과학기술과 경제의 회(會)'는 기술수준과 기술개발력으로 구분하고, 전자는 자체기술개발 또는 기술도입에 상관없이 과거 과학기술활동의 축적과 그 성과로 인해 현재 도달한 수준이며, 후자는 새로운 문제를 해결할 수 있는 잠재적인 연구개발능력의 수준으로 정의하였다.

이와 같이 기술수준에 대한 다양한 정의에도 불구하고 기술수준을 평가하는 방법은 평가대상의 차원과 활용목적에 따라 거시적 접근과 미시적 접근방법으로 분류되고 있다.

거시적 접근방법은 투입·산출의 구조 및 효율성을 평가하는 방법으로 분석대상 레벨에 따라 국가·산업·기업의 기술수준으로 분류된다. 분석에 사용되는 투입변수는 R&D투자 및 R&D인력이, 산출변수는 특허, 논문, 기술제품 무역액이, 환경변수는 시장의 크기, 교육제도, 경쟁환경 등이 있다. 국가의 기술수준은 국가간 기술수준의 순위파악을 위해, 산업의 기술수준은 산업의 기술수준 차이의 발생요인을 파악하여 효율적인 기술개발정책 입안을 위해, 기업의 기술수준은 기업의 기술개발자원의 효율성 및 효과성 분석에 목적이 있다.

국가차원의 기술수준은 국가 간 성장률 격차를 설명하기 위하여 제안된 기술격차이론의 연장선상에서 정의된다. 우리 나라 정부는 과학기술기본법 제14조에 따라 과학기술의 발전을 촉진하기 위하여 국가적으로 중요한 핵심기술에 대한 기술수준을 평가하고 해당 기술수준의 향상을 위한 시책을 수립·추진하고 있다. 소관부처는 중점과학기술에 대한 기술수준평가를 2년마다 실시하고, 그 결과를 국가과학기술심의회에 보고하고 있다. 기술수준평가에 포함되는 주요 내용은 주요 5개국(한국, 중국, 일본, 미국, EU)을 대상으로 한 조사를 통해 도출된 최고기술 보유국 대비 기술수준(%) 및 기술격차(년), 논문/특허 점유율 및 영향력(국가전략기술 대상), 인프라 구축 수준 등이 있다. 여기서 기술수준은 최고 기술 보유국의 기술수준을 100%로 보았을 때의 상대적 기술수준을 말하며, 기술격차는 최고기술 보유국의 기술수준에 도달하는데 소요될 것으로 예측되는 기간을 의미한다.

[그림 1 - 8] 기술수준과 기술격차(예시)

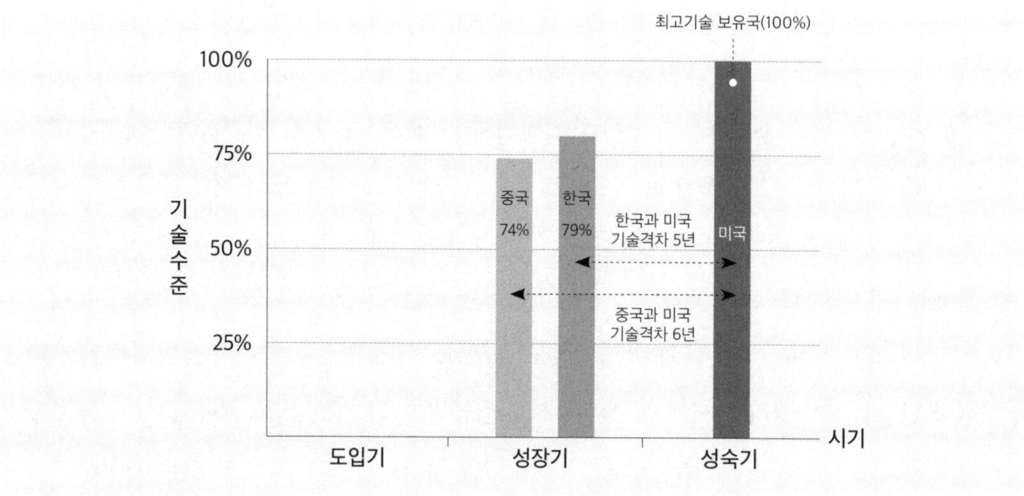

미시적 접근방법은 조직의 기술분야 또는 제품의 성능 및 품질수준을 평가하는 방법이다. 기술분야의 기술수준은 경영전략과 연계하여 확보해야 할 기술의 우선순위를 파악하고, 기술개발과 제간의 효율적 자원배분 방안을 마련하기 위해 분석한다. 제품의 기술수준은 신제품의 개발기회 포착, 기존제품의 품질향상을 위해 분석하고 있다.

기술수준을 미시적 접근방법으로 평가할 때 사용되는 변수로 기능모수(functional parameter)와 기술모수(technical parameter)가 있다. 기술은 특정한 기능을 수행하기 위해 개발되기 때문에 기술의 특성은 기술성능(technical performance) 또는 기능적 능력(functional capability)으로 발현된다. 기능을 수행하는 능력인 기능적 능력을 정량적인 측정치로 나타낼 때 기능모수와 기술모수를 구분하여 사용하고 있다.

기능모수는 기술이 사용자의 요구를 만족시키는 정도를 측정하는 모수로서 사용자가 직접 관심이 있는 모수이다. 예를 들어 백열전등의 기능모수는 빛을 내는 양인 광량(光量)과 소요전력 또는 소요전력당 광량을 들 수 있다.

기술모수는 사용자가 바라는 효용을 얻도록 하기 위해 설계기술자가 제어하는 모수로서 상기 백열전등에서 필라멘트 온도가 기술모수에 해당된다. 이러한 기술모수들을 조정해서 설계자는 사용자가 원하는 기능모수들의 조합을 달성하게 된다.

따라서 R&D 계획을 수립할 때는 기술모수가 사용되는 것이 바람직하며, 마케팅 계획 수립시에는 기능모수가 사용되는 것이 바람직하다(Martino, 1993). 기술모수와 기능모수를 기술평가실무에 적용해본다면 기술모수는 기술성분석과 관련이 깊고, 기능모수는 시장성 분석과 관련이 깊다.

제 2 절 지식재산의 이해

1. 지식재산

1) 지식재산의 개념

가) 지식재산(Intellectual Property, IP)의 정의

지식재산(intellectual property)에서 "intellectua(知的)"이란 인간의 지적·정신적 활동에 의하여 만들어졌음을 의미한다. 지적 활동에 의하여 그 결과물에 대한 권리가 발생한다는 의미를 함축하고 있기 때문에 지적 창작물의 경우 권리의 주체와의 관계를 명확하게 설명할 수 있다. 그런데 최근 창작자뿐만 아니라 전달자의 역할이 중요해짐에 따라 이들에게 저작인접권과 같은 새로운 권리가 인정되고 있다. 저작인접권은 저작물을 일반공중이 향유할 수 있도록 매개하는 음반제작자나 방송사업자에게 부여된 권리를 말하는데, 이러한 전달자들의 저작인접권을 지식재산권으로 포함하고 있다. 또한, 상표권의 보호대상인 상표가 지식재산인가 하는 의문이 있음에도 불구하고 많은 나라에서 권리를 부여하는 등록주의를 취하고 있다. 이와 같이 엄밀한 의미에서 지적·정신적 활동의 산물이라고 보기가 애매한 저작물의 전달자 또는 영업표시로서의 상표에 대한 권리가 지식재산권에 포함하고 있는 점을 고려하면 “지적”이란 용어는 매우 포괄적으로 사용되고 있음을 알 수 있다.[52)]

지식재산은 지식을 뜻하는 “intellectual”과 “재산(property)”이 결합된 합성어이다.[53)] 여기서 “재산(property)”이란 사회적으로 유용한 경제적 가치를 지닌다는 것을 의미한다. 이러한 재산적 가치는 제3자가 이용하고자 한다는 사실만으로도 충분히 인정될 수 있으며, 지식재산 관련법에 의하여 이용을 통제할 수 있는 권한이 부여됨으로써 유지·강화될 수 있다.

한편, 법률적 의미의 재산은 독점적이고 배타적으로 사용·수익·처분할 수 있는 권한이 있는 것을 말한다. “property"라는 용어는 원래 영미법상의 개념으로 사람이 이 세상에서 소유할 수 있는 것 즉, “소유권"(ownership)의 객체인 “물건"(thing)을 의미한다. property는 “물적 재산”(real property)과 “인적 재산”(personal property)으로 분류된다. 물적 재산은 대표적으로 부동산이 있으며 인적 재산은 동산과 예금, 주식, 채권 및 지식재산(intellectual property)등을 포함하며 “무형재산”(intangible property)으로 분류된다. property는 물건에 대한 절대적·관념적 지배권원(權原)인 대륙법계의 “소유권”보다 넓은 “재산권 일반”을 의미하는 개념이다. 예를 들면, 주요 재산으로 인식하고 있는 각종 부동산, 물건과 채권, 지식재산권 등 적극적 재산 이외에도 지식재산권 이외의 기술과 영업비밀, 인적자원, 고객관계, 브랜드, 심지어 부채(소극적 재산)까지도 재산에 포함되는 경우도 있다.

한편, 우리나라 지식재산기본법에서는 “지식재산”과“지식재산권” 등에 관하여 규정하고 있다. 동법 제3조 1호에서 “지식재산이란 인간의 창조적 활동 또는 경험 등에 의하여 창출되거나 발견된 지식·정보·기술, 사상이나 감정의 표현, 영업이나 물건의 표시, 생물의 품종이나 유전자원(遺傳資源), 그 밖에 무형적인 것으로서 재산적 가치가 실현될 수 있는 것을 말한다”라고 정의하고 있다. 이어서 “신지식재산”이란 “경제·사회 또는 문화의 변화나 과학술의 발전에 따라 새로운 분야에서 출현하는 지식재산”으로(동법 제3조 2호), “지식재산권”은 “법령 또는 조약 등에 따라 인정되거나 보호되는 지식재산에 관한 권리를 말한다(동법 제3조 3호)”라고 정의하고 있다.

지금까지 살펴본 법상 지식재산의 정의와 전술한 기술의 법적인 정의를 비교해보면 지식재산과 기술은 개념상 대부분 중첩되고 있음을 알 수 있다.

52) 신재호(2005), “지적재산의 개념에 관한 고찰”, 산업재산권 제17호, pp. 157-184를 참고하여 재작성

53) 지적(intellectual)이란 말이 재산(property)과 결합되어 지적재산으로 통용되다가 특허청이 2005년부터 지식재산으로 통일하여 사용하게 하고 있다. 동음이의어 ‘지식(knowledge)’과 혼동하지 않기 바란다.

나) 지식재산의 특성

지식은 전술한 것처럼 과학 및 기술과 의미가 일부 중첩되며 상호유기적 관계에 있다는 점에서 파악할 수 있듯이 지식재산도 기술과 유사한 특성을 지니고 있다.[54)]

(1) 비경합성 및 비배제성

지식재산은 관념상 존재하여 현실적으로 점유(물건에 대한 사실상의 지배)가 불가능하다는 특성을 가지고 있다. 이러한 특성때문에 특정인이 이용하고 있더라도 다른 사람의 이용을 방해하지 않으며 이를 동시에 사용할 수 있는 비경합적(non-rivalry) 공공재의 성격을 지니고 있다. 즉, 특정 지식재산을 한 사람이 소비한다고 해서 다른 사람이 사용할 수 있는 양이 줄어들거나 사용이 불가능해지지 않는다는 것이다. 또한 제3자의 이용을 완벽히 통제하는 것이 불가능한 비배제성(non-excludability)도 내포하고 있다. 이에 따라 지식재산을 보호하기 위해서는 이용행위를 금지시키거나 이용에 대한 대가를 청구할 수 있는 "법적 권한"을 부여받아 지식재산의 이용을 통제하여야 한다.

(2) 복제·모방의 용이성

지식재산은 처음에 개발하고 생산하는데 기간과 비용이 많이 소요되지만 추가로 생산하는데 들어가는 비용은 공산품과 달리 매우 저렴하다. 지식재산 한 단위를 추가로 생산할 때 필요한 비용의 증가분(=한계비용)이 거의 영(zero)에 가까워 지식재산의 복제·모방이 비교적 용이하다. 최초 개발자가 개발비용과 리스크를 모두 부담하고 창출된 지식재산의 개발·창출에 아무런 공헌을 하지 않은 타인이나 경쟁업체가 이를 모방하여 이익을 취하게 되면 어느 누구도 지식재산을 개발하려고 하지 않을 것이다. 또한 이러한 이유로 지식재산의 지속적인 창출을 유인하기 위해서는 최초 생산자에 대한 충분한 인센티브가 보장되어야 한다는 점에서 지식재산에 대한 법적 이용통제는 정당하다고 할 수 있다.

54) 신재호(2005), "지적재산의 개념에 관한 고찰", 산업재산권 제17호, pp. 157-184를 참고하여 재작성

(3) 가치의 상대성

일반적으로 지식재산의 가치는 지식재산이 생산재인 경우 이용자가 적을수록 희소성에 의하여 극대화되나, 지식재산이 소비재로써 범용화되는 경우에는 오히려 그 가치가 커지기도 하는 특성이 있다. 즉, 지식재산의 용도 및 이용량에 따라 가치가 다르게 결정되는 상대성이 있다. 또한 관념적으로 존재하는 지식재산은 소멸되지 않는다는 점에서 한번 사용하면 소멸하는 소비재나 채권과 구별된다. 그러나 지식재산의 법적 보호기간이 만료되거나 영업비밀이 공개된 경우 지식재산의 이용 통제가 불가능하고 지식재산의 상대적 가치는 거의 없어져 사실상 소멸하게 된다.

(4) 개인의 인격적 요소 내포

지식재산은 관념상 존재하므로 설령 창작물이라 하여도 발생과정 상 타인에 대한 의존이 불가피하다. 어떤 창작자가 성장하면서 습득해온 지식의 토대 위에서 그리고 인류의 문화유산을 바탕으로 개인의 창작적 요소가 가미되었을 뿐이다. 이와 같이 지식재산의 창출은 타인과 국가사회에 축적된 지식의 도움으로 이루어진다는 점은 공공의 이익을 위해 지식재산의 보호를 제한할 수 있다는 근거를 제공해준다. 반면, 창작 행위에 개인의 인격적 요소가 가미될 수 있다는 점은 지식재산의 보호를 제한하는데 걸림돌이 될 수 있다. 특히 문화·예술분야의 창작물은 지식재산의 보호를 천부인권적 측면에서 접근하여 자연권으로 설명하고 있는 견해에서는 인격적 이익의 보호를 중요하게 여길 수 밖에 없다.

2) 지식자산·자본 및 무형자산의 개념 비교

가) 지식자산·자본

(1) 지식(지적)자산·자본의 정의

지식의 스톡인 지식재산(intellectual property) 또는 지식자산(knowledge assets)은 가치 창출의 주된 요소로써 그 중요성이 점점 증가하고 있다. 그런데 이들 개념은 지식자본(knowledge capital), 지적자산 및 지적자본(intellectual assets & capital), 무형자산(intangible assets), 지식재산권과 구별없이 상호 혼용되기도 하고, 분야 또는 문헌에 따라 구별하여 사용되는 경우도 있다.[55] 이와 같이 혼용 또는 구별하여 사용되는 지식재산 관련 개념들의 의미와 관계를 파악하기 위해서는 재산, 자산, 자본의 개념을 명확하게 이해할 필요가 있다.

재무회계개념체계에서 자산(assets)이란 전술한 것처럼 재무상태표 구성요소로서 과거 거래나 사건의 결과로서 현재 기업실체에 의해 지배되고 미래에 경제적 효익을 창출할 것으로 기대되는 자원을 의미한다. 자본은 기업실체의 자산에서 부채를 차감한 잔여액 또는 순자산으로서 자산에 대한 잔여청구권이다. 반면, 부채(liability)란 과거의 거래나 사건의 결과로서 미래의 특정 실체가 다른 실체에게 자산을 이전하거나 용역을 제공해야 할 현재의 의무로부터 발생하는 미래의 경제적 효익의 희생이다. 지분(equity)은 자산에 대한 청구권으로 채권자 지분인 부채와 소유주 지분인 자본으로 구성되어 있다. 자본은 자산에서 부채를 차감한 후에 남은 잔여지분을 의미하는 것으로 순재산(純財産, net worth) 또는 순자산(純資産, net assets)이라고 부르기도 한다.

그런데 자본, 자산, 재산 개념이 지식과 관련하여 사용될 때에는 일반적 회계등식(자산=부채+자본)과 약간 다르게 표현될 수 있다. 대부분의 문헌에서 지식을 언급할 때는 물리적인 자산과 달리 평균적 기업단위 또는 국가단위에서 적용할 수 있는 '자본(=純財産)=자산'의 등식을 염두에 두고 있다. 따라서 지식에 자산, 자본, 재산이 결합되어 만들어진 지식자산, 지식자본, 지식재산은 많은 문헌에서 같은 의미로 사용되고 있다.[56]

스칸디아(Skandia)社의 지적자본 보고서를 작성한 Edvinsson(1997)은 지적자본(intellectual capital)을 비재무적 자본이며, 시장가치와 장부가치간의 숨겨진 차이라고 하고 있다.[57] 즉, 재무적 자산·자본·부채는 재무제표상의 장부가치에 나타난 그대로이며, 이는 채권자 지분과 주주 지분으로 분해되거나, 타인자본과 자기자본으로 표현되고 있다. 그러나 지식재산 또는 지적자본은 장부가치에 포함되지 않는 숨겨진 기업가치라고 할 때, 더 이상 채권자와 주주 지분으로 구별할

---

55) 지식자본(knowledge capital), 지식자산(knowledge assets), 무형자산(intangible assets) 또는 지식재산(intellectual properties)은 서로 개념이 유사하여 혼용되어 사용되고 있다. 지식자본(knowledge capital)과 지식자산(knowledge assets)은 무형자산(intangible assets)과 유사한 개념으로 주로 경제학에서 사용되고 있다. 지식재산은 지식자산 중의 일부로서 산업재산권, 저작권, 영업권, 프랜차이즈 등 법률적인 개념으로 주로 사용되며, 더 나아가서는 고객관계, 자료처리방식 등까지도 포함하고 있다.

56) 한국지식재산연구원(2008), "지식기반경제의 이해", 한국발명진흥회 연구보고서 p. 44를 참고하여 작성

57) Skandia모형의 개발자 Lief Edvinsson은 지적자본을 다음의 용어들과 동일하게 정의하고 있다.
- 지적자본(intellectual capital) = 지식자본(knowledge capital) = 비재무적 자산(nonfinancial assets) = 비물질적 자산(immaterial assets) = 숨은 자산(hidden assets) = 보이지 않는 자산(invisible assets) = 목표성취를 위한 수단(means to achieve target) = 시장가치(MV, market value) - 장부가치(BV, book value)

필요가 없는 것이다. 이런 의미에서 “지식재산=지적자본=지적자산”이라고 할 수 있다.[58] 그런데, Edvinsson은 ‘지적자본은 자산의 문제가 아니라 부채의 문제’라는 관점에서 접근하고 있다. 즉, 지적자본은 지분(equity)과 같은 방식으로 이해되어야 한다는 것이다. 그는 지적자본을 부채의 문제로 보기 때문에 지적자본을 대변(credits)에 놓고 이에 대응되도록 지적자산을 차변(debits)에 놓고 있다. 그는 지적자본을 인적자본, 구조적자본, 고객자본 등으로 나누고, 이 중 구조적 자본은 기업의 소유(자본)이며 지적자본의 상당부분을 차지하고 있는 인적자본과 고객자본은 이해당사자, 고객, 직원 등으로부터 빌려온 부채라고 보고 있다. 이러한 Edvinsson의 견해를 회계등식을 빌려 도식화하면 “지적자산=지적자본”으로 표현할 수 있다.

[그림 1 - 9] 지적자산(자본)과 숨겨진 기업가치

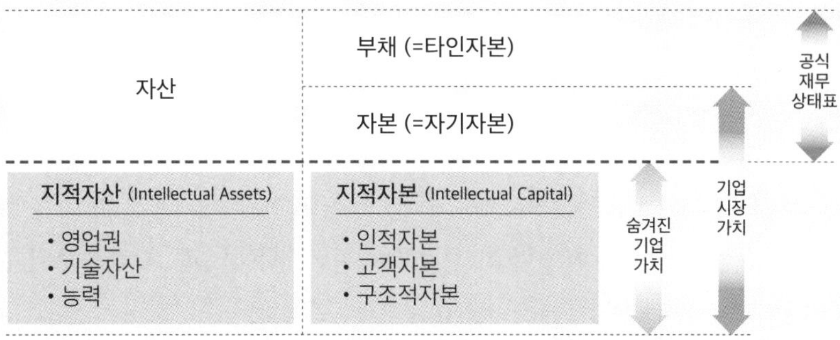

정리하면 지적자본(intellectual capital)은 법적으로 보호되는 재산권의 의미를 지니는 지식재산(intellectual property) 또는 지식재산권(intellectual property right) 이상의 것들을 포함한다. 지적자본은 모든 유형의 무형자산(intangible assets)을 포괄하는 개념으로서, 배타적인 법적 권리인지 여부, 재무상태표에 나타나는지 여부에 상관없이 생각할 수 있는 개념이다. 일반적으로 재무상태표에는 특허권, 실용신안권, 저작권 등 산업재산권의 일부만이 계상되고, 대부분의 지적

58) 기업의 자산은 유형자산(tangible assets)과 모든 유형의 무형자산을 포괄하는 지적자본(intellectual capital)으로 구성되어 있다(기업자산 = 유형자산 + 지적자본). 공식적인 재무상태표와 숨겨진 기업가치를 합산한 가상의 재무상태표의 차변을 기업자산 총계라고 하면, “기업자산 = 유형자산 + 지적자산” 이고, 기업의 숨겨진 가치를 표현하는 식은 “지적자산 = 지적자본”과 같게 된다.

자본은 재무상태표에 나타나지 않는다. 예를 들어 종업원의 일반적인 지식, 숙련, 경험, 조직 문화, 조직 구조, 학습능력, 기술적 역량 등은 지적자본의 구성요소이나 산업재산권에 반영될 수 없거나 극히 일부만 반영되고 있음에 따라 재무상태표에도 대부분 산입되지 않는다.

(2) 지적(지식)자산·자본의 분류

지적자본은 여러 가지 용어가 혼용되고 있으며, 아직 명확한 정의도 없이 연구자들마다 다소 다르게 개념을 설정하고 있다. 또한 지적자본을 구성하고 있는 인적자본, 구조적 자본 및 고객자본 등 하위 세부자본들은 완전히 분리될 수 있는 것이 아니라 서로 밀접하게 연관되어 있다. 이러한 이유로 지적 자본을 명확하게 분류하는 것은 매우 어려운 일이다. 지적자본은 개인의 지적 능력에 초점을 맞추던 초기 개인 수준의 개념에서 조직 수준의 개념으로 확장되는 추세에 있고, 일반적으로는 재무적 자본에 대응하는 개념으로 사용되고 있다.[59]

Stewart(1997)[60]는 지적자본을 인적 자본, 구조적 자본 및 고객자본의 3가지로 분류하고 있다. 그는 인적 자본의 예로 근로자의 지식, 기술, 혁신성, 능력, 기업의 문화, 기업의 가치 및 철학 등을 들고 있고, 구조적 자본은 조직에 남아있는 것으로서 하드웨어 및 소프트웨어, 데이터 베이스, 조직구조, 특허 및 상표 등을 제시하고 있다. 마지막으로, 고객자본은 고객관계로부터 창출되는 것으로서 고객만족도, 브랜드인지도, 트레이드마크 등을 들 수 있다.

Brooking(1996)[61]은 지적자본을, 기업을 움직이는 총체적인 무형자산이라고 정의하고, 이러한 정의에 따라 인간중심 자산, 지적 소유 자산, 인프라구조 자산, 시장자산으로 분류하여 지식을 측정하고자 하였다. 인간중심 자산은 조직체 구성원에 의해 구현되는 집단적 전문기술, 창조적인 문제해결능력, 리더십, 기업 및 경영기술 등을 총망라하는 개념이다. 지적 소유 자산에는 노하우, 기업비, 저작권, 특허 및 다양한 상표권 등이 포함된다. 인프라구조 자산은 조직체가 기능하는 데 필요한 기술, 방법론, 그리고 절차를 의미한다. 예를 들면, 기업문화, 위험측정방법, 판매능력 및

59) 김영인(2003), "한국의 상장·코스닥 기업에 있어서의 지적자본의 측정에 대한 탐색적 연구", 경영논집 제37권 제1호, pp. 45-71을 참고하여 작성

60) Stewart, T. A. (1997). Intellectual Capital: The New Wealth of Organizations, New York: Doubleday.

61) Brooking, A. (1996). Intellectual Capital: Core Asset for the Third Millennium Enterprise, International Thomson Business Press.

관리방식, 재무구조, 시장이나 고객정보 DB, 통신시스템 등 기본적으로 조직체의 운영을 뒷받침하는 요소이다. 시장자산이란 기업이 시장이나 고객과 관련하여 이익을 얻는 모든 자산을 총칭하는 개념으로, 브랜드, 명성, 지속적 거래관계, 유통경로 등 기업의 경쟁력 우위 확보에 도움을 주는 모든 자산이 여기에 포함된다.

Edvinsson & Malone(1997)[62]은 지적자본을 인적 자본과 구조적 자본 및 고객자본으로 구분하였다. 인적 자본은 기업의 임직원들이 보유한 직무관련 지식·기술·능력의 결합물로서, 여기에는 임직원들이 공유하고 있는 기업경영철학, 가치관 등 문화적인 요소도 포함된다. 구조적 자본은 조직적 자본과 혁신자본 및 과정자본으로 나누어지는데, 조직적 자본은 지식의 흐름을 촉진하는 체계·도구 등을 말하고, 혁신자본에는 신제품 및 서비스 개발능력이 해당되며, 과정자본에는 업무제조, 유통프로세스가 해당된다. 고객자본에는 기업과 주요고객과의 관계가 포함된다.

지금까지 설명한 내용을 정리하면 기업시장가치는 재무적 자본과 비재무적 자본으로 구성되고, 비재무적 자본인 지적자본은 인적자본과 구조적 자본으로, 구조적 자본은 고객자본과 조직적 자본으로, 조직적 자본은 혁신자본과 과정자본으로 구성되어 있다.

[그림 1 - 10] 기업시장가치와 지적자본의 구조

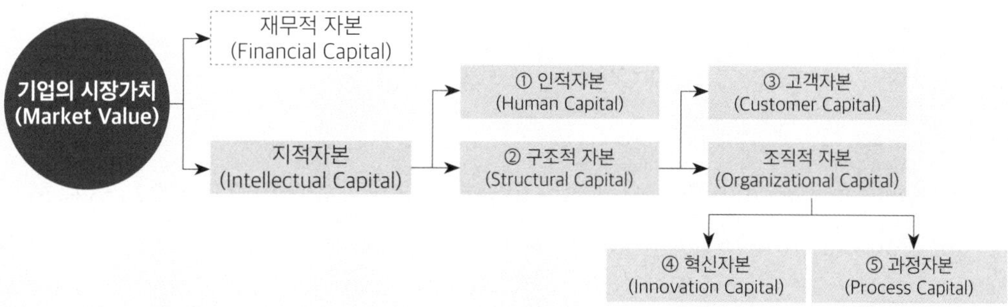

Edvinsson, L., & Malone, M. S. (1997). Intellectual Capital: Realizing Your Company's True Value by Finding Its Hidden Brainpower, Harper Business.
Stewart, T. A. (1997). Intellectual Capital: The New Wealth of Organizations, New York: Doubleday.

62) Edvinsson, L., & Malone, M. S. (1997). Intellectual Capital: Realizing Your Company's True Value by Finding Its Hidden Brainpower, Harper Business.

나) 무형자산

(1) 무형자산의 정의

4차산업혁명으로 일컫는 지식·정보·디지털기반 경제에서 부의 창출과 성장은 무형자산에 의해 견인되고 있다. 치열한 시장경쟁 환경에서 기업의 경쟁우위는 다른 기업들이 갖기 어려운 자산을 소유하고 효과적으로 활용함으로써 확보할 수 있다. 무형자산은 물리적 또는 재무적 형태를 띠지 않는 미래 경제적 효익에 대한 권리이다. 예컨대 지식재산권이나 영업권을 비롯하여 기업내 축적된 지식, 브랜드, 전략적 제휴, 고객목록 및 고객평판, 종업원의 능력 등이 무형자산에 해당된다. 이 중 기업이 재화 또는 서비스시장에서 거래되거나 공개된 노동시장에서 접근이 가능한 것보다는 거래 또는 접근하기가 어려운 무형자산을 갖고 있을 경우 강력한 경쟁우위와 시장지배력을 갖게 된다. 무형자산은 가끔 지식재산, 지적자본 등과 혼용되기도 하는데 미래의 편익에 대한 비물질적 권리라는 점에서는 동일하다.

여기서 설명하는 무형자산은 현행 회계원칙하에서 회계장부에 무형자산으로 계상되는 자산이다. 국제회계표준위원회(IASC, 1998)는 무형자산을 “상품 및 서비스 생산을 위해 활용되거나 외부로 대여, 경영관리의 목적을 위해 보유하고 있는 물리적 실체가 없지만 식별가능한 비금융자산”으로 정의하고 있다. 기업회계기준서 제1038호에서 무형자산은 ‘물리적 실체는 없지만 식별가능한 비화폐성자산’으로 정의하고 있다.

재무상태표에서 유형자산과 대응되는 개념인 무형자산은 구체적 형태가 없고 그 존재유무를 확인하기 어렵기 때문에 회계기준에서 무형자산으로 인식할 수 있는 요건을 엄격하게 정하고 있다. 회계상 무형자산으로 인식되기 위해서는 기업이 통제할 수 있고 미래경제적 효익이 유입될 가능성이 높아야 하는 자산으로서의 조건과 함께 식별가능하며 자산의 원가를 신뢰성 있게 측정할 수 있어야 한다.

① 식별가능성

무형자산의 정의에서는 영업권과 구별하기 위하여 무형자산이 식별가능할 것을 요구한다. 사업결합으로 인식하는 영업권은 사업결합에서 획득하였지만 개별적으로 식별하여 별도로 인식하는 것이 불가능한 그 밖의 자산에서 발생하는 미래경제적효익을 나타내는 자산이다. 자산은 다음 중 하나에 해당하는 경우에 식별가능하다.

• 자산이 분리가능하다. 즉, 기업의 의도와는 무관하게 기업에서 분리하거나 분할할 수 있고, 개

별적으로 또는 관련된 계약, 식별가능한 자산이나 부채와 함께 매각, 이전, 라이선스, 임대, 교환할 수 있다.

• 자산이 계약상 권리 또는 기타 법적 권리로부터 발생한다. 권리가 이전가능한지 여부 또는 기업이나 기타 권리와 의무에서 분리가능한지 여부는 묻지 않는다. 무형자산이 분리가능하지 않더라도 다른 방법으로 무형자산을 식별할 수 있다. 예를 들면, 제조설비를 제조공정에 대한 특허권과 함께 일괄취득한 경우에는 그 특허권은 분리가능하지는 않지만 식별가능하다.

② 통제

무형자산의 미래경제적효익을 확보할 수 있고 그 효익에 대한 제3자의 접근을 제한할 수 있다면 자산을 통제하고 있는 것이다. 무형자산의 미래경제적효익에 대한 통제능력은 일반적으로 법적 권리로부터 나오며, 법적 권리가 없는 경우에는 통제를 입증하기 어렵다. 가령, 특허권이 있거나 경제적 효익이 있는 시장 지식과 기술적 지식에 대한 종업원의 기밀유지의무 계약이 존재한다면 미래경제적효익을 통제하고 있는 것이다.

③ 미래경제적 효익

무형자산의 미래경제적효익은 직접 또는 간접적으로 기업의 미래 현금 및 현금성 자산의 유입에 기여하게 될 잠재력을 말한다. 미래경제적 효익은 재화의 매출이나 용역수익, 원가절감, 또는 자산의 사용에 따른 기타 효익의 형태로 발생한다.

(2) 무형자산과 유형자산의 비교

무형자산은 대응되는 개념인 유형자산과 여러 가지 측면에서 차이가 있다. 유형자산은 특정인이 소비하지 못하도록 막는 것이 쉽고(배제성), 제공된 재화를 다른 사람들이 소비할 때 추가적인 비용이 소요되는(경합성) 특성이 있다. 반면, 무형자산은 비용을 지불하지 않은 다른 사람이 소비하는 것을 막는 것이 어렵고(비배제성), 한 사람의 소비가 다른 사람의 소비량을 줄이지 않는(비경합성) 공공재적 특성을 지닌다.

감가상각 측면에서 유형자산에 유형자산에 적용되는 감가상각법을 무형자산에는 적용하기가 어렵다. 유형자산의 감가상각은 취득원가, 잔존가치, 내용연수, 감가상각 방법에 의해 결정되는데 이 중 그 어느 하나도 무형자산에 대한 감가상각의 산정 및 채택이 쉽지 않기 때문이다. 무형자산은 물리적 소모가 없는데도 가치의 상실이 급속도로 일어날 수도 있으며, 무형자산의 취득이나 개발에 역사적 원가를 적용하기도 부적절하다.

물리적 실체가 있는 유형자산은 소유권이 쉽게 정의되고 재산의 경계가 쉽게 확정되어 재산권 보호가 용이하다. 그러나, 무형자산은 권리의 존속기간이 존재하고, 재산권 보호가 제한적이며, 지적재산권으로 보호되더라도 보호장치에 결함이 많을 뿐만 아니라 재산권 침해 시 침해상태의 회복도 불확실하다.

소유 측면에서 보면 유형자산은 전유적·배타적으로 기업에 의해 소유되고, 이에 따라 재무제표에 명확하게 반영될 수 있다. 반면, 무형자산의 소유 여부는 모호하다. 예컨대, 어떤 기업이 브랜드나 특허 등 여러 가지 형태의 지식재산을 보유하고 있는데, 종업원에 체화된 인적 자본은 기업의 소유인지, 개인의 소유인지 불분명하다. 고객충성도와 같은 고객기반 무형자산은 기업이 어느정도 통제·유도할 수는 있지만, 소유하는 것은 아니다.

무형자산 가치의 변동성은 유형자산에 비해 매우 크다. 무형자산 중 지식과 정보의 가치는 시간에 매우 민감하게 반응한다. 동일한 금융정보, 예를 들면 기업합병에 관한 정보는 아침에 수백만 달러의 가치가 있지만 오후에는 아무런 가치가 없을 수도 있다. 증권시장에서 주식가치의 변동성이 큰 이유는 주식가치의 상당부분이 변동성이 큰 무형자산의 가치를 반영하고 있기 때문이다.

무형자산의 시장은 유형자산에 비해 협소하고 불완전하다. 무형자산이 거래되는 시장이 존재한다 하더라도 거래를 촉진하는 제도적 장치가 매우 미약하다. 또한 시장거래에서 무형자산은 한 묶음의 자산들이 거래되는 경우가 많다. 유형자산은 개별 자산이 거래되지만, 무형자산의 거래와 관련해서는 기업의 통제권 자체가 거래되는 경우가 많다. 기업의 통제권이 거래되는 경우 브랜드, 지식재산권, 저작권 등의 기여분을 지불하기로 한 통제권 프리미엄과 별도로 분리해내는 것은 몹시 어려운 일이다.

(3) 재무회계기준상 무형자산의 분류

한편, 미국 재무회계기준심의회(Financial Accounting Standard Board, FASB)에서는 무형자산을 물리적 실제를 지니지 않는(금융자산 이외의) 자산으로 정의하고, 그 종류를 다음과 같이 예시 열거하고 있다, 열거된 예시를 기술·시장·예술 관련 무형자산으로 분류하고 있는데 내용은 서로 배타적인 것이 아니며 어떤 무형자산이 하나 이상의 분류에 속할 수 있다.

[표 1 - 18] 미국 재무회계기준(FASB)에 의한 무형자산 분류

구분		종류
무형자산	기술관련	공정특허, 특허적용기술, 기술적 증서, 실험노트, 기술적 노하우 등
	시장관련	상표권, 상표, 브랜드 명, 로고 등
	예술관련	문학작품과 저작권, 음악작곡, 지도, 조각 등
	자료처리관련	소프트웨어, 소프트웨어 저작권, 데이터베이스 등
	엔지니어링	산업디자인, 제품특허, 설계도, 청사진, 독점증서 등
	고객관련	고객명단, 고객계약, 고객유대, 주문잔고 등
	계약관련	우선공급계약, 양허계약, 영업계약, 독점판매증서, 비경쟁계약 등
	인적 자본관련	능숙하고 결집된 근로자, 근로계약, 노조계약 등
	위치관련	차지권, 광물개발권, 지역권, 수면권, 공중권 등
	영업권관련	법인 영업권, 전문능력, 명성, 계속 기업가치 등

2. 지식재산권

1) 지식재산권의 개요

가) 지식재산권의 개념

지식재산권(Intellectual Property Rights, IPR)은 인간의 지적 활동의 성과로 얻어진 정신적 산물로서 재산적 가치가 있는 것을 말하며 형태를 갖추지 않은 재산이라는 의미에서 무체재산권이라 한다. 지식재산기본법(제3조)에서는 지식재산권을 "법령 또는 조약 등에 따라 인정되거나 보호되는 지식재산에 관한 권리"로 정의하고 있다. 또한, 헌법 제22조에서는 "저작, 발명가, 과학기술자와 예술가의 권리는 법률로써 보호한다."라고 지식재산권을 명시하고 있다. 이에 따라 지식재산권 관련법률에서는 권리의 효력, 권리범위 등을 정하고 있다. 예컨대 특허법에서는 특허권자는 특허발명을 독점적으로 실시할 권리와 타인이 실시하는 것을 저지할 수 있는 권리(배타권)를 부여하고 특허권이 침해될 경우에는 민·형사상 조치를 청구할 수 있다.

한편, 세계지식재산권기구(WIPO)는 지식재산권을 "문학, 예술 및 과학작품, 연출, 예술가의 공연, 음반 및 방송, 발명, 과학적 발견, 공업의장, 등록상표, 상호 등에 대한 보호권리와 공업, 과학, 문학 또는 예술분야의 지식활동에서 발생하는 기타 모든 권리를 포함한다."라고 정의하고 있는

데, 그 범위가 매우 넓다.

지식재산권은 소유권 등 다른 재산권과 비교할 때 독점·배타적 권리라는 측면에서 소유권과 유사하나 보호대상, 권리의 구성, 권리의 기간 등에서 소유권과 차이가 있다. 보호대상 측면에서 소유권은 동산, 부동산과 같은 유체물이 주를 이루는 반면, 지식재산권은 형체가 없는 발명, 예술 창작물과 같은 무체물이다. 또한 소유권은 주로 동산, 부동산 등 유체물로서 동시에 복수의 이용이 불가능하나, 지식재산권은 무체물로서 동시에 복수의 이용이 가능하고 직접 지배가 불가능하기 때문에 권리에 대한 침해의 발견과 입증이 곤란한 점이 있다.

나) 지식재산권의 종류

지식재산권은 통상 산업발전을 주된 목적으로 하는 산업재산권과 문화발전을 목적으로 하는 저작권 및 최근에 지식재산권으로 인정받기 시작한 신지식재산권으로 구분하고 있다.

산업재산권(Industrial Property Rights)은 특허권, 실용신안권, 디자인권, 상표권으로 구성되어 있다. 산업재산권은 특허청의 심사를 거쳐 등록해야만 권리가 발생하며 정해진 권리보호기간이 경과되면 대체로 그 권리가 소멸된다.

대표적인 지식재산권인 특허권(patent)은 자연법칙을 이용한 기술적 사상의 창작으로서 고도한 것(대발명이라고도 함), 즉 발명을 보호대상으로 하며 보호기간은 등록일로부터 출원 후 20년까지이다. 실용신안권(utility model)은 자연법칙을 이용한 기술적 사상의 창작(소발명이라고 함)으로서 물품의 형상, 구조, 조합 등 고안을 보호대상으로 하며 등록일로부터 출원후 10년까지 보호한다. 디자인권(design)은 물품의 형상, 모양, 색체 또는 이들을 결합한 것으로서 시각을 통하여 미감을 일으키게 하는 것(디자인)을 보호대상으로 하며, 보호기간은 등록일로부터 출원 후 20년까지이다. 상표권(trademark)은 타인이 상품과 식별되도록 하기 위하여 사용하는 표장(기호, 문자, 도형, 색체·홀로그램·소리·냄새상표 등)을 보호대상으로 하고 등록일로부터 10년까지 보호하며 등록갱신이 가능하다.

저작권(copyright)은 저작물, 즉 인간의 사상 또는 감정을 표현한 창작물을 보호대상으로 하는 권리로서 산업재산권과 달리 심사나 등록이 없어도 저작물의 창작과 동시에 그 권리가 자동적으로 발생한다. 저작권은 저작물에 대한 저작자의 인격적 이익을 보호하는 권리인 저작인격권과 저작물을 경제적으로 이용할 수 있는 권리인 저작재산권, 저작권과 유사한 권리로 실연자(實演者),

음반제작자 및 방송사업자에게 부여되는 저작인접권이 있다.

신지식재산권(new intellectual property rights)은 경제·사회 또는 문화의 변화나 과학기술의 발전에 따라 새로운 분야에서 출현하는 지식재산으로 관심과 보호범위가 확대되고 있다. 기존의 전통적인 산업재산권과 저작권으로는 보호하기가 어려운 경우, 창작이나 개발에 많은 시간과 노력, 비용이 드는 반면에 그 복제가 매우 쉬워 무임승차로 인한 시장실패가능성이 높은 분야를 보호하기 위해 발생된 제도이다. 예를 들면, 컴퓨터 프로그램은 저작권 또는 특허권으로 보호하며, 반도체집적회로의 배치설계는 「반도체집적회로의 배치설계에 관한 법률」로, 영업비밀은 「부정경쟁방지 및 영업비밀보호에 관한 법률」로 보호되고 있다.

한편, 지식재산권은 발명, 저작물 등 인간의 지적 창조물을 보호하는 권리와 영업상의 신용이 내재된 표지를 보호하는 권리(상표권, 상호권)로 구분할 수 있다. 또한, 반드시 등록해야만 권리를 획득하는 등록 지식재산권과 저작물, 영업비밀 등과 같이 등록하지 않고도 창조 및 존재 그 자체만으로 권리를 획득하는 미등록 지식재산권으로 구분할 수 있다.

[그림 1 - 11] 지식재산권의 유형 및 사례

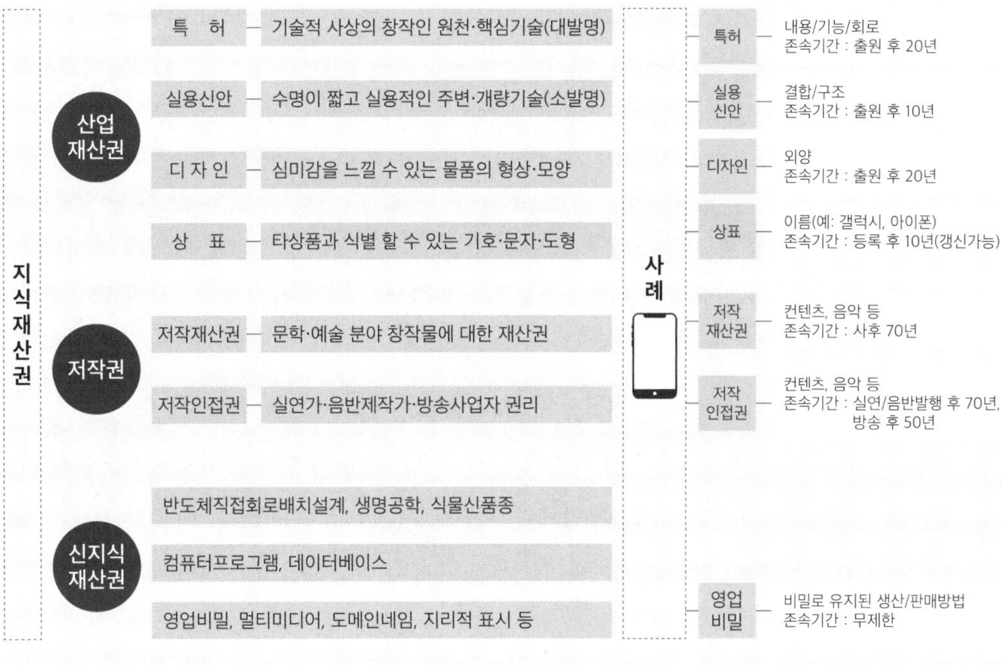

다) 지식재산권의 특성[63)]

① 추상성 : 지식재산권은 정신적 재화인 지적재산이나 무형의 재화인 무체재산을 그 보호대상으로 하고 있으므로 권리의 범위가 매우 관념적이고 추상적이다. 또 그 대상이 물리적으로 존재하지 아니하여 이에 대한 현실적인 지배와 관리가 객관적으로 명확하지 아니하고, 제3자에 의한 일방적인 실현이나 실시가 가능하며, 그 침해행위 그 자체의 발견이나 인식이 용이하지 아니하다. 따라서 이러한 추상성은 지식재산권을 이용함에 따른 경제적 이익이창출을 이유로 제3자의 모방이나 무단사용에 대한 유인적 요소를 내포하고 있다.

② 정책성 : 지식재산권은 산업이나 문화의 발전 등 국가 정책적인 요소에 의존하는 바가 커서 그 정책방향이나 내용에 따라 영향을 받는 점에서 보편성과 항구성을 지니고 있는 소유권 등 물권과 다른 특성이 있다. 따라서 국가정책의 강화는 지식재산권의 독자적 향유범위를 확대시켜 주게 되므로 그 권리의 보호가 더욱 견고해지게 된다.

③ 경쟁성 : 지식재산권은 사회활동에 있어서의 이해관계인의 무모한 경쟁을 금지시키고, 권리소유자에게 합법적인 독점을 보장하는 수단이 된다. 지식재산권은 이러한 경쟁적 성격 때문에 권리의 침해가 당연히 예상되고, 지식재산분쟁이 끊임없이 발생하게 된다.

④ 인격성 : 지식재산권은 인격의 모체가 되는 정신에 기본을 두고 있으므로 인격적인 색채가 강하다. 그러한 점에서 지식재산권은 정신적 소유권이라고도 부를 수 있다. 지식재산권의 보호는 인간의 존엄과 가치를 고양하고 문화국가의 창달에 기여하는 수단이 된다.

라) 지식재산권의 중요성

기술·지식기반 사회·경제체제에서 핵심자원으로 부각되고 있는 지식재산권의 중요성을 다음과 같이 정리할 수 있다.

① 국가 및 기업의 부와 경쟁력의 원천이 유형의 생산설비 및 생산능력에서 무형의 지식, 정보, 지식재산으로 변화됨에 따라 기업가치에서 지식재산 등의 무형자산이 차지하는 비중이 급증하고 있다. 미국의 특허평가전문업체인 오션토모(Ocean Tomo)는 2020년 11월에 발표한 "2020년 무형 자산 시장 가치 연구 중간 결과"에서 미국 S&P500 기업 시장가치의 90%

63) 이영대(2004),「소유권 개념의 변화와 지적재산권」, 정보통신정책연구원 연구보고서 04-16 참고하여 작성

를 무형자산이 차지하고 있는 것에서 확인할 수 있다. 이 회사가 분석한 미국 S&P500 기업의 시장가치의 구성요소 변화추이를 살펴보면, 1975년 지식재산을 포함한 무형자산의 비중이 17%에 불과하던 것이 1985년 32% → 1995년 68% → 2015년 87%, 2020년에는 무려 90%에 달하고 유형자산의 비중은 10%에 불과한 것으로 나타났다.

② 국제통상 문제에 있어 지식재산권이 주요 이슈로 대두되고 있다. 예를 들면, 한미간 자유무역협정(FTA) 체결과정에서 신약특허권 등의 보호가 주요 협상 안건으로 제기되었다. 또한 미국의 트럼프대통령 등장 이후 미·중국간 무역갈등이 격화되면서 미국은 중국의 지식재산권 침해조사를 강화하거나 주력품목에 대한 핵심부품 또는 기술 공급을 막는 조치 등이 대표적인 사례로 들 수 있다.

③ 지식재산을 기반으로 파생상품과 신시장을 창출함으로써 지식재산을 국가와 기업의 신성장동력으로 활용하고 있다. Apple, Google 등과 같은 글로벌 ICT기업들은 지식재산과 콘텐츠·미디어·기기·서비스의 창조적 융합을 통해 혁신적인 비즈니스 모델을 개발하여 시장을 선점하거나 진입장벽의 구축 또는 경쟁기업을 공격하는 수단으로 활용하고 있다.

④ NPEs(특허전문관리회사)[64] 또는 세계유수의 기업들은 경쟁기업을 대상으로 특허소송을 지속적으로 제기하고 이러한 소송압박과 협상을 통해서 막대한 손해배상금 또는 로열티를 확보하는 것을 주요 수익모델로 활용하고 있다.

⑤ 지식재산권은 연구개발 투자비 회수의 기준이 되기도 할 뿐만 아니라 향후 추가 기술개발 시 문제해결수단 또는 기간 및 비용을 줄이는데 활용할 수 있다.

⑥ 최근에는 지식재산권을 기반으로 정부의 각종 정책자금이나 민간금융기관 등으로부터 필요자금을 조달하는 기술(지식재산)금융이 크게 증가하고 있다.

64) NPEs(Non Practicing Entities): 특허기술을 이용하여 상품의 제조·판매나 서비스공급은 하지 않고 특허를 실시하는 자 등에게 특허권의 행사를 통하여 수익을 창출하는 것을 주요 사업으로 하는 사업자를 말한다. 흔히 부정적인 의미로 특허괴물(patent troll)이라고 부르기도 한다.

2) 상표 및 디자인 제도 개요

가) 상표제도

(1) 개요

상표는 기업의 비즈니스에서 상품자체와 더불어 중요한 요소 중의 하나로서 마케팅 도구뿐만 아니라 기업의 라이선싱 또는 프랜차이징을 통한 수익증대수단으로 활용되고 있다. 상표제도를 규정한 상표법의 목적은 '상표를 보호함으로써 상표사용자의 업무상의 신용유지를 도모하여 산업발전에 이바지함과 아울러 수요자의 이익을 보호'하는데 있다. 즉, 상품의 출처와 품질보장을 나타내는 상표는 상표권자의 업무상의 신용유지를 도모하는 사익적 목적과 함께 상품출처의 혼동방지로 수요자의 신뢰이익을 보호하는 공익적 목적이 강한 특성이 있다.

우리나라에서 브랜드, 즉 표지(mark)의 보호에 관한 법률은 "상표법"과 "부정경쟁방지 및 영업비밀보호에 관한 법률"이 있는데, 두 법률이 부정경쟁을 방지하고 건전한 상거래 질서의 확립을 목적으로 한다는 점이 유사하다. 그러나 상표법은 타인이 등록상표와 동일·유사한 상표를 사용하는 것을 일률적으로 금지함으로써 부정경쟁을 적극적으로 방지하는 역할을 하고 있다. 반면 부정경쟁방지법은 상표등록 여부와 상관없이 시장에서 수요자간에 널리 인식된 표지와 혼동을 일으키는 행위를 제거함으로써 부정경쟁을 방지하는 상호보완적인 역할을 하고 있다.

(2) 상표의 정의

상표는 자기의 상품 또는 서비스 등과 타인의 상품 또는 서비스 등을 식별하기 위하여 사용하는 표장(標章)을 말한다. 2016년의 상표법 개정이전에는 상표와 서비스를 구분하였으나 개정된 상표법에서는 서비스표의 정의 규정을 삭제하고 상표로 일원화하였다.

현행 상표법(제2조)에서 "상표"란 자기의 상품(지리적 표시가 사용되는 상품의 경우를 제외하고는 서비스 또는 서비스의 제공에 관련된 물건을 포함한다)과 타인의 상품을 식별하기 위하여 사용하는 표장(標章)을 말한다. 여기서 "표장"이란 기호, 문자, 도형, 소리, 냄새, 입체적 형상, 홀로그램·동작 또는 색채 등으로서 그 구성이나 표현방식에 상관없이 상품의 출처(出處)를 나타내기 위하여 사용하는 모든 표시를 말한다.

상표의 구성요건은 상표의 정의에 나타난 대로 ①상품, ②자타상품 식별의사, ③사용, ④표장

등 4가지로 되어 있다.

상품은 운반가능한 유체물로서 독립하여 반복거래의 대상이 되는 것을 말하며, 유형물이 아닌 무형의 컴퓨터 프로그램이나 전자출판물 등도 다운로드가 가능하면 상품으로 본다.

자타상품 식별의사는 자기의 상품 또는 서비스 등을 타인의 상품 또는 서비스 등과 식별되도록 하기 위하여 사용하는 것을 말한다.

사용은 상품을 표창하고 상품의 동일성을 나타내기 위하여 사용되는 모든 태양을 말하며, 표시행위, 유통행위, 광고행위 등이 있다.

표장은 그 구성이나 표현방식에 상관없이 상품의 출처를 나타내기 위하여 사용하는 모든 표시를 말하며, 표시방법은 기호, 문자, 도형, 입체적 형상, 홀로그램, 동작, 색채, 냄새 등이 있다.

(3) 상표의 유형

상표의 유형은 기호 문자, 도형 등의 전형적 상표와 비전형적 상표로 구분할 수 있다. 비전형적 상표는 색채, 동작 등 시각적 상표와 소리, 냄새 등 비시각적 상표가 있다.

① 전형적 상표

전형적 상표는 기호, 문자, 도형, 입체적 형상, 또는 이들을 결합하거나 이들에 색채를 결합한 것을 말한다. 기호나 부호 등을 도안하여 만든 기호상표, 한글, 한자, 숫자, 외국문자 등으로 이루어진 문자상표, 로고, 동식물, 자연물 등의 도형으로 만든 도형상표, 코카콜라 병처럼 평면이 아닌 입체적인 형상으로 이루어진 입체상표, 문자와 도형, 기호 등이 결합된 결합상표가 있다.

② 비전형적 상표 중 시각적 상표

시각적 상표는 다른 것과 결합하지 아니한 색채 또는 색채의 조합, 홀로그램(hologram),[65] 동작 또는 그 밖에 시각적으로 인식할 수 있는 것을 말한다.

색채상표는 색채를 상표의 구성요소로 하는 것으로서 넓은 의미로는 색채가 결합된 모든 상표를 말하나, 좁은 의미로는 다른 표장과 결합하지 않은 색채 또는 색채의 조합만으로 된 상표를 말한다. 이는 오랫동안 동일한 색채를 사용하여 누구든지 그 색채가 특정인의 상표로 인식될 때 인정된다.

65) holography: 파동의 간섭을 사용하여 원래의 상을 재생하는 새로운 사진법

홀로그램 상표란 두 개의 레이저광이 서로 만나 일어나는 빛의 간섭효과를 이용하여 사진 필름과 유사한 표면에 3차원적인 이미지를 기록한 표장으로 일반 수요자에게 식별표지로서 인식되는 것을 말한다.

동작상표(motion mark)는 영화, TV 등에서 일정한 시간의 흐름에 따라 변화하는 일련의 그림이나 동적인 이미지를 기록한 상표를 말한다. 예를 들면 20세기 폭스(fox) 영화사에서 배급한 영화의 첫부분에 나오는 움직이는 로고가 동작상표에 해당된다.

③ 비전형적 상표 중 비시각적 상표

비시각적 상표는 소리, 냄새 등 시각적으로 인식할 수 없는 것 중 기호, 문자, 도형 그 밖의 시각적인 방법으로 사실적(寫實的)으로 표현한 것을 말한다. 미각상표 및 촉각상표도 있으나 아직 일반화되어 있지 않으며 소리상표와 냄새상표가 중심을 이루고 있다.

소리상표는 상품의 출처를 표시하기 위해 사용하는 소리를 말하는 것으로 특정 소리를 특정한 상품에 계속 사용함으로써 수요자가 그 소리를 듣고 특정인의 상품출처 표시로 인식하게 된 경우 등록받을 수 있다(예: MS사의 윈도우 시작음).

냄새상표는 상품의 출처를 표시하기 위해 사용하는 냄새를 말하며, 그 냄새를 특정한 상품에 계속 사용함으로써 수요자가 그 냄새를 맡고 특정인의 상품의 출처표시로 인식하게 된 경우, 즉 식별력을 획득한 경우에 등록을 받을 수 있다(예: 레몬향 토너).

④ 기타 상표 : 단체표장, 증명표장, 업무표장

단체표장은 상품을 생산, 제조, 가공, 판매하거나 서비스를 제공하는 자가 공동으로 설립한 법인이 직접 사용하거나 그 소속 단체원에게 사용하게 하기 위한 표장을 말한다. 단체표장은 통상의 단체표장(예: 한국정보통신공업협동조합 등)과 지리적 표시 단체표장(예: 한산모시조합의 한산모시, 보성녹차, 영광굴비 등)이 있다.

증명표장은 상품의 품질, 원산지, 생산방법 또는 그 밖의 특성을 증명하고 관리하는 것을 업으로 하는 자가 타인의 상품에 대하여 그 상품이 품질, 원산지, 생산방법 또는 그 밖의 특성을 충족한다는 것을 증명하는 데 사용하는 표장을 말한다(예: 산업통상자원부장관의 세계일류상품 등).

업무표장은 대한적십자사, YMCA, 보이스카웃등과 같이 영리를 목적으로 하지 아니하는 업무를 하는 자가 그 업무를 나타내기 위하여 사용하는 표장을 말한다(예: 특허청의 KIPO).

(4) 상표의 기능

상표의 기능은 자타상품의 식별기능, 출처표시기능, 품질보증기능과 같은 본질적 기능과 광고선전기능, 재산적 기능과 같은 파생적 기능이 있다. 출처표시기능은 동일 상표가 부착된 상품은 출처가 동일하다는 기능이며, 품질보증기능은 동일 상표가 부착된 상품은 동일한 품질임을 보증한다는 기능을 말한다. 광고선전기능은 상품의 품질, 출처 등의 신용을 제공하는 광고기능을 말하며, 재산적 기능은 무형재산권으로서의 기능을 말한다.

(5) 상표의 사용 및 효력

상표의 사용은 표시행위, 유통행위, 광고행위, 입체적 사용행위를 하는 경우를 말한다. 상표의 효력은 상표권이 설정등록된 경우 상표권자는 지정상품에 대하여 그 등록상표를 사용할 권리를 독점하게 됨으로써 발생한다. 상표권의 존속기간은 설정등록일로부터 10년이며 갱신등록신청에 따라 10년씩 갱신할 수 있다.

나) 디자인제도

(1) 개요

산업패러다임이 과거 농경사회에서 공업사회, 정보사회를 거쳐 융합사회로 변화함에 따라 디자인의 역할과 디자인 경영이 주목을 받고 있다. 농경사회에서 디자인은 주로 농기구나 무기 등 도구의 최대기능을 실현할 목적으로 외형이 만들어졌다. 공업사회에 들어와서는 동일 기능의 제품에 장식성을 더하여 소비자를 유인하기 위한 디자인으로 변화되었다. 정보사회에서는 주로 기기와 사용자의 접점이 되어가는 디자인으로 발전하여 사용자가 기기를 효율적·객관적으로 사용하기 위해 단순화된 인터페이스를 지향하고 있다. 오늘날 융합사회에서 디자인은 기기와 사용자의 중개를 넘어 온·온프라인을 넘나드는 산업과 서비스의 융합을 연결해주는 역할을 하고 있다.

디자인의 역할변화를 살펴보면, 과거에는 디자인이 주요 비즈니스 관련 결정에서 소외되어 있다가 모든 결정이 내려진 다음에 단지 형태만을 부여하는 활동으로 간주되었다. 그러나 사업의 성공에 디자인의 역할이 크다는 점을 인식하게 되면서 디자인이 주요 의사결정에 동참하는 파트너로서의 역할을 수행하게 되었다. 현대사회에서는 디자인의 중요성이 더욱 커져서 디자인은 의사결정에 참여하는 다양한 분야의 전문가들의 활동이 원활하게 이루어질 수 있도록 하는 촉매자로서의 역할을 하고 있다. 이와 같이 기업경영에 있어 디자인과 관련된 의사결정을 할 때 시장상황과 고객중심적인 방법으로 최적화하여 접근하는 디자인경영이 일반화되고 있다. 따라서 디자인 보호법(제1조)에서는 '디자인 보호 및 이용을 도모함으로써 디자인의 창작을 장려하여 산업발전에 이바지함을 목적으로 한다'라고 되어 있다.

(2) 디자인의 정의

디자인(design)이란 용어는 사전에서 '형식·구조를 설계하다', '입안하다', '도안을 그리다' 등으로 설명하고 있는 것처럼, 여러 분야에서 다양한 의미로 사용되고 있다. 일반적으로 디자인은 "인공물을 시각적으로 돋보이게 하는 것"으로 인식하고 있으나 자동차 업계 관계자는 디자인을 "외관상 변화를 추구하여 유행을 만들거나 따르게 하는 것"으로 정의하고 있다. 사용분야를 살펴보면, 제품디자인, 시각디자인, 생활공간이나 환경에 적용되는 환경 또는 조형디자인, 건축디자인, 사용자 환경에 관한 UI·UX디자인 등 많은 분야에서 폭넓게 인용되고 있다.

디자인보호법에서 '디자인'이란 "물품(물품의 부분 및 글자체를 포함)의 형상·모양·색채 또는 이들을 결합한 것으로서 시각을 통하여 미감을 일으키게 하는 것을 말한다"라고 정의하고 있다. 디자인은 마음 속에 떠오른 생각을 실행하기 위한 계획을 세우는 것을 의미하는 '심적 계획'과 인공물에 눈으로 드러나 보이는 조형적 특성을 부여하는 '지적 조형 활동'으로 구분할 수 있다. 심적 계획은 인공물의 생산, 처방전을 마련하는 것, 새로운 판매계획 등의 행위로서 포괄적이나 비시각성을 강조하는 반면, 지적 조형활동은 전문적인 디자이너의 능력이 요구되며 제한적이고 시각성을 강조한다.

(3) 디자인의 성립요건

법적인 디자인으로 보호를 받으려면 물품성과 형태성과 같은 물리적 구성요소와 시각성, 심미성과 같은 감각적 구성요소를 갖추어야 한다. 물품성과 형태성은 시각성과 심미성의 전제가 되며 객관적 구성요소로서 디자인의 본질이다.

① 물품성

디자인보호법상 물품은 독립성이 있는 구체적인 물품으로서 유체동산을 의미한다. 물품성을 인정받기 위해서는 독립성, 구체성, 유체성, 동산성을 갖추고 있어야 한다. 광의의 디자인은 물품에 표현되지 않은 시각디자인, 환경디자인 등을 포함하고 있으나 디자인보호법상 디자인은 추상적 모티브만으로는 성립되지 않고, 유형적인 물품에 구체적으로 표현, 화체(化體)되어야 한다. 물품은 출원서의 기재사항, 도면, 사진, 견본 및 디자인의 설명에 의하여 특정되어야 한다. 따라서 부동산, 일정한 형체가 없는 기체, 액체, 전기, 광, 열, 시멘트, 설탕 등 분상물의 집합은 디자인 등록 대상이 되지 않는다. 이러한 물품성을 요구하는 취지는 디자인보호제도의 목적이 물품의 수요증대를 통한 산업발전에 있기 때문이다.

② 형태성

형태는 물품에 화체된 형상·모양·색채 또는 이들을 결합한 것을 말하며, 모양만의 디자인, 색채만의 디자인, 모양 및 색채의 결합디자인은 디자인보호법상 인정되지 않고 있다.

형상(form, shape)은 물품이 공간을 점유하고 있는 윤곽을 말하는 것으로 형태성의 필수 구성요소이다. 형상은 물품의 종류에 따라 입체적 형상과 평면적 형상으로 구분된다.

모양(pattern, ornament)은 물품의 외관에 나타나는 선도, 색구분, 색흐림을 말한다. 선도는 선으로 그린 도형을, 색구분은 공간이 선이 아닌 색채로써 구획되어 있는 것을, 색흐림은 색과 색의 경계를 흐리게 하여 색이 자연스럽게 옮아가는 것같이 보이게 하는 것을 말한다. 모양은 물품의 형상에 선택적으로 부가되는 임의적 구성요소로서 디자인의 성립여부에 영향을 미치지 않는다.

③ 심미성

심미성이란 해당 물품으로부터 미(美)를 느낄 수 있도록 처리되어 있는 것을 말한다. 기능, 작용, 효과를 주목적으로 한 것으로서 미감을 거의 일으키게 하지 않는 것, 디자인으로서 짜임새가 없고 조잡감만 주는 것으로서 미감을 거의 일으키게 하지 않는 것은 심미성이 인정되지 않는다. 미학적 심미성과의 관계는 특수한 취미감, 유행감, 안전 또는 편리함 등을 줄 수 있으면 족하고 반드시 미학적으로 높은 수준의 고상하고 우아한 것일 필요는 없다. 심미성에 대하여는 디자인은 장식예술에 속하는 실용품의 외관을 의미한다고 보는 '장식주의'와 물품의 외형은 용도나 기능에 부합되어야 하고 무용한 장식은 제한되어야 한다는 '기능주의'가 대립하고 있다. 현행법에서는 명확한 입장을 취하지 않고 장식미와 기능미 모두를 포함하는 태도를 보이고 있다.

④ 시각성

시각성은 육안으로 식별할 수 있는 것을 말한다. 디자인의 유사여부는 시각을 통해 심미감으로 판단한다. 따라서 시각 이외의 감각을 주로 이용하여 파악되는 소리, 냄새 등은 디자인 등록의 대상이 되지 못한다. 또한 분상물, 입상물의 하나의 단위 같이 육안으로 식별할 수 없는 것이거나 외부에서 볼 수 없는 것, 즉 분해하거나 파괴하여야 파악되는 것, 확대경 등에 의하여 확대하여야 물품의 형상 등이 파악되는 것도 디자인 등록대상에 해당되지 않는다. 그러나 피아노 건반과 같이 사용상 뚜껑을 열어야 비로소 사용할 수 있는 것은 그 내부도 디자인등록의 대상이 된다. 또한 다이오드와 같이 확대경 관찰이 통상적인 경우에는 디자인권의 대상이 될 수 있다.

(4) 디자인의 등록요건

디자인 등록요건은 절차적 요건과 실체적 요건(적극적 요건)이 있으며 등록을 받을 수 없는 부등록사유(소극적 요건)를 규정하고 있다.

① 실체적 요건 : 공업상 이용가능성, 신규성, 창작성

㉮ 공업상 이용가능성 : 공업적 생산방법에 의하여 동일한 형태의 물품이 양산될 수 있는 것을 말한다. 공업적 생산방법은 원자재에 물리적·화학적 변화를 가하여 유용한 물품을 제조하는 것을 뜻한다. 따라서 자언물(예: 수석, 솟솟이 등), 순수미술, 부동산에 해당되는 건축·조경디자인 등은 공업적 생산방법에 의하여 제조가 가능한 것으로 볼 수 없다.

㉯ 신규성 : 디자인등록 출원전에 국내 또는 국외에서 공지되었거나 공연히 실시된 디자인 또는 반포된 간행물에 게재되었거나 전기통신회선을 통하여 공중이 이용하게 된 디자인(공지디자인이라 함) 또는 이와 유사한 디자인은 신규성이 없어 디자인등록을 받을 수 없다.

㉰ 창작성 : 공지디자인 또는 이들의 결합에 의하거나 국내 또는 국외에서 널리 알려진 형상·모양·색체 또는 이들의 결합("주지의 형상·모양"이라 함)에 의하여 그 디자인이 속하는 분야에서 통상의 지식을 가진 자(당업자라 함)가 용이하게 창작할 수 있는 디자인은 창작성이 없어 디자인등록을 받을 수 없다. 예컨대, 평면적 형상(원, 삼각형 등), 입체적 형상(원기둥, 삼각기둥 등), 전형적 형상(자동차, 비행기 등)과 같이 국내외 주지형태에 의한 용이창작에 해당되거나 자연물, 유명한 저작물, 경치, 건조물 등을 기초로 한 용이창작이 해당된다.

② 부동록사유

㉮ 국기, 국장(國章), 군기(軍旗), 훈장, 포장, 기장(記章), 그 밖의 공공기관 등의 표장과 외국의 국기, 국장 또는 국제기관 등의 문자나 표지와 동일하거나 유사한 디자인

㉯ 디자인이 주는 의미나 내용 등이 일반인의 통상적인 도덕관념이나 선량한 풍속에 어긋나거나 공공질서를 해칠 우려가 있는 디자인

㉰ 타인의 업무와 관련된 물품과 혼동을 가져올 우려가 있는 디자인

㉱ 물품의 기능을 확보하는 데에 불가결한 형상만으로 된 디자인

(5) 디자인권의 발생과 보호

심사관이 등록결정을 하고 그 결정등본이 출원인에게 송달되면 출원인은 결정등본을 송달받은 날로부터 3월이내에 3년분의 등록료(연차료)를 납부함으로써 디자인권이 발생한다. 디자인권은 설정등록한 날로부터 발생하며 보호기간은 디자인등록출원일 후 20년이 되는 날까지이다. 디자인의 보호범위는 출원서의 기재사항, 첨부된 도면(전개도, 단면도, 확대도), 사진·견본 및 도면에 기재된 디자인의 설명에 의하여 정해진다.

3) 저작권 제도 개요

가) 저작권의 개념

저작권(Copyright)은 인간의 사상 또는 감정 등을 독창적으로 표현한 창작물인 '저작물'에 대하여 창작자(저작권자)가 가지는 독점·배타적인 권리를 말한다. 특허·실용신안권 등 산업재산권이 기술 중심의 권리라고 한다면, 저작권은 문학, 학술, 예술 관련 창작물에 관한 권리라는 점에서 차이가 있다. 저작권법의 목적은 저작자의 권리와 이에 인접하는 권리를 보호하고 저작물의 공정한 이용을 도모함으로써 문화 및 관련 산업의 향상발전에 이바지하는데 있다.

나) 저작권의 보호대상

(1) 저작물의 의의

저작권 보호대상인 저작물은 "인간"의 "사상" 또는 "감정"을 표현한 "창작물"을 말한다. 즉 저작권으로 보호받기 위해서는 독창적인 사상이나 감정 또는 아이디어에 관하여 외부에 표현을 해야한다는 점에서 단순한 사상, 감정, 아이디어가 아닌 기술적 사상을 보호하는 특허권과 차이가 있다. 또한 저작권으로 보호받으려면 일정 수준 이상의 창작성을 갖추어야 한다. 창작성(originality)은 타인의 창작을 베끼지 않고 독자적으로 창작한 것을 의미하며, 다른 산업재산권에서 요구하는 신규성과는 의미가 다르다. 즉, 타인의 저작물과 완전히 동일한 창작물을 만들었다고 하더라도, 그것이 스스로 창작한 것이고 타인의 것을 모방하지 않은 것이라면, 새로운 저작물이 아니라고 하더라도 저작물로 인정받고 보호가 가능하다.

(2) 저작물의 종류

저작물은 표현방식, 창작주체의 수 및 그들의 관계, 성립순서, 저작명의, 창작행위의 성질에 따라 다양하게 분류된다.

① 표현방식에 따른 분류

저작물의 표현방식에 따라 어문·음악·연극·미술·건축·사진·영상·도형·컴퓨터프로그램 저작물 등으로 구분한다.

예시) 어문저작물(소설·시·논문·강연·연설·각본 등), 음악저작물(음, 음성, 음향에 의해 표현되는 저작물), 연극저작물(연극 및 무용·무언극 등), 미술저작물(회화·서예·조각·판화·공예·응용저술저작물 등), 건축저작물(건축을 위한 모형 및 설계도서 등), 영상저작물(영화, 비디오, 게임의 화면 등 연속적인 영상으로 표현되는 저작물) 등

② 창작주체의 수 및 그들의 관계에 따른 분류

㉮ 저작물의 창작에 관여한 사람의 수에 따라 단독저작물과 공동저작물로 구분된다.

㉯ 저작물의 결합방법에 따라 공동저작물과 결합저작물로 구분된다. 공동저작물은 2인이상이 공동으로 창작한 저작물로서 각자가 기여한 부분을 분리하여 이용할 수 없는 것을 말한다. 결합저작물은 하나의 창작물(작품) 전체에 관여한 저작자 사이의 공동관계가 인정되지 않고 단순한 결합으로 이루어진 것을 말한다.

③ 성립순서에 따른 분류

원저작물과 원저작물을 번역·편곡·변형·각색·영상제작 그 밖의 방법으로 작성한 창작물, 즉 "2차적 저작물"로 분류된다. 2차적 저작물은 독자적인 저작물로서 원저작물과 별도의 보호를 받게 된다. 한편 편집저작물은 저작물이나 부호·문자·음·영상 그밖의 형태의 자료의 집합물을 말하며 데이터베이스를 포함한다. 편집저작물은 집합물의 선택·배열 또는 구성에 창작성이 있는 것으로 2차적 저작물과 별도의 유형으로 분리하고 있다.

④ 기타 분류

저작명의에 따라 저작자의 실제 이름이나 명칭(단체, 회사명 등)이 들어간 실명저작물, 필명·약칭·별명·예명 등의 이명(異名)저작물, 저작자의 표시가 없거나 알려지지 않은 무명저작물로 분류된다.

창작행위의 성질에 따라 개인의 자유저작물과 법인·단체 그 밖의 사용자(법인 등이라 함)의 기획 하에 법인 등의 업무에 종사하는 자가 업무상 작성하는 업무상 저작물로 구분된다.

(3) 보호받지 못하는 저작물

보호받지 못하는 저작물은 아이디어, 관공문서, 단순한 사실의 전달에 불과한 시사보도가 있다. 아이디어는 만인의 공유로 남겨두어 누구나 이용할 수 있게 하기 위해 저작권으로 보호하지 않고 있다. 또한 헌법·법률·조약·명령·조례 및 규칙, 국가 또는 지방자치단체의 고시·공고·훈령 그 밖에 이와 유사한 것, 법원의 판결·결정·명령 및 심판이나 행정심판절차 그 밖에 이와 유사한 절차에 의한 의결·결정 등, 국가 또는 지방자치단체가 작성한 것으로서 제1호 내지 제3호에 규정된 것의 편집물 또는 번역물과 같은 관공문서도 보호받지 못한다.

다) 저작권의 내용

(1) 저작권의 발생

저작권은 저작자가 저작물을 창작한 때부터 발생하며 저작권 취득을 위해 별도의 절차나 등록을 필요로 하지 않는다(무방식주의). 특허권, 실용신안권, 상표권 디자인권은 별도의 출원, 심사, 등록의 절차를 마쳐야 권리를 취득할 수 있다는 점에서 차이가 있다.

(2) 저작권의 내용

① 저작인격권

저작자가 자신의 저작물에 대해 가지는 인격적·정신적 이익을 보호하는 권리를 말하며 공표권, 성명표시권, 동일성유지권이 있다. 저작자 일신에 전속하는 권리로서 다른 사람에게 양도하거나 상속할 수 없으며 저작자가 사망하면 소멸한다.

공표권은 저작물을 공표하거나 공표하지 아니할 것을 결정할 권리이다. 성명표시권은 저작물의 원본이나 그 복제물에 또는 저작물의 공표 매체에 그의 실명 또는 이명을 표시할 권리를 말한다. 동일성유지권은 저작물의 내용·형식 및 제호의 동일성을 유지할 권리를 말한다.

② 저작재산권

저작물의 이용으로부터 생기는 경제적 이익을 보호하기 위한 권리이다. 즉 저작자가 저작물을 스스로 이용하거나 다른 사람이 이용할 수 있도록 허락함으로써 경제적 이익을 올릴 수 있는 재산권을 말한다. 저작재산권은 세부적으로 복제권, 공연권, 공중송신권, 전시권, 배포권, 대여권, 2차적 저작물 작성권 등이 있다.

저작재산권의 보호기간은 원칙적으로 저작자의 생존기간 및 사망후 70년까지이다. 다만 무명·이명저작물, 업무상 저작물, 영상저작물은 공표된 때로부터 70년까지 보호하고 있다.

(3) 저작인접권

① 개념

저작권에 인접한 권리로서 실연자, 음반제작자, 방송사업자에게 부여되는 권리를 총칭한다. 실연자, 음반제작자, 방송사업자의 경우 저작물을 직접 창작하는 것은 아니지만 저작물의 해석자 또는 전달자로서 창작에 가까운 활동을 하고 있다는 점에서 저작권에 유사한 권리를 인정하고 있다. 다만, 저작인접권 규정에 따른 보호는 저작권에 영향을 미치지 않는다.

저작인접권은 과학기술의 발전에 따라 복제기술, 통신기술이 같이 발달하였고, 이에 따라 저작자의 권리 뿐만 아니라 저작인접권자의 권리 역시 보호해야 할 필요성이 대두되면서 등장하였다.

② 저작인접권의 보호대상

㉮ 실연 : 저작물을 연기·무용·연주·가창·구연·낭독 그 밖의 예능적 방법으로 표현하거나 저작물이 아닌 것을 이와 유사한 방법으로 표현하는 것을 말한다.(저작권법 제2조 제4호)

㉯ 음반 : 음(음성·음향을 말함)이 유형물에 고정된 것(음이 영상과 함께 고정된 것을 제외함), 음을 고정시킨 컴퓨터 메모리칩 등도 음반에 해당된다.

㉰ 방송 : 공중송신 중 공중이 동시에 수신하게 할 목적으로 음·영상 또는 음과 영상 등을 송신하는 것을 말한다.

③ 저작인접권자의 권리

㉮ 실연자 : 인격권(성명표시권, 동일성유지권), 재산권(복제권, 배포권, 대여권 등)

㉯ 음반제작자 : 음을 음반에 고정하는데 있어 전체적으로 기획하고 책임을 지는 자가 갖는 권리로는 복제권, 배포권, 대여권, 전송권 등이 있다.

㉰ 방송사업자 : 방송사업자가 갖는 권리로는 복제권, 동시중계방송권 등이 있다.

㉱ 데이터베이스 제작자 : 데이터베이스의 전부 또는 상당부분을 복제·배포·방송·전송할 권리를 갖고 있다.

④ 저작인접권의 발생과 존속기간

실연은 실연을 한 때로부터, 음반은 음반을 발행한 때로부터 70년간 보호하며, 방송은 방송을 한 때로부터 50년간 보호한다. 데이터베이스(DB)는 DB의 제작을 완료한 때로부터 5년간, DB를 갱신한 때에는 갱신된 부분에 한하여 갱신을 완료한 때로부터 5년간 존속한다.

4) 영업비밀

가) 영업비밀의 개념

'비밀'이라는 용어는 형법이나 민법 등 여러 법률에서 사용되고 있지만, 통일적으로 규정된 정의는 존재하지 않는다. 사전에서 비밀은 '우주의 비밀'처럼 '밝혀지지 않았거나 알려지지 않은 내용'을 의미한다. 이 때 '우주의 비밀'을 '절대적 비밀'이라고 한다면 '영업비밀'과 같은 법률상 비밀은 '상대적 비밀'로써 양자 간에는 거리가 있다. 즉, 소수의 사람이 정보의 내용을 알고 있더라도 이를 알고 있는 사람 모두가 비밀유지 서약을 한 경우에는 공유하고 있는 그 정보를 영업비밀로 볼 수 있다.

영업비밀의 개념은 국가별 입법정책에 따라 다소 다른 점이 있다. 하지만 공통된 정의는 기업이 시장에서 경쟁상의 우위를 확보하기 위하여 스스로 개발하고 비밀로서 보유한 생산 및 제조방법 등의 기술정보와 마케팅전략, 고객명단 등의 경영정보를 말한다.

영업비밀의 정의에 대하여 「부정경쟁방지 및 영업비밀보호에 관한 법률」에서는 "공연히 알려져 있지 아니하고 독립된 경제적 가치를 가지는 것으로서 상당한 노력에 의하여 비밀로 유지된 생산방법, 판매방법 기타 영업활동에 유용한 기술상 또는 경영상의 정보"라고 규정하고 있다.

나) 영업비밀의 보호요건

(1) 비공지성

비공지성은 영업비밀이 일반에게 알려져 있지 않는 상태, 특히 영업비밀의 공개에 의하여 경제적 가치를 얻을 수 있는 자에게 "공연히 알려져 있지 아니한" 상태가 유지되어야 한다는 것이다. 여기서 "공연히 알려져 있지 아니한" 이란 불특정 다수인이 그 정보를 알고 있거나 알 수 있는 상태에 있지 아니한 것으로서, 공개된 간행물 등에 게재되지 않고 비밀상태인 것을 의미하며, 당해 정보의 보유자는 당해 정보가 비밀상태(비공지성)이기 때문에 동 정보에 대한 경제적 이익과 시장에서 경쟁상의 우위를 향유한다. 그러나 비공지성 내지 비밀성은 상대적 개념으로 보유자 이외의 타인이 당해 정보를 알고 있다 하더라도 보유자와의 사이에 비밀준수의무가 형성된 경우라면 비공지 상태라고 할 수 있다.

(2) 경제적 유용성

경제적 유용성은 영업비밀보유자가 시장에서 특정한 정보의 사용을 통해 경업자에 대한 경제상의 이익을 얻을 수 있거나 정보의 취득 또는 개발을 위해 상당한 비용이나 노력이 필요한 경우를 말한다. 즉, 영업비밀로서 보호받기 위해서는 어떤 정보가 기술상·경영상 경제적 가치를 가지고 있어야 함을 전제로 한다. 현실적으로 사용되고 있지 않다 하더라도 장래에 경제적 가치를 발휘할 가능성이 있는 정보(잠재적으로 유용한 정보)와 과거에 실패한 연구데이터와 같은 정보도 경제적 가치를 가지고 있다고 할 수 있다.

(3) 비밀관리성

비밀관리성은 그 정보가 비밀로 유지되고, 또 제3자가 영업비밀임을 객관적으로 알 수 있는 상태에 있어야 한다는 것을 의미한다. 경제적 가치를 지닌 비공지 상태의 기술·경영 정보라 하더라도 영업비밀로서 보호받기 위해서는 당해 정보의 보유자가 비밀유지를 위하여 “상당한 노력”을 하여야 한다. 즉 영업비밀 보유자가 주관적으로 비밀을 유지하려는 의식을 가져야 하고, 객관적으로 제3자 또는 종업원이 알 수 있는 방식으로 비밀임을 표시하여 관리해야 한다.

다) 영업비밀의 종류

영업비밀은 일반적으로 기술상 혹은 경영상 유용한 정보로 나눌 수 있다.

(1) 기술상의 영업비밀

기술상의 영업비밀, 즉 기술정보는 제품을 제조함에 있어 특유한 산업기술상의 정보로서 시설 및 제품설계도, 기계설비 및 장비, 실험데이터, 물질의 배합방법, 물건의 생산 및 제조방법, 연구개발 보고서 및 데이터 등을 들 수 있다. 영업비밀의 대명사인 코카콜라의 제조법과 같이 일반에 널리 알려지지 않은 것으로 비밀로 유지되고 있는 것이라면 영업비밀로서 보호대상이 된다. 다만 일반적으로 종업원 자신이 개발한 기술은 특별한 특약이 없는 한 경업(競業)회사에 누설하여도 영업비밀 침해행위가 되지는 않는다. 하지만 종업원과의 사이에 재직기간 중 개발한 기술이라도 그것을 회사에 공개하여야 하고 퇴직 후에 경업자에게 누설하여서는 안 된다는 특약이 존재하면 영업비밀로 보호된다.

(2) 경영상의 영업비밀

최근 기업에서는 생산·판매전략 등을 중요한 영업정보로 취급하여 대외적 비밀로 취급하고 있는 경향이 두드러진다. 원가분석, 마진율, 거래처 정보, 인사·재무관리 정보, 경영전략, 신규투자계획, 생산 및 마케팅계획, 고객명부, 기술과 경험을 바탕으로 한 방법을 기술한 서류 또는 회사의 독특한 기법을 담고 있는 매뉴얼 등이 경영상의 영업비밀에 해당된다.

이러한 경영정보가 비밀성을 갖추고 대외적으로 비밀로 관리되고 있는 것이라면 당연히 영업비밀로 보호 가능하다. 다만 이러한 정보를 수록한 매뉴얼이 문서화되어 있고 저작권으로 보호되어야 할 것이라면 영업비밀보호의 문제에 우선하여 저작권법에 의한 보호가 이루어질 수도 있다.

라) 영업비밀과 특허의 비교

지식재산권 중 자신의 기술을 공개한 대가로 일정기간 독점·배타적 권리를 부여하는 특허권, 실용신안권 등과 달리 영업비밀은 정보를 공개하지 않고 비밀로 관리하는 경우에 한하여 이를 법률로 보호하고 있다. 즉, 영업비밀은 영업상의 이익 또는 사실상의 자산에 가까우며 특허권처럼 정보에 대한 독점배타권을 부여하는 것이 아니라 '정보를 비밀로 유지하는 상태'를 보호하고 이를 침해하는 행위를 금지하는 것에 대하여 법률로 정하고 있다.

기술정보에 대해서는 지식재산권 중에서도 특허로 보호할지 아니면 영업비밀로 보호할지 선택이 중요하다. 특허는 공개대가로 부여되는 독점권으로서 자연법칙을 이용한 고도한 기술적 사상의 창작을 보호대상으로 하고, 출원·심사·등록절차가 필요하며 출원일로부터 20년간 독점적인 배타권을 인정하는 제도이다. 영업비밀은 비밀로 유지·관리되고 있는 상태를 보호하는 것으로서 생산방법, 판매방법 기타 영업활동에 유용한 기술상 또는 경영상의 정보를 보호대상으로 하고, 등록절차는 불필요하며 비밀로 유지되는 한 권리행사 기간의 제한이 없는 제도이다.

[표 1 - 19] 영업비밀보호제도와 특허제도의 비교 요약

구분	영업비밀 보호제도	특허제도
목적	타인의 영업비밀 침해행위방지	발명의 보호·장려, 이용도모
공개유무	발명의 비밀유지	발명의 공개(1년6월후)
권리특징	비밀유지 노력에 대한 보호	공개대가로 일정기간 독점권 부여
보호대상	기술정보, 경영정보 등	자연법칙을 이용한 기술적 사상의 창작
보호요건	비공지성, 비밀관리성, 경제적유용성	산업상이용가능성, 신규성, 진보성 등
존속기간	무제한(비밀로 유지되는 동안)	출원일로부터 20년
관련법	부정경쟁방지 및 영업비밀보호법	특허법

마) 영업비밀의 침해 및 구제

영업비밀의 침해행위는 절취, 기망, 협박, 그 밖의 부정한 수단으로 영업비밀을 취득하는 행위 또는 그 취득한 영업비밀을 사용하거나 공개하는 행위를 말하며, 크게 '부정취득행위'와 '부정공개행위'가 있다. 부정취득행위는 영업비밀을 부정취득·사용·공개 행위, 부정 취득된 영업비밀을 악의·중과실로 취득·사용·공개 행위 등이 있다. 부정공개행위는 영업비밀을 부정공개·사용하는 행위, 부정 공개된 영업비밀을 악의·중과실로 취득·공개하는 행위, 선의취득 후 악의·중과실에 의한 사용·공개 행위가 있다.

영업비밀 침해에 대한 구제는 민사적으로 침해금지 및 예방청구권, 손해배상청구권, 신용회복청구권이 있고, 형사적으로는 국내외 유출시 5(국내)·10년(국외)이하 징역과 재산상 이득액의 2-10배의 벌금 등 징역과 벌금 병과가 가능하다.

3. 특허제도

1) 개요

가) 특허제도의 발생배경 및 연혁

특허를 뜻하는 'patent'는 공개된 것을 의미하는 라틴어 'patere'에서 유래되었다. 14세기 영국에서 국왕이 특허권을 부여할 때, 다른 사람이 볼 수 있도록 개봉된 상태로 수여되었는데 이 때 특허증서를 개봉된 문서, 즉 'Letters Patent'라 불렀고 그 후 '공개(open)'라는 뜻을 가진 patent가 특허권이라는 뜻으로 사용되게 되었다.

서양에서 특허의 역사는 고대 그리스시대에도 존재한 것으로 전해지고 있으나, 오늘날의 특허제도는 15세기 르네상스 시대 이탈리아 도시국가 베니스에서 시작되었다고 보는 것이 통설이다. 당시 베니스공화국은 유럽의 관문으로 동서양간의 중계무역을 통해 막대한 부를 축적하였고 제조업에도 큰 관심을 갖고 있었다. 모직물 공업이 발달한 베니스에서는 새로운 발명을 비밀로 숨기지 않고 국가에 신고하면 일정기간 독점적으로 사용할 수 있는 권리를 부여한 특허법을 1474년에 최초로 제정하였다. 이후 베니스공화국의 특허법은 이후 네덜란드를 경유하여 영국으로 전해져 현대특허제도의 기초가 되었다.

한편, 영국의 특허제도는 16세기 중반, 당시 유럽 대륙에 비해 공업이 상대적으로 뒤떨어져 있었던 영국이 공업진흥을 목적으로 유럽대륙의 기술자들을 끌어들이기 위해, 1624년 독점권에 관한 법안인 '전매조례(Statue of Monopolies)'를 제정하여 14년간의 독점적 특허권을 부여하였다. 이러한 전매 조례는 새로운 발명에 대한 특허이외에는 독점을 금지한다는 점에서 현대적 특허법의 모태가 되었으며 이후 유럽 각국에서 특허제도를 도입하게 되었다.

미국은 영국 식민지 당시부터 각 주에서 이미 특허장을 발행하고 있었으며, 독립후 1787년 제정된 헌법에 특허조항을 두었고, 1790년에는 특허법을 제정하여 오늘날 세계 특허분쟁과 특허독점의 중심에 위치하고 있다.

우리나라의 법적인 특허제도는 1908년 한국의 특허령이 공포·시행되면서 시작되었으며 일제강점기를 거쳐 1946년 특허원 설립 및 특허법 제정으로 본격화되었다. 이후 1961년 특허법을 전면개정하여 산업재산권 4법으로 분리하여 현재의 산업재산권과 특허법의 기반이 되었다. 1977년 독립된 정부조직으로 특허청이 개청되었으며 1979년 세계지식재산권기구(WIPO)가입, 1980년 파리협약 가입, 1984년 특허협력조약(Patent Cooperation Treaty) 가입을 거쳐 오늘날 미국, 일본, 유럽, 중국과 더불어 지식재산 5대강국의 위상을 확보하고 있다.

나) 특허제도의 목적

특허제도는 발명을 보호·장려하고 그 이용을 도모함으로써 기술의 발전을 촉진하여 산업의 발전에 이바지 함을 목적으로 하고 있다(특허법 제1조). 여기서 발명의 보호는 특허를 받을 수 있는 권리에 의한 보호(천부인권적 권리)와 기술공개의 대가로 독점적이고 배타적인 권리, 즉 특허권에 의한 보호가 있다. 발명의 이용은 '실시'와 '공개'에 의한 이용으로 구분할 수 있고, 실시는 특허권자의 실시와 제3자의 실시가 있다. 공개에 의한 이용은 동일 기술에 대한 중복투자 또는 중복연구를 방지하고 개량된 기술의 개발을 유도하기 위해 기술문헌적으로 이용하는 것을 말한다. 정리하면, 특허제도는 해당발명을 공개하는 대가로 발명자는 일정기간 동안 독점권을 가지게 되어 발명에 대한 경제적 보상이 가능하며, 제3자는 공개된 발명을 활용하여 해당발명을 개량할 기회를 갖게 된다. 즉 발명의 독점과 공개의 조화를 통해 산업발전을 도모하고 있다.

다) 특허권의 보호대상

관련법상 발명과 고안이 보호대상이 된다. 여기서 특허법 상 발명은 특허법에서 "자연법칙을 이용한 기술적 사상의 창작으로서 고도한 것"을 말하며, 실용신안법상 고안은 "자연법칙을 이용한 기술적 사상의 창작"을 말한다.

특허법상 보호대상이 되는 발명은 물건, 물질 및 방법에 대한 발명으로써 물건발명, 방법발명, 미생물발명, 용도발명, 영업방법 등이 있다. 실용신안법상 보호대상이 되는 고안은 물품의 형상, 구조 또는 조합에 관한 자연법칙을 이용한 기술적 사상의 창작을 말한다.

라) 특허요건

특허요건은 주체적 요건, 절차적 요건 그리고, 실체적 요건이 있다. 주체적 요건은 특허권 또는 특허에 관한 권리의 주체가 될 수 있는 법률상의 자격인 권리능력자로서 발명자 또는 승계인이어야 한다. 공동발명의 경우에는 공동발명자 전원이 공동으로 출원해야 한다. 절차적 요건은 출원절차에 대한 일정한 기준(필수구비서류 등)을 갖추어야 한다. 실체적 요건은 특허권을 받기 위해 출원된 발명이 갖추어야 할 요건으로 발명의 성립성, 산업상 이용가능성, 신규성, 진보성이 있다.

마) 특허출원 및 심사절차

특허를 받으려고 하는 자는 특허출원서를 특허청장에게 제출하여야 한다. 특허청은 제출서류를 토대로 출원의 주체, 법령이 정한 방식상 요건 등 절차의 흠결유·무를 점검하는 방식심사를 수행한다. 방식심사 후 IPC코드가 부여되고 특허출원에 대하여 그 출원일로부터 1년6월이 경과한 때 또는 출원인의 신청이 있는 때에는 기술내용을 공개공보에 게재하여 일반인에게 공개한다. 다음으로 발명의 내용 파악, 선행기술 조사 등을 통해 특허여부를 판단하며, 심사결과 거절이유가 존재하지 않을 경우에는 특허결정서를 출원인에게 통지한다. 특허결정되어 특허권이 설정등록되면 그 내용을 일반인에게 공개한다.

[그림 1 - 12] 특허출원 및 심사절차도

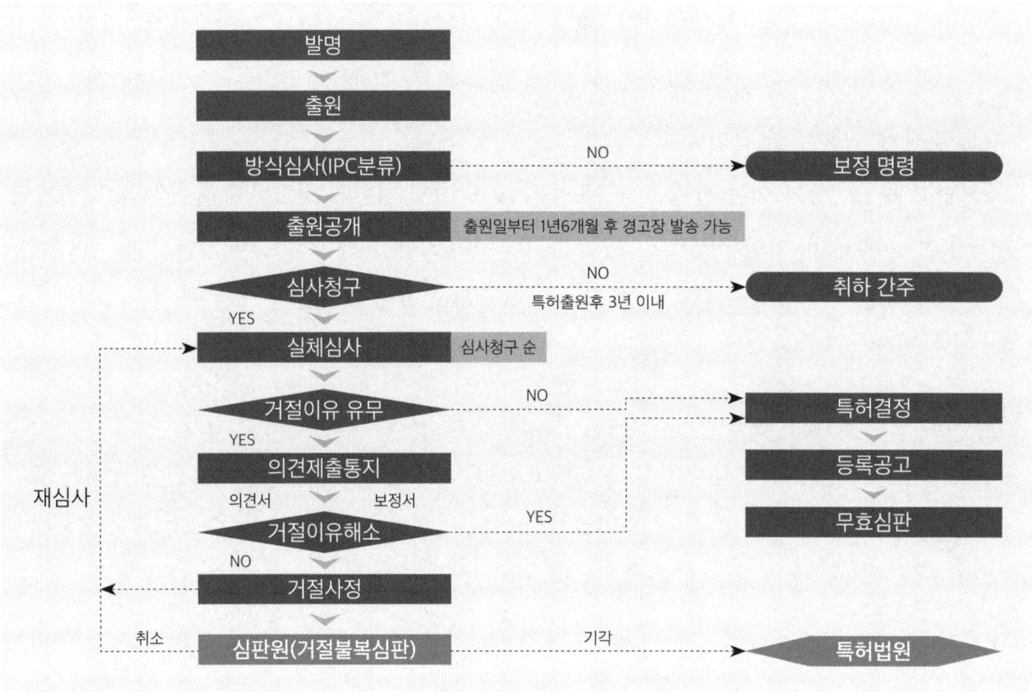

바) 특허권의 발생 및 효력

특허권은 특허결정등본을 송달받은 발로부터 법정기간 내 3년분의 설정등록료를 납부하면 독점·배타적 효력인 특허권이 발생한다. 특허권을 부여받은 자는 업으로서 그 특허발명을 실시할 권리를 독점하게 된다. 다만, 연구 또는 시험을 하기 위한 특허발명의 실시나 특허출원 시부터 국내에 있는 물건에 대하여는 특허권의 효력이 미치지 않는다. 특허권의 존속기간은 설정등록일로부터 출원일 후 20년까지이다.

특허권이 침해당할 경우 구제수단은 민사적·형사적인 방법이 있다. 민사적 구제수단은 침해금지(예방)청구, 손해배상청구, 신용회복청구, 부당이득반환청구가 있고 형사적 구제수단은 특허권 침해죄로 7년이하의 징역 또는 1억원이하의 벌금이 있으며 친고죄(범죄의 피해자 또는 기타 법률이 정한 자의 고소·고발이 있어야 공소를 제기할 수 있는 범죄)에 해당된다.

2) 특허출원 일반

가) 특허출원절차 개요

특허출원이란 발명에 대하여 특허를 받을 수 있는 권리를 가진 자가 국가에 대하여 발명의 공개를 전제로 특허청에 특허를 받고자 하는 의사를 객관적으로 표시하는 행위이다. 특허를 받으려는 자는 특허출원인의 성명 및 주소, 발명의 명칭, 발명자의 성명 및 주소, 특허출원인 대리인이 있는 경우 대리인 등을 적은 특허출원서를 특허청장에게 제출하여야 한다. 특허출원서에는 발명의 설명, 청구범위를 적은 명세서와 요약서, 도면(필요한 경우)이 첨부되어야 한다.

특허출원절차와 관련하여 서면주의, 양식주의, 국어주의, 도달주의, 수수료납부주의가 적용되고 있다. 서면주의는 특허출원서 및 기타 제반 서류는 서면 또는 전자문서로 작성하여 제출하는 것을 원칙으로 한다는 것이다(예외: 미생물 출원 시 기탁 제도). 양식주의는 법령이 정하는 일정한 양식에 의거 제출하는 것이고 국어주의는 국어로 기재해야 한다는 것인데, 명세서 및 도면에 대하여 영어출원도 가능하며 이때 번역문을 제출해야 한다. 도달주의는 출원서, 청구서, 그 밖의 서류는 특허청 또는 특허심판원에 도달된 날부터 제출의 효력이 발생된다는 것이다. 다만, 서류를 등기우편으로 제출하는 경우에는 발신주의를 채택하고 있다. 수수료 납부주의는 특허에 관한 절차를 밟는 자는 출원비용, 등록비용 등의 수수료를 납부해야 한다는 것이다.

나) 특허출원 시 필요서류

(1) 특허명세서

특허명세서는 발명을 일반공중에게 공개하고 그 대가로 독점적이고 배타적인 특허권을 허여받기 위하여 발명의 기술적 내용을 명확하고 상세하게 문자와 도면으로 기재한 서류를 말한다. 발명의 내용이 기재된 서류로서 심사·심판의 대상을 특정함과 동시에 권리자에게는 권리서로서, 제3자에게는 기술문헌으로서의 역할을 하고 있기 때문에 그 역할을 할 수 있도록 다음과 같은 기재사항을 구비하여야 한다.

① 발명의 명칭

발명의 내용에 따라 발명의 카테고리가 구분되도록 간단하고 명료하게 기재하며 청구항 말미와 일치시키는 것이 일반적이다.

② 발명의 상세한 설명

• 기술분야 : 특허를 받으려는 발명이 속하거나 이용되는 구체적인 기술분야를 명확하고 간결하게 기재하며 국제특허분류(IPC)를 알고 있는 경우 참조하여 기재한다.

• 발명의 배경이 되는 기술 : 특허를 받으려는 자가 알고 있는 범위에서 발명의 이해, 선행기술 조사 및 심사에 유용하다고 생각되는 종래기술을 명확하고 간결하게 기재한다. 신규성 및 진보성 판단의 인용발명이 될 수 있으므로 논문이나 특허문헌과 같이 문헌에 명백하게 기재되어 있는 것만 기재한다.

• 발명의 내용 : 해결하고자 하는 과제, 과제의 해결수단, 발명의 효과를 기재한다.

해결하고자 하는 과제는 특허를 받으려는 발명이 과제로 하고 있는 종래 기술의 문제점 등을 기재하며 종래기술이 없는 경우 발명자가 발명을 하게 된 동기를 기재한다.

과제의 해결수단은 특허를 받으려는 발명에 의하여 어떻게 해당과제가 해결되었는지를 기재한다. 실무상 청구항에 적혀 있는 발명 그 자체가 해결수단이 되므로 청구범위를 요약하여 기재한다.

발명의 효과는 특허를 받으려는 발명이 종래의 기술과 비교하여 우수하다고 인정되는 사항을 기재한다. 발명의 유리한 효과는 진보성의 존재를 추인하는 요소로서 과제의 해결수단으로 인한 효과를 기재하는 것이 바람직하다.

③ 도면의 간단한 설명

도면을 첨부한 경우 각각의 도면이 무엇을 표시하는지 기재하며 기계도면의 경우 '평면도', '종단면도' 등과 같이 구체적인 도면 종류를 명기한다.

④ 발명을 실시하기 위한 구체적인 내용

그 발명이 속하는 기술분야에서 통상의 지식을 가진 자(당업자라 함)가 그 발명이 어떻게 실시되는지를 쉽게 알 수 있도록 그 발명의 실시를 위한 구체적인 내용을 적어도 하나 이상, 가급적 여러 형태로 기재한다. 발명의 구성부분과 작용부분으로 나누어 기재하는 것이 일반적이며 실시예에 따라 구분하여 설명한다.

⑤ 특허청구범위

특허청구범위에 의해 특허권의 보호범위가 결정되므로 특허청구범위는 출원서류 중 가장 중요한 서류라고 할 수 있다. 권리요구서와 권리해설서의 역할을 하는 청구범위는 기재요건 및 방법이 법으로 정해져 있다. 특허청구범위는 보호받고자 하는 사항을 1 또는 2이상 청구항으로 기재하고, 발명의 상세한 설명에 의하여 뒷받침되어야 하며, 발명이 명확하고 간결하게 기재되어야 한다.

청구범위에 기재된 청구항은 '독립항'과 '종속항'으로 구분할 수 있다. 독립항은 다른 청구항을 인용하지 않은 청구항을 말하며, 종속항은 '다른 청구항을 한정하거나 부가하여 구체화'하는 청구항으로서 발명의 내용이 다른 항에 종속되어 다른 항의 내용변경에 따라 해당 청구항 발명의 내용이 변경되는 청구항을 말한다. 형식적으로는 다른 청구항을 인용하고 있는 청구항이다. 청구항에 기재된 구성요소가 많을수록 권리범위가 좁아지게 되므로(다기재-협범위 원칙) 핵심구성만 기재함이 바람직하다.

(2) 도면

특허출원서 작성 시 도면이 필요한 경우 명세서 기재 내용의 이해를 돕기 위하여 도면을 첨부할 수 있다. 다만, 실용신안등록 출원인 경우에는 도면을 반드시 첨부하여야 한다.

(3) 요약서

발명의 내용을 쉽게 파악할 수 있도록 (1) 기술분야 (2) 해결하려는 과제 (3) 과제의 해결 수단 (4) 발명의 효과 등을 요약하여 기재한다. 요약서는 특허발명의 보호범위를 정하는 데에는 사용할 수 없다. 실무상 발명의 효과는 생략하고 기술분야 및 청구항 제1항의 내용을 기재한다. 발명의 목적과 발명의 중요 부분만을 요약하여 작성하는 것으로 요약서만 보더라도 발명의 전반적인 내용을 알 수 있게 하는 등 검색을 용이하게 하는 기능을 한다.

[표 1 - 20] 특허출원서의 구성

구분		
명세서	**- 발명의 명칭**	**- 발명의 분류 정리**
	- 도면의 간단한 설명	**- 도면과 상세한 설명의 관계 정의**
	- 발명의 상세한 설명 ·발명의 목적 ·발명의 구성 ·발명의 작용 및 효과	**- 공개 기술문헌** **- 특허성 입증자료** ·착상의 곤란성 입증 ·목적의 특이성 입증 ·구성의 곤란성 입증 ·효과의 현저성 입증
	- 특허청구범위 ·독립항 ·종속항	**- 권리서** ·발명의 상세한 설명에 의해 뒷받침 될 것 ·명확하고 간결하게 기재될 것
도면		상세한 설명 보충
요약서		Search 용이(기술거래, 권리침해방지)

다) 방식심사

방식심사는 특허청장 등이 출원인·대리인의 절차능력, 제출된 서류의 기재방식 및 첨부서류, 수수료 납부사항 등 절차에 대한 흠결 유무를 심사하는 것이다. 방식심사를 하는 취지는 특허에 관한 방식과 절차를 통일함으로써 특허행정의 원활한 수행을 하기 위한 것으로 특허요건 등을 심사하는 실체심사와 구별된다.

[그림 1 - 13] 방식심사 흐름도

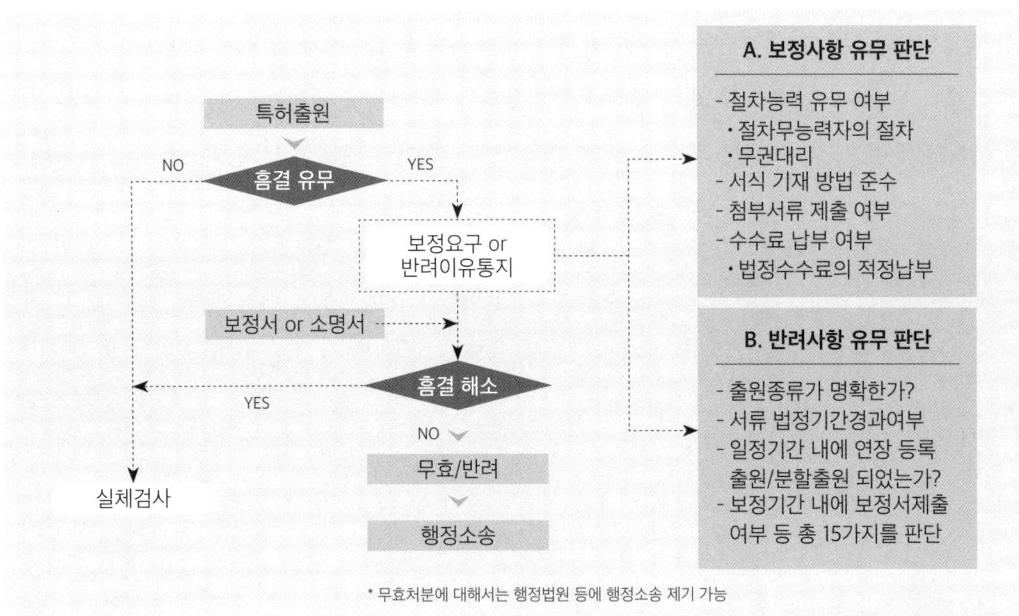

* 출처 : www.kipo.go.kr

라) 출원공개제도

(1) 의의

특허출원된 내용에 대하여 심사청구의 유무에 관계없이 출원일로부터 1년 6개월이 경과한 때 또는 특허출원일부터 1년 6개월이 경과하기 전이라도 출원인의 신청이 있는 때에는 그 특허출원에 관하여 특허공보에 게재하여 사회일반에 공표하는 제도이다. 이 제도의 취지는 중복연구방지 및 기술문헌으로 이용하게 함으로써 산업발전에 이바지하는데 있다.

(2) 출원공개의 효과

① 경고 및 보상금청구권 발생: 특허출원인은 출원공개가 있은 후 그 특허출원된 발명을 업으로서 실시한 자에게 특허출원된 발명임을 서면으로 경고할 수 있다. 특허출원인은 경고를 받거나 출원공개된 발명임을 알고 그 특허출원된 발명을 업으로 실시한 자에게 그 경고를 받거나 출원공개된 발명임을 알았을 때부터 특허권의 설정등록을 할 때까지의 기간 동안 그 특허발명의 실시에 대하여 통상적으로 받을 수 있는 금액에 상당하는 보상금의 지급을 청구할 수 있다.

② 출원공개전 후출원에 대해서는 확대된 선출원의 지위에 의하여, 출원공개후에는 공지기술에 의하여 타인의 후출원의 등록을 금지시킬 수 있다.

③ 제3자는 출원공개된 발명을 기술정보로서 이용하여 중복투자 및 중복연구를 방지할 수 있다.

(3) 출원의 조기공개

출원인은 자신의 출원발명이 출원일로부터 1년 6개월이 경과하기 전에 출원공개되어야 할 필요가 있을 때에는 특허청장에게 그 취지를 기재한 신청서를 제출하여야 한다. 출원인 외 제3자는 신청할 수 없으며, 별도의 수수료는 납부하지 않는다. 조기공개신청은 신청서 제출일로부터 10일 이내에 취하서를 제출하여 취하도 가능하다. 조기공개 신청제도는 출원되어 있는 본인의 발명을 다른 사람이 실시하고 있는 경우 출원공개 후에 경고장을 발송할 수 있기 때문에 이 때 조기공개 신청제도를 활용한다.

3) 특허심사 일반

가) 특허심사절차 개요

특허심사(실체심사)는 특허권 허여의 전제로서 특허출원발명이 소정의 특허요건을 구비하고 있는지 여부에 대하여 일정자격을 갖춘 심사관이 판단하는 과정이다. 특허는 출원인이 일정한 양식의 출원서를 특허청에 제출하고 심사청구가 있어야만 심사를 착수하게 된다. 심사청구는 출원인 또는 이해관계인 누구든지 할 수 있으며 심사청구기간은 출원일로부터 3년 이내에 해야 한다. 특허심사는 심사청구순서에 따라 이루어지고 우선심사신청이 있는 경우에는 일반심사보다 먼저 심사를 하게 된다. 특허심사관이 출원 건에 대하여 거절하고자 할 때에는 출원인에게 거절이유를 통지하고 의견서 또는 보정서를 제출할 수 있는 기회를 부여한다. 이에 대하여 출원인은 제출기간 이내에 의견서 또는 보정서를 제출하여 거절이유가 해소되면 심사절차가 이어지고 거절이유가 해소되지 않으면 거절결정이 난다. 이러한 거절결정에 대하여 출원인은 불복심판을 청구할 수 있다. 심사결과, 특허결정이 나게 되면 등록료를 납부해야 특허등록이 되고 공보에 특허를 공고하게 된다. 등록된 특허에 대하여 특허요건 등 무효사유가 있음을 이유로 그 특허권을 무효시켜 줄 것을 요구하는 무효심판 절차가 있다.

[그림 1 - 14] 실체심사 흐름도

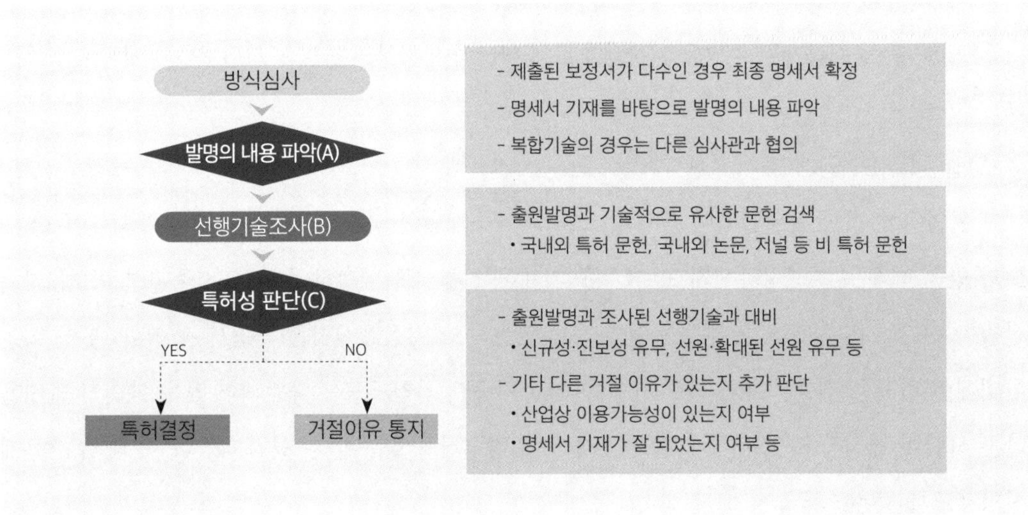

* 출처 : www.kipo.go.kr

나) 심사청구제도

출원과 심사를 분리하여 출원일로부터 3년 이내에 심사청구가 있는 특허출원에 대하여만 심사청구의 순서에 따라 심사하는 제도이다(특허법 제59조). 이 제도의 취지는 특허권자가 실제 특허권을 취득하고자 하는 특허출원만을 선택적으로 심사함으로써 심사대상을 감소시켜 심사를 촉진시키고자 하는데 있다.

심사청구는 누구든지 심사청구를 할 수 있다. 다만, 출원인이 특허출원할 때 명세서에 특허청구범위를 기재하지 아니한 경우에는 특허청구범위가 기재된 명세서가 첨부된 때에 한하여 출원심사의 청구를 할 수 있다.

심사청구의 대상은 특허출원의 심사청구 시 출원발명이 특허청에 적법하게 출원계속 중인 출원으로 하며, 출원이 취하·포기 또는 무효된 경우에는 심사청구의 대상이 될 수 없다. 특허심사청구시기는 특허출원일로부터 3년이며 이 기간내 심사청구가 있는 경우 심사청구의 순서에 따라 심사가 진행된다. 출원심사의 청구를 할 수 있는 기간 내에 출원심사의 청구가 없는 때에는 그 특허출원은 취하한 것으로 간주하며 출원심사의 청구는 취하할 수 없다.

다) 우선심사제도

우선심사제도는 출원인의 이익이나 공익상 필요한 경우로서 긴급한 처리가 필요한 출원에 대해서 심사청구순서와 관계없이 먼저 심사하는 제도이다.

우선심사대상은 출원공개 후 타인이 무단으로 특허출원된 발명을 실시하고 있다고 인정되는 경우, 대통령령으로 정하는 특허출원으로서 긴급하게 처리할 필요가 있다고 인정되거나 재난의 예방·대응·복구 등에 필요하다고 인정되는 경우가 있다.

우선심사의 신청을 하려는 자가 출원된 발명에 관하여 직접 선행기술을 조사하고 그 결과를 특허청장에게 제출하여 긴급처리가 필요하다고 인정된 출원은 다음의 어느 하나에 해당된 출원을 말한다(특허법 시행령 제9조).

- 방위산업분야의 특허출원, 녹색기술과 직접 관련된 특허출원, AI 또는 IoT 등 4차 산업혁명과 관련된 기술을 활용한 특허출원, 수출촉진에 직접 관련된 특허출원, 국가 또는 지방자치단체의 직무에 관한 특허출원, 벤처기업의 특허출원, 기술혁신형 중소기업(이노비즈기업)의 특허출원, 직무발명보상 우수기업의 특허출원, 지식재산 경영인증 중소기업의 특허출원, 국가연

구개발사업의 결과물에 관한 특허출원, 조약에 의한 우선권주장의 기초가 되는 특허출원, 65세 이상인 사람의 특허출원 등

재난의 예방·대응·복구 등에 필요하다고 인정되는 특허출원으로는 「감염병의 예방 및 관리에 관한 법률」에 따른 의료·방역 물품과 직접 관련된 특허출원, 「재난 및 안전관리 기본법」에 따라 인증을 받은 재난안전제품과 직접 관련된 특허출원, 재난으로 인한 긴급한 상황에 대응하기 위해 특허청장이 우선심사 신청 기간을 정해 공고한 대상에 해당하는 특허출원이 있다.

라) 선출원주의

동일한 발명에 대하여 다른 날에 2이상의 특허출원이 있는 때에는 먼저 특허출원한 자만이 그 발명에 대하여 특허를 받을 수 있다. 동일한 발명에 대하여 같은 날에 2이상의 특허출원이 있는 때에는 특허출원인의 협의에 의하여 정하여진 하나의 특허출원인만이 그 발명에 대하여 특허를 받을 수 있다. 협의가 성립하지 아니하거나 협의를 할 수 없는 때에는 어느 특허출원인도 그 발명에 대하여 특허를 받을 수 없다.

하나의 발명에 대해서는 하나의 특허권을 부여한다는 1발명 1특허 원칙의 취지는 중복특허배제의 원칙을 구현하기 위해 동일한 기술사상에 대하여는 먼저 출원한 자에게만 특허권을 부여하기 위해 선출원주의(First to File)를 채택하고 있다.

특허출원 또는 실용신안등록출원이 무효·취하 또는 포기되거나 거절결정이나 거절한다는 취지의 심결이 확정된 경우, 발명자 또는 고안자가 아닌 자로서 특허를 받을 수 있는 권리 또는 실용신안등록을 받을 수 있는 권리의 승계인이 아닌 자가 한 특허출원 또는 실용신안등록출원의 경우에는 선출원의 지위가 없다. 그러나 동일자 출원에 대하여 협의 불성립 등으로 거절결정이나 거절한다는 취지의 심결이 확정된 때에는 선출원의 지위가 인정된다.

한편, 선출원주의에 대응되는 개념인 선발명주의는 출원의 선후에 관계없이 진정한 최선의 발명자에게 특허를 허여하는 제도로서 특허법의 이념에 부합하나 발명시점의 판단이 어렵고 발명의 비밀을 조장하여 권리의 안정성을 해칠 우려가 있어 채택하지 않고 있다.

마) 확대된 선출원주의

확대된 선출원의 지위란 어떤 특허출원(A)이 있은 후, A특허출원이 출원공개 또는 등록공고되기 이전에 다른 특허출원(B)이 있는 경우 A특허출원의 출원서에 최초로 첨부된 명세서 또는 도면에 기재된 발명(또는 고안)과 동일한 경우에는 특허를 받을 수 없도록 선출원의 지위를 부여하는 것이다. 다만, A특허출원의 발명자와 B특허출원의 발명자가 같거나 A 특허출원인과 B특허출원인이 같은 경우에는 특허를 받을 수 있다.

전술한 선출원주의를 적용할 때는 후출원의 청구범위에 기재된 발명을 선출원의 청구범위에 기재된 발명과 비교하지만, 확대된 선출원주의를 적용할 때는 후출원의 청구범위에 기재된 발명을 선출원의 명세서 또는 도면에 기재된 내용과 비교한다는 점이 다르다.

바) 특허심사시기의 조절

특허심사시기는 심사청구기간을 활용하거나 '맞춤형 3트랙 특허심사제도'를 활용하여 조절할 수 있다. 먼저, 심사청구가능기간(출원일부터 3년이내)이내에서 출원인의 상황에 따라 심사청구시점을 전략적으로 선택할 수 있다.

또 다른 방법은 특허출원인이 전략적으로 '빠른심사', '일반심사', '늦은심사'의 세 가지 중 하나를 선택(맞춤형 3트랙 특허심사제도)하여 특허심사시기를 직접 관리함으로써 종전의 획일적인 심사처리기간 대신 고객이 원하는 시점에 심사를 받을 수 있는 제도이다.

빠른심사는 전술한 우선심사제도를 통해 누구나 이용 가능하며 신청 후 2~3개월 이내에 심사처리가 예상된다.

늦은심사는 심사유예신청제도를 활용하는 것으로 개발된 기술의 사업화 시기나 시장성 조사 등으로 인해 일반심사보다 늦게 심사받고자 하는 특허출원인을 위한 제도이다. 특허출원인이 출원심사의 청구를 한 경우로서 출원심사의 청구일부터 24개월이 지난 후에 특허출원에 대한 심사를 받으려면 출원심사의 청구일부터 9개월 이내에 유예희망시점(출원일부터 5년 이내에 한정)을 적은 심사유예신청서를 특허청장에게 제출하여 희망시점에 심사를 받을 수 있다. 심사유예신청제도를 활용하면 정확한 특허심사 시기를 미리 결정할 수 있는 장점이 있으며, 또한 특허결정이 너무 빨라 발명이 조기공개되거나 특허 유지비용이 증가하는 것도 사전에 방지할 수 있다.

우선심사 또는 심사유예신청을 하지 않고 일반심사로 진행하는 경우에는 평균적인 특허심사 처리기간내에서 심사결과를 제공받을 수 있다.

[그림 1 - 15] 맞춤형 3트랙 특허심사제도

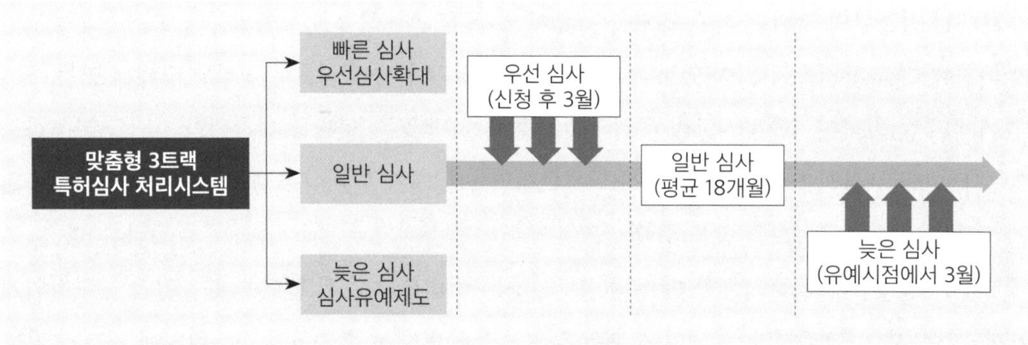

* 출처 : www.kipo.go.kr

3) 특허요건

특허요건의 점검절차는 먼저 특허의 제1요건인 발명의 성립성을 판단하고, 이를 충족하면 산업상 이용가능성과 신규성 그리고 종전에 있던 발명보다 진보된 발명인지 여부(진보성)를 순차적으로 판단한다. 이어서 불특허발명에 해당되는지 여부를 살펴본다. 공공의 질서 또는 선량한 풍속에 어긋나거나 공중의 위생을 해칠 우려가 있는 발명에 대하여는 산업상 이용가능성, 신규성, 진보성 등과 같은 기본적인 요건을 갖추어도 특허를 받을 수 없다. 다음으로 명세서에 발명이 구체적으로 기재되었고 청구범위는 명확한가, 마지막으로 다른 사람보다 먼저 출원했는가, 즉 선원성을 체크하고 나서 이 모든 것을 충족하면 특허등록결정이 나고 이중 하나라도 충족을 못하면 특허거절결정을 하게 된다.

가) 발명의 성립성

특허법에서 발명이란 자연법칙을 이용한 기술적 사상의 창작으로서 고도한 것을 말한다.

(1) 자연법칙의 이용

자연법칙 그 자체와 자연법칙을 위배한 것, 자연법칙을 이용하지 않은 것은 발명에 해당하지 않는다.

• 자연법칙 자체 : 만유인력법칙, 에너지보존법칙 등과 같은 자연계에 존재하는 원리 원칙으로 과학, 물리학의 법칙만을 의미하는 것은 아니며 경험칙도 해당된다.

• 자연법칙이 아닌 경우 : 게임규칙, 암호작성방법, 작도법, 계산법, 최면술, 상품의 진열방법, 보험제도, 과세방법 등

• 자연법칙에 반하는 경우 : 영구기관, 타임머신 등

"자연법칙의 이용"은 전체적으로 이용하여야 하며(예: 물레방아) 자연법칙에 대한 정확한 인식을 요구하지 않는다. 레오나르도 다빈치의 영구기관은 한 번 외부에서 동력을 전달 받으면 더 이상의 에너지 공급 없이 스스로 영원히 운동하고 작동하며 일을 한다는 가상의 기관으로 자연법칙을 위배한 것이기 때문에 발명에 해당되지 않는다.

(2) 기술적 사상

기술적 사상은 일정의 목적달성을 위해 실제로 이용할 수 있는 구체적이고 합리적인 실시수단이자 지식으로서 객관적으로 전달이 가능하여야 하고 제 3자가 같은 방법으로 그 기술을 이용하면 같은 결과를 얻을 수 있어야 한다.

(3) 창작성

발명의 요건으로서 창작의 의미는 새로이 만들어낸 것이어야 하며 '새로운 천연물이나 자연현상의 발견' 등의 발견과는 구별된다. 다만 물질의 신규한 용도를 발견한 경우에는 용도발명으로서 특허등록이 가능하다. 용도발명은 물질의 특정성질을 발견하여 그 성질을 이용하는 발명으로, 발견의 결과를 특정용도로 연결하는 과정에 발명적인 요인(알려지지 않았던 새로운 용도)이 가미되었다는 점에서 특허법상 발명으로 인정된다.

(4) 고도성

발명의 성립요건으로서의 고도성은 자연법칙을 이용한 기술적 사상의 창작 중에서 그 창작 수준이 높아야 한다는 것을 의미한다. 즉, '고도한 것'은 당해 기술분야에서 통상의 지식을 가진 자가 쉽게 발명할 수 없는 정도의 것을 뜻하며 특허와 실용신안의 고안 간 의 차이점이다.

나) 산업상 이용가능성

새로운 발명이 특허를 받기 위해서는 산업상 이용가능성이 있어야 한다.

(1) 의미

여기서 '산업'은 유용하고 실용적인 기술에 속하는 모든 활동을 포함한다. 이용가능성은 동일 결과를 반복 실시할 수 있는 가능성을 의미하는 것으로서 특허출원 시에는 당해 분야에서 이용되지 않더라도 장래에 실시할 수 있으면 충분하다.

그러나 오존층의 감소에 따른 자외선의 증가를 방지하기 위하여 지구표면 전체를 자외선 흡수 필름으로 둘러싸는 방법발명과 같은 학술적·실험적 발명은 현실적으로 명백하게 실시할 수 없는 것이므로 산업상 이용할 수 없는 발명이라고 할 수 있다.

(2) 산업상 이용가능성의 판단

의료업의 경우 다음과 같이 인체를 직접적인 구성요소로 하는지 여부가 판단기준이 된다.

① 산업상 이용가능성이 인정되지 않는 경우

- 인간을 대상으로 하는 수술방법, 치료방법, 진단방법
- 인체로부터 채취한 것을 채취한 자에게 치료를 위해 되돌려 줄 것을 전제로 하여 처리하는 방법(예: 혈액투석방법) 등 인체를 직접적인 구성요소로 하는 발명

② 인체를 간접적인 구성요소로 하거나 인체를 구성요소로 하지 않는 경우에는 의료업의 경우라도 산업상 이용가능성이 있는 경우

- 사람으로부터 자연적으로 배출된 것(예: 소변, 변, 태반, 모발, 손톱) 또는 채취된 것(예: 혈액, 피부, 세포, 종양, 조직)을 처리하는 방법이 의료행위와는 분리 가능한 별개의 단계로 이루어진 방법인 경우 또는 단순히 데이터를 수집하는 방법인 경우
- 인체를 직접적인 구성요소로 하지 않는 의료행위에 사용하는 의료기기·장치 및 의약품인 경우
- 인간 이외의 동물에 한정함을 특허청구범위에 명시하는 경우
- 진단방법이라고 할지라도 의사의 임상적 판단(의학적 지식 및 경험을 바탕으로 질병 또는 건강상태를 판단하는 정신적 활동)을 포함하지 않는 경우

발명의 경제성 유무는 사회적·경제적 여건에 따라 결정되는 상대적 개념이므로 고려할 필요가 없다. 발명의 경제성이란 경제적·사회적 조건들에 의하여 결정되는 문제이지 기술적 평가와는 원칙적으로 관계가 없기 때문이다(판례).

다) 신규성

발명의 내용이 일반사회에 공개되지 않은 새로운 것이어야 한다.

(1) 의미

신규성이 없는 발명(신규성 상실사유)이란 특허출원 전에 국내·외에서 ① 공지된 발명, ② 공연히 실시된 발명, ③ 반포된 간행물에 게재된 발명, ④ 전기통신회선을 통하여 공중이 이용가능하게 된 발명을 말한다.

① '공지(公知)'란 불특정인(비밀유지의무 없는 자)이 알 수 있는 상태를 말한다.

② '공연히 실시'란 공연히 알 수 있는 상태에서의 실시, 즉 실시에 의해 발명이 불특정인에게 공연히 알려진 상태 또는 알려질 수 있는 상태에 놓인 것을 의미한다. '공연'이란 발명의 주요부에 대해 비밀상태가 해제된 것으로 단 1회의 실시라도 공연 실시에 해당한다. 다만 발명의 주요부 중 일부분에 비밀유지상태가 확보되면서 실시하는 경우에는 공연실시에 해당되지 않을 수 있다.

③ 반포된 간행물에서 '반포'란 불특정인이 열람할 수 있는 상태에 놓여져 있는 것을 말하며 '간행물'은 학술지, 특허공보, 카탈로그 등 공개를 목적으로 제작한 복제 가능한 정보전달매체를 말한다.

④ '게재'란 통상의 기술자가 용이하게 실시할 수 있을 정도를 의미하며, 언어의 종류는 가리지 않는다.

⑤ '전기통신회선'이란 인터넷, 공중게시판, 이메일 등 유무선을 불문하며, '공중'이란 불특정의 비밀유지가 없는 자를, '이용가능'이란 공중의 접근이 가능하면 공중의 이용이 가능한 것으로 본다.

(2) 신규성 판단기준

신규성 판단은 특허출원서에 첨부한 명세서 청구범위에 기재된 발명을 대상으로 신규성 상실 사유인 공지기술과 비교하여 동일성 여부를 판단하며, 시기적으로는 특허출원시를, 지역적으로는 국제주의를 기준으로 한다. 여기서 동일성은 완전 동일이 아닌 실질적 동일을 의미하며, 단순한 표현형식의 차이나 효과인식의 차이 등은 동일한 발명으로 파악한다.

(3) 공지 등이 되지 아니한 발명으로 보는 경우

'공지 등이 되지 아니한 발명으로 보는 경우'란 특허를 받을 수 있는 권리를 가진 자의 발명이 특허출원 전에 이미 공지 등이 된 것이라 해도 일정사유의 경우 공지일로부터 12개월 이내에 출원 시 그 발명에 대해서 신규성 또는 진보성 규정을 적용할 때 그 발명은 공지되지 않은 것으로 보는 것을 의미한다.

특허출원 전에 공지된 발명은 신규성 상실로 특허를 받을 수 없는 것이 원칙이다. 그러나 자기 발명의 공개로 특허 등록을 받지 못하는 것은 너무 가혹하며, 연구결과를 신속하게 공개하지 않아 산업발전에 저해가 될 수 있으므로 일정한 경우 예외를 인정하고 있다.

라) 진보성

(1) 의미

진보성이란 특허출원전에 그 발명이 속하는 기술분야에서 통상의 지식을 가진 자가 공지기술로부터 용이하게 발명을 할 수 없는 것을 의미하며, 구성의 곤란성, 발명의 비용이성, 비자명성이라고도 한다. 이 규정의 취지는 진보성이 없는 발명, 즉 '뻔한 발명'은 산업발전에 도움이 되지 않을 뿐만 아니라 특허권의 난립으로 특허분쟁을 유발하며 창의적 발명보다는 타인의 발명을 모방하여 결국은 발명의 질을 떨어뜨리기 때문에 특허요건으로 진보성을 두고 있다. 진보성과 신규성을 비교해보면, 신규성은 출원발명과 공지발명의 동일성 판단(객관적 창작성)이며, 진보성은 출원발명이 공지발명과 동일하지 않으며, 발명의 창작수준에 있어서 난이도가 있는 것(주관적 창작성)을 의미한다.

(2) 진보성 판단기준

진보성의 판단기준은 주체와 객체 그리고 시기와 지역적 기준이 있다. 주체적 기준은 통상의 기술자, 즉 당해 발명이 속하는 기술분야에서 통상의 지식을 가진 자를 기준으로 판단한다. 객체적 기준은 특허청구범위의 청구항에 기재된 기술과 공지된 선행기술과 비교하여 판단한다. 진보성은 단일 문헌에 의해 판단하는 신규성 판단과 달리 복수의 공지 기술 조합으로도 진보성 판단이 가능하다는 점에서 차이가 있다. 시기적 기준은 특허출원 시까지 공지된 선행기술과 대비하여 판단한다. 통상의 기술자 수준은 국내를 기준으로 판단한다.

(3) 진보성 판단방법

특허출원된 특허청구범위에 기재된 발명이 공지기술로부터 용이하게 발명할 수 있는지 여부를 판단한다. 출원 당시에 통상의 기술자가 직면하고 있던 기술수준 전체를 생각하도록 노력함과 동시에 발명의 상세한 설명 및 도면과 출원인이 제출한 의견을 참작한다.

진보성의 일반적 판단방법은 출원발명의 목적, 기술적 구성, 작용효과를 종합적으로 검토하되, 청구항에 기재된 구성의 곤란성에 중점을 두면서 목적의 특이성 및 효과의 현저성을 참작하여 판단한다. 참고적 판단방법은 ① 상업적 성공에 의한 모방품발생, ② 기술적 효과가 큼에도 불구하고 장기간 해결하지 못했던 과제의 해결은 진보성 긍정의 참고자료가 된다.

① 목적의 특이성

진보성 주장의 근거로서 목적의 특이성은 발명이 해결하고자 하는 문제점으로서 당해 발명의 목적이 출원당시의 기술수준으로 보아 예측가능성이 있는지의 여부, 새로운 기술분야 개척여부에 대한 판단기준을 말한다. 인용발명과 청구항에 기재된 발명의 과제가 공통되는 경우 진보성의 부정 가능성이 높다. 목적의 특이성은 심사, 심판실무 상 적용은 하고 있지만 구성의 곤란성과 효과의 현저성보다는 중요성이 떨어진다.

② 구성의 곤란성

구성의 곤란성은 통상의 기술자가 공지기술로부터 동기유발에 의해 또는 통상의 창작능력을 발휘하여 청구항에 기재된 발명을 쉽게 생각해 낼 수 있는지 여부를 판단하는 것이다. 청구항에 기재된 구성요소의 채택과 결합이 출원당시의 기술수준으로 보아 당해 발명이 속하는 기술분야의 통상의 지식을 가진 자에 의하여 당연히 도출될 수 있는 범위내의 기술수단인 경우에는 구성의 곤란성이 없다고 본다. 또한 본원 발명의 구성들이 복수의 문헌에 공지된 경우로서 상승적 효과가 없는 경우, 즉 공지기술의 주합(단순결합)발명은 진보성이 부정된다(예: 자전거+라이트 결합). 그러나 당해발명의 구성이 복수의 문헌에 공지되었더라도 상승적 효과가 있는 경우 조합발명으로 진보성이 인정된다(예: 자전거+변속기장착).

③ 효과의 현저성

효과의 현저성은 당해 발명의 구성으로부터 초래되는 효과가 출원당시의 기술수준으로 보아 예측할 수 있는 것인지의 여부에 대한 판단기준을 말한다. 당해 발명의 효과를 출원 당시의 공지(선행)발명과 비교하여 출원당시의 기술수준으로 보아 이질적이거나 양적으로 현저하게 증대된 경우에는 효과의 현저성이 있는 것으로 판단한다. 예를 들면 선행발명으로 미터표시가 된 비닐하우스용 비닐원단이 있는데, 출원발명이 남은 길이가 표시된 실사출력용 두루마리 원단이라고 가정할 경우 효과의 현저성이 있는 것으로 진보성 인정가능성이 있다. 반면, 당해 발명의 효과가 출원 당시의 기술수준으로 보아서 당연히 도출될 수 있는 구성으로부터 당연하게 예측 가능한 범위내의 것인 때에는 효과의 현저성이 없는 것이다.

4) 특허권

가) 특허권의 존속기간

특허권은 특허권자가 업으로서 특허발명을 독점적·배타적으로 실시할 수 있는 권리로서 특허권 설정등록이 있는 날부터 특허출원일 후 20년까지 존속한다. 특허권은 설정등록이 있어야 권리를 행사할 수 있으므로 설정등록이 있는 날부터 권리가 발생하되, 존속기간의 기산점은 출원일로 하여 20년을 넘지 못한다는 것이다.

나) 특허 실시권

실시권은 특허권자 이외의 자가 일정 범위 내에서 특허발명을 업으로서 실시할 수 있는 권리이다. 특허권자가 아닌 제3자가 특허를 실시하기 위해서는 특허권자 허락이 필요하다. 실시권의 유형은 효력범위에 따라 전용실시권, 통상실시권이 있다.

(1) 전용실시권

특허권은 타인에게 전용실시권을 설정할 수 있으며 전용실시권이 설정되면 전용실시권자는 설정범위 내에서 독점적으로 특허발명을 실시할 수 있다. 전용실시권은 중복적으로 설정될 수 없으므로 특허권자도 본인의 특허를 실시할 수 없다. 전용실시권자는 실시사업과 같이 이전하거나 상속과 같은 경우를 제외하고는 특허권자의 동의없이 그 전용실시권을 이전할 수 없으며, 통상실시권도 허락할 수 없다.

(2) 통상실시권

통상실시권은 특허권자 또는 전용실시권자와 통상실시권을 얻고자 하는 자와의 사이에 계약의 체결에 의해 발생한다. 계약 내용에 따라 독점적이거나 비독점적인 실시권의 허여가 가능하며 통상실시권의 등록은 효력발생요건이 아닌 대항요건이다.

통상실시권은 허락에 의한 통상실시권, 법정실시에 의한 통상실시권, 강제실시에 의한 통상실시권으로 구분된다.

허락에 의한 통상실시권은 정한 범위안에서 업으로서 그 특허발명을 할 수 있는 권리이다. 특허권자는 통상실시권을 복수로 설정할 수 있으며 특허권자도 실시할 수 있다.

법정실시에 의한 통상실시권은 특허권자의 의사와 관계 없이 법령의 규정에 의하여 당연히 발생하는 실시권이다. 선사용·직무발명에 의한 통상실시권, 무효심판전 실시에 의한 통상실시권, 디자인권 만료후 통상실시권, 재심청구 전 선의 실시에 의한 통상실시권이 있다. 법정실시권은 이해관계의 조정, 산업설비의 활용, 특허발명의 이용 도모 등을 목적으로 마련된 제도이다.

강제실시에 의한 통상실시권은 일정한 사유가 있을 때 행정기관의 처분이나 심판에 의하여 강제적으로 설정되는 실시권이다. 정부는 특허발명이 전시, 사변 또는 이에 준하는 비상시에 국방상 필요에 의해 특허권을 수용할 수 있다. 또한 국가 비상사태, 긴급상황, 공공의 이익을 위하여 비상업적으로 실시할 필요가 있다고 인정되는 경우 그 특허발명을 실시하거나 정부 외의 자로 하여금 실시하게 할 수 있다.

제2장

기술평가와 금융

기술수명주기의 단축과 기술의 융복합화 및 고도화의 급속한 진행으로 기술과 시장 그리고 경쟁환경의 불확실성이 커지고 있다. 이에 따라 기업의 경쟁우위 확보와 지속성장을 위해서는 기술을 전략적으로 획득·관리(management)하고 기술사업화와 관련된 합리적 의사결정방법 등을 다루는 기술경영의 필요성이 더욱 강조되고 있다. 여기서는 기술경영의 개념과 영역 등을 개괄적으로 살펴보고 기술경영의 핵심활동인 기술전략, 기술혁신, 기술이전 및 기술사업화, 기술사업타당성 분석에 대하여 학습한다.

기술사업화

제 1 절 기술경영 개관

1. 기술경영 개요

1) 기술경영 개념

기술경영에서 기술은 앞에서 설명한 것처럼 기계, 공정, 발명을 비롯하여 인간 등에 체화된 경험과 기능, 노하우는 물론 조직의 기술혁신역량과 시스템 등 다양한 의미를 내포하고 있다. 경영은 일반적으로 '어떤 조직이 지향하는 사명(mission)과 목표를 효율적으로 달성하기 위해 인적·물적·기타 경영자원을 확보·관리·배분하는 활동'으로 정의되고 있다. 기술경영은 행위·활동을 내포하고 있는 경영과 행위의 대상인 기술의 결합이라는 점에서 '기업의 목표달성을 위해 기술적 자원을 효과적으로 획득하고 관리하며 활용하는데 필요한 제반 활동'으로 정리할 수 있다. 기업경영의 최대이슈는 조직을 구성하고 있는 구성원의 지식과 기술을 어떻게 공유·활용하고 이를 관리해나갈 것인가의 문제로 귀착되는데, 이러한 문제를 해결하기 위해 등장한 새로운 경영분야가 기술경영이다.

기술경영은 기술이 '경영 및 관리의 대상'이라는 인식에서 출발하여 기술경영의 내용, 과정, 방법 등을 다루는 분야이다. 이 분야는 공학 또는 자연과학분야와 경영학분야가 융합된 학제적 학문으로 1980년대부터 공학분야에 강점을 지닌 MIT, Stanford 등을 포함하여 전세계 대학에서 독립된 전공학과를 개설하는 등 본격적 관심을 갖기 시작하였다. 우리나라는 2000년대 이후 서울대, KAIST, 성균관대, 고려대, 부경대 등 서울과 지방의 각 대학 학부 또는 대학원에서 기술경영 전공을 개설, 운영하고 있다.

기술경영에 대한 다양한 정의들이 있는데 내용은 대동소이하며 대표적인 정의를 소개하면 다음과 같다.[66] 미국 국가위원회(NRC: National Research Council)는 '공학 및 과학, 경영원리를 결합하여 조직의 목적을 달성하기 위해 기술적 능력을 기획·개발·운용하는 활동'으로 정의하고 있다. 미국 국립과학학회(National Academy of Sciences, 1987)에서는 기술경영을 '엔지니어링, 과학 그리고 경영의 원리를 연결하여 기술적 역량을 계획·개발·실행하여 조직의 전략과 운영상의 목표들을 만들고 달성하는 것'이라고 정의하였다. 한편, 한국기술혁신학회(1999)는 기술경영에 대하여 '공학과 경영을 통합 연결하여 기술 중심기업의 성공을 다루는 학문'으로 정의하고 있다.

2) 기술경영의 발전과정

기술경영의 체계화 정도에 따라 각 세대를 구분하고 해당기업의 속성은 물론 기술경영상주요 이슈에 대해 어떠한 차이가 있는지를 비교 분석하고 있다. 기업의 기술경영 단계 구분은 연구자에 따라 다소 다를 수 있으나, 통상 제1세대에서 제4세대로 구분하고 있다.

제1세대 기술경영은 1950년대 말과 1960년대 초에 일어난 활동이다. 연구개발은 수행하되, 사업부문과 연구개발 부문 간에 원활한 연계가 이루어지지 못했고, 연구개발 조직만의 활동으로 이루어지는 상태로 직관적 또는 방임적으로 운용되는 단계이다.

제2세대는 1960년대부터 1970년대 중에 일어난 기술경영으로 프로젝트 수준에서 연구개발에 대한 관리체계를 갖추기 시작한 시기이다. 주로 기존 제품의 성능개선과 프로젝트 관리에 중점을 둔 시기로 제3세대의 목적지향적 관리체계로 변환하는 과도기라고 할 수 있다.

제3세대는 1980년대부터 1990년대 중반의 기간 중에 전개된 기술경영이다. 전사적 차원에서

66) 이영덕·조석홍(2013), 「기술경영」, 도서출판 두남, pp. 24-25 내용을 참조하여 작성

목표지향적 또는 전략적 연구개발을 수행하는 단계로 기술전략과 사업전략의 연계가 중시된다. 마케팅·생산부문과 연계, 기술로드맵, 포트폴리오 등 기술전략을 분석·실행한다.

마지막으로 제4세대는 1990년대 후반부터 대두된 기술경영으로 새로운 가치를 창출하는 혁신적 연구개발을 수행하는 단계이다. 조직의 내부 관련 부서 간의 긴밀한 연계에 초점을 둔 제3세대 기술경영과 달리 고객 및 파트너가 함께 참여·협력하고 학습에 의한 혁신시스템으로 잠재된 고객의 니즈를 충족하는데 중점을 둔, 가장 고도화·체계화된 단계이다.

3) 기술경영의 영역

경영을 다루는 경영학은 사업(business)이라는 활동을 중심으로 상업, 회계, 유통, 금융, 경제학, 행정학, 법학 등의 여러 분야 지식들이 융합된 학문이다. 기술경영은 일반경영과 마찬가지로 여러 분야가 융합된 분야이지만 공학과 과학적 지식을 전체 사업목적 달성에 기여하도록 조직내 의사결정자들이 수행하는 제반 활동이라는 점에서 구별된다.[67)]

기술경영에서 다루는 영역은 R&D전략 수립과 R&D관리에서 시작하여 개발된 기술을 관리하고 조합 또는 획득하여 제품화하는 한편 마케팅과 금융기법 등을 포함한 제반 경영기법을 활용하여 개발제품을 시장에 출시함으로써 이윤을 추구하는 과정을 포함한다.

기술경영의 추진단계별로는 먼저 제1단계에서 혁신적인 신기술 출현과 트렌드의 변화에 대응하여 신제품개발과 신사업 진출을 도모하는 경영전략과 연계된 기술전략을 수립한다. 기술전략은 대내외 환경분석과 필요기술을 도출하고 미래기술개발의 가이드라인을 제시하는 로드맵작성, 그리고 기술획득계획 수립으로 이루어진다.

다음으로 필요기술을 외부로부터 아웃소싱하거나 자체적으로 기술개발을 추진할 경우 R&D 기획에서 R&D 수행에 필요한 예산·연구인력·기술자원 관리와 개발완료후 산출된 기술적 성과물 관리도 기술경영의 주요영역이다.

마지막으로 기술을 활용하여 신사업을 창출하거나 기존사업을 강화한다든지 또는 기술을 외부로 이전하여 라이선싱이나 스핀오프(spin-off) 등의 기술사업화를 다루게 된다. 정리하면, 기술

67) 이영덕·조석홍(2013), 「기술경영」, 도서출판 두남, pp. 35-39 내용을 참조하여 작성

의 관점에서 기술전략을 수립하고, R&D 및 기술관리, 기술사업화에 이르는 과정과 인적·물적자원, 조직 등의 기술경영요소를 통합·공유·협력하는 활동이 기술경영의 영역이라고 할 수 있다. 다음은 기술경영에서 다루는 영역을 그림으로 나타낸 것이다.

[그림 2 - 1] 기술경영의 체계와 주요 영역

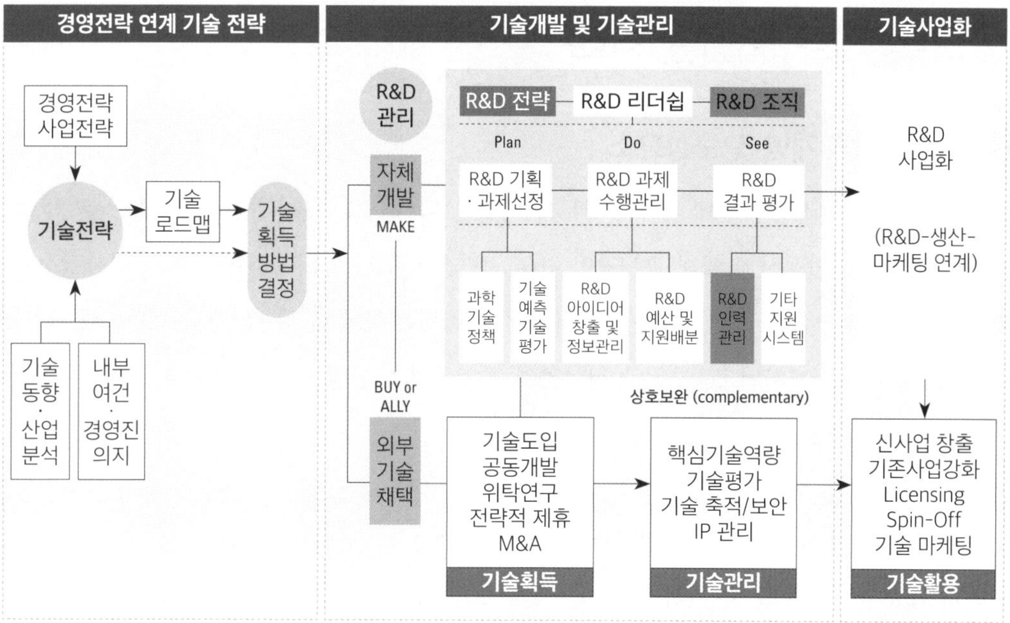

* 출처 : 배종태(KAIST) 강의 교안을 토대로 수정

기술경영의 목적은 조직 및 구성원이 가지고 있는 기술, 기술적 능력, 경험, 노하우 등과 자원(resource), 하부구조(infrastructure), 조직 활동 등 기술경영요소와의 상호 유기적 활동을 기반으로 하여 최소의 기술투자로 최대한의 경영효과를 거두는데 있다.

한편, 기술경영과 유사한 분야로 기술창업이 있다. 기술창업은 흔히 혁신적인 기술과 지식을 토대로 한 창업을 지칭한다. 그러나 해당 기업군을 정의하는 공통의 기준이 없어 벤처기업·이노비즈기업·기술혁신형기업 등 기술집약적 기업의 창업을 포괄하고 있다.

기술창업지원을 담당하고 있는 정부에서는 기술창업을 '기술창업자, 연구기반 기술창업, 사업기반 기술창업에 의한 기술창업을 모두 포괄하는 것으로 기술창업의 주체가 되는 개인, 기업, 기관이 보유하고 있는 기술혁신수준, 지식집약적 역량을 통한 독창적인 창업능력과 혁신적 사고가

밑거름이 되어서 기업의 창업을 실현하는 것'으로 정의하고 있다.[68)]

이러한 논의를 토대로 기술창업이란 '예비창업자가 보유한 기술, 경험, 그리고 전문적 노하우 등의 지식을 기반으로 사업을 시작하는 창업행위'라고 정리할 수 있다.

2. 경영전략과 기술전략

1) 경영전략의 개념 및 구성요소

경영전략이란 경쟁상황에서 기업의 임무와 비전을 제시하고 이를 실현하기 위한 목표의 설정과 설정된 목표를 달성하기 위해 구체적인 하위 전략을 수립하고 실행하는 일련의 의사결정과정 및 실천행동이다. 절차적 측면에서는 기업이 직면하고 있는 대내외 경영환경분석을 통해 기회·위협요인을 발굴하고 자사의 강·약점을 결합하여 사업영역의 설정 및 경쟁우위 확보를 위한 전략과제와 실행방법으로 설명할 수 있다.

기업경영전략은 수준별로 전사적 기업전략, 사업부 수준의 경쟁전략, 기능수준의 부서전략으로 구분할 수 있고, 기능별로는 기획·인사·재무·연구개발·기술·생산·마케팅 등의 전략으로 나눌 수 있다. 또한 분야별로는 기업·환경·전략의 3개부문으로 나눌 수 있다.

기업부문은 기업의 미션과 비전을 명확하게 설정하고 기업경영목표에 대한 정의, 기업의 내부적 조건과 기업능력 등으로 구성되어 있다. 환경부문은 일반적인 성공요소와 경쟁적 상황 등 기업의 외부환경 파악, 외부환경과 기업능력과의 결합을 통한 대안의 분석 및 선택활동 등이 있다. 전략부문은 장기목표와 기본전략에 부합되는 단기 목표와 단기전략의 개발, 과업·사람·조직구조, 정보시스템과 자원배분을 기초로 선택한 전략과제의 수행, 전략과제 수행 이후의 모니터링·분석·평가로 구성되어 있다.

68) 중소기업청·창업진흥원(2013), "기술창업의 정의 및 범위의 표준화 방안 연구", p. 108

2) 경영전략과 기술전략의 관계

가) 기술전략의 개념

기업은 일반적으로 장기적인 운영방향을 설정하고 성장목표를 달성하기 위한 방법으로 전사적 수준의 기업경영전략을 수립한다. 또한 기업전체의 목표를 달성하기 위한 경영전략과 연계하여 소비자와 시장의 요구사항을 제품과 서비스로 구현하는 기술전략을 수립한다.

기술전략(technology strategy)은 기술의 종류가 다양하고 복잡성이 증대됨에 따라 일반적인 사업전략으로는 정의하기 어려운 기술의 방향성 즉, 어떤 기술을 언제 어떻게 확보할지를 결정하는 것이다(협의). 광의의 기술전략은 조직의 목표달성에 전략적으로 필요한 기술들을 파악·선정하여 이들을 효과적으로 획득·확보하기 위한 구체적 방안을 모색한 후, 축적·획득한 기술을 효과적으로 관리·활용하는 방안 및 실행계획을 말하며 조직 자체의 R&D전략과 외부자원의 활용 전략을 포함한다.

기술전략은 기술·제품의 설계와 개발, R&D계획 관리, 자금 등의 문제를 다루며, 특히 기술변화가 빠른 현대 하이테크 분야는 경쟁우위를 확보하기 위한 경영전략에서 필수불가결한 요소이다. 즉, 기술전략은 기능별 전략 중 하나가 아닌 경영전략의 핵심으로서 전체 경영전략은 물론, R&D, 생산, 마케팅, 재무, 인사 등 기능별 전략과도 긴밀하게 결합되거나 연계될 필요가 있다.

나) 경영전략과 기술전략 도출체계

(1) 개요

기술혁신이 빠르게 진행되고 기술과 제품의 수명주기가 단축되면서 과거에는 전사적 기업전략과 사업부 전략의 하위 전략의 하나에 불과했던 기술전략과 R&D전략이 기업경영전략의 핵심요소로 부각되고 있다. 기술전략의 수립체계는 먼저 최상위 개념인 미션과 비전, 핵심가치를 토대로 한 경영목표를 실현하기 위해 외부환경과 내부역량을 고려한 최적의 경영전략을 수립한다. 다음으로 기업이 계획하고 있는 사업·제품·서비스(what)를 결정하고 목표시장과 고객(who)의 선정, 기술사업 추진에 필요한 기술이 무엇이며 어떻게 확보할 것인지를 구상하는 기술전략체계로 이루어진다.

기술전략의 수립과정은 먼저 어떤 기술을 개발해야 하는가에 대한 판단과 기술동향 분석 및 기술예측, 고객니즈 파악이 이루어진다. 다음으로 기술사업에 필요한 핵심기술을 도출한 후 핵심기술 중 현재 기업이 보유하지 못한 기술을 우선 획득기술로 선정한다. 필요기술이 복수인 경우에 획득의 우선순위는 기술의 영향도와 기술경쟁력 평가를 통해 결정한다. 끝으로 현재 기술적 한계를 보완하고 경쟁우위를 확보하기 위한 기술획득계획을 수립하게 되는데, 이를 위해 진행되는 과정이 필요기술의 우선 순위에 근거한 기술로드맵의 작성이다.

[그림 2 - 2] 경영전략과 기술전략 도출체계

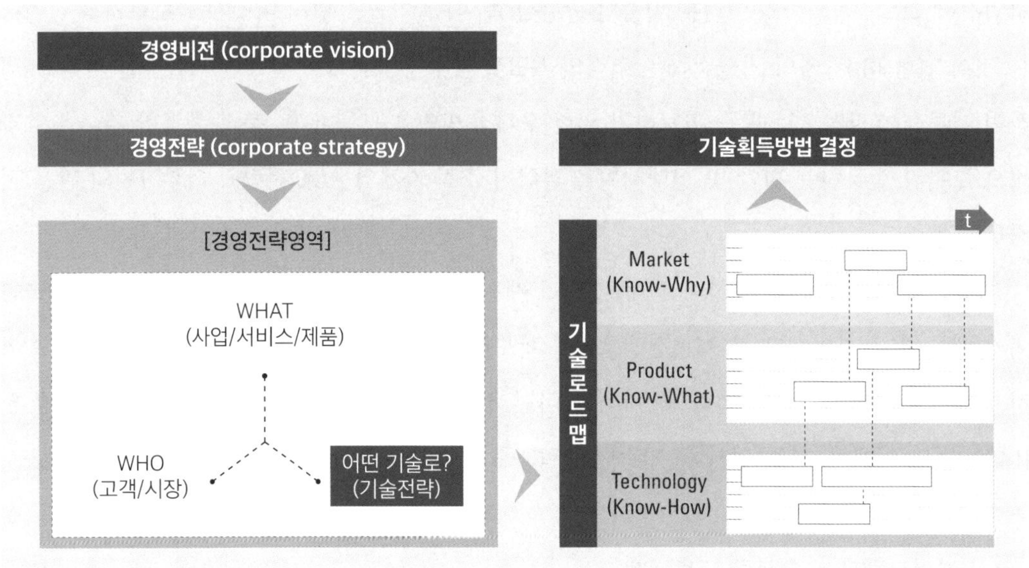

(2) 기술로드맵

기술로드맵(Technology Road Map, TRM)은 미래 시장에 대한 예측을 바탕으로 미래 수요를 충족시키기 위해 기업 또는 산업 차원에서 향후 개발하여야 할 필요 기술과 제품을 예측하여 최선의 기술 대안을 선정하는 기술기획방법 등이 담긴 청사진의 일종이다. TRM은 1980년대 Motorola에서 처음 개발하여 전세계적으로 확산되었다.

TRM은 시장, 제품, 기술 등의 변화추세와 상호작용에 대한 예측을 하고 제품이나 기술에 대한 계획을 세우기 위해 작성한다. 기술기획과 비슷한 개념이나 기술기획이 기술개발 → 제품생산 → 시장수요 충족 프로세스로 진행되는 반면, TRM은 이와 반대로 미래수요를 파악하고 요구제품을 선정한 후 이에 필요한 핵심기술을 도출하는 절차로 진행된다.

TRM의 목적은 전략적 중장기 목표를 달성하기 위한 기술개발의 안내지도 역할을 함으로써 시행착오 및 위험요소를 줄이는데 있다. 즉, 제품 및 연구개발 필요 정도를 예측할 수 있고, 제품·기술전략 계획의 수립, 지식의 축적·공유와 함께 최적의 기술선택을 가능하게 하고 시장진출시기를 조절하며 비생산적·중복적인 기술투자를 방지할 수 있다.

기술로드맵수립 과정은 목표시장 설정, 목표시장 공략을 위한 제품 선정, 제품구현을 위해 필요한 기술 결정 등 세 단계를 거쳐 수행된다. TRM 수립의 첫단계는 시간 흐름에 따른 목표시장을 결정하는 것이다. 시장 조사를 통해 향후 5~10 년간의 장기적인 고객니즈 변화를 예측하고, 이를 감안한 목표시장을 정한 후 목표시장을 만족시킬 제품을 선정한다.

다음으로 목표시장을 적절하게 공략할 수 있는 차별화된 제품을 도출하고, 그 제품의 특성 및 스펙을 결정해야 한다. 마지막으로 제품개발을 위해 필요한 기술들을 정리한다. 이와같이 TRM을 활용한 기술전략수립은 목표시장의 수요와 제품을 기반으로 기술획득이 이루어지기 때문에 시장의 니즈에 부합하는 시장중심의 R&D를 가능하게 한다.

[그림 2 - 3] 기술로드맵 프로세스

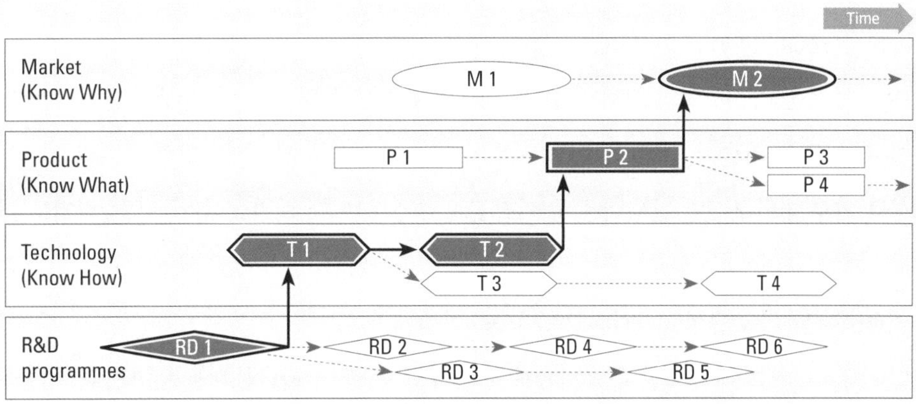

다) 기술전략의 수립과정

기술전략의 수립과정은 기술니즈도출, 기술분해 및 기술구성도 작성, 기술평가, 기술로드맵작성, 기술획득방안 수립 등 5단계로 구분할 수 있다.[69)]

(1) 기술니즈(technology needs) 도출

기술니즈란 기업의 기술요구사항(technology requirements)을 말하는데 시장·고객의 관점과 기술적 관점으로 접근하여 도출된다.

① 시장·고객의 관점(Market-Driven Approach)

조직의 내·외부 환경분석을 통해 사업니즈를 분석한 후 해당 사업부서의 제품에 대한 경쟁요소(Bases of Competition, BOC)(예: 가격, 품질, 이미지, 디자인, 편의성 등)를 파악한다. 다음으로 경쟁요소별 중요도에 대한 가중치를 설정하고 가치사슬에서 영향을 미치는 요소인 핵심성공요소(Key Successs Factor, KSF)를 도출한 후, 도출된 KSF에 대하여 기술적 보완이 필요한 부분을 확인하는 활동이 시장·고객관점의 기술니즈 도출이다. 예를 들어 가격이 중요한 경쟁요소라면 가격경쟁력을 갖추기 위해서는 원가절감이 필수적이고 원가절감을 위해서 기술적으로 보완이 필요한 부분이 존재하는데 바로 이 부분이 '기술니즈'이다.

② 기술적 관점(Technology-Driven Approach)

R&D목적은 기존사업의 강화와 함께 신규사업의 발굴 및 기업의 미래를 준비하는데 있다. 이 때 기업은 기술적 관점, 즉 사업부의 기술니즈에 따른 기술개발뿐만 아니라 기술변화동향과 외부의 연구개발 진행내용 등 기술정보 수집을 토대로 기술니즈를 도출하기도 한다.

(2) 기술분해 및 기술 구성도(Technology Tree) 작성

기업의 기술니즈를 구체적인 목표기술로 표현하고자 할 때 기술분해를 활용한다. 기술분해를 실시할 때, 세분화(기술특성이 차별화되고 기술매력도를 평가할 수 있는 수준까지 분해), 중복성(요소기술이 중복되지 않도록 세부기술을 명확히 정의), 포괄성(기술니즈 또는 제품을 구현하기 위한 포괄적인 프로세스나 부품단위로 기술분해 실시)에 유의할 필요가 있다. 또한 제품 및 기술

69) 정형지, 홍대순외(2011),「제3세대 R&D 그이후」, pp. 126-151, 케이디북스 내용을 토대로 작성

의 특성, 사용자의 기술분해 목적에 따라 기술분해의 수준을 결정하는데, 기술분해 결과를 중복성, 포괄성을 고려하여 재분류·정리한 것이 기술구성도이다.

(3) 기술의 평가

기업은 도출된 기술니즈를 모두 동시에 확보하기 어렵기 때문에 목표 또는 중요도에 따라 우선순위를 정할 필요가 있다. 기술평가는 도출된 기술니즈의 우선순위화 및 목표기술을 설정하기 위해 제품간 평가 또는 요소기술간의 평가를 실시하는 것을 말한다. 기술평가 방식은 평점모델(scoring model)을 통한 정량적 평가와 기술포트폴리오 평가의 정성적 평가가 있다. 여기서 기술포트폴리평가란 기술의 영향도와 기업의 기술경쟁력을 기준으로 기술후보군(群)을 매핑(mapping)하여 기술간의 상대적 매력도를 가늠하는 평가방식이다.

(4) 기술로드맵(Technology Roadmap, TRM) 작성

기술로드맵은 미래의 고객·시장의 니즈를 충족시키기 위해 필요한 기술개발목표를 설정하고 이를 달성하기 위해 필요한 기술대안 및 연구개발 경로를 시간 축에 따라 제시하는 기술기획방법이다. 기업의 TRM(know-how)은 목표기술의 확보기간 및 시점을 시계열로 배열하여 표현하는 것으로 제품로드맵(know-what)과 시장로드맵(know-why)간 유기적인 연계가 필요하다. 기업에서는 TRM이 기업의 기술전략을 대변하는 마스터플랜으로서 핵심기술의 확보시점을 표기하여 전사적 차원의 전략 커뮤니케이션방안으로 활용되고 있다.

(5) 기술획득방안 수립

기술전략에 있어 목표기술을 선정하고 확보시점을 결정하는 것도 중요하지만 기술획득방식의 선택도 매우 중요한 행위이다.

① 기술획득방법

기업이 목표기술을 획득하는 방법은 크게 자체개발(Make), 공동개발(collaborate), 구입(buy) 등 세가지로 구분할 수 있다.

자체개발은 기업내 연구개발자원을 활용하여 기술개발을 추진하는 방법으로 순수 자체개발과 기업의 자체자금으로 외주를 통해 기술을 확보·소유하는 외부위탁연구용역이 있다.

공동개발은 타기업과 조인트벤처(J/V), 컨소시엄을 형성하거나 전략적 파트너십을 구축하여 공동으로 기술개발을 추진하는 것이다. 이외에도 라이선스 활용(license-in), 기술전수 등이 공동개발 형태의 기술획득방식에 해당한다. 구매는 외부기술의 실시권을 확보하거나 기업을 인수합병(M&A)하여 기술을 획득하는 방식이다.

[그림 2 - 4] 기술획득방식(예시)

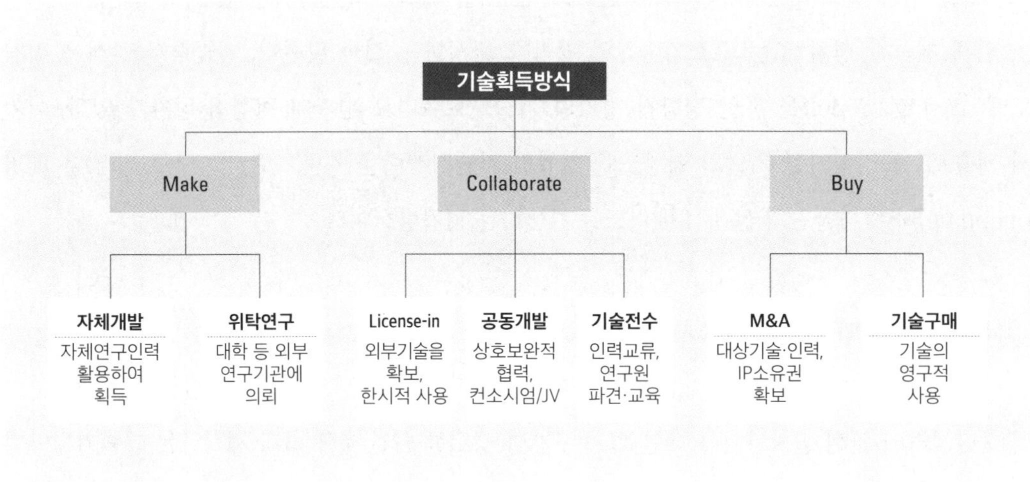

② 기술획득방식의 결정

기술획득방식을 결정할 때 기술의 필요시점, 기술의 전략적 중요도, 기술의 가용성(availability), 투자규모 등 다양한 요소를 고려할 필요가 있다. 가령, 기업이 전략적으로 중요한 기술이거나 투자규모가 큰 경우, 시간적으로 여유가 있는 기술분야는 외부조달보다는 자체개발이 바람직하다. 그러나 기술적 중요도가 낮거나 투자규모가 적은 경우 또는 시간적으로 긴급하거나 쇠퇴기 기술인 경우에는 외부에서 조달하는 것이 바람직하다.

[그림 2 - 5] 기술획득방식별 선택기준(예시)

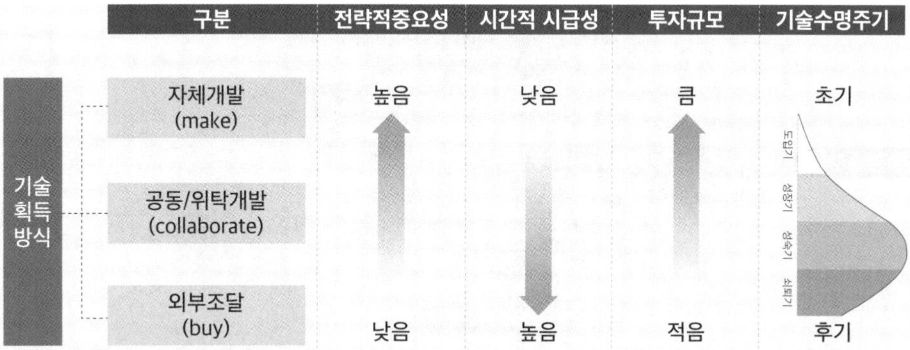

③ 개방형 혁신(open innovation)

최근 기술지식 원천의 다양화와 융·복합화, 고객·시장니즈의 빠른 변화, 기술·제품 수명주기의 단축 등으로 불확실성이 커지고 있다. 이러한 기술적 위험요인에 대응하면서 제한된 내부 혁신역량을 보완하기 위해 외부의 기술이나 아이디어를 적극 활용하여 내부의 혁신으로 연결하는 활동이 활발해지고 있다. Chesbrough(2003) 교수는 이러한 현상을 개방형 혁신(open innovation)이라는 개념으로 설명하고 있다. 그는 개방형 혁신을 "내부 혁신을 가속화하고 기술을 발전시키기 위해 내·외부의 기술 혹은 아이디어를 모두 활용하고, 시장에 진출할 때도 내·외부 경로를 모두 활용하는 것"이라고 정의하였다. 개방형 혁신 활동은 기업이 기술혁신과정에서 외부로부터 기술 혹은 아이디어를 획득하는 내향형(outside-in) 개방과 기업이 기술을 외부로 내보내서 자사가 아닌 다른 경로를 통해 사업화를 모색하는 외향형(inside-out) 개방으로 나눌 수 있다. 한편, 연구개발 및 사업화의 과정이 단일 기업내에서 모두 이루어지는 방식을 폐쇄형 혁신이라고 한다.

[그림 2 - 6] 개방형혁신(open innovation)

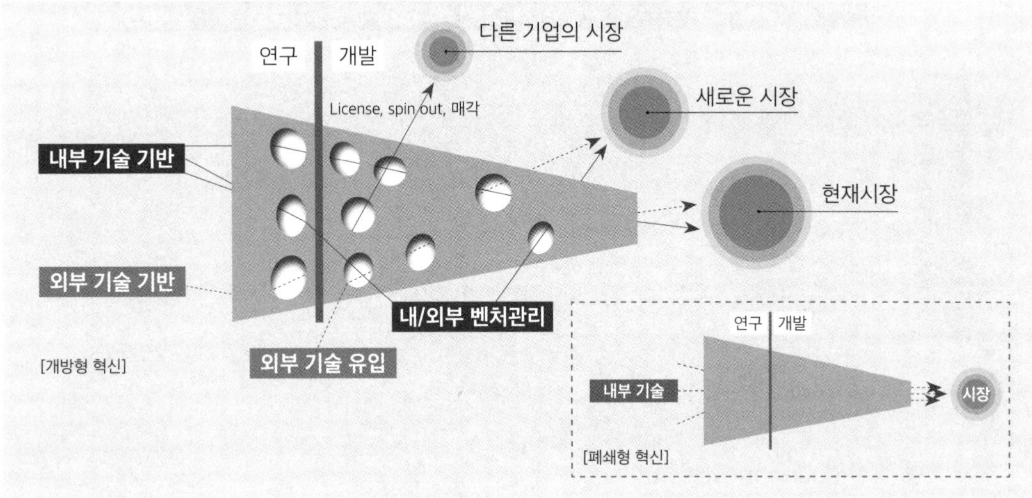

* 출처 : Chesbrough(2003)

3. 기술혁신

1) 개념

가) 기술혁신의 정의

과학기술은 연구개발이라고 하는 체계적인 활동에 의해 진화하며 그 진화 형태는 이론으로 나타나거나 이론을 실용화하여 제품이나 서비스 형태로도 나타난다. 과학기술 지식을 활용하여 제품이나 서비스를 창출하는 과정에서 여러 가지 기술적 문제들을 직면하게 되고 이러한 문제들을 해결하기 위해 연구개발을 수행한다. 연구개발을 통해서 인간의 지능을 조직적으로 적용하거나 새로운 사실을 발견하기도 하며, 때로는 기존의 방식과는 전혀 다른 생산방식을 도입하기도 하는데 이러한 활동을 기술혁신이라고 한다. 기술혁신을 보다 구체적으로 설명하면, 새로운 고객의 가치창출과 함께 기업의 재무수익 창출을 위한 발명, 개발, 디자인, 새로운 제품·프로세스·시스템·조직구조와 사업모델 수행과 같은 제반활동을 포함한다.(미상무부 보고서, 2008/1)

혁신[70]에 대하여 체계적인 연구를 수행한 최초의 학자는 오스트리아 출신 미국경제학자 슘페터(Joseph A. Schumpeter, 1883-1950)이다. 슘페터는 경제시스템의 변화를 가져오는 동력으로 자본의 성장, 인구의 성장, 시장의 변화, 기술의 변화, 생산조직의 변화의 다섯가지 요소를 제시하였다. 이 가운데 기술의 변화와 생산조직의 변화가 진정한 의미의 변화를 가져오는 혁신(innovation)요소라고 주장했다. 그 이유는 이 두가지 요소에 의해 "새로운 재료, 새로운 공정, 새로운 제품, 새로운 산업조직, 새로운 시장"이 창출되면서 결국 경제시스템의 구조적 변화가 나타나기 때문이라고 보았다. 이러한 변화를 슘페터는 '창조적 파괴(creative destruction)' 라고 불렀고 창조적 파괴의 주체가 바로 혁신적인 기업가라는 것이다. 즉, 창조적 파괴로서 새로운 아이디어, 제품, 제도 등을 창안하거나 잘 활용되고 있는 것을 새롭게 도입, 사용하는 일련의 행위를 기술혁신이라고 하였다.

슘페터의 5가지 혁신 유형 중 새로운 재료의 획득, 새로운 공정의 도입, 새로운 제품의 개발은 '기술혁신'으로, 새로운 조직방식의 도입과 새로운 시장의 개척은 '산업혁신'으로 구분하고 있다. 슘페터의 5가지 유형의 혁신은 OECD에서 제정한 기업의 혁신활동 가이드라인인 '오슬로 매뉴얼(Oslo Manual)'로 연계되었다. 우리나라에서는 중기부가 오슬로 매뉴얼을 토대로 기술혁신형 중소기업(일명 이노비즈기업) 인증제도를 도입하여 운영하고 있다.

오슬로 매뉴얼에 규정된 혁신은 상품혁신, 공정혁신, 마케팅혁신 그리고 조직혁신으로 구분하고 있는데 그 의미를 요약하면 다음과 같다.

상품혁신(product innovation)은 상품 및 서비스에서의 혁신을 말하는 것으로 기존의 상품에서 상당한 변화를 가져온 것만을 지칭한다.

공정혁신(process innovation)은 생산 및 상품의 유통에 있어서 새롭거나 상당히 변화된 방법이 도입된 것을 말한다.

마케팅혁신(marketing innovation)은 상당한 변화를 가진 새로운 마케팅방법의 도입을 말하는 것으로 디자인, 포장, 제품판로, 판매촉진 활동 등이 포함된다.

조직혁신(organizational innovation)은 사업관행, 사내조직, 외부관계 등에서의 상당한 변화

70) 혁신(innovation)이란 일반적으로 과거와는 다른 새로운 생각이나 방식으로 일하는 것, 즉, 기존의 것, 묵은 제도나 방식을 새롭게 하는 것을 의미한다. 여기서 한자어 혁(革)은 갓 벗겨낸 皮(가죽피)를 무두질하여 새롭게 만든 가죽을 말하는 것으로 면모를 일신한다는 뜻을 내포하고 있다.

를 말한다. 전략적인 의사결정의 결과로 이전에 사용된 적이 없었던 조직관련 변화방법을 도입하는 것이며 단순히 조직을 키우거나 통합하는 조직변화는 해당되지 않는다.

나) 관련 용어의 개념

기술혁신과 유사한 용어들의 개념과 관계를 살펴보면 다음과 같다.

발명(invention)은 이전에 없었던 새로운 기계, 물건, 작업과정 등을 창조하는 일을 의미하는데, 특허법에서는 "자연법칙을 이용한 기술적 사상의 창작으로서 고도한 것"으로 정의하고 있다. 발명은 지식을 창의적으로 활용하여 특수한 재화나 공정을 창출하는 활동으로서 실용화 여부와는 상관없지만, 기술혁신은 실용화를 전제로 한다는 점에서 차이가 있다. 발명은 기술혁신에 비해 좁은 의미로 사용되고 있다.

개발(development)은 기초연구와 응용연구의 결과를 바탕으로 물리적인 하드웨어, 소프트웨어, 서비스 등으로 변환시켜서 실용화하는 과정을 의미한다. 발명은 개발을 통해 새로운 기술로 태어나 상품화로 이어지기 때문에 기술혁신 과정에서 개발은 중요한 단계이다.

기술사업화(technology commercialization)는 기술·지식을 활용하여 신제품·신사업을 창출하거나 그 과정에서 관련기술의 향상·적용을 위한 일련의 혁신활동으로, 연구개발된 기술이 제품이나 서비스로 만들어져 시장에 성공적으로 출시되어 판매되는 일련의 과정이다.

전술한 발명과 기술혁신 및 사업화의 관계는 인류의 삶에 큰 변화를 가져온 백열전구를 통해서 설명할 수 있다. 전기조명은 물질에 전기를 통과시키면 빛과 열이 발생하는 과학적 발견을 이용하여 영국인 화학자 험프리 데이비(Humphry Davy, 1778-1829)가 발명한 아크등(arc lamp)[71]과 조셉 스완(Joseph Wilson Swan, 1828-1914)이 개발한 전구를 토대로 에디슨에 의해 장기간 사용할 수 있는 형태로 개량(1880년) 보급되었다. 당시(1878년), 에디슨은 Edison Electric사를 설립하여 아크등과 Swan의 전구개발 아이디어를 이용한 백열전구의 사업화를 위해 필요한 백열전구 주변기술 개발에 착수하였다. 그리고 2년후인 1880년, 기존의 발명과 아이디어를 이용한 백열전구 조명시스템의 개발과 사업화에 성공하여 전기의 시대를 열었다. 백열전구의 사례에서 알 수 있는 것처럼 발명

71) Arc Lamp: 아크는 기체방전의 하나로 양과 음의 단자에 고압 전위차를 가할 경우 발생하는 밝은 전기불꽃이다. 아크등은 전극 사이에 전류가 흐를 때 생기는 아크의 발광을 이용한 등으로 심한 소음과 냄새로 인해 가정용으로는 부적합하고 등대, 어선, 공장 등에서 사용하였다.

은 기술혁신활동을 통해 핵심기술과 주변 관련기술이 뒷받침되어야 사업화로 연결될 수 있다.

[그림 2 - 7] 발명·기술혁신·사업화의 관계(예시: 백열전구)

과학적 발견	발명	기술혁신	기술사업화
- 전자기학 물질에 전기를 통과시키면 빛과 열이 발생	- 전자기이론을 이용하여 영국인 Humphry Davy가 아크 등을 발명 - 영국인 Swan이 전구 개발	에디슨은 arc 등과 전구에서 사업화 가능성 발견(1878) → 백열전구 주변기술(전구, 발전기, 전선, 소켓)개발 → 백열전구를 활용한 조명시스템개발(1880)	에디슨의 '백열등' 사업화 → 전기의 시대 개막

기술변화(technological change)는 주로 기술의 거시적 흐름을 표현할 때 사용되는 용어로 더 나은 기술과 더 많은 기술 모두에 기초하여 일어나는 변화이다. 기술이나 프로세스의 발명, 연구개발, 지속적인 기술향상, 산업전반에 걸친 기술확산을 포괄한다.

기술진보(technical progress)는 발명이 혁신의 과정을 통하여 생산활동에 긍정적으로 현실화되는 현상을 말한다(J. Schmookler). 지식수준의 진보를 뜻하는 과학기술의 진보는 그 자체로서 생산활동에 직접적으로 기여하는 것이 아니고 기업가에 의해 그 효력이 실현된다. 경제학적 측면에서 기술진보는 노동이나 자원의 기여로 설명되지 않는 산출증가를 지칭한다.

기술확산(technology diffusion)은 혁신을 통해 나타난 신기술이 전 산업부문에 확대, 보급되는 것을 뜻한다. 신기술의 확산은 모방에 의해서도 이루어지기도 하고 기술혁신주체의 자발적인 의지에 의해서도 확산된다.

이처럼 발명, 기술개발, 기술변화, 기술진보 등으로 다양하게 표현되고 있는 기술혁신과 이들 용어와의 관계를 다음과 같이 정리할 수 있다.

[그림 2 - 8] 기술혁신 관련 용어의 개념 및 관계

발명	기술개발	기술변화	기술진보
기술적 사상의 창작	새로운 기술의 창출, 개별적	기술의 거시적 흐름	좋은 방향으로 기술 발전 생산효율증대, 질적 개선

2) 기술혁신의 과정

가) 기술주도모형과 수요견인모형

기술주도(technology-push)모형은 과학적 지식의 창출이 기술개발을 유발하고 기술혁신을 유도하는 핵심원천으로 과학기술기반을 중요시하는 이론이다. 즉 기술혁신과정에서 과학기술의 발달은 기업의 신제품 발명을 촉진시키고 이를 상용화하는 노력을 기울이며 그결과, 새로운 기술에 대한 기업의 투자가 일어나고 새로운 생산패턴이 형성되며 이러한 혁신활동이 이윤을 창출한다고 본다. 그러나 기술주도모형은 시장수요 부족으로 기술혁신 활동과 과학기술 발달자체를 제약할 수 있다는 것을 간과하고 있다.

수요견인(market-pull)모형은 기술혁신의 촉진요인이 과학이나 기술자체의 발달에서 오는 것이 아니라 소비자의 니즈에 따른 시장수요와 기업의 이윤기회 포착에서 비롯된다는 것이다. 이 주장은 시장수요의 존재가 기술혁신이 일어나기 위한 필요조건이며 과학기술은 보조적 역할만 수행한다고 본다. 기업은 소비자와 직접 접촉하는 마케팅부서에서 신기술에 대한 소비자의 욕구를 파악하여 연구개발진에게 제공함으로써 기술개발이 진행된다는 것이다. 그러나 수요견인모형은 시장수요가 충분하고 이윤기회가 확실한 경우에도 관련 과학기술기반이 취약하다면 신제품개발이나 기술혁신은 불가능하다는 점을 설명하지 못하고 있다.

[그림 2 - 9] 기술주도모형과 수요견인모형

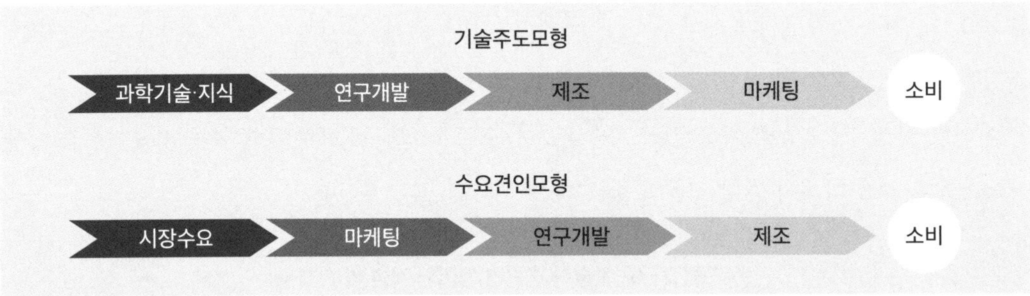

나) 상호작용모형

상호작용모형은 기술주도모형과 수요견인모형을 결합한 이론으로 기술혁신이 시장의 요구와 기술적 기회의 결합에서 비롯된다고 주장한다. 이 모형은 기업이 속한 산업과 시장에서 시장의 요구를 충족시키기 위하여 기술을 개발하고 과학기술 전문가들과 지속적으로 협력·교류하며 내부 연구조직과 다른 부서간에도 기술지식 공유가 이루어진다. 즉 기술혁신 각 단계별로 기업은 시장의 요구를 반영하기도 하고 대학이나 공공연구기관 등에서 필요한 기술지식을 학습하여 새로운 기술 및 제품을 생산한다. 이러한 상호작용은 개발, 제조, 마케팅 및 판매 등 모든 단계에서 일어나고 각 단계는 시장과 연계된다.

[그림 2 - 10] 상호작용모형

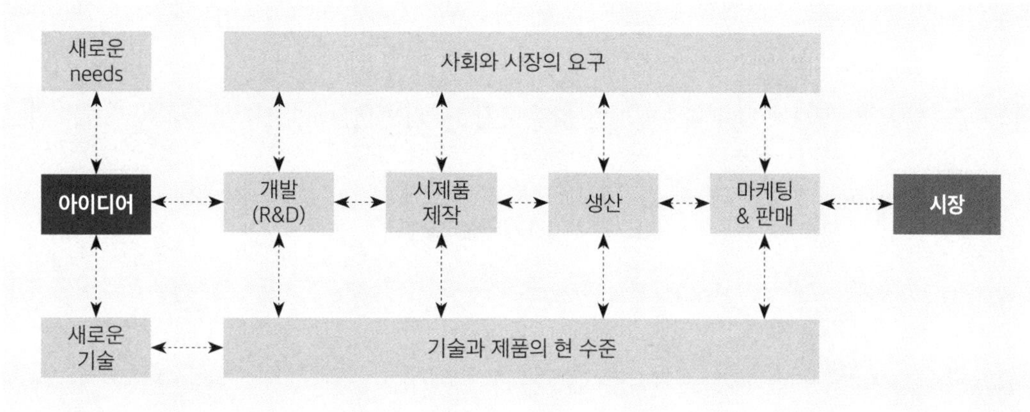

* 출처 : Rothwell & Zegveld(1985)

다) 체인링크모형

전술한 여러 기술혁신모형은 기술혁신과정이 "연구 → 개발 → 생산 → 마케팅"의 일방향으로 진행되는 선형모형으로 기술혁신과정을 지나치게 단순화하고 있어 이의 대안으로 제시된 모형이 클라인과 로젠버그(Kline and Rosenberg, 1986)의 체인-링크(Chain-Link)모형이다.

체인-링크모형은 기술혁신의 과정이 지식의 창조·획득·전달·결합방식 관점에서 볼 때, 선형모형과 같이 기업이 단독으로 일방향으로 진행되는 것이 아니라 대학 및 연구기관 등의 지식창출 주체가 산업계와 유기적으로 상호작용을 하면서 진행된다고 주장하고 있다. 즉, 과학기술지식을 창출하는 대학이나 공공연구기관도 중요한 역할을 수행하며 기업간의 지식확산과 정보교류에 의한 아이디어 생성과 지식학습이 중요한 것으로 취급하고 있다.

이러한 관점에서 체인-링크모델은 연구기관과 대학의 활동 영역인 연구를 끌어들이고 현재의 지식수준을 나타내는 각종 과학기술자료와 시장 및 기업의 설계, 생산, 판매 활동 등을 모두 엮어서 기술혁신의 과정을 설명하였다. 이 모델은 연구개발이 잠재적인 시장을 토대로 시작되며, 기업은 기존의 과학기술지식을 활용하여 연구개발을 추진한다(K-R). 연구개발은 잠재시장의 파악 → 발명 및 기본설계 → 상세 설계 및 검사 → 재설계 및 생산 → 시장 출하의 과정을 거치면서 기술혁신을 촉진시킨다. 과학기술지식은 이 과정에서 기술학습도를 증가시키는 투입요소로서의 역할을 수행한다. 외부의 연구기관은 연구개발 활동을 통해서 공공재적인 특성을 가진 과학기술지식의 스톡을 증가시킴으로써 기술혁신을 촉진시키는 데 일조를 한다. 기업은 외부의 과학기술을 획득하고 이를 제품생산에 활용하기 위하여 기초·응용연구를 담당하는 연구기관을 재정적으로 지원할 수 있다(S). 기업은 이러한 상호작용을 반복하면서 그 과정에서 이루어진 경험과 지식들이 수시로 단계 간 피드백(f)이 이루어진다. 화살표 I로 표시된 것은 혁신에서 과학으로 가는 피드백을 의미한다.

[그림 2 - 11] 체인링크모형

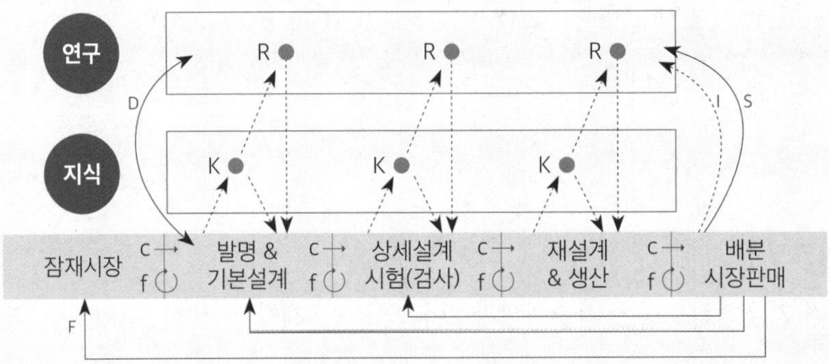

주) C: 혁신의 중심 연결고리, f: 피드백 경로, F : 특히 중요한 피드백, K-R:지식을 통한 연구 연계 및 반작용,
D: 발명과 설계관련 문제와 연구 사이의 직접적 연계, I: 제조업에 의한 과학적 연구의 지원, S: 기업의 재정적 지원

* 출처 : Kline & Rosenberg(1986)

라) 동태적 모형

동태적 모형은 미국 MIT의 어터백과 아버나시(Utterback and Abernathy, 1975)가 기술변화와 산업발전의 동태적 과정을 설명하는 모형으로 기술혁신의 과정을 제품혁신과 공정혁신으로 구분하여 관찰하였다. 이들은 기술혁신이 제품이나 서비스 자체로서 나타나기도 하지만 공정의 변화로서 나타나기도 한다는 사실을 파악하고 이들 두 가지 유형의 혁신을 동시에 관찰하여 기술혁신의 동태적 과정에 관한 이론을 제시하였다.

(1) 유동기(fluid stage) : 제품혁신기

유동기는 제품혁신과 공정혁신의 초기 상황에 해당하며, 제품의 혁신은 성능극대화이고, 공정의 혁신은 비조정기의 형태를 가지고 있는 것이 특징이다. 제품기술의 혁신은 시장소비자의 욕구를 충족시키는 측면에서, 공정기술의 혁신은 생산성을 향상시키는 측면에서 이루어진다. 기술혁신 비율에 있어서는 제품기술 혁신은 높고, 성능극대화를 초점으로 하고 있으며, 공정기술의 혁신은 비율이 낮고 비표준화된 상태이면서 때로는 수작업의 의존도가 높을 수도 있다. 신제품이 소비자에 판매된 이후에는 고객의 불만이 제기되고, 이를 해소하기 위하여 자주 제품사양이 변경되기 때문에 대체로 유동적 상황에 처하게 되는 이 단계에서의 기술혁신은 제품혁신이 주류를 차지하게 된다. 따라서 초기단계의 기술혁신 자극은 소비자의 필요에 따른 것으로 새로운 수요에 차별화된 성능과 기술수준으로 대응하게 된다.

(2) 과도기(transition stage) : 공정혁신기

신제품의 판매가 서서히 증가하면서 제품 자체보다 생산공정에서 더 많은 기술적 문제가 발생한다. 소규모로 생산하던 설비가 고장나거나 생산요구물량을 소화하지 못하게 된다. 생산효율을 향상하거나 공정의 문제를 해결하는 과정에서 공정혁신이 활발하게 일어난다. 연구자들은 이 단계를 과도적 변환단계로 보고 생산공정이 부분적으로 자동화된다고 설명하면서 기업이 신기술의 인식에 의하여 기술혁신이 일어나는 영역이라고 주장하였다.

(3) 경화기(specific stage) : 혁신정체기

과도기적 상황이 어느 정도 지나게 되면 제품의 표준화가 진전되고 제품 사양이 안정되기 시작하여 생산량이 급증한다. 동시에 생산비용을 절감하여 이윤을 확대하려는 움직임이 시작된다. 자동화가 체계적으로 추진되고 생산공정에서의 효율이 크게 신장된다. 고도의 생산기술이 체화된 전용설비와 자본집약적인 생산설비의 채용이 늘어나고 원자재를 체계적으로 조달하기 위하여 수직통합이 일어나거나 계열화를 도모한다. 생산비를 절감하는 과정에서 기술혁신이 주로 일어나기 때문에 Utterback and Abernathy는 이 영역을 비용절감을 위한 기술혁신 영역으로 간주하고 특수한 상황이라고 설명하였다.

[그림 2 - 12] 동태적 모형

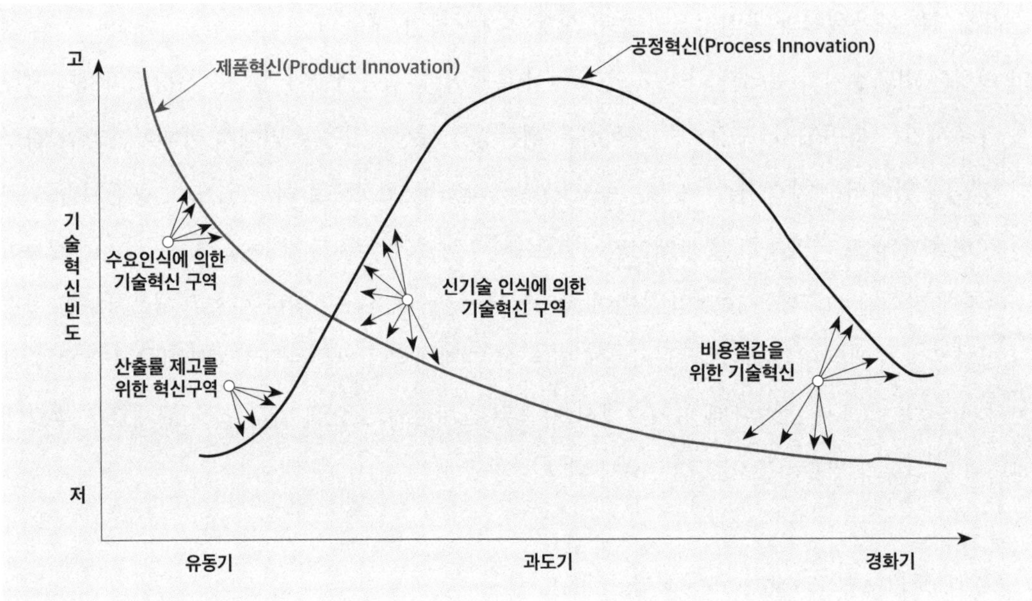

* 출처 : Utterback and Abernathy(1975)

3) 기술혁신 유형

가) 급진적 혁신과 점진적 혁신

기술혁신은 변화정도 및 속도에 따라 급진적 혁신(radical innovation)과 점진적 혁신(incremental innovation)으로 구분된다.

급진적(파괴적) 혁신은 기존의 기술시스템이 다른 기술시스템으로 전환되는 근본적인 변화를 가져오는 혁신이다. 즉, 기존 산업의 생산방식을 완전히 바꾸거나 기존에 없던 새로운 산업의 창출을 가져오는 혁신으로 과학적 지식에 바탕을 둔 기술주도적 혁신이다.

점진적(존속적) 혁신은 기술시스템의 근본적인 변화가 아닌 기존 기술시스템의 개선, 혹은 급진적인 기술혁신 이후에 일어나는 보완적인 혁신 등 다수의 기술변화들을 포함한다. 즉, 기존의 지식기반위에서 지속적인 기술향상이 이루어지는 혁신이다. 이러한 혁신에는 제품과 서비스의 부분적 성능개선이나 생산과정에서의 다양한 비용절감노력 등이 해당된다. 점진적 혁신은 급진적 혁신과 달리 주로 생산경험을 바탕으로 한 기술자들의 필요 또는 연구개발에 의해서 일어나는 수요견인적 특성을 지니고 있다.

상기 두가지 혁신유형의 특성을 비교해보면, 점진적 혁신은 기존 제품과 공정의 지속적인 개선인 반면, 급진적 혁신은 제품과 공정에 혁신적인 변화가 일어난다. 또한 점진적 혁신은 산업내에서 경쟁적 지위를 유지하는 혁신인데 비해 급진적 혁신은 산업을 창조 또는 패러다임의 변화까지 가져올 수 있는 혁신이다. 예를 들면 자동차 회사가 기존보다 성능이 향상된 엔진을 개발해서 탑재하면 점진적 혁신에 해당되고 전기자동차 또는 자율주행차를 개발해서 출시하게 되면 자동차 관련 산업 전분야에 큰 변화를 가져오는 급진적 혁신에 해당한다. 이외에도 점진적 혁신은 주로 기업내부에서 일상적으로 기존의 것을 개선하는 혁신활동이라면 급진적 혁신은 기업외부에서 새로운 산업에 진입하기 위해 드물게 발생하는 혁신이다.

위 두가지 유형의 혁신을 성장곡선인 S-curve를 활용하여 살펴보기로 한다. S-curve는 새로운 기술이 등장하고 시간의 흐름에 따라 이동하는 경로 즉, 기술성장궤도는 S자 형태의 곡선으로 나타난다는 것이다. S-curve는 기술(혹은 상품)이 도입기, 성장기, 성숙기, 쇠퇴기를 거쳐 소멸하게 되는 기술의 생명주기곡선이다.

기술 도입초기에는 연구개발에 투자한 비용과 노력에 비해 기술의 발전이나 진보 속도가 매우 완만하게 일어나는데, 이는 기술에 대한 이해가 전혀 없거나 부족하기 때문이다. 그러나 시간이 흐름에 따라 시행착오를 거치면서 기술이해도가 증가하고 경험과 전문지식의 축적에 힘입어 기술수준이 급격히 진보하는 성장기에 진입한다. 그 이후 S-curve의 변곡점을 지나면 기술의 발전이 성숙단계로 들어서며 진보 속도는 성장기에 비해 느려진다. 성숙기에서는 기술수준이 거의 정점에 이르지만 기술의 진보 속도는 매우 느려지며 이후 기술한계선에 접근함에 따라 쇠퇴하기 시작한다. 그런데 기술이 한계에 도달하기 전에 불연속적(discontinuous, 단속적) 기술에 의해 대체될 수도 있다. 불연속적 신기술은 기존 기술과는 연결되지 않는 완전히 새로운 지식을 기반으로 하는 기술로써 기존의 유사한 시장수요를 충족시켜 기존 기술을 대체함으로써 시장한계를 극복한다.

불연속적 기술의 출현 초기(아래 그림에서 t_1이후) 기존의 기술보다 성능수준이 낮은 경우가 존재할 수 있다. 또한 기업은 신기술의 시작단계에 투자하는 것을 꺼리게 되는데 이는 기존의 기술에 투자하는 것보다 더 낮은 수익률을 거둘 수 있기 때문이다. 그러나 새로운 대체기술이 진보하기 시작하거나 기존 기술이 더 이상 진보할 수 없다고 판단될 때에는 신기술에 투자함으로써 더 높은 수익 창출을 기대한다((아래 그림의 t_2이후). 이러한 특징 때문에 신생 기업의 경우 불연속적 기술을 통해 처음 시장에 진입하려고 노력하며 기존 기업은 기존 기술에 지속적으로 투자할 것인지 아니면 새로운 기술이 잠재성을 가지고 있다고 판단하여 장기적으로 새로운 기술에 투자할 것인지에 대한 선택이 요구된다. 아래 그림에서 t_1-t_2까지의 기간은 기술혁신활동이 성공에 이르기까지 경영자가 인내하고 기다려야 하는 기간이라고 할 수 있다. 이렇듯 불연속적 기술의 등장은 현재 시장에서의 경쟁구도를 바꿔 놓을 수 있기 때문에 시장의 새로운 리더와 실패자를 양산하기도 한다.

[그림 2 - 13] S-curve : 존속적 혁신과 파괴적 혁신

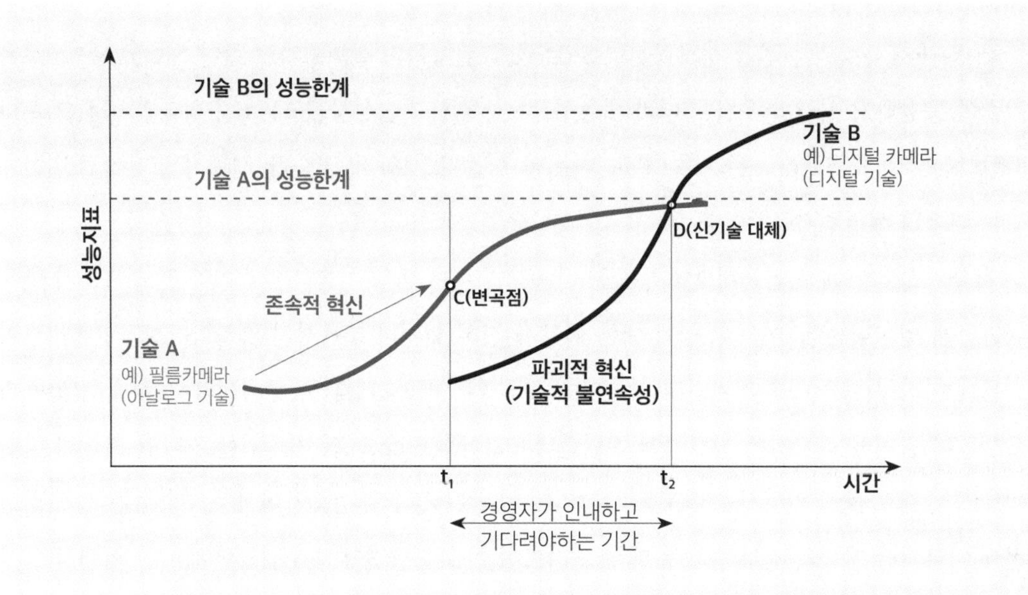

위 그림에서 기술A 곡선은 기존의 기술과 지식을 활용하고 발전시켜 지속적으로 혁신을 이루는 존속적 혁신을 나타내고 있다. 존속적 혁신을 추구하던 일부기업들은 기존 기술에 대한 투자수익이 감소하기 시작하면 그 대안으로 새로운 기술을 찾기 시작한다. 혁신적인 기업이 기존 기술A(필름카메라)와 전혀 다른 기술적 역량을 필요로 하는 신기술B(디지털 카메라)를 채택할 경우 초기에는 기존 기술보다 성능이 더 떨어지고, 많은 투자와 노력에도 불구하고 대부분의 시도들이 실패로 끝나기도 한다. 그러나 신기술이 마침내 기존기술보다 더 높은 기술적 성능을 나타내고 그 한계를 뛰어넘게 되면(그림의 D) 기존기술을 신기술이 대체함으로써 기존 기술이 사라지게 된다.

나) 제품혁신과 공정혁신

기술혁신은 혁신이 일어나는 대상에 따라 제품혁신과 공정혁신으로 구분하고 있다.

제품혁신(product innovation)은 소비자 혹은 시장의 니즈를 충족시키기 위해 기술적으로 전혀 새로운 제품을 개발했거나 기존 제품의 성능이나 기능을 대폭 향상시키는 혁신을 말한다. 예를 들어 애플의 아이폰, 영국 다이슨의 날개없는 선풍기는 기존의 스마트폰이나 선풍기와 전혀 다른 제품모습으로 소비자에게 선을 보인 제품혁신의 대표적 사례이다.

공정혁신(process innovation)은 혁신주체가 최종제품 생산효율성을 높이고 성능을 향상시키기 위해 장비, 인력, 재료, 작업흐름 등 생산공정에 새로운 변화를 도입하는 혁신이다. 즉, 제품을 생산하고 전달하는 과정에서 비용을 감소시키거나 공정을 단축한다든지, 혹은 동일한 공정 하에서도 제품의 품질을 개선할 수 있는 새로운 기법을 채용하는 등 기존 공정을 개선하는 것을 의미한다. 예를 들어 자동차업체가 제품기획에서 설계, 제조, 공정, 유통에 이르기까지 전 과정에 정보통신기술(ICT)을 접목하여 기존 공정을 스마트공장으로 변환시키는 활동이 공정혁신에 해당된다.

제품혁신과 공정혁신은 서로 개념이 바뀔 수가 있다. 즉, 한 기업의 제품혁신이 다른 기업에게는 공정혁신이 될 수 있다. 예컨대 반도체생산라인에 설치되는 반도체장비 전문제작업체가 새로운 전용장비를 개발했다면 제품혁신이 되지만 새롭게 개발된 전용장비를 구입하여 설치하는 반도체생산업체에게는 공정혁신이 된다. 또한 이 두 혁신은 독립적인 것이 아니라 상호보완적 관계를 가지며 제품수명주기에 따라 상호작용의 정도가 다르게 나타난다. 제품수명주기의 초기단계는 제품성능이나 디자인개선을 위한 제품혁신에 집중되는 반면 공정혁신은 미미한 편이다. 그러나 제품이 안정화되고 표준화되면서 제품혁신의 빈도는 줄어들고 생산능력의 확대 또는 생산비용의 절감을 위한 공정혁신이 활발하게 일어나게 된다.

[표 2 - 1] 제품혁신과 공정혁신 비교[72)]

구분	제품혁신	공정혁신
혁신의 초점	신물질, 신제품개발	신공정개발
혁신의 목적	신기능성 창출	생산성 향상, 성능 향상
혁신의 속도	급진적	점진적
기술보호	특허·영업비밀(특허 중심)	특허·영업비밀(영업비밀 중심)
기술체화대상	제품 자체	생산설비

72) 이공래(2000), 기술혁신이론 개관, p. 56 과학기술정책연구원 연구보고(pp. 1-179) 참고하여 작성

다) 구조혁신과 부품혁신

기술혁신은 개별 부품 혹은 구성요소를 변화시킬 수도 있고 개별 부품들이 결합되는 구조의 변화를 가져올 수도 있다. 이때 기존 제품의 전체 구조에는 큰 변화없이 개별 부품을 변화시키는 혁신을 부품혁신(component innovation) 또는 모듈혁신(modular innovation)이라고 한다. 이와 대조적으로 개별부품의 변화는 최소화하면서 전체 시스템의 디자인을 변화시키거나 각 부품과 기술을 새로운 방식으로 재구성하는 혁신을 구조혁신(architectural innovation)이라고 한다. 구조혁신은 시스템 내에서 여러 부품간 상호작용하는 배열을 바꿀뿐만 아니라 부품자체도 변경하여 시스템의 변화를 만들어내기도 하므로 각각의 부품과 부품들의 결합방식, 전체를 구성하는 방법에 대한 지식을 필요로 한다.

제 2 절 기술사업화

1. 기술사업화 개요

1) 기술사업화 개념

가) 정의

기술사업화에 대한 정의는 사업화대상이 되는 기술의 창출주체, 창출단계, 사업화 주체 등에 따라 다르게 나타나고 있으며, 표준화된 정의는 발견되지 않고 있다. 사업(事業, business)의 사전적 의미는 "생산과 영리를 목적으로 하는 지속적인 경제활동"으로 되어 있다. 따라서 사업화(commercialization)는 '사업을 하는(또는 하게 하는) 것'으로 정의될 수 있고, 기술사업화는 '기술 또는 지식을 활용하여 사업화하는 것'으로 설명이 가능하다.

여기서는 연구와 실무에서 많이 인용되고 있는 기술사업화 개념과 관련 법률에서의 정의를 살펴본 후 이들 개념 및 정의를 토대로 하여 종합적인 기술사업화의 개념을 정리하였다.

이영덕(2010)[73]은 기술사업화의 개념을 협의-중범위-광의로 구분하여 정의하고 있다.

협의의 기술사업화는 자체 연구개발 또는 외부조달을 통해 획득한 신기술을 생산 활동(엔지니어링 및 제조공정 활동)에 투입하여 대량생산에 의한 제품의 제작, 출하 및 판매에 이르는 과정으로 정의하고 있다.

중범위의 기술사업화는 연구개발된 기술을 통하여 시제품을 제작하고 엔지니어링 기술과 결합하는 즉, 구체적인 시장도입의 전(前)단계에 이르기까지의 활동으로 설명하고 있다.

광의의 기술사업화는 연구개발계획의 수립과 아이디어의 창안(imagination)을 통하여 연구개발 및 기술을 개발하고, 개발된 기술을 사용하여 신공정, 신제품, 또는 기존 공정과 제품을 개량함으로써 시장에서 제품의 수명주기를 연장하거나 새로운 수명주기를 창출하는 것과 관련된 일련의 제반 활동이라고 정의하고 있다.

기술사업화는 일반적으로 다양한 혁신주체들이 참여하여 연구개발 등 제반 혁신활동을 통해 경제적 성과를 창출하는 일련의 과정을 의미한다. 이와 비슷한 의미로 박종복(2008)[74]은 기술사업화를 기술혁신의 전주기적 관점에서 개발된 기술의 이전, 거래, 확산과 적용을 통해 부가가치를 창출하는 제반 활동과 그 과정이라고 정의하였다.

기술이전법 등 관련 법률에서도 기술사업화를 정의하고 있다. 기술이전법(제2조제3호)에서는 "기술을 이용하여 제품의 개발·생산 및 판매를 수행하거나 그 과정의 관련 기술을 향상시키는 것"으로 정의되어 있다.

기술보증기금법에서는 '신기술사업자'의 정의 및 신기술사업의 범위를 다음과 같이 정하고 있는데,[75] 신기술사업의 범위가 전술한 기술사업화의 개념과 거의 유사함을 확인할 수 있다.

① 제품개발 및 공정개발을 위한 연구사업

② 연구·개발의 성과를 기업화·제품화하는 기업

---

73) 이영덕(2010), 「기술사업화」, pp. 43-44, 도서출판 두남

74) 박종복(2008), "한국 기술사업화의 실태와 발전과제", p. 13, Issue Paper 2008-233, 산업연구원

75) - 기술보증기금법제2조제1호: "신기술사업자"란 기술을 개발하거나 이를 응용하여 사업화하는 중소기업(「중소기업기본법」 제2조에 따른 중소기업을 말한다) 및 대통령령으로 정하는 기업과 「산업기술연구조합 육성법」에 따른 산업기술연구조합을 말한다.
- 기술보증기금법 시행령 제3조(신기술사업자의 범위) ① 법제2조제1호에서 "기술을 개발하거나 이를 응용하여 사업화하는 중소기업"이란 다음 각호의 어느 하나에 해당하는 사업(이하 신기술사업"이라 한다)을 영위하는 중소기업을 말한다. (1~5호 상기 본문 참조)

③ 기술도입 및 도입기술의 습득·개량사업

④ 다른 법령에 규정된 기술개발사업으로서 '별표1'에서 정하는 사업

⑤ 그 밖에 생산성 향상, 품질향상, 제조원가 절감, 에너지 절약 등 현저한 경제적 성과를 올릴 수 있는 기술을 개발하거나 기업화·제품화하는 사업

특허법(제2조)에서는 특허발명의 내용에 따라 사용하는 것을 의미하는 '실시'에 대하여 다음과 같이 정의하고 있는데, 그 내용이 기술사업화의 개념에 포함된다고 할 수 있다.

① 물건 발명인 경우 : 물건을 생산·사용·양도·대여 또는 수입하거나 그 물건의 양도 또는 대여의 청약을 하는 행위

② 방법 발명인 경우 : 그 방법을 사용하는 행위 또는 그 방법의 사용을 청약하는 행위

③ 물건을 생산하는 방법의 발명인 경우 : 위 ②의 행위 외에 그 방법에 의하여 생산한 물건을 사용·양도·대여 또는 수입하거나 그 물건의 양도 또는 대여의 청약을 하는 행위

상기 다양한 기술사업화 개념과 범위를 종합하여 볼 때 최광의의 기술사업화는 사업화를 전제로 한 기술개발 활동을 비롯하여 개발된 기술의 사업화 과정에서 필요한 기술의 응용과 개량, 기술의 독점적 배타권과 경제적 가치를 높이기 위한 지식재산권화, 개발된 기술이 적용된 제품의 개발·생산·판매활동, 기타 개발된 기술을 기반으로 한 창업, 투자유치, 기술금융 등 제반 기업활동을 포함한다고 할 수 있다.

나) 유사용어의 개념

기술사업화와 혼용되고 있는 용어로 실용화, 상업화, 기업화 등이 있다.[76)]

실용화란 제품·기술수명주기와 관련하여 기술이나 제품의 시장도입여부와는 상관없이 실질적 이용자의 이용여부를 강조하는 용어로서 사업화의 결정, 시제품제작 및 시험판매 등과 관련된 행동을 의미한다. 주로 과학기술기관, 교육부 등의 기관에서 사용하고 있다.

상업화란 기술이나 제품이 시장에 도입되어 하나의 사업조직 또는 기업의 전략적 사업단위(SBU)로 자리잡아 본격적인 사업에 연결되는, 즉 협의의 사업화개념에 해당되는 활동이다. 주로 산업자원부 및 관련기관에서 사용되고 있다.

76) 이영덕(2010), 「기술사업화」, p. 45, 도서출판 두남

기업화란 기업이 연구개발 등을 통하여 창출된 기술 및 제품이 시장에 도입되어 영리를 창출하는 활동으로 기술채택, 생산, 마케팅 및 시장개척 활동을 포함한다. 통상 기술전략과 사업전략이 연계되어 이루어진다는 점에서 사업화와 거의 같은 개념이다. 주로 산업관련 민간단체 및 기업에서 사용되고 있다.

이들 개념을 사업화단계 및 범위 측면에서 살펴보면 실용화가 가장 좁고 상업화, 기업화, 사업화 순으로 넓다고 할 수 있다. 그러나 이들 용어 모두 "연구개발 결과의 실제적 이용과 관련기술의 확산과정"이며, 영문표기를 공통적으로 'commercialization' 을 사용한다는 점에서는 동일한 의미를 갖는다.

2) 기술이전

가) 정의

기술사업화를 거론할 때 흔히 병용되는 용어로 기술이전이 있다.

'기술이전'이란 외부의 기술 또는 지식을 활용하여 상업화, 즉 가치창출을 추구하는 기술공급자와 기술수요자간의 상호작용과정이다. 이는 어떤 장소 또는 어떤 주체에서 창출된 과학적 또는 기술적 지식이 다른 장소 또는 다른 주체에 이동되어 활용하는 현상 및 과정을 의미한다. 기술이전과 거의 유사한 의미로 사용되는 용어인 기술거래는 양방향성 상거래라는 성격을 띠고 있기 때문에 주로 민간기업 간의 기술이전이 이루어질 때 사용된다.

기술이전법(제2조제2호)에서는 '기술이전'을 양도, 실시권 허락, 기술지도, 공동연구, 합작투자 또는 인수·합병 등의 방법으로 기술이 기술보유자(해당 기술을 처분할 권한이 있는 자를 포함)로부터 그 외의 자에게 이전되는 것으로 정의하고 있다.

이들의 정의를 종합해보면 기술이전이란 무형재인 기술과 지식요소를 외부로부터 부분 또는 전체를 도입하여 유형재인 제품으로 전환할 목적으로 기술이전 당사자가 계약을 하거나 협상을 하는데 필요한 모든 제도상의 공식 행위로 요약된다.[77)]

한편, 기술이전과 기술사업화를 동시에 표현하는 복합조어로 기술이전·사업화가 통용되고 있

77) 지식경제부(2011), "2010 기술이전·사업화백서", p. 16

다. 기술이전·사업화는 통상 대학이나 공공연구기관과 같은 공공부문에서 창출된 기술이 민간부문 등으로 이전되어 사업화가 이루어질 경우 많이 사용되고 있다. 그러나 기술이전·사업화는 공공기술의 민간이전을 통한 사업화뿐만 아니라 민간에서 창출된 기술의 이전사업화도 포함한다. 전술한 내용을 종합하여 볼 때 기술이전·사업화는 "한 장소 또는 한 주체에서 창출된 과학적 또는 기술적 지식(코드화된 정보뿐만 아니라 암묵적 지식과 know-how, 지적재산권 등을 모두 포함)이 다른 주체에 의해서 상업적으로 생산 활동에 활용(변형이 없는 경우와 변형이 존재하는 경우 모두 포함)되어 경제적인 가치를 창출하는 현상 및 그 과정"으로 정리할 수 있다.[78)]

나) 기술이전 유형 및 방법

(1) 기술이전 유형

기술이전은 이전방향에 따라 수직적 이전과 수평적 이전으로 분류하고 있다. 수직적 기술이전은 기초연구 → 응용연구 → 개발연구 → 상업화 등의 경로를 따라 이전되는 것을 말한다. 예를 들어 연구기관에서 기업으로 상용화 기술을 이전하는 경우 수직적 이전에 해당된다. 수평적 이전은 프로젝트간, 조직내 또는 기업간, 산업간, 국가간에 일어나는 기술이전이다.

이전대상·단계에 따라 원자재 → 생산능력 → 설계기술 → 연구개발역량 이전으로, 기술의 체화형태에 따라 설비(technoware)이전, 정보(infoware)이전, 지식(skills, know-how)이전으로, 기술이전 메커니즘에 따라 공식적 기술이전(기술구매, 라이선싱 등), 비공식적 기술이전(역설계 등 모방기술을 통한 기술획득, 비공식 회합, 워크숍 등)으로 분류할 수 있다.

(2) 기술이전 방법

기술이전방식에 따라 기술매매, 라이선스(license), OEM, 기술제휴, M&A등이 있다.

① 기술매매 : 기술도입자가 대가를 지불하고 특허권 등의 소유권을 이전받는 방법으로 기술이 적용된 제품의 판매를 포함한다.

② 라이선스 : 기술의 소유권을 본래의 권리자에게 유보하면서 그 사용권만을 상대방에 허락

78) 권영관(2011), "산업기술생태계 관점에서 본 기술이전사업화의 새로운 패러다임", KIAT ISSUE PAPER 2011-6, 한국산업기술진흥원

하는 기술이전방법으로 전용실시권, 통상실시권, 크로스 라이선스(cross license, 상호 라이선스)등이 있다.

③ OEM(Original Equipment Manufacture) : 기술보유기업이 하청생산을 위탁하면서 설계기술과 생산기술을 기술수요자에게 이전하는 방식이다.

④ 기술제휴 : 제품의 공동개발, 신규 응용제품 검증, 특정 수요기술의 적용 등을 추진할 때 발생하는 기술이전방식으로 주로 사업화 기술수준을 향상시키기 위해 이루어진다.

⑤ M&A : 기술을 보유한 기업전체를 매수하는 방식으로 M&A후 피흡수회사는 사라진다.

다) 기술이전절차

기술이전은 통상 아래와 같은 절차로 진행되나 경우에 따라 생략 또는 포함될 수 있다.

[표 2 - 2] 기술이전절차

절차	기술공급자	기술수요자
기술이전 목적 검토	· 기술판매 필요성 분석 · 판매기술의 우선순위·후순위 결정	· 기술도입 필요성 분석 · 시급한 도입기술의 목록
기술이전 전략 수립	· 이전 상대방 · 기술의 가치, 요구조건	· 경쟁력 있는 기술 판단 · 기술도입조건
기술이전 마케팅	· 유관기관, 인터넷 · 기술전시회, 설명회, 상담회	· 기술보유자 탐색 · 최석기술 공급가능성
기술이전 조건 협상	· 비밀유지 · 기술의 장점 부각	· 기술의 지식재산권 여부 · 즉시 상품화 가능성
기술이전 계약 체결	· 기술도입자의 권리능력 · 기술도입자의 행위능력	· 기술공급자의 권리능력 · 기술공급자의 행위능력
기술이전 조건 이행	· 기술관련 자료 제공 · 기술권리이전 서류교부	· 기술료 지급 · 기타조건의 이행
기술이전 사후관리	· 기술료 관리 · 매출액 확인	· 기술료 지급 · 기타 보고사항 의무시행

* 출처 : 한국기술거래소(2003)「대학기술이전매뉴얼」

3) 기술사업화의 특성

기업은 경쟁우위 확보 및 지속성장 등 경영목표 달성을 위해 연구개발과 R&D성과물의 사업화를 추진한다. 그런데 R&D를 성공적으로 수행하고 확보된 기술 자체로서 절대적 가치를 갖는 것이 아니라 그 기술이 사업화되고 시장에서 가치를 창출함으로써 비로소 기술이 가치를 갖게 된다.

기술이 사업으로 전환되어 가치를 창출하려면, 먼저 R&D 결과물인 특허, 기술자료, 노하우 기술 등이 바로 사업화 착수가 가능한 수준까지 완성도가 높은지를 확인해야 한다. 다음으로는 해당 기술이 사업화될 경우 관련 시장에 대한 조사, 3C분석, STP전략 및 4P계획 등 마케팅전략, 자금계획을 포함한 비즈니스모델이 준비되어 있어야 한다.[79] 이처럼 완성도가 높은 기술이 비즈니스 모델과 결합될 때 비로소 사업화가 진행되며, 최종적으로 목표로 하는 사업가치, 즉 경제적 이익을 얻게 된다.

[그림 2 - 14] 기술이 사업가치로 전환되는 과정

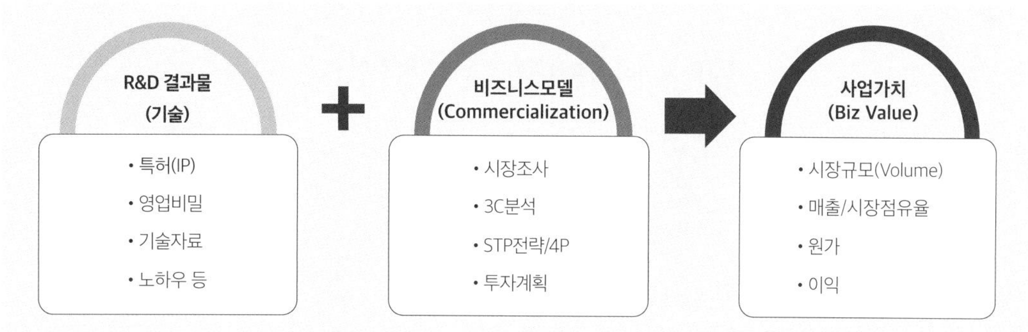

기술이 사업화를 통해 수익으로 환원되는 과정은 일반적으로 오랜 기간이 소요되고, 많은 비용이 들어가며 높은 사업위험이 내재되어 있다. 기술사업화 추진과정에는 기술과 시장, 법·제도 등 다양한 요인이 성패에 영향을 미치는데, 불확실성과 변동성, 통제가 곤란한 외부환경요인의 특성상 성공보다는 실패 가능성이 높은 고위험 혁신 프로세스이다. 연구개발에서 제품 양산과 시장 안착 과정에 이르기까지 여러 장애물이 존재하며 이의 극복 여부에 따라 사업화 성공과 실패가 결정된다.

79) 3C(Customer, Company, Competitor), STP(Segmentation, Targeting, Positioning), 4P(Product, Price, Place, Promotion)

이러한 기술사업화 과정의 어려움을 루이스 브랜스컴(Lewis M. Branscomb)교수는 적자생존 경쟁원리로 이미지화한 '죽음의 계곡(The Valley of Death)'과 '다윈의 바다(The Darwinian Sea)' 라는 개념을 통하여 설명하고 있다.

'죽음의 계곡'은 실험실 단위에서 개발된 기술이 제품화되는 과정에서 자금부족, 사업화역량 미흡, 기술과 금융부문간 정보격차(정보비대칭성)등으로 인해 겪는 어려움을 지칭하며, 이를 극복하기 위해서는 추가개발 자금 및 엔지니어링 기술 등이 필요한 단계이다.

'다윈의 바다'는 양산된 제품이 주류시장에 성공적으로 안착하기까지 고객확대 및 대내외 시장개척, 마케팅 역량부족(비즈니스역량 갭)으로 겪는 어려움을 표현한 것이다. 이러한 장애구간을 극복하기 위해서는 비즈니스역량 제고와 함께 확장자금 등이 필요한 단계이다.

한편, 원천기술을 개발해서 시제품 개발단계로 진입하는 과정에서 기술개발능력 및 기술이해도 부족 등의 요인으로 실험실(lab)간, 연구자와 기업간 갭(innovation gap)이 발생하여 어려움을 겪게 되는데 이를 '악마의 강(Devil's River)'이라고 부른다.

[그림 2 - 15] 기술사업화 과정에서의 장애구간

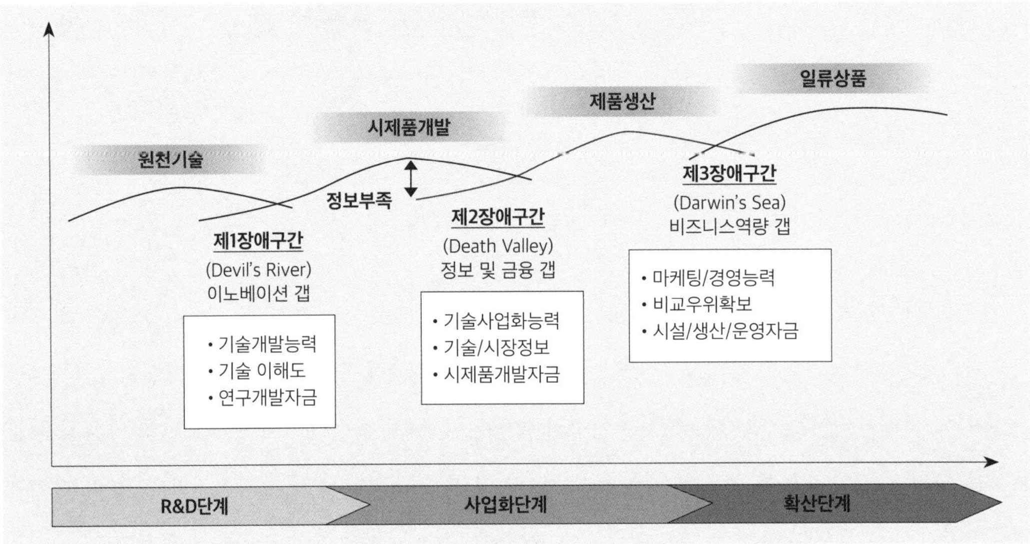

기술사업화는 많은 비용과 긴 시간을 필요로 하고 불확실성이 높은 프로세스로써 성공확률이 매우 낮은 고위험 혁신활동이라는 점은 미국의 실증연구에서도 확인되고 있다. 미국의 화학업체

를 대상으로 기술사업화단계별 평균 생존율과 소요비용을 분석한 결과 사업화단계가 진전될수록 생존율은 낮아지는 반면 소요비용은 대폭 늘어나는 것으로 나타났다.[80] 아래 그림은 신제품 개발 과정을 7단계로 구분하고 기술사업화 생존율과 소요비용 추세를 나타내고 있다. 1단계는 원시 아이디어 단계로 사전연구나 시장분석이 수행되지 않은 상태이고 2단계는 사업화를 생각해볼만한 아이디어를 선별(300개)하고 시장조사와 소요자금을 확보하기 시작한다. 3단계는 소규모 프로젝트(125개) 단계로서 초기작업이 시작되고 특허등록 및 시장기회분석이 완료된다. 이어서 소수의 중·대규모 프로젝트로 압축되고 시제품개발(6단계)과 시장런칭(6단계)을 거쳐 상업적으로 성공한 아이디어(7단계)는 3000개의 원시 아이디어 중 1개정도에 불과한 것으로 분석하였다.

반면, 소요비용은 사업화단계가 진척될수록 기하급수적으로 증가하는 것으로 나타났다. 아래 그림을 보면 7단계에서 소요되는 비용(2,452만달러)은 3단계의 비용(342만달러)에 비해 7배를 초과하고 있는 것으로 확인된다.

[그림 2 - 16] 기술사업화 단계별 생존율 및 소요비용

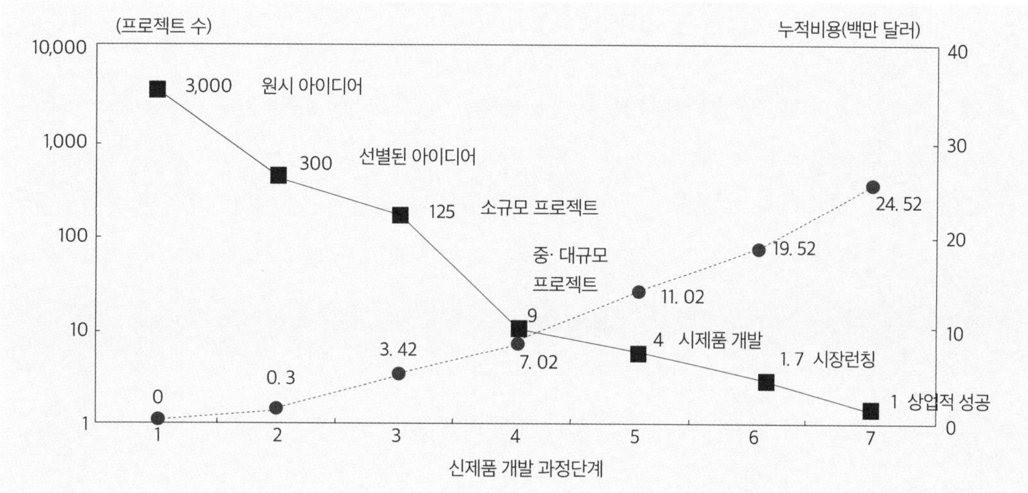

이처럼 기술사업화 분야는 불확실성과 리스크가 높고 성공률이 낮아 시장기구가 제대로 작동되지 않는 대표적인 시장실패영역으로 인식되고 있다. 이에 따라 대부분의 국가들이 기술사업화

80) Stevens, G. and Burley, J.(1997), "3,000 Raw Ideas = 1 Commercial Success" Research Technology Management, 40(3), 16-27

의 성공을 위해 사업화 기반조성과 다양한 지원책을 펼치는 등 정부가 적극 개입하고 있다. 그런데 기술사업화의 성공기준은 기술사업화의 정의 또는 공공부문과 민간부문에 따라 다르게 적용하고 있다.

일반적으로 기술사업화의 성공은 개발된 기술이 다양한 형태로 사업화에 활용되어 경제적 이익을 창출하는 단계에 도달했을 때를 의미한다. 즉, 재무적 관점에서는 기술사업화를 통해 획득한 총수익이 기술개발에서부터 시장출시 직전까지 투입된 총비용을 초과한 상태를 성공으로 본다는 것이다. 이와 다르게 Rogers(1995)의 신기술 시장 수용 5단계 모형 관점에서는 신제품이 출시된 후 조기 수용자와 실용성을 중시하는 전기다수 수용자 사이에 나타나는 매출감소 또는 정체 현상(chasm이라 함)을 극복하고 주류시장(mainstream)에 진입했을 경우를 기술사업화의 성공으로 인식하기도 한다.[81]

한편, 국가R&D사업 등 공공부문에서는 기술사업화를 목적으로 하는 과제(Project)가 종료평가에서 성공 판정을 받거나 기술 실시 계약을 체결, 혹은 제품이 시장에 출시된 경우를 기술사업화가 성공한 것으로 간주하기도 한다.

[그림 2 - 17] 시장수용 5단계 모형에서 기술사업화 성공판정 기준

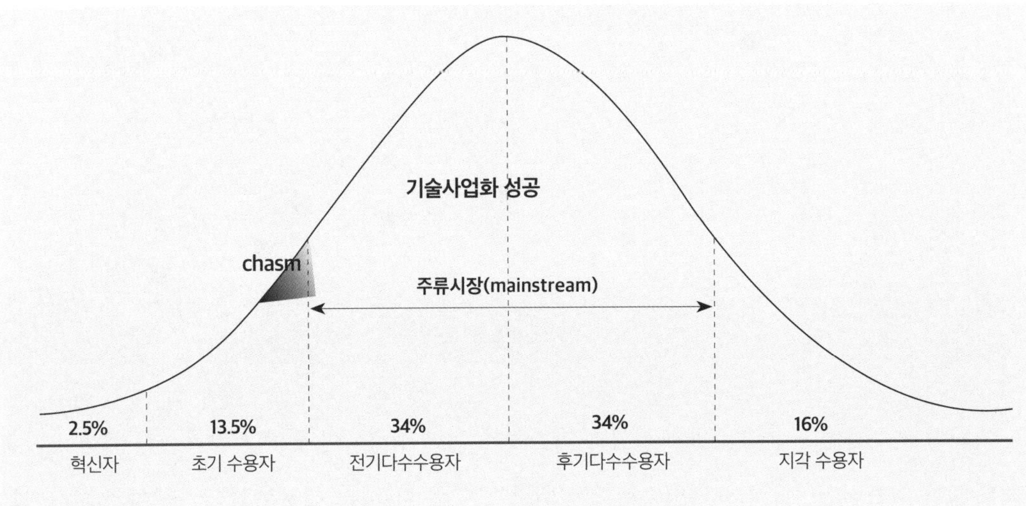

81) RAND (2003), Technology Transfer of Federally Funded R&D: Perspectives from a Forum, RAND Science and Technology Policy Institute, Arlington, VA., p. 21

2. 기술사업화 모형

1) 기술사업화 프로세스

기술사업화 프로세스는 기술사업화 개념에서도 알 수 있듯이 부가가치 창출을 목적으로 기술에 대한 새로운 아이디어를 구체화하고 자체개발(또는 기술도입) 및 적용을 통해 시제품제작, 제품생산·판매 등 시장에 진출하기까지 직간접적으로 관련된 전체 과정이다.

먼저 기술사업화 프로세스를 기술혁신 과정 측면에서 접근하고 있는데, 이는 주로 정부나 대학, 기업의 기술이전사업화 전문가들이 관심을 보이는 접근방법이다.

박종복(2012)은 기술혁신 프로세스 관점에서의 기술사업화를 Jolly이론을 토대로 좁은 범위, 중범위, 넓은 범위로 구분하고 있다.[82] 좁은 범위는 개발된 기술을 바탕으로 시제품을 제작하고 엔지니어링 기술과 결합하는, 즉 구체적인 시장도입의 전(前) 단계에 이르기까지의 활동을 의미하며 Jolly가 구분한 기술사업화 5단계 중 "착상-보육-시연"의 전반부 3단계로 설정하였다. 중 범위는 자체 연구개발 또는 외부조달을 통하여 획득한 신기술을 생산 활동에 투입하여 출하, 판매에 이르는 과정을 말한다. 가장 넓은 범위로는 기획·R&D단계를 거쳐 개발된 기술을 사용한 신제품을 생산 또는 기존 공정과 제품의 개량으로 제품수명주기를 연장하고 시장을 지속적으로 확대해나가는 과정으로 전주기적 기술혁신활동을 의미한다.

[그림 2 - 18] 기술혁신과정 관점에서의 기술사업화 프로세스

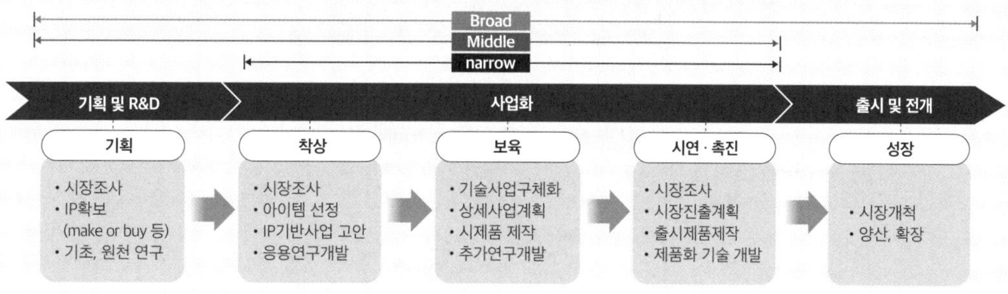

82) 박종복(2012), "우리나라 기업의 기술사업화 활동특성과 기술보증 운용에의 시사점", 기술보증기금 연구보고서

기술사업화 프로세스를 비즈니스와 마케팅 측면에서 신제품 개발(NPD, New Product Development) 과정으로 설명하기도 한다. 기업이 기술사업화를 위한 아이디어를 내부와 외부로부터 수집하고 그 중 신제품으로 개발할만한 가치가 있는 아이디어를 선별한 후 제품 컨셉을 개발한다. 여기서 제품컨셉(concept)이란 창출된 아이디어를 의미있는 소비자의 언어로 변환하여 구체화시킨 것이다. 즉, 제품 관련 아이디어를 고객의 입장에서 더욱 구체적으로 표현한 것으로 제품의 형태, 특징, 기능, 편익, 가격 등에 관하여 기술한 것을 말한다.

다음으로 목표시장에서 매출과 수익성을 대략적으로 측정해보는 사업성분석, 즉 타당성조사(feasibility study)를 실시한다. 사업성분석을 통해 신제품 개발을 진행하기로 결정하면 R&D부서에서 시제품을 개발하게 된다. 이후 제품이 제대로 작동하는지 여부를 판단하는 기능테스트와 소비자들이 실제 제품의 사용상황에서 문제가 있는지를 점검하는 소비자 테스트를 실시한다. 마지막으로 신제품을 시장에 소개하여 소비자반응을 테스트하는 테스트마케팅을 통해 마케팅 전략을 마련하고 최종 출시에 이르게 된다. 여기서 좁은 범위의 기술사업화는 아이디어에서 출발하여 테스팅(testing)까지의 과정이라 할 수 있다.

[그림 2 - 19] 신제품개발 및 마케팅 관점에서의 기술사업화 프로세스

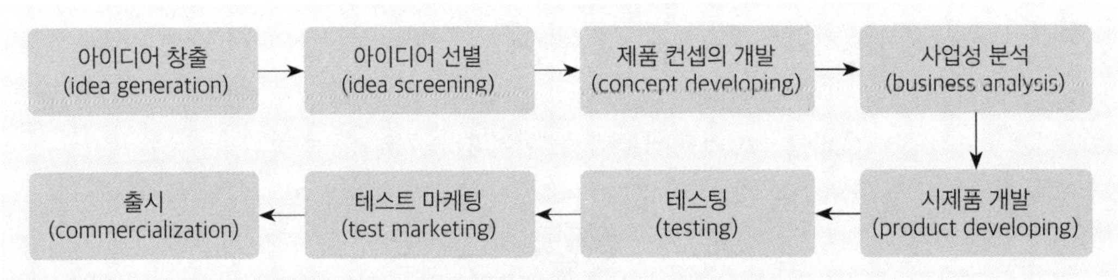

기술개발 및 사업화 프로젝트가 성공하기 위해서는 기술개발과 사업개발 그리고 시장개발이 병행 추진되어야 한다. 선진형 기술사업화는 기술·시장·사업개발 관련부서 소속 직원들로 구성된 팀(Cross- Function Team)이 사업화 기술개발기간 단축을 위해 지속적인 협력과 혁신을 추구하고 있다. 선진형 기술사업화의 대표적 사례로 신사업 개발을 6개월 동안에 완료하는 "6개월 모델"을 개발하여 운영했었던 P&G사를 들 수 있다.

후진형 기술사업화는 통상 기술개발, 시장개발, 사업개발이 순차적으로 추진되는 경우가 많고, 특히 기술개발기간이 선진형에 비해 길게(2~3년까지) 늘어져서 시장진출 시기를 놓치는 사례가 종종 발생한다. 예를 들면, 신제품 개발이 성공하였으나 해외마케팅 단계에서 설계가 국제표준규격에 맞지 않음을 발견하고 재설계 등 제품설계를 수정하고 보완하는 일을 추가적으로 진행한 경우가 후진형 기술사업화 프로세스라고 할 수 있다.

[그림 2 - 20] 선진형·후진형 기술사업화 프로세스

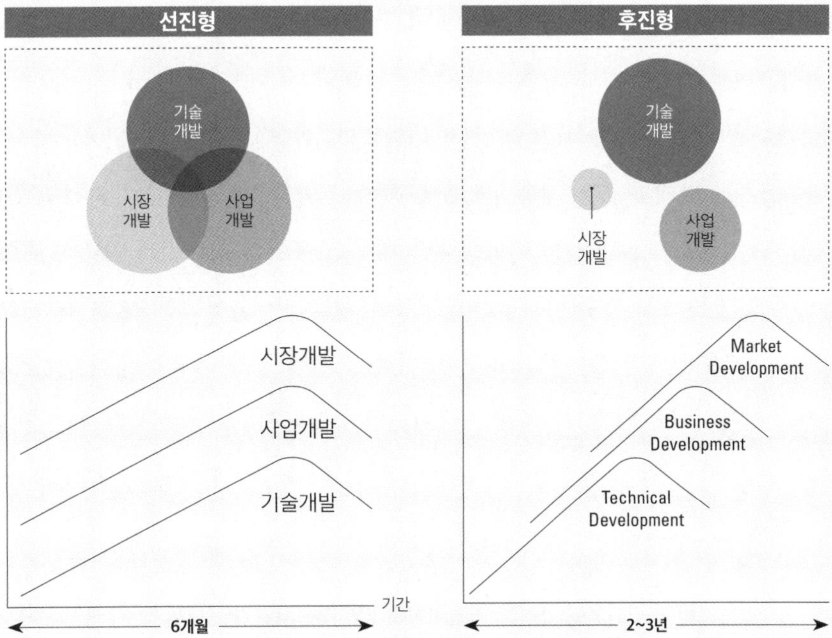

2) 주요 기술사업화 모형이론

기술사업화 모형이론은 1980년대 이후 Cooper(1986)를 비롯하여 Knox(1990), Jolly(1997) 등 선구적인 연구자들이 다양한 모형을 제시하며 발전해왔다. 기술사업화 모형은 선형적 모형(linear model)과 비선형적 모형 (nonlinear model)으로 구분하고 있다. 선형적 모형은 기술사업화를 아이디어의 창출에서부터 시장 진입까지 선형적으로 전개되는 일련의 과정으로 보는 견해이다. 대표적인 선형모형으로 Rothwell and Zegveld(1985)[83] 모형, Cooper(1986)모형, Knox(1990)모형, Goldsmith(1995)모형이 있다.

83) Rothwell, R. and W. Zegveld (1985), Reindustrialization and Technology, Longmans: London.

반면 비선형적 기술혁신모형에 기반을 둔 사업화모형은 기술사업화가 순차적인 단계를 거치기보다는 여러 단계들이 복잡하게 연계되어 있고, 다양한 이해관계자들과의 관계가 중요한 성공요인이라고 보고 있는 이론으로 Jolly모형(1997)이 대표적이다. 여기서는 Knox모형, Cooper모형, Jolly모형에 대하여 살펴보기로 한다.

가) Knox모형

Knox의 기술사업화모형은 전 과정을 기술이전관점에서 연구한 모형이다. 혁신프로세스에서의 기술이전과정은 고객과 제조업자 간 또는 한 기업 내에 있는 조직간 혁신적 아이디어가 이전되는 단계, 제조업자와 고객 간 최종제품의 형태로 혁신이 이전되는 단계로 구분하고 있다. 기술이전을 포함한 완전한 혁신프로세스는 기업의 관련조직 내 또는 관련조직간 활동이 중요하며 특히, 중간단계에서 시제품 제작 및 아이디어 창출기능을 수행하는 헌신적인 R&D센터(DRDCs)가 사업화를 포함한 기술혁신의 핵심이라고 보고 있다. 이 모형은 두개 이상의 조직 간 상호작용 즉 아이디어 이전과 제품이전을 연계시켜주는 기술이전의 중개단계로서 시제품의 이전을 강조하는 것이 특징이다. 공급자주도의 혁신관점에서 DRDCs를 통해 고객지향성을 가미함으로써 공급자주도 혁신의 약점을 보완하는 모형이다.

[그림 2 - 21] Knox모형 : 기술이전관점의 기술사업화 프로세스

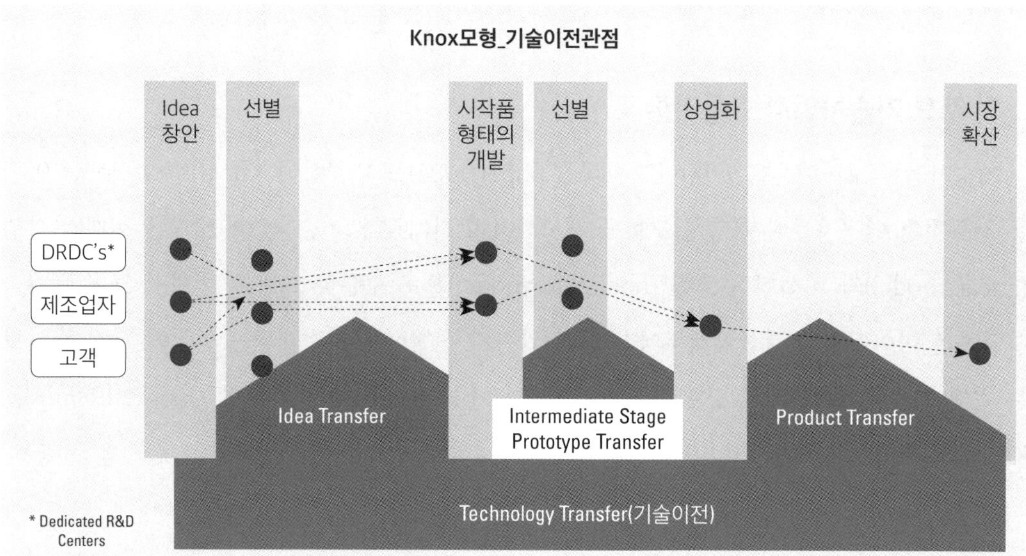

* 출처 : Knox, S.D. & Denison, T.J, " R&D Centered Innovation : Extending The Supply Side Paradigm", R&D Management, p. 30, (1990)

나) Cooper모형

Cooper의 Stage Gate모형은 신제품 개발에 따른 기술사업화 과정을 아이디어에서 제품 런칭까지 사전에 정의된 여러 단계로 구성된 청사진이다. 이 모형에서는 각 Stage 사이에 존재하는 마름모 상자모양의 Gate는 각 단계 간 프로젝트의 위험과 불확실한 요소를 줄이기 위한 과정으로, 프로젝트를 계속 진행할 것인가 중단할 것인가를 결정하는 절차이다.

Stage Gate 프로세스는 발견단계(discovery)로부터 시작된다. 발견단계는 본래 5단계인 모델에서 추가된 단계로써 기회를 발견하고 새로운 아이디어를 생성하기 위하여 디자인된 사전 작업을 포함한다. 발견단계에서 제1단계로 가려면 'Idea Screen' 게이트를 거쳐야 한다. 게이트1에서는 프로젝트 진행을 위한 기준이 정성적으로 충분한지, 게이트키퍼가 전략적 수단과 적합성, 기술적·상업적 성공 가능성, 성공 시 보상의 크기 등을 확인한다.

제1단계는 각 프로젝트에 대한 신속하고 예비적인 조사를 통해 조사 프로젝트의 기초를 형성하고, 범위를 결정(scoping)하며 앞으로의 계획을 설정하는 것이다. 1단계의 활동에는 개념개발(기술적 또는 상업적 관점에서 경쟁가능한 신제품에 대한 개념을 도출하는 것), 준비과정, 기술적 문헌조사, 특허와 IP검색, 경쟁적 대체재 평가, 자원 경합 확인과 예비 기술평가가 포함된다. 이 단계를 마치려면 'second screen' gate를 거치는데, 게이트 1과 마찬가지로, 규범준수사항, 전략적 제휴, 사업타당성, 레버리지효과, 수익분석 등을 점검한다.

제2단계는 비즈니스 사례를 구축한다. 마케팅 및 기술적 조사 등 보다 상세한 조사를 해서 제품의 정의, 제품 필요성, 프로젝트 계획, 재무적 타당성분석 등이 이루어진다. 이 단계는 철저한 개념 분석, 전문가 및 파트너십 네트워크의 구축, 자원 수요의 파악과 자원의 공백을 해결할 방법, 회사의 기술의 잠재적 영향에 대한 평가를 포함한다. 다음 단계로 가려면 'Go to Development' 게이트 3을 거쳐야 하는데, 재무사항 체크와 전체적인 팀을 구성한다.

제3단계는 일부 간단한 제품 테스트와 함께 타당성평가를 거쳐 신제품의 설계 및 개발에 들어간다. 기술적 실현 가능성을 증명하고, 기술의 범위를 정의하며 사업적 가능성, 시장 및 생산가능성에 기반한 평가 등에 초점을 맞춘다. 이 단계를 마치려면 'Go to Testing' gate를 통과해야 한다. 이 게이트에서는 품질과 함께 마케팅 및 운영계획을 점검한다.

제4단계에서는 시장, 실험실, 공장 등에서 광범위한 제품테스트를 실시한다. 이 단계를 마치려면 'Go to Launch'게이트를 거쳐야 하는데, 여기서 예상 재무이익을 체크한다.

제5단계는 최종적으로 시장에 런칭을 하는 단계로 평가 및 피드백을 포함한다.

[그림 2 - 22] Cooper의 Stage Gate모형

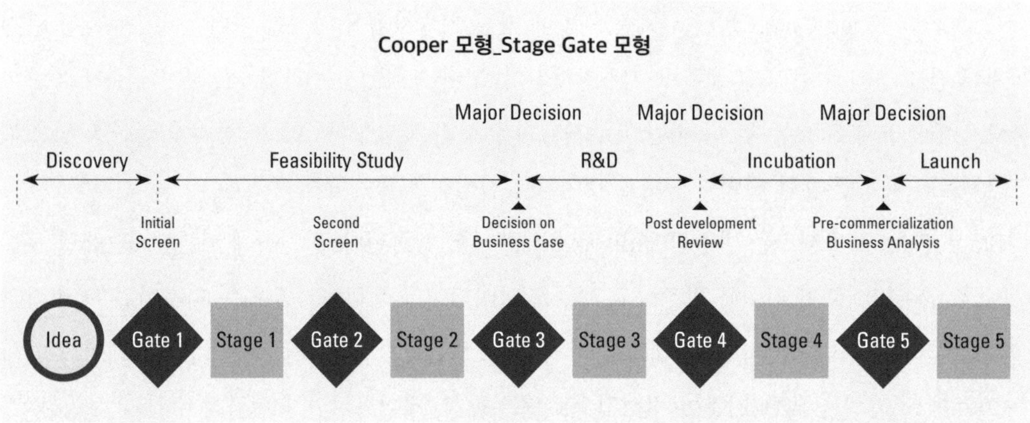

* 출처 : Cooper, Robert G. Winning at New Products: Accelerating the Process from Idea to Launch. 2nd Ed.,Cambridge, Mass: AddisonWesley, (1993)

다) Jolly모형

졸리(Jolly, 1997년)는 기술사업화 과정의 복잡성·다양성을 반영하지 못한다는 선형적 모형의 한계를 지적하며 이를 극복하기 위해 5단계(sub-process) 4전이(bridge) 모형[84)]이라는 비선형모형을 제안하였다. 비선형적 기술사업화 모형은 여러 단계들이 복잡하게 연계되어 있고 다양한 이해관계자들의 관계를 중요한 성공요인으로 보는 다단계·다국면 모형이다.

졸리모형(Jolly model)은 신기술의 가치를 실현하는 상위흐름과 각 단계별 이해관계자들의 만족 및 자원동원 과정에서의 협력 및 연계활동인 하위흐름으로 나누어 설명하고 있다. 이 모형을 살펴보면 기술사업화 프로세스는 창출된 기술로부터의 가치를 창출하기 위한 일련의 단계적 활동, 즉 착상(imagining), 보육(incubation), 시연(demonstrating), 촉진(promoting), 지속(sustaining)으로 구성되어 있다. 그리고 각 단계를 연결하는 전이과정이 있는데 전이과정에서 이해관계자들과의 상호작용 및 지원활동이 1차적인 5단계 주활동 못지않게 중요함을 강조하고 있다.

84) Jolly, V. K(1997), Commercializing New Technologies, Harvard Business School Press

[그림 2 - 23] Jolly의 기술사업화 모형

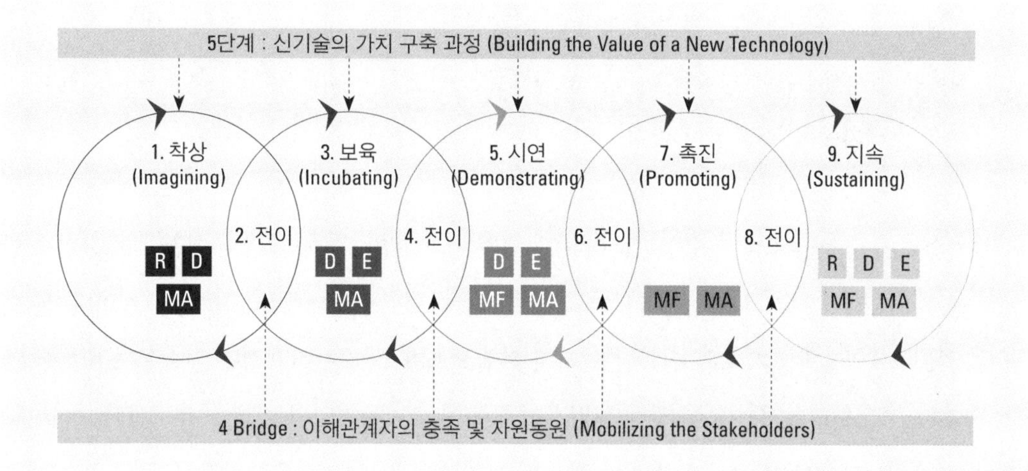

* 출처 : Jolly(1997)
* 주 : R=연구, D=개발, E=엔지니어링, MF=제조, MA=마케팅

졸리(Jolly)모형의 기술사업화 각 단계별 특징을 요약하면 다음과 같다.

① 착상

착상(imaging) 단계는 기술적 성과를 매력적인 시장기회와 접목시키는 단계로 도출된 잠재적 아이디어들에 대하여 상용화를 추구할만한 가치가 있는지를 평가하는 활동이 이루어진다. 대부분 시장의 관심을 얻지 못하며 동료, 연구협력자 등의 이해관계자는 상업적 가치를 주관적으로 판단한다.

② 보육

보육(incubating)단계는 새로운 아이디어의 사업화 가능성을 기술 측면과 시장수요 측면에서 구체화시키는 단계로 성공가능성에 대하여 벤처캐피탈리스트, 개발협협력자 등의 이해관계자를 설득하는데 어려움이 존재한다.

③ 시연

시연(demonstrating)단계는 신기술을 시장에서 판매가능한 제품 또는 공정으로 구현하는 단계로서 디자인, 시제품제작, 테스트 및 제품타당성 검토, 시험적 마케팅, 제품 및 생산시스템 보완 등의 활동이 일어난다. 본 단계의 이해관계자로는 잠재적 고객, 보완기술 제공자, 조직내 타 기능부서, 사업협력자 등이 있다.

④ 촉진

촉진(promoting)단계는 신기술 제품의 시장진입에 따른 시장수용성을 높이는 단계이다. 신제품의 시장수용에 영향을 미치는 요인으로는 신제품·서비스의 고유속성, 사회경제적 인프라, 소비자들의 속성 등이 있다.

⑤ 지속

지속(sustaining)단계는 신기술을 이용한 제품이나 공정이 시장에 오랜기간 존속하면서 발생하는 경제적 부가가치의 상당부분을 유지 또는 전유(appropriation)하는 단계이다. 본 단계에서는 기술의 진부화와 신규 진입자가 위협요소가 되므로 지속적인 기술투자를 통한 경쟁우위 확보, 제품개선 등에 의해 진입장벽을 높이고 기존기업의 퇴출을 유도한다.

Jolly의 기술사업화모형에 의하면 전이활동의 성공여부가 바로 기술사업화 각 단계의 실질적 진행과 성공으로 이어진다. Jolly 교수는 5단계의 전개를 지원하는 4개의 전이과정을 별도로 구분하여 제시하고 있는데, 4개의 전이(연결, bridge)과정은 각 단계별로 특허기술의 가치를 증가시키는 이해관계자 전원과 필요자원의 동원으로 정의하고 있다.

"착상"에서 "보육"단계로의 도약을 위한 제1 전이과정은 주변으로부터의 관심과 인정을 동원하는 과정으로 주요 이해관계자는 동료, 연구협력자 등이 있다.

"보육"단계에서"시연"단계로의 도약을 위한 제2 전이과정은 시연을 위한 자원의 동원이 필요한 과정으로 여기서는 VC, 개발협력자, 삼재 기술사용사 등이 주요 이해관계자이다.

"시연"단계에서 "촉진"단계로 가는 제3 전이과정은 시장화를 위한 구성요소의 동원과정이다. 여기서 이해관계자는 잠재고객, 보완기술제공자, 제조협력자 등을 제시하고 있다.

"촉진"단계에서 "지속"단계로 가는 제4 전이과정은 시장 확대 및 유지를 위한 보완적 자산의 동원이 필요한 과정이며 이 과정의 이해관계자는 고객, 최종 사용자, 오피니언리더, 시장 구성원이 있다.

이후 "지속"단계의 유지·발전을 위한 주요 이해관계자로는 회사 경영진과 사업협력자 등이 있다.

[표 2 - 3] Jolly의 4전이(Bridge)과정의 주요이해관계자 및 동원자원

단계	주요 이해관계자	자원의 유형	주요 자원 제공자
착상	동료, 연구협력자 등	씨앗 자금	· 기술보유자 또는 창업자 · 기업R&D · 정부·공공재단 지원 R&D 프로그램
보육	벤처투자자, 개발 협력자, 잠재 기술사용자 등	창업 자금	· 기술보유자·창업자, 기업 R&D · 정부 지원 프로그램 · 엔젤투자자(제한적) · 벤처캐피털·지방정부(매우 제한적)
시연	잠재고객, 보완기술제공자, 제조협력자, 사업협력자 등	시장개척 자금	· 기업 R&D 또는 투자 · 엔젤투자가·벤처캐피털(제한적)
촉진	고객, 최종 사용자, 오피니언 리더, 시장 구성원 등	초기 확장 자금	· 기업 R&D 또는 투자 · 벤처캐피털, 엔젤투자자
지속	회사 경영진, 사업협력자 등	전통적인 기업자금	· 기업 투자, 벤처캐피털 · 상업대출기관(은행 등)

3. 기술사업화의 방식(유형)

1) 개요

앞에서 설명한 기술사업화의 개념이 다양하고 포괄적인 만큼 기술사업화의 유형도 다양하게 분류되고 있다. 즉, 기술사업화를 공공부문이 주도하는지 아니면 민간부문이 주도하는지에 따라 그 성격이 다르고, 기술창출의 주체 및 기술획득방법, 사업화주체 또는 사업형태별로도 사업화의 특성이 다르게 나타난다.

먼저 기술사업화 영역을 공공부문과 민간부문으로 구분하고 이를 다시 사업화 주체를 기준으로 세분할 수 있다. 공공부문은 다시 공공기술이전·사업화와 공공기술개발자 창업으로 구분하고, 민간부문은 민간부문 자체기술사업화와 이전기술사업화로 나눌 수 있다.

공공기술이전사업화는 공공연구기관이나 대학에서 개발한 기술을 민간부문으로 이전하여 사업화하는 것을 말한다. 사업화에 대규모 자원이 필요하고 비교적 위험이 커서 민간기업이 기피하거나 할 수 없는 기술 즉, 원천·기반기술, 선도기술, 대형국책기술 등은 정부가 적극적으로 개입

하여 기술사업화 지원정책을 펼치고 있다.

공공기술 개발자 창업이란 대학 교수나 공공연구기관의 연구원이 자신이 개발한 기술을 바탕으로 직접 창업하여 상용화하는 것을 말한다. 기술을 개발한 당사자들에 의해서 사업화가 추진되므로 제품화 과정에서 추가적인 연구개발이 필요할 경우 비교적 쉽게 대응할 수 있는 장점이 있는 반면, 제품개발 이후의 마케팅 및 회사운영에 관한 노하우 부족으로 경영상의 어려움을 겪을 수도 있다.

민간부문 자체기술 사업화는 민간기업이 자체 개발한 기술을 바탕으로 사업화를 추진하는 것으로 경영전략차원의 R&D에 기업의 핵심역량을 집중하여 개발완료된 신기술을 사업화할 때 채택하는 사업화유형이다.

민간부문 이전기술사업화는 외부의 기술을 활용하여 사업화를 추진하는 것으로 자체기술 사업화와 대조적인 개념이다. 이전기술의 성공여부는 기업이 도입기술을 완전히 흡수·소화하고 개량하여 보다 우수한 기술로 발전시킬 수 있는지, 궁극적으로는 도입기술에 의해 이익을 창출할 수 있는지 여부에 달려 있다.

[표 2 - 4] 공공부문과 민간부문의 기술사업화 유형

구분	유형	내용
공공부문	공공기술이전사업화	정부 R&D자금에 의해 개발된 기술을 민간기업에 이전하여 사업화하는 것으로 정부R&D 사업의 효율성과 경제적 효과를 높이기 위한 사업회 유형
	공공기술개발자창업	대학, 공공연구기관 등의 주도로 개발한 기술을 기술개발에 참여한 교수, 연구원 등이 창업 및 사업화하도록 하는 것
민간부문	자체기술사업화	민간 기업이 자체 개발하였거나 공동으로 개발한 기술을 직접 제품화하여 판매하는 것
	이전기술사업화	민간 부문에서 기술매도를 원하는 기술보유자와 기술매입을 원하는 기술수요자가 연결되어 해당 기술의 거래가 이루어지고 이를 사업화하는 유형

* 출처 : 2010 기술이전사업화백서

또한 기술사업화 기술의 원천 관점에서 자체개발사업화(In-House R&D Commercialization)와 기술도입사업화(Technology-In Commercialization)로 나누며, 기술사업화 추진주체의 변경여부에 따라서 기술자체사업화(Oneself Technology Commercialization)와 기술방출사업화(Technology-out Commercialization)로 구분한다.

기술의 원천 관점에서 자체개발사업화는 기업에서 새로운 제품이나 서비스, 프로세스를 만드는 데 필요한 신기술의 개발을 자체적으로 보유한 자원과 역량을 활용하여 진행하고 이를 사업화하는 것을 의미하며, 이에 대응되는 개념이 기술도입 사업화로 외부의 기술을 활용하여 기술사업화를 추진하는 것을 말한다.

기술사업화주체 관점에서 기술개발자가 개발된 결과물을 활용하여 추가개발, 판매, 마케팅 등의 사업화를 직접 추진하는 것을 기술자체사업화라고 하고, 일정 단계에서 개발된 결과물을 외부로 매각, 라이센싱-아웃하여 사업화를 추진하는 활동을 기술방출사업화로 구분할 수 있다.

[그림 2 - 24] 기술의 원천과 사업화 추진주체에 따른 기술사업화 유형

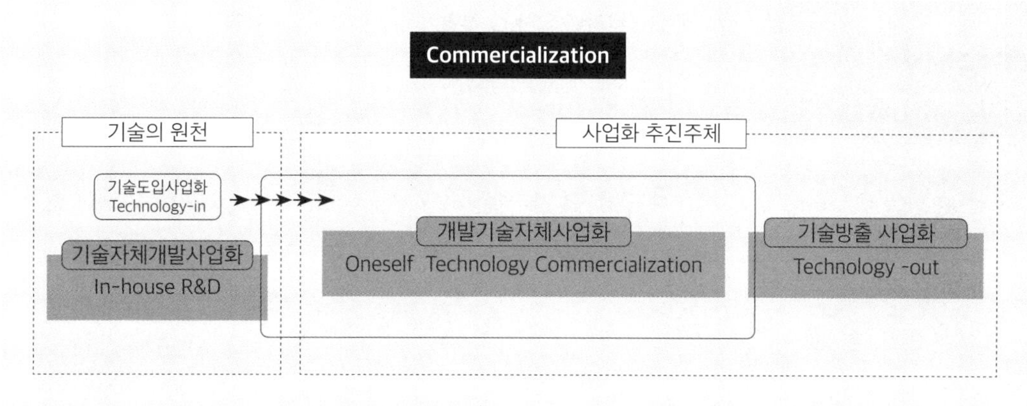

* 출처 : 한국기술거래소(2003), 「기술거래 기본원리와 전략」 일부 수정

기술사업화 목적 및 성과실현 형태에 따라 기술창업형, 수익발생형, 시장진입형, 기술혁신형 사업화로 구분할 수 있다.

기술창업형은 단독으로 기업을 설립하거나 합작기업(Joint Venture), 기업분할(Spin-Off) 등 기업설립을 통해 사업화하는 방식이고, 수익발생형은 기술매매 또는 라이선스, 특허펀드 등을 통해 로열티 등의 수익을 올리는 방식을 말한다. 시장진입형은 개발된 기술을 적용하여 목표시장에서 제품·서비스를 판매하는 것을 말하고 기술혁신형 사업화는 개발된 기술을 활용하여 품질향상, 공정개선, 생산성제고를 도모하는 사업화 방식을 말한다.

한편 기술수요자 입장에서 사업화대상기술을 확보하는 방식에 따라 기술의 전체 내부화(internalization)와 부분적 내부화 그리고 필요기술의 전체 외부화 등 세가지로 구분하고 있다.

이를 다시 세분하면 전체 내부화 유형으로는 자체개발, 인수합병, 개별 기술구매가 있고, 부분적 내부화 유형은 합작투자, 전략적 제휴, 라이선싱, 사내 벤처 지원이 있으며, 기술의 전체 외부화는 외주개발, 완제품 및 부품 구매 등이 있다.

이밖에도 기술사업화 유형을 연구개발성과를 활용하여 수익화하는 방법과 연구 성과를 확산하는 방법으로 나눌 수도 있는데, 전자는 기술 라이선스, 연구원 창업, 다른 기업과의 인수·합병 등이 있으며, 후자에는 산·학·연 공동연구, 기술지도·자문, 인력교류 등이 있다.

전술한 내용을 기술공급자와 기술수요자의 기술이전채널 및 사업화 메커니즘으로 나타내면 다음과 같다.

[그림 2 - 25] 기술공급자·수요자 간 기술이전채널 및 사업화유형

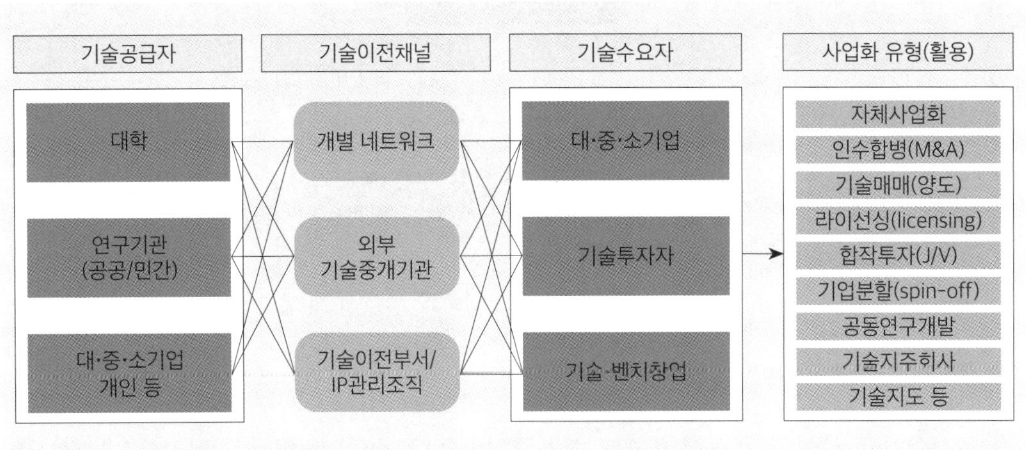

2) 주요 기술사업화 유형별 개념 및 특성

가) 자체개발 사업화

자체개발 사업화는 기업혁신에 필요한 기술을 기업이 자체적으로 개발하여 기업 내부의 해당 사업부를 통해 사업화가 이루어지는 유형이다. 자체개발은 기업이 필요기술을 독점적으로 확보하고 핵심역량을 축적할 수 있으며 향후 다른 제품이나 기술개발에의 응용 가능성 이 장점이라고 할 수 있다. 하지만 기술의 확보 및 사업화에 장기간이 소요되고 개발비 부담이 크며 상업적 성공에 대한 불확실성이 크다는 단점이 있다.

나) 인수·합병(M&A)

혁신에 필요한 신기술을 보유하고 있는 기업을 인수 또는 합병(mergers and acquisitions, M&A)하여 필요기술과 인프라를 획득하는 유형이다. 여기서 합병이란 두 개 이상의 회사가 청산절차를 거치지 않고 소멸되면서 소멸회사의 권리·의무가 포괄적으로 존속회사에게 이전되는 회사 간의 계약을 말한다. 인수는 목표기업의 경영지배권을 획득하기 위해 그 기업의 주식이나 자산을 취득하는 것이다. M&A가 협의로는 기업의 합병 및 인수를 의미하나, 광의로는 기업구조조정, 전략적 제휴, 합작투자 등을 포함한다.

M&A는 필요기술을 자체개발하는 대신에 우수기술 보유 기업이나 새로운 요소기술을 개발한 벤처기업을 인수합병함으로써 기술을 확보하는 유형으로 가장 고도화된 기술사업화 유형이다. 이 방식의 특징은 기술만 도입되는 것이 아니라 경영기법이나 시장 네트워크, 자본 등이 함께 도입되는 점을 들 수 있다. M&A는 사업화기간과 투자부담이 감소하며 시장지배력 증대와 함께 전체적으로 통제력을 확보할 수 있는 장점이 있으나 합병 후 통합과정이 쉽지 않고 이에 따라 예상하지 못한 시간적, 경제적 비용이 증가할 수 있다.

다) 기술 매매(양도)

기술과 관련된 모든 권리를 이전 및 거래하는 방식으로 가장 간단한 기술사업화 방식이다. 공공부문이나 민간기업 등 기술보유자 입장에서는 기술양도이고 민간기업 등 기술도입자 측면에서는 기술구매(기술양수)가 되는데, 대학이나 공공연구기관은 주로 기술양도를 통해 기술사업화를 추진한다. 기술구매를 통한 사업화가 성공하려면 개발된 기술에 대한 객관적이고 합리적인 기술가치평가, 관련 기술 및 시장정보의 충분한 제공, 이전 후 추가개발 협력 및 기술지도 등이 원활하게 이루어질 필요가 있다. 그러나 기술의 복잡성이 증가하고 기술개발 과정에 관련 이해관계자가 많기 때문에 기술의 개별화·모듈화가 쉽지 않고 적정한 기술대가의 결정이 어려운 한계가 있다.

라) 기술 라이선싱

기술 라이선싱(licensing, 실시권 허락)은 기술의 소유권에 대한 변화 없이 일정 기간 동안 로열티를 지불하고 기술을 이용할 수 있는 실시권을 부여받는 유형이다. 라이선싱은 기술개발자가 소유권을 갖고 있고 사용권만 부여되는데 기술양도는 기술개발자가 기술을 매도함으로써 소유권이 이전된다는 점에서 차이가 있다.

실시권은 전용실시권과 통상실시권 2종류로 나누어지는데 독점적 실시가능 여부로 구별된다. 즉, 통상실시권은 타인의 특허발명을 일정조건 하에서 업으로 실시할 수 있는 권리를 뜻하며, 전용실시권은 일정 범위 내에서 타인의 특허발명을 업으로서 '독점실시'할 수 있는 권리를 말한다. 라이선싱은 상대적으로 기술비용이 낮고 사업화소요기간이 짧은 분야에서 이용되고 있는 사업화 방식이며 주로 기술수명주기상 성숙기 및 쇠퇴기에 속한 기술 중심으로 라이선싱이 이루어지고 있다.

기술 라이선싱의 특이한 방식 중 하나는 주로 동등한 수준의 기업 간에 일어나는 상호 실시(cross licensing)가 있다. 상호실시는 각각의 상호 보완적인 기술을 보유하고 있는 기업 주체 간에 각각의 기술에 대하여 상호 라이선스를 부여하는 방법이다.

마) 합작투자

합작투자(Joint Venture, J/V)는 복수의 당사자가 공동지배의 대상(사업·자산·기업)이 되는 경제활동을 수행하기 위해 계약으로 만들어진 구성체를 의미한다. 이 방식은 상호보완적인 기술이나 자원을 갖고 있는 기업 간에 전략적으로 공동투자 및 제휴 파트너십을 맺는 사업화 유형이다. 일반적으로 J/V는 기술보유자와 기술도입자가 합작하여 새로운 회사를 설립하여 사업화를 추진하거나 기술보유자가 공공부분(공공연·대학기술 지수회사)인 경우에는 주로 보유기술을 현물출자하여 참여하는 형태로 운영되기도 한다. 기술개발 과정의 리스크와 비용을 두 개 이상의 기업이 공유하여 분담하기 때문에 기술사업화의 성공 가능성이 상대적으로 높다. 다만 합작 투자회사에 대한 관리가 쉽지 않으며 이해관계가 상충되거나 주도권 경쟁이 격화될 경우에는 합작투자 또는 전략적 제휴가 와해되기 쉽다는 단점이 있다.

바) 스핀오프(기업분할)

스핀오프(Spin-off)는 기업이나 연구소의 창의적이고 도전적인 잠재 창업자들에게 직접 신기술 또는 신사업의 기회를 제공하는 것으로 이를 위해 기업 또는 연구소가 투자 및 지원을 하고 독립적인 조직의 사업단위를 구성하게 된다. 스핀오프는 주로 대기업들이 사내(社內)의 자원을 활용해 기존 사업과는 다른 신사업을 창조하기 위해 기업내에 설립한 자율적이고 독립적인 조직인

사내벤처(Internal Corporate Venturing)를 만들어 별도회사로 독립시키고 있다. 이에 따라 모기업은 주로 경영효율성을 높이고 재무구조를 개선하고자 할 때 도입하고 있다. 분사하는 기업측면에서는 모기업의 자원과 경험을 활용할 수 있고, 어느정도 모기업과의 협력이 가능하기 때문에 전략적인 기술획득 및 이전사업화 유형이라고 할 수 있다. 그러나 분사 후에는 모기업의 기술 또는 인력과 자금 등의 지원이 끊기는 경우가 대부분이어서 데스밸리(death valley)나 캐즘(chasm)으로 표현되는 자금부족이나 매출부진을 극복하지 못하면 생존이 어렵다는 한계가 있다.

스핀오프 형태는 주식의 귀속여부에 따라 인적분할과 물적 분할로 구분하고 있다. 인적분할은 모기업의 특정사업부문을 분할해 별도회사로 신설·분리됨으로써 둘 이상의 기업이 되는 것으로 신설회사의 주식은 모기업 주주의 보유주식 수에 비례하여 균등배분하거나 특정주주에게 불균등 배분하는 방식이 있다. 지배 대주주가 존재하는 경우 수평적 구조의 자회사 설립이 된다.

물적 분할은 분할되는 자회사가 고도의 자율경영과 독자적인 운영을 하되, 분할을 하는 모회사가 분할되는 회사의 주식을 모두 소유하는 방식이다. 지배 대주주와 관계없이 모회사가 100% 지분을 소유하는 수직적 구조의 자회사 설립으로 이루어진다.

사) 공동연구개발

공동연구개발(R&D)은 기업 등 복수의 연구개발 수행주체들이 기술을 개발하기 위하여 협력활동을 하는 것이다. 공동R&D는 수행주체의 형태에 따라 기업간 R&D(산산 협력), 기업과 대학간(산학협력), 기업, 대학 및 공공연구소 간 R&D(산학연 협력)로 구분할 수 있다.

기업간 공동R&D는 기업들이 모든 분야의 연구자와 지식을 보유하기 어렵기 때문에 연구개발 비용과 위험을 분담하고 기업들이 지식을 상호보완할 수 있는 장점이 있다. 또한 참여기업 간 협의를 통해 연구개발의 중복을 피하고 참여기업들의 다양한 역량을 활용할 수 있어 R&D 성공가능성을 높일 수 있다. 그러나 공동연구 진행과정에서 운영비용이 많이 들 수 있고, 참여기업들의 참여도가 낮거나 무임승차 가능성, 정보·지식에 대한 보안 유지가 쉽지 않다는 문제가 있다.

산학연 공동R&D는 대학 및 공공연구기관의 축적된 기초·연구지식과 우수한 인력 및 연구설비를 기업이 활용할 수 있어 비용절감이 가능하고, 대학·공공연 입장에서는 기업의 설계 및 제작 노하우, 공정시스템을 활용하여 피드백할 수 있는 장점이 있다.

[표 2 - 5] 공동연구의 장단점

구분	장점	단점
기업간 공동연구	· 참여기업들의 지식을 상호보완 → 연구의 질을 높임 · 비용과 위험분담, 대규모 R&D가능 · 참여기업간 합의로 중복R&D방지	· 무임승차 우려 및 정보비대칭 존재 · 경쟁적 연구개발이 오히려 기술혁신 촉진 · R&D경쟁자 수 감소, 참여도 저하
기업과 대학·공공연 공동연구	· 기업: 대학·공공연의 연구지식 활용, 우수한 연구자와 설비이용 가능 · 대학·공공연: 기업에서 연구자금 조달 및 현장시연 가능	· 대학등과 기업간 문화적·조직적 성향 차이 · 대학과 공공연의 연구수행목적은 이익단체인 기업의 목적과 상충됨

아) 기술지주회사

기술지주회사는 기술을 보유한 대학 및 공공연구기관 등이 자본 및 기술을 출자하여 설립한 기술사업화 전문조직이다. 즉, 기술지주회사는 기술의 현물출자를 통해 신규회사 또는 합작회사 설립, 기존기업의 지분인수 등의 방식으로 자회사를 설립하여 보유기술의 사업화를 추진한다. 이 유형은 대학, 공공연 등 공공부문에서 개발된 기술을 라이선싱과 같은 소극적 기술사업화 방식에서 탈피하여 기술창업 및 합작투자기업 설립 등 지분참여 방식으로 추진하는 보다 적극적인 기술사업화 유형이다. 기술지주회사는 공공부문 기술이전사업화를 통해 일자리 창출과 더불어 창출된 수익이 대학이나 공공연으로 환원되는 선순환 구조를 가능하게 한다.

자) 외주개발

외주 개발은 외부의 기술개발을 전문으로 하는 주체들과 상거래 형식의 계약을 통해 필요한 기술을 개발하고 구매하는 방식으로 주로 대학, 공공연구기관 또는 연구전문기관이 기술개발을 수행한다. 외주 기술개발은 기술적 역량을 단기간에 확보해야 할 경우, 또는 내부의 개발인력이 없거나 부족한 경우 선택할 수 있는 기술사업화 유형이다. 상대적으로 기술개발 소요기간이 짧은 것이 장점인 반면, 외주개발을 하기 때문에 기술적 노하우가 내부화되는데 어려움이 있고 향후 기술사업화의 지속성이 취약해질 우려가 있다.

차) 특허풀

다수의 특허권자들이 특허업무대행기관에 자신들의 특허를 공동으로 위탁관리하도록 한 곳에 모은 특허권의 집합체(pool)이다. 특허업무대행기관은 특허권자들을 대신하여 특허권자 간의 상호 교차 실시계약(cross-licensing), 제3자에 대한 특허사용계약, 로열티징수 및 배분 등의 포괄적인 업무를 대행하고 있다.

특허풀 제도를 통해 특허권자는 자기의 특허를 직접 관리하는데 소요되는 시간 및 비용을 절약하고, 또한 자신이 필요로 하는 특허를 저렴하게 이용할 수 있으며 특허분쟁을 예방할 수 있는 장점이 있다. 우리나라는 과거 특허풀 결성에 대한 시도가 몇 차례 있었으나 특허풀 결성을 주도할 공정한 기관의 부재, 우수 특허 확보의 어려움, 특허풀 연계활용방안 미흡 등 운영여건의 미성숙으로 인해 성공적인 운영사례는 아직 발견되지 않고 있다.

한편, OECD는 지식재산 비즈니스를 IP관리지원, IP거래, IP포트폴리오 구축 및 라이선싱, 방어적 특허 매집, IP 기반 금융(파이낸싱) 등 다섯 영역으로 구분하고 있다.

IP관리지원은 IP전략 컨설팅, 특허평가, 침해분석 등을 비즈니스 모델로 하고 있으며 주로 특허법률사무소에서 수행한다. IP거래는 라이선스 및 이전 중개, 온라인 IP시장 등을 말하며 KIAT, 기보 등 공공기관과 민간회사, 공공연구기관 및 대학 TLO에서도 IP거래업무를 하고 있다. IP포트폴리오 구축 및 라이선싱은 특허 및 라이선싱 권리를 매입하여 수요기업에게 라이선싱 또는 특허를 매도하는 것으로 특허전문관리회사(NPEs)의 핵심 비즈니스모델이다. 방어적 특허매집은 특허분쟁 및 소송위험과 비용최소화를 위해 방어특허 매집펀드에 가입하는 것을 말한다. IP기반금융은 IP를 토대로 금융조달을 하는 것으로 IP기반 투융자 등이 있다.

[표 2 - 6] IP비즈니스 유형

유형	세부 비즈니스모델
IP 관리지원	· IP 전략 컨설팅, 특허 평가, 포트폴리오 분석, 라이선싱전략 컨설팅, 특허 침해분석 등
IP 거래	· 특허 라이선스및 이전 중개, 온라인 IP시장, IP 실시간 경매, IP 실시권 거래시장, 대학 기술이전 등
IP 포트폴리오 구축 및 라이선싱	· 특정 특허에 대한 라이선싱권리를 매입하여 수요기업에 라이선싱서비스 제공, 제품제조 없이 특허만 전문으로 판매(NPEs) · 특허풀 관리, IP 개발 및 라이선싱, IP 매집 및 라이선싱

유형	세부 비즈니스모델
방어적 특허 매집	·특허로 인한 소송 등 분쟁발생 위험과 비용 최소화를 위한 서비스 제공 ·방어특허매집펀드 및 연합체
IP기반 금융	·IP담보, 혁신 투자펀드, IP집중기업 투자

* 출처 : OECD(2009)

3) 기술사업화방식의 결정[85)]

기술사업화방식에 따라 부담하는 위험(risk) 정도와 기대되는 수익은 다르게 나타난다. 일반적으로 기술양도(매매)가 가장 위험이 낮고 공동연구, 라이선싱, 합작투자, 인수합병 순으로 리스크가 증가하며 스핀오프 등 기업설립을 통한 직접 기술사업화가 위험도가 가장 높다. 반면, 사업화가 성공한 경우 돌아오는 수익은 리스크가 높을수록 높은 편이다.

기술사업화에는 기술 이외에도 공장, 기계, 설비와 같은 유형자산, 경영능력과 종업원의 역량, 고객기반, 인지도 등의 무형자산, 금융자산을 필요로 하는데 이러한 자산을 보완자산(complementary asset)이라 한다. 이러한 보완자산의 중요도는 혁신기술의 성격이나 산업 특성에 따라 다르다. 예를 들어 기술사업화에 있어 보완자산이 절대적이고 중요한 요소인 경우에는 제조나 마케팅측면에서 우위에 있는 기존기업이 기술사업화를 추진하는 것이 유리하다. 반면, 신생기업 또는 영세중소기업은 이러한 보완자산이 없거나 기반이 갖추어져 있는 기존기업 또는 대기업에 비해 비교열위에 있다.

또한, 기술의 수명주기와 전용성(appropriability)을 고려하여 사업화방식을 결정한다. 기술의 수명주기 측면에서 성숙한 산업일수록 기존기업의 보완자산에 대한 지배력이 뛰어나서 새로운 기업의 진입이 힘들어진다. 따라서 기업설립을 통한 기술사업화보다는 보완자산이 풍부한 기존기업과 합작투자를 통하여 사업화를 추진하는 것이 바람직하다. 반면, 새로운 기술일수록 보완자산에 대한 의존도가 낮아 그 영향이 크지 않기 때문에 신생기업이 직접 기술사업화 하는 것이 유리하다고 할 수 있다.

기술사업화방식을 결정하는데 있어 기술흡수능력도 고려해야 할 요소이다. 기업의 기술흡수

85) 손수정·이윤준·정승일·임채윤(2009), “기술사업화 촉진을 위한 기술시장 메커니즘 활성화 방안”, 과학기술정책연구원, 정책연구 pp. 84-86에서 발췌, 인용

능력이 낮으면 회사가 직접 개발하여 기술사업화를 추진하고, 기술흡수능력이 좋으면 외부로부터 라이선싱하거나 공동연구개발, 위탁 연구개발을 활용하는 것이 유리하다.

[그림 2 - 26] 기술사업화방식의 결정기준

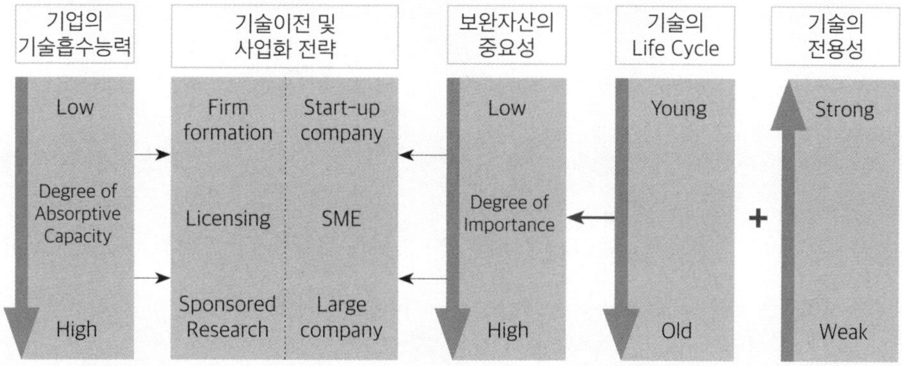

자료: 손수정 외 3(2009), "기술사업화 촉진을 위한 기술시장 메커니즘활성화 방안", STEPI 일부수정

제 3 절 기술사업 타당성 분석

1. 기술사업타당성분석 개요

1) 기술사업타당성 분석의 개념

가) 의의

기술사업타당성 분석(feasibility study)이란 신규 사업 또는 프로젝트를 추진하기 이전에 특정 사업의 성공가능성에 대한 정보를 파악하기 위한 일련의 활동이다. 즉, 신기술 또는 아이디어를 기반으로 한 사업의 추진역량, 기술성, 시장성, 사업성 위험 정도 등을 검토하여 경제성 또는 재무적 타당성이 있는지 여부를 분석하는 총체적 과정을 말한다.

사업타당성 검토를 필요로 하는 집단은 다양하게 있을 수 있지만, 크게 두 유형으로 나눌 수 있다. 첫 번째는 직접 사업의 주체가 되거나 새로운 사업을 계획하고 있는 창업자 또는 기존사업자 집단이고, 다른 하나는 사업에 필요한 자본을 투·융자하거나 정부의 예산 및 자원을 배분해야 할 금융기관·투자자와 정부기관 등이 있다.

전자처럼 사업주체가 평가하는 것을 내적 사업타당성 검토, 후자와 같이 외부 이해관계자가 수행하는 것을 외적 사업타당성 검토라고 부른다. 이들은 모두 특정 사업의 성공가능성에 대한 정보를 필요로 하는 점에서 같지만 관심사항은 다소 차이가 있다.

내적 사업타당성분석은 창업자(또는 기존사업자)의 입장에서 계획하고 있는 사업을 추진하는 데 있어서 제기되는 제반 문제와 위험요소를 사전에 점검해보고, 계획 중인 사업이 수익성이 있는 사업인지를 확인하려는 데 관심을 두게 된다.

반면에 외적 사업타당성분석은 계획사업에 투·융자한 원금과 이자가 차질 없이 회수될 수 있을 만큼 충분히 경제적인 사업인지 또는 국가자원의 효율적인 배분과 기대효과창출에 기여할 수 있는 사업내용인지를 확인하려는 데 관심을 두게 된다.

기술에 대한 불확실성과 정보비대칭성이 비교적 높고 사업화과정에 다양한 장애요인이 존재하는 기술사업화에서 사업타당성 검토능력은 기술, 자본, 정보 등과 더불어 기술사업화 성패의 핵심요소라고 할 수 있다.

[그림 2 - 27] 기술사업타당성분석의 개념도

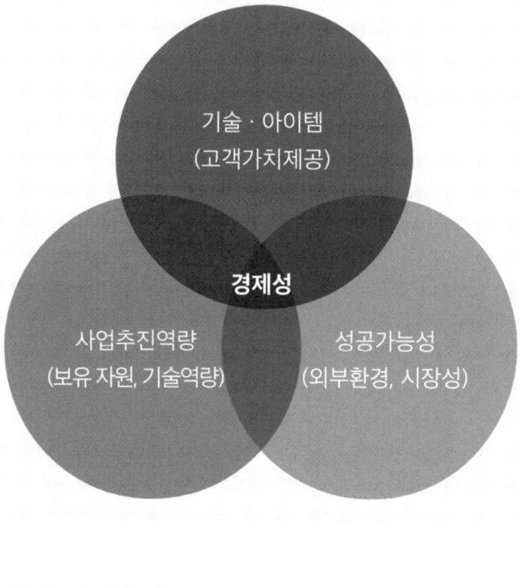

나) 기술사업타당성 분석의 기대효과

기술 및 신제품개발을 통한 시장개척 등 기술사업화에는 많은 자본과 시간이 소요되므로 불확실성이 증대되고 급변하는 경영환경에 대응하기 위해서는 기술사업화를 추진하기 전에 기술사업에 대한 면밀한 분석과 검토가 필요하다. 사업타당성검토를 통해 확보한 정보는 사업추진주체의 약점과 문제점을 보완하고 미래의 위험상황에 대비할 수 있는 전략수립에 매우 중요한 정보이다. 사업타당성 분석을 통해 다음과 같은 효과를 기대할 수 있다.

첫째, 주관적 아이디어 및 사업구상에 대한 기업경영자의 과신은 주요 창업실패요인 중의 하나이다. 계획사업시작 전 사업화주체의 객관적이고 체계적인 사업타당성 분석을 통해 위험요소를 확인, 사전에 준비함으로써 계획사업의 성공률을 높일 수 있다.

둘째, 사업전략개발과 강약점 분석과정에서 사업화에 필요한 필수요소 및 제약요인을 정확히 파악하여 사업화 기간과 자원의 절약 등 경영효율화를 도모할 수 있다.

셋째, 계획사업의 기술성, 시장성, 수익성, 자금수지계획 등 세부항목을 점검함으로써 사업 및 아이디어를 정교화할 수 있으며 새로운 기회를 발견할 수 있다.

마지막으로 계획사업에 필요한 지식과 노하우를 습득하고 경영능력을 향상시킬 수 있으며, 경영자 및 기업과 사업에 대한 전반적인 검토·확인이 가능하다.

2) 분석체계·절차 및 결과의 활용

가) 분석체계

기술사업화를 추진하기 위한 사업타당성 분석은 고정된 프레임과 방법이 정해져 있지 않으나 통상 사업전략관점, 사업추진역량관점, 재무·경제적 관점의 3가지 측면에서 이루어지고 있다.

사업전략 측면에서의 분석은 절대적 분석과 상대적 분석으로 구분할 수 있다.

절대적 분석은 기업이념·이미지·비전을 토대로 사업영역, 사업의 매력도 및 자사 적합도 등 전략적 적합성을 검토한다. 즉, 신규사업 컨셉(concept) 정립 및 전개 유형, 관련법규, 정부정책, 환경 등을 분석한다.

상대적 분석은 산업특성(경쟁구조, 시장규모, 기술동향 등), 경쟁상황(시장주도자, 시장점유율, 경쟁구조 상 위치) 및 핵심경쟁력, 고객(욕구, 충성도, 라이프스타일, 구매패턴 등), 투입자원 확보 가능성(기술, 자금, 인력, 원자재, 정보), 진입장벽(규제, 규모의 경제, 희소자원, 유통망), 위험정도 및 대응능력 등을 분석한다.

사업추진역량 측면의 타당성 분석은 기술능력(기술개발, 기술획득, 기술수준, 연구개발비용 등), 계획사업의 추진에 필요한 자금의 조달능력, 경영관리능력(전문적 기술·지식·경험, 대외네트워크, 신뢰성 등) 등을 분석한다.

재무경제적 측면의 타당성 분석은 산업분석을 통한 매출액 추정, 원가 및 수익성 분석, 자금흐름분석, 민감도 분석, 경제성분석(투자수익율, 투자회수기간 등) 등을 포함한다.

기술사업타당성 분석 시 검토항목은 분석 목적과 분석대상 기술·사업·기업의 형태와 규모에 따라 평가요소의 선정 및 가중치가 달라질 수 있다.

나) 분석절차

사업타당성 분석절차는 예비분석, 본분석, 결론 등 3단계로 구분할 수 있다.

예비분석 단계는 사업아이디어의 탐색과 발견 단계이다. 사업아이디어는 다른 기업이 충족시키지 못하는 고객의 니즈가 무엇인지 탐구를 통해 발굴하며 여러 개의 사업아이디어(프로젝트) 중에서 소수의 사업아이디어로 압축하는 과정이다.

본 분석 및 결론 단계는 예비분석 과정에서 압축된 몇 개의 사업아이디어를 심층적으로 비교분석하여 우선 순위를 결정하고 최종안을 확정하고 사업계획서 작성으로 완료된다. 정리하면, 계획사업의 시장성, 기술성, 수익성, 경제성, 사업화 추진 주체의 역량 등을 분석하여 사업성공가능성을 확인하는 과정이다.

[그림 2 - 28] 기술사업타당성 분석절차

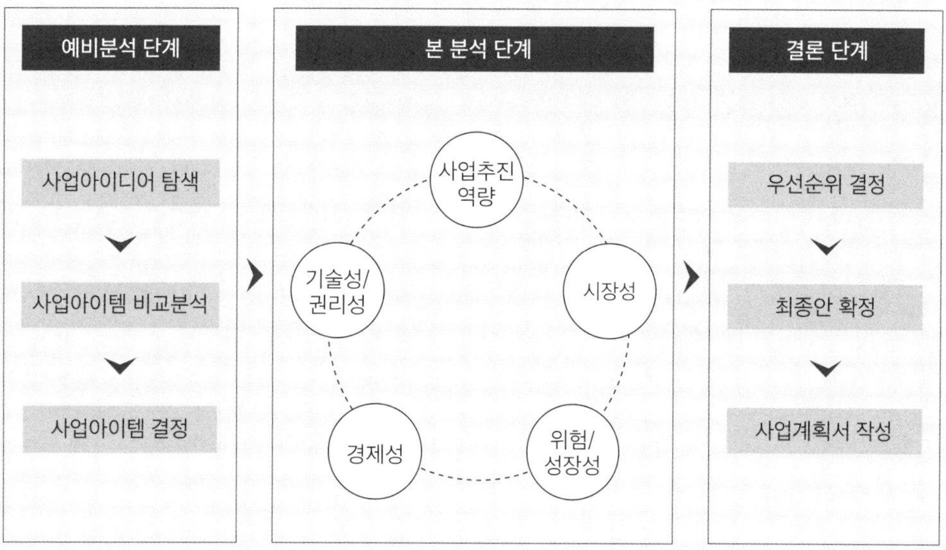

다) 분석결과의 활용

기술사업타당성 분석대상은 신규사업과 기존사업으로 구분할 수 있다. 신규사업은 새로운 제품(프로젝트)에 대한 타당성 검토, 업종변경, 개별기업 창업 또는 자회사 설립 등을 말하며 사업 성공가능성 진단과 정책자금 및 민간금융자금 조달 등에 활용되고 있다. 기존사업에 대한 사업타당성 분석은 인적·물적 자원의 재투자 타당성 및 자금조달 적정성 검토, 기업의 중장기 경영계획 수립, 효율적 기업경영을 위한 자가진단 시 활용된다.

3) 사업화 추진여부 결정을 위한 사업성 분석

새로운 아이디어나 기술을 토대로 사업화를 추진하려고 할 때 사업타당성검토를 거쳐 사업계획서를 작성한다. 그런데 기술·아이디어의 사업타당성을 평가한다는 것은 사업성 및 성공가능성을 분석한다는 의미이다. 일반적으로 새로운 사업아이디어의 사업성을 분석할 때 BMO(Bruce Merrifield & Ohe)평가법이 많이 활용되고 있다.

BMO평가법은 신규사업 아이디어의 성공확률을 정량적으로 평가하기 위한 기법이다. 원래 미국의 Bruce Merrifield 교수가 고안한 것을 일본의 Takeru Ohe 교수가 일본의 기업환경에 적합하게 개정하였다. 현재 BMO평가법은 새로운 아이디어 또는 신규사업에 대하여 선택과 철수를 결정하는 척도를 산출하는데 주로 사용되고 있다.

평가방법은 새로운 아이템 또는 기술사업을 3단계로 구분하여 다음과 같이 평가한다.

- 1단계 : 기술사업이 어느 정도 매력적인 사업인가를 평가(35점이상/60점)
- 2단계 : 매력적인 사업이라고 판단되면 사업화 추진 기업의 실정에 적합한가를 평가
- 3단계 : 매력적이고 적합하다고 판단되면 어느 정도 성공확률이 있는지를 평가

BMO평가법의 평가지표는 기술사업의 매력도와 자사의 적합도를 평가하기 위해 각각 6개 지표, 총 12개 지표로 구성되어 있다.

매력도는 기술사업이 어느 정도 매력이 있는가를 평가하는 것으로 기술 및 아이디어의 사업화 가능성의 조건을 도출한다. 매력도 평가요소는 시장규모(매출, 이익가능성), 시장의 성장성, 경쟁력, 리스크 분산, 사업 재구축 가능성, 사회적 우위성(특별한 사회적 돌발상황)의 6개를 두고 평가한다(평가항목당 가중치 10점).

적합도는 해당 사업에 대한 기업의 경험과 능력에 관한 적합성을 평가하는 것이다. 적합도 평가요소는 자금력, 마케팅능력, 제조 및 운영능력, 기술 및 서비스 기획력, 원자재 확보력, 경영지원 등 6개 항목으로 되어 있다(항목당 가중치 10점).

[표 2 - 7] BMO평가법의 평가항목 및 가중치

사업 매력도		자사 적합도	
평가항목	가중치	평가항목	가중치
시장규모(매출, 이익가능성)	10	자금력	10
성장성	10	마케팅력	10
경쟁력	10	제조력	10
리스크 분산	10	기술력	10
사업재구축 가능성	10	원자재 확보능력	10
사회적 우위성(특수한 사회적 상황)	10	매니지먼트 지원	10
소계	60	소계	60

사업참여 또는 사업철수를 결정하기 위한 단계별 평가방법은 다음과 같다.

먼저 1단계의 사업매력도를 평가하는데, 평가결과가 60점 만점에 35점 이상이 되면 2단계로 넘어가고, 35점미만이면 사업성이 미흡한 것으로 보고 약점을 보완하거나 포기한다.

2단계는 자사의 역량과 적합한지를 판단하는 적합도 평가이다. 매력도와 적합도 평가점수의 합인 사업도 점수가 80점이상인 경우에는 3단계로 넘어갈 수 있고, 80점 미만이라면 사업을 보류하거나 재검토한다.

3단계는 사업화 성공확률에 대비시키는 단계로서 기존의 사업평가로부터 사업의 성공률과 BMO평가결과와의 상관성으로 미루어볼 때, 전술한 조건을 충족 시 사업성공확률은 80%정도로 추정된다.

[그림 2 - 29] BMO평가법에 의한 사업참여·철수 결정 흐름도

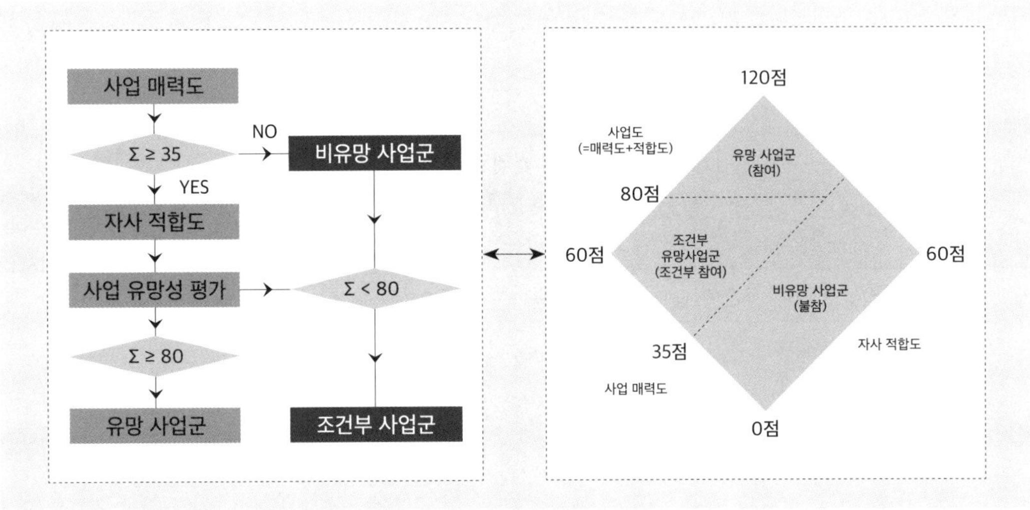

4) 시장성 분석

시장성 분석은 분석의 목적이나 수준에 따라 그 내용이 다르고 절차가 다양하다. 따라서 시장성 분석을 하기전에 치밀한 계획을 세우고 정해진 순서에 따라 진행해야만 시간절약과 함께 효율적인 분석업무를 수행할 수 있다.

먼저 분석대상의 명확화가 필요하다. 분석대상의 명확화는 조사대상, 조사범위, 조사내용 등을 분명하게 정하는 것을 말한다. 예를 들면 창업을 위한 시장성 분석을 하는 경우 분석대상으로 다음과 같은 사항을 설정하는 것이 일반적이다.

- 시장(제품)환경분석, 전체 시장규모 및 특성, 경쟁 또는 유사제품과의 비교분석, 소비자 구성 분포 및 변화 추이, 시장진입장벽 및 진입가능성, 경쟁회사의 재무상태·영업실적·시장점유율 현황, 제품별 판매가능량 추정, 판매전략 수립 등

그 다음으로 시장성분석 계획을 수립하는 단계로서 조사를 수행하고 통제하는 구체적인 틀을 만드는 단계이다. 이 단계에서는 조사내용 검토, 조사방법 결정, 조사일정, 예산의 편성 등에 관하여 결정한다. 시장조사 및 시장성 분석 계획 수립 시 고려해야 할 사항 중 중요한 사항은 다음과 같다.

- 분석 항목의 범위와 수준 결정, 자료수집 범위, 수집처 및 자료수집 방법의 결정, 소요인력, 분

석기간 및 소요예산 계획 수립 등

마지막 3번째 단계는 시장성 분석을 위한 자료수집단계로 2단계 시장성 분석계획에 따라 분석에 필요한 자료를 수집한다. 기존자료는 정부기관 및 단체, 업계의 협회(조합), 금융기관, 대학, 연구기관 등의 발간 자료 등에서 찾을 수 있으며 자체적으로 자료를 생산할 수도 있다. 이 경우 경쟁자, 정부기관, 협회, 소비자 대상의 설문조사, 전화면담, 방문면담 등을 활용할 수 있다. 수집된 자료는 편집, 통계분석과정을 통해 목적에 맞게 재생산되며, 재생산된 자료는 시장성 유무와 판매전략 수립의 기준으로 활용된다. 자료의 분석과 해석과정에서 유의해야할 사항은 객관성을 유지해야 한다. 창업자 또는 기존사업자가 사업화 과정에서 흔히 실수하기 쉬운 부분이 바로 자신의 사업계획과 제품에 대해 너무 긍정적이고 낙관적으로 판단하는 경향이 있다는 점이다.

5) 기술성 분석

기술성분석은 사업화하려는 기술이 기술적으로 타당성이 있는지, 실현가능성이 있는지를 점검하고 실현가능한 대안들이 있는지를 분석한다.

기술적 타당성 평가요소는 크게 나누어 기술적용제품의 용도·품질·경쟁성, 입지의 적합성 검토, 생산능력·생산 공법·시설 계획의 검토 및 소요자금의 검토 등으로 분류할 수 있다.

기술적용제품의 용도·품질·경쟁성 분석은 제품의 용도, 주요 소비처 및 제품의 특성과 제품의 물리 화학적 특징을 비롯하여 기술보유 내용, 경쟁기술 대비 기술 수준(우위성, 첨단성, 독창성 등), 기술의 활용성 및 장래성 등을 검토한다.

기술사업의 사업장 입지는 제품의 제조원가 또는 판매가격에 큰 영향을 미칠 뿐만 아니라 일단 입지가 결정·입주하고 나면 주변여건이 부정적으로 변화하더라도 일정기간 그 영향을 감수할 수 밖에 없으므로 입지분석은 매우 중요하다. 가령, 제조업의 경우 공장입지를 잘못 선정하면 인력수급, 수송, 용수, 전력, 공해 등으로 원가와 투자비용면에서 큰 부담을 안게 되고 판매업의 경우 점포의 위치를 잘못 선정하면 교통, 주차장, 주변지역의 여건 등으로 인해 일정수준 이상의 매출액증대를 기대할 수 없게 된다.

세번째로 생산능력·생산 공법·시설 계획의 검토분석은 계획사업의 현재와 미래 수요를 감안하여 설비의 생산능력이 적합한 것인지를 검토한다. 이론적으로 최적생산능력은 장기평균비용이 최소로 되는 생산규모이지만, 실제로는 미래의 예상수요, 경쟁업체의 생산능력, 보유하고 있는 인력의 작업능력, 자본조달능력 등에 따라 영향을 받기 때문에 계획사업의 최적생산능력을 결정한다는 것은 쉽지 않은 일이다. 생산공법과 시설계획은 생산기술의 적용난이도, 기술 및 기능인력 수준과 확보가능성, 예상불량률 등을 종합적으로 고려하여 분석한다.

기술의 실현가능성은 기술적으로 구현 가능한 것인지, 기술을 사업화하는데 어떤 제약이 있는지, 다른 경쟁기업들은 사업화하려는 기술을 왜 실행하지 않고 있는지 등에 대하여 분석한다.

2. 경제성 분석

경제성 분석은 경제적 타당성과 재무적 타당성으로 나눌 수 있다.

재무적 타당성은 흔히 말하는 수익성 분석으로서, 수익성 지표를 화폐라는 측정수단를 이용하여 효율성을 설명하는 것이다. 수익성은 기업이 이익을 얻을 수 있는 정도 또는 손실이 발생하는 정도, 다시 말하면 일정기간 동안 어떤 사업에 자본을 얼마만큼 투자·운영하여 얼마만큼 이익을 창출했는지를 의미하며 일반적으로 자기자본이익률로 측정하고 있다.

경제적 타당성 분석은 흔히 경제성 분석이라고 말하는데, 분석의 목적은 한정된 경제적 자원의 효율적 활용에 있다. 즉, 인간의 욕망은 무한하지만 이러한 욕망을 충족시키는데 필요한 경제적 자원은 유한하므로, 한정된 경제적 자원을 효율적으로 배분하여 총효용을 극대화하기 위함이다. 경제성 분석은 대개 국가가 국책사업의 이용자가 얻을 것으로 예상되는 사회적 편익(social benefits)과 사회적 비용(social costs)을 추정하여 사회적 투자에 대한 효율성(efficiency)을 평가하고자 할 때 수행되고 있다.

이와 대조적으로 개별사업자의 입장에서 사회적 편익이 아닌 수익(revenues, profit) 관점에서 경제성을 분석할 때 이를 재무적 타당성 분석이라고도 말한다. 따라서 재무적 타당성이나 경제적 타당성 두 개념 모두 경제성을 의미하므로 기업 또는 국가가 경제성 분석에 사용되는 NPV(순현재가치)법, IRR(내부수익률)법 등의 산출공식도 동일하다. 여기서는 회계적 측면의 수익성 부문은 재무적 타당성에서, B/C ratio(편익/비용), IRR, NPV 등은 경제적 타당성 분석에서 설명하기로 한다.

1) 재무적 타당성 분석

가) 의의

재무적 타당성 분석의 목적은 개별 사업화주체가 자신이 가지고 있는 경제적 자산을 효율적으로 활용하여 부(wealth)의 극대화를 추구하는데 있다. 이에 따라 사업주체는 당해 기술사업을 통해서 각각의 회계년도에 발생될 것으로 예상되는 금전적 비용과 수입추정과 함께 사업의 수익성을 평가하여 투자 의사결정자가 투자의사결정을 위한 판단자료로 활용한다.

기업의 재무적 타당성 분석은 사업화를 통한 수익(이익)전망 등을 현재의 시점에서 손익계산서와 재무상태표, 현금흐름표 등의 재무제표 추정과 자금수지예상표를 근거로 이루어지며 통상 재무분석이라고 부른다. 재무분석은 비율법, 추세법, 실수법, 손익분기점법 등이 있다. 참고로 재무분석 실무 시 주요 검토내용은 총사업비의 명세, 초기 소요자본과 기술사업화 단계별 자본 소요액, 현금수지분석, 재무상황예측 및 예상 투자수익률, 손익분기점 , 차입금 상환재원 및 상환능력 등을 들 수 있다.

재무비율은 재무제표상의 숫자를 이용하여 산출된 비율이다. 재무비율의 성격과 특성에 따라 안전성비율(유동성비율, 레버리지비율 등), 수익성비율(매출수익성비율, 자본수익성비율 등), 활동성비율(총자산회전율, 매출채권회전율 등), 성장성비율(자산·자본, 매출액, 이익증가율 등), 주가관련비율 등으로 분류하고 있다. 여기서는 수익성 분석과 손익분기점 분석을 중심으로 살펴보기로 한다.

나) 수익성 분석

수익성 분석은 기업의 일정기간의 경영성과가 매출액이나 투자자본의 단위당 어느 정도의 비율이 되는지를 분석하는 것이다. 수익성 분석의 지표는 매출액 대비 이익 비율을 나타내는 매출수익성 비율과 투자자본 대비 이익비율을 나타내는 자본수익성비율로 구분할 수 있다.

매출액이익률(profit to sales ratio)은 기업의 경영성과인 이익(매출총이익, 영업이익, 세전이익, 당기순이익)을 매출액으로 나누어 기업의 매출액 단위당 얼마의 이익을 창출하는지를 보여주는 비율(%)이다.

자본이익률(profit to capital ratio)은 이익을 자본으로 나누어 투자자본 단위당 어느 정도의 이익을 창출하고 있는지를 보여주는 재무비율로, 투자수익률(return on investment, ROI)이라고 부른다. 자본이익률은 대표적으로 총자본 순이익률과 자기자본 순이익률을 들 수 있다. 여기서 총자본은 타인자본(부채)과 자기자본의 합계를 말하며 총자산과 일치한다.

총자본 순이익률(ROI)은 순이익과 총자본의 관계를 표시하는 비율로서 총괄적인 수익력을 대표하는 비율이다. 자기자본 순이익률(return of equity, ROE)은 당기순이익과 자기자본을 대비한 비율로서 자본금과 이익잉여금을 포함한 자기자본의 수익력을 나타낸다.

한편, 기업이 보유한 총자산에 대하여 얼마나 이익을 창출했는지를 나타내는 지표로 총자산이익률(Return on Assets, ROA)이 있다. 즉, 총자산이익률은 당기순이익과 총자산을 대비한 비율로서 기업이 투입한 자산을 이용하여 어느 정도로 효과적인 경영활동을 했는지를 파악할 수 있다.

다) 손익분기점 분석

손익분기점(break-even-point: BEP)은 일정기간의 매출액과 그 매출액을 올리는데 지출된 총비용이 일치하는 시점의 매출수준 (또는 조업도)를 말한다. 손익분기점 분석은 매출액, 비용 및 이익 간의 관계에 대한 분석이므로 비용·매출액·이익분석(cost-volume-profit analysis, CVP)이라고도 부른다.

손익분기점 분석은 비용을 변동비와 고정비로 구분할 수 있음을 전제로 한다. 즉, 비용은 매출액이 증가함에 따라 동일한 비율로 증가하는 변동비(예: 원자재 구입비, 노무비, 경비 등)와 매출액의 증감에 관계없이 항상 일정하게 발생하는 고정비(예: 경영진 인건비, 임차료 등)로 분류한다. 기업이 실현한 매출액에서 그 매출을 실현하는데 소요된 변동비를 차감한 금액을 공헌이익(contribution margin)이라 하는데 이 공헌이익으로 고정비를 모두 충당할 때의 매출수준이 BEP이다.

[그림 2 - 30] 손익분기점 도표

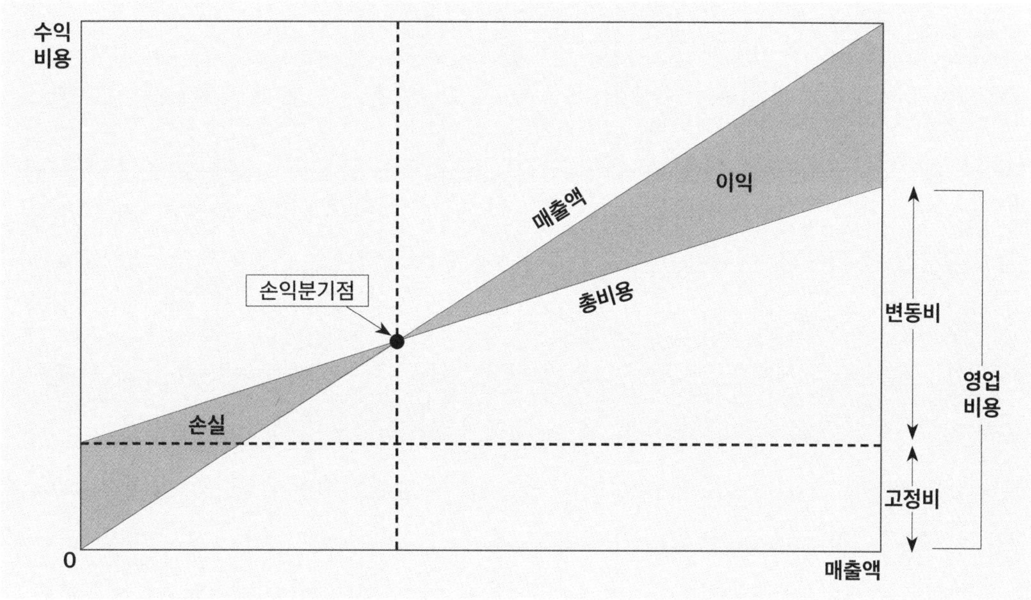

손익분기점의 계산은 다음과 같이 손익계산서상 정보를 기초로 한다. 또한 총수익과 총비용이 일치하는 점에서의 판매액이고 총비용은 고정비와 변동비로 구분할 수 있다는 가정을 전제로 한다.

- 총수익(TR) = 총비용(TC) = 고정비(FC) + 변동비(VC)
- 총수익(TR) = 판매량(Q) × 단위당 가격(P)
- 변동비(VC) = 판매량(Q) × 단위당 변동비(V)
- 손익분기점 판매액 = P × Q* = FC + V × Q*(손익분기점 판매량)

위 식을 Q*에 대하여 정리하면 손익분기점 판매량은 다음과 같다.

- $Q^* = \frac{FC}{P-V}$, $P-V$: 공헌이익

위 식을 이용하여 도출된 손익분기점 매출액(S*)은 다음과 같다.

- $S^* = PQ^* = P(\frac{FC}{P-V}) = \frac{FC}{1-\frac{V}{P}}$, $(1-\frac{V}{P})$: 공헌이익률

2) 경제적 타당성 분석

가) 의의

경제적 타당성 분석은 정부나 기업 등이 신규사업을 추진하기 이전에 향후 당해 사업 추진에서 예상되는 경제적 비용과 경제적 편익(또는 수익)을 추정하여 투자의 합리성과 타당성을 확보하려는 과정이다. 경제성을 분석하는 목적은 신규사업을 추진할 경우 국가나 기업이 가지고 있는 경제적 재화의 투입(희생)이 수반되므로, 신규사업의 결과로 얻어질 경제적 편익(수익)이 희생되는 경제적 재화보다 커야만 합리적이고 효율적인 투자라고 말할 수 있기 때문이다.

경제적 타당성을 평가하는 기법으로는 NPV(순현재가치)법, IRR(내부수익률)법, PI(수익성 지수)법, 회수기간법, B/C ratio(편익/비용), 산업·경제적 파급효과 등이 있다.

편익/비용분석, 산업·경제적 파급효과는 주로 정부가 국책사업을 추진하거나 전략적으로 육성하는 분야에 대하여 정부예산 등의 지원 의사결정을 하고자 할 때 측정하고 있다. 편익/비용 분석은 당해 사업 추진을 통해 얻어지는 편익을, 당해사업 추진 및 관리에 투입된 제반 비용과의 차이를 측정·비교하는 것이다. 산업·경제적 파급효과는 생산유발효과, 부가가치유발 효과, 수출유발효과 및 고용창출효과 등을 말한다.

여기서는 순현재가치(NPV)법, 내부수익률(IRR)법, 회수기간법, 수익성지수(PI)법을 개략적으로 살펴보기로 한다.

나) 경제성 분석 방법

(1) 순현재가치법(Net Present Value, NPV)

NPV법은 투자안으로부터 발생하는 현금유입의 현재가치에서 현금유출의 현재가치를 차감한 잔액(순현재가치)을 기준으로 경제성을 평가하는 방법이다.

- $NPV = \sum_{t=1}^{n} \frac{CI_t}{(1+r)^t} - \sum_{t=1}^{n} \frac{CO_t}{(1+r)^t}$

여기서, CI_t = t년도 현금유입(cash in), CO_t = t년도 현금유출(cash out), r = 할인율, t = 분석대상기간을 나타낸다.

투자 의사결정기준은 산출된 NPV가 0보다 클 때, 즉 현금유입 현가 > 투자비용 현가일 때 투자안을 선택한다.

순현재가치법의 장점은 NPV가 기업가치의 증가분이라는 논리적 타당성이 있고, 화폐의 시간가치를 감안한다는 점, 그리고 기업가치의 증가분이 금액으로 표시되어 가독성이 있다는 점을 들 수 있다. 반면, 단점은 계산이 복잡하고 퍼센트 수익률에 비해 현실감이 떨어진다는 점을 들 수 있다.

(2) 내부수익률법(Internal Rate of Return, IRR)

IRR법은 투자로 인하여 발생하는 현금유입의 현재가치와 현금유출의 현재가치를 일치시키는 할인율(자본수익율), 즉 순현가를 0으로 하는 할인율을 구하여 판단하는 방법이다. 즉, "현금유입액 현가합계 = 현금유출액 현가합계" 가 성립하는 할인율(내부수익률)을 구한다.

- $IRR = \sum_{t=1}^{n} \frac{CI_t}{(1+r)^t} - \sum_{t=1}^{n} \frac{CO_t}{(1+r)^t} = 0$

투자에 따른 내부수익률과 기업의 요구수익률(자본비용)을 비교하여 내부수익률이 이보다 큰 투자안에 대하여 투자가치가 있다고 판단한다. IRR은 금융기관이나 벤처캐피탈이 투융자 의사결정 시 중요하게 판단지표이다. IRR법의 장점으로는 현금흐름을 고려함과 동시에 화폐의 시간가치를 고려한다는 점을 들 수 있다. 단점은 기업가치극대화 투자안과 다른 선택을 할 가능성이 있으며 계산이 복잡하고 내부수익률 계산에 있어 현금흐름의 형태에 따라 평가기준이 상이한 점을 들 수 있다.

(3) 수익성지수법(Profitability Index Method)

수익성지수법이란 현금유출의 현재가치에 대한 현금유입의 현재가치비율로 사업에 대한 수익성을 나타낸다.

- $수익성지수 = \sum_{t=1}^{n} \frac{CI_t}{(1+r)^t} \bigg/ \sum_{t=1}^{n} \frac{CO_t}{(1+r)^t}$

NPV법이 어떤 투자안의 타당성을 절대적 금액으로 측정하는 것이라면, 수익성지수는 투자안의 상대적 비율이다. 수익성지수법의 의사결정 기준은 독립적인(independent) 투자안인 경우 수익성지수가 1보다 크거나 같은 투자안을 채택하고, 수익성지수가 1보다 작은 투자안을 기각한다. 상호 배타적인(mutually exclusive) 투자안 에서는 수익성 지수가 1보다 큰 투자안들 중에서 수익성 지수가 가장 큰 투자안을 최적 투자안으로 선택한다.

어떤 주어진 단일 투자안에 대하여 순현가법과 수익성지수법은 동일한 채택 또는 기각 결정을 할 수 있다. 왜냐하면, 투자안의 현금유입의 현가가 현금유출의 현가보다 더 클 때에는 언제나 그 투자안의 NPV는 (+)가 되고, PI는 1보다 클 것이기 때문이다.

그러나 상호 배타적인 투자안을 평가할 경우에는 PI법은 NPV법과 상반된 결과를 가져올 수 있다.

PI의 장점은 모든 현금흐름을 고려하고, 화폐의 시간가치를 고려하며, 자본제약이 있는 경우의 적절한 의사결정기준이다. 그리고 자본제약이 없다면 동일한 자본규모인 경우 순현재가치법과 동일한 의사결정 결과를 가져다 줄 수 있다. 단점으로는 어떤 투자안의 상대적 수익성을 나타낼 뿐이며 가치가산의 원칙이 적용되지 않는다.

(4) 회수기간법(Payback Period Method)

회수기간이란 투자에 소요된 자금을 그 투자로부터 발생하는 현금흐름으로부터 모두 회수하는데 걸리는 기간을 말한다. 회수기간법은 이러한 회수기간을 비교하여 투자안을 평가하는 방법으로 자본회수기간이 짧은 투자안부터 투자우선순위를 갖게 된다.

• 허용 가능한 최장회수기간(목표회수기간) > 투자안의 회수기간

회수기간법은 현금흐름에 기초하므로 적은 시간과 비용이 투입되고 투자에 따르는 위험을 어느 정도 줄일 수 있다는 장점이 있다. 또한 회수기간이 짧을수록 자금이 빨리 회수되므로 기업의 유동성이 향상될 수 있다. 반면 단점으로는 회수기간 이후의 현금흐름을 무시하고 있기 때문에 투자의 수익성을 정확하게 알 수 없으며 목표회수기간 설정이 자의적일 수 있다는 점을 들 수 있다.

(5) 비용-편익 분석(Cost-Benefit Analysis)

비용-편익 분석은 공공프로젝트를 추진할 때 널리 활용되는 분석기법이다. 정부의 공공사업은 통상 대규모로 추진되므로 한 번의 잘못된 선택으로 인해 피해가 크고 장기적으로 부정적인 영향을 미칠 수 있다. 따라서 정부는 국방, 교통, 통신, 과학기술 등 사회간접자본을 확충하고자 할 경우 제한된 예산으로 집행하기 때문에 재원의 효율적인 사용에 관심이 있다.

비용-편익분석은 자원의 효율적 배분을 위해 가능성 있는 대안들에 비추어 특정 의사결정이 사회에게 제공하는 편익을 입증하고, 모든 편익(후생 변화의 금전적 가치)과 비용(재화 공급의 변화가

초래하는 사회적 기회비용 포함)을 추정한다. 이로써 의사결정권자에게 사업의 경제적 타당성에 관한 정보를 제공하기 위한 분석 및 검토를 하는 일련의 과정이다.

비용-편익분석의 절차는 다음과 같이 크게 네 단계로 이루어진다.

① 대안의 식별단계 : 설정된 목표를 달성하기 위하여 사용가능한 모든 대안들을 식별하는 단계이다. 실현가능하고 상호배타적인 대안의 식별과 정의는 대안의 분석과 선택과정에서 중요한 영향을 미칠 수 있기 때문에 신중을 기할 필요가 있다.

② 편익과 비용의 추정 : 각 대안들의 편익과 비용에 포함해야 할 항목의 범위를 결정하고, 편익과 비용을 화폐가치로 측정해야 한다. 화폐가치로 측정하는 방법은 몇가지가 있다. 먼저, 정책분석에서는 비용을 민간에서 사용하는 원가개념이 아니라 기회비용(opportunity cost) 측면에서 평가한다. 또한 편익은 자원의 투입에 따른 진정한 가치, 즉 완전경쟁시장에서 형성되는 잠재가격(shadow price)으로 평가한다. 다음으로 시장가격이 존재하지 않거나 존재하더라도 신뢰할 수 없을 때에는 비교가격, 소비자가격, 조사가격(survey price) 등을 쓸 수 있다. 비교가격(comparable price)은 시장가격과 비교가능한 유사한 재화의 가격을 말하며, 소비자가격(consumer price)은 소비자가 선택하는 행동을 보고 분석가가 추정하는 가격이다. 조사(서베이)가격은 설문지로 소비자·사용자들에게 지불할 용의가 있는 가격수준을 조사하여 결정하는 가격을 말한다.

③ 할인율의 결정 : 프로젝트 투자의사결정은 현재인데 반해 그 비용과 편익은 대부분 미래에 발생하므로 이를 현재가치로 환산할 필요가 있는데 이 때 사용하는 것이 할인율이다. 전술한 NPV법에서 사용한 개념과 동일한데, 할인율을 어떻게 설정하느냐에 따라 최종 의사결정에 큰 영향을 미칠 수 있으므로 적정 할인율의 결정이 중요하다. 공공부문의 비용-편익분석 시 사용되는 할인율은 시장에서 관찰되는 가격이 아닌, 재화의 진정한 사회적 가치인 잠재가격을 기준으로 한 사회적 할인율(social discount rate)을 산정하여 적용하는 것이 일반적이다.

④ 대안의 비교 및 최종 대안선택 : 비용과 편익 항목을 확인한 후 비용(C)·편익(B)의 가치가 측정되었다면 이를 토대로 최종 의사결정을 하게 된다. 의사결정은 비용 대비 편익비율(B/C) 또는 순편익(B-C)을 토대로 판단한다. 즉, B/C > 1 또는 순편익 > 0 인 대안을 선택한다.

제3장

기술평가와 금융

기술개발-이전-창업 및 사업화로 이어지는 기술혁신활동을 장려하고 지원하는 수단으로 기술금융이 적극 활용되고 있다. 기술금융은 기술 혁신 전과정에서 소요되는 자금을 기술평가를 통해 금융을 공급하는 것으로 정의할 때 기술평가는 기술과 금융을 연계하는 가교 역할을 한다고 할 수 있다. 이에 따라 본 장에서는 먼저 기술평가의 개념과 방법, 유형 등을 개괄적으로 살펴본 다음, 기술평가와 관련된 법·제도, 기술평가시스템 등을 포함한 기술평가 인프라 그리고 국내의 주요 기술평가 모형체계를 정리하기로 한다.

기술평가 일반론

제 1 절 기술평가의 개요

1. 기술평가의 개념

1) 일반적 정의

기술평가의 사전적 의미는 '기술의 가치, 특성 등을 평가하는 절차 내지 제도'를 말한다. 일반적으로는 기술평가의 정의를 평가의 범위에 따라 협의의 평가와 광의의 기술평가로 구분할 수 있다.

지식재산 밸류에이션(valuation)분야의 전문가인 고든 스미스(Gordon V. Smith, 1994)는 기술평가를 "무형의 기술을 대상으로 그 기술의 기술성, 사업성, 시장성을 검토하여 기술을 금액, 등급, 점수, 의견 등으로 표시하는 평가활동"으로 정의하고 있다.[86] 그는 미시적 관점에서 기술평가 요소와 평가결과의 표현방법에 착안하여 정의를 내린 것으로 평가범위 측면에서 볼 때 협의의 기술평가라고 할 수 있다. 현재 기술사업화 등 기술혁신과정에서 적용되는 국내 기술평가이론과 실무방법의 대부분은 고든 스미스가 정의한 협의의 기술평가를 바탕으로 하고 있다. 즉, 기술성, 사

86) Gordon V. Smith and Russell L. Parr, Valuation of Intellectual Property and Intangible Asset, New York: John Wiley & Sons, 1994.

업성, 시장성 등 평가요소를 기본으로 하고 평가의 목적 또는 용도에 따라 권리성, 경영주체의 역량 등을 추가하여 기술평가를 수행한 후 그 결과를 금액, 등급, 점수 등으로 표시하고 있다.

광의의 기술평가는 "기술과 관련된 정책결정에 중립적이고 사실적인 일련의 대안 및 결과들을 제공하기 위해 신기술의 실제 적용시 또는 기존기술의 개량 시 예상결과 등을 평가하고 이러한 현상이 사회에 미치는 영향, 즉 사회적, 문화적, 정치적, 경제적 그리고 환경적 영향들을 체계적으로 판별·분석하고 평가하는 절차"로 정의하고 있다.[87] 이러한 정의는 기술의 도입·발전·보완으로 인해 발생할 수 있는 긍정적 효과 또는 부정적 효과를 조기에 경보하기 위해 실시하는 일종의 기술영향평가로서 1970년대 미국 의회내 산하기구였던 OTA(Office of Technology Assessment)에 의해 기본개념이 정립되었다.

전술한 기술평가의 개념은 이론적 기반이나 평가자의 접근방법, 목적 등에 따라 다르게 정의될 수 있는데, 대개 다음과 같이 네 가지 측면의 개념으로 분류되고 있다.

첫째 개념은 과학기술계 및 산업현장에서 이루어지는 비화폐적·정성적 평가로서의 기술평가(technology evaluation)가 있다. 이 개념의 기술평가는 연구개발 프로젝트 선정, 프로젝트의 계속성 여부 판단, 다른 기술과의 비교 등 기술혁신 과정에서의 의사결정 시 가장 많이 활용되는 평가이며, 기술금융을 위한 기술력등급평가도 여기에 해당된다.

두 번째 개념은 특정기술이 사회경제적, 환경적, 정책적으로 미치는 영향을 파악하는 기술평가, 즉 기술영향평가(technology assessment)가 있다. 기술의 영향을 거시적·장기적으로 긍정적 측면과 부정적 측면을 동시에 평가하며 주로 국책연구기관이 담당하고 있다.

세 번째 개념은 특정기술의 경제적 파급효과(economic effects)를 계량적으로 평가하는 경제성 평가(feasibility study)를 들 수 있다. 이는 거시경제적 또는 산업차원에서 이루어지는 평가로서 주로 국책과제의 선정·중간평가·최종평가를 할 때 활용된다.

마지막으로 상기 세가지 기술평가 개념과 달리 기술의 화폐적인 가치만을 측정하는 기술가치평가(technology valuation)가 있는데, 상세한 내용은 후술하기로 한다.

87) Joseph F. Coates, "The Role of Formal Models in Technology Assessment," Technological Forecasting and Social Change, Vol.9, Issues 1-2, 1976, pp. 139-190.

2) 법규상 정의

기술이전법 등 관련 법규에서는 기술평가를 다음과 같이 규정하고 있다.

기술이전법(제2조제4호)에서 기술평가란 "사업화를 통하여 발생할 수 있는 기술의 경제적 가치를 가액(價額)·등급 또는 점수 등으로 표현하는 것"으로 정의되어 있다.

기술보증기금법(제28조제1항제6호)에서는 기술보증기금의 업무로서 기술평가를 명시하고 있다. 동법에서는 기술평가를 "해당 기술과 관련된 기술성·시장성·사업성 등을 종합적으로 평가하여 금액·등급·의견 또는 점수 등으로 표시하는 것"으로 설명하고 있다.

발명진흥법에는 기술평가에 대한 정의는 없지만 특허청 고시에서 '발명의 평가'를 규정하고 있다. 즉, 「발명진흥사업운영요령」제2조제9호에서 "발명의 평가"란 "기술(제품)에 대한 권리성, 기술성, 시장성, 사업성 등을 종합적으로 분석하여 그 기술(제품)의 우수성과 사업화 타당성 등을 의견, 등급, 점수나 금액으로 나타낸 것"으로 정의되어 있다.

상기 법규상의 정의를 비교해보면 기술 또는 발명의 평가결과를 금액, 등급, 점수 등으로 표시하는 측면에서는 거의 동일하지만 법규제정목적에 따라 다소간의 차이를 보이고 있다. 즉, 기술이전법에서는 기술의 평가요소에 대한 언급이 없고, 다만 기술이전·사업화에 의해 발생하는 기술의 경제적 가치를 평가하는 것으로 되어 있다. 반면, 기술보증기금법에서는 신기술사업자에 대한 자금공급을 위해 "기술과 관련된 기술성·시장성·사업성 등을 종합적으로 평가하여"라고 하여 평가요소를 구체적으로 명시하고 있다. 발명진흥사업운용요령에서는 우수특허기술의 사업화 촉진을 위해 기술의 우수성과 사업화타당성을 평가하고 있는 점을 고려하여 상기 두 법률상 기술평가 정의에 포함된 내용들이 반영된 것으로 보인다.

3) 기술평가의 평가요인

기술평가는 일반적으로 기술성평가, 사업성평가, 시장성평가 등 3개 부문을 중심으로 이루어지며 평가의 유형, 활용목적 등에 따라 권리성, 사업화역량 등이 추가되기도 한다.[88)]

88) 산업통상자원부 고시 "기술평가기준 운영지침"에서는 기술평가의 평가요인으로 기술성, 권리성, 시장성, 사업성, 사업화역량, 기타 평가요인을 제시하고 있다. 한편, 평가과정에서 평가자가 판단을 위해 고려해야 하는 요소라는 의미로 이 지침에서는 '평가요인'이란 용어를 사용하고 있는데, 실무에서는 이를 '평가요소', '평가대항목', '평가영역', '평가부문' 등으로도 부르고 있다.

기술성평가는 요소기술 또는 복합기술의 기술적 우수성 자체를 평가하는 것이다. 기술성을 평가하기 위한 주요 평가항목은 기술수준, 기술의 활용성, 기술의 파급효과, 제품·서비스의 양산가능성 등으로 구성되며 평가목적에 따라 평가항목별 기준과 수준을 조정하여 적용할 수 있다.

사업성 평가는 기술을 활용하여 사업을 영위하고자 하는 사업주체의 사업추진능력, 영업능력 등 경영역량과 수익성 등을 평가하는 것이다. 주요 평가항목으로 기술을 보유한 주체의 경쟁력과 사업추진능력, 마케팅역량, 수익성 등이 있다.

시장성 평가는 특정기술(제품)이 속한 시장 연건 등 제반 외부환경요인과 앞으로 변화방향을 분석하여 해당기술이 시장에 미치는 영향 및 위상, 경쟁상황 등을 평가하는 것이다. 즉, 기술이 활용되어 생산되는 제품의 전체 시장규모와 특성, 수요 및 업계현황, 시장성장률, 시장전망 등을 평가한다.

4) 기술평가의 중요성

사회경제 패러다임이 물적 기반의 산업경제에서 기술·지식기반경제로 변화됨에 따라 산업기술정책과 기술혁신, 기술혁신 성과의 확산, 유망산업 육성 등의 분야에서 기술평가의 필요성이 제기되었다. 기술·지식기반경제하에서는 전통적인 생산요소였던 유형자산보다 기술을 포함한 무형자산의 부가가치가 훨씬 증대되고 있다. 이에 따라 공공과 민간부문의 기술혁신과정에서 정책적 판단과 자원배분 그리고 의사결정을 하는데 있어 기술평가의 중요성이 부각되고 있는데, 그 이유 몇 가지를 정리해보면 다음과 같다.

첫째, 정책적 측면에서 기술평가는 산업기술혁신정책을 수립하고 집행하는 과정에서 정책적 지원의 타당성을 검토하거나 기술개발투자 등의 의사결정기준으로 활용되고 있다. 기술평가를 통한 산업기술혁신 정책의 진단과 검증은 우수한 기술혁신주체 또는 기술을 선별하고 이들에게 국가자원을 집중함으로써 자원배분의 효율성을 증대시킬 수 있다.

둘째, 기술혁신 프로세스 측면에서 기술평가는 연구 기획·평가·관리 등 기술개발과정의 효율성을 높이는데 활용될 수 있다. 즉, R&D기획, 평가, 관리로 이어지는 기술혁신프로세스에서 단계별 특성과 수요에 부합하는 기술평가를 통해 기획단계에서는 R&D포트폴리오전략을 수립할 수 있게 하고 평가와 관리단계에서는 계속·중단 등 중요한 의사결정에 필요한 정보를 제공해준다.

셋째, 기술이전 사업화관점에서 볼 때 기술가치평가는 무형자산인 기술의 잠재적 가치를 정량화하는 방법으로 창업투자, M&A, 기술이전, 합작 등에서 의사결정이나 협상 등의 참고자료로 활용되고 있다.

마지막으로 산업 또는 중소기업육성 측면에서도 기술평가의 중요성이 강조되고 있다. 즉 기술력은 있으나 물적 담보력이 취약한 초기 벤처기업이나 중소기업 등에게 기술력을 담보로 투·융자형 기술금융을 공급하거나 공공 또는 민간 보유기술의 이전·거래를 원활하게 하는데 기술평가가 중요한 역할을 하고 있다.

5) 기술평가와 신용평가

신용평가는 금융시장에서 자금수요자와 공급자 간에 존재하는 정보비대칭성을 해소하기 위한 제도로 오랜 기간의 운영경험을 통해 신뢰성을 확보하여 금융시장의 주요 인프라로서 역할을 하고 있다. 여기서는 은행권의 신용평가와 기술금융 의사결정시스템에서 핵심역할을 하고 있는 기술금융용 기술평가를 개념 및 평가요소 측면에서 비교해보면 다음과 같다.

기술평가는 기술을 활용하는 주체가 지니고 있는 기술경영 및 연구개발능력, 보유기술의 기술성, 시장성, 사업성 등 종합적인 기술역량을 평가하여 등급 등으로 표시하고 있다. 반면 은행권의 신용평가는 채무자 또는 특정채무의 신용위험, 즉 원리금이 상환되지 못할 채무불이행 위험과 예상손실 위험을 등급과 같은 일정한 기호로 표현하는 것을 말한다.

또한 두 평가제도의 평가요소 측면에서도 확연한 차이가 있다. 먼저, 기술평가의 평가요소를 보면 내부 평가요소로서 경영진 등의 인적역량(기술경영능력, 기술경험 및 지식 등), 기술성, 권리성, 사업성 등 4가지가 있고, 외부평가요소로는 시장성이 있다. 반면, 은행 등에서 실시하는 신용평가의 내부 평가요소는 경영자의 인격(Character), 지급능력(Capacity), 자본력(Capital), 담보력(Collateral) 등 네 가지가 있고, 외부요소로는 국내외 경제동향, 정부의 경제정책 등과 같은 경제상황(Condition)이 있다(이를 신용평가의 5요소(5C)라고도 한다)

[표 3 - 1] 기술평가와 신용평가 비교

구분	기술(력)평가 5요소	신용평가의 5요소(5C)
내부 요소	경영주 등 인적역량 : 기술경영능력,기술,경험, 지식, R&D능력 등	경영자의 인격(Character) : 상환의지 등
	기술성 : 기술유용성, 기술경쟁성	지급능력(Capacity) : 상환능력
	권리성 : 권리범위, 권리의 안정성	자본력(Capital) : 기업의 순재산가치
	사업성 : 수익성, 마케팅전략…….	담보력(Collateral): 정상적인 지급능력을 상실할 경우 채권회수를 위한 최후수단
외부 요소	시장성 : 업계특성, 경쟁상황, 시장구조, 규모 등	경제상황(Condition) : 국내외 경제동향, 정부의 경제정책 등이 기업의 경영과 채무변제능력에 영향을 미침
평가 목적	기술력과 사업부실화위험 측정	채무불이행위험과 손실위험 측정

2. 기술평가 방법 및 유형

1) 기술평가방법

기술평가방법은 크게 정성적 방법과 정량적 방법 그리고 이들 두 방법을 혼용한 복합적 방법으로 분류할 수 있다.[89)]

가) 정성적 평가방법

(1) 전문가리뷰법

전문가 리뷰(peer review)란 평가대상 프로젝트나 프로그램의 과학적인 질에 대하여 그 분야의 전문가가 자신의 전문지식을 토대로 주관적으로 평가하는 방법이다. 전문가 리뷰는 복수의 전문가 패널들에게 의견을 제출하게 하는 방법과 컨퍼런스 등을 개최하여 의견을 구하는 방법이 있으며 주로 예산배분을 위한 사전평가, 또는 중간 사후평가 등에 사용되고 있다.

89) 김재우외 4(2004), 국내외 기술평가 모델 체계화, 2004년 전략산업정보분석 연구보고서, 한국과학기술정보연구원

전문가리뷰의 장점은 비교적 간편하고 평가비용이 많이 들지 않는다는 점이 있으나 전문가의 주관에 의존하고 있어 객관성 확보가 어렵고, 경우에 따라서는 평가자의 독립성이 결여될 수 있다는 단점이 있다.

(2) 사례연구 및 서베이 연구

사례연구는 실제로 종료한 프로젝트를 서술적으로 상세하게 분석하여 성공요인을 추출하며 서베이 연구는 많은 사례를 앙케이트 등을 통해 분석한다. 이 방법은 평가결과를 참고로 하여 연구개발을 지원하기 위한 방법을 개선할 수 있다는 장점이 있으나 연구종료부터 평가까지의 타임래그(time lag)가 상당히 길다는 단점이 있다.

(3) 기술예측방법

기술예측방법은 장래의 기술이나 사회변화를 예측하고 어느 분야의 기술을 필요로 하는지 판단하여 우선순위를 정하기 위한 방법으로 사전평가에 있어서 프로젝트를 선택할 때 주로 활용하고 있다. 기술예측기법은 크게 탐구적 기법, 규범적 기법 그리고 복합모형이 있다. 탐구적 기법은 어떠한 기술이 출현하여 발전해 가는가를 예측하는 기법으로 브레인스토밍(brainstorming), 델파이(Delphi) 등이 있다. 규범적 기법은 미래의 목표로부터 도출한 필요기술의 발전동향을 예측하는 기법으로 연관나무(Relevance trees), 임무흐름도(mission-flow diagram)등이 있다. 복합모형은 탐구형과 규범형이 혼합된 것으로 세부기법으로는 교차영향분석(cross impact analysis), 시나리오(scenarios)법이 대표적이다.

나) 정량적 평가방법

(1) 시스템론적 방법

• 체크리스트(checklist, 점검표)법은 몇가지가 있으나 대표적으로 단순체크리스트법과 척도체크리스트법이 주로 사용되고 있다. 단순체크리스트법은 다수의 평가요소를 열거하여 검토해야 할 내용이 누락되지 않았는가를 평가자가 확인하는 것이며 척도체크리스법은 주관적 척도(예: 탁월, 양호, 보통, 미흡, 매우 미흡 등) 또는 객관적 척도(예: ROI 20%이상, 5~15%, 0~5%)를 통해 평가한다. 체크리스트 평가는 신기술사업 프로젝트, 투자대상기업의 선별과 포기의 의

사결정수단으로 유용하게 활용된다.

• 평점(scoring)법은 평가항목의 척도별로 부여된 가중치에 입각하여 평가자가 채점하고 종합한 점수를 기준으로 의사결정을 하는 방법이다. 이 방법은 다양한 수준에서 의사결정을 체계적으로 할 수 있는 방법으로서 연구자와 관리자에게 용이하게 결과를 이해시킬 수 있으며 복수의 목적에 대하여 평가할 수 있다는 장점이 있다. 그러나 가중치의 주관성, 평가의 유연성 결여 등이 단점으로 지적되고 있다.

• 프로파일(profile)법은 평점법으로 얻은 여러 평가항목의 평점을 시각적으로 나타내는 방법으로 대표적으로 차트(chart)방식, 방사형(radial)방식, 스케일(scale)방식 등이 있다.

• 계층화 의사결정법(Analytic Hierarchy Process, AHP)은 의사결정의 목표 또는 평가기준이 다수이고 복합적인 경우, 이들을 계층구조화하고 주요 요인들을 다시 세부요인들로 분해(breakdown)한 후 각 요인들 간 쌍대비교(pairwise comparison)를 통해 중요도를 산출하는 방법이다.

(2) 재무·경제적 방법

투자수익률을 기본개념으로 하는 지표를 개발하여 프로젝트의 효율성을 분석하는 방법으로 미시적 수준에서 분석하는 재무적 방법과 경제적 파급효과 등을 거시적으로 분석하는 계량경제학적 방법이 있으며 세부적으로는 다양한 평가방법들이 있다.

재무적 방법의 대표적인 기법으로는 비용편익분석, 순현재가치법(NPV), 내부수익률법(IRR) 등을 들 수 있으며, 이 중 비용편익분석이 가장 많이 활용되고 있다.

비용편익분석(cost-benefit analysis)은 미래에 발생하는 Input이나 Output을 분석시점의 현재가치(NPV)로 환산하여 계산하는 할인법(현재가치법)과 할인계산을 하지 않고 단순하게 산출하는 방법으로 구분할 수 있다.

(3) 계량문헌학적 방법

계량문헌학(bibliometrics, 계량서지학)적 방법은 학술논문, 특허 등의 문헌정보를 대상으로 하여 타이틀, 키워드, 인용관계, 저자명, 소속기관,발표날짜 등의 서지적 정보에 기초하여 계량적 분석을 수행한다. 이방법은 연구자와 연구자 그룹의 업적평가, 과학기술지 자체평가, 과학기술의 발전동향이나 구조의 거시적 조감 등 다양한 영역에 걸쳐 정보를 얻을 수 있다.

2) 기술평가의 유형

현재 국내에서 발생하는 기술평가의 유형화와 관련하여 정해진 기준이 없어 평가대상이나 평가결과의 내용에 따라 다르고 기술평가기관 간에도 차이가 있다. 예를 들어 개별기술 자체의 가치를 평가하는 것과 기술을 보유하고 있는 기업의 가치를 평가하는 것은 상당히 다른 작업이다. 또한 개별기술을 평가하는 일과 기술이 적용되는 프로젝트를 평가하는 일 그리고 종합적인 기술력을 평가하는 작업 역시 다른 기준과 방법을 필요로 한다.

기술평가분야를 관장하는 산업통상자원부 고시 “기술평가기준 운영지침”에는 기술평가의 유형으로 기술력평가와 기술가치평가를 명시하고 있다. 반면, 주요 기술평가기관 중 하나인 기술보증기금의 “기술평가규정”에서는 기술평가의 종류로 기술가치평가, 기술사업타당성평가, 종합기술평가로 구분하고 평가목적 또는 평가방법에 따라 세분가능한 것으로 규정되어 있다. 여기에서는 현재 두 기관의 지침과 규정에 나타난 기술평가 유형 중 비교적 많이 활용되고 있는 기술력평가, 사업타당성평가, 기술가치평가 세 유형을 정리하였다.

가) 기술력평가

기술력 평가는 개별기술보다는 기업의 전반적인 기술능력을 다양한 측면에서 정성적, 서술적으로 평가하는 방법이다. 즉 재무제표를 바탕으로 한 정량적 가치를 평가하기보다는 기술인력, 기술 및 지식재산권, 생산시스템, 경영자원 등 기업에 내재한 종합적인 기술역량을 토대로 기업의 기술력을 평가하는 것이다.

산업통상자원부 고시 기술평가기준 운영지침에서는 기술력 평가를 “기술평가의 일 유형으로, 기술을 활용하는 주체의 인력, 조직, 지원서비스 등을 종합적으로 평가함으로써 그 주체의 기술개발, 흡수 및 혁신능력을 평가하는 것”이라고 정의하고, 평가결과는 등급, 점수 등 다양한 형태로 표시하는 것으로 설명하고 있다. 전술한 내용을 토대로 종합하면, 기술력 평가는 사업주체가 보유한 핵심기술을 이용하여 사업화할 때 사업주체의 기술경영역량, 기술역량, 시장잠재력, 사업화역량 등을 종합적으로 평가하고, 평가결과를 등급, 점수 등으로 표시하는 것이다.

나) 사업타당성평가

사업타당성 평가는 사업을 시행하기 이전에 특정사업의 성공가능여부에 대한 정보를 파악하기 위해 사업추진능력, 기술성, 경제성, 위험정도 등을 평가하는 총체적인 평가활동을 말한다. 즉, 전술한 기술력 평가의 평가요소와 함께 시장, 경영여건 등 외부환경, 경영진의 경영역량까지 종합적으로 반영하여 평가대상기술의 사업화 성공가능성은 어느 정도인지, 기술로부터 얻어지는 수익이 투입비용을 상쇄하고도 남을 것인지 등에 대한 평가요소로 구성된다. 사업타당성 평가결과는 금액, 등급, 점수, 의견 등으로 표시하고 있다.

사업타당성을 분석하는 주체는 전술한 것처럼 크게 두 유형으로 나눌 수 있다. 먼저 직접 신규사업을 추진하는 창업자 또는 기존 사업자가 내부적으로 사업의 위험요소와 수익성 등 사업성을 검토할 때 수행하는 평가가 있다. 또 하나는 사업 자금을 투·융자하는 금융기관 또는 정부의 예산을 배분하는 정부기관이 특정사업의 성공가능성에 대한 정보를 얻고자 할 때 이루어진다.

사업타당성평가는 전술한 기술력평가와 후술하는 기술가치평가시에도 이루어지고 있는데, 각각의 평가모형들에 적용된 사업타당성과 기술성의 개념 및 범위가 상이하게 나타나고 있다. 사업타당성 평가는 좁게는 비즈니스 모델 중심으로, 넓게는 기술성뿐만 아니라 경제성 등 사업의 전반적인 기업가치평가까지 포괄할 수도 있다. 기술력 평가 역시 경영주의 경영능력, 기술성, 시장성, 사업성을 핵심 평가요소로 하고 있으며, 또한 기술가치평가에서도 정량적인 가치 도출을 위해 사전적으로 수반되는 기술성(권리성 포함), 시장성, 사업성분석은 모두 사업타당성 평가에 해당된다고 할 수 있다.

다) 기술가치평가

기술가치평가는 개별기술의 가치를 금전적으로 정량화하는 것, 즉 특정기술이 적용된 사업의 수익에 공헌할 수 있는 잠재력을 화폐금액으로 산정하는 활동을 말한다. 가치산출방법 측면에서는 개별기술로 인해 창출된 미래의 수익을 현재가치화하여 금액으로 환산하는 것이다. 기술가치평가는 주로 기술담보대출, 기술거래, 기술투자, 기술출자, M&A, 특허소송 등에 활용될 목적으로 수행되고 있다.

기술가치는 경쟁기술의 유무, 시장성, 경영능력 등 주변여건에 따라 다르게 결정되기 때문에 절대가치를 측정하는 것은 어렵다. 따라서 기술가치를 최대한 정확히 산정하려면 각 분야의 전문가를 통한 다면평가가 필요하다. 기술가치평가는 그 성격과 목적에 따라 다양한 접근이 가능하고 따라서 각각의 경우에 적합한 방법과 기준을 선택하는 것이 중요하다. 일반적으로 기술가치평가는 수익접근법, 비용접근법, 시장접근법이 주로 활용되고 있는데, 상세한 내용은 후술하기로 한다.

[표 3 - 2] 주요 기술가치평가 방법

평가방법	주요내용
수익접근법	기술성, 시장성, 사업성을 종합하여 평가 평가기관들은 주로 수익접근법을 바탕으로 고유모델을 설계
비용접근법	기술개발 또는 획득하는데 소요되는 비용을 추정
시장접근법	시장에서 거래되는 유사기술 매매가격(시장가치)을 평가

다음 그림은 전술한 세 가지 기술평가 유형의 평가요인, 평가결과, 유형 간 관련성, 평가용도를 표시한 기술평가 유형별 개념도이다.

[그림 3 - 1] 기술평가 유형별 개념도

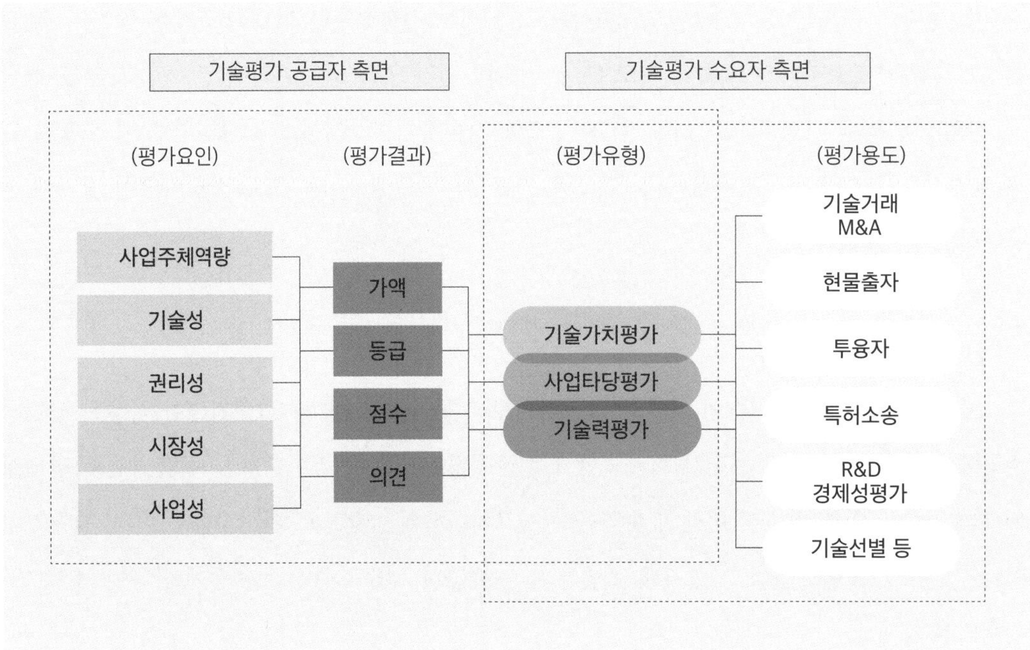

* 출처 : 기술평가시장 현황 분석 및 활성화 방안 연구(2011), 기보, KIAT. 일부수정

3. 기술평가의 일반적 절차

기술평가는 목적·용도에 따라 평가방법, 절차 등이 달라질 수 있다. 하지만 기술의 상용화를 전제로 하여 그 사업의 타당성 검토 또는 기술을 이전할 때 수행하는 기술평가는 대개 다음과 같은 절차에 따라 진행되고 있다. 아래 그림은 실무현장에서 주로 발생하는 투융자용 기술력등급평가와 기술거래이전 또는 기술담보대출용 등의 기술가치평가의 일반적 절차를 나타낸 것이며 보다 상세한 절차는 후술하는 주요 기술평가모형에 정리하였다.

[그림 3 - 2] 일반적인 기술평가 절차

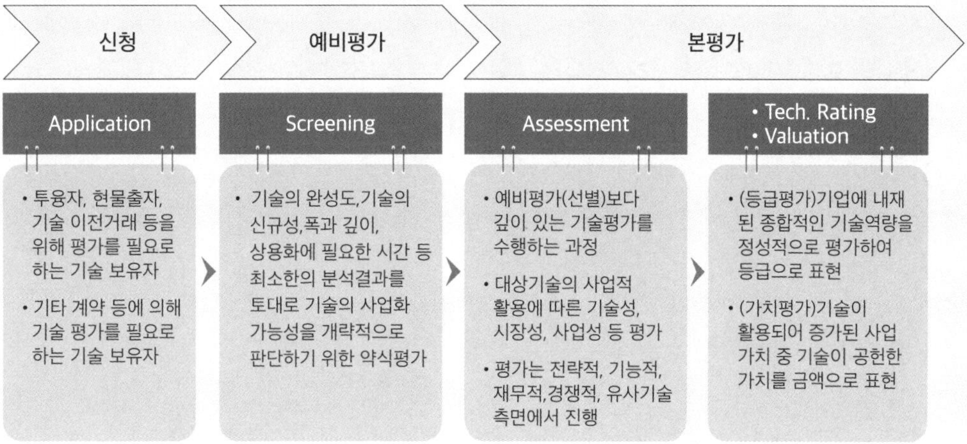

기술평가는 기술보유자 또는 이해관계자 등이 투융자, 현물출자, 기술이전거래 등을 위해 기술평가를 필요로 할 경우 기술평가기관에 평가신청을 함으로써 평가가 진행된다.

다음으로 착수하는 예비평가에서는 접수자료의 적정여부, 평가대상기술 해당여부, 기술의 완성도, 기술의 신규성, 상용화에 필요한 시간 등 최소한의 분석결과를 토대로 기술의 사업화 가능성을 개략적으로 판단한다.

마지막으로 본평가는 예비평가보다 깊이 있는 분석·평가가 이루어지는 중요한 절차이며 정성적 평가와 객관적·정량적평가로 구분된다. 정성적인 평가는 대상기술의 사업적 활용에 따른 기술성, 시장성, 사업성, 수익성 등을 평가하는 사업타당성 평가로써 평가목적이나 용도에 맞추어 평가요소가 구성된다. 평가요소는 일반적으로 전략적, 기능적, 재무적, 경쟁적, 유사기술 측면의 다섯가지로 나누어 사업타당성 평가가 수행된다.

객관적·정량적 평가는 일반적으로 기술력등급평가와 기술가치평가로 구분할 수 있다. 기술력등급평가는 기업에 내재된 종합적인 기술역량을 정성적·서술적으로 평가하고, 평가결과를 등급으로 표시하는 방식으로 진행된다. 기술가치평가는 기술이 활용되어 증가된 사업가치 중 기술이 공헌한 가치를 금액으로 산출함으로써 완료된다.

제 2 절 기술평가 인프라

기술평가 인프라[90)]는 기술평가활동의 기반을 형성하는 유·무형의 제반요소를 일컫는다. 즉, 기술평가와 관련된 인적·물적 요소 및 평가모형과 이들을 형성하고 운영하며 원활하게 기능하도록 하는 법규와 정책 그리고 기술평가 활성화를 촉진하는 제반 인프라를 모두 포괄하는 개념이다. 여기서는 사회경제적 제도로 자리잡을 수 있도록 법적 근거를 제공하는 법규와 정책, 기술평가수행에 있어 필수적인 기술평가조직 및 전문인력과 평가모델로 구성된 기술평가시스템, 그리고 기술·시장·평가정보DB, 교육프로그램, 협의체와 같은 지원인프라 등 크게 세 가지로 구분하여 정리하였다.[91)]

90) 인프라스트럭처(infrastructure)를 줄여서 부르는 말로 사회경제활동의 기반을 형성하는 기초적인 시설과 시스템을 말한다. 도로, 항만, 철도, 공항, 병원, 상하수도처리 등 유무형의 사회간접자본이 해당된다.

91) 2011년에 지식경제부(현 산업통상자원부)가 주관하고 기술보증기금과 한국산업기술진흥원이 공동으로 추진한 "기술평가 시장 현황분석 및 활성화방안 연구" 용역보고서를 참조하여 재작성하였음

1. 기술평가 관련 법률 및 정책

1) 법률

법조문에 기술평가란 용어가 들어가 있는 국내법들을 살펴보면 부동산 감정평가처럼 재산이나 권리 그 자체에 대한 평가를 규정하고 있는 것이 아니라 개별 법률상의 특정 목적을 달성하기 위한 방편으로 반영되어 있다.

국내법에 기업과 관련된 기술평가가 본격적으로 명시되기 시작한 것은 1997년 제정되어 이듬해 시행된 벤처기업법부터라고 할 수 있다. 이 법에서는 벤처기업에 대한 현물출자대상인 산업재산권 등에 대하여 가격을 평가하는 기술평가기관을 지정하였다. 또한 같은 해 정부는 벤처기업확인제도를 도입하고, 벤처기업 확인을 위한 기술성 평가제도를 시행하게 되면서 기술평가를 수행할 평가기관을 지정하였다. 이 때 기술평가센터를 설치한 기술보증기금이 벤처기업 확인을 위한 기술평가기관으로 지정되어 기술평가를 본격적으로 수행하기 시작했다. 이어서 2000년 제정된 기술이전법에 구체적이고 체계화된 기술평가 관련 내용이 법조문에 반영되고 기술거래소가 설립된 후 기술평가 관련 내용을 명시하는 법령들이 증가하였다. 현재 기술평가가 명시된 법률은 다수가 있지만 여기서는 기술금융, 기술이전·사업화, 산업재산권 현물출자 등 기술평가활동의 법적 근거를 제공해주는 법률들을 중심으로 살펴보기로 한다.

가) 기술이전법

기술이전법은 기술의 이전 및 사업화 촉진을 위해 '기술평가체제의 확립'이라는 별도의 장을 두고 그 아래 기술평가활성화 시책, 기술평가기법의 개발 및 보급, 기술평가기관의 지정 및 취소 등을 규정한 법조문을 제시하고 있어, 기술평가에 관한 모법(母法)이라고 할 수 있다. 다음의 표는 현재 산업통상자원부 소관 기술이전법에 명시된 기술평가 관련 내용을 발췌·정리한 것이다.

[표 3 - 3] 기술이전법 상 기술평가 관련 내용 요약

구분	기술평가 관련 내용	(법령조항)	규정 목적
용어의 정의	기술평가에 관한 정의	(법제2조)	기술이전 및 거래를 통한 사업화 촉진
기술평가 관련 정책 시행 법제화	기술이전·사업화촉진계획에 기술평가 활성화 방안을 수립·시행하도록 함	(법제5조)	
기술의 현물출자	산업기술진흥원 또는 법35조의 기술평가기관의 기술평가를 받은 경우 상법상 공인된 감정인이 감정한 것으로 간주	(법제23조)	
기술평가체제의 확립에 필요한 내용 (기술평가기관 지정등)	기술평가활성화를 위해 기술평가기관과 인력을 육성하는 등의 시책마련 법제화	(법제32조)	
	정부 연구개발사업 성과의 이전 및 사업화 촉진을 위해 경제성 평가 실시	(법제33조)	
	기술평가 기법의 개발 및 보급과 유관기관의 활용 촉진	(법제34조)	
	기술평가를 위한 전담인력 및 관리조직 등의 기준을 갖춘 기관을 기술평가기관으로 지정하고 시행가능사업과 의무사항명시	(법제35조)	

나) 기술보증기금법

기술보증기금법은 기술보증기금을 통해 기술보증제도를 정착·발전시킴으로써 신기술사업에 대한 자금의 공급을 원활하게 할 목적으로 제정되었다. 이후 기금의 정체성에 맞는 역할이 요구됨에 따라 핵심사업인 기술보증 이외에 기술평가를 법률상 기금업무로 추가하고, 기술평가의 기준·절차·방법·종류 등에 관한 사항에 대하여 업무방법서를 작성하도록 하고 있다. 이와 같이 기술평가가 기금 설립법에 기관의 주요업무로 추가(1997년)된 이후, 기술평가를 통해 보증 및 투·융자 등의 금융지원과 기업·기술인증 사업 등을 지속적으로 수행·확대하여 왔다. 그 결과 기보의 기술평가업무가 평가시장으로 불리울 정도로 양적·질적 측면에서 발전할 수 있는 계기가 되었다고 볼 수 있다.

[표 3 - 4] 기술보증기금법 상 기술평가 관련 내용 요약

구분	기술평가 관련 내용	(법령조항)	규정 목적
기금의 주요 업무	- 기술평가를 기금의 업무로 명시	(법제28조제1항)	기금법 : 신기술사업자에 대한 자금의 공급 원활화 업무방법서 : 기술개발과 기술이전촉진, 기술금융지원
	- 기술평가의 객관성 및 공정성 등을 확보하기 위하여 기술평가의 기준·절차·방법·종류 등에 관한 사항을 정함	(법제28조제3항)	
업무방법서 작성	위 법제28조 제3항의 사항 등을 적은 업무방법서를 작성하도록 함(제규정 등)	(법제29조)	
업무계획 작성	사업연도마다 기술보증 및 기술평가 등에 관한 업무계획을 작성하여 감독부처의 승인을 받도록 함	(법제32조)	
기술평가 수수료	기술평가수수료를 업무수행에 든 비용, 기간 및 업무난이도 등을 고려하여 업무방법서에서 정하도록 함	(법제33조의 2, 영 제24조의 2)	

다) 발명진흥법

발명진흥법은 발명을 장려하고 발명의 신속하고 효율적인 권리화와 사업화를 촉진함으로써 산업의 기술 경쟁력을 높이고 국민경제 발전에 이바지함을 목적으로 제정된 법률이다. 이 법에서는 발명의 사업화 촉진을 위해 발명의 평가기관 지정, 평가기관의 요건, 평가기관에 대한 지원 등 발명의 평가(기술평가와 거의 동일한 의미)에 대한 내용을 규정하고 있다.

[표 3 - 5] 발명진흥법 상 기술평가 관련 내용 요약

구분	기술평가 관련 내용	(법령조항)	규정 목적
발명의 평가기관 지정	- 산업재산권으로 등록된 발명의 조속한 사업화에 필요한 발명의 평가를 위해 기술성·사업성 평가를 전문적으로 수행하는 기관을 평가기관으로 지정 - 특허청장으로부터 평가기관 지정을 받기 위한 요건 (전문인력, 전담조직, 평가시설 및 장비 등 보유)	(법제28조 제1항) (법제28조 제2항 및 영 제12조)	발명의 사업화 촉진
평가기관에 대한 지원	발명평가 전문인력 양성, 발명평가 기법의 연구, 발명평가에 관련된 정보의 수집 및 제공 등의 사업에 드는 비용의 지원	(법제29조, 영 제13조)	
평가수수료 지원	평가기관으로부터 기술성과 사업성을 평가받은 자에 대하여 평가수수료 지원	(법제30조)	발명의 사업화 촉진
담보 산업재산권 매입·활용 사업 실시	- 산업재산권을 담보로 대출받은 기업의 채무불이행으로 금융회사등이 보유하게 된 산업재산권을 매입·활용하는 사업실시 - 담보산업재산권의 매입가격은 평가기관이 평가한 평가결과를 기준으로 함	(법제32조의 2, 영 제15조)	

라) 벤처기업법

벤처기업법은 기존 기업의 벤처기업으로의 전환과 벤처기업의 창업을 촉진하여 국내 산업의 구조조정을 원활히 하고 경쟁력을 높이는 것을 목적으로 하고 있다. 이를 위해 이 법에서는 벤처기업확인에 필요한 기술평가, 벤처기업이 산업재산권의 현물출자 시 그 가격을 평가하는 기술평가기관의 지정 등에 대하여 규정하고 있다.

[표 3 - 6] 벤처기업법 상 기술평가 관련 내용 요약

구분	기술평가 관련 내용	(법령조항)	규정 목적
벤처기업의 요건	- 벤처기업요건의 하나로 벤처기업확인기관으로부터 기술의 혁신성과 사업의 성장성이 우수한 것으로 평가받은 기업을 명시 - 기술의 혁신성과 사업의 성장성 평가기준과 평가방법을 마련하도록 규정함	(법제2조2, 영 제2조의3)	기존기업의 벤처기업 전환, 벤처기업의 창업 촉진
벤처기업확인 전문 평가기관 지정	벤처기업 확인을 위해 기술성의 혁신성과 사업의 성장성을 평가하는 전문평가기관 지정 → 지정에 관한 구체적 사항은 중소벤처기업부장관이 고시하도록 함	(법제2조2, 영 제2조의 3 제8,11항)	
산업재산권 등의 출자 특례 및 기술평가기관 지정	- 현물출자대상으로 특허권, 실용신안권, 디자인권 등을 명시하고 대통령령으로 정한 평가기관이 산업재산권등을 평가한 경우 그 평가내용은 공인된 감정인이 감정한 것으로 간주 - 산업재산권 등의 현물출자 시 기술평가기관 지정	(법제6조, 영 제4조)	

마) 기타 관련 법률

(1) 외국인투자 촉진법

외국인투자유치 촉진을 위해 제정된 외국인투자 촉진법의 기술평가 관련 내용을 보면, 외국인투자가의 출자목적물로 '산업재산권 등'을 명시하고,[92] 이 산업재산권 등을 법령에서 정하는 기술평가기관이 평가한 경우 그 평가내용은 상법상의 공인된 감정인이 감정한 것으로 간주한다고 규정되어 있다. 여기서 동법상의 기술평가기관은 벤처기업법 시행령 제4조에서 정한 평가기관과 동일하다.

92) - 외국인투자촉진법제2조제1항제8호(출자목적물) 라목: 산업재산권, 대통령령으로 정하는 지식재산권(저작권법에 따른 저작권 중 산업활동에 이용되는 권리와 반도체집적회로의 배치설계에 관한 법률 제2조제5호에 따른 배치설계권), 그 밖에 이에 준하는 기술과 이의 사용에 관한 권리

(2) 산업교육진흥 및 산학협력촉진에 관한법률(약칭: 산학협력법)

산학협력법상 기술평가관련 내용은 산학협력단 등이 기술지주회사[93]에 기술을 현물출자할 때, 기술이전법 제35조제1항에 따라 지정된 기술평가기관이 그 가치를 평가하여 법원에 보고한 경우에는 이로써 상법(제299조, 제299조의2 및 제310조)에 따른 조사·보고 또는 감정을 갈음할 수 있는 것으로 규정하고 있다.

(3) 공간정보산업 진흥법(약칭: 공간정보산업법)

공간정보산업법상 기술평가관련 내용은 동법 제21조에 공간정보사업을 하는 회사가 공간정보 관련 '특허권·실용신안권·디자인권, 그 밖에 이에 준하는 기술과 그 사용에 관한 권리'를 현물출자하는 경우 대통령령으로 정하는 기술평가기관이 그 가격을 평가한 때에는 그 평가내용은 상법(제299조의2)상의 공인된 감정인이 감정한 것으로 간주한다고 되어 있다. 또한 동법 시행령 제15조에는 현물출자 목적물로서 '산업재산권 등'의 가격을 평가하는 기술평가기관이 별도로 지정되어 있다.

(4) 산업기술혁신촉진법(구 산업기술기반조성에 관한 법률)

이 법은 산업기술혁신을 촉진하고 산업기술혁신을 위한 기반을 조성하여 산업경쟁력을 강화하고 국가 혁신역량을 높임으로써 국민경제의 발전에 이바지함을 목적으로 하고 있다. 기술평가 관련 내용으로는 동법 제15조에 개발기술사업화촉진사업(개발된 기술을 사업화하거나 이에 대한 출자를 주된 사업)의 세부 사업으로 기술력평가에 따른 기술담보대출의 활성화를 명시하고 기술력평가 전담기관을 지정하여 운영할 수 있도록 하고 있다.[94]

---

93) "기술지주회사"란 법제25조에 따른 산학협력단 또는 연구기관이 보유하고 있는 대통령령으로 정하는 기술의 사업화를 목적으로 다른 회사의 주식(지분을 포함)의 소유를 통하여 그 회사를 지배하는 회사를 말한다(제2조 용어의 정의).

94) 산업기술혁신촉진법 제15조(개발기술사업화촉진사업)

① 정부는 개발된 기술을 사업화하거나 이에 대한 출자를 주된 사업으로 하는 자의 지원·육성에 필요한 시책을 마련하여야 한다.

② 산업통상자원부장관은 개발된 기술의 사업화를 촉진하기 위하여 대통령령으로 정하는 바에 따라 다음 각 호의 사업(이하 "개발기술사업화촉진사업"이라 한다)을 실시할 수 있다.

1~4호 (생략)

5. 기술력평가에 따른 기술담보대출의 활성화

③ 산업통상자원부장관은 대통령령으로 정하는 바에 따라 제2항제5호에 따른 기술력평가를 전담하는 기관을 지정하여 운영할 수 있다.

(5) 건설기술진흥법

이 법 제11조에서는 건설기술 연구·개발 사업을 효율적으로 지원하기 위하여 기술평가기관을 설립할 수 있다는 법적 근거를 제시하고 기술평가기관이 수행할 수 있는 사업을 열거하고 있다. 즉, 건설기술 연구개발사업에 대한 평가·관리, 수요조사, 기획 및 기술예측, 건설기술 이전·사업화의 촉진 등을 법상 기술평가기관의 수행사업으로 명시하고 있다.

(6) 저탄소 녹색성장기본법(약칭: 녹색성장법)

녹색성장법 상 기술평가 관련 내용으로는 동법 제32조 및 시행령제19조에 녹색기술·녹색사업의 적합성 인증 및 녹색전문기업 확인(녹색인증이라 함) 시 평가기관이 녹색인증의 평가를 하도록 되어 있고, 평가기관의 평가결과를 토대로 녹색인증심의위원회에서 녹색인증여부를 결정하도록 규정되어 있다.

(7) 지식재산기본법

동 법 제27조를 보면, 정부는 지식재산에 대한 객관적인 가치 평가를 촉진하기 위하여 지식재산 가치의 평가 기법 및 평가 체계를 확립하고, 평가 기법 및 평가 체계가 지식재산 관련 거래·금융 등에 활용될 수 있도록 지원하며, 지식재산의 가치 평가를 활성화하기 위하여 관련 인력을 양성해야 한다고 규정되어 있다.

(8) 과학기술기본법

이 법에 명시된 기술평가 관련 내용으로는 동법제14조에 정부는 새로운 과학기술의 발전이 경제·사회·문화·윤리·환경 등에 미치는 영향을 사전에 평가하는 '기술영향평가'를 수행하고 그 결과를 정책에 반영하도록 규정되어 있다. 또한, 과학기술의 발전을 촉진하기 위하여 국가적으로 중요한 핵심기술에 대한 기술수준을 평가하는 '기술수준평가'를 수행하고 해당 기술수준의 향상 시책을 수립·추진하도록 규정하고 있다.

(9) 신용정보의 이용 및 보호에 관한 법률(약칭: 신용정보법)

신용정보법에 명시된 기술평가 관련 내용으로는 기술신용정보, 기술신용평가업무, 기술신용평가업무를 하려는 자(TCB사)가 갖추어야 할 조건 등을 들 수 있는데, 동법에서는 신용정보의 일 유형으로서 기술신용정보를 추가하고 있다. 동법'제2조제1호의6사목'에서 기술신용정보란 "기업 및 법인의 신용을 판단하기 위하여 정보(기업 및 법인의 기술과 관련된 기술성·시장성·사업성 등을 대통령령으로 정하는 바에 따라 평가한 결과를 포함한다)[95]를 처리함으로써 새로이 만들어지는 정보로서 대통령령으로 정하는 정보"[96]로 정의하고 있다. 또한 기존에 기업정보조회와 기업신용등급제공 업무로만 한정되었던 기업신용조회업[97]에 기술신용평가업무를 추가로 명시하고 동법제5·6조 및 시행령제5·6조에 기술신용평가업무에 대한 허가를 받을 수 있는 자와 그 허가의 요건(인적·물적·자본)을 규정하고 있다. 지금까지 살펴본 기타 관련법률에 반영되어 있는 기술평가 관련 법조문 내용을 요약하면 다음과 같다.

[표 3 - 7] 기타 관련 법률상 기술평가 관련 내용 요약

관련 법률	기술평가 관련 내용	(법령조항)	규정 목적
외국인투자 촉진법	외국인투자 출자목적물인 산업재산권 등을 법령상의 기술평가기관이 평가시 상법상 공인된 감정인의 감정으로 간주	(법제30조 및 시행령제39조)	외국인투자 유치촉진
산학협력법	산학협력단등이 기술지주회사에 기술을 현물출자시 기술이전법상 기술평가기관이 그 가치를 평가시 상법상 감정으로 갈음	(법제36조의2)	산학연협력촉진

95) 동법시행령제2조제15항: 법 제2조제1호의6사목 본문에 따른 기업 및 법인의 기술과 관련된 기술성·시장성·사업성 등의 평가는 업종, 규모 등 일정한 기준에 따라 기술을 분류하고 거래내용, 신용거래능력 등 기업 및 법인의 정보를 체계적으로 배열하여 평가하는 것으로 한다.

96) 동법시행령제2조제16항: 법 제2조제1호의6사목 본문에서 "대통령령으로 정하는 정보"란 기업 및 법인인 신용정보주체의 신용을 판단하기 위하여 기술평가(「기술보증기금법」 제28조제1항제6호의 기술평가를 말한다)를 하고 신용정보와 해당 기업 및 법인의 기술에 관한 정보를 활용함으로써 그 판단의 결과를 기호, 숫자 등을 사용하여 평점 또는 등급으로 표시한 정보, 그 기술의 가액 또는 평가의견 등(이하 "기술신용정보"라 한다)을 말한다.

97) 동법제2조제8호의3 "기업신용조회업"이란 다음 각 목에 따른 업무를 영업으로 하는 것을 말한다.
가. 기업정보조회업무, 나. 기업신용등급제공업무, 다. 기술신용평가업무(기업 및 법인인 신용정보주체의 신용상태 및 기술에 관한 가치를 평가하여 기술신용정보를 생성한 다음 해당 신용정보주체 및 그 신용정보주체의 거래상대방 등 이해관계를 가지는 자에게 제공하는 행위)

관련 법률	기술평가 관련 내용	(법령조항)	규정 목적
공간정보산업법	공간정보사업자가 현물출자하는 특허권 등의 기술을 동법에 지정한 기술평가기관이 평가 시 상법상 공인된 감정인의 감정으로 간주	(법제21조 및 시행령제15조)	공간정보산업 진흥
산업기술혁신촉진법	개발기술사업화촉진사업의 세부사업으로 기술력평가에 따른 기술담보대출의 활성화 명시, 기술력평가 전담기관 지정	(법제15조)	산업기술혁신촉진 및 기반조성
건설기술진흥법	건설기술 연구개발사업에 대한 평가·관리, 수요조사, 기획 및 기술예측, 건설기술 이전 사업화 촉진 등을 수행하는 기술평가기관 설립 근거 제공	(법제11조)	건설기술 연구개발촉진, 건설기술 수준향상
녹색성장법	녹색인증의 평가 실시, 평가기관의 평가 결과를 토대로 녹색인증여부 결정	(법제32조, 시행령제19조)	저탄소녹색 성장기반조성
지식재산기본법	지식재산가치의 평가기법 및 평가체계를 확립, 평가기법 및 평가체계가 지식재산 관련 거래·금융에 활용, 관련인력 양성	(법제27조)	객관적인 지식재산 가치평가촉진
과학기술기본법	기술영향평가와 기술수준평가 명시	(법제14조)	과학기술기반조성, 과학기술혁신
신용정보법	기술신용평가업무 명시, 기술신용평가 업무를 할 수 있는 자의 허가요건	(법제2·5·6조, 영 5·6조)	신용정보산업 육성 및 신용정보의 효율적 이용

2) 정부정책

가) 산업통상자원부(수행기관: 한국산업기술진흥원)

기술평가 관련 정책을 수립하는 소관부처는 산업통상자원부이고 기술평가 관련 업무를 위탁받아 세부사업을 추진하는 기관은 한국산업기술진흥원이다.

산업통상자원부는 기술이전법 제5조에 따라 기술이전·사업화에 관한 정책목표와 그 목표달성을 위해 "기술이전·사업화 촉진계획"(이하 촉진계획이라 함)을 수립·시행하고 있다. 이 촉진계획에는 기술이전·사업화 정책목표와 전략, 예산, 기반확충을 비롯하여 기술평가활성화방안을 포함해야 한다고 명시하고 있다.[98] 이에 따라 기술평가, 기술금융, 기술거래, 사업화 촉진 등 다양한 분야의 정책이 산업통상자원부를 비롯한 정부부처들의 공조체제로 추진되고 있다. 대표적인 기술평가 관련정책들로는 국가차원의 신뢰성있는 기술가치평가모형 개발 및 활용인프라 구축,[99] 기술가치평가 실무매뉴얼 제작 보급, 기술평가기준 운영지침 및 기술평가품질관리 지침 제정, 혁신형 중소기업 기술평가비용지원사업 등이 있다.

촉진계획은 2001년부터 3년단위(1차는 5개년)의 중기계획으로 추진되어 왔는데 그간의 촉진계획에 들어간 내용 중 기술평가와 관련된 주요내용을 요약·정리하면 다음과 같다.

제1차 촉진계획의 주요 내용은 기술거래시장 조성에 필요한 제도정비, 기술거래 활성화지원, 기술거래와 사업화 활성화를 위한 기반구축의 세가지로 추진되었다. 기술평가와 직접적 관련이 있는 내용으로는 기술거래시장 조성에 필요한 제도정비로 기술거래기관과 기술평가 전문기관 지정·육성이 있고, 기술거래시장 활성화지원 측면에서 기술평가비용과 기술가치평가모델 개발사업이 추진되었다

제2차 촉진계획은 제1차 촉진계획에서 상대적으로 미흡했던 기술평가와 기술금융 분야에 초점을 맞추어 수립·추진되었는데 주요 내용을 살펴보면 다음과 같다.

먼저 공신력있는 기술평가시스템을 구축하기 위해 공공분야 기술평가수요 확충, 기술평가기관의 전문성과 기술평가기법의 신뢰성 제고, 기술평가정보 유통 활성화, 기술평가전문인력 양성 등을 추신하였다.

특히 전략기술개발사업 등에 대한 R&D의 경제성 평가 시범 실시와 중소기업청과 특허청의 기술평가 지원, 기술현물출자를 위해 기술평가기관의 평가를 받은 경우 공인감정으로 인정,

---

98) 기술이전법 제5조(기술이전·사업화 촉진계획의 수립 및 시행) ① ① 정부는 기술이전·사업화에 관한 정책목표를 달성하기 위하여 다음 각 호의 사항이 포함된 기술이전·사업화 촉진계획(이하 "촉진계획"이라 한다)을 수립·시행하여야 한다.
1. 기술이전·사업화의 정책목표와 전략
2. 촉진계획의 시행을 위한 예산에 관한 사항
3. 기술이전·사업화를 촉진하기 위한 사업의 추진 및 기반 확충에 관한 사항
4. 기술평가의 활성화 방안
5. 사업화 촉진을 위한 금융지원에 관한 사항
6. 기술자산유동화의 촉진에 관한 사항
7. 그 밖에 기술이전·사업화를 촉진하기 위하여 필요한 사항

99) 지식경제부는 2003~2008년까지 5개년간(1~3차년도: 기술거래소 주관, 4~5차년도: 기보 주관) 기술가치평가기반 구축사업에 약 33억원의 예산을 투입하여 기술가치평가모형을 개발·보급하였다.

R&D사업에 대한 경제성 평가를 시행할 수 있도록 기술이전법을 개정(2006년)함으로써 기술평가수요 및 시장형성 기반을 마련하였다.

다음으로 기술금융 공급확대를 위해 기술보증기금의 기술평가보증제도를 다양화하고 그 비중을 연차적으로 확대하며, 혁신형 중소기업에 대한 신용대출 및 평가비용 지원 확대 등 기술평가 연계 금융사업을 금융정책 관련부처와 합동으로 추진하였다.

제3차 촉진계획은 전주기 기술이전 사업화 촉진시스템을 구축하는데 역점을 두고 있는데, 기술평가와 관련이 있는 핵심과제로는 기술금융공급확대와 기술이전사업화 기반확충을 들 수 있다. 좀더 구체적으로 보면, 기술금융공급 확대 및 시스템 구축 차원에서 특허기술사업화 모델 개발 및 지원, 기술사업화초기자금 확대를 추진하였다. 또한 기술이전 사업화기반 확충을 위해 기존 기술가치평가 표준모형의 개선 및 다양한 수요와 융합기술에 특화된 평가모델 개발, 기술평가모형의 적합성 검증 등을 추진하였다.

제4차 촉진계획은 성과지향적 R&BD시스템 구축을 위해 기술과 시장의 연계활동 강화, 기술사업화 수행주체(중개자) 역량제고, 융복합 사업화 및 개방형 혁신 촉진 등을 핵심과제로 추진하였다. 기술평가와 관된 내용을 살펴보면, 기술평가보증과 연계해 기술혁신형 기업의 기술개발·사업화 및 양산단계 자금을 전주기적으로 지원하는 R&D 프로젝트 금융을 추진하였다. 또한, 기술이전·사업화 인프라 고도화를 위해 국가기술사업화정보망(NTB)의 기능을 강화하고, 기술평가의 신뢰성 제고 및 기술평가수요 확대를 지속적으로 추진하였다.

제5차 촉진계획은 기술이전·사업화 생태계 조성을 위해 기술거래시장 작동 원활화, 사업화 가능성이 높은 맞춤형 기술 공급, 초기 사업화 기업의 성장여건 마련 등의 전략을 수립하였다. 기술평가와 관련된 내용은 기술거래시장 작동 원활화의 일환으로 기술사업화정보망(NTB)에 등록된 기술DB의 량(量)과 질(質)을 높이고, NTB내에 기술 Pool을 구축한 기술은행을 도입하여 창업·벤처기업의 기술이전사업화를 지원하는 종합시스템으로 활용하도록 하였다. 또한 기술평가 고도화를 위해 IP가치평가모형을 추가개발하고 '기술평가품질관리지침'을 마련하는 등 평가방법을 개선하였다. 이외에도 상용화 R&D과제의 타당성, 수행기업의 R&D역량을 기술평가기관이 수행하도록 함으로써 평가시장 확대를 도모하고, 금융친화적 가술평가모델(TCB)개발을 추진하였다.

[표 3 - 8] 산업통상자원부(기술이전사업화 촉진계획)의 기술평가 관련 내용 요약

구분	정책추진방향	기술평가 관련 세부 내용
1차 (01-05년)	기술시장조성을 위한 제도정비 및 기반구축	• 기술거래활성화 지원 : 사업화자금 지원, 기술평가모형개발 등 • 기술거래시장 제도정비 : 기술거래기관 및 평가기관 지정·육성
2차 (06-08년)	기술이전·사업화 기반 확충	• 기술평가·금융활성화 : 기술평가 수요 확충, 기술평가기관 전문성 제고 및 기술평가기법 개발, 평가정보유통 활성화, 기술평가기반 투·융자, 기술사업화자금 확대(기술평가보증 다양화 및 비중 확대) 등
3차 (09-11년)	전주기 기술이전사업화 촉진시스템 구축	• 단계별 기술금융 공급 : 창의자본 조성, 기술사업화 초기자금 확대, 신성장동력펀드 조성·운용 등 • 기술사업화기반 확충: 기술가치평가 표준모형 개선, 기술사업화기업 설립·운영 지원 등
4차 (12-13년)	성과지향적 R&BD시스템 구축	• 기술과 시장의 연계 강화 : R&D사전기획 강화, 기보의 기술평가보증과 연계한 R&D사업화 프로젝트금융 지원 • 기술이전사업화 인프라 고도화 : 국가기술사업화 정보망(NTB)기능 강화, 기술평가 신뢰성제고 및 기술평가수요 확대 지속 추진
5차 (14-16년)	기술시장 활성화 및 기술이전·사업화 생태계 조성	• 기술거래시장 작동 원활화 : NTB에 등록된 기술 DB량과 질 제고, NTB내에 기술은행(기술pool)구축, • 초기사업화기업의 성장 여건 마련 : 기술평가 고도화 일환으로 IP가치평가모형 추가개발, 기술평가품질 관리지침 마련, 상용화 R&D 과제평가제 도입, 금융 친화적 기술평가모델(TCB) 개발
6차 (17-19년)	오픈 이노베이션 촉진 생태계 조성	• Buy R&D수요기반 확대 : Open Innovation형 B&D(Buy & Develop, 외부기술도입후 추가기술 개발) 제도 도입 • 수요기업이 원하는 기술공급(Buyable R&D) • 수요자와 공급자 간 간극해소 : 온오프라인 융합형 기술시장 플랫폼 구축, 기술평가 신뢰도 및 전문성 제고를 위해 기술평가기관의 체계적 품질관리 지원
7차 (20-22년)	시장 수요자 중심의 기술사업화정책관점 전환	• 신속한 기술매칭 기반조성 : 실제 기술평가·거래데이터 기반 AI기술평가·매칭 시스템 구축 • 사업화 투자 확대 : 우수기술 사업화자금 지원 다각화 → 기술사업화기업 지원펀드 조성, 민간 기술평가기관을 활용한 신규기술보증 확대, IP담보대출 확대

제6차 촉진계획은 오픈 이노베이션 촉진 생태계 조성을 비전으로 내세우고 Buy R&D 수요기반 확대, 수요기업이 원하는 기술공급(Buyable R&D), 수요자와 공급자 간 간극 해소 등을 추진전략으로 하였다. 제6차 계획에 반영된 기술평가 관련내용은 기술평가 신뢰도 및 전문성 제고를 위해 범부처 기술평가 품질관리협의회를 구축하여 각 부처에서 지정·관리하는 기술평가기관의 품질관리를 지원하도록 하고 기술평가 교육 모듈을 마련하여 금융권 등에 보급을 추진하였다.

제7차 촉진계획은 기술이전사업화 기반조성을 위해 시장중심의 R&D성과 창출, 신속한 기술매칭 기반조성, 사업화투자확대 등을 추진하였다. 기술평가 관련 내용으로는 첫째, 실제 기술평가·거래 데이터 기반으로 AI 기술평가·매칭시스템을 구축하여 신속한 기술거래를 촉진하고자 하였다. 둘째, 우수기술 사업화 자금지원을 다각화하는 방안으로 외부기술도입·기술지주회사 설립·대학창업·기술평가 등 기술사업화 기업을 지원하는 기술사업화 기업을 지원하는 펀드조성, 민간 기술평가기관을 활용한 R&D 사업화 지원 보증사업 신설, IP담보대출 확대 등이 세부추진내용에 포함되었다.

나) 중소벤처기업부(수행기관: 기술보증기금)[100)]

기술보증기금(기보)은 기술성과 사업성은 우수하나 담보능력이 부족한 기술중소기업에 기술보증을 공급하기 위해 설립된 준정부기관이다. 기보와 관련된 정부의 기술평가정책은 기술평가 기능을 통해 목적사업인 기술보증을 활성화하는데 있다. 하지만 실질적으로는 기보가 유사 보증기관인 신용보증기금(신보)과의 중복성 논쟁 및 통폐합 요구에 대응하기 위하여 기술평가를 통한 업무특화의 일환으로 정책을 추진하는 과정에서 다양한 기술평가제도 및 사업이 개발되고 시행되었다. 예컨대, 기업의 기술혁신활동에 필요한 자금을 고유의 기술평가모델(KTRS)에 의해 지원하는 기술금융체제 구축, 대학·연구소 등 기술공급자와 중소기업 등의 수요자를 매칭·이전하는 시스템을 구축하고 이전협상 및 기술금융을 원활하게 하는 기술가치평가기법 개발, 기술평가에 의한 벤처·이노비즈기업 인증·지원제도 등이 기술평가와 관련된 대표적인 정책들이다. 여기서는 지금까지 추진한 기술평가 관련 정책 중 기술평가제도의 활성화에 긍정적 영향을 미친 주요 정책들을 소개하면 다음과 같다.

100) 기술보증기금을 감독하는 소관부처가 기술금융·평가 관련 정책을 수립해왔는데, 그간 소관부처는 재정경제부(1989~2008년) → 금융위원회(2008~2017년) → 중소벤처기업부(2017년 이후)로 변경되었다.

① 1997년 국내 금융기관 최초로 기술평가센터를 설치하여 전문기술평가사업을 개시하고 연계금융사업인 기술평가보증제도를 시행(1999년)함으로써 기술평가시장이 형성되는 계기를 마련하였다.

② 정부가 발표한 "중소기업 경쟁력강화 종합대책"(2004년)과 "중소기업 금융지원체계 개편방안"(2005)에서 기술보증기금의 기술평가기능을 강화하고 기술금융지원체계로 전환, 기술평가보증 비중의 점진적 확대, 기술평가 신뢰성제고 및 기술평가금융활성화 대책을 제시하였다. 이에 따라 기술금융에 최적화된 '기술평가시스템(KTRS)'을 개발하여 기술보증지원에 적용하고, 이러한 운영경험을 토대로 2007년 재무적 평가요소를 완전 제거한 기술평가보증심사체제로 일원화함과 아울러 여신심사용 기술평가인증제도를 시행하였다.

③ 중소기업청(현 중소벤처기업부)은 2001년부터 신기술·아이디어에 대한 기술성·시장성·사업화가능성 등 사업화 타당성을 기술평가기관이 평가하도록 하는 사업을 실시함으로써 기술평가시장 활성화에 기여하였다. 또한, 2003년 중소기업정책 개편방안 후속조치의 일환으로 기술보증기금 등을 포함한 태스크포스팀을 구성하여 '기술 및 신용평가시스템 구축'을 추진하였다. 이 때 '표준화된 선진평가모형 및 기법개발' 연구과제 결과물로 도출(2006년)된 것이 기업기술력등급평가모형(STBR, Standard Technology Business Rating)으로 중소기업자금지원시 활용하도록 하였다.

④ 이외에도 전체 영업점을 기술평가센터화하고, 다양한 정책적 필요에 부응하여 창업·녹색기술·R&D·문화콘텐츠·투자용 평가모형 등 수십종의 평가모형을 개발·운영하고 있다. 또한, 최근에는 AI기반의 신기술평가모형과 기술평가피드백 시스템을 개발하여 기술평가 및 금융지원에 적용하고 있으며, 공공 및 민간의 기술이전·사업화를 지원하기 위한 기술이전 플랫폼(Tech-Bridge)을 구축·운영하고 있다.

다) 특허청(수행기관: 한국발명진흥회)

특허청은 발명진흥법에 명시된 발명의 사업화 촉진을 위해 평가기관의 지정 및 지원, 발명의 기술성·사업성 평가수수료 지원, 발명의 사업화에 대한 자금지원, 담보산업재산권의 매입·활용사업 등에 관한 정책을 수립·시행하고 있다.

특허청의 기술평가 관련 정책으로는 먼저 발명평가 전문인력의 양성, 발명평가기법의 개발 및 보급, 발명평가에 관련된 정보의 수집 및 제공 등을 들 수 있다. 특히, 지식재산권(IP) 담보대출을 위한 IP가치평가모델 연구를 토대로 실무가이드를 제작·보급하였고, 수요자 니즈에 맞추어 가치평가모델의 다변화와 고도화를 지속적으로 추진함으로써 IP가치평가 활성화에 크게 기여했다고 할 수 있다.

다음으로 IP금융 활성화를 위하여 발명의 기술성·사업성 평가수수료 지원, 특허기술의 사업화 및 활용촉진을 위한 IP가치평가비용의 지원, IP보증·투자, IP담보대출[101] 및 회수지원 등 IP금융 확대방안 등을 매년 업무계획에 반영하여 중점사업으로 추진하고 있다.

이외에도 IP가치평가기관을 민간중심으로 확산, IP가치평가 인력양성지원, 평가의 품질 제고, 특허분석평가시스템(SMART3)을 금융기관 등 민간에 개방하여 금융기관 및 민간의 IP 가치평가 역량 강화, IP평가·거래정보 DB 구축 등을 추진하였다.

라) 기타 정부부처

전술한 정부부처 이외에도 국토교통부, 과학기술정보통신부, 농림축산식품부 등 여러 정부기관들이 개발기술 이전사업화 등 특정 목적 사업의 효과적인 추진을 위해 기술평가제도의 필요성이 제기되면서 관련 정책들을 추진하기 시작했다. 현재 정부부처의 기술평가 관련 정책추진체계는 일반적으로 소관부처가 정책을 수립하고 산하기관에게 기술평가업무를 위탁·집행하도록 하고 있다. 정부부처별 기술평가 관련 기관과 기술평가 정책내용을 요약·정리하면 다음과 같다.

[표 3 - 9] 기타 정부부처 및 산하기관의 기술평가 관련 정책내용

주무부처	기술평가 관련기관	기술평가 정책내용
국토교통부	국토교통과학기술진흥원	건설기술평가, 기술가치평가매뉴얼운영
과학기술 정보통신부	정보통신산업진흥원	SW기술가치평가, 실무매뉴얼 운영
	한국과학기술기획평가원	기술영향평가, 기술수준평가
농림축산식품부	농업기술실용화재단	농식품기술평가, 기술평가팀 운영
보건복지부	한국보건산업진흥원	기술가치평가기법(신약분야 위험조정 수익접근법)개발

101) 특허청은 2006년에 최초로 산업은행, 기술보증기금과 특허담보부대출 및 특허기술가치평가보증을 지원할 때 수반되는 기술가치평가수수료 지원협약을 체결한 이후, 지속적으로 IP담보대출 취급은행과 IP가치평가기관을 확대하였다.

주무부처	기술평가 관련기관	기술평가 정책내용
해양수산부	해양수산과학기술진흥원	기술력평가, 기술가치평가, 기술인증평가팀 운영
환경부	한국환경산업기술원	녹색인증기술평가, 기술평가실 운영
문화체육관광부	한국콘텐츠진흥원	문화기술평가모델 개발, 평가모형 및 콘텐츠가치평가 센터 운영
방위사업청	국방기술진흥연구소(DTAQ부설)	절충교역 기술가치평가모형 개발, 운영

2. 기술평가시스템

기술평가시스템은 기술평가를 수행하기 위하여 반드시 갖추어야 할 기본적인 요소들의 집합체로서 기술평가기관, 기술평가인력 그리고 기술평가모형(모델)으로 구성된다.

기술평가기관은 기술평가수요에 대응하여 정해진 절차와 합리적인 방법에 따라 기술평가를 수행하고 관리하는 조직으로 그 평가결과에 대하여 책임성과 신뢰성을 인정받을 수 있어야 한다. 현재 우리나라는 기술이전·사업화, 기술금융, 현물출자, 기업인증 등 정부정책을 효과적으로 추진하기 위하여 관련 법령 등에서 기술평가기관을 지정하고 있다.

기술평가인력은 기술평가기관에서 기술평가를 주업무로 전담하는 자로서 일정한 수준의 자격과 경력 및 지식을 필요로 한다

기술평가모형은 기술평가대상의 특성에 따라 평가결과에 영향을 미치는 핵심변수(평가요소)들을 선정하고 그 인과관계에 대한 분석결과를 토대로 등급, 금액 등의 평가결과 도출 방법 및 절차를 체계화·정형화한 것이다. 평가모형은 평가 전문가가 일정한 조건하에서 반복적으로 사용할 수 있도록 절차를 표준화·통일화함으로써 평가의 효율성과 일관성, 객관성 및 전문성이 확보될 수 있도록 한다.

이러한 기술평가시스템을 형성하는 기본 구성요소들은 상호작용하거나 상호보완적 의존관계에 있기 때문에 요소들이 결합되어 있을 때 제 기능을 발휘할 수 있으며 독립적으로 분리되어 있는 경우에는 존재의 의미가 없다고 할 수 있다.

1) 기술평가기관

기술이전법, 벤처기업법 등 다수의 법률 등에서는 관련 법률에 명시된 정책사업의 효과적 추진 또는 정책목적을 달성하기 위하여 기술평가를 수행할 수 있는 기관과 평가내용을 규정하고 있다. 관련 법률 상의 기술평가기관은 공공기관 중심으로 지정되어 오다가 2016년 이후 기술평가의 민간 확산을 위해 민간법인이 신규로 지정되는 사례가 늘어나고 있다. 관련 법률에 의거 지정된 기술평가기관, 평가목적 및 내용을 정리하면 다음과 같다.

가) 기술이전법에 의거 지정된 기술평가기관

정부는 기술평가의 신뢰성 제고 및 기술평가시장의 활성화를 통한 기술이전·사업화 촉진을 목적으로 기술이전법 제35조제1항 및 동법시행령 제32조에 의거 산업통상자원부가 고시한 기술평가기관 지정요령에 따라 기술평가기관을 지정하고 있다. 동법시행령에 정한 기술평가기관의 지정기준을 보면 ① 일정한 자격요건을 갖춘 전문가들을 상시 고용하고, ② 기술평가사업을 수행하기 위한 관리조직을 가지고 있을 것과 ③ 기술가치, 기술력 등을 평가하는 기술평가모델을 보유함과 아울러 ④ 기술평가에 관한 정보의 수집·관리·유통 등을 위한 정보망 보유 등 4가지 요건을 모두 갖춘 법인으로 한다고 규정되어 있다. 기술이전법에 의거 산업통상자원부장관이 지정한 기술평가기관 현황 및 추이를 살펴보면 평가기관을 지정하기 시작한 2001년부터 2015년 이전까지는 공공기관만으로 지정되었다. 그러나 2016년부터 기술평가시장 활성화 및 민간확산을 위하여 특허법인, 기술·특허분석기관 등의 민간법인을 신규 지정하게 됨에 따라 민간 기술평가기관 지정이 증가하고 있다.[102)] 한편 정부는 기술혁신형 중소·중견기업의 투자유치를 지원하기 위하여 추진하고 있는 '투자용 기술평가비용 지원사업'에서 투자용 기술평가를 수행할 수 있는 기관을 별도로 지정하고 있다.[103)]

---

102) 기술이전법에 의거 지정된 기술평가기관 현황(2021년 말 현재):
1. 공공분야(19개): 국방기술진흥연구소, 국토교통과학기술진흥원, 기술보증기금, 농업기술실용화재단, 신용보증기금, 연구개발특구진흥재단, 중소기업진흥공단, 한국과학기술연구원, 한국기계연구원, 한국발명진흥회, 한국보건산업진흥원, 한국산업기술진흥원, 한국산업은행, 한국생명공학연구원, 한국생산기술연구원, 한국에너지기술평가원, 한국전자기술연구원, 한국전자통신연구원, 해양수산과학기술진흥원
2. 민간분야(11개): ㈜케이티지, ㈜티밸류, 유미특허법인, ㈜윕스, ㈜이크레더블, 특허법인 다나, 특허법인 다래, 특허법인 도담, 한국기업데이터(주), NICE디앤비, NICE평가정보(주)

103) 기술이전 및 사업화 촉진에 관한 법률 제35조에 의해 지정된 기술평가기관 중 투자용 기술평가비용지원사업에 참여하는 기관: 기술보증기금, 나이스평가정보, 이크레더블, 한국기업데이터, 나이스디앤비, 농업기술실용화재단

나) 벤처기업법에 의거 지정된 기술평가기관

벤처기업법 상의 기술평가기관은 벤처기업 확인[104)]을 위한 전문평가기관과 법에 현물출자대상으로 명시한 '산업재산권 등'의 가격을 평가하기 위한 기술평가기관 등 두 유형으로 구분된다.

벤처기업 확인을 위한 전문평가기관은 벤처기업 확인 유형에 따라 구분하여 지정하고 있다. 벤처기업 확인유형은 법제2조의2(벤처기업의 요건)에 따라 벤처투자유형, 연구개발유형, 혁신성장유형 그리고 예비벤처기업 등 4가지 유형으로 구분하고, 유형별 벤처기업의 요건을 다르게 정하고 있다. 이 4가지 유형 중 연구개발 유형은 연구개발비가 시행령(제2조의3)에서 정한 기준을 충족하고 사업의 성장성이 우수한 것으로 평가받은 기업이어야 하며, 혁신성장 및 예비벤처기업 유형은 기술의 혁신성 및 사업의 성장성이 우수한 것으로 평가받은 기업이어야 벤처기업으로 확인받을 수 있다. 여기서 성장성 또는 기술의 혁신성 및 사업의 성장성에 관한 구체적인 평가기준과 평가방법은 중소벤처기업부장관이 정하여 고시하도록 되어 있다. 이에 따라 중소벤처기업부장관은 '벤처기업확인요령'을 제정하여 고시하고 있는데, 이 요령에서 벤처기업확인기관과 벤처기업 확인 전문평가기관 지정에 관한 내용을 규정하고 있다. 즉, 동 요령 제11조를 보면 벤처기업확인기관의 장은 중소벤처기업부장관과 협의하여 전문평가기관을 지정하도록 하고 있으며[105)] 유형별 평가분야 및 평가기관별 평가수행분야는 벤처확인기관의 장이 정하여 운영하고 있다.[106)]

한편, 벤처기업법 제6조제1항에 벤처기업에 대한 현물출자대상으로 '산업재산권 등'이 명시되어 있고, 제2항에서는 대통령령으로 정하는 평가기관이 산업재산권 등의 가격을 평가한 경우 그 평가한 내용은 상법상 규정에 따라 공인된 감정인이 감정한 것으로 간주하고 있다. 이에 따라 동

104) 벤처기업 확인제도는 「벤처기업법」 시행 이후 여러 차례의 법개정을 거쳐 현재, 혁신·성장성 중심의 '민간주도 벤처기업확인제도로 전면 개편되어 시행중('21. 2. 12)에 있다. 주무부처인 중소벤처기업부는 「벤처기업법」 제25조의3(벤처기업확인기관의 지정 등)에 의거 (사)벤처기업협회를 벤처기업확인기관으로 지정하였다(지정기간 2020. 7. 1.~ 2023. 6. 30)

105) 벤처기업법에 의거 벤처기업확인요령에서 정한 전문 평가기관 현황(2021년 말 현재): 기술보증기금, 농업기술실용화재단, 신용보증기금, 연구개발특구진흥재단, 중소벤처기업진흥공단, 한국과학기술정보연구원, 한국발명진흥회, 한국벤처캐피탈협회, 한국생명공학연구원, 한국생산기술연구원

106) 벤처기업 확인유형별 전문평가기관 및 평가수행분야(2021년 말 현재)

확인유형	전문평가기관	평가수행 분야
벤처투자유형	한국벤처캐피탈협회	투자금액 및 비율 요건
연구개발유형	중소벤처기업진흥공단, 신용보증기금	사업의 성장성
혁신성장유형	기술보증기금, 농업기술실용화재단, 연구개발특구진흥재단, 한국과학기술정보연구원, 한국발명진흥회, 한국생명공학연구원, 한국생산기술연구원	기술의 혁신성 및 사업의 성장성
예비벤처기업	기술보증기금	기술의 혁신성 및 사업의 성장성

법 시행령제4조에서 기술평가기관을 명시하고 있는데, 이들 평가기관은 공공기관과 민간법인이 혼재된 기술이전법상 기술평가기관과 달리 모두 공공기관으로만 지정되어 있다.[107)]

다) 발명진흥법에 의거 지정된 기술평가기관

발명진흥법 제28조를 보면 특허청장은 산업재산권으로 등록된 발명의 조속한 사업화가 필요하다고 인정되면 그 발명의 평가를 위해 국공립·정부출연 연구기관, 민간연구기관 또는 기술성·사업성 평가를 전문적으로 수행하는 기관을 발명의 평가기관으로 지정할 수 있도록 규정하고 있다. 동법 시행령 제12조에서는 평가기관의 지정절차와 지정 조건 등을 규정하고 있으며, 시행령에서 정하지 않은 평가기관지정 및 운영에 관한 사항은 특허청장이 고시하는 '발명진흥사업 운영요령'에서 정하고 있다. 이러한 절차와 체계에 따라 지정되는 발명의 평가기관 유형은 기술성 평가기관, 사업성 평가기관 그리고 기술성 및 사업성 평가 기관 등 3가지로 구분된다. 기술성 평가기관은 "평가대상 기술분야의 성능평가 또는 시험분석 등에 관한 기술평가 또는 평가기반구축"분야를 담당하고, 사업성 평가기관은 기술성 평가기관이 담당하는 분야를 제외한 전 범위에 대하여 평가를 수행하며, 기술성 및 사업성 평가기관은 기술성과 사업성평가를 모두 수행할 수 있다. 발명진흥법 상 평가기관은 기술이전법의 평가기관과 마찬가지로 공공기관 일변도로 지정되다가 민간과의 경쟁체제 도입을 통한 평가기관의 역량제고와 저변확대를 위해 민간법인을 새로이 평가기관으로 지정하기 시작하였으며, 최근 수년간 민간의 신규진입 증가세가 지속되고 있다.[108)]

107) 벤처기업법 시행령제4조(기술평가기관): 한국산업기술진흥원, 기술보증기금, 한국산업기술평가관리원, 한국환경공단, 국가기술표준원, 한국과학기술연구원, 한국과학기술정보연구원, 정보통신산업진흥원 등

108) 발명의 평가기관 지정현황(2022년 6월말 현재)

평가유형	평가기관	평가기술분야
① 기술성 평가	한국기계전기전자시험연구원, 한국건설생활환경시험연구원, 한국화학융합연구원	성능평가 또는 시험분석 등이 요구되는 전문분야별 평가기술
② 사업성 평가	기술보증기금, 한국과학기술정보연구원, 산업은행, 한국발명진흥회, ㈜윕스, 특허법인 다래·다나·도담, 나이스평가정보(주), ㈜이크레더블, ㈜케이티지, 신용보증기금, 한국기업데이터, ㈜나이스디앤비, 국민은행, 농협은행, 우리은행, 유미특허법인, ㈜주원아이피	위 성능평가 또는 시험분석 등이 요구되는 기술을 제외한 범위
① 및 ② 평가	농업기술실용화재단	위 ①, ② 담당

라) 기타 법률 등에 의거 지정된 기술평가기관

전술한 기술평가기관 이외에도 여러 법률 등에서 다양한 목적으로 기술평가기관을 지정·운영하고 있다. 여기서는 기술이전·사업화, 기술금융, 현물출자, 기업인증 등을 위한 평가기관 중심으로 지정 및 운영 목적과 현황을 정리하였다.

[표 3 - 10] 기타 법률 등에 의한 평가기관의 지정·운영 목적 및 현황(2021년 말 현재)

지정·운영목적	기술평가기관 현황	관련 법령(소관부처)
외국인 투자가가 출자목적물인 '산업재산권 등' 가격평가	벤처기업법에 의거 지정된 기술평가기관과 동일	외국인투자법제30조 및 시행령제39조(산업통상자원부)
기술지주회사에 기술을 현물출자 시 그 가치를 평가	기술이전법에 따라 지정된 기술평가기관과 동일	산학협력법제36조의 2 (교육부)
공간정보산업 영위회사가 산업재산권등을 현물출자 시 그 가격을 평가	시행령에서 공공기관만으로 기술평가기관을 명시[109)]	공간정보산업법제21조 및 시행령제15조(국토교통부)

109) 공간정보산업진흥법시행령 제15조에 지정된 기술평가기관: 한국산업기술진흥원, 한국산업기술평가관리원, 기술보증기금, 한국과학기술원, 건설기술진흥법 제11조에 따른 기술평가기관, 기타 비영리법인

110) 녹색인증제운영요령 제15(평가기관 지정요건): 평가기관은 녹색기술 및 녹색사업과 관련된 분야의 연구개발 사업의 기획, 평가 및 관리 전문기관으로서 다음 각 호의 어느 하나에 해당하는 기관이어야 한다.
1. 『공공기관의 운영에 관한 법률』제4조, 제5조에 따른 준정부기관 또는 기타공공기관
2. 『국가연구개발사업 등의 성과평가 및 성과관리에 관한 법률』제16조에 따른 연구관리전문기관
* 녹색인증 평가기관 현황(2021년 말 현재): 기술보증기금, 한국산업기술평가관리원, 한국에너지기술평가원, 국토교통과학기술진흥원, 해양수산과학기술진흥원, 한국환경산업기술원, 한국방송통신전파기술원, 농림식품기술기획평가원, 한국산업기술진흥협회, 한국콘텐츠진흥원, 한국문화관관연구원

111) • 기술신용평가업을 허가받을 수 있는 자(동법제5조및시행령제5조): 대통령령으로 정하는 금융기관 등이 100분의 50 이상을 출자한 법인, 신용보증기금, 기술보증기금, 신용보증재단, 한국무역보험공사, 신용정보업이나 채권추심업의 전부 또는 일부를 허가받은 자가 100분의 50 이상을 출자한 법인, 기술신용평가업무의 특성, 법인의 설립목적 등을 고려하여 대통령령으로 정하는 법인(관련법에 의한 특허법인·회계법인)
• 기술신용평가업무 허가요건(동법제6조및시행령제6조): 20억원 이상을 보유하고, 공인회계사, 기술사, 3년이상 기술가치평가업무 종사자 등 시행령(제6조제2항)에서 명시된 상시고용인력 10명 이상 및 필요설비를 갖출 것
• 기술신용평가기관(TCB)(2021년 말 현재): 독립 TCB사 6개(한국기업테이터, 나이스평가정보, 이크레더블, 나이스디앤비, SCI평가정보, 한국기술신용평가)와 자체평가가 가능한 10개의 은행이 독자 평가모형으로 TCB평가를 실시하고 있다.(도입 초기 민간TCB의 기술신용정보산출·제공 역량을 확보하기 위해 기보에게 한시적으로 TCB평가업무를 수행하게 한 후, 2018년 동사업에서 철수함)

112) 전문평가제도 운영지침 제4조에 의한 전문평가기관의 선정요건: 1. 정부산하 연구기관(또는 평가기관)이거나 기업평가업무를 수행하는 기관일 것, 2.박사 및 기술사 등 전문평가인력(외부가용인력 포함)이 10인이상일 것, 3. 과거 기술평가 또는 사업평가경험이 있을 것

지정·운영목적	기술평가기관 현황	관련 법령(소관부처)
녹색기술 또는 녹색사업을 인증하기 위한 평가	녹색인증제운영요령에서 녹색기술 및 사업 인증평가기관 지정[110]	녹색성장법제32조 및 시행령제19조(국무조정실)
기술금융을 위한 기술신용평가 업무 수행	기술신용평가업을 영위하는 자(TCB를 의미)의 자격 및 허가의 요건 충족 시 금융위원장이 인가[111]	신용정보법제2,5,6조 및 시행령제5,6조(금융위원회)
코스닥상장심사와 관련하여 기술성, 사업성 등을 평가	코스닥시장 상장규정 및 전문평가제도 운영지침에서 전문평가기관 선정 요건 규정[112]	코스닥시장 상장규정 제8조 및 시행세칙제9조 제5항 (금융위원회)

2) 기술평가인력

산업통상자원부가 고시한 「기술평가기준 운영지침」에서는 '기술평가자'를 '기술평가기관에서 기술평가를 수행하는 전문가'로 정의하고, 기술평가업무를 보조하는 자, 기술평가업무 중 특정영역의 자문만을 담당하는 외부전문가는 제외하고 있다.

국내에서 기술평가분야를 선도하고 있는 기술보증기금은 '기술평가전담인력'이란 개념을 도입·사용하고 있다. 여기서 기술평가전담인력은 기술평가 전반에 관한 이론과 지식을 습득하고 평가실무를 통해 일정 자격과 역량을 갖춘 자를 말한다.[113]

전술한 기술평가자의 정의 및 평가기관의 운영내용을 토대로 할 때 '기술평가인력'이란 "기술평가의 수행 및 관리를 전담하는 별도의 조직에 소속되어 기술평가 관련 업무를 상시적으로 수행하는 자로서 법규 또는 내부 규정에서 정한 평가관련 분야 전문자격증 소지자 또는 일정수준 이상의 기술평가 실무경험 및 지식을 갖춘 사람"으로 정리할 수 있다.

법률등에서 명시한 평가기관의 지정요건 중 하나인 '인적 요건'은 기술평가인력으로서 갖추어야 할 전문자격 또는 경력 등을 의미한다고 할 수 있는데, 평가관련 주요 법률에 규정된 인적 요건을 살펴보기로 한다.

먼저 기술이전법시행령제32조제1항제1호에서 정하고 있는 인적 요건은 '특정 분야의 전문자격을 취득한 사람 3명이상 및 기술평가사업에 5년이상 종사한 전문가 7명 이상 모두를 상시적으

113) 기보의 기술평가전담인력: 박사급 인력(관련분야 박사학위소지자, 기술사 등 전문자격증소지자), 본점 기술평가부서 근무자, 중앙기술평가원·영업점기술평가팀 근무자, 기술평가사 자격증소지자(기술보증기금 각연도 연차보고서 인용)

로 고용하고 있을 것'으로 되어 있다.

발명진흥법제28조에서는 발명의 평가기관으로 지정받으려면 시행령에서 정한 전문인력 및 시설을 갖추어야 한다고 규정하고, 동법시행령제12조에서는 전문인력 요건으로 전문자격증 보유자 및 기술평가업무경력자를 제시하고 있다. 즉 '변리사·회계사 또는 기술사 자격을 취득하거나 관련분야 박사학위를 소지한 3명 이상 및 발명의 평가 관련 업무에 5년 이상 종사한 사람 7명 이상의 전문인력 모두를 상시 고용할 것'으로 되어 있다.

한편 기술금융활성화를 위해 2014년에 도입된 기술신용평가(TCB)기관의 인적·물적 요건은 신용정보법에 명시되어 있다. 인적 요건은 동법시행령 제6조제1항에서 TCB업무를 하는 기업신용조회업을 허가받으려면 '제2항에서 열거하고 상시고용인력[114)]의 어느 하나에 해당하는 사람 10명 이상을 갖추고 있을 것'으로 되어 있다.

국내 기술평가기관들은 대부분 법률 등에서 정하고 있는 정부정책사업 또는 기관 고유의 목적사업을 효과적으로 추진하기 위해 기술평가조직 및 인력을 보유·운영하고 있다. 기술보증기금, 한국발명진흥회 등을 중심으로 주요 평가기관들의 기술평가 경험과 역량이 축적되면서 다양한 분야·용도의 기술평가 서비스를 개발·제공하고 있고, 이로 인해 기술평가시장이 커지는 선순환 구조를 보임에 따라 기술평가인력이 꾸준히 증가하고 있다.

여기서는 기술평가사업을 적극적으로 추진하는 기보, 발명진흥회 등 주요 평가기관의 기술평가인력 운영현황을 간단히 살펴보기로 한다.

먼저 기술보증기금은 고유의 목적사업인 기술보증에 관한 지원여부의 의사결정을 하기 위해 가술평가제도를 도입한 후 지속적으로 기술평가시스템을 개발하고 활용범위를 확대해왔다. 기관의 모든 영업점조직을 보증용 기술평가중심으로 기술평가센터화하고, 전국 거점지역에 기술이전·사업화에 특화된 기술혁신센터를 설치·운영, 고난이도 및 프로젝트성 기술가치평가 등 전문화된 기술평가를 수행하는 중앙기술평가원 등 기술평가조직이 체계화되어 있다. 이처럼 내부 기술금융용 및 외부 기술평가 수요에 능동적으로 대응하기 위하여 기관 전체 인력의 50% 이상을

114) 시행령제6조제2항에서 열거하고 있는 상시고용인력: ① 공인회계사, ② 기술사, 거래사 또는 변리사, ③ 3년 이상 신용정보주체에 대한 신용상태를 평가하는 업무에 종사했던 사람, ④ 3년 이상 기술에 관한 가치를 평가하는 업무에 종사했던 사람, ⑤ 3년 이상 신용정보 등의 분석에 관한 업무(정보분석 및 정보기획업무 등을 포함)에 종사했던 사람, ⑥ 3년 이상 신용정보집중기관에 근무한 경력이 있는 사람

기술평가전담인력으로 운영함에 따라 국내 최대규모의 기술평가인력을 보유하고 있다. 특히 평가전담인력의 경우 박사급(전담인력의 3분의 1 이상)을 비롯하여 일정 수준 이상의 자격과 경력을 갖춘 고급인력으로 구성되어 있다. 이외에도 내부적으로는 기술평가사 자격제도를 도입하여 기술평가전문가를 체계적으로 양성할뿐만 아니라 금융위원회로부터 기술신용평가사 자격검정기관으로 지정되어 기관 외부의 기술평가인력 양성에도 일익을 담당하고 있다.

한국발명진흥회는 기술평가전담부서로 2001년 특허평가실을 설치한 이후 현재의 지식재산평가센터에 이르기까지 꾸준히 박사급 전문인력을 확충하고 다른 법률상 평가기관으로의 지정 및 평가영역을 확대해왔다. 기술평가 전담부서인 지식재산평가센터는 기술가치평가, 기술력등급평가, 벤처기업확인평가, 기타 평가관련 연구용역 등을 수행하고 있으며 이 조직에 소속된 기술평가인력은 전체인력 대비 약 8%정도의 비중을 차지하고 있다.[115] 한편, 기술평가 및 지식재산 사업화와 관련이 있는 부서로 지식재산경영실과 지식재산거래소가 있다. 지식재산경영실에서는 특허청 지정 평가기관을 통한 IP담보대출용 평가보고서 작성지원, 사업화연계 지식재산평가비용 지원사업 등을 수행하고 있고, 지식재산거래소는 전문적인 지식재산거래상담, 중개협상, 계약자문 등을 담당하고 있어 이들 부서 소속 인력은 엄밀한 의미에서 기술평가전담인력이라고 할 수 없다.

한국과학기술정보연구원(KISTI)은 중소기업 R&D기획지원사업 등 주로 정부의 기술평가 관련 정책 사업의 연구과제를 수주하는 형태로 기술평가를 수행하고 있다. KISTI는 별도의 기술평가 전담부서를 설치하지 않고 기술평가수요 발생시마다 R&D투자분석센터를 중심으로 해당분야 전문가들을 모아 팀을 구성하여 기술평가를 수행하고 있는 것으로 보인다.

한국산업은행(KDB)은 산업기술리서치센터(기술·조사분석 파트)에 TCB(기술신용평가), IP평가, 외부기관 또는 기업체가 위탁한 기술평가용역 및 평가업무협력 등의 업무분장이 되어 있어, 이러한 업무를 담당하는 인력이 기술평가인력이라고 할 수 있다.[116] KDB는 기보나 발명진흥회처럼 외부 기술평가수요자와의 직접적 평가계약에 의해 기술평가가 이루어지기보다는 주로 은행내부의 벤처기업 투·융자과정에서의 의사결정을 지원할 목적으로 기술평가가 수행되고 있는 것으로 보인다.

중소벤처기업진흥공단(중진공)은 별도의 평가전담부서는 설치되어 있지 않고 본부 부서(스마

115) 한국발명진흥회(https://www.kipa.org)홈페이지 기관소개 및 일반현황 참조

116) 산업기술리서치센터에 기술평가업무가 분장되어 있는 것으로 미루어 볼 때, 과거에 기술평가 전담조직이었던 기술평가원은 폐지한 것으로 보임(한국산업은행 업무분장세칙 참조)

트진단기술처)내 기술평가팀 구성원들이 기술사업성 평가모형 및 기술가치·기업가치평가모델 개발·운영·관리, 기타 기술평가업무를 담당하고 있다.[117] 중진공의 경우에도 주로 내부의 투·융자 지원 대상 선별 및 의사결정에 활용하기 위해 기술평가가 수행되고 있다.

한편, 기술금융 활성화를 위해 2014년에 도입된 기술신용평가(TCB)기관 소속 인력 중 기술신용평가업무를 전담하는 인력도 기술평가인력에 포함할 수 있다. 현재 기술신용평가기관은 TCB 평가를 위한 인적·물적 요건을 갖추고 기업신용조회업 허가를 받아 TCB평가를 업으로 하는 영리목적의 '민간 TCB社'와, 금융위가 정한 기준에 따라 기술평가역량을 갖춘 것으로 인정받은 은행이 자체적으로 TCB평가를 수행하는 '자체TCB은행'으로 분류된다.[118] 이 중 민간TCB사의 평가인력은 TCB사에 소속되어 평가등급 또는 평가가액의 산출, 평가의견 작성 및 검수 등 직접적으로 TCB평가를 담당하는 인력을 말하며, 자체TCB은행의 경우에는 은행의 기술평가전담부서에서 TCB 평가를 전담하는 자를 의미한다.

3) 기술평가모형

기술평가모형은 평가등급·점수·금액 및 평가의견 등을 도출하기 위한 정형화된 평가방법 및 절차를 의미하며, 평가대상의 특성 및 도출하고자 하는 평가결과에 따라 평가모형이 다르게 설계되어 있다. 여기서는 정부의 "기술평가기준 운영지침"에서 기술평가의 두 유형으로 분류하고 있는 기술력평가와 기술가치평가를 개념중심으로 간단히 소개하고, 상세한 내용은 후술한 '기술력 등급평가'와 '기술가치평가'를 참조하기 바란다.

가) 기술력등급평가모형

기술력등급평가[119]는 개별 기술의 상대적 수준 또는 기업의 전체적인 기술역량 등의 비교우위성에 대한 평가결과를 미리 정해놓은 등급을 부여하는 평가방법으로 다양한 목적으로 실시되고 있다. 기업의 경우에는 경쟁기업과의 기술격차, 기술동향 등을 파악·분석하여 자사의 경쟁력 제

117) 중소벤처기업진흥공단과 그 소속기관 직제 및 시행요령 참조

118) 금융위원회 발표 "기술금융 가이드라인" 관련 보도자료(2020. 12 18.) 참조

119) 등급평가는 정량화가 곤란한 분야를 평가하는 경우 사용되는 방법으로써 절대적으로 옳은 선택보다는 보다 나은 최선의 선택(better choice)을 찾고자 할 때 적합한 평가방법이다.

고에 필요한 기술분야의 R&D 우선순위를 정하거나 한정된 연구자원의 합리적 배분 또는 대규모 R&D투자의 위험부담 최소화를 위한 의사결정 시 참고자료로 활용할 수 있다. 또한 금융기관 및 기술혁신지원기관에서는 기술력을 기반으로 한 투·융자 및 보증, 이노비즈기업 등 기업인증, 코스닥 기술특례상장을 위한 평가시 기술력 등급평가를 활용하고 있으며 그 활용건수가 지속적으로 증가하고 있다.

기술평가등급을 도출하기 위한 모형은 일반적으로 기술평가영역 및 기준(rating criteria), 모형체계, 등급체계(rating system) 등으로 구성되는데, 평가의 목적에 따라 평가기준, 절차, 등급체계들이 다양하게 제시될 수 있다. 평가목적별 또는 기관별로 적합한 방식을 채택하기 위해서는 수년간의 운영경험을 통한 DB축적 및 검증과정과 기술평가정보 수요자의 니즈(needs) 파악이 전제되어야 한다. 국내 주요 기술평가기관들은 여러 법률 및 다양한 정책목적에 따라 지정되고 있어 평가목적이나 평가방법론 그리고 평가결과의 표시방법 등이 다르게 나타나고 있다. 여기서는 기술력등급평가모형에 공통적으로 적용하고 있는 기술등급평가기준, 평가모형체계, 등급체계 등을 간단히 정리하였다.

(1) 평가영역 및 기준

국내 기술평가기관들의 기술평가는 기술평가목적 또는 용도에 따라 평가영역 및 평가항목의 구성과 가중치를 상이하게 설정하고 있어 평가결과 및 내용도 다르게 나타나고 있다. 하지만 서로 다른 기술력 평가모형일지라도 기술성·시장성·사업성 평가 등 3가지 기본 평가영역과 경영자 관련 평가요소들이 공통적으로 포함되어 있다. 예컨대, 투융자, 보증용 기술평가모형을 보면, 평가기관마다 평가요소의 구성과 가중치에 차이는 있지만 기술성, 시장성, 사업성, 경영자의 경영역량 관련 평가항목은 대부분의 평가모형에서 발견되고 있다.

기술성 평가는 기술적인 내용에 대하여 평가하는 것으로 기술의 차별적 특성과 기술의 권리적·경제적·환경적 측면의 평가요소로 구분할 수 있다. 세부적인 평가항목으로는 해당기술의 성숙도, 기능의 우수성, 제품화 가능성, 기술수명 등이 있다.

시장성평가는 제품의 우수성이나 경쟁력, 시장구조, 경쟁상황, 시장의 규모 및 성장성 법·규제 등 제약·장려요인 등 시장관련요소에 대한 평가이다.

사업성평가는 해당기술을 활용하는 사업주체(기업)의 사업화기반 역량, 생산 및 영업능력, 자금조달능력, 수익전망 등에 대하여 평가한다.

경영자의 역량에 대한 평가는 경영자와 핵심 기술인력의 기술사업화 추진능력에 대한 평가로서 기술적 지식과 경험수준, 네트워킹 능력 등을 평가하는 영역이다.

전술한 평가영역은 대부분의 평가모형에서 대항목으로 구분·표시하고 대항목 아래에 중항목 및 세부 평가항목 체계로 구성되어 있다. 세부항목별 평가는 별도로 마련된 평가기준에 따라 5단계 척도로 부여되는 등급(A~E)과 각 등급에 대응하는 평가점수로 산출된다. 이어서 평가항목별 평점을 가중합하여 정해놓은 등급부여기준에 따라 최종 기술력평가등급을 도출하는 절차로 이루어진다.

(2) 평가모형체계

기술평가는 기술에 대한 이해도 및 인식의 차이, 기술의 전략적 의미에 대한 평가자의 주관적 견해, 기술을 활용하는 주체에 대한 견해 차이 등에 따라 평가결과가 다르게 나타날 수 있다. 평가의 목적 또는 기술의 성격과 환경에 따라 평가항목 및 가중치는 다르게 설정되며, 특정 항목에 대한 평가는 기술 분야별 특성과 평가전문가의 판단에 의존할 수밖에 없다.

이에 기술의 속성 및 상황을 가급적 객관화하여 인식할 수 있도록 다양한 장치를 마련하여 평가편차를 최소화함과 함께 기술평가결과의 객관성 및 신뢰성을 제고하기 위해서는 검증을 거친 표준화된 평가절차가 반드시 필요한데, 그것이 바로 평가모형이다. 즉 기술평가모형은 평가목적별, 용도별 특성을 고려하여 평가항목 및 가중치를 설정함으로써 목적과 모형간 정합성을 확보하고, 평가절차를 표준화·정형화함으로써 평가업무의 효율성과 함께 객관성 및 신뢰성을 제고할 수 있다.

국내 기술평가기관 중 보증, 투·융자 관련 업무를 직접 취급하는 기술평가기관은 자체적으로 개발한 계량적·통계적 기반의 기술평가모형을 개발하여 활용하고 있는데, 기관별 평가목적에 맞추어 표준화된 평가절차를 평가모형에 반영하여 활용하고 있다.

(3) 등급체계

기술평가등급은 일반적으로 평가모형의 개별 평가항목에 대한 평점결과를 가중합하여 최종평점을 산출하고, 설정된 등급구간에 따라 10단계 또는 9단계의 최종평가등급을 부여하고 있다. 그러나 기보 등 주요 기술평가기관에서 제시하고 있는 기술평가등급의 표시방법 및 체계 그리고 등급별 정의는 평가목적 또는 용도에 따라 다르게 운영되고 있다.

기보의 경우 현행 'AIRATE' 모형 이전의 KTRS 기술평가등급을 보면, 기술사업평점(기술역량과 사업성장 가능성 평점)과 위험평점(기술사업위험과 환경위험평점)을 가중합하여 산출된 최종평점을 기준으로 최종 기술사업평가등급을 산출하는 체계로 구성되어 있다. 기술사업평가등급은 10등급(AAA~D)으로 표시하고 있으며 등급의 정의는 기술사업화역량 수준과 사업부실화가능성 정도를 기준으로 구별하고 있다.

산업통상자원부의 투자용 기술력평가모형은 대상기업의 기술력 수준과 목표시장의 성장잠재력 분석결과에 근거한 대상기업의 미래성장가능성 수준으로 9단계(AAA~C)의 등급이 정의되고 있으며, 투가적격성 여부에 따라 '투자가능', '투자유의', '투자부적격' 등급으로 구분하고 있다.

나) 기술가치평가모형

기술가치평가는 사업화하려는 기술이나 사업화된 기술이 그 사업을 통하여 창출하는 경제적 가치를 기술시장에서 일반적으로 인정된 가치평가 원칙과 방법론에 따라 평가하는 것을 말한다.[120] 기술가치평가방법은 다양하게 존재하지만 일반적으로 인정된 방법론으로는 수익접근법, 시장접근법, 비용(원가)접근법과 수익접근법과 시장접근법이 혼합된 로열티공제법 등을 들 수 있다. 하지만 기술금융, 기술이전·사업화 실무에서는 주로 수익접근법 중 현금흐름할인모형이 사용되고 있고, 필요에 따라 가끔 로열티공제법이 사용되기도 하며 기타 방법은 참고자료 또는 보완적으로 활용되고 있다.

(1) 수익접근법

수익접근법은 평가대상기술의 경제적 수명기간 동안 기술사업화로 인하여 발생될 미래의 경제적 이익을 추정한 후 적정 할인율을 적용하여 현재가치로 환산하는 방법이다. 수익접근법을 이용하여 기술의 가치를 산정할 때에는 기술의 경제적 수명, 현금흐름, 할인율, 기술기여도(지식재산기여도) 등 핵심변수의 추정이 필요하다.

수익접근법은 다양한 가치평가모형이 제시되고 있으나 크게 현금흐름할인모형(DCF), 경제적

120) 수익접근법, 시장접근법, 비용접근법 등에 대한 내용은 "기술평가기준 운영지침"을 참고하여 재정리함

부가가치모형(EVA), 실물옵션모형(real option)으로 구분할 수 있다. 실무에서는 자료의 접근성 및 핵심변수 산출 방법 정립, 그리고 기술이전 또는 기술금융에서의 실질적인 활용성 측면에서 DCF모형이 일반적으로 사용되고 있다.

현금흐름할인모형(DCF: Discounted Cash Flow)은 기술의 사업화를 통해 미래에 기대되는 현금흐름을 적정한 할인율로 할인하여 기술의 가치를 평가하는 모형으로 현금유입액에서 현금유출액을 차감한 여유현금흐름(FCF: Free Cach Flow)을 사용하고 있다. 여기서 여유현금흐름은 영업활동에 의해 창출한 현금유입액에서 당해연도 중 새로운 사업에 투자(자본적 지출)하고 난 후 남아 있는 금액을 말한다.

경제적부가가치모형(EVA: Economic Value Added)은 기업이 영업활동을 통해 창출한 순가치의 증가분으로 세후영업이익(NOPLAT: Net Operating Profit Less Adjusted Tax)에서 투하자본(IC: Invented Capital)에 대한 자본비용(WACC)을 차감한 값 즉, EVA를 산출한다. 여기서 투하자본은 영업활동을 위해 투자된 자본 총액을 의미하며, 자본은 타인자본과 자기자본으로 구성되어 있기 때문에 투하자본에 대한 자본비용은 자기자본과 타인자본을 가중평균하고 법정세율을 적용하여 산출한 가중평균자본비용(WACC)을 사용하고 있다.

실물옵션(Real Option)평가모형은 기존의 옵션가치평가모형을 활용하여 실물자산이나 프로젝트의 가치를 평가하는 모형을 말한다. 즉, 투자에 내재되어 있는 연기(defer), 확장(expand), 축소(contract), 포기(abandon) 등의 선택(option)권의 가치를 금융시장에서 옵션가치를 평가하는 방법을 이용하여 가치를 측정하는 모형이다.[121] 실물옵션가치를 평가하는 방법은 여러 가지가 있으나 블랙숄즈모형(Black-Scholes model)과 이항모형(binomial model)이 가장 많이 알려져 있다.

실물옵션법은 시간이 흐르면서 불확실성이 없어지고 보다 확실한 상황에서 특정 프로젝트 또는 투자안이 가지는 전략적인 옵션들을 실행·포기·확장·축소할 것인지에 대한 선택권의 가치를 고려한 가치평가모형이라는 점에서 그 유용성이 높다. 그러나 이 유용성에도 불구하고 기술가치평가 실무에서는 적용상 여러 제약 때문에 활용하는 사례는 드물다.

121) - 옵션은 옵션매입자가 일정기간 동안에 미리 약정한 가격, 즉 행사가격으로 자산을 사거나 팔 수 있는 권리를 말하며 이 권리를 매입할 수 있는 권리를 콜옵션(call option)이라 하고, 매도할 수 있는 권리를 풋옵션(put option)이라고 한다.
- 경영자나 투자자들이 어떤 사업이나 투자를 하고자 할 때 그들이 사용할 수 있는 여러 가지 기회나 옵션을 고려하여 의사결정을 하게 된다. 기술개발투자 또는 사업화는 여러 단계를 거쳐 추진되며 각 단계마다 상이한 위험과 상황 속에서 의사결정이 이루어지는데, 이 때 가질 수 있는 기회 또는 옵션을 실물옵션이라 하며 금융자산을 대상으로 하는 금융옵션과 상대적인 의미로 사용되고 있다.

(2) 시장접근법

시장접근법은 평가대상기술과 동일 또는 유사한 기술이 활성시장에서 거래된 사례를 평가대상기술과 비교·분석하여 상대적인 가치를 산정하는 방법으로 시장거래사례비교법, 상관행법 등이 있다. 여기서 시장에서 거래된 사례란 독립적인 제3자의 입장에서 공정한 거래로 이루어진 것으로 비교할 수 있거나 기준이 될 수 있는 거래를 의미한다.

시장접근법을 사용하기 위해서는 시장에서 거래된 동일 또는 유사기술의 거래사례에 대한 정보가 확보되어야 한다. 즉, 거래조건, 기술의 속성, 기술수준·완성도, 특허 등 지식재산권 현황, 기술 활용도와 같은 기술적 요소 그리고 시장영역, 지리적 영향범위 등에 대한 정보를 확보해야만 대상기술과 비교하여 적용이 가능한지 여부를 판단할 수 있다.

거래사례와 대상기술을 비교한 결과, 유의한 차이가 있을 경우에는 적절히 차이를 조정하여 평가하여야 하며, 차이를 조정한 경우에는 유사성의 판단 기준과 그 근거를 명시하여야 한다. 시장접근법을 적용함에 있어 거래사례의 확인과 가격 정보를 이용할 수 있더라도, 평가대상기술의 차별화된 특성을 반영하는데 필요한 조정률을 결정하는 것이 어려운 경우에는 다른 평가방법에 의한 평가결과와 비교·검토하는데 참조 방법으로 활용될 수 있다.

(3) 비용접근법

비용(원가)접근법은 대상기술을 개발하는데 투입된 비용을 기초로 기술의 가치를 산정하거나 대체의 경제원리에 기초를 두고 동일한 경제적 효익을 가지고 있는 기술을 개발하거나 구입하는 원가를 추정하여 가치를 산정하는 방법이다. 비용접근법은 활용하는 원가정보에 따라 역사적 원가법, 재생산원가법, 대체원가법으로 구분할 수 있는데 이러한 방법을 적용하기 위해서는 원가에 대하여 상세한 정보가 필요하다.

역사적 원가법(Historical Cost Approach)은 대상기술을 개발하는 데 투입되었던 과거의 제반 비용을 합산하여 가치를 평가하는 방법이며, 대상기술을 개발하는데 투자되었던 비용을 산출할 수 있는 경우에 적용할 수 있다.

재생산원가법(Reproduction Cost Approach)은 대상기술과 동일한 과학적 연구, 디자인 및 개발방법을 사용하여 동일한 기술을 개발하여 완성하는데 소요되는 총원가를 의미하며, 대상기술의 정확한 복제물의 건설이나 구입에 소요되는 원가이다.

대체원가법(Replacement Cost Approach)은 평가시점에서 대상기술과 동일한 효용(유용성)을 가지는 대체기술을 개발하여 완성하는데 소요되는 총원가를 의미하며, 현재의 기술로 대상기술의 효용을 재생하는 원가이다.

비용(원가)접근법을 사용하는 경우에는 완성시점과 평가시점 사이에서 발생된 물리적 마모, 기능적 진부화, 기술적 진부화, 경제적 진부화와 같이 물리적인 용도나 유효성이 약화되어 가는 것 등의 진부화 수준을 고려하여야 한다.

(4) 로열티공제법

로열티공제법(Relief From Royalty)은 보유중인 평가대상기술이 제3자로부터 라이선스 되었다고 가정할 때 제3자에게 지급하여야 하는 로열티를, 기술을 소유하고 있기 때문에 지불하지 않게 되어 절감된 로열티 지불액을 추정하여 현재가치로 환산하는 방법이다.[122] 로열티공제법은 기술의 경제적 수명기간에 추정된 로열티 수입을 현재가치로 환원하여 가치금액을 산출한다는 측면에서는 수익접근법으로 분류할 수 있고, 기술시장에서 거래된 기술로열티사례를 참조한다는 점에서는 시장접근법으로도 분류되기 때문에 종종 혼합법으로 부르기도 한다.

로열티공제법을 사용하는 경우에는 평가대상기술과 비교할 만한 투자위험과 수익성을 가지는 유사기술의 라이선스 거래를 선택하여 그 로열티에 대상기술과 유사기술과의 차이를 반영하여 로열티를 산정한다. 유사기술의 거래사례를 사용할 수 없을 경우에는 업종별 로열티 동계 또는 상관행법 로열티 통계를 거래사례의 추정치로 사용할 수 있다.

유사기술의 거래사례가 아닌 업종별 로열티 통계 또는 상관행법 로열티 통계를 사용하는 경우에는 로열티 결정에 영향을 미치는 요인을 반영하여 최종 로열티를 산출할 수 있다. 여기서 로열티 영향요인의 반영은 대상기술의 권리성, 기술성, 시장성, 사업성과 관련된 항목의 평가결과를 통해 이루어진다.

122) 로열티공제법과 유사한 방법으로 기술보증기금에서 사용하고 있는 로열티참조법이 있다. 로열티참조법은 평가대상기술과 관련된 기술(업종)로부터 합리적인 로열티율을 참조할 수 있는 경우, 과거의 유사 또는 동일한 기술(업종)의 로열티율을 참조하여 기술의 가치를 추정하는 방법이다. 로열티참조법은 권리의 유·무 또는 라이선스의 유·무와 무관하게 유사한 거래사례의 로열티율을 보다 광범위하게 참조하여 기술의 가치를 산출하나, 로열티공제법은 권리확보 및 라이선싱을 전제로 하는 지불로열티를 기초로 기술의 가치를 산출한다는 점에서 차이가 있다.

3. 기술평가 지원인프라

기술평가 지원인프라는 법률·정책, 기술평가시스템 등 핵심 인프라가 원활히 작동하게 함과 아울러 기술평가의 질적·양적 수준 향상과 기술평가시장활성화에 기여할 수 있는 유무형의 기반 및 환경을 말한다. 국내에서 기술평가를 지원하는 주요 인프라로는 기술평가의 기초자료로 활용되는 최신화된 기술·시장·산업정보, 기술평가 역량강화를 위한 기술평가 교육 프로그램, 그리고 기술평가수요를 연결하는 기술중개·거래시스템 등을 들 수 있다.

1) 기술평가관련 정보 DB

기술평가관련 정보DB는 기술정보, 시장정보, 사업·환경정보 등 기술평가의 기초자료로 활용되는 각종 정보를 말하며 이들 정보를 체계적으로 수집·구축·제공함으로써 기술평가에 소요되는 시간과 비용절감을 가능하게 하고 기술평가의 질적수준을 높일 수 있다. 대표적인 정보제공시스템으로는 TDB(Tech Data Base), NTB(기술은행), NTIS(국가과학기술정보서비스), ITTS(산업기술정보서비스), 기술보증기금 등 내부의 기술평가업무에 활용하기 위하여 자체적으로 구축한 정보DB 등을 들 수 있다.

이중 TDB는 정부의 '기술금융 활성화를 위한 기술평가시스템 구축방안(14.1)'에 따라 구축된 공공재적 성격의 기술정보 DB로서, 자체 생산 보고서, 외부 수집정보 등 금융기관의 투·융자 심사와 기술신용평가 등에 필요한 기업·기술·시장정보를 제공하고 있다.

여기서는 공공부문의 개방형 정보제공서비스를 중심으로 간단히 소개하였으며, TDB는 '3장 기술신용평가(TCB)'에서 별도로 정리하였다.

[표 3 - 11] 기술평가관련 정보를 제공중인 주요 웹사이트 현황

웹사이트 명	제공정보서비스	운영주체(소관부처)
TDB(Tech Data Base)포털 (www.tdb.or.kr)	우수 기술력 보유 기업정보, 기술·시장정보, 지식재산권 등의 기술금융 관련 통계·분석정보, 기술신용평가결과 분석정보 등을 은행, TCB 및 자율이용기관에 한하여 제공	한국신용정보원 (금융위원회)
NTB(기술은행) (www.ntb.kr)	기술이전·사업화정보(등록·수집기술 등), 기술사업화동향(기술시장동향 등), 기술금융 관련정보, 기술이전 및 사업화통계 등을 제공	한국산업기술진흥원 (산업통상자원부)
ITTS(산업기술종합서비스) (www.itts.or.kr)	산업·기술·시장에 대한 연구보고서, 동향, 기술DB와 인프라, 기업 DB등을 제공	한국산업기술진흥원 (산업통상자원부)
NTIS(국가과학기술정보서비스) (www.ntis.go.kr)	부처별로 개별관리되고 있는 국가R&D정보, 과학기술정보, 연구데이터 등을 공유·공동 활용하는 포털	한국과학기술정보연구원 (과학기술정보통신부)
ScienceOn(과학기술지식인프라) (https://scienceon.kisti.re.kr)	과학기술정보, 국가R&D정보, 연구데이터, 정보분석서비스 등을 연계/융합하여 연구자들이 R&D활동에 도움이 되는 인프라들을 제공 기존의 국가과학기술정보센터(NDSL)와 과학기술 지식인프라 서비스 ScienceOn을 통합한 것임	한국과학기술정보연구원 (과학기술정보통신부)

* 출처 : 각 포털 사이트 참조하여 재구성

2) 기술이전·거래관련 플랫폼

기술이전·사업화는 대개 탐색·협상·소화·개량의 4단계 과정을 거치게 되는데 이중 기술수요자와 공급자들의 탐색과 매칭을 도와주기 위해서 정부 등에서는 기술이전·거래 플랫폼을 구축하여 운영하고 있다. 플랫폼의 운영은 기술이전 시 이전대상기술에 대한 정보를 제공하기 위해 기술평가가 선행되는 경우가 많아 기술평가시장 활성화를 가져올 수 있는 혁신활동이다. 다음은 현재 공공기관이 운영하고 있는 주요 기술이전플랫폼을 요약한 것이다.

[표 3 - 12] 기술이전·거래관련 플랫폼 현황

웹사이트 명	제공정보서비스	운영주체(소관부처)
NTB(기술은행) (www.ntb.kr)	정부 R&D 성과물 및 공공연구기관 보유기술을 등록·관리하는 공공가술이전 플랫폼 AI기술을 활용하여 기술매칭, 관련 기술간 관계망, 기술예상가격, 기술개발 트렌드 등 연관정보를 제공	한국산업기술진흥원 (산업통상자원부)
Tech-Bridge (기술이전플랫폼) (https://tb.kibo.or.kr)	- 연구소·대학등 공공부문 보유기술과 중소기업이 도입을 희망하는 기술을 상호연결하고, 기술사업화에 필요한 단계적 기술금융을 지원하는 개방형 기술거래플랫폼 - 기술과 기업의 검색, 기술매칭, 유사도 측정·추천 등의 맞춤형 서비스를 제공하는 지능형기술매칭시스템(KTMS)을 운영중임	기술보증기금 (중소벤처기업부)
KDB기술거래마트 (https://ipmart.kdb.co.kr)	판매기술과 구매기술을 확인하여 기술거래, 매도·매수 거래기업의 탐색과 연결서비스를 제공하여 기업M&A를 추진, 정보광장에서는 기술거래를 지원하고 촉진하는 정책사업을 조회 및 열람 가능, 기술거래 및 거래금융 성공사례를 소개, IP구입자금대출, IP담보대출, IP사업화 금융 등 다양한 금융상품 소개	한국산업은행 (금융위원회)
국가지식재산거래플랫폼 (www.ipmarket.or.kr)	온라인(IP-Market), 오프라인(특허거래전문관)의 O2O연계서비스를 사업모델로 하고 있으며 특허분석 평가시스템(SMAART3)서비스를 통해 IP수요·공급 분석을 지원	한국발명진흥회 (특허청)
미래기술마당 (https://rnd.compa.re.kr)	출연(연), 대학 등 사업화 유망기술과 수요기업 간 기술매칭 및 기술사업화를 지원하고 연구산업 기업정보, 기술시장정보, 정부 지원사업 정보를 온라인으로 제공	과학기술일자리진흥원 (과학기술정보통신부)
M&A거래정보망 (www.smes.go.kr/mna)	중소·벤처기업 및 자문기관이 매도·매수기업 DB를 구축하여 M&A 매칭 및 거래를 할 수 있도록 지원하는 온라인 플랫폼.	한국벤처캐피탈협회 (중소벤처기업부)

* 출처 : 각 포털 사이트 참조하여 재구성

3) 기술평가인력 양성·교육 프로그램

2000년대 초반 기술이전법이 제정되고 난 후 당시 한국기술거래소에서 기술사업화 전문인력 양성을 위한 실무교육과정에 기술평가분야가 포함되어 있었으나 단기교육에 그쳤고, 현재는 공식적인 인력 양성프로그램은 발견되지 않고 있다. 다만 기술이전법에 따라 도입된 기술거래사의 자격취득조건으로 교육을 이수하고 소정의 평가과정을 완료하여야 하는데, 이러한 법정교육과정에서 커리큘럼의 일부로 기술가치평가가 포함되어 있다.

기보는 핵심업무인 기술평가의 전문성을 강화하고 기술평가인력을 체계적으로 양성하기 위해 2001년 '기술평가사(1,2,3급)'라는 내부 자격증제도를 도입하여 운영하고 있다. 자격증취득자에게는 인사고과시 가점을 주고 일정기간 경과 후 보수교육을 실시하는 등 동기부여 및 내실화를 도모하고 있다. 한편, 금융위원회의 '기술금융체계화 및 제도개선방안(2015.6)'에 따라 은행 등 금융권의 기술금융 및 기술신용평가 역량을 강화하기 위해 민간자격인 기술신용평가사(1,2,3급) 자격제도를 도입·시행(2016년)하고 금융연수원에 기술금융·평가실무교육과정을 개설하도록 하여 기술금융 및 평가실무인력을 양성하고 있다.

이 밖에 기술평가에 관한 직무 또는 자격에 대하여 법적으로 규정되어 있지 않는 상황에서 민간단체들이 기술평가 관련 교육을 단기간 실시하고 자격시험 및 실무교육을 거쳐 자격증을 부여하고 있다. 국내에서 운영중인 기술평가와 관련된 주요 자격제도는 다음과 같다.

[표 3 - 13] 기술평가관련 주요 자격제도 현황

자격증(개시년도)	자격종류	자격증발급·관리	교육내용(교육방식)
기술거래사(2000년)	국가자격	산업통상자원부 (KIAT)	기술이전·사업화관련 법령 및 실무, 기술마케팅 등(온라인+오프라인)
기술신용평가(1, 2, 3급) (2016년)	민간자격 (등록)	기술보증기금	기술평가(등급·가치평가), 신용분석, 지식재산권 등(온라인+오프라인)
기업·기술가치평가사 (2000년)	민간자격 (등록)	한국기업·기술가치평가협회	재무제표, 기술가치평가기법 및 사례, 기술비즈니스 등(온라인+오프라인)
기술평가사(2008년)	민간자격 (등록)	한국기술사업화진흥협회	기술가치평가, 기술사업화, 기술이전 거래, 기술경영 등(오프라인)
기술사업가치평가사 (2017년)	민간자격 (등록)	한국기술거래사회	기술가치평가, 기술사업화, 기술금융 등(온라인+오프라인)
기업가치평가사 (2002년)	민간자격 (등록)	한국기업평가원	기업가치평가, 기술가치평가, 기술거래, 경영컨설팅 등(오프라인)

4) 기타 온라인 기술평가서비스

국내에서 정부의 기술평가사업이나 민간의 기술가치평가 수요에 적극적으로 참여해온 기술평가기관들은 기술평가기법을 지속적으로 개발·보급함과 아울러 기술평가 이해관계자들이 관심기술의 가치를 진단할 수 있도록 하는 온라인 기술평가시스템을 구축하고 있다.

발명진흥회는 국가별 특허의 우수성을 특허명세서·서지정보·행정정보로부터 추출된 특허정보를 활용하여 객관적으로 평가하는 온라인 특허 등급 평가 서비스를 제공하고 있다. SMART3로 부르고 있는 특허분석평가시스템은 포기대상 특허품질을 신속하고 객관적으로 측정할 수 있어 특허의 유지·포기등 특허관리에 활용되고, 또한 고평가 특허를 핵심특허로 선별함으로써 전문가의 정성적인 분석을 지원하고 있다. 이외에도 국가R&D성과지표의 측정수단, IP·기술금융에서 지식재산우대보증, 특허기술거래를 위한 공급기관의 우수특허선별 등에 활용되고 있다.

한국과학기술정보연구원(KISTI)은 웹기반 기술가치 자가평가시스템인 STAR(Science & Technology Information Analysis for R&D)-Value 시스템을 운영하고 있다. 본 시스템은 기술개발자나 기술공급자, 기술도입 또는 기술수요자 등 기술사업화 추진주체가 직접 평가대상 기술에 대해 신속하고 효율적으로 자가평가를 수행할 수 있도록 지원하고 있다. 특히 기술가치평가를 수행할 때 단계별로 추정의 근거가 될 수 있는 주요 지식정보를 KISTI의 방대한 데이터베이스와 선별된 인터넷 정보를 통해 지원하고 있는 것이 특징이라고 할 수 있다. 본 시스템에 탑재된 모형은 가장 일반적인 평가기법인 DCF 모델, 초기단계 기술의 불확실성을 반영한 평가를 지원하기 위해 KISTI가 연구·개발한 실물옵션 모델, 그리고 2종의 로열티 모델, 시장대체원가 모델 등이 있다.

기술보증기금은 KPAS(KIBO Patent Appraisal System)라는 특허평가시스템을 구축, 일반에 개방하고 있다. KPAS는 매매를 통한 가치 실현 가능성이 높은 특허를 변별하기 위해 특허 자체의 특성이 반영된 내재적 지표와 특허가 속한 기술환경의 특성이 반영된 외재적 지표를 활용하여 딥뉴럴네트워크(Deep Neural Network)[123] 기반으로 특허를 평가하는 특허등급산출 시스템이다. 등급평가 시스템은 국내특허 DB의 특허거래 데이터를 활용하여 권리 이전이 발생한 특허와 권리 이전이 발생하지 않은 특허들을 수집하여 Training set, Validation set을 구축한 후, 딥뉴럴네트워크를 활용하여 특허의 재산적 가치를 평가하는 모형이다.

123) 인간의 사고방식을 모형화(deep neural network)한 알고리즘으로 인공신경망(artificial neural network)의 발전된 형태이며 대표적으로 애플의 Siri, 구글의 AlphaGo가 있음

제4장

기술평가와 금융

기술·지식기반의 융복합시대에 산업·경제 패러다임의 변화로 기술·지식기반 중소기업에 대한 지원정책이 다양해지고 특히 기술·지식재산금융의 필요성과 인식이 제고되고 있다. 기술·지식재산금융이 활성화되기 위해서는 기업의 종합적인 기술력을 객관적이고 신뢰성 있게 평가할 수 기술력등급평가모형이 매우 중요하다.

본 장에서는 먼저 국내에서 운영되고 있는 주요 기술력등급평가모형에 대하여 기술평가모형체계 및 기준, 등급산출체계 등을 살펴본다. 다음으로 국내 기술금융의 주요 인프라로 자리잡은 기술신용평가에 대하여 정부정책, 관련제도, 이론과 실무를 알아보기로 한다.

기술력등급평가

제 1 절 국내 기술력등급평가모형 개요

1. 기술보증기금의 AIRATE (전문가·AI기반 新기술평가시스템)

기술보증기금은 기술 또는 기술을 보유한 기업의 기술사업화 가능성을 기술성·시장성· 사업성·기타 경영환경 등으로 평가하고, 평가한 결과를 등급화하는 고유의 '기술평가시스템(KTRS, Kibo Technology Rating System))'을 개발하여 2005년 7월부터 업무에 적용하였다. KTRS는 기술의 사업화 성공 가능성과 부실화 위험 등을 평가하여 기술금융을 효율적으로 공급하기 위해 개발된 기보의 독창적인 기술평가시스템이다. 환언하면, 재무위주의 신용평가모형으로는 선별·지원이 어려운 무형의 기술·지식 평가에 특화된 기술평가모형이다. KTRS는 기보의 기술금융업무에 적용한 이후, 대내외 니즈와 환경변화에 대응하기 위해 수차례의 개선을 거쳤고, TCB 평가 등 유사 기술평가모형 개발의 토대를 제공하였다.

기보는 급변하는 경제·산업·기업·기술 환경에 선제적으로 대응하기 위해 그동안 운용해오던

KTRS의 진단·분석 결과와 축적된 기술평가 빅데이터를 기반으로 인공지능(AI) 등의 신기술을 적용한 新기술평가시스템(브랜드 명: AIRATE)을 개발, 2021년부터 보증용 기술평가업무에 적용하고 있다. AIRATE는 과학적 통계기반의 표준모형체계를 구성하는 평가지표를 기반으로 '전문가평가모형'과 '인공지능평가모형'이 독립적으로 상호 보완하는 구조로 결합되어 모형의 예측력과 안정성이 기존모형 대비 크게 개선되었다.[124] 또한 모형경보(warning), 모형해석, 성과분석 등의 상시모니터링시스템을 구축하여 체계적인 모형 운영과 성과관리가 가능하도록 하였으며, 모형 재학습 및 시뮬레이션을 통해 모형의 성능향상과 안정적인 적용이 가능한 체계를 마련하였다.

[그림 4 - 1] 기술보증기금의 新기술평가시스템 구조

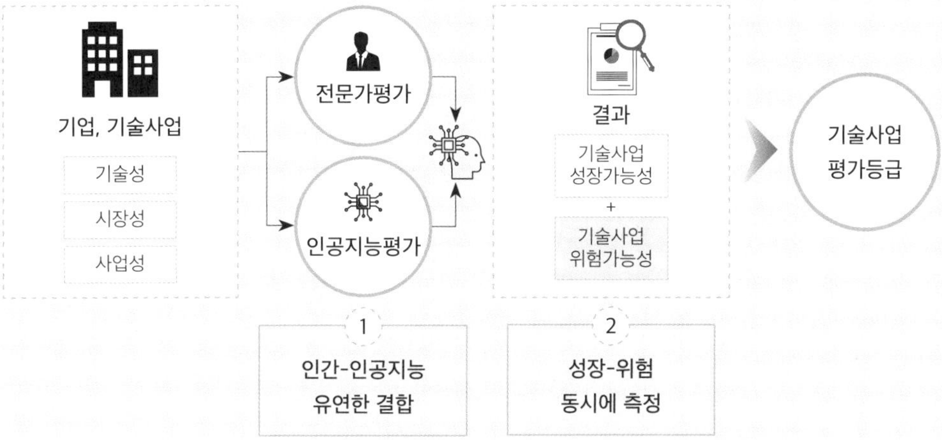

* 출처 : 기술보증기금 및 한국경제신문 주최, "2020 기술평가세미나", 2020.11.25.

1) 기술평가영역(범위) 및 평가기준

기술평가항목은 경영주역량, 기술성, 시장성 및 사업성을 대항목으로 하고 그 아래 중항목·소항목체계로 구성되어 있으며, 평가항목의 구성과 가중치는 평가목적과 용도에 따라 다르게 운영하고 있다. 각각의 소항목에 대한 평가기준을 마련해놓고 평가자가 직접 평가한 소항목의 평점합

124) AI 알고리즘을 도입함으로써 기존 모형 대비 고성장(기술사업 성장가능성)예측력은 약 6%, 기술사업 위험 예측력은 12% 이상 향상되어 전체적으로는 9%이상 향상되었다. 또한 등급별 고성장·위험 예측력 의 역전현상이 발견되지 않는 것으로 나타나 등급의 안정성도 확보되었다.(출처: 기술보증기금 및 한국경제신문 주최, "2020 기술평가세미나", 2020. 11. 25.)

계(전문가 평가)와 인공신경망 성장평점을 기반으로 한 기술사업성장평점과, 전문가평가와 인공신경망 위험평점을 기반으로 한 기술사업위험평점을 가중결합하여 최종평점 및 최종 기술사업평가등급을 산출하고 있다. 다음은 기술보증기금에서 기술평가등급산출 시 근간으로 삼고 있는 KTRS 기술평가표를 나타낸 것이다.

[표 4 - 1] 기술보증기금 KTRS 기술평가표(예시)

대항목	중항목	소항목(31개 평가항목)
경영진 역량	기술역량	동업종경험수준, 기술지식수준, 기술이해도
	관리능력	기술인력관리, 경영관리능력, 기술경영전략
	경영진 인적구성 및 팀웍	경영진의 전문지식수준, 자본참여도, 경영주와의 관계 및 팀웍
기술성	기술개발 추진능력	기술개발전담조직, 기술(디자인)인력
	기술개발 현황	기술개발 및 수상(인증)실적, 지식재산권 등 보유현황, 연구개발투자
	기술혁신성	기술의 차별성, 모방의 난이도, 기술의 수명주기상 위치
	기술완성도 및 확장성	기술의 완성도, 기술자립도, 기술적 파급효과
시장성	시장지향성	목표시장의 규모, 시장의 성장성
	경쟁요인	경쟁상황, 법·규제 등 제약/장려요인
	경쟁력	인지도, 시장점유율
사업성	제품화 역량	생산역량(서비스·품질관리역량), 투자규모의 적정성, 자금조달능력
	수익전망	마케팅 역량, 판매처의 다양성 및 안정성, 투자 대비 회수가능성

* 출처 : 기술보증기금 내부 자료를 토대로 재작성

2) 기술평가등급모형 구성체계 및 등급산출체계

가) 기술평가등급모형 구성체계

기보의 기술평가모형 관리체계는 크게 표준모형과 독립정책모형으로 구분되고, 표준모형은 일반 및 창업표준모형과 정책표준모형으로 구분하고 있다. 여기서 표준모형이란 공통의 표준 평가지표를 가짐으로써 모형의 관리성, 데이터베이스 공유 기반의 신경망 학습이 가능한 모형을 말한다. 일반 및 창업표준모형 중 창업표준모형(KTRS-SM)은 창업 7년이내인 기업에 적용하고, 일반표준모형은 모든 기업에 적용하고 있다.

정책표준모형은 유사한 구성 및 지표를 가지는 모형을 공통모형으로 구성하여 도출한 모형으로 정책일반표준모형과 정책창업모형으로 구분하고 그 아래 세부 평가모형이 구성되어 있다. 한편, 기존에 산업·기술·업종별로 구축된 모형체계를 제조업군과 서비스업군으로 양분하고 그 아래 10개의 산업섹터(sector)로 재정비하였다.[125)]

독립정책모형은 모형의 특이성으로 인해 표준모형으로의 편입이 곤란하여 별도로 운영하는 것으로 R&D·문화콘텐츠·투자용·소셜벤처기업·혁신형지식서비스모형 등이 있다.

[그림 4 - 2] 기술보증기금의 기술등급평가모형 구성체계

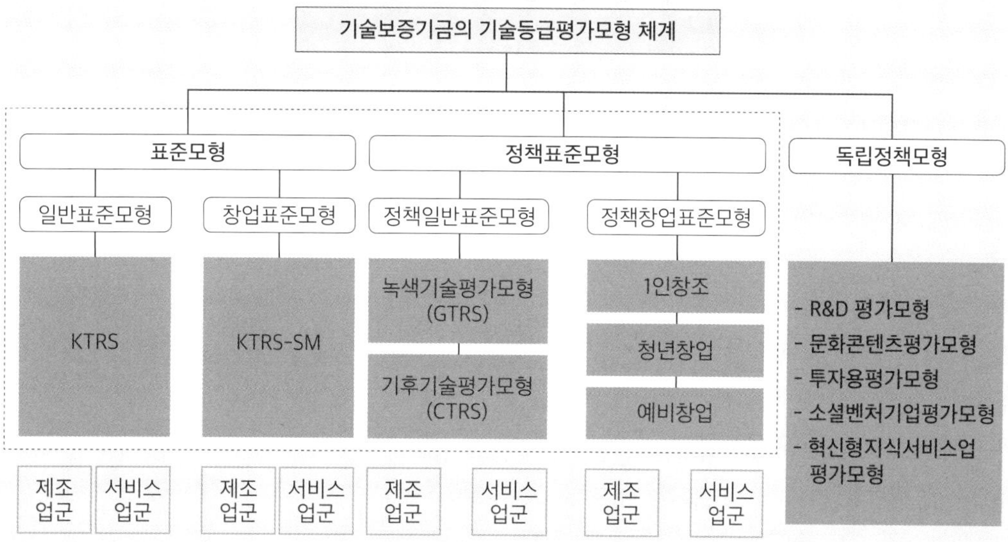

* 출처 : 2020 기술보증기금 연차보고서 일부수정

125) 제조업군은 금속, 기계, 전기·전자, 화학·섬유, 환경·바이오, 기타제조 등 6개 섹터로, 서비스업군은 S/W개발구축, IT서비스, 엔지니어링서비스, 기타서비스 등 4개 섹터로 분류하고 있다.

나) 기술사업평가등급 산출체계

기보 표준모형의 기술사업평가등급 산출체계는 기존 모형과 비교할 때 고성장 및 지속가능성장 개념과 기술혁신역량모형 및 지수를 도입하고, 체계적 위험(거시 환경변수)과 비체계적 위험(기업내부 환경변수)을 재정립한 것이 특징이다.

기술기반 중소기업의 고성장을 정의하기 위해 규모보정성장률을 고안하였고[126], 이를 평가지표와의 통계적 유의성 검증을 통해 성장모형의 목적변수로 도입하였다. 지속가능성장은 기술기반 중소기업이 지속적으로 성장하기 위해서는 양적 성장뿐만 아니라 지속적인 이익의 창출 및 재투자 능력을 평가하기 위해 도입한 지표이다.

기술혁신역량모형은 기업의 성장성을 조절하는 요인으로 활용하기 위해 새롭게 도입된 모형으로, 인프라·투입·활동·성장 관점에서 기술혁신역량을 측정하도록 구성하였으며, 인공신경망을 활용하여 독립적인 지수로서 기술혁신역량지수[127]를 산출하고 있다.

체계적 위험은 선행연구를 바탕으로 116개의 거시경제지표 후보군에서 통계적으로 유의한 10개의 지표를 선별하여 모형의 거시환경변수로 활용하였다. 비체계적위험은 기업내부 환경변수에 대한 선행연구를 바탕으로 후보지표를 선정후 통계분석을 통해 최종적으로 17개 지표를 선별하여 인공신경망 위험모형의 투입변수로 활용하였다.

기술사업성장평점과 기술사업위험평점의 결합에 의해 최종 기술사업평가등급이 산출되는데 등급산출체계 및 절차를 살펴보면 다음과 같다.

기술사업성장평점은 전문가평가와 인공신경망 모형을 기반으로 산출된 미래성장가능성평점을 기술혁신역량모형으로 조정하는 알고리즘을 도입함으로써 기술력 기반의 지속가능성장성을 가진 기업에 대한 선별력을 나타내고 있다. 이 모형은 AHP, 인공신경망 기반의 하위모형이 순차적으로 인공신경망 알고리즘을 통해 결합하는 구조로 설계되어 있다.

기술사업위험평점은 전문가평가와 인공신경망 모형을 기반으로 산출된 위험가능성평점을 환

---

126) - 고성장: 3년간 연평균 규모보정성장률(SAGR, Size Adjusted Growth Rate)20%이상
- 규모보정성장률: 기존의 절대성장률과 상대성장률의 장점을 동시에 추구하는 성장률로 기존 성장률의 규모편향(bias) 현상을 최소화한 성장측정방법임
(출처: 이종학 외 7, "AIRATE 전문가·AI기반 新기술평가시스템", 한국품질경영학회 춘계학술발표논문집, 2021)

127) 기술혁신역량지수(TICI: Technological Innovation Competence Index)는 기술혁신기업의 기술사업화 원천이며 기술사업화 경쟁력을 표현하는 지수로 제공

경위험모형으로 조정하는 알고리즘을 도입함으로써 기업 내·외부의 위험요소가 반영된 기술사업위험 예측력을 나타내고 있다. 이 모형 또한 AHP, 인공신경망 기반의 하위모형이 순차적으로 인공신경망 알고리즘을 통해 결합하는 구조로 설계되어 있다.

[표 4 - 2] 기술사업평점과 기술사업위험평점 산출방법

구 분		산출방법
기술사업성장평점		미래성장가능성평점과 기술혁신역량평점을 조정합하여 산출한 평점
	전문가성장평점	평가자에 의해 평가된 소항목의 각 평점을 가중평점모형(AHP모형)에 의해 산출한 평점
	신경망성장평점	평가자에 의해 평가된 소항목의 각 평점을 인공신경망 기법으로 산출한 평점
	미래성장가능성평점	전문가성장평점과 신경망성장평점을 인공신경망 기법으로 가중합하여 산출한 평점
	기술혁신역량평점	기술혁신역량의 대표성이 높은 독립 변수를 지속가능성장의 관점에서 인공신경망 기법으로 산출한 평점
기술사업위험평점		위험가능성평점과 환경위험평점을 조정합하여 산출한 평점
	전문가위험평점	평가자에 의해 평가된 소항목의 각 평점을 가중평점모형(AHP모형)에 의해 산출한 평점
	신경망위험평점	평가자에 의해 평가된 소항목의 각 평점을 인공신경망 기법으로 산출한 평점
	위험가능성평점	전문가위험평점과 신경망위험평점을 인공신경망 기법으로 가중합하여 산출한 평점
	환경위험평점	기업 내외부환경변수를 기술사업위험 관점에서 인공신경망 기법으로 산출한 평점

최종 기술사업평가등급은 전술한 기술사업성장평점과 기술사업위험평점을 가중합하여 산출된 기술사업평점에 일정기준을 적용하여 산출하고 있다.

[그림 4 - 3] 기보 표준모형의 기술사업평가등급 산출체계

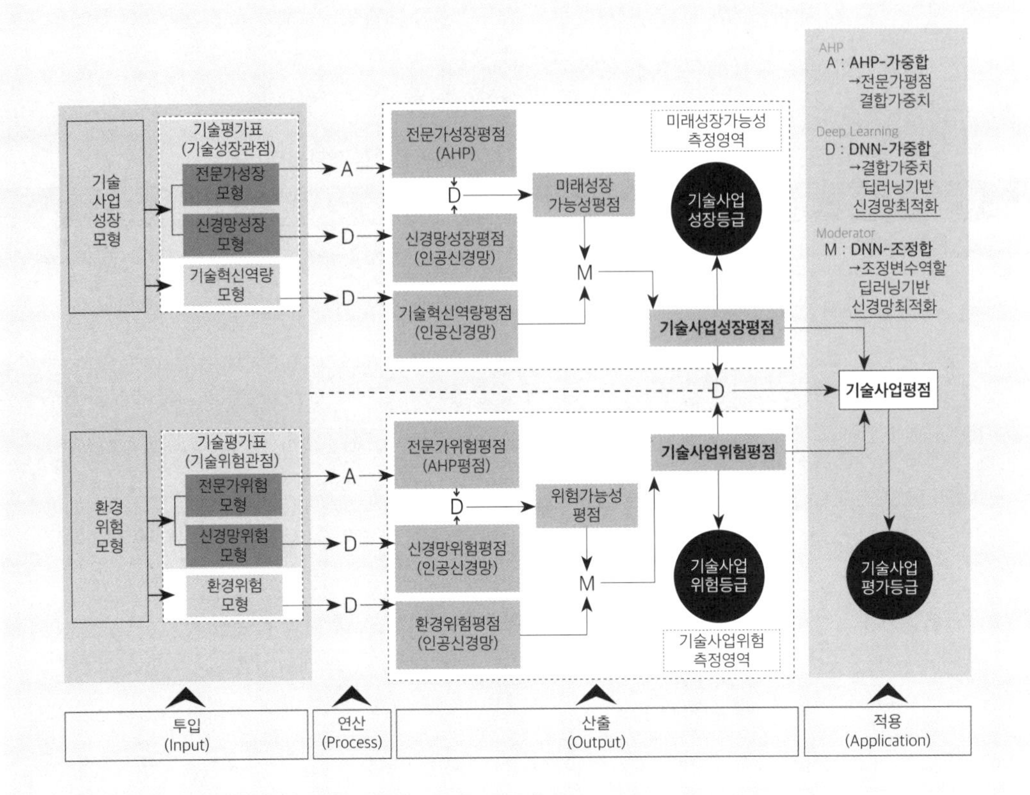

* 출처 : 기술보증기금 및 한국경제신문 주최, "2020 기술평가세미나", 2020.11.25.

3) 기술사업평가등급 체계 및 등급별 정의

기보 新기술평가모형(AIRATE)에 의한 기술사업평가등급은 최고등급인 AAA에서 최저등급인 D까지 10단계 등급을 기본으로 하되, A, BBB, BB, B등급은 '+'부호를 첨부·세분화하여 총 14단계의 등급체계로 운영하고 있다. 기술사업평가등급은 기술사업성장등급과 기술사업위험등급으로 구분하여 정의하고 있는데, 상호 독립적인 두 등급을 다양하게 조합하여 상품을 설계할 수 있어 등급활용성이 증대되고 중소기업 맞춤형 지원이 가능하게 하였다.

[표 4 - 3] KTRS 기술사업평가등급 체계 및 등급별 정의

<table>
<tr><th rowspan="3">평가 등급</th><th colspan="2">성장</th><th colspan="2">위험</th></tr>
<tr><th>주지표</th><th>보조지표</th><th>주지표</th><th>보조지표</th></tr>
<tr><th>성장 가능성</th><th>기술혁신역량(지속가능성장)</th><th>위험 가능성</th><th>환경위험</th></tr>
<tr><td>AAA</td><td>매우 높음</td><td>기술혁신역량이 매우 높아 장기성장이 확실</td><td>매우 낮음</td><td>환경변화 영향 없음</td></tr>
<tr><td>AA</td><td>높음</td><td>기술혁신역량이 매우 높아 장기성장 가능성 매우 높음</td><td>낮음</td><td>환경변화 영향 거의 없음</td></tr>
<tr><td>A+</td><td>높음</td><td>기술혁신역량이 높아 장기성장 가능성 높음</td><td>낮음</td><td>급격한 환경변화에 다소 일부 영향</td></tr>
<tr><td>A</td><td>높음</td><td>기술혁신역량이 높아 장기성장 가능성 다소 높음</td><td>낮음</td><td>급격한 환경변화에 일부 영향</td></tr>
<tr><td>BBB+</td><td>다소 높음</td><td>기술혁신역량이 다소 높아 장기성장 가능성은 일반수준보다 약간 높음</td><td>다소 낮음</td><td>급격한 환경변화에 상당한 영향</td></tr>
<tr><td>BBB</td><td>다소 높음</td><td>기술혁신역량이 다소 높아 장기성장 가능성은 보통임</td><td>다소 낮음</td><td>급격한 환경변화에 큰 영향</td></tr>
<tr><td>BB+</td><td>보통</td><td>기술혁신역량 일반수준으로 중기적으로는 성장세 유지할 가능성은 매우 높음</td><td>보통</td><td>일반적 환경변화에 다소 일부 영향</td></tr>
<tr><td>BB</td><td>보통</td><td>기술혁신역량 일반수준으로 중기적으로는 성장세 유지할 가능성은 높음</td><td>보통</td><td>일반적 환경변화에 일부 영향</td></tr>
<tr><td>B+</td><td>다소 낮음</td><td>기술혁신역량 일반수준으로 당분간은 성장세 유지할 것으로 예상됨</td><td>다소 높음</td><td>일반적 환경변화에 상당한 영향</td></tr>
<tr><td>B</td><td>다소 낮음</td><td>기술혁신역량 일반수준으로 당분간 성장세 유지할지 의문시됨</td><td>다소 높음</td><td>일반적 환경변화에 큰 영향</td></tr>
<tr><td>CCC</td><td>낮음</td><td>기술혁신역량이 일반수준보다 낮아 장기성장 가능성은 다소 낮음</td><td>높음</td><td>환경변화에 상관없이 기업고유위험이 영향을 미침</td></tr>
<tr><td>CC</td><td>낮음</td><td>기술혁신역량이 일반수준보다 낮아 장기성장 가능성은 상당히 낮음</td><td>높음</td><td>환경변화에 상관없이 기업고유위험이 상당한 영향을 미침</td></tr>
<tr><td>C</td><td>매우 낮음</td><td>기술혁신역량이 일반수준보다 매우 낮아 장기성장 가능성은 매우 낮음</td><td>매우 높음</td><td>환경변화에 상관없이 기업고유위험이 큰 영향을 미침</td></tr>
<tr><td>D</td><td colspan="4">사고 후 부여되는 사후등급</td></tr>
</table>

* 출처 : 기술보증기금 및 한국경제신문 주최, "2020 기술평가세미나", 2020.11.25.

4) 기술평가결과의 활용

기보의 기술사업평가등급은 기업이 특정 기술 또는 아이디어를 신규로 사업화하거나 현재 추진 중인 기술사업의 투자를 확대하고자 할 때 해당사업의 기술성 및 사업타당성에 대한 평가결과를 등급으로 표시한 것이다. 산출된 등급은 기금의 핵심사업인 기술평가보증 대상기업의 선별과 지원한도 등을 결정하는 기준으로 활용하고 있다. 이외에도 벤처·이노비즈기업 인증 등 기업인증과, 특허권의 사업성 평가, 금융기관 등의 여신심사용 기술평가인증서, R&D평가, 기술이전·거래평가 등에 활용되고 있다.

2. 금융위원회의 융자용·투자용 기술신용평가

기술신용평가(TCB평가)는 2014년 1월 정부가 관계부처 합동으로 발표한 「기술금융 활성화를 위한 기술평가시스템 구축방안[128)]」에 따라 2014년 7월부터 도입되었다. 기존의 기술평가는 기술혁신형기업 또는 기업 R&D 지원사업에 대하여 수익성, 위험요소보다는 경제성을 기반한 성장가능성 또는 기술적 파급효과를 파악하는데 초점을 두고 있다. 반면, 은행 등 금융기관은 전통적으로 수익성이나 성장성보다는 원리금의 안정적 회수에 최우선적 관심이 있는 만큼 향후 채무상환능력 측정에 최적화된 신용평가 중심의 여신심사체계가 구축되어 있다. 이에 따라 은행권의 기술금융의 확산을 위해서는 기술력 평가와 동시에 신용을 종합적으로 평가한 새로운 개념의 평가모형이 은행권의 니즈에 부합할 수 있을 것으로 판단됨에 따라 융자용 기술신용평가제도를 개발·시행하게 되었다.

기술신용평가제도 도입 이듬해인 2015년 금융위원회는 기술신용대출의 개선방안과 함께 투자 등 기술금융의 외연 확장 방안을 주요 내용으로 하는 「기술금융체계화 및 제도개선방안」을 발표하였다.[129)] 이 중 투자 등으로 기술금융의 외연을 확장하기 위해 엔젤이나 VC가 기업의 성장가

128) 주요내용: ① 기술정보DB(TDB) 구축, ② 기술신용평가기관(TCB)에 의한 기술신용평가 실시, ③ 기술신용평가를 활용한 은행의 기술신용대출 실시

129) 「기술금융체계화 및 제도개선방안」(2015.6)의 주요내용:
1. 기술신용대출 개선방안: 기술신용대출 질적 성장, 기술신용평가 신뢰성 제고, 은행권의 자체역량 확충 등
2. 투자 등 기술금융 외연확장방안: 기술형 모험자본 활성화 유도, TCB평가 활용영역 확대 등

능성을 판단할 수 있는 투자용 TCB평가모형 개발이 세부추진과제로 제시되었다. 이에 따라 금융위원회와 산업통상자원부는 기존 TCB평가모형을 토대로 엔젤이나 벤처캐피탈 등이 활용가능한 투자용 기술평가모형을 개발하기로 합의하고 당시 산하기관인 기술보증기금과 한국산업기술진흥원에게 개발하도록 하여 개발완료 이듬해인 2016년부터 실시하게 되었다. 융자용·투자용 TCB 평가에 대한 상세 내용은 바로 뒤에 정리하였다.

3. 산업통상자원부의 투자용 기술력평가

산업통상자원부가 공시한 투자용 기술력 평가표는 2016년부터 시행한 기존 투자용 모형과 동일하게 기업의 미래성장가능성을 평가하여 투자대상 기업을 선정, 지원하기 위해 마련한 모형이다. 다만 금융위의 투자용 모형과 다른 점은 기존에 33~34개로 구성된 소항목을 중요도 및 항목간 유사정도를 고려하여 25개로 간소화하고 재구성하였다.

1) 기술평가영역(범위) 및 기준

기존 금융위 투자용 기술평가표에서 소항목의 중요도와 항목간 유사정도를 파악하여 항목수를 간소화하고 모형별로 재구성하였다.

대항목은 경영역량, 기술역량(=기술성), 시장잠재력(=시장성), 사업역량(=사업성) 등 4개 항목으로 구성되어 있다. 경영역량은 4개 중항목과 8개 소항목으로, 기술역량은 3개 중항목과 8개 소항목으로, 시장잠재력은 2개 중항목과 4개 소항목, 사업역량은 2개 중항목과 7개 소항목으로 구성되어 있다. 특히 투자기관의 의견을 반영하여 기술역량에 지식재산역량 항목을 중항목으로 하여 권리안정성, 권리행사 제한가능성, 지식재산 이용률 등의 소항목을 추가한 것이 기존 투자용 모형과 다른 점이다.

[표 4 - 4] 산업통상자원부의 투자용 기술력 평가모형의 평가항목 구성체계

<table>
<tr><th rowspan="2">대항목</th><th rowspan="2">중항목</th><th colspan="3">소항목(평가항목)</th></tr>
<tr><th>사업화이전(창업기업1)</th><th>사업화 이후(창업기업2)</th><th>일반기업</th></tr>
<tr><td rowspan="4">경영 역량</td><td>기업가정신과 신뢰</td><td colspan="3">기업가정신, 경영주 신뢰성</td></tr>
<tr><td>경영주 역량</td><td colspan="3">기술경험수준, 기술지식수준</td></tr>
<tr><td>경영진역량</td><td colspan="3">기술경험수준, 기술지식수준</td></tr>
<tr><td>경영관리역량</td><td colspan="3">경영관리능력, 투자관리능력</td></tr>
<tr><td rowspan="3">기술 역량</td><td>기술개발역량</td><td colspan="3">기술개발인력, 기술개발투자</td></tr>
<tr><td>기술경쟁력</td><td>기술의 혁신성, 기술완성도,
모방난이도</td><td colspan="2">기술의 차별성, 기술완성도,
모방난이도</td></tr>
<tr><td>지식재산역량</td><td colspan="3">권리안정성, 권리행사제한 가능성, 지식재산이용률</td></tr>
<tr><td rowspan="2">시장 잠재력</td><td>시장현황</td><td colspan="3">시장규모, 시장성장성</td></tr>
<tr><td>시장경쟁성</td><td colspan="3">시장경쟁구조, 경쟁제품과의 비교우위성</td></tr>
<tr><td rowspan="2">사업 역량</td><td>사업화역량</td><td>생산계획의 타당성,
판매처 확보여부</td><td colspan="2">생산역량,
판매처의 다양성 및 안정성</td></tr>
<tr><td>사업전망</td><td colspan="3">매출전망, 이익전망, 투자회수전망</td></tr>
</table>

* 출처 : 기술평가실무가이드(2021) 참조하여 재작성

기업의 성장단계에 따른 구분은 2016년의 기존 모형과 동일하게 일반기업, 사업화이전·이후기업 등 3가지 유형으로 구분하고 있으며 세부 구분내역은 일부 보완하였다.

사업화 이전기업 모형은 창업 후 7년 이내 기업으로 제품(서비스)을 출시하기 전이거나, 출시 후 2년이 경과하지 않아 매출액성장률을 계산할 수 없는 경우에 적용한다.

사업화 이후기업(창업기업2) 모형은 창업 후 7년 이내 기업으로 제품(서비스) 출시 후 2년이 경과하여 매출성장률 계산이 가능한 경우에 적용한다. 일반기업모형은 창업 후 7년 초과 시 적용하며 3가지 모형의 소항목별 세부 평가지침과 기준은 별도로 마련되어 있다.

2) 평가모형 체계 및 등급 산출

투자용 기술력 평가모형의 등급 산출은 ① 적용모형의 선택, ② 기술력 평가표에 따른 평가, ③ 평점 산출, ④ 등급결정의 순서로 진행한다. 기술력평가표에 따라 25개 소항목에 대한 평가를 실시한다. 다음으로 개별 평가항목에 대해 A등급은 5점, B+~B등급은 4.5~4.0점, C+~C등급은 3.5~3.0점, D+~D등급은 2.5~2.0점 E+~E등급은 1.5~1.0점을 부여하고 각 평가항목별 가중치를 적용하여 최종 기술력 평점을 산출한다.

최종 평점이 산출되고 나면, 아래 표의 평가등급 구간표(예시)에 따라 해당 기업의 기술력 평가등급을 부여한다. 기술력 평가등급은 AAA에서 C까지 총 9개 등급으로 부여하되, 해당 기업이 획득한 최종 기술력 평점에 의거하고 있다.

[표 4 - 5] 산업통상자원부의 투자용 기술력 평가모형의 등급구간의 설정(예시)

투자 적격성	투자가능				투자유의		투자부적격		
등급	AAA	AA	A	BBB	BB	B	CCC	CC	C
등급 구간	90점 이상	84점 이상	77점 이상	70점 이상	60점 이상	52점 이상	48점 이상	40점 이상	40점 미만

* 출처 : 기술평가실무가이드(2021) 참조하여 재작성

3) 등급별 정의

투자용 기술력 평가의 평가등급은 대상기업의 기술력 수준과 목표시장의 성장잠재력 분석결과에 근거한 대상기업의 미래성장가능성 수준으로 정의되고 있다.

[표 4 - 6] 산업통상자원부의 투자용 기술력 평가모형의 등급 정의

투자적격성	등급	정의
투자가능	AAA	기술력과 시장 성장잠재력이 최상위 수준으로 미래 성장가능성이 최상위 수준임
	AA	기술력과 시장 성장잠재력이 매우 우수하며 미래 성장가능성이 매우 우수한 수준임
	A	기술력과 시장 성장잠재력이 우수하며 미래 성장가능성이 우수한 수준임
	BBB	기술력과 시장 성장잠재력이 양호하며 미래 성장가능성이 양호한 수준임

투자적격성	등급	정의
투자유의	BB	기술력과 시장 성장잠재력이 보통수준으로 미래 성장가능성은 보통 수준임
	B	기술력과 성장잠재력이 다소 부족하여 미래 성장가능성이 다소 부족한 수준임
투자부적격	CCC	기술력과 성장잠재력이 낮아 미래 성장가능성이 낮은 수준임
	CC	기술력과 성장잠재력이 매우 낮아 미래 성장가능성이 매우 낮은 수준임
	C	기술력과 성장잠재력 측면에서 미래 성장가능성이 거의 없는 상태임

* 출처 : 산업통상자원부의 기술평가실무가이드(2021)

4. 중소벤처기업진흥공단의 기업평가모형

중소벤처기업진흥공단(이하 '중진공')은 기업의 기술성, 사업성, 경영능력 등 기업의 기술사업 경쟁력에 영향을 미치는 비재무요소와 신용위험에 영향을 미치는 재무요소를 종합적으로 분석·평가하여 평가결과를 정책자금 지원대상기업 선별 등에 활용하고 있다.

1) 기술평가영역(범위) 및 평가기준

중진공의 기업평가체계는 재무관련 요소 중심의 재무평가와 기업의 시장성, 기술성, 경영능력 등의 비재무적 요소를 평가하는 기술사업성평가로 구분된다. 기술사업성 평가체계는 기본적으로 기술성, 사업성, 경영능력, 정책목적성 등 4개의 대항목과 그 아래 중항목 및 소항목체계로 구성되어 있으며 평가목적과 용도, 업종, 기업규모 등에 따라 평가항목의 구성체계 및 항목수를 다르게 운영하고 있다. 제조업을 영위하는 업력 3년이상의 기업(일반형)의 평가표는 다음과 같다.

[표 4 - 7] 중소벤처기업진흥공단 기술사업성 평가표(3년이상 제조기업)

대항목	중항목	소항목(평가항목)
기술성	기술개발 기반	기술개발환경, 기술개발인력, 연구개발투자
	핵심기술	기술개발실적, 핵심기술의 우위성·차별성, 기술의 응용 및 확장 가능성
	생산기술	생산효율성, 설비적정성, 품질혁신, 공정개선

대항목	중항목	소항목(평가항목)	
사업성	시장전망	시장 성장성, 경쟁강도, 시장환경	
	시장경쟁력	시장지위, 제품경쟁력	
	마케팅능력	판매관리, 거래안정성	
	미래성장성	매출성장성, 미래수익성	
경영능력	경영자	신뢰성, 사업추진력	
	경영관리	경영관리수준, 대체적 자금조달능력	
	경영기반	경영안정성, 거래신뢰도	
정책목적성	수출(사회적 가치)	수출 역량(조직운영)	업종, 업력, 규모등에 따라 소항목 운영 차별화
	사회적 성과(사회적 가치)	사회적 역량(사업운영)	
	고용	고용창출	

* 출처 : 중소벤처기업진흥공단 홈페이지(2021)

2) 기업평가모형체계 및 등급 산출

기업평가모형은 평가요소에 따라 신용위험평가모형과 기술사업성평가모형으로 구분된다. 신용위험 평가모형은 순이익률, 자기자본비율 등 재무적 요소와 계량화가 가능한 비재무적 요소, 대표자 신용도 등을 평가하여 등급을 산출한다. 통계적 기법을 활용하여 도출된 평가결과를 바탕으로 등급별 예상부도율·점유율을 고려하여 신용위험등급을 13등급(CR1 ~ CR13)으로 구분하고 있다.

기술사업성 평가모형은 기업의 기술성, 사업성, 경영능력 등 기술사업 경쟁력에 영향을 미치는 비재무적 요소와 정책목적성을 평가하기 위한 모형으로 평가항목 별 배점 및 평가기준에 따라 평점을 매기고 평가점수별로 13등급(J1~J13)체계의 기술사업성등급이 정해진다. 기술사업성평가모형은 업력(3년기준, 예비창업자), 기업규모(자산 10억기준), 업종(제조업, 정보처리업 등), 기술유형(일반형, 기술개발형, 기술도입형 등)에 따라 모형을 세분화하여 다수의 모형을 운영하고 있다.

기업평가등급은 기술성·사업성·경영능력을 기반으로 한 기술사업성등급을 기본으로 하고 신용위험등급을 결합하되 최소 조정반영하여 최종 13단계(S1~S13)의 기업평가등급을 산출한다. 다만, 사업기간 3년미만, 예비창업자 등 재무평가를 생략하는 기업은 기술사업성등급만으로 기업평가등급을 산출한다.

한편, 다양한 외부 빅데이터를 평가항목(예: 평균임금수준, 특허정보, 에너지 사용량 등)으로 활용하고 머신러닝기법을 적용하여 모형 간 결합 및 등급화한 인공지능평가모형을 운영하고 있다. 인공지능등급은 KI~K13의 13등급체계로 되어 있으며 K5 등급이상의 상위등급은 한 단계 아래 등급까지 지원가능, 전결기준 하향 등 정책자금 운영시 우대하고 있다.

[그림 4 - 4] 중소벤처기업진흥공단의 기업평가등급 산출체계

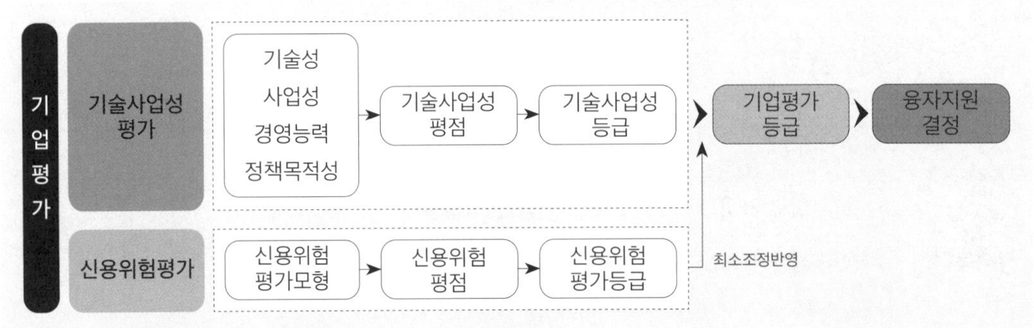

* 출처 : 중소벤처기업진흥공단 홈페이지

3) 등급체계 및 등급정의

기업평가등급은 기술사업성등급을 기본등급으로 하고 신용위험평가등급을 결합하여 매트릭스(matrix) 조정으로 결정되며 13등급체계로 되어 있으며 등급별 정의는 운영하지 않고 있다. 13등급체계 중 정책자금이 지원가능한 등급은 업력, 기업규모, 업종, 특수분야에 따라 다르게 운영하고 있다(예: 직접대출의 경우 지원가능한 기업평가등급은 S6, S7이상)

5. 한국거래소의 기술특례상장용 기술력평가

한국거래소의 기술특례상장용 기술력 평가는 핵심기술을 보유하고 있어 성장가능성이 높은 기업(=기술기반기업)에 대하여 기술성·사업성을 평가한 결과를 기준으로 코스닥 상장예비심사 청구자격을 부여할지 여부를 결정하기 위해 시행되고 있다. 즉, 기업은 한국거래소가 선정한 전문평가기관[130] 중 2개 기관의 기술평가 결과가 일정등급 이상이 되면 한국거래소에 상장 예비심

130) 정부산하 연구기관 중 한국과학기술연구원 등 16개사와 기업평가업무 수행기관 중 기보 등 6개사, 총 22개사가 전문평가기관으로 지정되어 있으며, 전문평가기관 2개사의 평가등급 중 높은 등급이 A이상이고 낮은 등급이 BBB이상이면 상장예비심사자격이 주어진다.(코스닥시장 상장규정 시행세칙제2조)

사를 청구할 수 있다. 이후 거래소의 상장심사 및 상장위원회의 심의를 거쳐 심사기준을 충족하게 되면 코스닥 시장에 상장된다. 이 평가제도는 상장심사와 관련하여 재무상황이 일반 상장기업에 비해 미흡하지만 기술력이 뛰어나 향후 성공가능성이 높을 것으로 기대되는 기업을 발굴, 지원하는데 평가의 목적이 있다.

1) 기술평가영역(범위) 및 기준

거래소의 「전문평가제도 운영지침」에서 정한 기술기반기업 평가표는 기술성, 시장성을 대분류로 하고 그 아래 중분류 평가항목 및 주요 평가사항 체계로 되어 있다.

기술성 부문은 기술의 완성도, 기술의 경쟁우위도, 기술인력의 수준 등 3개 중분류 항목으로 분류하고 그 아래 22개의 주요평가사항으로 구성되어 있다.

시장성부문은 기술제품의 상용화수준, 기술제품의 시장규모 및 성장잠재력, 기술제품의 시장경쟁력 등 3개의 중분류 항목아래 13개의 주요평가항목이 제시되어 있다.

[표 4 - 8] 기술기반기업의 전문 평가항목 및 주요평가사항(한국거래소)

구분 (대분류)	평가항목 (중분류)	주요 평가사항
기술성	기술의 완성도	기술 진행 정도, 기술의 신뢰성, 기술의 자립도, 기술의 확장성, 기술의 모방난이도
	기술의 경쟁우위도	기술제품의 수명, 주력 기술의 차별성, 기술개발 및 수상(인증) 실적, 기술 관련 지식재산 관리, 주력 기술 혁신성, 연구개발 투자 현황, 연구개발 활성화 수준, 연구개발 투자 전략
	기술인력의 수준	기술경영 관리 수준, 기술경영 기획 전략 수준, 기술인력 관리 능력, 주요 경영진의 전문성, 주요 경영진의 사업몰입도, 기술인력 전문성, 기술인력 수 및 팀워크, 기술인력 조직 운영체계, 경영진·주요경영진 및 기술인력 협력체계
시장성	기술제품의 상용화 수준	기술제품의 생산 및 품질관리 역량, 기술제품 상용화를 위한 자본조달 능력, 기술제품 판매처 다양성, 기술제품 판매처 안정성, 기술제품을 통한 부가가치 창출 가능성, 경쟁제품 대비 사업화 경쟁력
	기술제품의 시장규모 및 성장잠재력	주력 기술제품 시장규모 및 특성, 주력 기술제품 시장의 성장성, 주력 기술제품 시장경쟁 상황, 주력 기술제품 시장규제
시장성	기술제품의 시장경쟁력	기술제품의 인지도, 기술제품의 시장점유 정도(가능성), 경쟁제품 대비 효능·가격 우수성

* 출처 : 한국거래소의 「전문평가제도 운영지침」'별표1' 참조하여 재작성

2) 평가등급의 산정과 등급체계 및 등급별 정의

전문평가기관은 전문평가결과를 종합하여 종합평가등급을 산정하며, 전문평가의 평가등급체계 및 등급별 정의는 다음과 같다.

[표 4 - 9] 기술기반기업 전문평가의 평가등급체계 및 등급별 정의(한국거래소)

평가등급	등급별 정의
AAA	최고의 기술력을 가진 기업(성공 가능성이 매우 높음)
AA	매우 높은 기술력을 가진 기업(장래 환경변화에 크게 영향을 받지 않을 수준임)
A	높은 수준의 기술력을 가진 기업(장래 환경변화에 크게 영향을 받지 않을 수준임)
BBB	우수한 기술력을 보유(장래의 환경변화에 다소 영향을 받을 수 있음)
BB	우수한 기술력을 보유(장래의 환경변화에 상당한 영향을 받을 수 있음)
B	우수한 기술력을 보유(장래의 환경변화에 영향을 받을 가능성이 매우 많음)
CCC	보통 수준의 기술력(장래 환경변화에 다소 영향을 받을 수 있음)
CC	보통 수준의 기술력(장래 환경변화에 상당한 영향을 받을 수 있음)
C	보통 수준의 기술력(장래 환경변화에 영향을 받을 가능성이 매우 많음)
D	보통 수준 이하의 기술력

* 출처 : 한국거래소의 「전문평가제도 운영지침」'별표2'

제 2 절 기술신용평가(TCB평가)

창의적인 아이디어 및 기술과 이를 권리화한 지식재산권은 산업적 활용을 통해 경제적 이득을 추구하고 혁신과 경제성장을 촉진하는 핵심 자산으로 자리잡고 있다. 미국의 지식재산전문서비스기업인 오션 토모(Ocean Tomo)가 2020년말 발표한 자료에 따르면 S&P500 기업의 지식재산을 포함한 무형자산의 가치는 S&P500 시장가치의 90%를 초과하는 것으로 나타났다.[131)]

이러한 사회·경제적 배경하에서 부가가치의 원천이자 성장동력으로 평가받고 있는 기술과 지식재산이 기업의 기술개발 및 사업화 과정에 소요되는 자금의 공급수단으로 부각되고 있다. 기술금융은 신용도·담보중심의 전통적인 일반금융과 달리, 미래의 수익창출이 기대되는 기술과 아이디어 등에 대한 기술평가에 근거하여 기업의 기술혁신활동에 필요한 자금을 공급하는 기업금융의 일종이다.

그간 정부는 이러한 가치사슬의 흐름에 맞추어 국정과제 및 관계부처의 중소기업 금융정책에 '기술과 지식재산을 활용한 금융활성화'를 주요 정책과제로 선정하고, 다양한 정책과 제도를 시

131) https://www.oceantomo.com/intangible-asset-market-value-study

행하여 왔는데, 그 중 대표적인 제도가 기술신용평가(TCB)이다.

여기서는 먼저 정부가 TCB제도를 추진하게 된 배경 및 경과, 주요 정책 및 제도를 살펴본 다음 TCB 개념 및 모형·등급체계 등 기본적 이론과 TCB업무절차, 평가서, 소항목별 평가방법 등 평가 실무를 기술하였다.

1. TCB 관련 주요 정부정책 및 제도

1) 정책 추진배경 및 추진경과

가) 추진배경

국내 기술금융시장은 일반적으로 보증, 융자 및 투자 그리고 기술이전·사업화 지원(기술평가·거래기반 구축, 기술평가비용지원 등)의 형태로 구분할 수 있다. TCB제도 시행전인 2013년도의 기술금융 시장은 기보의 기술보증 등을 기초로 은행권이 창업 및 기술기업에게 자금을 공급하는 기술보증서부 대출이 전체 기술금융의 약 75%를 차지하는 간접금융 위주의 시장이 형성되어 있었다.[132] TCB시행 이전의 상황을 다음과 같이 정리할 수 있다.

기보는 1997년 금융기관 최초로 기술평가인프라를 구축한 이래, 2005~2006년 개발한 기술평가시스템(KTRS)에 의해 기술수준 및 위험수준을 동시에 평가하여 보증을 제공하는 기술평가보증체제로 일원화하고 기술금융을 지속적으로 확대하였다. 또한 은행에게 평가등급, 의견 등 평가정보가 기재된 기술평가인증서를 제공하고 이를 활용하여 기업신용대출을 실행하는 협약을 은행과 체결하는 등 기술금융 확산을 위해 꾸준히 노력해왔다.[133] 그러나 담보력과 재무중심의 여신심사관행이 여전한 상황에서 공급자 위주의 기술평가인증서가 제공된다 하여도 수요자인 은행이

132) 2013년말 현재 기술금융 시장 구조: 총 26조원 중 기보의 기술보증 18.9조원(72.8%) 및 기술평가인증서부 대출 0.5조원(2%), 벤처캐피탈 등 6.6조원(26.2%), ※ '13년말 중소기업 자금조달잔액 495.6조원, <출처 : 관계부처 합동, '기술금융 활성화를 위한 기술평가시스템 구축방안'(2014. 1)>

133) 기술평가인증서 제공건수 및 인증서부 대출금액 현황(2005~2014)(출처 : 기술보증기금)

연도	2006~2009	2010	2011	2012	2013	2014
인증서 제공건수	2,840	1,180	2,575	2,575	3,354	2,087
인증서 대출금액(억원)	3,313	1,402	2,500	2,500	5,264	4,506

기술평가정보를 제대로 이해하여 내부의 신용위험평가에 반영하기 어려운 구조적인 문제점을 내포하고 있었다.

은행권에서는 산업은행이 평가조직을 갖추고 기술평가기관으로 지정됨에 따라 2005년부터 기술력 평가에 기초하여 기업의 사업화자금을 지원하는 기술력평가대출, 기술가치평가대출 등을 공급했으나 비교적 고위험·고비용인 기술금융의 특성상 크게 확대되지는 못했다. 기타 은행들은 IMF 외환위기 이후 구조조정을 통해 수익성·건전성이 크게 개선된 은행들을 중심으로 창의적인 기술력과 사업모델을 갖춘 성장유망한 혁신형기업들에 대하여 대출을 경쟁적으로 확대하기 시작했으나 단기간에 부실률이 높아지면서 더 이상 나아가지 못했다. 일부 은행에서는 기술·혁신기업에 대한 대출취급을 위해 자체적인 기술평가 인프라 구축을 추진하였으나 초기단계에서 경험 및 노하우가 빈약하고 기술금융에 대한 유인책 부족 등으로 인해 활성화되지 못했다.

기술금융은 신뢰할 수 있는 평가를 전제로 이루어지기 때문에 기술금융 활성화를 위해서는 무엇보다도 효율적이고 공신력 있는 기술평가시스템의 구축이 필수적이다. 효율적이면서 공신력을 갖춘 기술평가시스템은 은행권의 기술평가에 관한 비전문성을 보완하여 정보격차(gap)를 축소시켜주고 신용위험을 줄여주는 역할을 수행할 수 있다.

기술금융을 위한 기술평가는 일반적인 은행의 여신심사처럼 투자, 융자, 보증 등을 공여하는 금융기관이 직접 수행하는 것이 효율적이긴 하나, 기술평가의 전문성과 복잡성을 감안할 때 기보 수준의 평가전문인력과 전담조직, 평가모형 및 운영시스템 등을 필요로 한다. 그러나 이러한 평가인프라를 내부화 하려면 적지 않은 비용과 시간이 소요되고 상당기간의 운영경험도 필요하기 때문에 일정수준의 평가역량을 갖출때까지는 다양한 민간전문가와 평가역량이 있는 외부 전문평가기관을 활용하는 것이 보다 경제적이라고 할 수 있다.

지금까지 언급한 내용을 토대로 기술금융 활성화를 위해 은행권의 요구에 부합하는 새로운 기술평가시스템(TCB)이 필요한 이유를 다음과 같이 정리할 수 있다.[134)]

첫째, 은행의 인력구조는 재무·신용위험분석, 담보평가에 능통한 인력 중심으로 구성되어 있고 기술에 대한 이해를 바탕으로 기술을 평가할 수 있는 이공계 인력은 부족한 상황이다. 따라서 일정한 규모의 이공계 기술평가인력을 확보해야 하고, 또한 이들이 기본적으로 신용위험·재무분

134) 한국금융연구원(2014), "TB를 활용한 창조적 금융환경 조성방안", 기술보증기금용역보고서, pp. 115-117

석에 대한 이해가 필요하기 때문에 활용가능한 기술평가인력으로 양성하는데는 상당기간과 비용이 소요되며, 기술평가를 수행하고 관리할 별도의 전담조직도 요구된다.

둘째, 기업의 기술력을 측정하기 위한 기술평가모형을 구축하려면 일정기간 동안의 운영경험과 상당한 자료의 축적을 필요로 한다. 금융시장의 주요 인프라인 신용평가회사가 제공하는 신용등급은 오랜기간 동안 실적이 검증되고 운영경험의 축적을 통해서 등급체계가 표준화되고 공신력이 형성된 것이라는 점을 참고할 필요가 있다.

셋째, 채무상환능력과 손실위험 측정에 관심이 있는 은행의 여신심사 모형에 기술평가모형을 융합하기가 어렵다.

넷째, 기업의 기술평가는 분야별 전문인력들을 확보하고 팀을 구성하여 면담과 실사, 그리고 분석을 거쳐 기술평가등급 등의 기술평가정보 생성에 많은 비용과 시간이 소요된다.

나) 추진경과

전술한 것처럼 TCB평가제도 도입이전의 국내 기술금융시장은 기보의 기술평가보증이 절대적인 비중을 차지하고 있었는데, 그 요인은 두 가지를 들 수 있다. 첫째, 복수 보증기관 간 업무중복과 과당경쟁 및 과다보증에 대하여 국회, 감사원 등 감시기구·단체의 비판이 제기됨에 따라 기보가 업무특화 및 전문화의 일환으로 기술평가 인프라를 구축하고 기술평가보증을 전략적으로 확대해온 결과라고 할 수 있다. 두번째는 초기단계의 기술금융시장이 전체 금융시장에서 차지하는 비중이 낮아서 기술금융부문이 주무부처인 금융위원회의 핵심적인 정책과제에 선정되지 못했다. 이때 기술금융활성화는 주로 중소금융정책 또는 정책금융개편 시 '구색맞추기'식으로 하위수단의 하나에 포함시켜서 당시 산하기관으로서 기술평가보증을 적극 확대하고 있던 기보에게 그 역할을 맡긴 점도 영향을 미쳤다고 할 수 있다.

이러한 상황에서 2013년 신정부가 출범함과 동시에 금융위원회는 국정 어젠다(agenda)인 창조경제를 뒷받침하기 위한 핵심정책과제들을 선정하고 구체적인 추진방안을 마련하기 시작했다. 당시 창조경제는 '새로운 기술이나 아이디어 등 창조적 자산을 기초로 경제성장과 발전을 도모하는 경제'로 정의되었다. 창조경제 구현을 위해서는 기술·아이디어가 제대로 평가되고 우수 아이템의 사업화 지원 및 금융지원이 이루어질 수 있는 환경조성이 필요하다는 결론에 이르렀다. 이에 따라 기술금융 활성화를 위해서는 공신력이 있고 금융기관의 니즈에 부합할 수 있는 '공공재적 기술평가시스템'의 필요성을 인식하게 되면서 범정부 차원에서 추진하게 되었다. 그간의 TCB 관련 정책추진경과를 요약·정리하면 다음과 같다.

[표 4 - 10] 기술신용평가(TCB) 관련 정부정책 추진경과 요약

시기	추진 단계	주요 내용	소관부처 유관기관
2014	기획 및 조직화	- 기술금융 활성화를 위한 "기술평가시스템 구축방안"(1월) (기술금융활성화를 위한 기술평가생태계 조성) • 추진과제 : ① 공공재성격의 TDB 구축, ② 민간TCB 활성화, ③ 은행등 금융권의 기술평가역량제고, ④ 기술신용정보 활용도 제고 방안	관계부처합동
		- 「기술평가시스템 구축 TF」 출범·운영(1월~6월) • 은행연합회내 TDB 설립 및 전산시스템 구축 • 표준모형개발 및 금융기관의 중소기업 여신에 대한 TCB활용계획 • 신용정보업감독규정 및 은행업감독규정 개정 - 은행권 기술신용대출 개시(6월) - 기술신용평가기관(TCB) 지정: 기보, 한국기업데이터 등	금융위, 금감원, 은행, 신용평가사, 기보, 특허법인 등
	실행 · 촉진	- 기술정보DB(TDB) 서비스 개시(은행연합회 내 설치)(7월)	
		- 「창조금융 활성화를 위한 금융혁신 실천계획」 발표 • 「TECH(기술금융실적) 평가」 및 인센티브 실시계획 발표(9월) * TECH: 기술금융 비중, 기술사업화,신용지원, 전문인력 등 * TECH평가 우수 인센티브 부여 : 신기보 출연료율 차등화 등 - 「TECH 평가」가 포함된 「은행권 혁신성 평가방안」 발표(10월)	금융위, 기보, 정금공, 은행 등
2015	피드백 · 확산	- 기술금융 실태조사 실시(4~5월)	금융위, 금감원
		- 기술금융_체계화_및_제도_개선방안 발표(6월) • 목표: 기술신용대출이 항구적인 은행권 중기여신시스템으로 정착 • 개선방안 : ① 기술신용대출의 질적 성장, ② 기업의 현장불편해소, ③ 기술신용평가의 신뢰성제고 ④ 은행권 자체역량 확충 • 투자등 기술금융 외연 확장방안 : TCB 평가 활용영역 확대 등	금융위
		- 은행의 자체 TCB평가를 위한 기술신용대출 정착 로드맵 발표(8월) • 자체TCB평가 실시단계: 예비실시(레벨1) → 정식실시(레벨2,3) → 전면실시단계(레벨4) • 자체 TCB평가 실시요건 : ① 전문인력 수, ② 평가서수준, ③ 실시기간, ④ 기타 물적 요건으로 자체평가 실시 여부 및 단계를 결정 • 로드맵운영 : 자체 TCB평가역량 심사는 반기별실시	금융위

시기	추진 단계	주요 내용	소관부처 유관기관
2016	피드백 · 확산	- 투자용 기술금융평가 개시(4월) - 기술금융 만족도 조사 실시(10월)	금융위
2017		- 실물경제 지원강화방안(1월) ※ 4대 중점과제에 '2단계 기술금융발전 로드맵'포함(1단계) 기술금융의 성장→(2단계)기술금융 질적도약 · 주요내용 : ① 질적 평가를 강화하는 방향으로 TECH 평가기준 개선, ② 기술평가와 여신심사 일원화, ③ 기술금융 투자 활성화, ④ TCB 신뢰성 및 활용도 제고, ⑤ TDB 인프라 정비	금융위
2018		- TCB 품질 모니터링 및 실태조사 실시(10월)	신정원외
2019		- 기술금융실적 평가 개편안 · 주요내용 : 기술금융의 기술기업 지원(신용대출, 창업, R&D, IP)을 강화하고 기술금융 신뢰성 제고 및 고도화를 위한 지표 개선	금융위
2020 이후	정착	- 기술금융가이드 라인 마련(12월) · 기술금융 제도 근거 및 기준을 명확히 하고, 대상업종, 업무절차, 신뢰성 제고를 위한 품질관리체계 등을 정리 → 기술금융지원체계 확립	금융위, 은행,신정원, TCB회사

* 출처 : 정부 발표내용을 토대로 재구성

2) 주요 정부정책 및 제도

가) 기술신용평가시스템 구축 기본계획

금융회사 등에서의 기술금융은 신용과 신뢰할 수 있는 기술평가를 기초로 이루어지기 때문에 기술금융 활성화를 위해서는 효율적 기술신용평가시스템 구축이 전제조건이라고 할 수 있다. 여기서 효율적 기술신용평가시스템은 기술금융 취급시 공급자와 수요자간의 기술에 내재된 불확실성과 정보의 비대칭성을 효과적으로 축소 또는 해소할 수 있는 시스템을 말한다.

기술신용평가시스템이 효율적으로 운영되려면 먼저 기술신용평가에 필요한 기술정보, 기술평가·거래정보 등에 관한 DB가 구축되고 접근이 용이해야 한다. 다음으로 전문적이고 복잡한 기술평가업무를 수행할 수 있는 조직과 인력이 확보되어야 한다. 마지막으로 기술 및 평가정보를 이해하고 기술금융에 활용할 수 있도록 내부 전문인력과 표준모형 및 업무매뉴얼, 평가활성화를 위한 유인책 등이 요구된다.

이와 같이 기술신용평가 생태계는 금융회사, 기술신용평가기관, 기술신용정보집중기관 등이 끊임없이 상호작용하고 평가기법과 기술정보, 기술평가·거래정보 등을 공유·환류하는 네트워크 및 활성화 여건 조성이 중요하다. 이에 금융위원회는 2014년초 "기술금융활성화를 위한 기술평가시스템 구축방안"을 발표하고 핵심추진과제로 4가지를 제시하였다.

[표 4 - 11] 기술신용평가시스템 구축을 위한 추진과제 및 주요내용

추진과제	주요내용	비고
1. 공공재 성격의 기술정보DB(TDB)구축	- 전문성과 독립성이 확보되고 참여자간 공유할 수 있는 기술관련 정보 DB 구축(* 은행연합회내) - 기술·권리·시장정보, 평가·거래정보 등 관리 - 운영비용은 DB정보 이용료를 통해 조달	* 현재 한국신용정보원 * 관련법규개정
2. 민간 기술신용평가기관(TCB) 활성화	- 기술평가 전문성, 복잡성 + 금융회사에게 유용한 정보 제공 → 다양한 민간전문평가기관 참여유도 - 기술·재무전문가, 기술평가모형, 전산설비 등 인적·물적 요건을 갖춘 경우 기술평가업무허용	* TCB기관 설치 * 관련법규 개정
3. 은행 등 금융권의 기술평가 역량 제고	- 은행권 공동 표준모델·기술평가업무 매뉴얼개발 - 기술금융실적과 평가인프라 구축정도에 따라 정책금융한도·금리 조정방식으로 유인책 부여 -기술평가 전문인력·조직 확보 시 경영평가가점	* TCB모형 * TECH평가 * TCB대출 정착로드맵
4. 기술평가정보 활용도 제고	- 은행의 신용평가 및 여신심사시 평가결과를 반영 - 기술기업평가에 적합한 신용평가모형 개발 - 투자자 보호를 위해 상장·공시등에 평가정보활용	* 정책금융 활용의무화 * 투자용TCB

* 출처 : 금융위의 "기술금융활성화를 위한 기술평가시스템 구축방안"(2014.1, 관계부처합동)을 토대로 작성

나) TDB

(1) 개념 및 연혁

TDB(Tech Data Base, 기술정보 DB)는 TCB평가기관 및 금융기관 등을 대상으로 기술평가 및 여신·투자 등에 활용되는 기술·시장정보, 기술신용정보를 가공·분석한 정보 등을 제공하기 위해 신용정보법(제25조)의 종합신용정보집중기관[135](한국신용정보원)이 구축·운영하는 통합정보시

135) 신용정보법 제25조를 보면, 신용정보집중기관은 신용정보를 집중하여 수집·보관함으로써 체계적·종합적으로 관리하고, 신용정보회사등 상호 간에 신용정보를 교환·활용하려는 자는 금융위원회로부터 신용정보집중기관으로 허가를 받은 자로 규정되어 있다(제1항). 신용정보집중기관은 종합신용정보집중기관과 개별신용정보집중기관으로 구분하고 있다. 여기서 종합신용정보집중기관은 대통령령으로 정하는 금융기관 전체로부터의 신용정보를 집중관리·활용하는 신용정보집중기관을 말한다(제2항). 사적 계약에 의해 신용정보를 공유하는 CB(Credit Bureau)와 달리 법률에 의해 금융기관으로부터 금융거래 등 상거래 및 보험계약 등과 관련된 신용정보를 집중·관리하는 기관으로 현재 '사단법인 한국신용정보원'이 허가를 받아 역할을 수행하고 있다.

스템을 말한다. 즉, TDB는 자체 생산 보고서, 외부 수집정보 등 금융기관 등의 투·융자 심사와 기술신용평가 등에 필요한 기업·기술·시장정보를 한국신용정보원이 금융기관 등에 제공하는 서비스로써 기술신용평가시스템을 구성하는 핵심인프라이다.

TDB는 정부의 '기술금융 활성화를 위한 기술평가시스템 구축 방안('14.1.)'에 따라 기술금융시장 참여자들이 공유가능한 공공재적 성격의 기술정보 DB(TDB) 구축을 추진하게 되었다. 금융위, 은행연합회, 기보, 신용평가사 등 공공 및 유관 민간기관들의 준비작업과 관련법규 개정 등을 거쳐 '14.7월, 종합신용정보집중기관인 은행연합회에 TDB가 설치되어 서비스를 제공하기 시작했으며, '16.1월에 한국신용정보원이 설립되면서 TDB업무가 이관되었다.

한국신용정보원은 민법제32조(비영리법인의 설립과 허가)에 의거 설립되었고, 업무의 법적 근거는 신용정보법제25조(신용정보집중기관)에 두고 있다. TDB업무는 종합신용정보집중기관의 기술신용정보 집중관리·활용업무로서 신용정보법(제2조제1호의 사목) 및 동법 시행령(제2조제16항, 제21조의2제2항제2호[136]), 신용정보업감독규정(제26조의4제3항)에 법적 근거를 두고 있다.

(2) TDB 제공 정보의 분류 및 내용

TDB가 제공하는 정보는 정보의 원천에 따라 신용정보법 및 「신용정보업감독규정」상의 기술신용정보, 자체생산정보, 그리고 외부수집정보로 분류되고, 정보의 내용에 따라 기업정보, 기술정보, 시장정보, 통계분석정보로 구분할 수 있다. 현재 한국신용정보원은 이러한 정보를 종합하여 TDB포탈을 통해 TCB평가기관 및 은행에게 제공하여 TCB평가 또는 여신심사시 활용하도록 하고 있다.

① 기술신용정보

기술신용정보는 "기업 및 법인의 신용을 판단하기 위하여 정보(기업 및 법인의 기술과 관련된 기술성·시장성·사업성 등을 대통령령으로 정하는 바에 따라 평가한 결과를 포함한다)를 처리함으로써 새로이 만들어지는 정보로서 대통령령으로 정하는 정보"를 말한다(신용정보법 제2조제1호의6사목).

여기서 "대통령령으로 정하는 정보"란 기업 및 법인인 신용정보주체의 신용을 판단하기 위

136) - 동법 시행령제21조의2(종합신용정보집중기관의 업무)제2항제2호: (법제2조의2제6호에서 대통령령으로 정하는 업무) "기술신용정보를 만들어 내는 데에 필요한 기술에 관한 정보의 수집·조사 및 처리".

하여 기술평가(「기술보증기금법」 제28조제1항제6호의 기술평가를 말한다)를 하고 신용정보와 해당 기업 및 법인의 기술에 관한 정보를 활용함으로써 그 판단의 결과를 기호, 숫자 등을 사용하여 평점 또는 등급으로 표시한 정보, 그 기술의 가액 또는 평가의견 등을 뜻한다(신용정보법시행령제2조제16항).

신용정보업감독규정(제26조의4제3항별표6의5)에서는 종합신용정보집중기관을 통해 집중관리·활용되는 기술신용정보와 기술신용정보 관련 신용공여현황 및 신용도 판단정보의 구체적인 등록 및 이용기준을 다음과 같이 정하고 있다.

[표 4 - 12] 신용정보업감독규정"별표6"의 기술신용정보의 등록 및 이용기준

등록정보	등록기관	등록기준		이용기관
		대상 주체	등록시기	
기술신용정보	영 제21조제2항의 기관 중 해당 등록 정보 보유기관	해당 기업 및 법인	등록사유발생일로부터 7영업일 이내	영제21조 제2항의 기관 중 신용조회회사 중 해당 등록 정보 보유기관
신용공여 현황 및 신용도 판단정보	위와 같음	위와 같음	위와 같음	위와 같음

상기 표의 기술신용정보는 한국신용정보원에서 제정한 '기술신용정보관리규약'에 따라 대출취급은행으로부터 신용거래정보 및 신용판단정보를, TCB회사 및 자체TCB은행으로부터는 기술신용평가결과를 집중·관리하고 있다. 기술신용평가결과는 기업 및 법인 등 기술신용정보주체의 신용거래능력 판단정보로서 협의의 기술신용정보라고 할 수 있다. 신용거래정보는 기술신용정보주체의 거래내용을 파악할 수 있는 정보로 기술신용평가에 기반한 기업신용공여현황 정보를 의미하며, 신용도판단정보는 기술신용정보주체의 대출 등에 대하여 연체, 부도 등이 발생한 사실에 관한 정보로 광의의 기술신용정보라고 할 수 있다.

[표 4 - 13] 기술신용정보의 집중 내용 요약

집중정보	집중기관	주요 내용
기술신용정보 (기술신용 평가결과)	TCB사, 자체TCB은행	· 기업개요(설립일자, 주소, 종업원수, 업종, 기술) · 평가개요(평가모형, 평가목적, 평가등급, 평가서 종류 및 발급일) · 기술신용등급(평가 대·중·소 항목별 평가등급) · 기업 영업정보(주요제품, 매출구성, 기술사업역량, 기술경쟁력)
신용거래정보 (신용공여 현황)	은행	· 전체 대출정보(대출잔액, 담보잔액, 운전·시설대출 잔액) · 기술신용대출정보(대출·담보잔액, 운전·시설잔액, 대출종류등)
신용도 판단정보		· 연체정보(연체발생여부, 원금연체금액) · 부도정보(최종부도일자)

* 출처: 한국신용정보원 홈페이지(www.kcredit.or.kr)를 참고하여 작성

② 자체생산정보

TDB가 외부로부터 수집한 기술·시장정보 등을 토대로 자체생산한 TDB보고서 등을 말한다.

[표 4 - 14] 정보의 내용에 따른 TDB 자체생산정보 분류

구 분	주요 정보 및 제공방식
기업정보	· (주요정보) 기업의 기술력 현황 정보 및 연계 정보, 우수 기술기업 리스트 등 기술 금융 지원 대상 기업 관련 정보 제공 · (제공방식) 기술신용정보 및 외부기관 네트워크(협약) 활용
기술정보	· (주요정보) 기술평가·여신심사에 활용하기 위한 기술(제품)의 개요, 기술동향, 핵심기술, 기술경쟁력, 업체현황, 심층분석의견 등의 기술 분석정보 제공 · (제공방식) 기술신용정보, 국내외 전문 기술자료, 외부기관 네트워크(협약) 활용
시장정보	· (주요정보) 기술평가·여신심사에 활용하기 위한 기술(제품)의 시장개요, 산업 특징, 시장규모 및 전망, 주요업체, 심층분석의견 등 시장 분석정보 제공 · (제공방식) 기술신용정보, 국내외 전문 시장자료, 외부기관 네트워크(협약) 활용
통계분석정보	· (주요정보) 기술금융지원 의사결정을 위한 기술금융 현황 및 효과 분석, 산업 분석 등의 정량(통계) 분석정보 제공 · (제공방식) 기술신용정보 및 외부수집정보 활용

* 출처 : 한국신용정보원

(3) TDB의 이용 현황

TDB 제공정보를 이용하는 기관은 시중은행, 지방은행 등 17개은행과 기술보증기금, 신용보증기금, 5개 TCB기관 등 사원기관(24개), 경기신용보증재단, 중소벤처기업진흥공단, 한국발명진흥회 등 자율이용기관이 있다. 이용기관은 기관별로 할당된 ID 및 Password를 통해 TDB에 접속하여 제공하는 정보·서비스를 유료 또는 무료로 이용할 수 있다.

다) 기술신용평가기관

(1) 개념 및 연혁

기술신용평가기관(TCB평가기관)은 기술신용평가를 수행하는 기관으로 독립적인 'TCB회사'와 자체적으로 TCB를 수행하는 은행('자체TCB은행')으로 구분된다.

TCB회사는 TCB평가를 위한 적정한 인적·물적 요건을 갖추고 신용정보법(제2조제8호의3다목)[137]에 따른 기업신용조회업 허가를 받아 TCB평가를 업으로 하는 자를 말한다.

자체TCB은행은 금융위원회의 「기술신용대출 정착로드맵」에 따라 기술평가 역량을 갖춘 것으로 인정받아 자체적으로 TCB평가를 수행하는 은행을 말한다.

앞에서 언급한 것처럼 기술금융 활성화를 위해서는 기술정보와 신용정보를 활용하여 기술신용정보를 생성·제공함으로써 금융회사의 비전문성을 보완하여 기술정보격차를 축소시켜 주는 평가기관의 역할이 중요하다고 할 수 있다. 이에 금융위는 은행권의 대부분이 기술평가인프라 및 기술평가역량을 갖추고 있지 않은 점을 감안하여 공공보다는 민간 위주의 TCB평가기관을 단계적으로 확충해나가기로 하였다.

우선, 신용정보법상의 신용조회사(CB사) 중 변리사, 기술거래사, 기술사, 3년이상의 기술평가 업무경력자 등 기술평가 관련 전문인력을 확충하여 '기술신용정보 산출'을 겸업으로 신고한 회사가 TCB평가를 수행하도록 하였다. 아울러 공공기관인 기보는 금융업무와 기술평가 업무를 동시에 수행해온 유일한 기관인 점을 고려하여 기보 보증부 대출건에 한하여 TCB로서 역할을 수행하도록 하되, TCB업무수행기간을 일정시점까지로 한정하였다[138].

이어서 '기술신용조회업'이 신설된 신용정보법 개정을 통해 법적 근거를 마련하게 됨에 따라 일정한 요건을 갖춘 CB사(한국기업데이터, 나이스평가정보)들에게 TCB업무를 인가함으로써 2014년 7월, 기보와 2개의 민간 TCB평가기관이 TCB평가업무를 개시하였다. 이후 기술금융규모의 급증과 함께 TCB평가 수요도 증대됨에 따라 일정한 요건을 갖춘 CB사들이 TCB평가기관으로 추가지정(이크레더블, 나이스디앤비, SCI평가정보, 한국기술신용평가)되어 2021년말 현재 6

137) 신용정보법제2조8호의8의3: "기업신용조회업"이란 다음 각 목에 따른 업무를 영업으로 하는 것을 말한다. 다만, 「자본시장과 금융투자업에 관한 법률」 제9조제26항에 따른 신용평가업은 제외한다.

가. 나(생략)

다. 기술신용평가업무: 기업 및 법인인 신용정보주체의 신용상태 및 기술에 관한 가치를 평가하여 기술신용정보를 생성한 다음 해당 신용정보주체 및 그 신용정보주체의 거래상대방 등 이해관계를 가지는 자에게 제공하는 행위

138) 2018년 6월말을 기준으로 TCB평가기관 역할이 종료되었다.

개의 민간 평가기관이 평가업무를 수행하고 있다.

한편, 기술신용대출의 정착을 위해 자체 TCB평가를 실시하려는 은행의 이행전략을 지원하기 위해 자체 TCB평가 실시 기준을 마련하고 평가조직구축, 전문인력 확보 등 은행별 평가역량을 단계별로 인정하는 방안을 제시하였다.[139] 은행에 대한 자체 TCB평가역량 심사는 매년 6개월 단위로 실시되며, 평가결과에 따라 예비실시단계(레벨1), 부분실시단계(레벨2, 3), 전면실시단계(레벨4)로 상향 또는 하향되며 단계별로 자체 TCB대출 가능범위를 차등화하고 있다.

(2) TCB 평가기관의 요건

① TCB회사의 요건

TCB회사는 TCB평가업무를 수행하는데 필요한 조직과 인력, 평가모형, 전산시스템을 갖추어야 한다. 신용정보법 시행령 제6조제1항 및 제2항제1호·제2호에서는 TCB평가업무허가를 받으려면 갖추어야 할 인력 및 물적 시설 요건에 대하여 다음과 같이 규정하고 있다.

[표 4 - 15] TCB회사가 갖추어야 할 인적·물적 요건

구분	상세내용	관련법조항
인적 요건	기술신용평가업무를 하는 기업신용조회업을 영위하려면 다음 각호의 어느 하나에 해당하는 상시고용인력 10명이상을 갖추어야 함 가. 공인회계사 나. 기술사, 기술거래사 또는 변리사 다. 3년 이상 신용정보주체에 대한 신용상태를 평가하는 업무에 종사했던 사람 라. 3년 이상 기술에 관한 가치를 평가하는 업무에 종사했던 사람 마. 3년 이상 기업정보조회업무에 종사했던 사람 바. 3년 이상 신용정보 등의 분석에 관한 업무(정보분석 및 정보 기획업무 등을 포함한다)에 종사했던 사람 사. 3년 이상 신용정보집중기관에 근무한 경력이 있는 사람	신용정보법제6조 및 시행령 제6조제1항, 제2항제1호
물적 요건	설비 : 신용정보 등의 처리를 적정하게 수행할 수 있다고 금융위원회가 정하여 고시하는 정보처리·정보통신 설비	신용정보법시행령 제6조제2항제2호

139) 금융위원회의 "기술금융 체계화 및 제도개선방안"(2015.6)과 동 대책의 후속조치로써 "은행의 자체 TCB평가를 위한 기술신용대출 정착 로드맵"(2015. 8)에 따라 추진함

② 자체TCB은행의 요건

자체 TCB은행은 금융위원회의 「은행의 자체 TCB평가를 위한 기술신용대출 정착로드맵」(2015년8월)에서 단계(레벨)별 자체 TCB평가 실시요건을 정하고 있다. 금융위원회는 은행의 평가역량 심사를 위하여 외부전문가로 구성된 자체TCB평가역량 심의위원회를 설치하고 있다. 동 심의위원회는 인적요건, 평가서 수준, 직전 레벨 실시기간, 기타 물적 요건(평가조직, 평가모형, 전산화, 기술신용정보 집중체계 등)에 대하여 심사하고 심사결과에 따라 자체TCB은행의 레벨(1~4)을 결정하고 있다.[140]

(3) TCB 평가기관 현황

① TCB회사

민간 TCB회사는 관련법규에서 정한 기술평가전문인력과 전담조직, TCB평가모형, 전산시스템 등을 갖추고 금융위의 인가를 받아 TCB업무를 수행하고 있다.[141]

[표 4 - 16] TCB회사 개요(2021년 기준)

구분	한국기업데이터(KED)	나이스평가정보	이크레더블	나이스디앤비	SCI평가정보
TCB업무 개시 시기 (설립일)	2014. 7 (2004. 7)	2014. 7 (1985. 2)	2015. 4 (2001. 8)	2017. 1 (2002. 10)	2017. 4 (1992. 4)
TCB 전담조직	평가정책부, 기술평가센터, 검수팀 등	기업평가본부내 TCB평가실, 분야별평가팀, 검수팀 등	TCB본부 내 기술평가팀, 사업운영팀, 검수팀 등	TCB사업본부 내 TCB사업실 TCB평가실, 검수팀 등	사업본부 및 기술신용평가 실 내 기술평가팀, 검수팀 등
TCB전문인력	신용정보법시행령 제6조제2항제1호의 전문인력을 일정규모 이상 상시고용				
주요사업	- 기업신용정보·기업신용평가 - 기술평가 - 리스크컨설팅	- 기업정보사업 - 개인신용정보사업(CB사업) - 자산관리사업	- 기업신용평가 - 기업정보제공 - 기업기술평가	- 글로벌기업정보서비스 - 신용인증서비스 - 거래처관리서비스 등	- 기업신용평가 - 신용조회 - 신용조사 - 채권추심

* 출처 : 각 사 홈페이지 등을 참고하여 작성

140) 구체적인 내용은 후술한 '은행 자체 TCB평가 실시요건'을 참조하기 바란다.

141) 2021. 10월에 한국기술신용평가(주)가 기술신용평가업 허가를 얻어 TCB평가사업에 신규진입하였다.

② 자체TCB은행

자체 TCB은행은 자체 TCB평가역량 심사결과에 의거 레벨2~레벨4를 부여받은 은행을 말한다. 자체평가에 기반한 기술신용대출 가능금액이 레벨2는 직전반기 기술금융대출의 20%이내, 레벨3는 50%이내에서 취급할 수 있으며 레벨4는 별도 제한없이 은행의 자체 기술평가를 통해 기술금융을 공급할 수 있다.[142)]

라) 은행 기술금융실적(TECH) 평가

(1) 개념 및 연혁

기술금융실적(TECH)[143)]평가는 기술금융 활성화 및 기술금융 인프라 정착을 위해 은행의 기술금융실적을 상대적으로 평가하여 평가결과에 따라 은행별 정책금융 인센티브를 차등부여하는 제도이다. 기술금융실적평가는 기술신용대출 공급규모, 기술대출 기업지원, 기술기반 투자확대 등 정량적 평가와 기술금융인력·조직·관리체계·시스템 등 지원역량에 대한 정성적 평가로 구분된다.

정부는 '금융업경쟁력 강화방안'(2013.11), '기술평가시스템 구축방안'(2014.1) 등에서 기술금융확산을 위한 정책과 제도를 마련하고 정책 추진초기에 성과가시화에 주력했으나 실물경제가 기대하는 금융의 역할과 금융권의 입장 사이에는 큰 격차가 발생하고 있었다.

이에 따라, 그간의 정책 성과를 체계적으로 확산시키기 위해 국민경제자문회의, 금융권 실무자, 기술기업인 등 다양한 의견수렴을 거쳐 "기술금융 현장확산, 모험자본 시장육성, 보수적 금융문화 혁신"이라는 3대 실천계획이 포함된 금융혁신 실천계획[144)]을 발표하였다. 이중 '보수적 금융문화 혁신'을 위해 도입된 제도가 '은행혁신성평가'이다. 은행혁신성평가는 어떤 은행이 창조금융을 선도하는지 기존 건전성중심의 경영평가(CAMEL-R)와 별도로 기술금융역량, 신시장개척노력, 사회적 책임이행 등을 종합평가(=은행혁신성 평가)하여 우수은행에 정책금융 우선지원 등 강력한 인센티브를 제공하는 것이다.

이어서 전술한 '금융업경쟁력 강화방안'과 '금융혁신 실천계획'에 기초하여 수립된 'TECH평

142) 2020년 하반기를 기준으로 레벨4에 선정된 은행은 신한·우리·하나·기업·국민·농협은행(이상 대형), 부산·대구(소형) 산업은행(기타) 등 9개사가 선정되어 있다.

143) TECH: 기술금융 비중(Technology Financing), 기술 사업화(Entrepreneurship), 신용지원(Credit Financing), 전문인력(Human Resources)의 영문 표현 알파벳 첫글자를 모은 것이다.

144) 금융위원회의 "창조금융활성화를 위한 금융혁신 실천계획"(2014. 8)

가 및 인센티브 실시계획'(2014.9월)과 TECH평가가 포함된 '은행혁신성 평가방안'(2014.10월)을 발표·시행하게 되었다. 은행혁신성 평가는 시대가 요구하는 은행의 '자금중개기능혁신', '신성장기회 창출', '사회적 책임이행'을 유도하기 위해 '기술금융확산(TECH)', '보수적 관행 개선', '사회적 책임이행' 등 3개 부문에 대하여 평가하는 것이다.

이후 제도개선을 위한 기술금융실태조사 결과 등을 반영하여 2016년 상반기부터 은행혁신성 평가 지표 중 기술금융실적평가(TECH평가)만 계속 실시하고 나머지는 폐지하였다.

(2) 평가방법

① 평가대상

TECH평가는 외국은행 국내지점 및 인터넷 전문은행을 제외한 모든 은행을 대상으로 반기별로 6개월간의 기술금융실적을 평가하고 있다. 은행의 규모 및 중소기업대출규모, 기술금융 확대여건, 설립목적 등을 감안하여 유사한 은행끼리 동일한 그룹으로 묶어 대형, 소형, 기타 리그로 구분하고 있다.

② 평가지표

TECH 평가지표는 정량지표와 정성지표로 구분된다.

정량지표는 기술신용대출 공급규모, 기술대출기업지원, 기술기반 투자확대에 대하여 정량적으로 평가하는 지표이다.

정성지표는 기술금융인력 및 조직 등 기술금융역량, 리스크관리체계, 기술력반영 시스템 등 은행의 지원역량을 정성적으로 평가하는 지표이다.

(3) 평가체계 및 평가일정

금융위원회는 기술금융실적(TECH)평가 결과를 심의 및 확정하기 위해 TECH평가위원회를 설치·운영하고 있다. 위원회 구성은 한국금융연구원 부원장을 위원장으로 하여 금융위원회, 금융감독원, 한국신용정보원, 기술보증기금, 한국금융연구원 소속 직원을 당연직 위원으로 하고 있다. 그리고 평가위원회내에 평가실무를 수행하는 정량평가 실무반(반장: 금감원팀장)과 정성평가 실무반(반장: 한국신용정보원 기술정보부장)을 설치, 운영하고 있다.

평가일정은 은행이 상·하반기 말(12월, 6월)에 자료를 작성하여 금감원으로 통보하며, 금감원은 익월말(1월, 7월)까지 자료를 집계하여 각 실무반에서 평가를 마친 후 평가결과를 평가위원회에 보고 및 심의·확정을 거쳐 매년 2월말과 8월말에 발표하고 있다.

(4) 평가결과의 활용

금융위원회는 TECH 평가 평점 및 순위를 공개할 수 있고, TECH평가 순위에 따라 정책금융 인센티브를 차등부여하고 있다. 현재 정책금융 인센티브 차등 부여대상은 은행의 신용보증기금 및 기술보증기금에 대한 출연료율[145)]이다. 예컨대 TECH평가 1~2위 은행은 출연료율을 내려주는 반면 하위 1~3위 은행은 출연료율을 올리는 방식으로 차등화하고 있다.

마) 은행 자체 TCB평가역량 심사

(1) 개념 및 연혁

금융위원회의 「기술신용대출 정착로드맵」(2015.8)에 따라 은행의 기술평가 역량을 심사하여 기술평가역량 수준에 따라 은행별 자체TCB평가 실시단계(레벨)를 결정하는 제도를 말한다. 심사결과에 의거 부여받은 레벨에 따라 자체 TCB평가서 기반 기술신용대출금액 비중은 직전반기 기술신용대출 잔액 증가분을 기준으로 레벨2는 20%, 레벨3은 50%, 레벨4는 제한없이 취급할 수 있다.

정부는 기술금융활성화의 일환으로 TDB 및 TCB평가기관을 설치하고 국내의 모든 은행이 TCB평가기관의 평가결과에 기반한 기술신용대출을 실시하도록 함으로써 실시 초기임에도 불구하고 큰 폭으로 증가하였다(*2015. 6월말현재 41.8조원, 50,490건). 그러나 기술신용대출의 정착을 위해서는 은행이 외부 TCB평가 이외에 자체적으로 TCB평가를 실시하여 은행의 기존 신용평가모형에 기술력을 반영하는 내재화가 필요하다고 판단하였다.

이에 따라 은행의 기술금융 정착을 위한 자체 TCB평가 실시전략 수립을 지원하고자 발표한 정부대책이 "은행의 자체 TCB평가를 위한 기술신용대출 정착로드맵"(2015.8)이다. 핵심내용은 은행의 단계별 자체 TCB평가 실시체계를 마련하고, 자체 TCB평가에 기반한 대출을 기술금융실적으로 인정하는 것이다.

145) 신용보증기금법 및 기술보증기금법에 의거 신·기보에 대한 은행 등 금융회사의 출연료율은 신용보증기금은 '출연기준대출금의 월중평균잔액'의 0.225%, 기술보증기금은 '출연기준대출금의 월중평균잔액'의 0.135%를 부여하고 있다

※ 기술신용대출 정착로드맵(2015.8) 개요
㉮ 구성
자체 TCB평가 실시단계는 총 4단계로 구성하여 은행이 체계적으로 기술금융 역량을 확충해나갈 수 있도록 구성
* 예비실시 단계(레벨1) → 정식실시 단계(레벨2, 3) → 전면실시 단계(레벨4)
㉯ 은행의 단계별 자체TCB평가 실시요건: 전문인력수, 평가서수준, 실시기간, 기타 물적요건 → 은행 자체TCB평가역량 심사
㉰ 유인체계
· 은행의 자체 TCB평가에 기반한 대출을 기술신용대출 실적으로 집계(레벨2~4)하여 자체평가 역량 강화를 유도 → 자체 TCB평가에 따라 외부 TCB평가 수수료 부담도 감소

그리고 상기 로드맵에 따라 TCB의 인적·물적 인프라 보유현황 및 평가실적 등을 준거로 하여 은행 자체평가 가능 기준과 단계를 결정하는 "은행 자체TCB평가역량심사"제도가 도입되었다. 동 대책을 통해 은행의 역량확충에 따른 TCB평가 실시단계(레벨)가 상향될수록 자체평가에 기반한 기술신용대출 가능금액이 증가되도록 제도화되었다.

(2) 심사방법

① 심사대상

은행 평가역량 심사는 자체 TCB평가를 실시하고 있거나 앞으로 실시하기 위해 심사를 신청한 은행을 대상으로 하고 있다. 은행의 평가역량 심사대상기간은 6개월로 하고 있으며 심사대상 은행의 기술평가역량 및 인프라 현황과 동 기간 내 발급된 자체 TCB평가서에 대하여 심사하고 있다.

② 자체 TCB평가 실시요건

자체 TCB평가 실시요건은 전문인력수, 평가서 수준, 실시기간, 기타 물적 요건 등 4개 요건을 심사하여 자체평가 실시여부 및 단계를 결정하고 있다.

[표 4 - 17] 은행 자체 TCB평가역량 심사 단계·레벨 별 세부요건

구분	예비실시	부분실시		전면실시
	Level 1	Level 2	Level 3	Level 4
1. 전문인력 수	5명 이상	10명 이상	15명 이상	20명 이상
(소형은행)	(3명 이상)	(5명 이상)	(7명 이상)	(10명 이상)

구분	예비실시	부분실시		전면실시
	Level 1	Level 2	Level 3	Level 4
2. 평가서 수준	70점이상 60%	70점이상 70%	70점이상 80%	80점이상 80%
(소형은행)	(70점이상 70%)	(70점이상 80%)	(80점이상 80%)	(80점이상 80%)
3. 직전레벨 실시기간	-	6개월	6개월	1년
4. 물적 요건	① 평가조직 요건 : 자체평가 전문인력이 독립되어 평가업무를 전담할 수 있는 별도 평가조직 마련 ② 평가모형 요건 : 현행 TCB평가모형에 준하는 자체 평가모형 개발 ③ 전산화 요건 : 기술평가업무 전반에 대한 전산화 * 예비 실시단계(Level1)는 평가자료의 전자문서화 및 중앙집중식 관리체계가 구축된 경우 요건을 충족한 것으로 인정 ④ 평가결과 집중체계 요건 : 기술신용정보를 한국신용정보원에 집중하는 체계 마련			

* 출처 : 금융위의 '은행의 자체 TCB평가를 위한 기술신용정착 로드맵'(2015.8) 등

③ 요건별 심사방법

㉮ 전문인력

내실있는 자체 TCB평가가 실시되기 위해서는 양질의 평가 전문인력을 확보하여야 하며, 전문인력의 요건은 다음과 같다.

[표 4 - 18] 기술평가전문인력 인정기준

구분	자격 요건
기술전문인력 (TCB승인기준)	가. 자연계열 박사학위를 소지한 사람 나. 변리사, 기술사, 기술신용평가사1급 자격증을 소지한 사람 다. 3년 이상 국공립연구기관, 기업부설연구소 등에서 연구활동에 종사했던 사람 라. TCB평가기관, 기술이전법 제35조에 따른 기술평가기관 등에서 2년 이상 기술평가 업무에 종사했던 사람 마. 기술거래사 자격 취득 후 3년 이상 기술평가 업무에 종사했던 사람 바. 5년 이상 기업여신심사 및 투자심사 업무에 종사했던 사람으로서 기술신용평가사2급을 보유한 사람
양성인력 *교육요건 및 실무 경험요건 필요	가. 기술신용평가사(2급) 나. 신용분석사 및 기업여신심사·투자심사 경력자(3년 이상)

* 출처 : 금융위의 '은행의 자체 TCB평가를 위한 기술신용정착 로드맵'(2015.8) 등

㉯ 평가서 수준

은행의 자체 TCB평가가 형식적으로 실시되지 않도록 하기 위해 직전 실시단계에서 은행이

자체 작성한 평가서에 대하여 기술신용평가 전문가(5인이상)로 구성된 심사기구에서 심사를 실시한다. TCB평가서의 수준은 평가등급의 적정성, 평가의견의 품질, 기술금융 적합성 등에 대하여 심사하고 심사결과 70점 이상(레벨4는 80점)인 평가서가 일정 비율 이상이어야 한다.

㉰ 실시기간

자체 TCB평가 실시를 통해 평가노하우를 축적하고 나아가서 체계적으로 자체평가 실시 범위를 확대해나가기 위해 자체 평가 단계에 따라 직전 실시 레벨에서 일정기간 이상 자체 TCB평가를 실시해야 한다. 즉, 레벨2 및 레벨3은 최소한 직전레벨인 레벨1과 레벨2에서 6개월 이상 TCB평가를 실시해야 하며, 레벨4는 레벨3에서 1년이상 실시요건을 충족해야 한다.

㉱ 기타 물적 요건

기타 물적 요건은 모든 레벨의 은행이 자체 TCB평가를 원활히 수행하기 위해 구비해야 할 요건으로 평가조직, 평가모형, 전산화, 평가결과 집중체계 등으로 구성되어 있다.

평가조직은 자체평가 전문인력이 독립적으로 평가업무를 전담할 수 있는 별도 평가조직이 마련되어 있어야 한다. 평가모형은 평가항목, 평가범위, 등급체계 등 현행 TCB평가모형에 준하는 자체 평가모형을 개발, 운영하고 있어야 한다. 전산화는 평가자료의 전자문서화 및 중앙집중식 관리, 기술평가모형 및 프로세스 등 기술평가업무 전반에 대한 전산시스템을 갖추고 있어야 한다. 마지막으로 평가결과 집중체계는 외부 TCB평가서와 동일하게 자체 TCB평가서 원문 및 항목별 DB를 종합신용정보집중기관에 집중하고 그 체계를 마련하여야 한다.

(3) 심사 및 심의체계

금융위원회는 은행 평가역량 심사를 위하여 외부전문가로 구성된 자체 TCB평가역량 심의 위원회를 설치하고 심의위원회의 운영 및 관리는 한국신용정보원이 수행하도록 하고 있다. 심의위원회 위원은 기술평가 관련 실무 및 연구 경력, 기술 분야 지식 등이 풍부한 자 5인으로 구성하며[146], 위원장은 위원 중 호선 방식으로 정한다.

146) 심의위원회 구성을 위한 전문가 Pool은 기술이전법제35조의 기술평가기관, 한국신용정보원, 기타 금융위원장이 인정하는 기관의 추천을 받아 한국신용정보원장이 위촉한 자로 구성되어 있다.

(4) 평가역량 심사결과의 활용

은행 평가역량 심사에 따른 레벨에 따라 자체TCB평가서 기반 기술신용대출 가능 금액 비중 내에서 자체TCB평가서를 활용할 수 있다. 즉, 레벨2는 20%범위내, 레벨3은 50%범위내, 레벨4는 제한없이 자체 TCB평가서에 기반한 기술신용대출이 가능하다.

바) 기술금융가이드라인

(1) 개요

정부는 다양한 활성화정책을 통해 기술금융이 시장에 성공적으로 안착되고 양적 성장세를 유지함에 따라 기술금융 업무의 전체과정 및 기술금융 정교화에 필요한 기준을 표준화함과 아울러 신규 제도 및 관리체계의 재정립을 추진하였다. 2018년 하반기부터 신용정보원, 은행권, TCB회사 등 유관기관들이 참여하는 TF를 설치하고 의견수렴 및 실무회의 등을 거쳐 기술금융정책, 기술금융 대상업종, 업무절차 등의 세부기준 등을 규정화한 지침서로 「기술금융 가이드라인」을 제정하여 2021년부터 시행하였다.

(2) 기술금융가이드라인 주요 내용

본 가이드라인은 1장 총칙, 2장 기술금융인프라, 3장 기술금융대상, 4장 기술신용대출절차, 5장 기술평가 업무규범, 6장 TECH평가, 7장 은행 자체TCB평가 역량심사, 8장 기술평가 품질관리체계 등 총 8장 74조로 구성되어 있으며 주요내용은 다음과 같다.

[표 4 - 19] 기술금융가이드라인 주요내용(요약)

구성		주요내용
제1장	총칙	목적 및 적용범위, 기술금융 개념 및 용어 정의
제2장	기술금융 인프라	기술금융 업무수행에 필요한 조직, 인력, 평가모형, 평가유형 및 종류, 전산화 등의 요건을 재정립·상세화
제3장	기술금융대상	기술금융의 대상인 기업규모 및 업종
제4장	TCB대출 절차	기술금융 절차상 주요 준수사항 및 기준을 정의
제5장	기술평가 업무규범	기술평가 독립성, 불공정 영업행위 방지, 기술평가자 윤리원칙, 이해상충방지 등을 규정
제6장	TECH 평가	은행 기술금융 실적(TECH) 평가를 규정화

구성		주요내용
제7장	은행자체TCB 평가역량심사	은행 자체TCB평가역량 심사를 규정화
제8장	기술평가 품질관리체계	TCB회사 및 행에 대한 내·외부 품질관리체계 구축

* 출처 : 금융위원회 보도자료(2020.12.18.)

사) 기술신용평가사

기술신용평가사란 기업의 무형자산에 대한 기술평가와 전반적인 신용 및 재무현황에 대한 신용평가를 수행하여 이에 대한 평가결과를 등급 또는 금액으로 산출하는 전문평가사를 말하며, 민간자격으로 등록되어 있다.

동 제도는 금융위원회가 발표한 '기술금융 체계화 및 제도개선방안'(2015.6)에서 기술신용대출 정착의 핵심인 은행의 인적 역량 확충을 지원하기 위한 방편으로 도입되었다. 금융위원회는 2016년 기술신용평가사 자격제도 주관기관으로 기술보증기금을 지정하고 기술평가관련 교육연수 업무를 승인하였다. 한국금융연수원 및 기술보증기금내에 기술신용대출에 대한 인터넷교육(기본과정), 집합교육(심화과정), 금융기관별 맞춤교육을 실시하고 신설된 기술신용평가사 자격과 연계시킴으로써 민간 기술금융전문가를 체계적으로 양성할 수 있는 기반을 구축하게 되었다. 현재 은행 자체 TCB평가역량 심사 요건의 하나로 인적 요건(전문인력수)에 기술신용평가사 1급 및 2급(기업여신심사·투자심사업무 경력5년 이상 필요)을 전문인력으로 인정하고 있다. 기술신용평가사 제도에 대한 상세내용은 기술신용평가사 포탈사이트(http://tca.kibo.or.kr)를 참조하기 바란다.

2. 기술신용평가이론

1) 기술신용평가의 개념과 특성

가) 개념

기술신용평가(TCB)는 용도에 따라 융자용과 투자용으로 구분하고 있는데 개념상 다소 차이가 있다. 융자용 기술신용평가란 '기업의 기술과 관련된 기술성·시장성·사업성을 평가한 기술평가등급과 기업의 재무능력을 중심으로 평가한 신용평가등급을 종합적으로 반영하여 기술신용등급 및 그와 관련된 평가의견 등을 기술하는 행위'를 말한다. 기술평가등급은 기업의 기술경쟁력과 기술사업화 역량 등을 평가하여 미래 성장성을 나타내는 것으로 'T등급'으로 표시한다. 신용평가등급은 기업의 재무상황 등을 평가하여 미래의 채무불이행 위험을 나타내는 것으로 'CB등급'으로 표시한다. 최종등급은 기술등급(T등급)과 신용등급(CB등급)의 가중합으로 산출되기 때문에 실무에서는 'TCB평가'(Tech Credit Bureau)로 통용되고 있다.

투자용 TCB평가는 투자대상기업 선별을 위해 기업의 기술과 관련된 기술성·시장성·사업성을 평가하여 기업의 성장가능성을 등급화(TI등급, Tech-Investment)하고 그와 관련된 평가의견을 나타내는 것을 말한다. 전술한 융자용 TCB 평가를 기반으로 기술평가능력이 부족한 벤처캐피탈 및 엔젤투자자 등이 투자대상기업 발굴 시 활용할 수 있도록 개발한 것이다. 융자용 TCB평가와 비교해보면 경영주, 기술성, 시장성, 사업성 등 평기 대항목은 동일하지만, 세부평가지표의 구성에 차이가 있다. 즉, 융자용은 경영주의 관리능력, 안정성 등 신용위험 측정에 비중을 두고 있는 반면, 투자용은 경영진의 기업가정신과 신뢰도, 기술보호능력, 성장성 및 수익성 등을 보다 더 중요시하고 있다.

나) 특성

기술신용평가를 기술평가 및 금융기관의 신용평가와 비교해보면 평가의 대상, 평가관점, 평가지표 등에서 구별된다. 먼저, 평가대상에 있어서 신용평가는 기업의 신용위험을, 기술평가는 기술력 또는 기술의 경제적 가치를 평가하지만 기술신용평가는 기업의 신용위험과 기술력을 종합적으로 평가한다는 점에서 차이가 있다. 또한 기술신용평가는 미래가능성에 관심을 두는 기술평가와 지속가능성에 초점을 맞춘 신용평가가 결합된 것으로 과거실적과 현재상황을 기반으로 미래의 가능성을 평가한다는 점이 다르다. 마지막으로 평가지표 측면에서는 신용평가가 과거의 실적과 현재의 상태를 기반으로 평가함에 따라 평가결과가 비교적 객관성이 높은 반면, 기술평가는 주로 미래의 성장가능성을 판단하기 위한 평가이기 때문에 전문 평가자의 주관성이 상대적으로 높은 편이다. 기술신용평가는 신용평가와 기술평가가 결합되어 두 모형의 한계를 보완할 수 있으나 구축효과(trade-off)가 발생할 수 있다.

[표 4 - 20] 신용평가·기술평가·기술신용평가의 비교

구분	신용평가	기술평가	기술신용평가
평가대상	기업의 신용위험	기술력, 기술가치	기업의 신용위험+기술력
평가관점	재무실적, 지속가능성	사업역량기반 미래가능성	실적·현실기반 가능성
평가지표	비교적 객관성 높음	주관성 > 객관성	주관성+객관성
한계	무형자산 과소평가 가능성	신용위험평가 미흡	신용평가와 기술평가 결합에 따른 trade-off발생

2) 기술신용평가모형

가) 금융위원회의 융자용 TCB평가모형

(1) 기술평가영역(내용) 및 기준

TCB평가모형 중 기술등급(T등급)을 산출하기 위한 기술평가모형은 기업의 기술사업역량과 기술경쟁력을 대항목으로 하고 2개의 대항목 아래 8개 중항목(경영주 및 경영진 역량, 기술개발역량, 제품화역량, 수익전망 등) 그리고 25~35개 내외의 소항목으로 구성되어 있다.

각 TCB평가기관의 평가항목 구성체계를 살펴보면 대항목과 중항목은 일치하지만, 소항목의 구성 및 가중치, 세부평가기준은 평가기관의 특성과 산업·업력 등에 따라 차별화 또는 특화되어 있다. 가령, 창업기업의 경우 기업가정신 지표를 추가한 반면, 자본참여도나 기술개발전담조직 지표는 제외한다든지, S/W분야는 특허가 드문 특성을 감안하여 IP보유현황 지표의 평가기준을 완화하는 등 업종·업력 등에 따라 판단기준을 달리 운영하고 있다.

기술평가지표는 정량지표와 정성지표로 구분할 수 있다. 정량지표는 기업 기술력 관련 주요 요인을 정량적이고 객관적인 대용치로 판단하는 지표로, 기술개발실적 및 지식재산권 현황, R&D 투자비율 등이 대표적인 정량지표에 해당된다. 정성지표는 평가자의 주관적 판단과 자의적 평가를 최소화 하기 위해 객관화된 체크리스트를 도입하여 평가의 일관성이 유지되도록 하고 있다.

CB등급의 산출을 위한 신용평가항목은 TCB평가기관별로 내부에 기구축된 신용평가모형의 재무·비재무·대표자 평가항목에 의해 이루어지고 있다. 지금까지 설명한 내용을 토대로 각 TCB 평가기관의 평가항목 및 구성체계를 종합하면 다음 표와 같이 정리할 수 있다.

[표 4 - 21] TCB 기술평가모형의 평가항목 구성체계(예시)

대항목	중항목	소항목(평가항목)
기술사업 역량	경영주 역량	동업종경험수준, 기술지식수준, 기술경영능력
	관리능력	CTO등 핵심 경영진 전문성, 자본참여도 등
	기술개발역량	기술개발조직·인력, 기술개발실적, IP 보유현황, R&D투자 등
	제품화 역량	생산역량, 품질관리 역량, 자금조달능력 등
	수익전망	마케팅역량, 판매처 특성, 투자 대비 회수가능성 등
기술 경쟁력	기술 혁신성 (우위성)	기술의 차별성, 모방의 난이도, 기술의 수명주기상 위치 , 기술의 완성도, 기술의 자립도
	시장현황	목표시장 규모, 시장 성장성, 시장구조 및 특성, 경쟁상황 등
	시장경쟁력	시장진입용이성, 경쟁제품과의 비교우위성, 시장점유율 등

* 출처 : TCB평가기관의 평가항목 구성체계를 종합하여 재작성

(2) TCB평가 모형체계

TCB평가모형은 기술평가모형에 의해 기업 기술력을 평가한 기술평점과 신용평가모형으로 기업 신용을 평가한 신용평점을 가중결합하여 기술신용등급(TCB등급)을 산출하는 체계로 구성되어 있다.

기술평가모형은 기술보증기금의 KTRS모형을 기반으로 자체개발하거나 외부전문용역을 통해 각 TCB평가기관의 평가체계 맞춤형으로 변형(customization)하여 적용하고 있다. 즉, 다양한 기술·산업의 특성을 반영하여 산업별(일반제조, SW·IT, 지식서비스, 바이오 등) 모형을 운영하거나, 업력별(일반·창업), 기업 규모(일반·소기업) 등에 따라 모형을 세분화하여 적용하고 있다.

기술평점은 평가 소항목별 평가결과를 가중합하여 산출하고, 평점 구간에 따라 10단계의 기술등급(T등급)을 부여하고 있다.

신용평점은 재무모형, 비재무모형, 대표자모형으로 구성된 기존 기업신용평가모형을 활용하여 산출하고 기업의 신용위험에 따른 신용등급(CB등급)을 부여한다. 재무평점모형은 대상기업의 재무제표에 의해 기업의 재무성과를 평가하는 모형으로 대상기업의 규모 또는 산업 등에 따라 적용

하는 재무비율의 종류와 그 가중치를 다르게 설정하고 있다. 은행의 중소기업 재무평점모형을 예로 들면, 성장성, 수익성, 안정성, 현금흐름 등의 재무비율 중 수익성 및 현금흐름 관련 재무비율의 가중치가 다른 재무비율에 비해 더 높게 설정되어 있다. 비재무평점모형은 업력, 종업원수, 경영진의 역량, 소유구조 등 재무지표 이외의 여러 지표들에 일정한 수치척도를 부과하여 재무평점표와 유사한 모형을 구축·운영하고 있다. 대표자모형은 대표자 개인의 여신거래정보, 동업계경험 등을 토대로 평점을 산출한다.

[그림 4 - 5] 신용평가모형체계(예시)

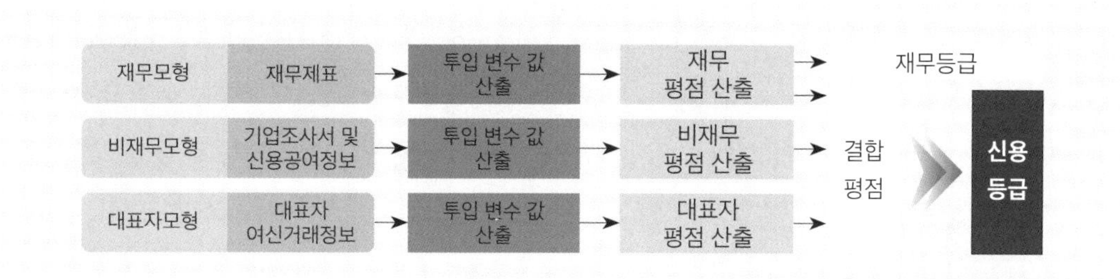

* 출처 : 한국기업데이터

평가기관의 기술신용등급은 대체로 아래 그림과 같이 기술평가모형에 따른 T등급과 신용평가모형에 따른 CB등급을 표준 평점화하고 이를 가중합하는 방식으로 산출하고 있다.

[그림 4 - 6] TCB 평가모형체계(예시)

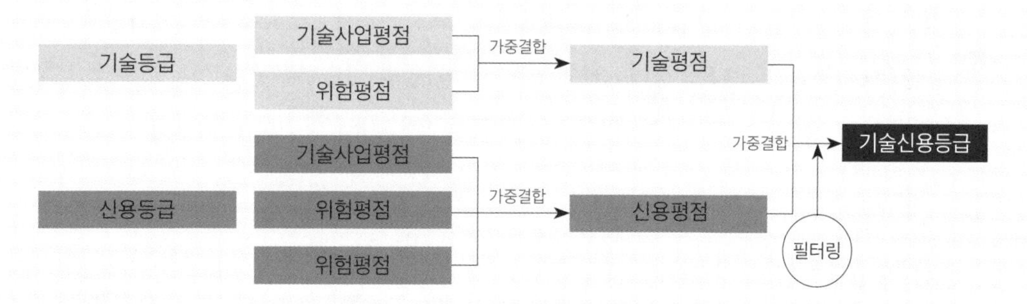

* 출처 : 기술보증기금

(3) 기술신용등급

① 개념적 정의

기술신용등급(TCB등급)은 전술한 바와 같이 기술신용평가 결과를 종합적으로 판단하여 등급기호로 표시한 것으로 기술등급과 신용등급의 등급별 평점의 가중합으로 산출된다.

기술등급(T등급)은 기술기업의 기술사업화 역량과 기술경쟁력 등을 평가하여 미래성장가능성을 표현하고 있다. 신용등급(CB등급)은 최근 수년간의 재무실적과 인적 역량 등을 평가하여 채무불이행위험, 즉 신용위험을 비슷한 그룹끼리 묶어서 서열화 시킨 것으로 등급기호와 등급정의 그리고 부도율로 표현된다.

기술정보와 신용정보가 결합된 TCB등급은 기술금융 활성화를 위해 개발된 기술평가정보로서 금융기관이 기술금융 취급시 기술에 관한 정보비대칭성을 해소하는 역할을 하고 있다. 이에 따라 전술한 TCB등급, 평가의견 등 기술과 관련된 평가정보는 신용정보법(제2조제1호의6사목) 및 동법 시행령(제2조제16항), 신용정보업감독규정」(제26조의4제3항)에서 '기술신용정보'로 규정되어 있다.[147]

② 기술등급·신용등급·기술신용등급체계

기슬등급(T등급)은 기보 KTRS의 기존 기술사업평가등급(AAA~D, 10단계)과 동일하게 T1에서 T10까지 10등급체계이다. CB등급과 TCB등급은 대표등급 AAA~D의 10등급체계를 기준으로 일부등급(A, BBB, BB, B)에 "+, -"로 세분화한 18개 등급체계로 되어 있다. 이러한 등급체계는 민간TCB기관의 경우 모두 공통적으로 적용하고 있으며 자체평가를 실시하는 은행의 경우에는 은행 내부의 CB등급체계에 맞추어 자율적으로 구성하고 있다.

T등급과 CB등급과 의미를 정리해보면 T등급은 기업의 기술력수준과 성장 가능성 등이 반영된 등급별 정의를 가지는 반면, CB 및 TCB등급은 기업의 신용위험(예상 부도율)에 따

147) - 신용정보법 제2조제1호의6사목의 기술신용정보: '기업 및 법인의 신용을 판단하기 위하여 정보(기업 및 법인의 기술과 관련된 기술성·시장성·사업성 등을 대통령령으로 정하는 바에 따라 평가한 결과를 포함한다)를 처리함으로써 새로이 만들어지는 정보로서 대통령령으로 정하는 정보'
- 동법 시행령 제2조제16항의 기술신용정보: 법제2조제1호의6사목에서 대통령령으로 정하는 정보란 '기업 및 법인인 신용정보주체의 신용을 판단하기 위하여 기술평가(기술보증기금법의 기술평가를 말한다)를 하고 신용정보와 해당 기업 및 법인의 기술에 관한 정보를 활용함으로써 그 판단의 결과를 기호, 숫자 등을 사용하여 평점 또는 등급으로 표시한 정보, 그 기술의 가액 또는 평가의견 등'을 말한다.
- 「신용정보업감독규정」제26조의4제3항의 별표6의 기술신용정보: 기술신용정보와 기술신용정보 관련 신용공여 현황 및 신용도판단정보 등을 말한다.

른 등급 체계를 가지고 있다.[148] 즉, TCB등급은 CB등급과 동일하게 예상 부도율에 따른 등급 체계를 가지게 되므로, T등급과 CB등급을 결합한 TCB등급은 기술력에 의해 조정된 (adjusted) 신용등급으로써 기술금융시장에서 자금조달 가능성을 높게 한다고 할 수 있다.

예컨대, 어떤 기술기업(A기업)의 기술등급은 'T2등급'이고 신용등급은 'BB등급', 최종 TCB등급은 'A+'라고 가정한다. A기업이 거래은행으로부터 신용대출로 자금을 차입하려고 해도 신용등급이 낮다는 이유로 신용대출이 거절될 가능성이 높다. 하지만 아래 그림에서 볼 수 있는 것처럼 상대적으로 우수한 기술등급(T2등급)이 신용등급(BB등급)과 결합이 되어 최종 TCB등급은 'A+등급'으로 상향됨에 따라 거래은행에서 우수한 기술력에 힘입어 신용대출을 받을 가능성이 높게 된다.

T등급과 CB등급간 결합비율은 3:7, 3.5:6.5, 4:6이 등이 있으나, 3:7 비율이 일반적이다. 현재 평가기관들은 한 가지 고정비율만 사용하거나, 규모, 업력 등에 따라 비율을 차등·적용하기도 한다. 예를 들어 소기업이거나 업력이 짧은 창업기업은 T등급 결합비중을 4:6으로 상향하고, 총자산이 일정규모 이상 기업인 경우에는 3:7 또는 2:8로 하향하기도 한다.

[그림 4 - 7] 기술등급(T등급)·신용등급(CB등급)·TCB등급의 관계(예시)

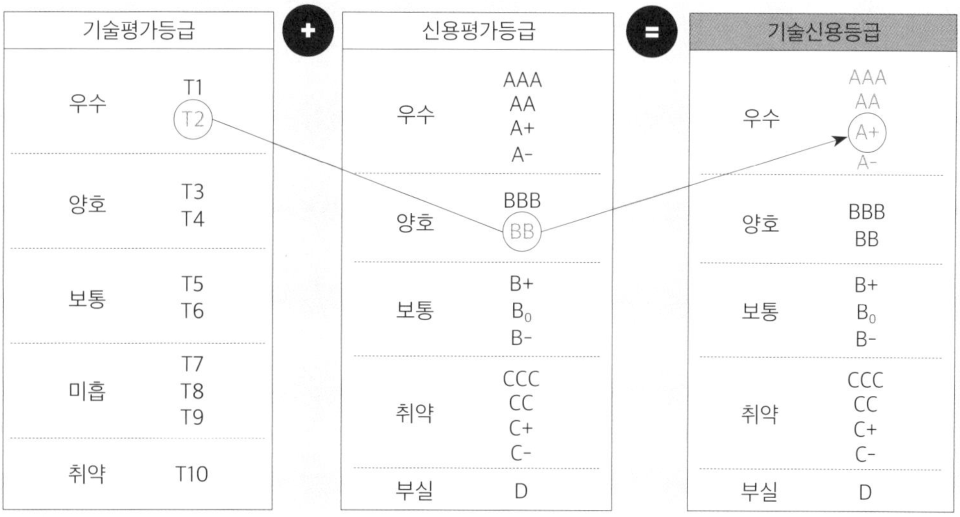

* 출처 : 금융위원회

148) 기술신용등급별 PD(Probability Default)값 현황(단위 : %)

등급	AAA	AA	A			BBB			BB			B			CCC	CC	C	D
PD값	0.02	0.04	0.08	0.18	0.30	0.43	0.63	1.05	1.20	1.60	2.18	3.25	4.75	6.35	8.60	15.0	60.0	defult

③ 등급별 정의

기술등급은 기술력 수준 및 미래성장 가능성 등을 'T등급'으로 표시하고 T1에서 T10까지 10등급체계로 구분되어 있으며 등급별 정의는 평가기관별로 다소 다르게 표현하고 있다.

[표 4 - 22] T등급체계 및 등급별 정의(예시)

등급	등급별 정의(KED)	등급별 정의(나이스디앤비)
T1	기술력이 최고 우수한 수준으로 산업 및 시장환경의 급격한 변화에도 충분한 대응능력을 갖추고 있어 상당히 안정적임	최상위의 기술력을 보유하고 있어 기술사업 성장가능성이 매우 높은 수준
T2	기술력이 매우 우수한 수준으로 산업 및 시장환경의 급격한 변화에도 어느 정도 대응능력을 갖추고 있어 안정적임	상위의 기술력을 보유하고 있으며, 장래의 환경변화에 크게 영향을 받지 않는 수준으로 기술사업 성장가능성이 높은 수준
T3	기술력이 우수한 수준이나, 산업 및 시장환경의 급격한 변화에 다소 영향을 받을 수 있음	양호한 기술력을 보유하고 있으며, 장래의 환경변화에 다소의 영향을 받을 수는 있으나, 기술사업 성장가능성은 양호한 수준
T4	기술력이 양호한 수준이나 산업 및 시장환경 변화에 다소 영향을 받을 수 있어 잠재적 불안요소가 일부 존재함	우위의 기술력을 보유하고 있으며, 장래의 환경변화에 다소의 영향을 받을 수는 있으나, 기술사업 성장가능성은 양호한 수준
T5	기술력이 보통 이상 수준이나, 산업 및 시장환경 변화에 다소 영향을 받을 수 있어 잠재적 불안요소가 존재함	보통의 기술력을 보유하고 있으며, 장래의 환경변화에 따른 변동가능성이 있는 바, 기술사업 성장가능성이 보통 수준
T6	기술력이 보통 수준으로 산업 및 시장환경 변화에 다소 영향을 받을 수 있어 잠재적 불안요소가 존재함	무난한 기술력을 보유하고 있으나, 장래의 환경변화에 따른 변동가능성이 있으며, 기술사업 성장가능성이 보통 수준
T7	기술력이 보통 이하 수준으로 산업 및 시장환경 변화에 따라 상당히 영향을 받을 수 있음	기술력 다소 부족하여 장래의 환경변화에 따른 변동가능성이 높고, 기술사업 성장가능성이 다소 불확실한 수준
T8	기술력이 미흡한 수준으로 산업 및 시장환경 악화에 따라 상당히 영향을 받을 수 있음	기술력이 부족하여 장래의 환경변화에 따른 변동가능성이 매우 높고, 기술사업 성장가능성이 불확실한 수준
T9	기술력이 취약한 수준으로 산업 및 시장환경 변화에 상당히 영향을 받을 수 있음	기술력 및 사업화를 위한 필요사항이 매우 부족하여 기술사업 성장가능성이 낮은 수준
T10	기술력이 매우 취약한 수준임	기술력이 매우 취약한 상태로 사업추진 타당성이 매우 부족한 수준

* 출처 : 한국기업데이터, 나이스디앤비

TCB등급은 T등급과 CB등급이 결합된 것으로 등급체계는 CB등급과 동일하게 18등급체계로 일치시키고[149] 민간TCB평가기관이 모두 공통 적용하도록 함으로써 부도율 관점에서 기업의 신용도 변동폭을 쉽게 파악할 수 있게 하였다. TCB등급의 등급별 정의는 아래 표에서 볼 수 있는 것처럼 평가기관별로 일부 다르게 표현하고 있지만 거의 동일한 의미라고 할 수 있다.

[표 4 - 23] 기술신용등급 및 등급별 정의(예시)

등급	등급 정의(K사)	등급 정의(N사)
AAA	합리적으로 예측 가능한 장래의 환경변화에도 영향을 받지 않을 만큼 기술사업의 부실화 가능성이 현저히 낮음	기술사업의 미래성장가능성을 충분히 고려할 때 최소의 신용위험을 가지고 있으며, 가장 높은 신용상태를 보유한 기업
AA	기술사업의 부실화 가능성이 매우 낮지만 장래의 급격한 환경변화에 다소 영향을 받을 수 있음	기술사업의 미래성장가능성을 충분히 고려할 때 매우 낮은 신용위험을 가지고 있으며, 높은 신용능력을 보유한 기업
A	기술사업의 부실화 가능성이 낮지만 장래의 급격한 환경변화에 다소 영향을 받을 수 있음	기술사업의 미래성장가능성을 충분히 고려할 때 낮은 신용위험을 가지고 있는 기업
BBB	기술사업의 부실화 가능성이 낮지만 장래의 환경변화에 따라 영향을 받을 수 있음	기술사업의 미래성장가능성을 충분히 고려할 때 양호한 신용능력을 보유하고 있으나, 향후 신용능력의 저하 가능성이 존재하는 기업
BB	기술사업의 부실화 가능성이 낮지만 장래의 환경변화에 따라 상당한 영향을 받을 수 있음	기술사업의 미래성장가능성을 충분히 고려할 때 보통의 신용능력을 보유하고 있으나, 외부 환경변화에 따른 신용능력의 저하가 우려되는 기업
B	기술사업의 부실화 가능성 측면에서 당면 문제는 없으나 장래의 환경변화에 따라 그 안정성 면에서 불안한 요소가 있음	기술사업의 미래성장가능성을 충분히 고려할 때 보통의 신용능력을 보유하고 있으나, 외부 환경변화에 따른 신용능력의 저하가능성이 높은 기업
CCC	기술사업의 부실화 가능성이 존재함	기술사업의 미래성장가능성을 충분히 고려할 때 낮은 신용상태이며, 향후 부실화가 예상되어 주의를 요하는 기업
CC	기술사업의 부실화 가능성이 높음	기술사업의 미래성장가능성을 충분히 고려할 때 열악한 신용상태이며, 향후 부실화가능성이 높은 기업
C	기술사업의 부실화 가능성이 매우 높음	기술사업의 미래성장가능성을 충분히 고려할 때 신용능력이 매우 열악하며 향후 부실화가능성이 매우 높은 기업
D	현재 채무불이행 상태에 있음	현재 신용위험이 실제로 발생하였거나 부도에 준하는 상태에 처해있는 기업

주) A, BBB, BB, B등급은 우열에 따라 "+" 또는 "-"로 세부등급으로 구분하여 전체 18등급체계로 되어 있음

149) 전체등급개수, 등급명, 등급별 목표부도율 등을 일치시킴

(4) TCB 평가결과의 활용

TCB평가는 담보·보증위주의 전통적인 금융관행을 탈피하고 기술력기반의 여신기반을 정착시키기 위해 도입된 제도로서 은행에서는 TCB 평가결과를 참고하여 한도와 금리를 확정하고 기술신용대출을 결정한다. 또한, 조달청 및 공공기관의 중소기업자간 경쟁물품 입찰건에 대한 계약이행능력심사 시 평가항목의 하나인 기술능력 평가를 기술등급(T등급)으로 갈음하고 있다. 정부 R&D과제 선정시 기술등급(T등급)이 우수하면 가점을 해주거나 TCB등급이 BBB등급이상인 경우 지원제한 부채비율보다 높더라도 예외를 인정해서 R&D과제 지원대상에 포함하고 있다. 이외에도 TCB평가기관의 평가결과 기술역량(T등급)이 우수한 경우에는 우수기술인증서를 발급받아 기업의 홍보자료로 활용하는 경우도 있다.

나) 금융위원회의 투자용 TCB평가모형

(1) 기술평가영역(내용) 및 기준

투자용 기술평가모형은 기업의 기술력을 기반으로 한 미래 성장가능성을 예측하여 투자대상 발굴을 지원할 목적으로 정부주도로 개발한 것이다.[150] 전술한 은행권의 융자용 TCB평가는 예상부도율을 평가하는데 중점을 두고 있는 반면, 투자용 TCB평가는 기업의 성장가능성을 등급화(TI등급)한 것으로, 기술성·시장성에 대한 배점을 강화한 것이 특징이다.

기술평가표는 기보의 기술평가모형(KTRS)을 기반으로 미래성장성 관점의 지표를 개발하였고, 선행연구조사 결과를 통해 VC가 기업 평가 시 중요하게 고려하는 사항을 반영하여 기술보호성, 성장성, 수익성, 기업가정신, 신뢰성 등 투자 관점의 평가지표를 강조하였다. 평가지표 구성은 경영역량, 기술성, 시장성, 사업성 등 4 대항목과 그아래 중항목 및 소항목체계로 되어 있으며 대항목에 대한 주요 평가내용은 다음과 같다.

① 경영역량 대항목은 VC가 강조하는 창업자의 자질이나 역량을 고려하기 위하여 기술역량과 신뢰성으로 세분화하여, 경영주의 기술지식 및 경험뿐 아니라 창의적인 기업가정신 및 신뢰성 평가를 강화하였다.

150) 투자용 기술평가모형은 산업통상자원부, 금융위원회, 한국산업기술진흥원, 기술보증기금(2016.1)「투자용 기술평가 매뉴얼」을 바탕으로 작성하였음

② 기술성 대항목은 기술인프라와 기술우수성 관점에서 구분하여 각각의 평가항목을 설정하였으며, VC가 중시하는 기술보호성을 추가하였다. 기술인프라는 기술개발현황, 기술개발능력으로, 기술우수성은 기술혁신성과 기술자립도 및 확장성으로 정의하고 여기에 기술보호성을 추가하였다.

③ 시장성 대항목은 시장여건 및 경쟁력으로 중심으로 평가하며, 사업화단계와 개발단계를 차별화하여 구성하였으며 창업기업(사업화이후 및 사업화이전)에 대해서는 시장진입용이성을 별도로 평가하도록 하였다.

④ 사업성 대항목은 사업추진능력과 향후전망으로 새롭게 구성하였으며, 기술보증기금 KTRS의 평가지표 중 '투자규모의 적정성'과 '투자회수가능성'을 향후 전망에서 '성장성'과 '수익성'으로 새롭게 정의하였다.

평가의 정확성을 제고하기 위해 기업을 사업화여부 및 성장단계에 따라 사업화 이전과 사업화 이후기업(창업후 5년이내) 그리고 일반기업(창업후 5년 이후)으로 분류하고 이러한 성장단계에 맞추어 평가항목의 구성에도 차이를 둔 3가지 모형으로 세분화되어 있다.

[표 4 - 24] 투자용 기술평가모형 평가항목 구성체계

대항목	중항목	소항목(평가항목)		
		사업화이전(창업기업)	사업화 이후(창업기업)	일반기업
경영 역량	기업가정신과 신뢰	기업가정신, 신뢰성		
	최고경영자	동업종경험수준, 기술지식수준, 기술이해도		
	경영진	경영진의 전문성, 자본참여도, 경영주와의 팀워크		
기술성	기술개발현황	기술개발 및 수상실적, 지식재산권 등 보유현황, 연구개발투자		
	기술개발능력	기술개발전담조직, 기술인력, 기술인력관리		
	기술혁신성	아이템의 혁신성, 기술의 수명주기상 위치	기술의 차별성, 기술수명주기상 위치	
	기술자립도 및 확장성	기술의 자립도, 기술적 파급효과, 기술의 완성도	기술의 자립도, 기술적 파급효과	
	기술보호성	모방의 난이도, 기술보호		

<table>
<tr><th rowspan="2">대항목</th><th rowspan="2">중항목</th><th colspan="3">소항목(평가항목)</th></tr>
<tr><th>사업화이전(창업기업)</th><th>사업화 이후(창업기업)</th><th>일반기업</th></tr>
<tr><td rowspan="3">시장성</td><td>시장현황</td><td colspan="3">시장규모, 시장성장성</td></tr>
<tr><td>경쟁상황</td><td colspan="2">경쟁상황, 법규제 등 제약·장려요인, 시장진입용이성</td><td>경쟁상황, 법규제 등 제약·장려요인</td></tr>
<tr><td>제품경쟁력</td><td>경쟁제품과 비교우위성</td><td colspan="2">시장점유율, 경쟁제품과 비교우위성, 제품인지도</td></tr>
<tr><td rowspan="2">사업성</td><td>사업능력</td><td>생산계획의 타당성, 판매계획의 타당성, 판매처 확보여부, 자본조달능력</td><td colspan="2">생산능력, 마케팅능력, 판매처의 다양성 및 안정성, 자본조달능력</td></tr>
<tr><td>향후전망</td><td colspan="3">성장전망, 수익전망</td></tr>
</table>

* 출처 : 투자용 기술평가모형 매뉴얼(2016.1)을 토대로 하여 재작성

(2) 평가모형체계 및 등급산출

투자용 평가등급의 산출은 ① 적용모형의 결정, ② 기술평가표에 따른 평가, ③ 전문가모형 평점 산출, ④ 통계모형 평점 산출 ⑤ 종합평점 산출 및 등급결정의 순서로 진행한다.

투자용 평가모형은 전문가 평점모형과 통계 평점모형으로 구성되어 있으며 이를 결합하는 구조로 모형이 구성되어 있다. 전문가모형은 전문가의 의견에 기초하여 가중치를 설정하여 평점모형을 구성한 것으로 향후 전망을 반영한다. 통계모형은 기술평가자료를 바탕으로 통계적 분석을 통해 미래성장가능성을 예측하는 평점모형으로서 과거 실적에 기초한 모형이다.

[그림 4 - 8] 투자용 기술평가 모형 구조 및 등급산출 절차

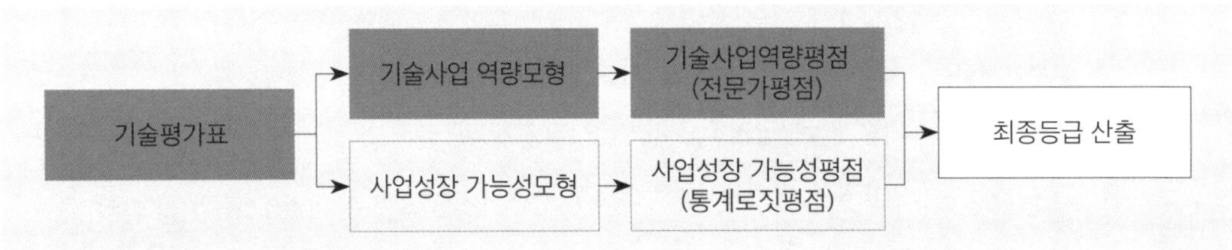

* 출처 : 투자용 기술평가모형 매뉴얼(2016.1)

① 적용모형의 결정

창업기업 여부에 따라 일반기업과 비일반기업으로 구분하고 비일반기업은 사업화 여부에 따라 사업화이후기업과 사업화이전기업으로 나누어진다. 일반기업은 창업후 7년이 지난 기업으로 일반기업모형을 적용하고, 창업후 7년이내로써 출시제품이 있는 기업은 사업화이후

모형을, 창업후 7년이내로써 출시제품이 없는 기업은 사업화이전모형을 적용한다.

② 기술평가표에 따른 평가

본 평가표는 기존 기보의 기술평가모형을 기반으로 미래성장성 관점의 지표를 개발하고 또한 VC가 기업을 평가할 때 중요하게 고려하는 사항을 반영하였다. 대항목은 융자용과 동일하게 경영역량, 기술성, 시장성, 사업성으로 구성되어 있고, 세부평가항목 및 세부평가지침·기준은 일부항목을 제외하고는 거의 동일하다.

③ 전문가평가모형에 따른 평점산출

일반모형, 사업화이후(창업기업)모형, 사업화이전모형의 기술평가표에 따라 평가지표에 대한 평가를 실시한 후, A~E등급에 대응하는 점수 5~1점을 부여하고, 제시되어 있는 각 평가지표 별 가중치를 적용하여 전문가모형의 평점을 산출한다.

④ 통계모형에 따른 평점산출

통계모형은 고성장기업[151] 예측에 유의한 변수를 설명변수로 설정하여 고성장기업 여부(0 or 1)를 로짓회귀모형(logistic regression)[152]을 적용하여 추정식을 산출한 것이다. 로짓회귀모형을 통해서 추정한 확률 값을 구한 후 그 확률 값을 표준화를 통해 0~100점으로 환산한다. 추정 식에 포함된 변수는 설명변수, 통제변수로 구분이 가능하며 이중 설명변수는 기술평가표의 평가항목이고, 통제변수는 기업규모와 산업참여여부 2가지이다.

⑤ 종합평점 산출 및 등급결정

전문가 표준평점과 통계 표준평점에 대한 가중치를 25% 및 75%로 각각 부여하고 이를 결합하여 최종 평점을 산출하며, 최종평점의 점수를 다음 등급 구간을 적용하여 최종등급인 'TI(Tech-Investment)등급'을 산출하고 있다.

151) 평가일 이후 3년간 연평균매출액증가율이 20% 이상인 기업 여부,

152) 로지스틱 회귀모형 :

- D.R.Cox가 1958년에 제안한 확률 모델로서 독립 변수의 선형 결합을 이용하여 사건의 발생 가능성을 예측하는데 사용되는 통계 기법이다.
- 로지스틱 회귀의 목적은 일반적인 회귀 분석의 목표와 동일하게 종속 변수와 독립 변수간의 관계를 구체적인 함수로 나타내어 향후 예측 모델에 사용하는 것이다.
- 독립 변수의 선형 결합으로 종속 변수를 설명한다는 관점에서는 선형 회귀 분석과 유사하지만 로지스틱 회귀는 선형 회귀 분석과는 다르게 종속 변수가 범주형 데이터를 대상으로 하며 입력 데이터가 주어졌을 때 해당 데이터의 결과가 특정 분류로 나눠지기 때문에 일종의 분류 (classification) 기법으로도 볼 수 있다.

[표 4 - 25] 투자용 TCB평가모형 등급구간의 설정(예시)

등급	일반기업	창업기업(설립후 7년이내)	
		사업화 이후	사업화 이전
TI 1	70.0점 이상	85.0점 이상	90.0점 이상
TI 2	42.4점 이상	53.0점 이상	65.0점 이상
-	-	-	-
TI 4	30.5점 이상	32.7점 이상	33.0점 이상
TI 5	26.7점 이상	28.1점 이상	26.6점 이상
-	-	-	-
TI 10	10.0점 미만	10.0점 미만	10.0점 미만

* 출처 : 투자용 기술평가모형 매뉴얼(2016.1)을 참조하여 재작성

(3) 등급체계 및 등급별 정의

투자용 기술평가모형의 등급체계는 10등급(TI1~TI10)으로 되어 있으며, 기술력과 시장성장잠재력을 기준으로 미래성장가능성을 판별하는 방식으로 등급을 정의하고 있다.

[표 4 - 26] 투자용 기술평가모형 등급 정의(예시)

등급	정의
TI1	매우 우수한 기술력과 성장잠재력이 우수한 시장을 바탕으로 미래 성장가능성이 최상위 수준임
TI2	매우 우수한 기술력과 성장잠재력이 우수한 시장을 바탕으로 미래 성장가능성이 매우 우수한 수준임
TI3	우수한 기술력과 성장잠재력이 양호한 시장을 바탕으로 미래성장잠재력이 우수한 수준임
TI4	우수한 기술력과 성장잠재력이 양호한 시장을 바탕으로 미래고성장 가능성이 상당히 존재함
TI5	양호한 기술력과 성장잠재력이 있는 시장을 바탕으로 미래고성장 가능성이 존재함
TI6	양호한 기술력과 성장잠재력이 있는 시장을 바탕으로 미래고성장 가능성이 일부 존재함
TI7	기술력이 다소 부족하고 시장의 성장잠재력도 다소 부족하여 미래고성장 가능성이 다소 낮음
TI8	기술력이 다소 부족하고 시장의 성장잠재력도 다소 부족하여 미래성장 고성장 가능성이 낮음
TI9	기술력이 낮고 시장의 성장잠재력도 낮아 고성장가능성이 낮음
TI10	기술력이 낮고 시장의 성장잠재력도 낮아 고성장가능성이 매우 낮음

* 출처 : 투자용 기술평가모형 매뉴얼(2016.1)

투자용 기술신용평가모형은 투자자의 투자대상기업 선별에 활용할 목적으로 개발된 도형으로 기업의 성장성 및 투자회수가능성 판별을 중요시하고 있다. 반면 융자용은 여신심사 및 의사결정에 활용되므로 공여하는 여신의 부실가능성 측정에 비중을 두고 있다. 지금까지 설명한 내용을 토대로 융자용과 투자용 평가모형을 비교 정리하면 다음과 같다.

[표 4 - 27] 융자용 TCB평가모형과 투자용 TCB평가모형 비교

구분	융자용 TCB평가모형	투자용 TCB평가모형
평가목적	여신심사 및 의사결정에 활용	기술투자기업 선별에 활용
평가관점	부실가능성(신용위험)	성장성 및 투자회수가능성
평가결과	T등급(10등급) + CB등급(18등급) TCB등급(18등급), 평가의견	TI등급(10등급), 평가의견
모형종류	업종·업력·기업규모별 세분화	사업화단계별·업력별 세분화
등급산출	T등급 : 전문가에 의한 기술평점 TCB등급 : T등급(기술평점)과 CB등급(신용평점)의 가중합으로 산출	TI등급 : 기술사업역량평점(전문가 평점)과 사업성장가능성평점(통계 로짓모형)의 가중합으로 산출

* 출처 : 기술보증기금 기술신용평가모형, 투자용 기술평가모형 매뉴얼을 토대로 작성

3) 기술신용평가모형의 적합성 검증

가) 적합성 검증 개요

은행에서는 국제결제은행(BIS)[153]의 자본적정성 규제에 따라 은행의 자체적인 리스크 특성 및 관리수준에 맞는 리스크 측정방법을 선택하여 적용하고 있다. 은행이 규제목적의 자기자본비율 산출 시 은행의 자체 신용평가시스템에 의해 도출된 리스크 추정치를 인정하기 위해서는 신용평가시스템 및 리스크 추정치의 적격성 확보가 전제되어야 하며, 동 적격성을 보장하는 절차가 바로 신용평가시스템에 대한 적합성 검증(validation)이라 할 수 있다. 적합성 검증은 신용등급이 리스크를 적절히 차별화하고 리스크 요소 추정치가 관련 리스크 특성을 적절히 나타내고 있는지

153) 국제결제은행(BIS: Bank for International Settlements): 국제금융안정을 목적으 각국 중앙은행의 관계를 조율하고 협력을 증진시키는 국제기구로서 전세계 각 나라가 금융기관의 안정성을 측정하는 지표로 사용하는 BIS자기자본비율을 정해 발표하고 있다. BIS자기자본비율은 은행의 안정성, 즉 재무건전성 평가지표로 자기자본을 위험가중자산으로 나눈값[(자기자본/위험가중자산)×100]으로 BIS에서는 각국 은행의 건전성과 안정성 확보를 위해 최소 자기자본비율을 8%이상을 유지할 것을 권고하고 있다.

여부를 평가하기 위한 다양한 절차 및 활동을 의미한다. 즉, 리스크 추정치의 변별력과 예측력을 검증하고 신용평가시스템의 활용 등 은행의 신용평가시스템을 평가하는 모든 절차를 의미한다고 할 수 있다. 이러한 신용평가모형에 대한 적합성 검증은 양적·질적인 방법으로 다양하게 수행되는데 대표적인 적합성 검증방법으로 변별력, 등급의 계량화, 안정성(이상 양적 검증), 모형설계(질적 검증)가 있다.

기술신용평가(TCB)모형은 은행에서 기술금융취급을 위해 도입된 제도로서 TCB평가기관은 기존 신용평가모형의 적합성 검증체계와 동일하게 TCB평가모형에 대한 적합성 검증을 정기적으로 실시할 필요가 있다. 즉, TCB평가모형별, 기업규모별, 소항목별로 변별력 및 안정성과 등급분포 분석과 그밖에 적합성 검증에 필요한 분석을 실시해야 한다.

나) 적합성 검증방법[154)]

(1) 변별력 분석

신용평가모형의 변별력이란 정상차주와 부도차주를 유의하게 구별하는 능력을 말한다. 개별 리스크 요소 역시 정상과 부도 차주를 구별하는데 유의한 지표인지 여부를 검증하는 방법이다. 상위 등급의 실제부도율과 하위 등급의 실제 부도율 간에 차이가 클수록 변별력이 높은 것으로 간주한다. 변별력과 관련된 경험적 분석방법은 다양하게 존재하지만 주로 ROC(Receiver Operator Characteristic)곡선이 이용되고 있다. 신용등급의 상대적 서열화에 대한 성과를 측정(power)하는 통계계수로는 ROC의 대표적인 측정값인 AR(Acccuracy Ratio), AUROC(Arear Under Receiver Operating Characterisic)가 많이 이용되고 있다.

정상차주는 높은 점수를, 부도차주는 낮은 점수를 갖도록 평가모형이 개발되었고, 모든 차주가 평가모형의 점수에 따라 낮은 점수부터 순서대로 나열되었다고 가정한다. 여기서 ROC 곡선은 낮은 점수에서 높은 점수까지 움직이면서 실제 정상차주를 부도차주로 예측한 확률과 실제 부도차주를 부도차주로 예측한 확률을 비교함으로써 변별력을 측정한 것이다. ROC 곡선은 의학 분야 등에서 신약이나 치료 방법의 성과 등을 비교하는 데 주로 사용되고 있다. 아래 그림에서 ROC 곡선은 가로축에 전체 정상 차주 중 모형에 의해서 부도로 잘못 분류된 정상차주 비율(false

154) 금융감독원(2007), "신BIS협약의 신용리스크 규제자본 산출"을 참고하여 작성

alarm rate)을, 세로축은 전체 부도차주 중 모형에 의해서 정확하게 부도로 분류된 차주비율(hit rate)를 나타낸다. 따라서 ROC 곡선은 변별력이 완벽한 이상적인 평가모형(perfect model)과 아무런 변별력이 없어 정보가치가 없는 무차별 평가모형(random model) 사이에 그려지게 되며, 그려진 형태가 완전한 평가모형에 가까이 가면 갈수록 변별력이 높다고 판단하게 되는 것이다.

[그림 4 - 9] ROC곡선

• 변별력 검증 시 가장 많이 사용되는 측도 → 평가모형(rating model)이 차지하는 면적인 A+B(%)를 나타냄

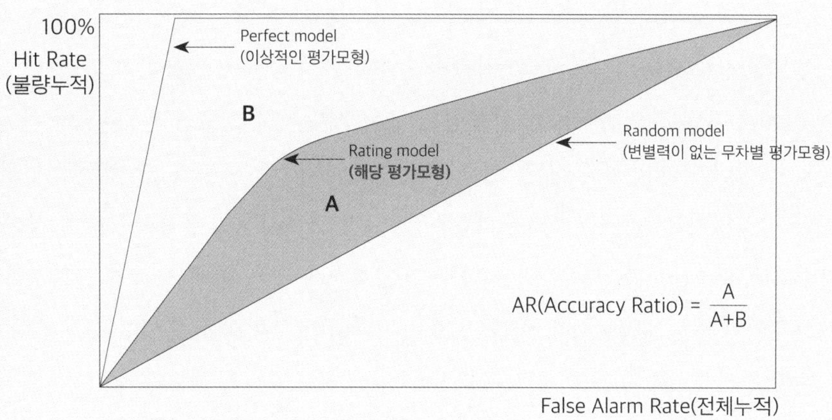

• Hit Rate : 전체 부도차주 중 모형에 의해서부도로 분류된 부도 차주비율
• False alarm rate : 전체 정상차주 중 모형에 의해서 부도로 잘못 분류된 정상차주비율

ROC 곡선은 2차원 평면 사이에 시각적으로 도식화하였기 때문에 여러 개의 평가모형이 존재하는 경우, 시각적으로 비교해서는 그 차이를 쉽게 이해하기 힘들 수 있다. 따라서 그려진 곡선의 면적을 통해 그 변별력을 측정하고자 한 것이 ROC곡선의 요약통계량인 AR과 AUROC이다. AR은 이상적인 평가모형과 무차별 평가모형 사이에 존재하는 삼각형의 면적을 분모로, 평가모형의 변별력 부분을 분자로 하여 계산한 값(A/(A+B))이고, AUROC는 ROC곡선 아래의 면적을 의미하는 것으로 평가모형에 의한 변별력 부분을 직접적으로 적분하여 계산한 값이다. AR과 AUROC 값은 0과 1사이에 존재하며, 1에 가까울수록 변별력이 높다고 할 수 있다.

(2) 안정성 분석

평가모형의 안정성은 기간의 경과에 따라 정확성이 일관되게 유지되는 것을 말하며, 안정성 분석은 모형내에 사용된 리스크 요인과 신용도 간의 인과관계가 적절하게 신용평가모형에 반영되었는지를 검증하는 것이다. 즉, 신용평가모형이 시간의 경과에 따라 신용도 또는 부도율의 예측력이 유지되는지 여부를 검증하는데, 안정성이 낮은 신용평가모형은 기간의 경과에 따라 예측력이 급격히 낮아지는 경향이 있다. 안정성을 검증할 경우에는 시간의 경과에 따른 모집단의 분포변화를 살펴보는 분포의 안정성, 시간의 경과에 따라 변수의 속성 분포 및 변화 분석, 모형의 설명력 그리고 등급별 불량률 변화 등 4가지 사항을 고려해야 한다. 안정성 검증방법은 대표적으로 모집단의 안정정 지수(PSI), 신용등급의 기간별 안정성분석을 많이 이용하고 있다.

PSI(Population Stability Index)는 신용평가 모형 개발시점의 모집단으로부터 산출한 신용등급별 차주의 구성비가 개발 이후 일정 검증시점에서 얼마나 변했는지 그 변화 정도를 측정하는 것이다. 이는 신용평가 모형 개발시점과 개발이후 일정 검증시점의 신용등급별 구성비 차이에 대한 편차지수(difference index)라고 할 수 있다. PSI지수에 의해 현재 시점의 신용위험에 의한 차주분포가 신용평가모형 개발당시에 비해 크게 벗어난다면 모형의 유용성이 떨어진 것으로 볼 수 있으므로 모형의 수정 또는 보완이 필요하다.

등급의 안정성 분석은 시간의 변화 추세에서 신용등급이 얼마나 안정적으로 유지되는가를 판단하는 방법이다. 일반적으로 신용등급이 높을수록 자기등급을 유지하는 확률이 높으며, 신용등급이 낮을수록 그 확률이 낮아지는 추세를 보인다.

(3) 등급계량화

등급계량화(calibration)는 평가모형의 결과에 따라 비슷한 리스크를 가진 차주끼리 묶어 등급화하는 과정으로 동 등급에 부도율(PD) 추정치를 할당하는 과정을 포함한다. 신용등급은 차주들의 리스크를 순서화하여 등급을 부여한 것이므로 부도율은 신용등급이 나빠질수록 높아지는 모습을 보여야 하고 신용등급 간 역전현상이 발생하지 않아야 한다.

등급화에 대한 검증은 부도율의 예측치가 실제로 관찰된 부도율과 일치하는지 비교하는 것이다. 실제로 예측된 부도율의 추정치와 관찰된 부도율이 일치하기는 어렵지만 실제부도율이 각 등급에서 예상된 범위내에 있는지를 검증한다. 등급화는 평가모형의 변별력이 확보되지 않은 상태에서는 별다른 의미를 가질 수 없으므로 평가모형의 변별력에 대한 적합성 검증이 이루어지고나서 등급화에 대한 검증을 진행한다.

3. 기술신용평가실무

1) 기술신용평가 업무절차

기술신용평가는 기업체가 은행에 대출을 신청함으로써 출발한다. 은행은 대출신청기업과의 상담을 통해 기술금융 및 TCB평가대상인지 여부를 검토하고, TCB평가대상으로 판단되면 TCB 평가기관에 평가의뢰를 한다. 평가기관은 평가에 필요한 자료를 접수·수집한 후 현장실사 및 평가를 거쳐 평가결과(TCB평가서)를 TCB대출은행에 회신한다. 은행은 TCB평가서를 활용하여 기술신용대출을 실행함으로써 실질적인 기술신용평가절차는 종료된다. 대출이 실행된 후 TCB평가기관과 은행은 종합신용정보집중기관인 한국신용정보원에 기술신용정보를 집중한다. 기술신용평가 업무의 흐름을 그림으로 나타내면 다음과 같다

[그림 4 - 10] 기술신용평가 업무흐름도

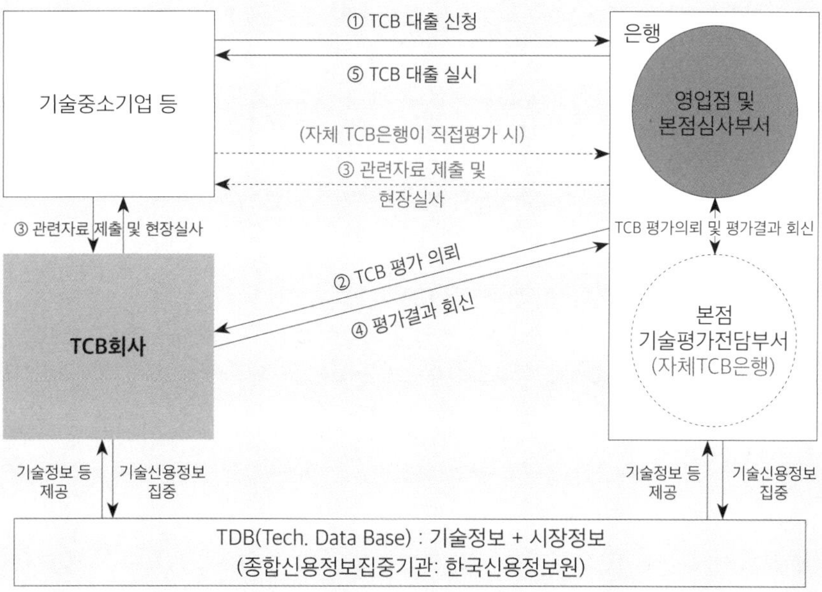

가) 대출상담 및 TCB평가의뢰

(1) 대출상담

기술기업 등으로부터 대출신청이 있을 때에는 은행은 신청기업과의 상담, 은행보유정보 및

TDB등을 활용하여 기업체 개황, 개략적인 기술현황 및 기술력, 신용정보 등 기본적인 사항을 파악한다. 이러한 사전파악을 통해서 TCB평가서에 기반한 기술금융 대상기업·업종에 해당하는지 여부를 판단한다. TCB평가서 기반 기술금융실적은 기술등급 T6(6/10) 이상에 한하여 인정하고 있기 때문에 효율적인 기술금융업무를 위해서 상담직원은 TCB평가항목 전반에 대한 이해와 예상등급을 가늠할 수 있는 안목이 요구된다고 할 수 있다.

기술금융 대상 기업은 「중소기업기본법」 제2조에 따른 중소기업(자)에 해당하고 아래의 업종 및 기술 연관성 확인 기준을 충족하는 기업으로 한다. 즉, 한국표준산업분류(KSIC)(10차)에 따른 여신취급업종 중 특정 업종을 영위하는 중소기업과 기술 연관성이 객관적으로 입증되어 별도로 정한 중소기업으로 구분되는데 상세한 내용은 다음과 같다.

① 한국표준산업분류(KSIC)에 따른 여신취급업종을 기준으로 하여 오른쪽 각 호의 업종	1. KSIC 상 제조업(C10-34), 환경업(E36-39), 건설업(F41-42) 2. 「산업발전법 시행령」제3조제1항별표2의 지식서비스 산업 중 기술 연관성이 높은 것으로 별도로 정한 업종 3. 통계청 콘텐츠산업특수분류 연계표에 따른 문화콘텐츠 산업 중 기술 연관성이 높은 것으로 별도로 정한 업종
② 위 ①에 따른 기술금융 대상 업종이 아닌 경우 기술 연관성이 객관적으로 입증되어 오른 쪽 각 호의 어느 하나에 해당하는 경우	1. '신에너지및재생에너지개발·이용·보급촉진법'에서 정하는 신·재생에너지 산업 영위 기업 2. '벤처기업육성에관한특별조치법' 따른 벤처기업 3. 「중소기업기술혁신촉진법」에 의한 기술혁신형중소기업(이노비즈기업) 4. 한국산업기술진흥협회가 인정한 '기업부설연구소' 및 '연구개발전담부서(산업디자인 및 지식기반서비스 포함)' 보유기업 5. 한국연구개발서비스협회가 연구개발업으로 인정한 기업 6. 한국디자인진흥원이 산업디자인전문회사로 인정한 기업 7. 국가연구개발사업 수행기업(국가과학기술지식정보서비스(NTIS) 확인 등) 8. 당기 연구개발비를 지출하고 있는 기업(재무제표 확인) 9. 기술관련 정부 포상 기업(IR52장영실상(한국산업기술진흥협회), 대한민국 기술대상(산업통상자원부), 특허기술상(특허청) 등 정부연계포상(지자체, 민간 단독 포상은 제외) 10. 기술관련 정부 인증 보유기업(중소기업우수제품마크(중소벤처기업부), NET/NEP(산업통상자원부 등), 세계일류상품(산업통상자원부) 등의 인증(지자체, 민간 단독 인증은 제외)) 11. 평가대상기술관련 개별 법률에 따라 등록된 지식재산권 보유기업 12. 외국/국공립연구소, 정부출연 연구기관, 대학(전문대학 포함)의 연구소 등과 기술이전 계약을 맺고 사업화하는 기업(기술이전계약 확인) 13. 평가대상기술 분야 기술전문인력(박사 및 국가기술자격 중 기술사·기사·기능장에 한정)을 보유한 기술 기업(단, 국가전문자격은 제외)

② 위 ①에 따른 기술금융 대상 업종이 아닌 경우 기술 연관성이 객관적으로 입증되어 오른 쪽 각 호의 어느 하나에 해당하는 경우	14. 「산학협력법」에 근거한 산학협력기술지주회사 15. 기술이전법에 근거한 연구첨단기술지주회사 16. 「벤처기업육성에 관한 특별조치법」에 근거한 신기술창업전문회사 17. 「대덕연구개발특구등의 육성에 관한 특별법」에 근거한 연구소기업 18. 「농림축산식품부 스마트팜 확산사업」에 선정되거나 영농기술과 ICT기술을 융복합하여 사업화하는 기업 19. 평가대상기술 관련 업종이 제1항에 해당하며 해당 사업의 당기매출이 확인되는 기업(재무제표로 확인) 20. 그 밖에 평가대상기술의 차별성 및 혁신성이 객관적으로 입증되어 은행 내부 기준에 따라 본점의 심사역협의회 또는 그에 준하는 의사결정기구의 의결 절차를 거쳐 승인된 기업

전술한 기술금융대상에 해당할 경우 은행은 신청기업에게 기술금융제도 및 TCB평가와 관련된 제반절차, 규정, 준비사항 등을 상세하게 설명한다.

(2) TCB 평가의뢰

은행은 신청기업에 대하여 유효한 기존 TCB평가서의 보유 여부를 사전조사(TDB 조회)한 후 신규 기술신용평가 절차의 진행이 필요하다고 판단되는 경우 TCB평가기관 (TCB회사 또는 자체 TCB은행은 기술평가 전담부서)에 TCB평가를 의뢰한다. 은행이 TCB회사 또는 내부 기술평가전담부서에 TCB평가의뢰 시 평가유형에 따라 평가의 범위와 내용이 다르므로 표준·약식평가, 심층·간이평가 등 평가유형을 구분하여 평가를 요청한다.

표준평가는 은행과 관계가 형성되지 않은 최초 거래기업이거나, 자체TCB평가서를 의뢰하는 경우로써 해당은행 기준으로 자체 TCB평가가 처음인 경우, 기타 TCB평가서의 세부평가의견 반영이 필요한 경우로써 은행 내부규정에 정한 경우에 표준평가서를 의뢰한다.

약식평가는 전술한 표준평가가 아닌 신규평가이거나, 재평가인 경우로 간이평가가 아닌 경우 약식평가서를 의뢰한다.

기존거래·평가여부, 유효기간 등에 따라 신규평가와 재평가로 구분된다. 신규평가는 최초 기술금융거래기업 등 기존 평가이력이 없는 기업에 대한 평가이거나 기존 평가서의 유효기간이 만료된 후 3개월이상 경과된 기업에 대한 평가로써 표준평가, 약식평가, 심층평가시 진행된다. 재평가는 은행을 기준으로 평가서 유효기간 만료 등의 사유로 유효기간 경과 후 3개월이내에 전차와 동일한 TCB평가기관에 다시 의뢰하는 평가를 말한다.

심층평가는 리스크가 큰 대규모 여신 등 표준평가보다 강화된 기술력 평가가 필요한 경우 에 의뢰하는 평가이다. 간이평가는 재평가인 경우로 다음의 판별표에 따라 기업경영·기술력의 변동이 크지 않은 것으로 판단될 경우 간이평가서를 의뢰한다.

[표 4 - 28] TCB 간이평가 실시여부 판별표

판별항목		여	부
기술신용대출잔액 1억원 이하	1. 본 건이 3회 연속 간이평가에 해당하는지 여부		
기술신용대출잔액 1억원 초과	1. 기업형태 변경(법인전환, 합병, 분할, 영업양수도, 회생절차) 여부		
	2. 대표자(경영실권자 포함) 또는 핵심기술인력(CTO 등) 변동 여부		
	3. 주력 업종 변동 여부		
	4. 사업장 및 연구개발·생산시설 변동여부		
	5. 평가대상 핵심기술(주생산품·서비스 등)변동 여부		
	6. 매출액 급변동(±30%이상) 여부		
	7. 본 건이 3회 연속 간이평가에 해당하는지 여부		
간이평가 실시 여부 판정 (모든 항목이 "부"일 경우에 간이평가 실시)			

나) 조사자료접수 및 예비평가

(1) 조사자료접수

평가의뢰를 받은 TCB평가기관은 평가절차, 자료제출, 현장실사 일정 등을 평가대상기업에 안내하고 기술평가에 필요한 조사자료를 접수한다. 조사자료는 기업 및 기술력 현황을 확인할 수 있는 필수자료 또는 핵심자료 위주로 접수하도록 한다. 고객의 편의와 위·변조를 방지하기 위해 기업으로부터 불필요한 자료의 징구는 최소화하고 가급적 내부자료를 최대한 활용한다. 대상기업의 사전동의없이도 전자적 방식 등으로 수집이 가능한 자료는 조사 및 평가자가 직접 수집하는 것이 바람직하다. TCB평가시 접수자료는 평가기관별로 차이가 있으며 공통적으로 접수하는 기본서류는 다음과 같다.

① 필수자료 : 기술개요표, 정보제공동의서, 사업자등록증, 주주명부, 재무제표(3개년) 등

② 기업현황 자료 : 법인등기부등본, 사업장 관련 자료(부동산등기부등본, 임차계약서), 부가세자료 4대보험가입자명부(상시근로자수 확인), 회사소개서, 사업계획서 등

③ 기술력현황 자료 : 지식재산권목록, 기술개발·인증·수상실적, 기술인력 관련자료 등

(2) 예비평가

평가책임자는 현장실사에 앞서 기업에서 제출한 자료를 토대로 평가대상 기술·사업현황, 동업계(업종) 및 시장 현황 등을 개략적으로 파악한 후 현장 실사 및 면담자료로 활용한다. 또한, 논문, 특허, 기술·시장 동향 및 전망보고서, 경쟁구조, 사업주체역량 등 본평가에 필요하다고 판단되는 자료를 수집하고 정리한다. 기업이 추가로 제출해야 하는 서류는 사전에 통보하고 가급적 현장실사 시 접수함으로써 기업편의를 도모하도록 한다. 예비평가시 주로 검토하는 내용을 예시로 열거하면 다음과 같다.

신청 기술 검토	■ 신청 기술이 등록산업재산권인 경우 등록원부 등을 통하여 확인 - 출원인, 발명인, 권리관계, 통상(전용)실시권 허용 여부, 질권사항 등 - 산업재산권을 검색포탈(www.kipris.or.kr)을 활용하여 청구항 검색 ■ 신청 기술의 개요와 내용 ■ 유사기술의 출현 여부 :인터넷, TDB, 전문연구기관·학술단체 활용 ■ 신청 기술의 완성도, 혁신성, 차별성 등을 개략적으로 파악 등
경영진 및 신청기업 검토	■ 경영자를 포함한 경영진의 기술지식·경험 수준 등을 파악 ■ 기업의 기술인력, 기술인증, 기술개발 실적을 토대로 기술개발능력 파악 ■ 재무상황, 매출 현황, 최근 영업 현황 등 사전조사 →재무등급 사전산출 ■ 대표자, 실제경영자, 핵심 개발자의 신용 관련 정보 조회 ■ 소요자금의 용도와 적정성 확인 ■ 기존 신용조사서 및 평가서 참조 등

다) 현장실사 및 본평가

(1) 현장실사

현장실사는 본평가 전에 실시하는 것으로 평가자가 직접 실시하는 것이 원칙이며 전문성 제고와 효율적인 평가를 위해 해당분야 전문가가 동반 참여하도록 한다. 다만, 간이재평가에 해당하거나 평가의뢰일 기준 최근 6개월이내 TCB평가기관에 유효한 실사가 있는 경우, 예비창업자 혹은 창업초기 사업자로서 사업장이 미확정인 경우, 기타 자연재해 등으로 현장실사가 어려운 경우에는 현장실사를 생략할 수 있다.

평가자는 평가의 정확성 확보를 위해 기업현장을 방문하여 대표자 또는 핵심기술인력 등과 면담을 실시하며, 충분한 시간과 노력을 기울여서 평가대상기업의 경영 및 기술 현황 등 보유기술 관련 사항과 기업신용 관련 요소 등을 상세히 파악한다. 현장실사 시 확인해야 할 주요 사항은 다음과 같으며, 현장 실사를 생략하는 경우에는 기업의 최근 기술력 현황 등을 반영할 수 있도록 노력해야 한다.

① 생산설비 보유현황과 가동상태, 공정관리, 품질관리 등
② 기술개발 조직과 인력, 기술개발 실적 등
③ 주요제품, 제품의 완성도, 제품개발계획 등
④ 기타 기업현황 파악에 필요한 증빙자료 등

(2) 본평가

기술 및 신용평가자는 조사자료 및 현장실사 결과를 기반으로 기술등급(T등급) 및 신용등급(CB등급)과 이를 결합한 기술신용등급(TCB등급) 그리고 평가의견 등으로 구성된 TCB평가서를 작성한다.

① 평가등급 산출

평가등급은 평가대상기업 보유 기술의 기술성, 시장성, 사업성을 종합적으로 판단하여 해당 TCB평가기관의 평가모형에 따라 산출한다. 평가기준을 벗어나서 기술평가자의 자의적인 판단이 반영되지 않도록 하며 주관적 판단이 필요한 경우에는 관련 근거를 반드시 명기(明記)한다. 업종, 업력, 기업 규모 등에 따라 다수의 모형을 운용할 경우, 해당 TCB평가기관의 운용기준에 의거하여 평가대상기업 및 기술의 특성을 가장 잘 반영할 수 있는 모형을 선택·적용한다. 기술등급 산출은 기업이 제시한 자료에만 의존하지 말고 충분한 자료조사와 현장실사 결과 등을 근거로 세부 소항목 평가방법에 따라 기술평점을 적용하여 산출한다. 특히 소항목 중 정성지표는 유사 평가사례 등을 참고하여 객관성을 유지할 수 있도록 평가하며 확인되지 않거나 명확한 증거자료가 존재하지 않는 경우에는 보수적 관점에서 평가한다. 보다 상세한 내용은 후술하는 '평가항목개념 및 평가포인트'에 정리하였다.

② 평가의견 및 주요 평가사항

평가의견은 평가대상기업 고유의 핵심기술, 기술경쟁력 및 차별성 등을 명확히 파악할 수 있도록 작성하며, 평가등급 부여에 따른 근거 의견을 충실히 기재하고, 등급과 의견 간에 일관성이 유지되어야 한다. 본평가에서는 기술등급과 신용등급 산출을 위한 평점근거를 평가요소별 분석 및 평가내용을 핵심위주로 정리하는데, 주요 평가사항은 다음과 같다.

평가대상기술 기술성	■ 기술의 핵심내용 및 유형, 특성 등을 파악하고 현장실사, 경영자 및 기술 개발자 면담자료, 평가팀 수집자료 등을 토대로 기술적 사항 평가 ■ 핵심기술의 독창성, 차별성, 모방 가능 여부 확인 ■ 대상기술이 기존의 사업(기술)과 연계성, 전략적 부합성을 갖췄는지 파악 ■ 보유 생산설비 및 가동 현황, 제조시스템을 확인하고 대상기술 개발 및 제품화 가능성, 제품생산능력 등을 파악하여 구현가능성 및 완성도 판단
기술적용 제품·서비스 시장성	■ 기술 적용 제품·서비스 관련 시장규모 및 구조, 경쟁업체와 경쟁구조 ■ 기업의 영업·마케팅 능력을 파악하여 시장진입가능성 평가 ■ 산업 및 시장성장 가능성, 시장진입시 선결과제(인허가, 인증, 법적 규제)
기술적 역량	■ 경영자의 기술 경험, 이해도, 기술적 대처 능력 평가 ■ 기업의 기술개발조직·인력·설비 등 기술개발능력 확인 ■ 객관적 기술력 판단 자료(기술인증, 산업재산권, 제품 상용화실적 등)확인
기술사업화 타당성	■ 본건 기술사업의 추진현황(매출, 수주 현황 등) 확인 ■ 사업화 전략의 타당성 및 사업화 성공 가능성 판단 및 평가 ■ 사업화 성공시 기대효과(재무구조개선, 시장 선점, 기존 사업 매출 증가 등)
재무상황, 영업 현황, 금융거래 현황 등	■ 주요 거래처 현황, 최근 영업 현황, 재무제표 및 부속명세서 확인, 분석 ■ 금융거래현황, 차입금구조, 소요자금 규모 및 조달방안 등 확인 ■ 대표자의 사업수행능력, 기술개발자, 경영일반에 대한 전반적 사항 검토

라) 검수·발급·제공

기술평가가 최적의 품질을 유지하고 평가결과의 적정성 및 공정성 제고를 위해 평가가 완료된 TCB평가서는 평가기관별로 체계적인 내부검수체계를 구축하여 검수를 하고 있다. 기술평가 품질관리는 TCB회사 및 레벨4단계에 있는 자체TCB은행(레벨1~3단계는 자율적 실시)이 기술평가 인프라 및 등급·평가의견 등 TCB평가결과의 적정성을 검토하는 것이다. 기술평가 품질관리 요건은 전문인력요건과 다음의 검수체계요건으로 구분된다.

① (조직) 평가조직과 분리되어 검수업무를 주업무로 하는 독립된 검수조직

② (검수자) 기업·기술평가 관련 전문성을 갖춘 자로 충분한 검수인력을 확보

③ (검수기준) 별도의 체계적인 검수기준을 마련·운영 (검수의견, 체크리스트 등)

④ (검수이력관리) 검수결과에 따른 피드백 및 보완사항 등에 대하여 체계적인 관리 실시

평가서의 품질 검수가 완료되면 평정위원회에서 기술평가등급(T등급), 신용평가등급(CB등급), 기술신용등급(TCB)을 확정한다.

TCB평가기관은 평가 및 검수를 거쳐 평정위원회에서 등급이 확정되면 TCB평가서를 의뢰 은행

에 발급한다. 한편, TCB평가기관은 현장실사 또는 평가서 작성 착수(현장실사를 생략한 경우) 이후 평가서 발급 전까지 평가와 관련된 사항을 의뢰 은행에 제공하여서는 아니된다. TCB평가서를 제공받은 의뢰 은행은 TCB평가기관에 평가결과에 대해 이의 신청 및 재평가를 요청할 수 있다.

마) 여신심사·대출·적정성 점검

은행은 「은행업감독규정」 제78조제6항[155]에 따라 여신 운용시 TCB 평가결과를 합리적으로 반영해야 한다. 이에 따라 은행은 여신심사 시 기업 여신심사 의견에 TCB평가결과에 기반한 기술심사 의견을 기재하고 있다. 즉, 기술심사 의견은 기업 기술력에 대한 심사역의 분석의견으로 TCB평가결과, 기술 현황 및 개요, 기술경쟁력 등에 관한 의견으로 구성한다. 은행은 기업의 기술력 수준에 따라 대출 한도, 금리 수준, 담보 수준 등 대출 조건을 달리 운용할 수 있다.

은행은 발급된 TCB평가서에 대해 평가등급 및 평가의견의 적정성 여부를 지속적으로 점검하여야 한다. 여기서 TCB평가서는 TCB회사 및 자체TCB은행의 TCB평가서를 모두 포함하며, 구체적인 적정성 검토 범위 및 방식 등은 은행별로 자체적으로 정하여 실시하고 있다. 은행은 TCB평가서 적정성 점검결과를 TCB평가기관에 회신하고 적정성 검토결과 적정성 기준보다 낮은 경우에는 개선을 요청할 수 있으며, TCB평가기관은 개선요청에 대한 처리결과 및 사유를 은행에 통보한다.

바) 기술신용정보 집중

기술신용정보의 집중은 「신용정보업감독규정」 제24조의2별표6 및 제26조에 따라 TCB평가기관의 경우 발급이 완료된 TCB평가서를 전문 및 원문 형태로 등록사유발생일(발급일)로부터 7영업일 이내에, 은행은 기술신용대출 관련 신용거래정보 및 신용도판단정보, 신용거래능력 판단정보를 등록사유발생일(매월 마지막 영업일)로부터 7영업일 이내에 한국신용정보원에 집중하여야 한다.

155) 은행업감독규정 제78조(여신운용 원칙)
① 은행은 여신을 운용함에 있어서 다음 각 호와 같이 여신의 건전성을 확보할 수 있도록 노력하여야 한다.
1. 차주의 리스크 특성, 재무상태, 미래 채무상환능력 등에 대한 분석을 통한 철저한 신용리스크의 평가
2.~5. (생략)
②~⑤(생략)
⑥ 은행은 중소기업(「중소기업기본법」 제2조제1항에 따른 중소기업을 말한다)에 대한 여신 운용시 제1항제1호에 따른 신용리스크의 평가에 있어 「신용정보의 이용 및 보호에 관한 법률」 제2조제1호의6사목에 따른 기술신용정보를 합리적으로 반영하여야 한다. <개정 2021. 9. 30.>

지금까지 살펴본 TCB평가기반 기술신용대출절차를 요약하면 다음과 같다.

[표 4 - 29] TCB평가기반 기술신용대출절차 요약

<table>
<tr><th>절차</th><th colspan="2">수행주체</th><th>수행내용</th></tr>
<tr><td>① 상담</td><td colspan="2">은행
(영업점 등)</td><td>상담 및 은행보유정보 등을 통해 대상기업 또는 업종 해당여부 판단, 기술신용대출제도·절차·규정 등에 대하여 설명</td></tr>
<tr><td>② 평가의뢰</td><td rowspan="7">TCB
회사</td><td rowspan="7">자체
TCB
은행</td><td>TCB회사, 자체TCB은행 기술평가전담부서에 표준·약식 등 평가유형을 구분하여 의뢰</td></tr>
<tr><td rowspan="2">③ 조사자료접수·수집,예비평가</td><td>조사자료는 기업 및 기술력 파악에 필요한 핵심자료 위주 접수,</td></tr>
<tr><td>불필요한 자료 최소화, 현장실사 및 본평가 전 핵심사항 사전검토</td></tr>
<tr><td>④ 현장실사</td><td>평가자·전문가 출장하여 경영자등 면담, 기술 및 기업평가요소 확인</td></tr>
<tr><td>⑤ 본평가</td><td>평가등급산출, 분석 및 평가의견 작성, TCB평가 관련법규 준수</td></tr>
<tr><td>⑥ 검수</td><td>내부검수체계에 따라 평가의 품질관리</td></tr>
<tr><td>⑦ 발급</td><td>평정위원회 등급확정 후 평가서 발급, 발급전 은행에 정보제공금지</td></tr>
<tr><td>⑧ 여신심사·대출,
(적정성 점검)</td><td colspan="2">은행
(영업점 등)</td><td>여신심사시 TCB평가결과에 기반한 기술심사의견 반영, 기술력에 따라 대출금리·한도 등 차별 적용(TCB평가등급·의견 적정성점검)</td></tr>
<tr><td>⑨ 기술신용정보
집중</td><td>TCB
회사</td><td>자체
TCB
은행</td><td>기술신용정보를 등록사유발생일로부터 7영업일 이내에 한국신용정보원에 집중</td></tr>
</table>

2) 기술신용평가서의 작성

가) 기술신용평가서의 구성체계

기술신용평가서는 평가대상기업의 보유기술과 관련된 기술성, 시장성, 사업성 그리고 사업주체의 역량 및 재무상황 등의 평가내용을 기재하고 등급 등 그 결과를 표시한 서류이다. 전술한 업무절차에서 언급한 것처럼 TCB평가 유형은 평가의 깊이 및 범위에 따라 표준평가, 약식평가, 간이평가, 심층평가로 구분하고 있다. 표준평가를 기준으로 약식평가는 표준평가에서 세부평가의견이 제외된 평가이며, 간이평가는 약식평가와 동일하나 현장실사를 생략한 경우를 말한다. 심층평가는 표준평가서에서 세부평가의견이 강화된 평가로써 주로 거액 여신 취급이나 기술가치평가 등 심층적인 분석이 필요한 경우 수행하고 있다.

[표 4 - 30] 평가 유형별 구성 및 주요내용

<table>
<tr><th colspan="2">평가유형</th><th>구성</th><th>주요 내용</th></tr>
<tr><td rowspan="6">표준
평가</td><td rowspan="5">약식
평가</td><td>등급결과 및 총괄의견</td><td>- 기술등급, 신용등급, 기술신용등급, 총괄의견</td></tr>
<tr><td>기업 및 기술현황</td><td>- 기업개요 : 기업·대표자명, 법인·사업자번호, 설립일, 연혁, 업종, 사업의 구성 등
- 기술현황 : 핵심(평가대상)기술, 관련 IP현황</td></tr>
<tr><td>항목별 평가결과</td><td>- 세부 평가항목별 평가결과</td></tr>
<tr><td>요약 평가의견</td><td>- 중항목별 기술평가 요약의견</td></tr>
<tr><td>기타 분석 및 참고자료</td><td>- Peer Group 및 재무·비재무 분석
- 기술신용등급정의 및 등급별 PD값</td></tr>
<tr><td></td><td>세부 평가의견</td><td>- 세부 평가항목의 등급부여 근거 및 평가의견
- 평가대상 기술사업 관련 기술성, 시장성, 사업성 등에 대한 분석의견</td></tr>
<tr><td colspan="2">간이평가</td><td colspan="2">약식평가와 동일하나 현장실사를 생략하는 경우를 말함</td></tr>
<tr><td colspan="2">심층평가</td><td colspan="2">표준평가서에서 세부 평가의견이 강화된 경우를 말함</td></tr>
</table>

한편, TCB평가는 기존 거래·평가 여부, 유효기간[156)] 등에 따라 신규평가와 재평가로 구분한다. 신규평가는 은행 또는 TCB평가기관 중 최초 기술금융거래기업이거나 기존에 평가이력이 없는 기업에 대한 평가를 말하며, 표준평가, 약식평가, 심층평가시 이루어진다. 다만, 기존 평가서의 유효기간 만료후 3개월이상 경과된 기업은 평가이력이 없는 것으로 본다.

재평가는 은행을 기준으로 평가서 유효기간 만료 등의 사유로 유효기간 경과후 3개월 이내에 전차 평가와 동일한 TCB평가기관에 다시 평가를 의뢰하는 평가를 말하며, 약식평가와 간이평가시 발생될 수 있다.

일반적인 표준평가서는 크게 T·CB·TCB등급, 항목별 평가결과 및 이와 관련된 평가의견 등으로 정리되어 있다. 평가의견은 총괄의견과 항목별 평가의견으로 구성되어 있고 항목별 평가의견은 다시 중항목별 요약의견과 세부항목별 세부 의견으로 구분되어 있다. 총괄의견은 기술등급과 신용등급 표시와 함께 신용등급대비 기술신용등급의 변동상황을 기술하고, 해당기업이 보유한

156) TCB평가서의 유효기간은 평가서 발급일로부터 1년을 원칙으로 하고 있다. 다만, 자체 TCB은행은 기술의 진부화속도 등을 감안하여 기술별로 유효기간을 단축하여 운영할 수 있다.

다수의 기술이 서로 시너지효과가 있는지 여부 등을 종합적 시각에서 기술한 평가의견이다. 항목별 평가의견은 기술개발능력, 수익전망, 기술혁신성 등 평가항목별로 평가등급을 산출하게 된 근거를 보다 상세하게 기술한다.

평가기관들의 평가서는 체계와 주요항목은 모두 동일하나 평가서의 명칭, 항목의 배치 및 디자인은 평가기관별로 차이가 있다. 여기서는 기술보증기금과 일부 TCB사의 TCB평가서 샘플을 토대로 평가서 구성체계와 주요항목을 정리하였다.[157)]

TCB평가서 앞 부분에는 T등급과 CB등급 그리고 TCB등급과 총괄(종합)의견 등 평가결과와 기업체명, 법인·사업자등록번호 등의 식별정보, 평가일자와 재무기준일, 평가기관 및 제출처(은행), 평가서 구분, 평가서 등 기본사항이 기재되어 있다. 발급번호는 평가기관 표시기호-발급연도-평가서구분-기관별 일련번호 순으로 구성되어 있다.

[그림 4 - 11] 기술신용등급결과 및 총괄(종합)의견(예시)

* 출처 : 기술보증기금　　* 출처 : 한국기업데이터　　* 출처 : 나이스평가정보

다음으로 기업 및 기술현황, 세부항목별 평가결과, 중항목 중심의 요약평가의견, 세부평가의견 순으로 구성되어 있다.

기업 및 기술현황은 기업개요, 사업분야별 주요기술 및 지식재산권(IP)현황, 복수사업의 경우 구성비, 기업의 주요현황 및 연혁 등이 정리되어 있다.

157) 기보는 2018년에 TCB평가사업에서 철수하였으나 TCB평가가 기보의 기술평가표 및 평가서를 바탕으로 개발되었으며, 후발 TCB회사 대부분이 기보의 기술평가서를 벤치마킹하여 평가서를 제정하였다.

세부항목별 평가결과는 5점척도(우수·양호·보통·미흡·취약)로 평가한 소항목별 평가결과를 하나의 표로 정리하고 있다.

요약평가의견은 표준평가서, 약식평가서에서 공통으로 기술하고 있는 부분이다. 대항목인 사업역량과 기술경쟁력을 구성하고 있는 중항목 중심으로 평가의견이 요약되어 있다.

세부평가의견은 소항목 및 중항목에 대한 평가근거와 평가결과를 도표로 제시하고 그에 대한 평가의견을 약술하고 있다.

나) 평가의견 작성

(1) 개요

평가의견은 기술평가표에서 제시된 평가항목에 따라 평가한 내용을 기술하는 것으로, 평가항목들이 기업의 미래성장가능성 평가에 어떠한 영향을 주었는지를 간략하게 기술한다. 평가서의 핵심평가내용을 4~5개의 문단으로 요약하여 기술하되, 평가등급 산출의 핵심요인들이 잘 드러나도록 하고, 평가등급과 일관성이 유지되어야 한다. 평가지표는 기술사업역량부문은 경영진·기술개발·제품화 역량, 수익전망을, 기술경쟁력 부문은 기술 우위성, 시장현황, 시장경쟁력이 있는데, 이들 지표의 평가의견 작성방법을 간단히 정리하면 다음과 같다.

① 경영주 역량 및 경영진의 관리능력

경영주의 난순한 학력이나 경험보다는 기술과 관련하여 전문가로서의 역량과 사업추진능력을 중심으로 기술하고, 경영진 중 기업 또는 기술사업에 중요한 영향을 미치는 인력에 대해서도 약술한다.

② 기술개발역량

기술개발역량 평가에 핵심요인인 핵심기술인력과 기술개발 전담조직, 기술개발실적, 지식재산권(IP)보유 현황, R&D투자현황 등을 2~3개 내외의 문단으로 간략하게 기술한다.

③ 제품화 역량 및 수익전망

생산능력, 품질관리, 소요자금 조달능력, 판매처 구성 및 마케팅능력, 매출 및 이익전망을 통한투자금 회수가능성 등을 3~4개 내외의 문단으로 기술한다.

④ 기술우위성

기술의 차별적 우수성, 기술의 완성도, 모방의 난이도, 기술수명주기 등에 대하여 3~4개 내외의 문단으로 기술한다.

⑤ 시장현황 및 시장경쟁력

목표시장규모, 시장의 성장성, 경쟁상황 등 시장현황과 시장진입가능성, 경쟁제품과의 비교우위성, 시장점유율 등 시장경쟁력을 3~4개 내외의 문단으로 간단하게 기술한다.

(2) 작성 시 유의사항

기술신용평가서는 평가대상 기술분야 전문가 아닌 금융기관의 여신담당자를 위하여 평가대상기업 보유기술의 등급 및 평가의견 등 기술정보가 포함된 평가결과를 정리한 것이다. 따라서 평가서 수요자의 대부분이 기술에 관하여 사전지식이 없는 점을 감안하여 난해하거나 지나치게 전문적인 용어의 사용을 자제하고 이해하기 쉽게 평이한 용어로 작성하며, 사진 또는 표, 그림 등을 적절하게 활용한다. 부득이하게 전문용어 등을 사용해야 할 필요가 있는 경우에는 주석으로 설명한다.

또한 일반적인 내용을 나열하기보다는 핵심내용 위주로 기술하며, 간결하고 명확한 표현을 사용하고 중복 또는 반복된 표현을 피하는 것이 바람직하다. 평가의견 작성의 편의성만을 고려하여 기업 제시자료, 특허 명세서, 전차 평가서 등을 기술평가자 판단·수정없이 그대로 복제하는 것을 지양하도록 한다.

평가서의 신뢰성 제고를 위하여 사실에 근거한 논리적 체계를 유지하고, 공신력있는 기관에서 발표한 최신 통계자료 등 정확한 자료를 기준으로 작성하며, 부득이하게 추정이나 가정이 필요한 경우에는 논리성에 유의하여 추정과 가정의 근거를 명료하게 제시한다.

마지막으로 평가서 작성 시 활용한 국내외 논문, 서적, 보고서 등 등 문헌 및 자료는 참고문헌 또는 주석란에 출처를 명기한다.

3) 평가항목의 개념 및 평가포인트

기술신용평가는 은행의 기술금융 의사결정에 활용하기 위하여 기업의 채무상환능력을 파악하기 위한 신용평가와 기술로 인한 성장가능성 등을 측정하는 기술평가가 조합된 새로운 개념의 평가제도이다. 기술평가는 기술기업이 해당기업의 유·무형 자원과 역량을 활용하여 보유기술을 사업화할 경우 수익창출 및 미래 성장가능성을 측정하여 주로 등급으로 표현하고 있다. 미래의 성장가능성은 기술성, 시장성, 사업성과 경영주체의 경영역량을 평가하는 지표들이 체계적으로 구성된 평가표와 평가기준에 의해 등급으로 산출된다.

TCB평가기관의 평가표는 기보의 평가시스템(KTRS)을 참고하여 각 평가기관 고유의 평가체계와 평가관(評價觀)에 부합하는 평가표를 마련하여 운영하고 있다. 하지만 TCB평가제도의 목적과 공공재적 특성을 감안하고 평가의 일관성을 유지하기 위하여 평가대항목과 중항목의 구성은 표현에 있어 약간씩 다르더라도 뜻은 거의 일치하나, 세부평가지표 및 운영방법은 각 평가기관별로 다소 차이가 있다. 따라서 여기서는 모든 TCB평가기관들이 공통적으로 적용하고 있는 대항목과 중항목을 중심으로 정리하였다.

가) 기술사업역량(대항목)

기술사업역량은 기업이 보유기술의 사업화를 추진하는 과정에서 중요한 요소라고 할 수 있는 경영주 역량, 기술개발역량, 제품화역량, 마케팅·관리능력 등 사업화역량으로 구성되어 있다. 주로 기업내부 인프라인 인적·물적 역량 및 지식재산 역량을 평가하는 항목이다.

(1) 경영주 역량

경영주 역량은 크게 기술적 측면과 경영관리 측면에서 평가하는 소항목으로 동업종 경험수준, 기술지식수준, 기술경영능력을 중심으로 평가한다. 동업계 경험수준과 기술지식수준은 기술적 전문성과 이해도를 평가하기 위한 항목으로 계량화·명확화되어 있어 객관적 평가가 가능한 항목이다. 반면 기술경영능력은 경영주로서 일반적으로 갖추어야 할 기술인력·조직관리, 경영전략, 대외협상력, 사업수완·의지 등을 평가하는 것으로 이에 부합하는 다수의 항목을 정해놓고 충족 정도를 체크하는 체크리스트 방법으로 평가하고 있다.

[표 4 - 31] 경영주 역량 중항목의 평가

소항목	주요 내용	평가요인
동업종 경험수준	동업종(=한국표준산업분류 중분류) 경력	기술성, 사업성
기술지식수준	관련분야 학위, 자격증, 동업종경력 등을 종합적 고려	기술성
기술경영능력	인력·조직관리, 경영전략, 사업수완·의지,기업가정신 등	기술성, 사업성

(2) 관리능력

관리능력은 경영주를 제외한 관리, 기획, 재무, 기술(디자인), 마케팅 등을 담당하는 핵심인력들의 관련분야 경력 및 전문지식, 회사몰입도 등을 종합적으로 평가한다. 기업경영에서 경영주의 능력 이외에 핵심인력의 역량과 조직·인력 운영체계도 매우 중요하다. 평가 소항목으로는 기술인력관리, 경영진 전문지식, 자본참여도, 경영주와의 관계 및 팀워 등이 있으며 주로 체크리스트 방법으로 평가한다. TCB평가기관에 따라 기술책임자(CTO)의 전문성을 별도항목으로 평가하고, 기술인력관리 항목을 다른 항목과 통합하여 평가하기도 한다.

[표 4 - 32] 관리능력 중항목의 평가

소항목	주요 내용	평가요인
기술인력관리	R&D·생산기술인력 등, 동기부여, 목표관리 등 관리체계	기술성, 사업성
경영진 전문지식	경영진(관리·기획·재무·기술) 관련 분야 학위·경력 등	기술성, 사업성
자본참여도	상근 경영진 및 기타 직원의 지분참여	사업성
경영주와 관계 등	경영진 권한·업무분장, 의사결정형태, 팀웍, 근속연수 등	사업성

(3) 기술개발 역량

기술개발역량은 기술개발전담조직, 기술인력, 기술개발 및 수상(인증)실적, 지식재산권 등 보유현황, 연구개발비투자 등을 평가하며 평가기준이 대부분 계량화 되어 있어 평가결과가 비교적 객관적이다. 기술개발 전담조직은 기업의 기술혁신을 주도하는 핵심 인프라로서 한국산업기술진흥협회가 인증한 기업부설연구소, 연구개발전담부서 보유 여부로 평가한다. 기술인력은 기술개발인력뿐만 아니라 공정기술, 품질관리 등 생산기술인력도 포함한다. 기술개발실적은 기술개발실적(기존기술과 차별화된 기술을 개발하여 시제품을 제작완료), 기술상용화실적(기술개발을 기반으로 제품화하고 시장에 출시하여 매출 발생), 제품상용화실적(고객 맞춤형 제품에 대해 기술개발건의 사양(Spec)을 변경하여 납품)을 말한다. 기술인증은 NET, NEP, 교통신기술, ISO인증 등을, 수상실적은 벤처창업대전 수상, 대한민국 기술대상 수상 등을 말한다. 지식재산권은 연구개발 결과물을 특허권, 실용신안권, 디자인권 등으로 법적 권리화한 것을 말하며, 이는 독점적·배타적 이익을 향유할 수 있게 한다.

[표 4 - 33] 기술개발역량 중항목의 평가

소항목	주요 내용	평가요인
기술개발전담조직	기술개발역량의 핵심지표로 부설연구소, 전담부서운영여부	기술성
기술인력	질적·양적 수준을 평가. 질적수준 평가는 경영주와 동일	기술성
기술개발 및 수상(인증)실적	기술상용화, NET, NEP등 각종 기술인증, 기업인증 등	기술성
지식재산권 등 보유현황	특허, 실용신안, 디자인, 상표 등 보유현황	기술성
연구개발투자	당기연구개발비 대비 매출액 비율	기술성

(4) 제품화 역량

제품화역량은 생산시설 및 생산인력 등의 생산역량, 품질관리역량, 자금조달능력 등을 평가자의 주관적 판단 또는 체크리스트 방법으로 평가한다. 일부 TCB평가기관은 품질관리역량 대신에 투자규모의 적정성을 평가하고 있다. 생산역량은 생산시설 규모·수준(업종별 차이), 생산인력수준 및 수급상황, 원재료·부품의 수급용이성을 평가하며 외주생산의 경우에는 외주생산업체의 안정성과 품질·가격 경쟁력을 평가한다. 품질관리역량은 국내외 공인기관으로부터 기술인증 또는 규격인증, 시스템 인증 등을 의미한다. 자금조달능력은 경영주와 기업의 차입 및 투자능력을 말하며 투자규모의 적정성은 투자계획 대비 투자규모의 적정성을 평가한다.

[표 4 - 34] 제품화 역량 중항목의 평가

소항목	주요 내용	평가요인
생산역량	생산시설 규모 및 수준, 생산인력수준 및 수급상황, 원재료·부품 등의 수급용이성	기술성
품질관리역량	국내외 기술인증, 규격인증, 시스템인증 등	기술성
자금조달능력	경영주와 기업의 차입능력 및 투자능력	사업성

(5) 수익전망

수익전망은 마케팅역량, 판매처의 특성(다양성 및 안정성), 투자대비 회수가능성을 평가하며, 평가자의 주관적 판단 또는 체크리스트 방법으로 평가한다. 일부 평가기관은 판매계획의 타당성, 부가가치창출능력을 포함하여 평가하고 있다. 마케팅역량은 마케팅조직·인력수준, 시장분석능력 및 전략보유 여부 등을 평가한다. 판매처 특성은 판매처의 다양성과 인정성을 판매처 수, 매출비중, 거래기간, 거래조건 등으로 평가한다. 투자회수가능성은 기술수명, 매출 및 이익규모 등을 고려하여 투자금액의 회수가능성과 그 시기를 평가한다.

[표 4 - 35] 수익전망 중항목의 평가

소항목	주요 내용	평가요인
마케팅 역량	마케팅 조직 및 인력수준, 시장분석 및 전략수립 여부	사업성
판매처 특성	판매처의 다양성(판매처수, 매출비중등), 안정성(거래기간, 거래비중 등)	사업성
투자회수가능성	매출 및 이익규모 대비 투자금회수가능성 및 회수시기	사업성

가) 기술경쟁력(대항목)

(1) 기술혁신성(기술우위성)

기술혁신성(기술의 우위성)은 기술의 차별성, 모방의 난이도, 기술수명, 기술완성도, 기술자립도 등을 중심으로 평가자의 주관적 판단 또는 체크리스트 방법으로 평가한다. 일부 TCB평가기관은 기술의 파급성(확장성)을 평가하기도 한다. 기술의 차별성은 기존 기술 대비 생산성, 효율성, 상업적 성공, 신기술분야 개척가능성을 파악하여 평가한다. 모방의 난이도 항목은 기술개발에 소요되는 비용, 기간, 지식재산권 등록 등을 종합적으로 반영하여 평가한다. 기술수명은 해당기술의 기술수명주기(TLC)상 위치를 기술의 혁신속도와 기술동향, 전망 등을 파악하여 평가하며, 성장후기(우수), 성장초기(양호), 성숙기(보통), 도입기(미흡), 쇠퇴기(취약) 순으로 평가되고 있다. 기술완성도는 아이디어단계에서 출발하여 실험단계, 시제품제작, 양산준비, 판매(상업화)단계에 이르기까지 어느 단계에 있는지를 파악하여 평가한다. 기술자립도는 사업화를 위해 다른 보완적인 기술이나 지원기술이 필요한지 여부를 파악하여 평가한다. 기술의 파급성은 생산성 향상, 비용절감, 수출 및 수입대체효과 등 경제적 파급효과와 품질향상 등 기술적 파급효과를 파악하여 평가한다.

[표 4 - 36] 기술혁신성 중항목의 평가

소항목	주요 내용	평가요인
기술의 차별성	기존기술대비 생산성, 효율성, 상업적 성공, 신기술 분야 개척가능성 등을 종합적으로 평가	기술성
모방의 난이도	기술개발에 소요되는 비용, 기간, IP등록 등을 종합, 평가	기술성
기술수명	기술혁신속도, 기술수명주기상의 위치를 파악하여 평가	기술성
기술완성도	아이디어-연구개발·실험-시제품완료·양산준비·양산판매	기술성
기술자립도	다른 보완기술 또는 지원기술 필요 여부 파악하여 평가	기술성

(2) 시장현황

시장현황은 목표시장의 규모, 시장의 성장성, 시장구조 및 경쟁상황, 법·제도 등의 제약·장려요인 등 외부환경에 대한 평가항목으로 평가자의 주관적 판단 또는 체크리스트 방법으로 평가한다. 시장규모 및 성장성은 기술적용 제품군의 국내외 시장규모를 공신력있는 시장통계자료 등을 참고하여 평가한다. 시장구조는 집중도, 차별화, 비용구조, 경쟁상황 등을 고려하여 평가한다. 일부 평가기관은 법·제도 등 정책에 따른 제약·장려요인 항목이나 시장진입용이성, 산업등급을 평가에 반영하고 있다.

[표 4 - 37] 시장현황 중항목의 평가

소항목	주요 내용	평가요인
목표시장 규모	기술적용 제품군의 국내외 시장규모, 공신력있는 자료활용	시장성
시장성장성	공신력있는 시장자료를 활용, 성장추세 및 전망등을 고려	시장성
시장구조	집중도, 제품차별화, 비용구조, 경쟁상황 등을 종합, 평가	시장성

(3) 시장경쟁력

시장경쟁력은 기술적용 제품의 인지도, 시장진입용이성, 경쟁제품과의 비교우위성, 시장점유율을 평가자의 주관적 판단 또는 체크리스트 방법으로 평가하며, 일부 평가기관은 인지도 대신 시장지위를 평가하고 있다. 인지도는 제품 또는 브랜드에 대한 인지의 정도, 고객충성도 등을 고려하여 평가한다. 시장진입용이성은 신규진입을 어렵게 하는 진입장벽 등을 분석하여 평가하며, 일부 평가기관은 이 항목을 시장현황 중항목으로 분류하여 평가한다. 경쟁제품과의 비교우위성은 경쟁제품의 존재여부, 경쟁제품에 대한 차별화, 가격 및 원가우위 등을 감안하여 평가한다. 시장점유율은 시장내 경쟁자수, 경쟁상황 등을 파악, 평가한다.

[표 4 - 38] 시장경쟁력 중항목의 평가

소항목	주요 내용	평가요인
인지도	제품 또는 브랜드에 대한 인지의 정도, 고객충성도 등 평가	시장성
시장진입용이성	시장진입장벽 등을 파악하여 평가	시장성
경쟁제품과 비교우위성	경쟁제품의 존재여부, 가격, 품질 경쟁력, 대체가능성 등	기술성, 시장성
시장점유율	시장내 경쟁자수, 경쟁상황, 시장규모 등을 종합하여 평가	시장성

기술평가와 금융

제5장

제4차 산업혁명 시대에 기술, 특허 등 지식재산 중요성과 경제적 가치에 대한 인식이 높아지고 있다. 기업의 기술혁신과 지속가능한 성장은 기업체, 대학, 연구기관 등 산학연의 끊임없는 연구개발과 그 성과물의 확산 및 사업화를 통해 이루어질 수 있다. 이러한 연구개발 성과의 확산과 사업화 과정에서 기술이전·거래 , 기술의 현물출자, 투융자 등이 발생하는데 이 경우 기술의 경제적 효용이나 가치 등을 공정하게 평가할 수 있는 기술·지식재산가치평가의 필요성이 증대하고 있다.

전술한 바와 같이 기술평가 유형은 크게 기술력평가와 기술가치평가로 구분된다. 국내 기술평가기관들이 실시하는 기술평가는 산업통상자원부가 고시한 「기술평가기준 운영지침」과 「기술평가실무가이드」를 기본지침으로 하고 있다. 기술평가와 관련된 용어, 기술평가업무 수행시 준수하여야 할 원칙과 방법, 절차 및 종류, 보고방법 등을 표준화함으로써 기술평가의 객관성 확보와 신뢰성 제고를 도모하고 있다. 다만, 국내 평가기관들의 평가목적이나 평가철학이 기관의 정체성에 따라 다르기 때문에 세부 평가항목의 구성 및 평가방법은 다소 차이가 있다. 여기서는 평가기관들이 기술가치평가업무를 수행할 때 정부의 기본지침에 따라 공통적으로 적용하고 있는 기본원칙 및 평가절차·방법·내용들을 수익·시장·비용접근법 3대 접근법을 중심으로 요약·정리하였다.

기술가치평가

제 1 절 기술가치평가 개요

1. 가치의 개념

1) 가치(value)의 정의

기술가치평가를 학습하려면 가치의 개념을 이해할 필요가 있다. 사전에서 가치란 “인간 행동에 영향을 주는 어떠한 바람직한 것 또는 인간의 지적·감정적·의지적인 욕구를 충족시킬 수 있는 대상이나 그 대상의 성질을 의미한다”라고 설명되어 있다. 또한 가치를 비용 측면에서 “재화 또는 서비스의 유용성 및 유용성을 위해 투입된 비용의 다과(多寡, many or few)”로 설명하기도 한다.

영국 고전파 경제학자 아담 스미스는 가치를 사용가치와 교환가치로 구분하였다. 사용가치는 어떤 물건의 사용이 인간에게 주는 효용을 의미하고, 교환가치는 어떤 물건의 소유가 다른 재화를 구매하는 힘을 뜻하는데 물(사용가치 ↑)과 다이아몬드(교환가치 ↑)의 예를 들어 양자를 구별하였다.

기술가치평가에서 사용되는 ‘가치’란 실제 측정치가 아니라 재화와 용역의 교환과정에서 지불될 가능성이 가장 높은 가격의 추정치 또는 재화와 용역의 보유에 따른 경제적 효익의 측정치를 말한다(기술평가기준 운영지침). 시장접근법에 의한 기술가치평가에서 이용되는 가치개념은 거래를 위한 시장가격을 의미하기도 하지만 가치는 가격과는 다른 개념이다.

가치는 특정대상으로부터 얻어지는 효용의 다른 표현, 즉 효용의 화폐적 표현이다. 가치는 시점이나 상황, 소비자가 가지는 주관 또는 믿음의 결과에 따라 형성되는 것으로 하나의 물건에 다수의 가격이 형성될 수 있다(一物多價). 가치는 재화를 소비함으로써 현재 얻게 되는 감정이나 욕구충족 등 만족의 정도에 따라 현재의 값이 결정되기 때문에 주관적인 특성이 있다. 이러한 가치의 특성 때문에 평가시점에서 평가자의 관점이나 주변상황에 따라 기술가치평가결과가 다르게 나오고 있다.

가격(price)은 일정한 상황에서 구매자와 판매자가 재화·서비스에 대해 지불하거나 지불할 의사가 있는 상대적 가치를 말한다. 즉 가격은 수요자와 공급자 간 협상에 의해 상품간 교환의 대가로 형성된 것으로 대개 하나의 물건에 하나의 가격이 형성된다(一物一價). 가격은 이미 지불된 과거의 값으로 객관성을 띠고 있다. 주요 평가대상인 특허기술이 식별된 상태로 거래된 적이 있다면, 그 사례에 의거하여 매도자 또는 매수자가 주관적으로 부여한 가치를 추측할 수 있다. 왜냐하면, 가격은 매도자가 부여하는 최저수령의사와 매수자가 부여하는 최대지출의사의 사이에 존재하고 있기 때문이다. 매도자 또는 매수자가 어떤 기대하에서 가치 수준을 형성했느냐에 따라 가격은 달라질 수 있다.

가치와 가격의 관계를 경제학에서 자주 인용되고 있는 수요공급법칙과 소비자(수요자)잉여 및 생산자(공급자)잉여 개념을 이용하여 설명할 수 있다. 수요공급의 법칙은 수요와 공급이 일치하는 균형 상태에서 균형가격(시장가격)과 균형거래량이 결정된다는 시장가격 결정원리이다. 아래 그림에서 D는 가격과 수요량의 관계를 나타내는 수요곡선으로 가격이 상승하면 수요량이 감소하고 가격이 하락하면 수요량이 증가하는 반비례 관계에 있어 우하향 곡선으로 나타난다. S는 가격과 공급량과의 관계를 나타내는 공급곡선으로, 가격이 상승하면 공급량이 증가하고 가격이 하락하면 공급량이 감소하는 정비례 관계에 있어 우상향의 곡선으로 나타난다. 수요와 공급곡선이 만나는 E에서 균형을 이루고 여기서 결정되는 가격 P_E를 균형가격, 거래량 Q_E를 균형거래량이라고 한다. 수요공급법칙에 의해 시장가격이 형성되면서 소비자잉여(consumer's surplus)와 생산자잉여(producer's surplus)가 발생한다.

[그림 5 - 1] 소비자·공급자 잉여 개념에서의 가치와 가격의 관계

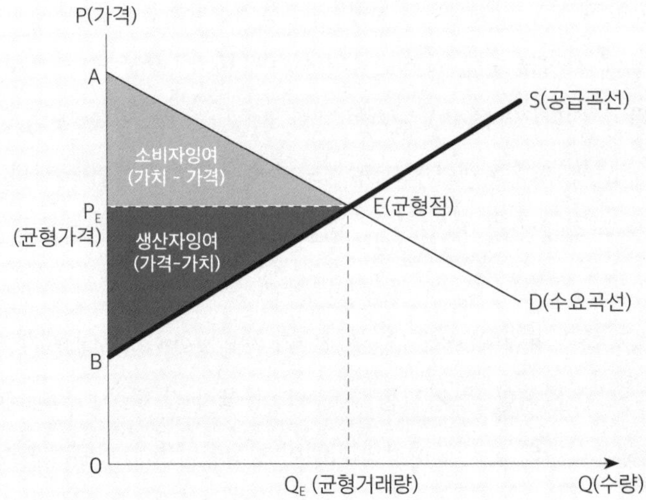

소비자잉여는 소비자가 지불할 의사가 있는 가격(=소비를 통해 얻는 소비자 만족도, 즉 가치라고 할 수 있음)과 시장가격(소비자가 실제 지불한 금액)을 뺀 차액을 말하는 것으로 그림의 면적 AEP_E 부분이 소비자잉여에 해당된다. 생산자 잉여는 생산자가 상품을 시장에 판매할 때 얻는 수입(면적 OP_EEQ_E)이 생산자가 시장에 판매하면서 받아야 하는 최소한의 수입(즉, 생산비용, 생산자입장에서의 가치로 그림의 면적 $OBEQ_E$)보다 큰 경우, 그 차이, 그림의 면적 BP_EE 부분을 생산자 잉여라고 한다.

- 소비자 잉여 : 가치(소비자 만족도) - 가격(소비자 지불액)
- 생산자 잉여 : 가격(생산자 판매금액)) - 가치(생산비용)

2) 가치의 유형

기술가치평가에서 이용되는 가치개념은 공정시장가치(시장가치), 현재가치, 장부가치, 존속가치 등 다양한 유형이 있다.

가) 공정가치(fair value)

공정가치는 일반기업회계기준에서 '독립된 당사자간의 현행 거래에서 자산이 매각 또는 구입되거나 부채가 결제 또는 이전될 수 있는 교환가치'라고 정의하고 있다. 즉, 불특정 다수 간의 공정한 거래에서 거래되는 가격의 추정치로 적절한 마케팅 기간이 주어져 있고, 평가일 현재 이해관계가 없는 판매자와 구매자간의 추정 교환가격을 말한다.

기술평가실무가이드(2021)에서는 '공정시장가치(fair market value)'를 사용하고 있다. 여기서는 공정시장가치를 "수요자와 공급자가 해당 거래 대상물에 대한 모든 정보를 이해하고 거래에 대한 강요가 없는 상황에서 쌍방이 거래할 수 있는 가액을 의미한다(arm's length)"라고 정의하고 있다.

공정가치는 기업이 보유하고 있는 자산의 시장가격이 존재하면 이 시장 가격은 당해 자산에 대한 공정가치의 측정치가 된다. 시장가격이 존재하지 않는 경우에는 당해자산 또는 부채로부터의 미래현금흐름을 추정하고 현금흐름을 현재가치화하는 현금흐름할인법(DCF)을 주로 사용하여 추정한다. 이외에도 유사 자산의 최근 매매 사례가, 옵션 가격결정모형을 통해 측정하는 방법이 있으나 DCF법을 가장 많이 사용하고 있다.

나) 화폐의 시간가치(time value of money)

화폐의 시간가치란 같은 금액이라 하더라도 현금흐름이 실현되는 시점에 따라 현금흐름의 차이가 서로 다르게 평가되는데 이를 화폐의 시간가치라고 한다. 화폐의 시간가치는 '사람들이 오늘을 소비하기를 더 좋아한다'는 전제하에 생긴 개념이다. 화폐가 시간가치를 갖는 것은 사람들이 오늘 소비하기를 더 좋아하는 '시간선호' 때문이다. 따라서 가까운 장래 발생하는 현금흐름 가치가 먼 미래 발생하는 현금흐름 가치보다 크게 나타난다(이것을 재무관리의 제1원리라고 함). 시간가치의 차이가 발생하는 이유는 미래의 화폐보다 현재의 화폐를 선호하는 유동성선호의 본능이 있고, 현재의 화폐로 이익을 창출할 수 있는 기회가 존재할 수 있으며, 현재는 확실하지만 미래는 불확실성이 높기 때문에 시점에 따라 화폐의 가치가 다르게 나타난다.

기업에서의 재무의사결정은 현재시점에서 이루어지나 이로부터 얻어지는 수익은 미래의 시점에서 실현되므로, 기업은 재무의사 결정을 할 때 화폐의 시간가치를 고려하여야 한다. 기업이 투자결정을 하기 위한 투자가치의 평가는 투자에 따른 현금유출과 현금유입의 발생시기가 다르기 때문에 이들을 동일시점의 가치로 환산해야 하는 것이다. 현재가치는 미래의 매 시점에 발생하는 현금흐름을 오늘 시점의 가치로 환산한 값을 말하는 것으로 줄여서 현가로 부르고 있다. 예를 들어 2년후에 1만원의 현재가치를 할인율 10%로 가정했을 때 현재가치는 $\frac{10,000}{(1+0.1)^2}=8,264$ 원이다. 현재 또는 미래에 발생하는 현금흐름을 미래 일정시점의 가치로 환산하는데 이를 미래가치(future value, FV)라고 한다. 예컨대, 1만원의 금리를 10%로 가정하고 2년 후의 1만원의 미래가치는 1만원에서 발생한 이자가 재투자되어 이자의 이자가 발생하여(복리라고 함) 12,100원으로 계산된다.

다) 장부가치(book value)와 본질가치(intrinsic value)

장부가치는 재무제표상에 나타나는 가치를 말한다. 기업의 자산은 자산, 부채, 자본으로 구성되는데, 자산 혹은 부채의 가치를 구할 때 회사의 재무제표에 계상된 금액을 사용하는 것이 기업의 장부가치이다.

본질가치는 기업이 보유하고 있는 내재가치를 말하는 것으로 자산가치와 수익가치로 구성되어 있다. 자산가치는 기업의 현재의 모습을 평가(주당 순자산가치)하고, 수익가치는 기업의 미래 모습을 평가(주당 수익가치)하는 것으로, 자산가치와 수익가치를 각각 1과 1.5로 가중산술평균방법으로 산출하고 있으며 공모희망가격 제시할 때 본질가치를 활용한다. 한편, 다른 회사와 비교한 기업의 가치를 상대가치라고 하며 기업의 공모가격 결정시 보통 내재가치를 중심으로 상대가치를 반영하여 적정가격을 결정한다.

라) 존속가치(going-concern value)와 청산가치(liquidated value)

존속가치는 현재 시점에서 기업이 지속적인 영업을 가정하여 자산을 평가하는 것으로 계속기업가치라고도 부른다. 청산가치는 기업이 현재 시점에서 기업 영업활동을 중단하고 청산할 때 회수 가능한 금액, 즉 기업이 해산되어 정리할 때의 가치를 기준으로 평가하는 방법이다. 기업을 청산함으로써 발생된 매각금액으로 산정되며 처분가치라고도 부른다.

청산가치와 존속가치는 기업이 부도 또는 경영상의 어려움에 처해 있을 때 법원에서 기업의 존속여부를 결정할 때 활용된다. 기업의 존속가치가 청산가치보다 큰 경우는 기업을 청산하지 않고 존속시키며, 청산가치가 존속가치보다 클 경우에는 기업의 청산으로 이어진다.

한편, 잔존가치(residual value)는 어떤 자산이 자산이 이미 오래되어 내용연수 종료시점에 도달하였다는 가정하에 자산의 처분으로부터 현재 획득할 금액에서 예상처분비용을 차감한 금액을 말한다.

2) 기업가치, 무형자산가치, 기술가치

기업자산을 구성하는 하위 자산들의 위계는 회계 측면과 유무형 여부의 측면에서 분류할 수 있다. 회계의 측면에서는 1단계에서 유동자산과 비유동자산으로 분류하고, 2단계에서 유동자산에 부속하는 각종 하위 자산과 비유동자산에 부속하는 각종 하위 자산으로 분류한다. 자산의 유·무형 기준으로는 무형자산과 유형자산으로 분류할 수 있고, 2단계로 무형자산을 기술자산과 기술이외의 지식재산, 영업권으로 분류할 수 있다.

이미 살펴본 것처럼 기업회계에서 자산이란, 기업의 통제하에 미래경제적 효익이 기대되는 자원으로 정의된다. 기업은 조달한 자기자본, 타인자본을 영업활동을 위한 자산에 배분하여 수익을 추구한 결과, 기존 기업가치보다 증가된 가치를 신기업가치를 형성하게 된다. 즉, 신기업가치는 공장, 기계설비 등의 유형자산을 활용하여 증가된 가치와 시장자산, 인적자산, 기술자산 등의 무형자산에 의해 증가된 기업가치의 합이다. 기술가치는 먼저 상위 체계의 기업가치를 파악한 다음, 무형자산의 가치를 산출하는 절차를 거쳐 최종 평가대상기술의 가치를 추출할 수 있다.

기술가치는 가치평가대상인 기술의 특수성 즉, 무형성, 복잡성, 이질적 기술들의 결합 등다양한 속성으로 인해 기술가치 산출시 고려해야 할 요소가 많이 존재한다. 예를 들면 어떤 기술은 하나의 단위 기술로서 기업의 가치창출에 직접 기여하기도 하지만, 다른 기술과 융·복합되어 가치창출 과정에 복합적으로 기여하기도 한다. 기술가치평가의 대상이 되는 기술은 일반적으로 독립적으로 존재하기보다는 다른 기술과 상호 연관되어 기능을 발휘할 수 있다. 기술이 상호 연관되어 있다면 기술가치평가 시에도 기술간상호 영향에 의해 발생하는 잠재적인 기술가치를 고려하는데 이때 기술의 비중을 산출하여 반영하고 있다. 그리고 기술이 특허권과 같이 권리화되어있지 않으면 개별 기술로 식별하기가 쉽지 않다. 기술이 인식되더라도 그것을 소유하고 있는 주체(기업, 개인 등)와 구분하여 가치를 판단하기가 어려워 가치평가의 대상이 되는 경우는 드물며, 이때는 일반적으로 기술력등급평가를 활용한다. 실무에서 가치평가 대상이 되는 기술은 기업과 분리되어 식별할 수 있는 특허 등 지식재산권의 형태로 구체화되어 있는 기술이 일반적이다. 한편, 기술개발 후 제품양산단계가 아니고, 연구개발 단계에 있는 기술이라면 해당 기술을 별도로 구분하여 그 가치를 평가한다.

2. 기술가치평가의 정의·목적·원칙·전제·가정

1) 기술가치평가의 정의

기술평가기준 운영지침에서 '기술가치평가'란 "기술평가의 일 유형으로, 사업화하려는 기술이나 사업화된 기술이 그 사업을 통하여 창출하는 경제적 가치를 기술시장에서 일반적으로 인정된 가치평가 원칙과 방법론에 따라 평가하는 것을 말한다"라고 정의하고 있다. 즉 기술가치 평가는 특정한 기술로 발생하는 미래 수익의 총합을 현재시점에서 추정 혹은 예측한 결과에 근거하여 현재가치로 환산한 다음, 기술이 기여하는 비율을 가산하여 기술의 가치를 금액으로 결정하는 절차 및 활동을 의미한다.

2) 기술가치평가의 목적

기술가치평가의 목적을 상위적 개념 측면에서 기업의 기술에 대한 투자 또는 금융기관의 신용공여 의사결정에 유용한 정보의 제공, 기술로부터 발생되는 미래현금흐름의 크기·시기·불확실성 등을 측정, 경제적 자원배분에 관한 유용한 정보의 제공 등을 들 수 있다.

실무에서 이루어지는 기술가치평가는 대개 기술거래, 현물출자, 투·융자, 경영전략수립, 세무, 소송 및 청산 등 다양한 목적으로 이루어지고 있다. 평가의 목적과 용도에 따라 평가 관점이나 평가요인이 달라지므로 평가의 목적 및 구체적인 용도를 명시하여야 한다.

[표 5 - 1] 기술가치평가의 목적 및 활용사례

목적	활용사례
기술이전·거래	기술구입, 기술판매, 라이선싱 시 가격 결정 참고자료
현물출자	기술의 현물출자시 적정가액 산정
투자·융자	기술투자, 기술의 재무증권화, 기술의 담보권 설정
경영전략수립	기술 상품화, 기업가치 증진, 분사(spin-off), 장기·전략적 경영계획수립
세 무	기술의 기증, 처분, 상각을 위한 세무계획 수립 및 세금 납부
소 송	지식재산권 침해, 채무 불이행, 기타 재산분쟁 관련 법정 소송
청 산	기업의 파산 또는 구조조정에 따른 자산평가, 채무상환계획 수립

* 출처 : 산업통상자원부의 기술평가실무가이드(2021)를 바탕으로 재작성

3) 기술가치평가 실시원칙

가) 기술평가실시의 일반원칙

기술평가자는 기술평가를 수행함에 있어 객관성과 전문성 및 신뢰성을 확보하여야 하고 기술성·권리성·시장성·사업성 등을 종합적으로 분석·평가하여야 하며, 기술평가의 기준시점은 기술평가보고서의 제출일시로 한다.

나) 공정시장가치평가의 원칙

기술가치평가결과로 산출되는 가치는 공정시장가치(전술한 공정가치와 동일한 의미임)를 원칙으로 하며 용도를 명시함을 원칙으로 한다. 여기서 공정시장가치란 "측정 기준시점의 주된 (또는 가장 유리한) 시장에서 시장참여자 사이의 정상거래에서 자산을 매도하면서 수취하거나 부채를 이전하면서 지급하게 될 가격"을 말하며, 그 가격은 직접 산정 가능할 수도 있으며, 다른 가치평가기법을 이용하여 추정될 수도 있다.[158] 공정시장가치를 산출하기 위해서 적용된 가정의 합리성, 정보의 적시성과 추정의 신뢰성이 확보되어야 한다.

다) 기술가치평가 대상기술 및 식별

기술가치평가에서 평가대상기술은 법상의 기술, 지식재산기본법 등 관계 법령에 따라 보호되는 생물의 품종이나 유전자원, 그 밖에 지식재산기본법상 신지식재산 등을 들 수 있다.

기술평가자는 기술가치평가를 수행함에 있어 기술평가의 대상기술 여부를 비롯하여 평가 대상기술의 자산적 속성, 지식재산권 등의 권리관계, 기타 속성 등을 확인하여야 한다.

4) 기술가치평가의 전제조건 및 가정

가) 기술가치평가의 전제조건

기술가치평가는 대상기술을 구현한 제품 및 서비스를 통해 시장에 진입하여 판매량 및 수익을 증대시키거나 원가절감 등의 방법으로 경제적 수익을 창출하는 기술사업화를 전제로 하여 이루어진다. 또한, 기술가치평가는 기술의 사용에 따라 충분한 사업타당성이 있는 경우를 전제로 수행

158) 기술평가기준 운영지침 제2조(정의)제5호 공정시장가치

되는데, 기술사업타당성은 대상기술의 기술성·권리성·시장성·사업성 분석 등 평가요인 분석을 통하여 검증할 수 있다.

나) 평가조건의 설정 및 사용원칙

기술평가는 여러 가지 대안 중에서 가장 발생 가능성이 높은 조건을 설정하여 가장 효율적이고 효과적인 사용(highest and best use) 원칙을 적용하여 결정하여야 한다. 대상기술의 사용은 채택가능성이 큰 활용분야가 다수인 경우 가장 높은 가치를 발생시킬 수 있는 분야에 적용한다는 것을 의미하며, 회계기준에서는 '최고최선의 사용'으로 표현하고 있다.

다) 평가의 범위, 가정 및 한계

기술가치평가는 기업이 아닌 기술자체를 평가한다는 '기술실체의 가정', 반증이 없는 한 기술이 미래에도 존재한다는 '기술존속의 가정', 평가시점 또는 '평가기간의 가정'하에 이루어진다. 기술평가자는 해당 기술평가 과정에서 사용된 가정과 제한적인 조건 등을 제시하여야 하며, 기술평가 유효기간을 포함하여 상황의 변화에 따라 평가결과가 변동될 수 있음을 명시하여야 한다.

5) 기술가치평가의 오차 발생

전술한 바와 같이 가치는 평가자의 관점이나 시점, 주변상황에 따라 다르게 나타날 수 있고, 또한 기술가치평가는 일정한 전제조건과 가정하에서 기술 및 시장예측을 토대로 이루어지기 때문에 오차가 발생하기도 한다.

오차는 발생원인에 따라 조건의 확대 또는 축소해석에 따른 조건해석 오차, 원인과 결과의 이해부족으로 발생하는 인과관계 오차, 미래의 불확실성에 따른 오차로 분류할 수 있다. 미래의 불확실성에 따른 오차는 정보부족, 외생변수 또는 개별 기술의 내용 및 특수성에 대한 이해 부족, 예기하지 못한 돌발 변수 출현 등 다양한 요인으로 인하여 발생한다. 불확실성에 따른 오차는 충분한 자료를 확보하고, 개별기술의 특수성 등을 최대한 감안하며 외생변수들과의 상관관계를 분석·반영함으로써 불확실성에 따른 오차를 최소화할 수 있다.[159]

159) 이재억 외4(2000), "연구과제의 경제성 평가모형', 과학기술정책연구원 정책연구 2000-15, p172

3. 기술가치평가 접근방법 및 적용

1) 기술가치평가 접근방법

기술가치평가 접근방법은 전술한 수익접근법, 시장접근법, 비용접근법의 3대 접근법을 기본으로 다양한 방법들이 존재하며, 각 범주의 혼합 방법론이 개발되어 있다.

가) 수익접근법(Income Approach Method)

평가대상기술의 경제적 수명기간 동안 기술사업화로 인하여 발생할 경제적 이익을 추정한 후 할인율을 적용하여 현재가치로 환산하고, 이 중 기술기여도분을 기술가치로 평가하는 방법이다. 수익접근법에 의한 기술가치평가는 크게 정태적 현금흐름법(Static Dsicounted Cash Flow, DCF)과 동태적 현금흐름법(Dynamic DCF)으로 구분할 수 있고, 정태적 현금흐름법은 기술기여도법(Technology Factor Method)과 증분현금흐름법(Incremental Cash Flow Method)등이 있다.

정태적 기술기여도법은 단일의 기본가정하에 현금흐름을 추정하는 방법으로써 기술사업화 주체가 기술의 경제적 수명 기간 중에 창출하는 미래의 여유현금흐름(FCF: Free Cash Flow)을 현재가치로 할인한 후 기술기여도를 곱하는 방법이다.

정태적 증분현금흐름법은 사업화 주체가 기술을 적용할 경우에 창출하는 여유현금흐름과 기술을 적용하지 않을 경우에 창출하는 여유현금흐름 사이의 차액을 계산하는 방법이다.

동태적 현금흐름법은 기술기여도법 기반의 기본가정 현금흐름이외에 다수의 시나리오 현금흐름을 추정하는 방법이다. 즉 기술사업화 주체가 직면한 미래의 확률적인 사건이나 전략적 의사결정에 따라 다수의 여유현금흐름 시나리오가 발생 가능할 때, 동 시나리오의 가치를 종합하여 현재가치를 계산하는 방법이다.

수익접근법은 기술과 같은 자산을 최고 및 최선으로 사용하고(the highest and the best use) 그 자산으로부터 현금흐름이 생성될 개연성이 가장 높은 것(the most probable)을 전제로 하여 기술의 경제적 수명기간, 평가대상기술로 인해 발생할 미래의 현금흐름 또는 초과이익, 기술기여도 등 3가지 핵심변수를 합리적으로 추정가능해야 적용할 수 있다.

나) 시장접근법(Market Approach Method)

평가대상기술과 동일 또는 유사한 기술이 활성시장[160]에서 거래된 가치에 근거하여 비교대상과 비교·분석을 통해 상대적인 가치를 산정하는 방법이다(기술평가기준 운영지침). 비교대상과 비교하여 유의한 차이가 있을 때에는 적절하게 차이를 조정하고 있다. 시장접근법은 대표적으로 거래사례비교법과 로열티참조법, 상관행법 등을 들 수 있다.

거래사례비교법(Transaction Comparison Method)은 평가대상 기술과 유사한 기술의 총액 거래 사례를 참조하여 평가대상의 기술가치를 계산하는 방법이다. 거래유형과 자산의 속성이 완벽하게 동질적인 기술자산의 총 거래 금액을 발견할 수 있다면, 동 금액을 평가대상 자산의 가치로 인정하는 거래사례법이야말로 가장 정확한 가치평가결과를 제시할 수 있다.

그러나 현실적으로 이런 조건을 충족하는 거래사례의 발견이 매우 어려워 거래사례법을 적용하는 경우가 거의 없기 때문에, 유사한 로열티 지급 사례를 참조하는 로열티참조법을 적용하고 있다.

로열티참조법(Royalty Comparison Method)은 평가대상 기술과 유사한 기술의 로열티율 거래 사례를 참조하여 평가대상의 기술가치를 계산하는 방법으로, 평가대상 기술의 특허기술 여부, 라이센싱 여부를 반영한 조정계수들을 적용하여 로열티율을 조정할 수 있다.

전통적인 로열티 접근법은 보유중인 평가대상기술이 만약 제3자로부터 라이선스 되었다고 가정하였을 때 지급하여야 하는 로열티를 기초로 기술의 가치를 추정하는 방법이다. 사업주체가 평가대상 기술을 보유 중이기 때문에 실제로 로열티를 지불하고 있는 것은 아니지만, 가상적인 상황에서 지불할 수도 있는 로열티 지불액을 근거로 기술가치를 추정하므로, 가상로열티법 또는 로열티공제법(Relief From Royalty)이라고도 지칭하고 있다.

정리하면 기존의 전통적인 로열티공제법은 권리의 미확보로 인해 지불하는 로열티를 근거로 하고 있다. 반면, 로열티참조법은 전통적인 로열티 공제법 개념을 보다 확장한 것으로, 유사사례의 로열티율을 참조하여 권리유무와 무관하게 기술가치를 평가하는 방법이다. 즉 평가대상기술이 제3자로부터 라이선스의 대상이 된다고 가정하지 않고, 참조용 로열티율을 일종의 매출액 대

160) 활성시장(tight market) : 빈번한 거래를 통해 매수, 매도 가격차이가 작게 나타나는 시장을 말하는 것으로서 보통 증권시장에서 나타난다. 이와 반대로 보다 덜 활동적이고 넓은 가격차이를 갖는 시장을 여유시장(slack market)이라 부른다(출처: 매일경제).

비 기술기여율로 간주하여 평가대상기술의 가치를 추정한다는 것으로 로열티공제법과 구분하여 로열티참조법으로 부르고 있다.

로열티참조법은 시장에서 거래된 유사기술의 로열티를 기준으로 한다는 측면에서는 시장접근법이라고 할 수 있고, 기술의 경제적 수명기간동안 로열티수입(매출액×로열티율)을 할인율을 이용하여 현재가치로 환산하는 계산방식에서는 수익접근법이라고 할 수 있다.

시장접근법은 비교대상기술과 유사한 효용이 발생하리라는 기대하에서 수행하는 평가방법이다. 시장접근법을 적용하려면 비교 가능한 기술자산이 활발하게 거래되는 시장이 존재하고, 비교 가능한 기술자산에 대한 과거 거래실적이 다수 존재하며, 비교 가능한 기술자산의 거래가격에 대한 정보에 접근이 용이해야 할뿐만 아니라 독립된 당사자간의 거래이어야 한다는 조건을 모두 충족하여야 한다. 그러나 현실적으로 비교대상기술에 대한 공개시장이 없고 활성시장의 거래정보에 대한 확보도 어렵기 때문에 실무에서 시장접근법은 유사 기술의 로열티율을 기술거래가격의 대용값으로 사용하고 있다.

다) 비용접근법(Cost Approach Method)

비용(원가)접근법은 대상기술을 개발하는 데 투입된 비용을 기초로 기술의 가치를 산정하거나, 대체의 경제 원리에 기초를 두고 동일한 경제적 효익을 가지고 있는 기술을 개발하거나 구입하는 원가를 추정하여 가치를 산정하는 방법이다(기술평가기준 운영지침). 비용접근법의 종류는 역사적 원가법(historical cost method), 재생산비용법(cost of reproduction method) 및 감가상각된 대체비용법(cost of replacement less depreciation method)이 있고, 이들을 결합·단일화한 조정재생산비용(ARC: Adjusted Reproduction Cost)법으로 구분할 수 있다.

역사적 원가법은 대상기술을 개발하는 데 투입되었던 과거의 제반 비용을 합산하여 가치를 평가하는 방법이며, 대상기술을 개발하는데 투자되었던 비용을 산출할 수 있는 경우에 적용할 수 있다(기술평가기준 운영지침).

재생산비용법은 대상기술과 동일한 과학적 연구, 디자인 및 개발방법을 사용하여 동일한 기술을 개발한다고 가정했을 때 소요되는 총비용, 또는 대상기술의 정확한 복제물의 건설이나 구입에 소요되는 원가를 가치로 인정하는 방법이다.

감가상각된 대체비용법은 평가대상기술(자산)과 다른 형태 또는 외양을 가지지만, 동등한 기능과 활용도를 가지는 대체기술(자산)을 완성하는데 소요되는 비용(대체비용)에다 물리적 퇴화 및 진부화로 인한 가치감소를 반영하여 기술의 가치를 산출하는 방법이다. 대체비용은 평가시점에서 대체기술을 획득 또는 개발하기 위해 소요되는 비용에 근거한 방법이라는 점에서 비용접근법 중 공정시장가치를 가장 잘 반영하는 방식이라고 할 수 있다.

조정재생산비용법은 재생산비용(개발보상비용 포함)에 진부화율을 적용하고, 평가 시점의 특수한 수요증가요인이 있을 경우 선택적으로 가산하여 최종 기술의 가치로 평가하는 방법이다.

비용접근법은 개발당시 기대했던 효용이 지금도 유지되리라는 기대를 전제로 하여, 합리적으로 기술개발비용의 산정이 가능해야 하고, 기술개발에 소요된 총비용과 시간 경과에 따른 진부화로 인한 가치하락을 산정할 수 있어야 하며, 신기술 획득 내지 개발비용과 그 자산으로부터 내용연수기간 중에 얻어지는 효익의 경제적 가치가 일치할 것으로 추정 가능해야 하는 조건을 모두 충족해야 적용할 수 있다.

비용접근법의 장점은 수익접근법이나 시장접근법에 비해 주관적 요소가 최소화되고 평가에 소요되는 제반 비용이 상대적으로 낮으며 기술을 개발하기까지 소요된 비용에 기반하여 가치를 산정하므로 적용상의 한계가 많지 않아 광범위한 상황에서 적용이 가능하다는 점을 들 수 있다. 그러나 시장 거래에 의거한 공정가치(fair value)가 기술의 가치라는 취지에 비추어보았을 때, 비용접근법은 적절한 가치평가 방법으로 보기 어려우며, 공정가치 산정에 필수적으로 고려되어야 할 경제적 이익 및 기타 가치에 중요한 영향을 미치는 요소들이 직접적으로 고려되지 못한다는 점, 재생산 비용 또는 대체비용을 추정하는 것도 완전히 객관적이지 않다는 점, 진부화를 정량화하는 것이 어렵고 기회비용을 다루는 방식이 평가자마다 상이한 점 등은 단점이라고 할 수 있다.

비용접근법은 시장접근법이나 수익접근법과는 달리 경제적 이익에 대한 고려가 부족하여 사용이 권장되는 방법은 아니다. 다만, 시장접근법이나 수익접근법이 용이하지 않은 경우에 제한적으로 사용하는 것이 일반적이다. 예컨대, 평가대상 자산이 쉽게 대체 가능하고, 평가대상 자산의 개발비용 재추정이나 대체자산 개발비용 추정이 합리적으로 이루어질 수 있는 경우, 국방조달 등과 같이 하나의 수요만 존재하는 수요독점 시장이거나 공공재 등과 같이 미시적 수익 발생보다는 공익적 효익이 있는 경우 등은 비용접근법이 적절하다.

2) 기술가치평가방법 적용체계

가) 자산의 속성과 가치평가방법 적용

가치평가대상이 지니고 있는 자산의 속성에 따라 적용할 수 있는 가치평가방법이 다르다.

수익접근법은 "성과창출성" 과 "식별성"의 정도가 높은 자산에 대하여 적용할 수 있는 방법이다. 성과창출성은 개별 자산이 그 취득가격보다 높은 가액의 현금흐름을 창출할 수 있는 확실성의 정도를 의미한다. 성과창출성은 지식재산과 같은 개별자산 자체 또는 그 개별자산이 창출한 성과에 대하여 고객의 지불의사를 현시점에서 포착할 수 있는 확실성의 정도로 해석할 수 있는데, 이러한 점에서 "고객창출성"이라고도 표현할 수 있다.

식별성(identifiability)은 사업결합으로 취득하여 개별적으로 식별하여 분리가 불가능한 것을 인식하기 위한 것으로 자산이 분리될 수 있고 양도가 가능한 것을 의미한다. 만일 식별성이 충족되지 않으면, 개별 자산은 그 취득 및 성과창출 과정이 다양한 여타 자산들과 연계되어 있으며 그 시점도 다양하게 분산되어 있기 때문에 현금흐름 창출에 대한 개별자산의 기여도 측정이 쉽지 않다.

전술한 "성과창출성(고객창출성)" 과 "식별성"은 수익접근법을 적용하고자 할 때 고려해야 할 자산의 속성으로 두 요건을 동시에 충족할 경우에 한하여 수익접근법이 적절한 방법이라고 할 수 있다.

시장 접근법은 식별성의 기준을 기업 내부에서 찾는 수익접근법과 달리 식별성의 판단기준을 외부에서 찾고 있는데, 그 기준은 개별 자산과의 "동질성"이다. 동질성은 경제적 효익을 창출하는 제반 여건 또는 환경이 근사한 정도를 의미한다.

시장접근법은 평가대상과 비교대상 자산의 동질성 조건이 일정 수준 이상 충족되어야만 적용할 수 있다. 즉, 동질성이 높을수록 시장접근법이 적절하며, 동질성이 낮으면 시장접근법은 적절하지 않다. 동질성의 정도가 낮을 경우 시장접근법을 적용하기 위해서는, 조정계수의 도입을 통하여 평가대상 자산의 속성이 반영되도록 보완하는 절차를 거쳐야 한다.

비용접근법의 적용여부는 취득가격 및 기능성의 측정가능성 정도를 고려하여 결정한다. 모든 자산은 취득가격 이상의 가치를 창출할 수 있어야 자산으로서의 목적을 달성하는 것으로 볼 수 있는데, 이 때 배분성과 기능성 두 가지 차원의 측정 문제가 발생한다.

"배분성"은 전술한 식별성을 회계적 비용 측면에서 표현한 개념으로서 개별 지식재산의 취득가격을 분리하여 측정할 수 있는 정도를 의미한다. 만일 배분성의 정도가 충분히 높으면 그 자산의 취득가격은 이론적으로 그 자산의 가치를 계산하는 출발점이 될 수 있다.

"기능성"은 전술한 "성과창출성" 또는 "고객창출성"과 같은 맥락의 개념이라고 볼 수 있다. 즉, 기능성은 공급자의 관점에서 파악한 개념인 데 반하여 성과창출성은 금액을 지불하는 수요자의 관점에서 파악한 개념이라는 차이가 있다.

비용접근법은 자산의 취득가격 등 과거의 거래비용과 기능을 측정할 수 있을 때 적용가능하며 측정이 어려운 경우에는 비용접근법은 적절하지 않다.

[그림 5 - 2] 자산의 속성 및 취득가능정보와 기술평가방법 적용관계

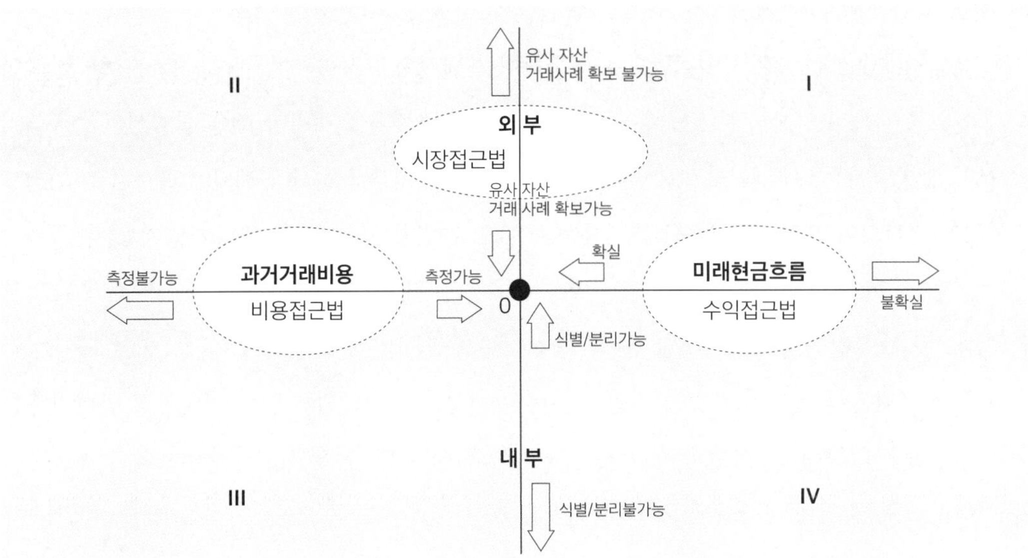

* 출처 : 기술경영경제학회(2013), "기술가치평가모형 개선 및 체계 재정립", 기술보증기금 용역보고서

자산의 속성과 상태를 사례를 들어 사사분면에 표시해보면 다음과 같다.

아래 그림의 가로축 중 원점 우측에 표기된 전통사업·안정사업의 자산은 미래현금흐름 창출 규모의 파악이 비교적 확실하므로 원점에 가까운 반면, 창업기업·신기술사업의 자산은 현금흐름 창출의 파악이 쉽지 않기 때문에 원점으로부터 멀리 떨어져 있다. 이러한 한계는 시나리오법 또는 동태적 현금흐름할인법 등을 사용하여 보완하고 있다.

가로축 중 원점 좌측에서, 반복적으로 거래된 과거 사례가 많거나 거래 시점이 평가시점에 근접할수록 원점에 가깝게 표시되어 있다. 반면, 거래 사례가 희소하거나 거래 시점이 지나치게 먼 과거에 있을 경우에는 원점으로부터 멀리 떨어져 있는데, 이 경우에는 자산의 진부화율, 조정계수 등을 통하여 보완하고 있다.

세로축 중 상단을 보면 평가대상과 동질성이 높은 자산일수록 원점에 가깝게 위치하고, 비교가능한 유사 자산이 존재할수록 원점에 가까운 반면, 이와 반대일 경우에는 원점에서 멀어지게 표시되어 있는데, 이 경우에는 거래사례나 참조 로열티율에 대한 조정계수를 통하여 보완하고 있다.

세로축 중 하단에서는, 평가대상 자산을 명확히 분리할 가능성이 높을수록 원점에 가깝게 위치하는 반면, 다양한 자산이 복합적으로 결합·작용하고 있고, 개별 평가대상 자산을 분리할 수 없다면 원점에서 멀어지게 표시되어 있다. 이 경우에는 적절한 기여도의 측정을 통해서 보완할 수 있다.

[그림 5 - 3] 기술평가방법론 공간에서 다양한 자산속성의 위치

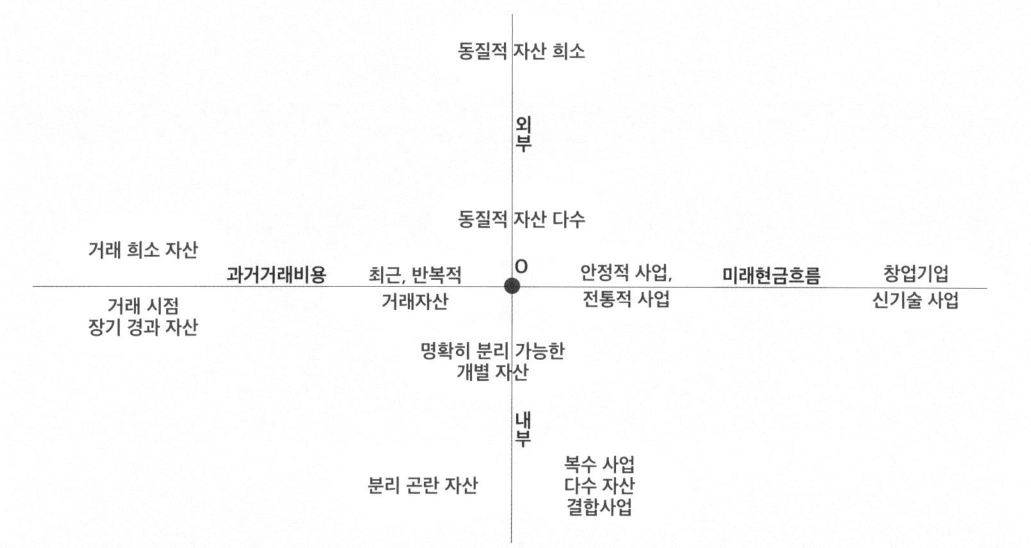

* 출처 : 기술경영경제학회(2013), "기술가치평가모형 개선 및 체계 재정립", 기술보증기금 용역보고서

나) 실무에서 기술가치평가방법의 선택 사례

앞에서 언급한 것처럼 기술가치평가의 목적과 평가대상기술의 특성, 평가상황 등에 따라 평가방법 및 평가절차 등이 달라질 수 있다. 평가시점에서 대상기술과 관련된 효율적인 기술거래시장의 존재여부 또는 정상적 기술사업화시장의 존재여부, 수집가능한 자료의 범위, 평가의 목적 및 용도 등을 종합적으로 고려하여 적절한 평가방법을 선택해야 한다.

실무에서 기술가치평가방법의 선택 기준으로 기술의 완성도(TRL단계)를 들 수 있다 기술완성도가 높아질수록 내재된 불확실성(위험)이 감소되고 가치산출의 정확도가 높고 기술가치도 상승

할 수 있다. 기술개발이 완료되었거나 상용화단계에 있는 경우에는 수익접근법 또는 시장접근법이 적절하다. 좀더 구체적으로 살펴보면 평가시점 현재 동질성 있는 기술에 대한 가격을 시장에서 관찰할 수 있는 경우에는 시장접근법을 우선 적용할 수 있다. 그러나 활성화된 기술거래시장이 존재하지 않거나 거래시장 자체가 정상적으로 작동하지는 않지만 대상기술을 사업화할 수 있는 시장이 존재하는 경우에는 수익접근법의 적용이 가능하다.

그러나 개발초기단계 또는 개발중인 경우에는 비용접근법을 선택하는 것이 적절하다. 비용접근법은 전술한 활성화된 기술거래시장이 존재하지 않거나 대상기술의 사업화가 어려워 시장접근법이나 수익접근법을 적용할 수 없는 경우 또는 기술의 완성도가 낮은 미성숙된 기술 등의 가치평가에 사용할 수 있다.

[표 5 - 2] 기술의 완성도에 따른 가치평가방법의 적용(예시)

가치	단계	가치평가방법	정확도
고	상용화	시장접근법/수익접근법	고
↑	개발완료	수익접근법/시장접근법	↑
	개발중	대체원가법/로열티참조법 (동태적 수익접근법)	
저	초기단계	재생산원가법	저

* 출처 : 산업통상자원부의 기술가치평가실무가이드와 기보의 가치평가 실무매뉴얼 재인용

또한 기술가치평가 실무에서는 미래현금흐름의 추정가능 여부, 로열티율 추정가능여부, 과거개발비용 추정가능여부, 대상기술의 특성, 기술평가 수요자의 니즈 및 용도 등을 종합적으로 고려하여 평가방법을 선택하고 있다. 예를 들어 기술사업화로 인하여 발생하는 미래현금흐름의 추정이 가능한 경우에는 수익접근법이 적절하고, 로열티 거래사례를 통해 로열티율 추정이 가능하면 로열티참조법이 적절하며, 과거투입비용 추정이 가능하다면 비용접근법이 적절하다.

[그림 5 - 4] 기술가치평가 실무에서 평가방법의 적용(예시)

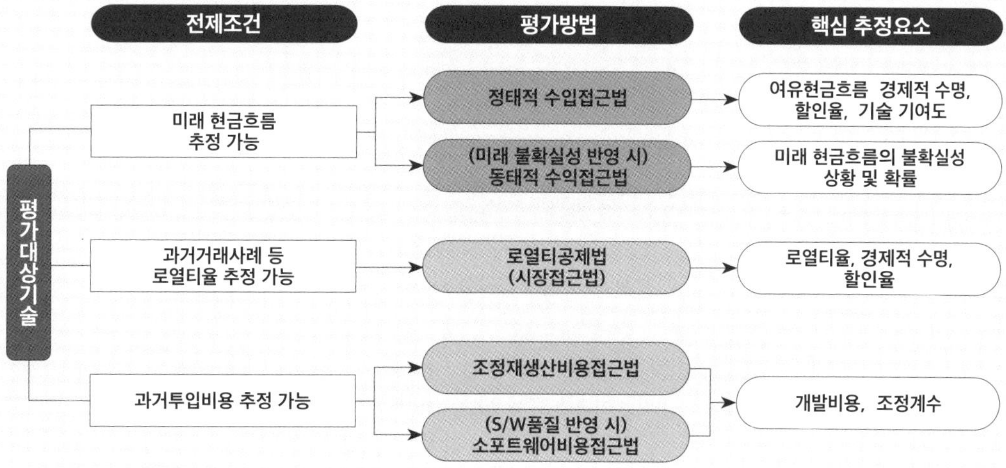

* 출처: 기보 기술평가 실무매뉴얼을 바탕으로 재작성

4. 기술가치평가 수행절차

1) 일반적인 기술가치평가절차

기술평가자는 다음과 같은 순서에 따라 평가를 하여야 한다. 다만, 합리적이고 능률적인 평가를 위하여 필요할 때에는 순서를 조정할 수 있다(기술평가기준 운영지침).

[표 5 - 3] 일반적인 기술가치평가절차

단계	주요 업무활동 및 내용
1.기본사항의 특정	의뢰자, 대상기술, 평가목적, 기준시점, 기술평가의 조건, 평가유형 등
2.평가계획의 수립	평가일정 계획수립, 평가팀 구성 및 외부평가자 섭외 등
3.대상기술의 확인	기술유형, 기술완성도, 평가대상 부합여부 등
4.자료수집·정리	기술사업계획서를 토대로 평가의 기초자료 수집, 평가요인 분석자료
5.평가요인의 분석	기술성·권리성(기술동향, 기술수준, 기술경쟁력, 선행기술조사, 무효가능성 분석 등) 분석 시장성(산업시장 현황, 경쟁구조 분석, 시장규모 및 전망 등) 분석 사업성(사업주체의 역량, 사업화계획, 제품경쟁력 등) 분석
6.평가방법의 선정 및 적용	적절한 기술가치평가방법 선택, 핵심변수별 산정 및 적용
7.평가결과의 결정 및 표시	전문가 의견 수렴·반영, 기술가치 산출, 최종보고서 작성·심의, 제출

2) 기술가치평가 세부수행절차

기술가치평가 실무수행 절차는 예비평가와 본평가로 이루어지며, 평가절차의 단축여부에 따라 일반절차와 평가심의 및 중간보고가 생략되는 간이절차로 구분할 수 있다.

[표 5 - 4] 기술가치평가 세부수행절차

수행절차		주요 업무수행내용
예비평가 (방문전)		· 기술성, 권리성 및 사업성에 관한 개략적인 검토 · 평가의 기초자료(기술사업계획서 등) 접수 및 평가팀 구성 등
본 평 가	기업현장방문 및 실사	· 사업계획서 상의 확인, 특허 보유현황 파악 · 기술 및 적용시장의 이해 및 특성파악 · 현장 확인 및 면담을 통해 제출서류와 일치여부 확인 · 동종 및 유사업체의 사업현황 파악 · 재무 및 경영분석 자료수집 등
	조사 및 분석 실시	· 기술동향, 기술수준, 기술경쟁력, 기술수명분석 등 기술성분석 · 선행기술조사 및 권리성 분석 · 산업시장현황, 제품수명, 시장규모 및 매출추정 등 시장성 분석 · 동종 산업 및 유사기업의 사업분석, 재무분석, 원가분석 등 · 사업위험 분석, 할인율, 기술기여도, 기술비중 추정
	평가심의 회의	· 기술의 권리, 기술성, 시장성, 사업성 등 분석내용 검토 · 평가방법 적용의 적절성 심의 및 검증 · 기술수명, 할인율, 원가분석 등 적절성 심의 · 각 전문분야별 의견보고서 제출을 위한 정리 회의
	보충조사 및 분석 보고서 작성·제출	· 각 전문분야별 조사, 분석 및 심의회의 결과를 토대로 수정 및 보완
	중간보고	· 중간보고서 제출
본 평 가	최종보고서 완료 및 제출	· 각 분야별 보고서 내용 재검토, 전반적인 내용에 대한 종합적 검토 · 필요시 최종 평가 심의위원회 개최 · 평가의뢰자와 최종 협의 및 이의 신청 반영 · 최종보고서 제출
	사후관리	· 지원관리 · 유용한 정보제공, 평가외 평가의뢰자의 사업성공에 필요한 연계 사업과의 지속적인 관리 등

* 출처 : 기술보증기금 기술가치평가 실무 매뉴얼(2021)

3) 기술평가의 품질관리

기술평가기관은 산업통상자원부가 고시한 「기술평가품질관리지침」을 준수하여 작성된 평가보고서인지를 확인하는 내부 품질관리활동을 거쳐 평가의뢰자에게 완성도 높은 기술평가보고서를 제출하도록 하고 있다. 동 지침에서는 기술평가가 최적의 품질을 유지할 수 있도록 관리함으로써 평가절차의 일관성, 기술평가 품질의 고도화를 통해 기술평가의 객관성과 신뢰성을 확보하여 기술이전·사업화 촉진에 기여함을 목적으로 하고 있다. 기술평가보고서의 품질관리 주요항목과 내용은 다음과 같다.

[표 5 - 5] 품질관리 주요 항목과 내용

구분	주요 내용
기본원칙 준수	· 기술평가기준 운영지침 제14조(기본사항의 특정: 의뢰자, 대상기술, 평가 목적, 기준시점, 평가의 조건, 평가결과의 유형 및 활용, 전문가의 자문용역 등)의 준수 · 기술평가기준 운영지침 제71조(보고서 기재사항: 일반사항(기준일·보고일, 목적·용도, 의뢰자 요구사항, 평가결과·산출근거, 유효기간), 평가대상 설명, 분석 내용, 평가자의 자격 등)의 준수 · 기술평가기준 운영지침 제66조(자료의 출처)의 준수 · 보고서 필수 기재사항 누락 여부 등 기술평가서의 기본사항 및 형식 확인
평가요인 분석 적정성	· 개별 평가요인 분석(기술성·권리성·시장성·사업성)의 필수 기재사항 확인 및 주요사항의 설명 · 개별 평가요인 분석에서 투입정보(증빙자료)와 분석 논리의 적정성 확인 · 개별 평가요인 분석결과와 가치산출 사이의 연계성 확인 · 대상기술-제품-시장-산업(업종) 분석의 상호연계성 확인 · 평가요소 영향요인(기술수명 영향요인, 기술사업화 위험프리미엄, 개별기술강도, 조정계수 1·2)의 평가결과와 평가요인 분석·평가의견 사이의 정합성 확인 · 평가요소별 동일 또는 유사 소항목에 대한 평점 사이의 일관성 확인 · 평가요소별 영향요인 소항목에 대한 평점 근기(根記) 여부 확인
가치산정 합리성	· 기술평가기준 운영지침 상 시장접근법, 수익접근법, 원가접근법, 로열티공제법 중에서 선택된 기술가치 평가 방법의 적정성 확인(제37조~제40조) · 기술평가기준 운영지침 제43조(매출액)의 적정성 확인 · 기술평가기준 운영지침 제42조(추정 재무정보)의 적정성 확인 · 기술평가기준 운영지침 제45조(재무정보의 일관성)의 적정성 확인 · 산업통상자원부 기술가치평가 실무가이드 및 기술평가기관 자체 매뉴얼 준수

* 출처 : 산업통상자원부의 「기술평가실무가이드」

제 2 절 수익접근법

본 절에서는 수익접근법 중 실무에서 일반적으로 쓰이고 있는 DCF 모형을 정태적 DCF법(Static DCF)과 동태적 DCF법(Dynamic DCF)으로 구분하여 살펴보기로 한다.

정태적 수익접근법은 추정기간 동안 발생 가능한 현금흐름의 변동요인(할인율, 변동확률 등)이 고정되는, 즉 의사결정의 변동성을 고려하지 않는 것을 말한다.

동태적 수익접근법은 미래 현금흐름의 확률적 불확실성 또는 선택적 불확실성을 반영하여 여유현금흐름을 산출하고 기술가치를 산출하는 방법으로 의사결정 수익접근법, 실물옵션(real option) 수익접근법, 위험조정 수익접근법(risk-adjusted DCF method) 등이 있다.

여기서 소개한 기술가치평가방법(수익접근법, 시장접근법, 비용접근법)은 기술보증기금의 「기술가치평가 실무매뉴얼」과 산업통상자원부의 「기술평가실무가이드」에 수록된 내용을 발췌·재정리하였다.

1. 정태적 수익접근법

1) 산출방법 및 절차

가) 개요

DCF모형을 이용한 수익접근법(Income Approach Method)은 평가대상이 되는 기술자산의 투입으로 사업화에 성공하는 경우, 장래에 창출되는 현금흐름에 일정 할인율을 적용하여 현재가치화하고 이를 기술가치로 도출하는 평가기법이다.

기술요소법에 의한 기술가치 산출은 사업주체가 단독 혹은 다양한 사업을 하고 있는 상태에서 평가대상기술이 적용되는 목표제품을 사업화하는 특정 프로젝트를 추진할 때, 목표제품과 연관된 다양한 기술 중에서 "평가대상기술로 인하여 발생되는 수익"만을 분별하여 제시하는 것으로, "기업가치 > 사업가치 > 전체기술가치 > 평가대상기술 가치"의 관계로 연결되어 있다.

나) DCF 모형의 기술가치 산출절차

수익접근법은 논리적으로 엄격하고 체계화된 구조의 가치평가방법론으로 가치에 영향을 미치는 경제적 측면의 주요 평가요소의 추정근거가 분명하고 객관적이어야 한다. 주요 평가요소(핵심변수)는 기술의 경제적 수명(예상 수익기간), 경제적 이익흐름(시장규모, 매출액, 원가, 예상 자본적 지출, 순운전자본 등), 사업위험분석 결과가 반영된 할인율, 기술기여도, 기술비중 등이 있다. 수익접근법은 일정한 가정하에서 평가요소의 추정을 통해 가치를 산출하므로 추정과정에서 평가자 간 편차가 발생될 수 있다. 따라서 객관적 근거가 없거나 평가자가 자의적으로 값을 부여할 경우 가치평가결과는 객관성과 합리성이 결여되었다는 비판을 받을 수 있다. DCF모형의 기술가치 산출절차를 그림으로 정리하면 다음과 같다.

[그림 5 - 5] DCF 모형에 의한 기술가치평가 산출절차

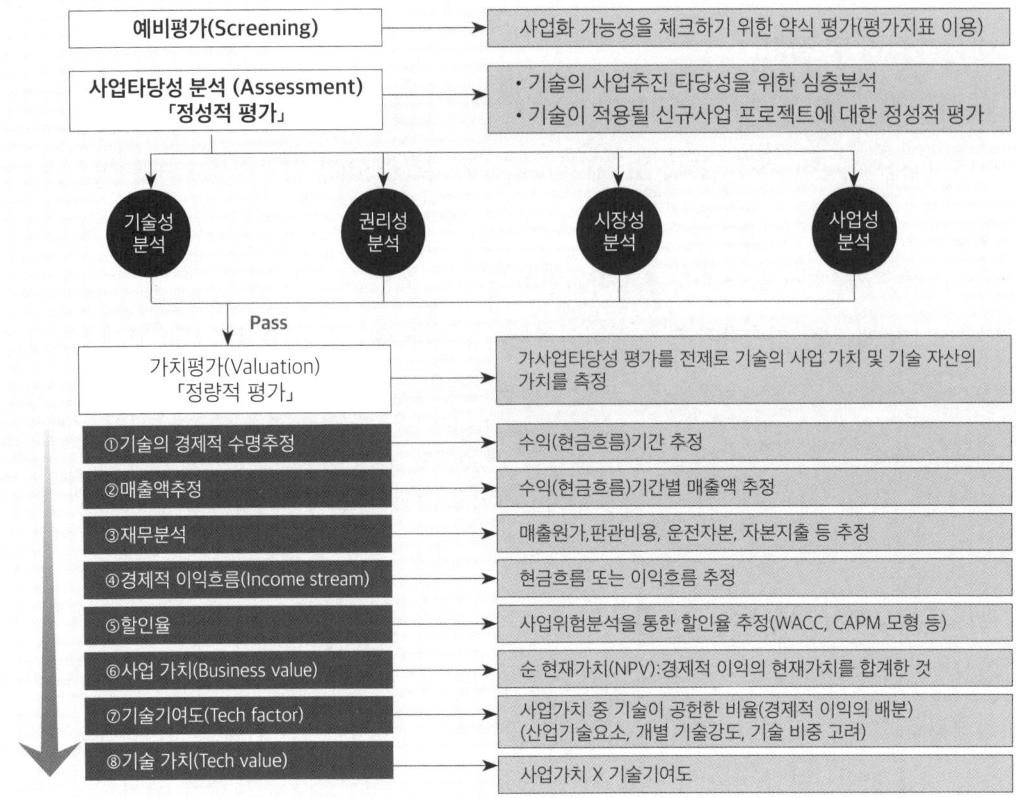

* 출처 : 산업통상자원부의 기술평가실무가이드, 기보의 기술가치평가매뉴얼을 일부 수정하여 작성

다) DCF 모형의 기술가치 산출공식

DCF 모형에 의한 수익접근법으로 기술가치를 산정하기 위해서는 기술의 경제적 수명, 현금흐름, 할인율, 기술기여도 등의 합리적 추정이 필요하다. 평가대상기술의 경제적 수명기간 동안 그 기술을 이용하여 사업화를 추진할 때 발생되는 미래 여유현금흐름(FCF: Free Cash Flow)(=경제적 이익)의 현재가치 합계액에 기술기여도를 곱하여 기술의 가치를 산출하며 산출공식은 다음과 같다.

[그림 5 - 6] DCF 모형에 의한 기술가치평가 산식

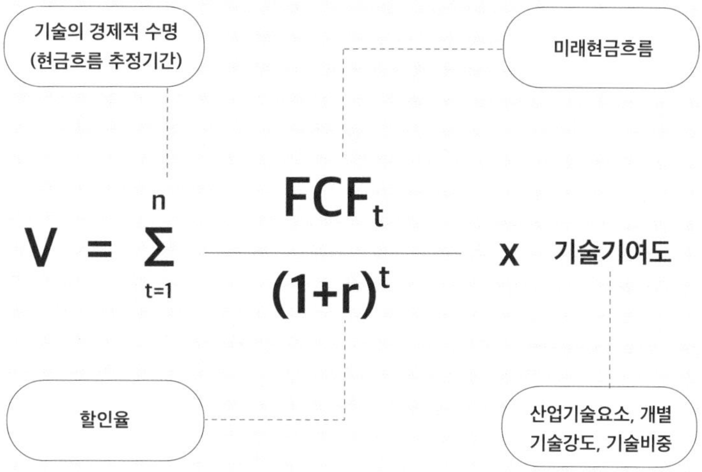

$$V = \sum_{t=1}^{n} \frac{FCF_t}{(1+r)^t} \times \text{기술기여도}$$

2) 기술의 경제적 수명

가) 개요

수익접근법에 의해 기술가치평가를 수행할 경우 기술의 경제적 수명을 우선적으로 파악하고 있다. 기술의 경제적 수명(Economic Life of Technology, ELT)은 특정 기술자산을 이용한 사업의 성장 또는 확대에 있어 부정적 영향을 미치는 요인들이 발생하여 해당 기술자산이 시장에서 경쟁우위를 잃게 되는 미래의 시점까지를 말한다. 즉 특정기술을 기반으로 하는 사업이 경쟁우위를 유지하는 기간으로 기술의 경제적 수명을 통해 현금흐름 추정기간을 결정할 수 있다.

ELT는 기술자산의 법적 보호기간이라 할 수 있다. 유사개념으로 내용연수가 있는데, 이는 유형자산이 사용불능으로 폐기될 때까지의 추정연수를 말한다. 기술의 경제적 수명은 그 기간이 경과했다 하더라도 기술의 사용은 가능하다는 점에서 내용연수와 다른 개념이다.

기술의 경제적 수명 추정방법은 직접조사법, 산업재산권 법적보호기간, 인용특허수명지수, 기술수명 영향요인 정량화 평가지표 등 다양한 방식이 있다. 직접조사법은 평가대상기술을 직접 설문조사 하거나 전문가 면담을 통해 추정하는 방법이다. 그리고 산업재산권의 법적 보호기간을 기준으로 하여 평가시점에서의 경과연수를 차감하여 기술의 경제적 수명을 추정하기도 한다.

또한 인용특허수명(CLT, Cited Patent Life Time)지수를 활용하여 기술의 경제적 수명을 추정할 수 있다. 특허에 관한 다양한 서지정보 중에서 특허에 대한 인용빈도는 지식이 확산되고 진

부화되는 정보를 포함하고 있기 때문에 기술수명을 추정하는데 적합한 수단이 될 수 있다. CLT 방법은 기술군내 개별특허의 연차별 인용빈도수에 기반하여 개별특허의 수명주기 값을 산출하는 것이다. 개별 특허의 인용 수명은 등록년도를 기준으로 가장 최근에 특허가 인용된 연도까지의 기간을 산출한 것으로, 개별특허가 피 인용시점을 기준으로 특허등록년도로부터 피 인용시점까지 활성화되어 있는 것으로 간주한다. 즉, 특허가 등록된 후 같은 기술군에서 인용되는 속성을 분석하는 후행인용분석(Forward citation analysis)을 활용하는데, 여기서의 가정은 피인용건수의 감소현상이 기존 특허기술의 활용도 감소를 보여주거나 새로 등장한 신기술특허가 기존 특허를 대체하고 있음을 나타낸다는 것이다.

이외에도 기술수명에 영향을 미치는 6개의 정량 및 정성적 평가지표를 활용하여 각 지표별 점수를 부여한 후 산업재산권의 법적 보호기간을 기준값으로 산출점수를 총점으로 환산, 수명을 추정하는 방법이 있다.

ELT는 대상기술의 수명결정에 밀접한 영향을 미치는 제반 요인들을 고려하여 객관성 있게 추정해야 하며 어느 방식이든 최종적으로는 전문가 합의 방식으로 결정하는 것을 원칙으로 하고 있다. 현재 국내 기술평가기관이 사용하고 있는 수익접근법에서는 수익창출 및 현금흐름 추정기간 결정 시 기술군 내 개별특허의 연차 별 인용빈도수에 기반하여 해당 특허기술이 속한 기술군의 변화속도를 보여주는 기술순환주기(TCT: Technology Cycle Time)지수를 기초로 추정하고 있다.

나) 기술순환주기(TCT) 지수 및 영향요인

(1) TCT지수의 개념

TCT지수는 기술군내 개별특허의 연차별 인용빈도수를 활용하여 개별특허의 수명주기 값을 산출한 것이다. 개별특허의 인용수명인 기술순환주기 지수는 국제특허분류코드(IPC, International Patent Classification)로 분류한 당해 특허(실제 인용특허)의 등록연도와 그 특허가 인용한 다른 특허(피인용특허)들의 등록년도 간 기간을 통계처리한 것이다.

기술순환주기의 이해를 돕기 위해 계산사례를 살펴보기로 한다. 아래 표와 그림은 평가대상기술 A특허의 등록년도와 A특허에 인용된 특허(피인용특허, Backward Citation Patent)들의 차이(연령)를 나타내고 있다. 피인용특허를 등록년도 순으로 나열했을 때 중앙에 위치하는 것은 E특허와 F특허이며 이들의 연령은 각각 6년과 4년이고 기술순환주기는 평균인 5년이다. 즉 피인용

특허들의 등록년도와 인용한 특허의 발행연도와의 차이를 순서대로 나열했을 때 중간값이 기술 순환주기이다.

[그림 5 - 7] 인용·피인용특허의 등록년도차이를 활용한 TCT 계산사례

평가대상 기술 A특허 출원연도	A특허 등록연도
2010	2012

A특허에 인용된 특허	등록연도	연령 (A등록 연도와차이)
B	2002	10
C	2005	7
D	2005	7
E	2006	6
F	2008	4
G	2010	2
H	2010	2
I	2011	1

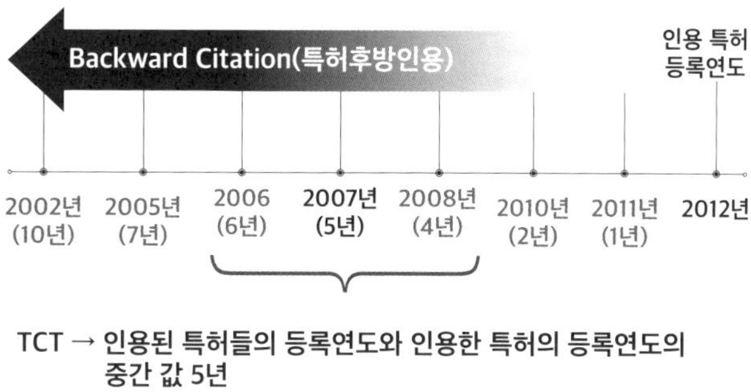

TCT지수는 기술의 경제적 수명의 내생적 요인이라고 할 수 있는 기술 분야 고유의 수명, 즉 인용특허의 유효활용 기간을 추정함으로써 기술수명을 예측하기 위한 참고 값으로 활용하는 것이다. TCT지수는 인용과 피인용 관계에 있는 특허들 간의 인용주기를 산출한 것이며, 개별적인 인용주기가 모여 인용수명 분포를 형성하게 되는데, 이 분포를 통계량으로 나타냄으로써 기술군별 수명주기를 대표할 수 있는 유효정보를 얻게 된다.

현재 사용중인 TCT지수는 미국의 등록특허를 국제특허분류(IPC) 4단위(Subclass)별로 분류하여 구한 인용 평균값과 중앙값 등의 주요 통계 값을 제시한 것으로, 이를 기술수명의 대리변수로 보고 기술의 경제적 수명을 결정하기 위한 기초정보로 활용하고 있다.

TCT지수 통계 예시를 보면 IPC코드와 그에 해당하는 기술명, 인용기간 평균값, 일사분위수(Q1, 인용기간 하위 25%), 삼사분위수(Q3, 인용기간 상위 25%), 중앙값(Q2, 인용기간 50%) 등의 지수가 제시되어 있다.

TCT 통계량 정보는 관련된 대체기술 또는 경쟁기술의 출현 시기를 추정하기 위한 것으로, 일반적인 기술의 경우 그 기술군의 대표 값인 Q2(중앙값)에 가까운 값을 고려하는 것이 무난하다.

모방 난이도가 높은, 매우 핵심적인 기술이고 현재 경쟁이 치열하지 않아 경쟁기술이 출현할 가능성이 낮은 경우에는 Q3에 가까운 값을 고려할 수 있으며, 반대로 모방 가능성이 높고 현재 시장에서 경쟁이 치열한 경우는 Q2와 Q1 사이의 값을 고려할 수 있다.

기술수명주기별 특허인용수명 분포를 살펴보면 대상기술이 R&D(도입) 단계나 성장(상승) 단계에 진입할 경우 충분한 수명을 확보할 수 있어 특허인용수명이 Q2에서 Q3까지 증가할 수 있다. 기술이 성장 단계에서 성숙 단계에 있을 경우 Q2(중앙값) 내외에서, 그리고 성숙 단계에서 쇠퇴단계로 접어드는 시점에 있을 경우 Q1까지 감소할 수 있다.

[표 5 - 6] TCT지수의 통계량 예시

IPC Code	B24B	C10K	F16L
기술명	연삭 또는 연마하기 위한 기계, 장치 또는 공정 등	일산화탄소 함유 가연성 기체의 정제 또는 화학 조성의 변성	관; 관의 이음 또는 부속품; 관, 케이블 또는 보호관류의 지지; 일반적인 열절연 방법
평균값	7.98	9.15	12.54
Q1	3	4	6
Q2(중앙값)	7	8	11
Q3	12	14	18

(2) 기술수명 영향요인

기술의 경제적 수명에 영향을 미치는 주요 요인을 도출하기 위하여 기술요인(33개)과 시장요인(26개)을 개념과 유형별로 정리하고, 기술평가 전문가들을 대상으로 설문조사를 시행하여 중요도가 높은 요인을 선정한 후 계층분석법(AHP: Analytic Hierarchy Process)을 통해 대상 영향요인의 가중치를 결정하고 있다. 기술의 경제적 수명 영향요인 평가표상의 평가지표 구성 및 가중치는 기술평가기관별로 약간의 차이를 보이고 있다. 여기서는 산업통상자원부의 「기술평가실무가이드」와 기술보증기금의 「기술가치평가매뉴얼」에서 제시하고 있는 기술의 경제적 수명결정 모델을 정리하였다.

① 기술의 경제적 수명 영향요인 평가표 및 결정모델 I (산업통상자원부)

TCT 등 특허인용수명은 기술의 수명에 대한 기본값으로서, 기술가치평가에서 기술의 경제적 수명을 결정하기 위해 기술이 사용되는 환경적 영향요인을 최대한 고려하는 것이 바람직하다. 영향요인을 고려하는 것은 대상기술이 기술특성을 포함한 기술적 요인이 우수한가, 그리고 대상기술시장의 경쟁환경이 대상기술의 수명을 연장시키는 데 우호적 환경을 제공하는가에 초점을 맞추어 분석하는 것이다.

[표 5 - 7] 기술의 경제적 수명 영향요인 평가표

구 분		세부 요인	평 점				
			-2	-1	0	1	2
기술/권리 요인	우월성	대상기술의 유형을 파생기술, 응용기술, 원천기술 등으로 구분하고, 기술적 우월성을 판단함.					
	기술경쟁 강도	현재 목표시장에서 대상기술과 연관이 있는 경쟁기술(유사기술)의 수, 기술 간 상호 경쟁관계 등을 파악하고 기술 간 경쟁구조와 경쟁환경이 대상기술의 사업화에 미치는 영향을 평가함.					
	대체가능성	향후 대상기술을 대체할 수 있는 또 다른 혁신기술이 출현할 가능성을 평가함.					
	모방난이도	기술수준의 고도성 또는 복잡성으로 인해 모방이 어려운 정도를 평가함.					
	권리보호강도	권리범위의 명확성과 보호강도를 평가함.					
시장/사업 요인	시장진입 가능성	시장진입 장애요인을 분석하여 대상기술의 시장진입 가능성을 평가함.					
	시장경쟁강도	대상기술이 속한 목표시장의 경쟁구조, 시장지배자의 유형, 독과점 여부, 경쟁제품의 수 등 시장의 경쟁강도가 대상기술의 사업화에 미치는 영향을 평가함.					
	시장경쟁의 변화	향후 3~5년 이내 경쟁상황(경쟁제품의 수, 경쟁기업의 수 등)의 변화가 대상기술의 사업화에 미치는 영향을 평가함.					
	신제품 출현가능성	목표시장에서 향후 3년 이내에 경쟁 신제품이 출현할 가능성에 대해 평가함.					
	예상시장 점유율	시장 내 경쟁자 수, 경쟁상황, 대상기술 제품의 경쟁력, 사업주체의 사업화 역량 등을 종합적으로 고려하여 대상기술 제품이 현금흐름 추정기간 동안 목표시장에서 점유할 수 있는 최대 시장점유율을 통해 예상시장점유율을 평가함					
영향요인 평점 합계							

※ 항목별로 C 등급을 기준으로 상대적인 수준에 따라 가점 또는 감점으로 평가

기술요인과 시장요인 외에도 기술자산의 법적 수명이나 특정기술분야의 제도적 요인 등 기술수명에 영향을 미칠 수 있는 추가적 요인을 고려하여 기술의 경제적 수명을 결정하며, 기술의 경제적 수명기간 및 현금흐름 추정기간은 5단계를 거쳐 결정된다.

ⓐ 1단계 : 기술수명 영향요인 평가

TCT 지수는 평가대상기술 분야의 대표적인 기술수명 추정지표로서 특정 개별기술의 기술수명은 노출된 기술 및 시장의 환경이 대상기술의 수명에 우호적인지 여부에 따라 평균적인 수명보다 길어질 수도 있고 짧아질 수도 있으므로 이러한 영향요인을 고려하고 있다.

기술의 경제적 수명에 미치는 영향요인은 기술·권리요인과 시장·사업요인 측면에서 10개 요인을 평가한다. 항목별로 보통인 경우 0을 기준으로 상대적으로 우위에 있을 경우 가점(+)을, 열위에 있을 경우 감점(-)하여 평점을 산출하며, 그 결과는 최저 -20점에서 최대 +20점의 값으로 산출된다.

ⓑ 2단계 : 평가대상기술의 경제적 수명기간 산출

1단계에서 수행된 기술수명 영향요인 평가결과를 바탕으로 다음 식을 통해 기술의 경제적 수명기간을 산출한다. 특허인용수명의 기준은 Q2이다.

$$\cdot \text{기술의 경제적 수명} = \text{기준 특허인용수명(TCT)} \times \left(1 + \frac{\text{영향요인 평점 합계}}{20}\right)$$

ⓒ 3단계 : 기술의 경제적 수명 적용기간 결정

특허인용수명 지수(TCT 등)를 활용한 기술의 경제적 수명은 특정 기술분야의 특허가 등록된 이후의 기간을 기준으로 산출된 값으로서, 평가대상 특허가 등록된 이후 경과한 기간을 별도로 고려해야 한다. 이는 특정 특허가 등록된 이후 일정한 기간이 경과한 경우 새로운 기술이 등장할 시점이 그만큼 빨리 도래하기 때문이다. 따라서 그 기간만큼 기술수명이 단축되므로 이를 고려하여 기술의 경제적 수명 적용기간을 산출한다.

· 기술의 경제적 수명 적용기간
= 대상기술의 경제적 수명 - 평가대상 특허의 등록 이후 경과연수

* 다만, 특허등록이후 경과연수는 기술의 특성 등을 반영하여 고려하지 않을 수 있음

ⓓ 4단계 : 기술의 경제적 수명 결정

3단계에서 산출된 기술의 경제적 수명 적용기간은 기술수명 영향요인과 특허등록 이후 경과연수를 고려한 기간이지만, 그 기간은 법적 수명기간을 초과할 수 없다. 따라서 3단계에서 산출된 기술의 경제적 수명과 대상 특허권의 법적 잔존권리 기간을 비교하여 최종적으로 수익 창출기간 추정에 적용할 수명을 결정한다.

- 기술의 경제적 수명 적용기간 < 법적 잔존기간 ⇒ 산출된 "기술의 경제적 수명"을 적용할 수명으로 적용
- 기술의 경제적 수명 적용기간 > 법적 잔존기간 ⇒ '법적 잔존 권리 기간'을 적용할 수명으로 적용

예를 들어 특허권의 법적 수명(존속기간)은 특허출원일로부터 20년이므로 특허출원일로부터 경과한 일수를 고려하여 잔존기간을 산정한다.

ⓔ 5단계 : 현금흐름 추정기간 결정

4단계에서 산출된 기술의 경제적 수명을 현금흐름 추정에 적용할 때, 대상기술이 시장에 노출된 이후에 적용되는 수명이므로 매출이 실현되기 이전의 사업화 준비기간을 다음과 같이 별도로 고려하여 현금흐름 추정기간에 추가할 수 있다.

· 현금흐름 추정기간 = 사업화 준비기간 + 기술의 경제적 수명

② 기술의 경제적 수명 영향요인 평가표 및 결정모델 Ⅱ(산업통상자원부)

ⓐ 1단계 : 기술수명 영향요인 평가

평가대상기술의 경제적 수명 산출 시 기본값은 TCT 지수의 Q2(중앙값)를 중심으로 기술수명 영향요인 점수 결과에 따라 아래로 Q1, 위로 Q3 또는 20년(특허권의 권리보호기간)까지 선형적인 증가 모형을 적용하고 있다. 기술수명 영향요인에 대해 가중치를 고려한 최종 평가표는 다음과 같다.

[표 5 - 8] 기술의 경제적 수명 영향요인 평가표(모델 II)

구 분	세부 요인	가중치	매우 낮음	낮음	보통	높음	매우 높음
			1	2	3	4	5
기술/권리요인	우월성	7					
	기술경쟁강도	4					
	대체가능성	5					
	모방난이도	3					
	권리보호강도	3					
시장/사업요인	시장진입가능성	4					
	시장경쟁강도	4					
	시장경쟁의 변화	4					
	신제품 출현가능성	3					
	예상시장점유율	4					
획득값			= (가중합 총점/205점)×100				

ⓑ 2단계 : 대상기술의 경제적 수명기간 산출

1단계에서 수행된 기술수명 영향요인 평가결과를 바탕으로 다음 식을 통해 기술의 경제적 수명기간을 산출한다. 즉, TCT 지수를 기반으로 보간법과 경제적 수명 영향요인에 대한 획득값을 이용하여 기술의 경제적 수명을 추정한다.

개별기술의 ELT = f(TCT지수, 기술요인, 시장요인)

$$Q2+(Q3-Q2)\times\frac{(\text{획득값}-\text{기준값})}{(\text{최대값}-\text{기준값})} \quad (\text{if, 획득값} \geq \text{기준값})$$

(또는)

$$Q1+(Q2-Q1)\times\frac{(\text{획득값}-\text{최소값})}{(\text{기준값}-\text{최소값})} \quad (\text{if, 획득값} \leq \text{기준값})$$

여기서, Q1, Q2, Q3는 기술순환주기 분포에서 각각 일사분위수(Q1), 중앙값(Q2), 삼사분위수(Q3)를 활용하여 산출함.

- 최대값 : 100%(평가표에서 모든 항목을 최대치(5점)으로 평가한 경우의 점수)
- 최소값 : 20%(평가표에서 모든 항목을 최소치(1점)로 평가한 경우의 점수)
- 기준값 : 60%(평가표에서 모든 항목을 보통(3점)로 평가한 경우의 점수)
- 획득값 : "기술의 경제적 수명 영향요인 평가표"에 의한 획득점수

ⓒ 3단계 : 기술의 경제적 수명 결정

2단계에서 산출된 기술의 경제적 수명기간은 법적 실체인 특허로서의 기술수명인 법적 수명을 초과할 수 없으므로 이를 고려하여 아래와 같이 기술의 경제적 수명을 결정한다.

- 기술의 경제적 수명 기간 < 법적 잔존기간 ⇒ 기술의 경제적 수명을 수명으로 적용
- 기술의 경제적 수명 기간 > 법적 잔존기간 ⇒ 법적 잔존기간을 수명으로 적용

ⓓ 4단계 : 현금흐름 추정기간 결정

3단계에서 산출된 기술의 경제적 수명을 현금흐름 추정에 적용할 때, 대상기술이 시장에 노출된 이후에 적용되는 수명이므로 매출이 실현되기 이전의 사업화 준비기간(R&D기간, 사업화준비단계 등)을 별도로 고려하여 현금흐름 추정기간에 추가할 수 있다.

- 현금흐름 추정기간 = (사업화 준비기간) + 기술의 경제적 수명

다만, 평가기준일부터 기술의 진부화가 발생한다고 평가되는 경우에는 실무적으로 사업화 준비기간을 고려하지 않을 수 있다. 또한 사업화 투자기간이 길고 불확실성이 큰 특수한 기술분야(제약, 의약품 등 임상실험이 필요한 기술군)의 경우에는 특허의 존속기한 연장제도가 존재하는 점을 감안하여 사업화 투자기간을 기술의 경제적 수명에서 제외할 수 있다.

③ 기술의 경제적 수명 영향요인 평가표 및 결정모델 (기술보증기금)

기금에서 적용하고 있는 기술의 경제적 수명 영향요인 평가표는 전술한 산업부의 평가표와 평가지표명 등에서 일부 차이가 있으나 실질적인 평가내용은 거의 동일하다.

기술요인은 지배기술공급자 존재와 기술공급자의 수를 유사·경쟁기술 존재(기술경쟁성)로 통합하고, 대체기술 출현가능성, 기술적 우월성(핵심 원천성), 모방 난이도, 권리 범위(권리 침해가능성)로 구성되어 있다. 시장요인으로는 시장 집중도(주도기업 존재), 시장경쟁의 변화, 적용제품의 예상 시장점유율, 신제품 출현빈도가 있다. 기보의 영향요인인 '시장집중도'는 산업부 영향요인 평가표 상 '시장진입가능성'과 '시장경쟁강도'를 대체하고 있다. 대상기술의 경제적 수명기간 산출방법은 산업통상자원부의 기술수명 결정모델 Ⅱ와 동일하다.

[표 5 - 9] 기술의 경제적 수명 영향요인 평가표(기술보증기금 모델)

구분	영향요인	내용	우수 5	양호 4	보통 3	미흡 2	취약 1
기술요인	대체기술 출현 가능성	평가대상기술을 대체하는 기술이 출현하기 어려운 정도					
	기술적 우월성 (원천, 핵심성)	평가대상기술이 핵심 또는 원천 기술에 가까운 정도					
	기술경쟁성 (유사 경쟁기술 존재)	유사 경쟁기술이 상대적으로 적은 정도					
	모방 난이도	기술수준의 고도성 또는 복잡성으로 인해 모방이 어려운 정도					
	권리 범위 (권리침해 가능성)	기술의 권리범위 및 영향력의 정도 SW기술(특허미등록)인 경우 관련 특허의 침해가능성					
시장요인	시장집중도 (주도기업의 존재)	평가대상기술을 실시하는 기업이 시장을 주도하는 기업 또는 몇 개의 기업에 집중되는 정도(참조: CR지수[162]) 경쟁기업 또는 경쟁제품의 수가 적어 시장경쟁이 치열하지 않은 정도					
	시장 경쟁의 변화	시장에서의 경쟁 정도의 변화가 적어 안정적인 정도					
	예상 시장점유율	시장에서의 점유율 또는 침투율이 높을 가능성					
	신제품 출현빈도	관련 시장(업종)에 있어서 신제품 출현이 어려운 정도					
획득 평점=(가중합 총점/205점) x 100							

161) 시장집중도 비율(Concentration Ratio): 특정산업 또는 시장에서 시장구조가 경쟁적인지 독점적인지를 알아보는 대표지표로, 특정산업 또는 시장에서 기업들의 시장집중도(시장 지배율)를 측정하는 지표임. CR은 상위 기업들의 시장점유율 합계를 의미하며, 점유율 1위기업은 CR1, 1위와 2위를 시장점유율을 합한 것은 CR2, 1~3위의 시장점유율의 합은 CR3, 1~4위의 합은 CR4 등으로 표시함. 통상 상위 3개 기업의 시장점유율 집계를 통해 경쟁적 시장인지, 독과점 시장인지를 판별하는데, CR1이 50% 이상이면 독점(Monopoly), CR2가 75% 이상이면 복점(Duopoly), CR3가 75% 이상이면 과점(Oligopoly)으로 해석함. 한편, CR4가 40%이상, 75%이하이면 경쟁적 시장, 90% 이상이면 독점적 시장으로 판단하기도 함.

3) 현금흐름

가) 개요

수익접근법에서는 현금흐름할인법(DCF, Discounted Cash Flow Method)을 이용하여 기술가치를 산출하고 있다. 현금흐름은 총현금유입에서 총현금유출을 차감한 순현금유입 즉, 기업이 영업활동을 유지 또는 확대하면서도 자유롭게 사용이 가능한 현금을 의미한다.

DCF법에서의 가치(Value)는 미래 예상 현금흐름을 적절한 할인율로 할인하여 구한 현재가치로 정의된다. 기술가치평가에서 영업이익 등 회계적 이익을 사용하지 않고, 현금흐름을 사용하는 이유는 다음과 같다.

첫째, 회계적 이익은 일정한 회계기준과 다양한 회계처리 방법 등에 의하여 추정된 인위적 수치로서 회계처리 방법 등에 따라 금액이 달라질 수 있다. 둘째, 회계적 이익을 사용할 경우 유형자산의 투자와 비용에 대한 인식 시점의 차이, 비현금비용에 의한 차이, 수익인식과 실제 현금유입시점의 차이 등이 발생할 수 있다. 셋째, 회계적 이익은 실제 현금의 유출입 시점과 회계적 수익 및 비용 인식 시점이 상이함으로 인해 할인율을 적용하여 현재가치화하는 과정에서 현금 유출입의 발생시점과 할인율의 적용시점이 상이해지는 문제가 발생한다.

정리하면, DCF법에 의한 기술의 가치(V_T)는 기술의 경제적 수명기간 동안의 미래 현금흐름을 할인율로 할인한 현재가치의 합(사업 가치)에 기술이 기여한 정도인 기술기여도를 곱한 값으로 정의하고 있으며, 산식은 다음과 같다.

$$V_T = \sum_{t=1}^{n} \frac{CF_t}{(1+r)^t} \times \text{기술기여도} \times \text{기술비중}$$

여기서, t는 현금흐름추정이 이루어지는 기간, n은 기술의 경제적 수명

CF 는 t기간에서 현금흐름, r은 할인율(discounted rate)

기술기여도는 사업가치 중 기술이 공헌하는 비율
기술비중은 제품의 완성도에 기술이 차지하는 비율

CF_t는 비용을 차감한 후 남은 돈이라는 뜻의 여유현금흐름(FCF)으로 부른다. FCF는 세후 영업이익에 감가상각비 등을 더하고 자본적 지출액과 운전자본 증감액을 차감한 값이다.

FCF = 영업이익* - 법인(소득)세 + 감가상각비 등 - 자본적 지출액 - 운전자본 증감액
(* 영업이익 = 매출액 - 매출원가 - 판매비와관리비)

현금흐름 추정방법은 ① 사업주체의 사업계획을 반영하여 직접 추정하는 방법, ② 유사기업의 재무정보를 활용하는 방법, ③ 동업종 재무정보나 표준재무정보를 활용하여 추정하는 방법, ④ 상기 방법 중 2가지 이상을 혼합하여 추정하는 방법 등이 있다. 특정 현금흐름 추정방법을 선택한 경우 그 사유를 평가의견에 기술해야 한다.

① 사업주체의 사업계획을 반영한 직접추정 방법

사업주체의 사업계획에 의한 재무정보를 활용하는 방법으로 평가대상기술의 특성을 반영하여 평가자가 현금흐름의 요소인 매출액, 매출원가, 판관비, 법인(소득)세, 감가상각비, 자본적 지출, 운전자본 증감 등을 직접 추정하는 방법이다. 직접 추정 방법을 적용 시 사업계획의 타당성, 구체성 등을 검토하고 평가전문가들의 합의에 따라 조정하여 사용해야 한다.

② 유사기업의 재무정보를 활용하는 방법

평가대상기술 또는 유사사업을 영위하는 기업의 재무자료를 활용하여 여유현금흐름 요소를 추정하는 방법으로 다음과 같은 경우에 활용할 수 있다. 유사기업 선정시에는 해당기업의 규모와 대상기술의 사업화 규모 등을 고려할 필요가 있다.

ⓐ 평가대상기술이 초기단계로 사업주체가 제시하는 사업계획의 신뢰성이 낮은 경우

ⓑ 사업주체가 구체적인 사업계획을 제시하지 못하는 경우

ⓒ 사업주체가 신사업을 영위하는 경우

ⓓ 사업주체의 기존 재무정보를 활용하기 어려운 경우

ⓔ 평가기준일 현재 아직 사업주체가 없어 평가자가 현금흐름 요소의 일부 또는 모두를 추정하기 어려운 경우

③ 동업종 재무정보나 표준재무정보를 활용하는 방법

사업주체의 사업계획을 활용할 수 없고, 유사기업의 재무정보가 없거나 신뢰성이 낮은 경우, 한국은행 등에서 발표하는 동업종의 재무정보 또는 기금 자체적으로 구축한 표준재무정보를 활용하는 방법이다.

④ 혼합추정 방법

평가자가 평가대상기술의 특성을 반영하여 일부 요소(매출액, 자본적 지출 등)는 직접 추정하고, 나머지는 유사기업, 동업종 또는 표준재무정보 등의 재무비율(매출원가율, 판관비율 등)을 참조하는 등 2가지 방법을 혼합하여 추정하는 방법이다.

전술한 현금흐름 추정방법 중 어떠한 방법을 선택하더라도, 기술수명주기 이론에 따라 기술의 경제적 수명 후반기(쇠퇴기)에는 기술이 경쟁우위를 상실하고 시장 점유율이나 가격 경쟁력이 떨어지기 때문에 매출이 감소하도록 추정한다. 규모의 경제형 사업으로 기술의 경쟁우위가 사라져 가는 시점에서 매출을 유지한다고 하더라도, 쇠퇴기 종료 이후에는 현금흐름이 부(-)가 되도록 성숙기 이후의 현금흐름은 감소세로 추정하는 것이 논리적이다.

기술가치평가를 위한 현금흐름추정 방식은 통상 먼저 직접추정을 우선적으로 수행하고, 이후 직접추정과 유사기업 또는 표준재무정보 활용의 혼합방식, 평가대상기업 또는 유사기업의 재무자료를 순차적으로 활용하며, 최종적으로 동업종 표준재무정보를 활용함으로써 평가대상기술 사업화 주체의 특성을 최대한 반영하는 것이 바람직하다.

나) 매출액 추정

(1) 개요 및 원칙

기술가치평가 시 매출액의 추정은 미래의 실현 가능한 현금흐름 측정의 핵심 기초자료가 되며, 추정된 매출액의 규모에 따라 대상기술의 가치가 좌우된다는 점에서 그 중요성이 매우 큰 편으로 가치평가 수행과정에서 가장 많은 시간과 노력이 필요한 작업이다.

매출액의 추정은 해당기술·산업·시장에 대한 이해와 분석이 반드시 선행되어야 하며, 기술수명, 시장규모 및 시장점유율 등에 관하여 객관적이고 공신력있는 자료와 함께 사업주체의 역량에 대한 분석을 바탕으로 달성 가능한 매출액이 추정되어야 한다. 따라서 매출액 추정의 신뢰도를 높이기 위해 관련 충실한 자료수집 및 분석이 요구되며, 해당 기술분야 전문가나 시장·산업분석 전문가가 공동으로 참여하는 전문가 합의방식이 바람직하다.

평가대상기술이 최종제품에 적용되는 여러 가지 기술의 일부 기술로 파악되는 경우, 제품에서 차지하는 기술의 비중을 고려해야만 기술가치의 과대 계상을 방지할 수 있다. 기술의 비중을 가치평가에 반영하는 방법으로는 매출액에 반영하는 방법과 기술기여도에 반영하는 방법이 있다.

평가대상기술이 차지하는 기술비중은 합리적인 근거를 바탕으로 전문가합의, 기술분석, 델파이법 등을 통해 결정할 수 있으며 단순히 똑같이 나누는 것은 지양한다.

평가대상기술의 비중을 매출액에 반영하면 과세범위가 달라지며, 자본적지출 중 기술이 차지하는 범위를 구분할 수 없기 때문에 기술가치가 과대 산출될 소지가 있다. 또한 사업화에 따른 매출 및 재무자료에서 평가대상기술의 역할을 구체적으로 파악하기 어렵기 때문에 일률적으로 비중을 곱한 추정매출액으로 현금흐름을 산출하기에는 실무적인 어려움이 있다. 결과적으로 평가대상기술이 최종 제품의 일부를 구성하는 경우, 기술비중을 매출액에 반영하여 기술가치를 산출하기보다는 기술기여도에 적용하는 것이 적절하다(상세한 내용은 후술한 '기술비중'참조)

매출액 추정 시 유의사항을 다음과 같이 정리할 수 있다.

사업화 주체의 최근 매출자료(분기/반기/년), 시장규모·성장률, 개발에서 생산까지 소요기간 및 개발역량(진척도), 사업화 주체의 생산·공급능력(인력·시설·자금) 등을 반영해야 한다.

시장규모 및 시장성장율, 시장점유율, 매출증감율 등 매출 추정에 반영된 수치에 대하여는 객관적이고 타당한 근거를 제시해야 한다.

국내외 시장의 경쟁현황(경쟁업체 수와 경쟁업체·사업화 주체의 예상시장 점유율)을 반영하되, 사업화 주체가 제시하는 영업 및 판매계획의 실현 가능성(확률)을 검토하여야 한다.

평가대상기술에 의한 최종제품의 매출 가능성을 관련 계약서, 현장조사 및 면담 등의 내용을 반영하여 매출을 추정할 수 있다.

판매 목적이 아닌 자체 제조공정·건설·용역에 사용되는 설비·장비·부품에 관한 평가에서, 평가대상기술이 자체 제조공정·건설·용역 등의 가치창출에 기여한 비중(공수·인력·시간·단가 등)을 고려하여 추정해야 한다.

기술의 경제적 수명에 기술수명주기(도입·성장·성숙·쇠퇴기)를 반영하여 경제적수명 후반기의 매출액은 감소되는 것으로 추정하며, 그렇지 않을 경우 논리적 근거를 제시한다. 매출액 추정 시 평가요인분석 결과 반영과 함께 검토해야 할 사항을 정리하면 다음과 같다.

[표 5 - 10] 매출액 추정 시 주요 검토사항

구분	매출액 추정시 주요 검토사항
기술의 가치 창출 유형	- 신규시장 창출형 제품에 적용되는 기술 - 기존시장 대체형/침투형 제품에 적용되는 기술 - 공정개선 원가절감형 기술
제품수요예측 (목표시장 규모예측)	- 적용된 수요 예측 기법의 적합성 - 국내외 수요공급 현황 분석 및 향후 전망의 반영 - 제품의 라이프사이클을 고려한 성장성 반영
시장점유율	- 제품 인지도, 가격전략 등 경쟁력을 고려한 시장점유율의 합리적인 추정 - 초기 시장점유율 및 최대 시장점유율의 추정 근거 제시 - 중장기적으로 시장점유율이 지속 증가하는 형태로 매출액을 추정할 것인지 또는 일정기간 증가 후에 감소하는 형태로 추정할 것인지 판단
예상판매단가	- 판매단가를 현금흐름 추정기간에 고정적으로 불변가격을 적용할지 또는 물가 상승률 등을 반영한 조정가격을 반영할지 판단 - 경쟁사 가격, 대체재 가격 대비 판매단가 적정성 검토
시나리오방식	- 미래 시장환경의 불확실성이 매우 높은 경우 발생가능성에 따라 시나리오 기법을 적용하여 매출을 추정할 수 있음

(2) 매출액 추정방법

기술가치평가 실무에서 주로 사용하는 추정방법은 시장점유율법, 판매량기반 매출액 추정, 수요예측법, 직접추정 등이 있다. 매출액 추정은 평가 신뢰도 제고를 위해 평가자 합의에 따르는 것이 원칙이나, 평가시점에서 사업 주체, 유사기업, 시장분석 자료의 확보에 따라 다양한 추정방법을 선택할 수 있다.

[표 5 - 11] 확보가능 자료와 매출액 추정방법

확보 가능한 자료			매출액 추정방법
기업의 과거매출액	과거 시장자료	미래 시장자료	
확보가능	확보가능	확보가능	-시장점유율법 -추세법
없음	없음	확보가능	-시장점유율 -직접추정
확보가능	확보가능	없음	-직접추정 + 과거기업 점유율 -추세법
없음	확보가능	없음	-직접추정 -추세법
없음	없음	없음	-직접추정 -비용접근법

① 시장점유율에 의한 매출액 추정

평가대상기술의 제품(또는 용역)이 진입을 목표로 하는 시장이 존재하고 객관적 자료를 확보할 수 있는 경우, 산업환경과 사업주체의 경쟁력 등을 분석한 결과를 이용하여 매출추정이 가능하다. 국내외 거시경제 분석과 평가대상기술이 속한 제품 및 산업에 대한 분석을 토대로 목표시장규모 및 예상시장점유율 분석을 통해 매출액을 추정할 수 있다.

시장점유율법에 의한 매출액 추정은 평가대상기술이 속한 목표 시장규모에서 평가대상기업이 마케팅 역량과 활동을 통해 동 시장에 진입 후 확보할 것으로 예상되는 시장점유율을 감안하여 추정매출액을 산출한다.

• 추정매출액 = 목표시장규모 × 예상시장점유율

시장규모의 성장(또는 감소)은 시장 및 산업특성 분석을 통하여 얻어지며, 시장점유율은 산업에 관한 지식(경쟁상태, 과점, 추세 등)과 기업에 관한 지식(생산능력, 제품종류, 사업계획, 마케팅역량 등)을 기반으로 추정이 가능하다고 할 수 있다.

시장점유율의 추정은 제품화 능력, 사업계획의 타당성, 마케팅 능력, 자금조달 능력 등 사업주체의 역량을 기반으로 시장 및 산업의 구조, 경쟁 현황, 시장변화 추세 등을 고려하여 이루어진다. 시장점유율은 경쟁사의 가격전략, 환율변동, 기술혁신, 신제품 출현 가능성, 시장

구조, 대상기술 제품의 마케팅 활동 등 업종별로 다양한 요인에 영향을 받을 수 있으므로 시장점유율 추정의 근거를 명시해야 한다. 시장점유율 추정 시 사업주체의 공급능력을 검토해야 한다. 시장이 빠르게 성장하고 있고 시장점유율의 증가가 예상된다고 하더라도 실질적인 공급능력이 부족한 경우에는 시장의 확대가 매출과 연계되지 못할 수 있기 때문에 목표시장에 대한 시장점유율이 사업주체의 공급능력에 적정한지를 검토해야 하는 것이다.

제품시장이 초과수요 상태에 있는 경우에는 시장규모 추정치를 통한 시장점유율이 아닌 동업계의 전체 생산능력과 사업주체의 생산능력을 고려하여 시장점유율을 추정할 수도 있다. 신규 진출기업의 경우 사업화 초기에는 시장기반이 열악하므로 보수적인 관점에서 생산능력보다는 판매능력을 고려하는 것이 바람직하다고 할 수 있다.

마지막으로 시장점유율 및 매출액 추정 시 현금흐름 추정기간 동안 감소 가능성을 고려해야 한다. 현금흐름 추정기간 동안 시장점유율이 지속적으로 증가하는 형태로 매출액을 추정할 수도 있지만, 명확한 근거 없이 시장점유율과 매출액이 지속적으로 증가하도록 추정하는 것은 현실적이지 못하기 때문이다. 특별한 경우가 아니라면, 제품수명주기를 고려하여 추정하는 것이 보다 합리적인 방법이라고 할 수 있다.

② 판매량 기반 매출액 추정

평가대상기술 제품의 가격·품질 경쟁력, 대상기업의 마케팅계획 및 사업화 역량 등을 토대로 예상 판매처별로 판매가능량과 판매단가를 도출할 수 있다면, 다음과 같이 매출액을 추정할 수 있다.

- $\text{추정매출액} = \sum_{i=1}^{n} (\text{판매가능수량}_i \times \text{판매단가}_i)\ \text{단}, i = \text{매출처}$

예상 판매단가의 추정은 기업과 제품의 경쟁력 분석에 의해 결정되는데, 특히 평가대상기술 제품의 품질경쟁력과 밀접한 관계에 있다. 경쟁제품에 비해 품질경쟁력이 현저히 높은 경우 기존 제품의 판매단가보다 높더라도 시장진입이 가능할 것이다. 경쟁제품에 비해 품질경쟁력이 뚜렷하게 높다고 보기 어렵거나 오히려 품질경쟁력이 떨어지는 경우에는 기존 제품의 판매단가를 그대로 적용할 경우 시장확보가 어려울 수도 있다. 매출액 추정 시의 판매단가를 불변가격으로 적용하는 것이 일반적이나, 향후 판매단가의 변동이 예상되는 경우에는 이를 고려하는 것이 타당하다.

현금흐름 추정기간 동안 고정가격을 적용하는 것은 판매단가 추정에 대한 주관적 요소를 배제할 수 있고, 일관성을 유지한다는 측면에서 장점이 있다. 다만, 판매단가의 변동 가능성이 클 것으로 예상되는 경우에는 변동가격을 적용할 수 있다.

③ 수요예측에 의한 매출액 추정

수요 예측 기법은 정량적(quantitative) 방법과 정성적(qualitative) 방법으로 구분된다.

정량적 방법은 과거의 매출실적 자료, 마케팅 관련 자료, 거시경제지표 등과 같은 계량적 자료를 기반으로 통계적 예측모형을 적용해서 매출액을 추정하는 것이다. 과거 매출액 실적자료와 변화추이를 근거로 미래의 매출액을 예측하는 시계열 모형, 매출액에 영향을 미친 다양한 예측변수들을 이용하여 매출액을 예측하는 회귀모형 등이 있다. 대상기술에 관해 객관적으로 증빙할 수 있는 최근 실적자료가 있다면 이를 기반으로 매출액을 추정할 수 있다. 다만, 최근 실적자료가 있지만 기술의 경제적 수명이 중장기여서 미래 매출액 성장추세가 과거 성장패턴과 상당히 다를 경우 과거 실적자료에 의한 중장기 매출추정은 적절하지 않으며, 시장 및 경쟁상황, 향후 시장전망, 동업종 추세 등을 반영하여 조정해야 한다.

정성적 방법은 재무자료의 분석보다는 주관적 판단에 의해 매출액을 추정하는 방법이다. 신제품을 개발·판매하는 경우나 과거 자료가 없는 경우 또는 마케팅 환경이 급변하는 경우에 적용할 수 있다. 평가대상기술 제품에 관한 과거 실적자료가 없거나, 실적자료는 있지만 내·외부 요인으로 인해 미래의 불확실성이 큰 경우에는 사업주체가 수립한 사업계획서를 기반으로 매출액을 추정할 수 있다. 이때 시장경쟁환경과 사업화 역량을 면밀히 검토한 후 사업계획서에 제시된 추정 매출액의 타당성을 검토해야 한다.

또 다른 수요 예측 기법으로 **시나리오 방법**이 있는데, 이는 일반적으로 시장의 불확실성이 매우 큰 경우 발생가능성 수준에 따라 시나리오를 설정하여 매출액 혹은 시장점유율을 제시하는 방법이다. 시나리오 대상이 시장점유율(혹은 매출액)이면, 시나리오에 따라 추정한 시장점유율(혹은 매출액)은 반드시 평가요인 분석결과에 근거해야 한다. 또한 시나리오 분류에 속한 상황의 발생(예: 낙관적, 중간적, 보수적 등)에 부여한 비중에 대한 근거도 제시되어야 한다. 시나리오 방법을 적용하려면 불확실성이 시장성 및 사업성 분석에서 충분히 분석되어 시나리오 분류의 수와 시나리오 발생가능성이 제시되어야 한다. 평가자는 시나리오 분석결과 가장 발생가능성이 높은 시나리오(상황) 하나를 선택할 수도 있고, 특정 발생가능성을 판단하기 어려울 경우 가중 기대값으로 표현할 수 있다.

매출액 추정은 신청기업으로부터 입수 가능한 자료를 이용할 수 있으면 우선적으로 적용한다. 신청기업의 평가대상기술 연관 사업의 최근 매출 및 매출성장율, 수주상황(거래처별 판매계획), 판매계획 및 단가 등의 자료를 우선 이용하여 매출액을 추정할 수 있다. 다음으로 시장조사기관으로부터 시장규모와 시장성장율, 경쟁업체 수와 시장점유율, 시장집중도 등의 자료를 수집·이용하여 매출액을 추정한다. 또한 수요예측기법을 이용하여 매출액을 추정하기도 한다. GDP성장률(한은)과 매출액(기업), 경제지표(기관자료)와 매출액(기업), 기업의 매출액과 누적매출액, 시장규모(기관자료)와 시장점유율(기업) 등 과거 자료들의 추세 연관성을 이용하여 매출액을 추정할 수 있다. 마지막으로 한국은행 기업경영분석, 표준재무정보, 유사기업 재무정보 자료 등 재무정보 제공기관으로부터 입수한 자료를 이용하여 매출액을 추정할 수 있다.

(3) 매출원가 및 판관비 추정

매출원가 및 판관비 추정방식에 있어 산업별로 특성이 있고, 개별기업별로 원가요인이 상이하여 일괄적인 추정방식을 제시하기 어려운 편이다. 통상적으로 이용되는 원가추정방법은 다음과 같다.

[표 5 - 12] 원가종류별 추정방법

원가 구분	추정방법
재료비	매출추정결과에 따른 판매소요 계획, 생산계획을 이용하여 재료비 수량을 추정하고 재료비 시장상황 등을 고려하여 단가를 추정
인건비	인원소요계획에 따라 추정, 인원소요계획은 매출추정 결과에 연동되는 직접인력과 매출추정과 관련 없는 관리인원 등이 함께 고려되어야 함. 인건비는 급여 등 직접 인건비뿐 아니라 복리후생비 등 인건비성 비용도 함께 고려되어야 함.
변동제조비	재료비, 인건비를 제외한 제조원가 중 매출액에서 연동되는 원가항목은 변동 제조비로 추정
변동판관비	인건비를 제외한 판관비 중 매출에 연동되는 판매관리항목은 변동판관비로 추정
고정제조비	감가상각비를 제외한 고정제조비는 매출변동에 무관하게 예상발생액을 추정
고정판관비	감가상각비를 제외한 고정판관비는 매출변동에 무관하게 예상발생액을 추정
감가상각비	투자소요계획을 세우고 투자소요계획에 따라 발생하는 감가상각비를 추정

기술가치평가 실무에서는 평가대상기술이 대부분 신기술로 미래사업화 가능성 추정이 어렵고, 사업주체도 창업기업이거나 새로운 사업부에서 수행하게 되는 경우가 많다. 이에 따라 위 표에 정리된 제조원가, 판매관리비를 각 계정별로 파악하기가 매우 곤란한 경우 유사기업이나 업종별 재무정보를 활용하여 업종별 매출원가율, 업종별 판매관리비율을 적용할 수도 있다.

매출액에서 매출원가와 판관비를 차감한 영업이익률을 유사기업·기업경영분석·표준재무정보 등의 영업이익률과 비교하여 매출원가·판관비가 합리적으로 추정되었는지 검토한다.

매출원가 및 판매관리비의 추정 방법은 통상 다음의 순서로 적용하는 것이 바람직하다. 먼저, 평가대상기술의 사업화에 따른 매출원가와 판관비를 직접 추정할 수 있다면 직접 산출할 수 있다. 다음으로 사업주체가 과거 동기술 또는 유사기술을 사업화한 실적이 있고 일정한 재무비율 및 감사의견 적정성에 따라 재무제표를 신뢰할 수 있는 경우, 사업주체의 매출원가 및 판관비 자료를 통해 산출할 수 있다. 그러나 평가대상기술 또는 대상기업의 자료 확보가 어려울 경우, 유사기술을 사업화한 유사기업(3~5개 기업)의 재무비율을 참조하여 산출하기도 한다. 여기서 유사기업의 재무비율 확보가 곤란하다면, 동업종 또는 평가기관이 자체 제공하는 표준재무 정보를 참조하여 산출한다. 유사기업 여부는 기업규모, 자산규모, 업력들을 검토하여 결정한다.

기술평가기관이나 재무정보제공기관에 구축된 표준재무정보는 표준산업분류(KSIC) 중분류의 표준재무정보를 포함하고 있으며, 필요한 산업에 대하여 소분류 또는 세분류까지 업종을 구분하여 재무비율을 수록하고 있다. 한국은행 기업경영분석이나 표준재무정보 등을 이용할 경우 업종분류는 평가대상기술 및 동 기술이 적용된 제품을 중심으로 업종을 분류하고, 해당 업종의 재무정보를 이용해야 한다. 매출원가 및 판관비, 운전자본, 할인율, 기술기여도 등의 추정에 재무정보를 이용할 경우, 하나의 동일한 업종의 재무정보를 이용해야만 일관성을 유지할 수 있다.

(4) 자본적 지출(CAPEX)

자본적 지출(CAPEX; Capital Expenditure)은 영업활동에 필요한 유형 및 무형자산에 대한 투자액을 뜻한다. 유형자산은 영업활동에 사용할 것을 목적으로 장기간 보유하는 자산으로, 유형의 실체를 가진 자산을 의미하며, 토지, 건물, 기계장치, 비품, 구축물 등이 대표적이다. 무형자산은 영업활동에 사용할 것을 목적으로 장기간에 걸쳐 보유되는 물리적 실체가 없는 자산을 말한다. 영업권, 산업재산권, 라이센스와 프랜차이즈, 저작권, 컴퓨터 소프트웨어, 개발비, 임차권리금, 광업권 및 어업권 등이 무형자산에 속한다.

기술가치평가에서 자본적 지출은 기술제품의 시장규모 및 기업의 시장점유율, 공급시기, 향후 매출시현 규모, 현재 유형자산 및 무형자산 규모, 투자계획, 기업의 생산능력 등을 감안하여 추정한다. 토지, 건물 및 구축물, 기계장치, 무형자산, 기타 자본적 지출 등 자산별로 구분하여 기업의 투자계획을 바탕으로 직접 추정하는 것을 원칙으로 한다.

기존에는 표준재무정보를 이용하여 자본적 지출액을 간접 추정하였으나, 관련 재무비율을 기계적으로 적용할 경우 추정현금흐름이 왜곡될 가능성이 높기 때문에 유·무형 자산의 발생 특성을 충분히 이해한 상태에서 추정하는 직접추정방식이 바람직하다. 기술의 경제적 수명 후반기까지 자본적 지출이 발생하는 것은 논리적으로 타당성이 결여되었다 할 것이므로 주의해야 한다.

자본적 지출은 생산·매출에 영향을 미치기 때문에 자본적 지출(신규, 증설, 대체투자 등)과 추정된 매출액은 상관관계를 가져야 한다. 과도한 자본적 지출을 가정하고, 감가상각 후 잔액을 회수(투자액 회수)하는 경우 평가결과가 왜곡될 수 있으므로 기업의 투자계획을 반영하여 합리적으로 추정해야 한다.

(5) 감가상각비 등

감가상각비는 손익계산서상의 비용으로, 실제 현금유출이 수반되지 않음에도 불구하고 비용으로 처리되어 영업이익을 감소시킨다. 따라서 현금흐름인 초과이익을 산정할 경우에는 감가상각비를 다시 가산하여야 하며, 무형자산상각비도 감가상각비와 동일하게 현금유출이 없는 비용이므로 초과이익 산정 시 다시 가산하여야 한다.

상각방식은 추정기간 동안 균등상각이 되는 정액법과 추정기간 초기에 가속상각이 되는 정률법이 있다. 건축 및 구축물, 무형자산에는 정액법을 적용하고, 기계장치, 기타 자본적 지출에 대해서는 정률법을 우선 적용한다.[162)]

- 정액법 : (취득원가 - 잔존가액)/내용연수
- 정률법 : 장부가액 × 상각률

여기서, 장부가액 = 취득원가 - 감가상각 누계액 ,

$$\text{상각률} = 1-\sqrt[n]{\frac{\text{잔존가액}}{\text{취득원가}}},\quad \text{여기서 } n\text{은 감가상각계산의 횟수}$$

162) 법인세법 시행령 제26조 제1항2호 및 제4항2호에 따르면, 상각대상 유형고정자산(건축물 제외)에 대하여 사전 신고된 방법(정률법 또는 정액법)을 적용하고, 신고되지 않은 자산인 경우 정률법 적용

[표 5 - 13] 유형자산 및 무형자산의 상각방법 및 내용연수(예시)

항목	내용연수	상각방법
건물및구축물	20년 : 연와조, 블록조, 콘크리트조, 토조, 토벽조, 목조, 목골모르타르조 40년 : 철골철근콘크리트조, 철근콘크리트조, 연와석조,석조, 철골조	정액법
기계장치	「법인세법 시행규칙」상 업종별 자산의 기준 내용연수	정률법 정액법
기타 자본적 지출	5년	정률법 정액법
무형자산	「법인세법 시행규칙」상 무형자산 내용연수(예시) · 영업권, 디자인권, 실용신안권, 상표권 : 5년 · 특허권 : 7년	정액법

자본적 지출의 발생 시기는 발생 당해연도 및 자산의 내용연수 종료년도의 감가상각비 추정 결과에 영향을 미친다. 자본적 지출이 정확히 연초에 발생한다고 가정하면 매년 감가상각을 계산하며, 자본적 지출이 연말에 발생하면 당해년도의 감가상각비는 사실상 없다고 본다. 자본적 지출이 연중, 즉 6개월 경과 시점에 발생하면 해당년도의 감가상각비는 연간 감가상각비의 1/2이 된다. 내용연수는 자산의 경제적 효익 발생 기간에 대한 특별한 가정이 없는 한 유형자산과 무형자산 모두 법인세법 시행규칙에 제시된 내용연수를 적용한다.

(6) 운전자본증감액

운전자본(WC; Working Capital)은 매출채권, 재고자산, 매입채무 등 영업활동과정에서 발생하는 채권, 채무 등을 말한다. 현금흐름 계산에서 매출채권, 재고자산 등 (+)운전자본의 증가는 차감하고, 매입채무, 미지급금 등 (-)운전자본의 증가는 가산한다.

기업이 평가대상기술을 평가시점 이전부터 사업화하고 있는 경우 평가시점 이전에 형성된 평가대상기술 관련 운전자본누계액이 있을 수 있다. 수익접근법을 적용할 때 전제조건이 평가시점에서 기술의 경제적 수명이 시작되고, 신규 투자가 이루어지는 것으로 가정하는 바, 이미 형성된 운전자본누계액을 가치산출기간의 현금흐름에 반영하여 최종년도에 회수하는 것은 인정되지 않는다. 이는 평가대상기술과 무관하게 이미 형성된 운전자본을 여유현금흐름추정에 반영하고 최종년도에 회수할 경우 평가결과가 왜곡되기 때문이다. 다만, 전년도 매출액 중 평가대상기술에 의한 매출액을 명확하게 분리할 수 있다면, 추정 1차년도 운전자본증감액 계산 시 전년도와 추정1차년도 매출액의 차이를 추정하는 것은 가능하다.

기술평가실무에서는 순운전자본증감은 직접추정을 원칙으로 하고, 자료부족 등으로 어려울 경우 유사기업 재무비율 또는 표준재무정보 등을 활용하여 산출하고 있다. 참고 재무비율을 활용하는 경우 운전자본 소요율을 과대 또는 과소 산정하여 현금흐름 산출에 영향을 미칠 위험이 있으므로 사업주체의 대금 지급 및 수취 형태를 고려하여 적절한 운전자본 소요율을 산출해야 한다.

- 직접 추정 시
  : 순운전자본 증감 = 매출채권 증가액 + 재고자산 증가액 - 매입채무 증가액
- 참고 재무비율 활용 시
  : 순운전자본 증감 = (추정매출액$_t$ - 추정매출액$_{t-1}$) × 운전자본 소요율

$$* \ \text{운전자본 소요율} = \frac{1}{\text{매출채권 회전율}} + \frac{1}{\text{재고자산 회전율}} - \frac{1}{\text{매입채무 회전율}}$$
$$= \{\text{매출채권회전기간} + \text{재고자산회전기간} - \text{매입채무회전기간}\} / 365$$

(7) 투자액 회수

투자액 회수는 자본적 지출 중 감가상각 후 잔액분과 운전자본증감 누계액으로 기술의 경제적 수명 마지막 연도에 이루어지는 것이 원칙이나 가치금액이 과대평가 될 수 있으므로, 전액 회수를 기준으로 평가자가 판단하여 합리적으로 조정하는 것이 바람직하다.

- 투자액 회수 = (자본적 지출 누계액 - 감가상각비 누계액) + 운전자본 증감 누계액

유형자산은 회계적 감가상각 후 잔액을 전액 회수한다고 가정하여도 무방하나, 유통시장이 존재하는 자산에 대해서는 시장가액을 예측하여 조정한다.

기계장치는 거래시장이 있는 범용 기계장치에 대해서는 해당 시장의 연식별 가격을 추정 최종년도에 적용할 수 있으며, 거래 시장이 없는 특수 기계장치에 대해서는 감가상각 후 잔액에 대하여 회수액이 없거나, 잔존가액 이하로 조정할 수 있다.

무형자산은 거래가능성이 낮은 자산이 많아 회수액이 없는 것으로 가정할 수 있으며, 각종 허가권 및 면허권 등에 대해서는 평가시점의 시장가격을 추정 최종년도의 명목 회수액으로 인정할 수 있다.

운전자본 회수액은 추정 최종년도의 매출채권 대상 거래처의 신용도, 재고자산의 할인처분 예상수준 등을 고려하여 감액 조정할 수 있다. 다만, 평가시점에서 미래의 상황에 대한 판단이 매우

어려우므로 운전자본투자 잔액은 전액 회수를 가정하여도 무방하다.

지금까지 살펴본 현금흐름은 세후영업이익으로부터 다음과 같이 산출된다.

[표 5 - 14] 현금흐름 산출 예시

(단위 : 백만원)

구분	1차년도	2차년도	…	…	n차년도 (최종년도)	표준재무정보 활용
세후영업이익(A)	384	510	-	-	1,174	영업이익률×(1-법정세율)
감가상각비등(B)	10	13	-	-	30	매출액대비 감가상각비율 적용
자본적 지출 (C)	8	19	-	-	28	매출액대비 유·무형자산비율 적용
운전자본 증감(D)	(14)	31	-	-	(9)	당기와 전기의 매출차액에 운전자본소요율을 곱하여 산출
투자액 회수(E)	-	-	-	-	395	투하자본(C+D) 총액에 감가상각비 총액을 차감하여 산출
현금흐름(F)	401	472	-	-	1,581	현금흐름(F)=A+B-C-D+E
현가계수	0.863	0.744	-	-	0.127	할인율 적용
현금흐름현재가치	345	351	-	-	200	현금흐름에 현가계수를 곱하여 산출
현재가치 합계					4,463	사업 또는 기업의 가치로 인식

4) 할인율

가) 개요

기술가치평가의 할인율은 평가대상기술로 인한 미래의 현금흐름을 현재가치로 전환할 때 사용되는 환원율을 말하며, 기술사업화 과정에 내재된 다양한 위험을 고려한 할인율[163](Risk-adjusted Discount Rate)을 의미한다. 할인율은 평가대상기술이 연관된 사업에서 발생 가능한 잠재적인 위험을 정량화한 것이므로 평가대상기술이 갖는 기술위험, 시장위험, 사업위험 등을 분석하여 그 결과를 반영하여야 한다.

평가대상기술의 사업화 과정에서 발생될 위험을 평가자가 직접 측정하여 할인율을 산출하는

163) 위험자산 투자에서 현재가치를 산출하기 위해 무위험 이자율에 기대 위험프리미엄(Expected Risk Premium)을 가산한 비율을 의미함.

것이 원칙이다. 그러나 실무에서 직접 측정하기가 매우 어렵기 때문에 기업가치평가에서 널리 사용되고 있는 가중평균자본비용(WACC, Weighted Average Cost of Capital)에 조정계수 또는 추가 위험프리미엄(spread 또는 risk premium)을 적용하고 있다.

기업가치평가의 할인율로 사용되는 가중평균자본비용(WACC)은 자기자본비용과 타인자본비용으로 구성되고, 두 가지 자본비용을 자본구성비율과 세율을 적용한 가중평균으로 산출하는 할인율의 구조는 다음과 같다.

할인율(WACC) = (세전타인자본비용) × (1-법정세율) × (타인자본비율)
+ (자기자본비용) × (자기자본비율)

타인자본비용은 평가대상기술의 사업주체나 유사기업의 재무 분석을 통해 관측이 가능한 반면, 자기자본비용은 객관적 측정이 어려우므로 자본자산가격결정모형(CAPM, Capital Asset Pricing Model)을 활용하며, 이는 자본시장에서 관측된 정보로부터 산출된 값을 대용치(proxy)를 사용하고 있다.

나) 할인율의 추정 및 적용

(1) 자기자본비용(Cost of Equity)

실무에서 할인율 모형은 할인율 수준에 영향을 미치는 핵심위험 요인의 구성을 명확히 하고, 평가대상기술과 직접 연관된 기술 및 시장의 잠재적 위험을 평가하여 반영하고 있다.

중소기업 자기자본비용(Ke)은 CAPM을 사용하여 산출한 상장기업 자기자본비용에 비상장 규모 위험프리미엄과 기술사업화위험 프리미엄을 가산하여 산출된다.

· 자기자본비용(K_e) = 상장기업 자기자본비용 + 규모 위험프리미엄 + 기술사업화 위험프리미엄

상장기업 CAPM은 과거 일정기간의 평균값 보다는 평가시점을 기준으로 최근 관측치를 적용하는 것이 미래가치 추정의 관점에서 타당하며, 다음 식을 이용하여 산출한다.

- 상장기업 CAPM $= R_f + \beta \times [E(R_m) - R_f]$

여기서, $E(R_m)$은 자본시장 포트폴리오에 대한 기대수익률

R_f은 무위험이자율, $[E(R_m) - R_f]$은 시장위험프리미엄

베타(β)는 개별자산(또는 기업)의 체계적인 위험의 민감도

시장위험프리미엄$[E(R_m) - R_f]$은 최근 일정기간 종합주가지수(KOSPI) 수익률[164]을 산술평균한 시장의 기대수익률($E(R_m)$)에서 동일기간 5년만기 국고채의 수익률 평균값인 무위험이자율(R_f)을 차감하여 산출한다.

베타(β)[165]는 시장 전체의 위험을 1로 보았을 때 개별주식이 갖는 위험의 상대적인 크기로, 시장포트폴리오의 수익률 변화에 대한 개별주식의 수익률이 얼마나 민감하게 변화하는가를 나타낸다. 과거 시장수익률 변동성이 평가시점에 예상되는 자본의 기회비용으로 이것이 미래에도 동일하게 유지된다는 가정에 따라 상장기업의 업종별 월간수익률의 평균값을 적용한다.

규모 위험프리미엄은 비상장기업의 경우 관측 가능한 시계열 자료와 역사적 통계자료가 미흡하여 직접 산출이 불가능하기 때문에, 업종별 상장기업 베타 자료 분포로부터 간접적으로 추정한다. 산업별 상장기업의 베타 분포가 정규분포라 가정하고, 비상장(대), 비상장(중), 비상장(소), 비상장(창업)에 따라 베타평균이 증가한다는 가정에서, 베타분포 자료에서 60%, 70%, 80%, 90% 값을 적용하고 있다. 규모위험프리미엄은 β에 상관없이 기업의 규모에 따라 발생하는 수익률을 반영하는 것으로, 산출 기간, 자본화 수준, 위험의 원천, 적용의 필요성에 대한 논의가 있었다.[166] 상장기업의 경우 규모 위험프리미엄은 적용하지 않는다.

기술사업화 위험프리미엄은 기술과 시장, 사업 관점에서 평가대상기술의 사업화 과정에 따른 위험수준을 평가하여 자기자본비용에 반영하기 위한 것이다. 아래 기보의 평가표 평가항목은 평가요인(기술성·권리성·시장성·사업성)의 분석 결과에 근거하여 5점 척도의 가중합으로 평가하며 소수점이하는 절사(버림) 처리한다. 산업통상자원부의 평가표는 기술 및 권리위험과 시장 및 사업위험

164) KOSPI 월간종가 평균 주주요구수익률로 추정

165) 베타 β=1인 경우 개별주식이 시장수익률과 동일하게 움직이며, β>1인 경우 시장보다 민감하여 더 크게 변동한다는 것이므로 이를 상대적 위험과 기대수익률의 측정에 활용할 수 있음.

166) 전승표와 박현우(2011. 11), 오세경과 박기남(2015. 2)

으로 양분하고 각각 5개 항목 총 10개항목으로 구성되어 있다.산업부는 기술사업화환경을 기술 및 권리위험의 평가항목으로 구성하고 있는 반면, 기보의 평가항목인 기술성숙도는 제외하고 있다.

[표 5 - 15] 기술사업화위험 평가표(기술보증기금)

구분	평가항목	우수	양호	보통	미흡	취약
		5	4	3	2	1
기술위험	기술 차별성					
	기술 경쟁성(유사 경쟁기술 존재)					
	모방 난이도					
	권리 안정성(권리 등록가능성)					
시장위험	시장 성장성					
	시장 경쟁성					
	시장진입 가능성					
사업위험	생산 용이성					
	기술 성숙도					
	수익성(영업이익률)					
종합평점	○○ 점					

기술사업화 위험평점과 위험프리미엄의 관계는 평점이 높아질수록 일정한 비율로 위험프리미엄이 감소하는 오목한 곡선 형태의 자연로그함수로 제시하고 있다.

$$위험프리미엄= -0.0709\ln[(평점/10)-1] + 0.1001$$

기술사업화 위험은 통상 벤처캐피탈 업계의 비상장 기업가치평가에서 자기자본비용을 통한 10~25% 수준으로 적용하고 있는 점을 감안하여, 최대 10%로 설정하였으며, 평점과 기술사업화 위험관계는 각각 50점(0.18%), 40점(2.22%), 30점(5.10%), 20점(10.01%)로 추정하여 산출한다.

[표 5 - 16] 사업화 위험평점에 대응되는 사업화위험 프리미엄

평점	50점	49점	48점	47점	46점	45점	44점
위험프리미엄	0.18%	0.36%	0.54%	0.73%	0.93%	1.13%	1.33%
평점	43점	42점	41점	40점	39점	38점	37점
위험프리미엄	1.55%	1.76%	1.99%	2.22%	2.46%	2.71%	2.97%
평점	36점	35점	34점	33점	32점	31점	30점
위험프리미엄	3.24%	3.51%	3.80%	4.10%	4.42%	4.75%	5.10%
평점	29점	28점	27점	26점	25점	24점	23점
위험프리미엄	5.46%	5.84%	6.25%	6.68%	7.14%	7.62%	8.15%
평점	22점	21점	20점	20점미만			
위험프리미엄	8.72%	9.33%	10.01%	NR			

(2) 타인자본비용(Cost of Debt)

상장기업의 타인자본비용은 개념상 타인자본에 대한 금융비용이기 때문에 재무상태표상의 이자지급성 부채와 손익계산서상 금융비용의 비율로 추정이 가능하다. 이자지급성 부채는 재무상태표상의 단기차입금, 유동성 장기부채, 사채, 장기차입금을 합산하고, 금융비용은 손익계산서상의 지급이자와 할인료, 회사채 이자를 합산하여 산출한다.

반면, 중소기업의 타인자본비용은 타인자본에 대해서 투자가들이 요구하는 이자율이라기보다는 정책금리의 성격이 강하기 때문에, 중소기업의 타인자본비용으로 직접 적용하기에는 무리가 있다. 이에 따라 중소기업의 타인자본비용은 업종별 상장기업의 타인자본비용 평균에 추가위험 스프레드를 가산하여 대용 값을 산출한다.

타인자본비용(K_d) = 상장기업 타인자본비용 + 추가위험 스프레드

추가위험 스프레드는 국내 민간채권평가사(한국자산평가, KIS채권평가, 나이스피앤아이, 에프앤자산평가)의 신용등급별 회사채 수익률 자료와 재무제표에 의한 타인자본비용을 비교하여 상장기업의 신용등급을 A0로 가정하고, 신용등급과 수익률 간 회귀함수를 적용하여 비상장기업의 규모위험스프레드를 추정하는 것을 원칙으로 한다.

타인자본비용 추가위험 스프레드의 크기는 비상장대기업(BBB+), 비상장중기업(BBB0), 비상장소기업(BBB-), 비상장창업기업(BB+) 순으로 설정되어 있다.

(3) 자기자본 및 타인자본 구성비

평가자는 사업주체의 재무정보로부터 자본구조를 파악하여 자기자본 및 타인자본 구성비를 적용할 수 있다. 다만, 실무에서 직접 산출이 곤란한 경우 비상장 중소기업의 타인자본 구성비를 참조할 수 있다. 실무에서 할인율 모형은 기존 상장기업의 자본구성비를 개선하여 비상장 중소기업의 자본 구성비를 산출하고 있다. 기업의 부채는 차입금과 같이 이자를 부담하는 이자부 부채와 매입채무, 선수금, 충당금 등 같이 이자를 부담하지 않는 비(非)이자부 부채로 구분되며, 가중평균자본비용에서의 타인자본은 이자지급부 금융부채를 말한다.

실무에서 비상장 중소기업의 타인자본 구성비는 한국기업데이터(KED)의 최근 3개년 재무정보를 분석하여 산업별[167] 이자지급부 금융부채비율을 산술평균한 값을 대용치로 적용하고 있다.

$$\text{할인율} = WACC = [k_d \times (1-\tau) \times (\frac{D}{E+D}) + k_e \times (\frac{E}{E+D})]$$

여기서, k_d는 타인자본비용, k_e는 자기자본비용, τ는 법인세율, E는 자기자본, D는 부채,

$\frac{D}{E+D}$는 타인자본비중, $\frac{E}{E+D}$는 자기자본비중

5) 기술기여도

가) 개요

기술기여도는 평가대상기술이 수익창출 또는 비용절감에 공헌한 정도를 말하며, 기술요소법[168]에서는 기술사업을 통해 창출된 미래 현금흐름의 순현재가치에 기여한 유·무형자산 중 기술자산(또는 기술요소)이 공헌한 상대적인 비중이라 할 수 있다. 기술가치는 기술사업화를 전제로 창출되는 것으로, 먼저 기술 사업에 의해 발생될 것으로 예상되는 미래 사업가치를 산정한 다음, 이를 현재가치로 할인(환산)한 후에 기술기여도 및 기술비중을 곱하여 산출된다.

167) 한국표준산업분류 중분류를 적용함.

168) 기술요소법(Technology Factor Method(TFM) Approach)은 컨설팅 회사인 ADL(Arthur D. Little)에서 처음 연구개발(R&D)과 사업의 의사소통을 위한 방법으로 개발되어, Dow Chemical 사가 지적자본의 측정, 특히 특허의 판매 및 관리에 실제 응용하여 그 실용성을 인정받은 연구방법으로 미래 현금흐름의 순현재가치(NPV)에 기술요소(technology factor)라는 조정계수를 곱하여 기술의 가치를 측정하는 방법을 말한다. 즉, "기술가치 = NPV × 기술요소"로 산출된다.

기업이 기술거래를 통해 기술을 도입하는 주요 동기는 사업상 원가절감(Cost reduction)을 통한 증분이익(Revenue enlargement)과 증분수익(Incremental profit)의 실현으로 이윤을 극대화하기 위한 것이다. 증분이익은 기술사업화를 통해 창출된 순현금유입액, 즉 현금흐름의 주요 기반이 되며, 현금흐름을 현재가치로 자본화한 것이 기술사업으로 창출되는 사업가치에 해당된다. 증분이익이 발생하면 기술제공자와 기술도입자 모두가 증분이익을 공유하게 된다. 따라서 증분이익의 산출이 바로 기술가치의 평가금액이 되는 것이 아니라 다시 배분의 문제가 존재한다.

기술기여도는 평가실무에서 3분법(33%), 4분법(25%), 기술요소법 등의 간접추정방법과 객관적 자료나 근거로부터 직접 추정하는 방법이 있으나, 방법에 상관없이 평가에 참여한 전문가들의 합의에 따라 도출되어야 한다. 실무에서는 기술요소법에 의한 산업 특성을 반영하는 산업기술요소를 세분화하고, 개별기술의 특성을 파악하는 기술성(권리성 포함) 및 사업성(시장성 포함) 요인으로 구성된 평가지표를 반영하여 기술기여도를 산정하고 있다.

나) 기술기여도 추정방법

(1) 직접추정법

평가대상기술이 사업가치에 공헌(또는 기여)하는 바를 제품의 기술비중, 원가비중 등으로 분리하여 충분하게 인지 가능한 객관적인 자료나 근거가 있는 경우 전문가적 판단에 따라 직접 추정할 수 있다.[169] 만약, 평가자가 기술기여도를 직접 추정하는 경우 그 근거자료와 추정방법 등은 명확히 제시되어야 한다.

(2) 경험칙 방법(Rule of Thumb)

경험칙 방법은 과거의 수많은 기술거래 협상과정에서 기술도입자(Licensee)와 기술판매자(Licensor)간의 합의에 의한 결과로 기술거래에 의한 창출한 이익의 25%는 기술판매자의 몫으로, 75%는 기술도입자의 몫으로 배분하는 것이 합리적이라는 것이다. 이 방법은 기술거래시장에서 관행적으로 이루어져온 것이며, 여기서 이익은 기술 사업에 의해 발생한 세전영업이익을 기준으로 한다.

---

169) 해당기술 자산이 해당 제품(또는 용역)에 기여한 바가 명백하고 객관적으로 추정이나 산출이 가능한 경우

4분법(25% Rule)은 공정성에 대한 직감적인 호소력이나 직접적인 성과기준 적용 측면에서 장점이 있으나, 개별기술의 기여도와 일반적 기준과의 차이를 설명하기에는 부족하며 그리고 기술판매자와 기술도입자간에 이익배분의 기준(25% : 75%)이 모든 기술에 적용될 수 없다는 단점이 있다.

(3) 기술요소법

평가대상기술에 의해 창출된 사업가치는 무형자산과 유형자산의 유기적인 결합으로 창출된 것이다. 역으로 기술요소법은 사업가치를 다시 무형자산가치와 유형자산가치로 분리할 수 있다고 가정하며, 무형자산가치는 기술요소, 인적요소, 시장요소로 구성될 수 있으므로 기술가치는 무형자산가치 중에서 기술요소의 비중으로부터 도출될 수 있다는 논리를 기반으로 하고 있다.

기술요소법은 산업 특성과 개별기술 특성을 동시에 반영하여 기술기여도를 산출하는 방법이다. 기술기여도(기술요소)는 산업 특성을 반영하는 산업기술요소(Industry factor)와 개별기술의 특성을 평가하는 개별기술강도(Technology rating)의 곱으로 구성되어 있다.

기술기여도 = 산업기술요소(Industry Factor, %) × 개별기술강도(Technology Rating)

여기서, 산업기술요소 = 최대실현 무형자산가치비율 × 평균기술자산비율
최대실현 무형자산가치비율 = 무형자산가치 / (기업시장가치(시가총액)+부채총액)
무형자산가치 = 기업시장가치(시가총액) - 순자산가치
순자산가치=자산총액 - 부채총액
평균기술자산비율 = 연구개발비 / (연구개발비+광고선전비+교육훈련비)

① 산업기술요소

산업기술요소는 코스닥과 코스피 상장기업을 대상[170]으로 최근 10년간의 기업재무 데이터를 분석한 후 무형자산 가치가 음(-)인 경우는 제외하고, 업종별 산업기술요소가 상위 5%인 기업을 대상으로 하였다.

업종별 분석대상기업이 10개 이상인 경우를 대상으로 업종 평균을 산출하여 해당업종의 산업기술요소 값으로 설정하였고, 데이터가 부족하여 산출이 어려운 업종의 경우 제조업, 비제조업, 건설업으로 구분하여 (평균값-σ)로 최저 산업기술요소 값을 적용하였다.

170) 상장기업만을 대상으로 한 이유는 분석결과의 객관성 및 통계의 신뢰성 확보에 기인하기 때문이다.

산업기술요소는 기업의 무형자산이 어떤 산업 내에서 잠재적으로 달성 가능한 상업적 기업가치에 공헌한 최대 비율을 의미하며, 업종별 최대실현 무형자산비율과 평균기술자산비율의 곱으로 산출될 수 있다.

② 개별기술강도

기술요소법에 의한 기술기여도 측정방법의 합리성은 평가대상기술의 산업특성과 개별특성(개별기술강도)에 따라 결정된다고 보고 각각의 특성을 반영한다는데 있다. 여기서 산업특성은 산업기술요소로 측정되며, 개별특성은 일정한 개별기술이 지닌 기술성(권리성 포함) 및 사업성(시장성 포함)에 따라 결정된다.

기술의 개별특성은 개별기술의 내재적 가치를 기술성(기술적 우위성 및 권리성 포함) 및 사업성(상업적 우위성)으로 구분하여 평가한다. 만약 기술적으로 매우 우수한 기술이라 하더라도 기술을 사업화하는 데 막대한 자본이 필요하거나 시장진입에 많은 장벽이 존재하는 기술이라면 사업적 효용성이 떨어진 기술에 해당한다.

기술성은 기술적 측면에서 사업가치를 판단하기 위한 평가지표 개념으로 기술 자체가 보유하고 있는 다양한 유용성 및 경쟁성을 어느 정도 확보하고 있는지 평가하는 것이다.

사업성은 시장과 사업적 측면에서 기술 자체에 내재하고 있는 유용성 및 효용성을 어느 정도 확보하고 있는지 평가하는 것이다.

기술성 10개 항목과 사업성 10개 항목으로 구성되는 개별기술강도 평가지표들은 평가대상기술의 사업화 과정에서 당면하게 될 상황을 토대로 상업적 생존가능성을 측정하여 사업가치 창출에 어느 정도 기여하는지 평가하는 것이다.

기술성 측면과 사업성 측면의 각각의 평가항목 20개를 분석하여 5점 척도를 적용하여 1~5점 범위에서 평점을 부여한 후 가중치를 적용하여 개별기술강도를 산출한다.

한편, 평가항목의 구성과 항목별 가중치는 기술평가기관별로 약간의 차이가 있다. 산자부의 실무가이드상 개별기술강도 평가항목별 가중치가 5로 동일하게 부여되어 있는 반면, 기보의 "기술성 및 사업성평가표"의 항목별 가중치는 각각 다르게 부여되어 있다. 아래 표의 왼쪽은 기보의 기술성 및 사업성 평가표이고 오른쪽은 산업통상자원부의 개별기술강도 평가항목을 요약정리하였다.

[표 5 - 17] 기보의 기술성 및 사업평가표 vs 산업통상자원부의 평가항목

구분	평가항목 (기보)	우수 5	양호 4	보통 3	미흡 2	취약 1
기술성	혁신성					
	파급성					
	활용성					
	전망성					
	차별성					
	대체기술 출현 가능성					
	모방난이도					
	기술수명					
	권리범위 (S/W:권리침해 가능성)					
	권리안전성 (S/W:권리등록 가능성)					
사업성	수요성					
	시장진입 가능성					
	생산용이성					
	예상 시장점유율					
	경제적 수명					
	매출 성장성					
	파생적 매출					
	기술성숙도					
	상용화 소요자본					
	수익성(영업이익율)					
개별기술강도	00.00%(=(가중합/501.5)x100)					

구분	평가항목 (산업통상자원부)
기술성	혁신성
	파급성
	활용성
	차별성
	대체기술 출현 가능성
	모방난이도
	진부화가능성
	권리보호강도
	권리안정성
	침해발견 및 입증용이성
사업성	수요민감도
	시장진입 가능성
	생산용이성
	예상 시장점유율
	경제적 수명
	매출 성장추세
	파생적 매출
	사업화준비기간
	사업화 소요자본
	수익성
개별기술강도	획득점수/100

6) 기술비중

가) 개요

기술가치평가 과정에서 사업가치 산출의 근거가 되는 제품 및 서비스를 구현할 때, 다수의 기술을 적용하는 것이 일반적이며, 제품·서비스를 구성하는 다수의 기술 중 평가대상기술이 차지하는 부분을 고려하는 기술비중이 필요하다. 대상기술이 매출액 추정의 대상이 되는 전체 기술에 해당하면 기술의 비중은 100%가 된다.

기술기여도는 여유현금흐름으로부터 산출된 사업가치(현재가치)에 대하여 기술자산이 기여한 부분이며, 이때의 기술은 사업가치의 근거가 된 제품 또는 서비스에 적용되는 기술 전체를 의미한다.

기술가치평가 실무에 있어서 평가대상기술은 대부분 개별 특허권이나 핵심기술 등으로 제품이나 서비스 구현에 필요한 기술들 중 일부분에 해당되는 경우가 발생한다. 기술기여도 측정을 위한 평가지표는 평가대상기술을 대상으로 평가하고 있으며, 사업가치 산출의 근간이 되는 제품이나 서비스에 필요한 기술 전부를 평가하는 것은 아니다. 따라서 기술비중은 기술가치평가 과정에서 반드시 적용되어야 하는 개념으로써, 이를 간과할 경우 기술가치평가의 신뢰도를 저하시키는 원인이 될 수 있다.

한편, 기술기여도 산출 시 산업통상자원부의 실무가이드에서는 "산업기술요소×기술의 비중×개별기술강도" 순으로 되어 있고, 기보는 기술기여도에서 분리하여 가장 나중에 기술의 비중을 반영하고 있는데, 이는 기관의 평가철학의 차이에서 비롯된 것으로 설명할 수 있다.

나) 기술비중 추정방법

기술비중을 추정하는 방법은 전문가합의에 의한 방법, 기술분류표를 적용한 방법 등이 있으며, 다양한 기술에 탄력적으로 대응하기 위해서는 기술비중을 결정하는 정형화된 평가지표보다는 평가 사례별 또는 기술유형별로 전문가합의에 따라 추정하는 것이 적절하다.

평가대상기술을 포함하는 제품(서비스)을 분석하고 기술비중의 적용 여부를 결정한 후 평가대상기술의 기술비중을 추정하기 위해 제품에 적용되는 기술들을 검토하여 기술비중을 결정한다.

기술의 분류기준 및 비중을 결정하는 과정에서 평가자가 단독으로 기술분류표 및 분류기술별 비중을 결정할 경우, 공정성과 적절성에 문제가 제기될 수 있으므로 평가자와 기술보유자의 평가대상기술에 대한 충분한 이해와 합의를 바탕으로 결정하는 것이 바람직하다.

제품(서비스)을 다수의 기술로 분리할 때 제품(서비스)의 성능을 구현하는데 필요한 기술적 중요도를 기준으로 세부 기술을 결정해야 하며, 단순히 부품 개수에 따른 등분 또는 원가비율 등을 적용[171)]하는 것은 지양한다.

제품에 포함되어 있는 평가대상기술의 기술비중을 결정하기 위해 작성하는 기술분류는 국가과학기술분류체계를 따르지 않고 제품성능을 구현하는데 필요한 세부 기술로 구분하는 것이 적절하다.

기술비중을 결정할 때, 제품(서비스)의 성능을 구현하는데 필요한 기술적 중요도를 기준으로 비중을 결정하여야 한다.

기술분류표를 활용하는 경우, 제품(서비스)를 구성하는 기술은 크게 외부 도입기술(외주, 기술 라이선스 등)과 확보한 내부기술(지재권, 노하우 등)로 구분하여 세분화하고, 전문가 합의에 따라 기술구성 항목의 비중을 결정한다.

[표 5 - 18] 기술비중 산정을 위한 분류표(예시)

제품기술분류	비중(A)	세분류_요소기술	비중(B)	대상기술	(A)×(B)
구성기술 1	60%	세부구성기술 1-1	30%	○	18%
		…	%		
		세부구성기술 1-i	20%	○	12%
① 소 계					
구성기술 2	30%	세부구성기술 2-1	30%	○	9%
		…	%		
		세부구성기술 2-j	20%	○	6%
② 소 계					
구성기술 3	10%	세부구성기술 3-1	30%		
		…	%		
		세부구성기술 3-k	20%		
③ 소 계					
④ 총 계(① + ② + ③)					45%

171) 구매자의 수급관계 위치, 구입경로 및 규모, 공급자와의 관계, 환경요인 등 기술 외적인 요소로 차이가 발생하기 때문임.

2. 의사결정 수익접근법

1) 개요

의사결정 수익접근법은 동태적 수익접근법의 하나로서 사업주체가 창출하는 미래현금흐름에 영향을 미치는 요소를 의사결정나무(Decision Tree) 형태의 시나리오로 작성하고, 시나리오별로 발생 가능한 확률을 부여한 후 최적의 시나리오를 선택하여 현금흐름을 추정하는 방법이다.

동태적 수익접근법(Dynamic DCF method)은 미래 현금흐름의 확률적 불확실성 또는 선택적 불확실성[172)]을 반영하여 여유현금흐름을 산출하고 기술가치를 산정하는 방법이다. 동태적 수익접근법으로는 의사결정 수익접근법, 위험조정 수익접근법, 실물옵션 수익접근법 등을 들 수 있다.

정태적 수익접근법에서 추정한 여유현금흐름은 평가 시점에서 설정한 가장 개연성이 높은 미래의 현금흐름 경로이다. 그러나 평가 시점에서 설정한 제반 가정이 미래에 위배될 가능성이 높고, 그 결과 현금흐름 수준에 크게 영향을 받는다고 판단될 경우에는 동태적 수익접근법을 적용하는 것이 합리적이라고 할 수 있다.

의사결정 수익접근법을 수행하기 위해서는 평가대상기술 관련 사업의 특성별로 미래현금흐름에 영향을 미치는 상이한 사건의 발생 단계와 각각의 확률값을 가정해야 한다. 확률적 불확실성의 반영은 시나리오별 현재가치와 확률값을 이용하여 기대값을 산출하며, 선택적 불확실성의 반영은 시나리오별 현재가치 중 최대값을 선택하여 산출한다.

2) 산출방법

통상적으로 기술의 사업화는 개발단계, 상용화, 후속 투자 등의 단계를 거치게 된다. 기술사업화 단계에서는 경영자의 의지로 선택할 수 없는 확률적 불확실성이 발생하게 된다. 예를 들면, 기술개발단계에서는 기술개발 성공가능성, 상용화 단계에서는 관련 규제발생, 정부정책의 변화, 유통경로의 확보 등 다양한 확률적 불확실성이 발생할 수 있다.

172) 확률적 불확실성이란 기업의 의사결정과 무관하게 외부의 사건에 의하여 확률적으로 발생하는 상황으로 기술개발 성공가능성, 임상 성공가능성, 시장상황, 트렌드, 정부정책 변경 등이 있음. 선택적 불확실성이란 기업의 의사결정으로 선택할 수 있는 상황으로 투자 결정, 거래처 선택, 채용 결정 등이 있음.

확률적 불확실성과 달리 기업이 의사결정으로 선택할 수 있는 선택적 불확실성이 있다. 예를 들면 초년도 상용화 단계에서 높은 수준의 매출액 달성 시 기업의 의사결정을 통하여 후속 투자, 채용, 거래처 선택 등 선택적 불확실성이 발생하는데, 기업은 현금흐름 창출을 극대화하는 방향으로 선택할 것이다. 각 시나리오별 현금흐름, 발생가능 확률 및 선택적 의사결정 여부를 토대로 역진 계산(Backward calculation)을 통해 미래현금흐름을 현재 시점으로 할인 및 누적 합산하는 절차를 거치게 된다.

[표 5 - 19] 의사결정 수익접근법 절차

절 차	설 명
① 사업화 단계의 구조 파악	평가 대상기술을 사업화하는 경우 미래 현금흐름의 크기에 영향을 미칠 수 있는 중요한 사업화 단계와 불확실성 요소 등 파악 - 개발단계에서의 개발 성공 가능성 - 상용화단계에서의 관련 규제, 매출처 확보가능성 등
② 시나리오와 확률구조의 확정	사업화 단계 및 불확실성 요소에 따른 시나리오별 발생 가능한 후속 경로, 발생확률, 의사결정 사항 등을 확정
③ 기본가정 현금흐름 추정	기본 가정하의 정태적 현금흐름 추정(정태적 수익접근법과 동일)
④ 시나리오별 여유현금 흐름 추정	평가 시점에서 가장 가까운 시점에 존재하는 시나리오를 대상으로 여유현금흐름 추정(수익접근법과 동일)
⑤ 역진계산에 의한 현금 흐름 산출	시나리오별 발생확률 등을 고려하여 추정 최종년도의 현금흐름으로부터 역진계산을 통해 평가시점의 현금흐름을 산정 후 현재가치 계산
⑥ 기술기여도, 기술비중 산출	정태적 수익접근법과 동일
⑦ 기술가치 결정	현재가치 합계 × 기술기여도 x 기술비중

의사결정 수익접근법에 의한 기술가치금액의 산출절차를 예시를 통해 살펴보기로 한다. 기술의 경제적 수명이 4년인 평가대상기술의 사업화를 분석한 결과 각 단계별로 확률적 불확실성과 선택적 불확실성이 다음과 같이 예상된다고 가정한다.

■ 확률적 불확실성: 정부정책 변화

• 추정 1차년도에 평가대상기술의 사업화와 관련하여 정부정책 변화 가능성 있음

확률적 불확실성	추정확률
정부정책이 긍정적으로 변경되어 매출 향상 예상(A)	30%
정부정책이 변경 없어 현재의 계획 매출 유지 예상(B)	60%
정부정책이 부정적으로 변경되어 매출 감소 예상(C)	10%

■ 선택적 불확실성: 추가투자

• 정부정책이 긍정적인 경우 추정 2차년도에 추가 투자 가능성 있음

시나리오	선택적 불확실성	선택
S(Aa)	정부정책이 긍정적으로 변경되어 2차년도 추가투자 실행	1
S(Ab)	정부정책이 긍정적으로 변경되었으나 2차년도 추가투자 미실행	2
S(B)	정부정책이 변경 없어 2차년도 추가투자 미실행	
S(C)	정부정책이 부정적으로 2차년도 추가투자 미실행	

불확실성을 반영한 현금흐름 구조는 노드 그래프를 이용하여 다음과 같이 단순화된다.

[그림 5 - 8] 시나리오와 확률 구조 및 연도별 현금흐름(예시)

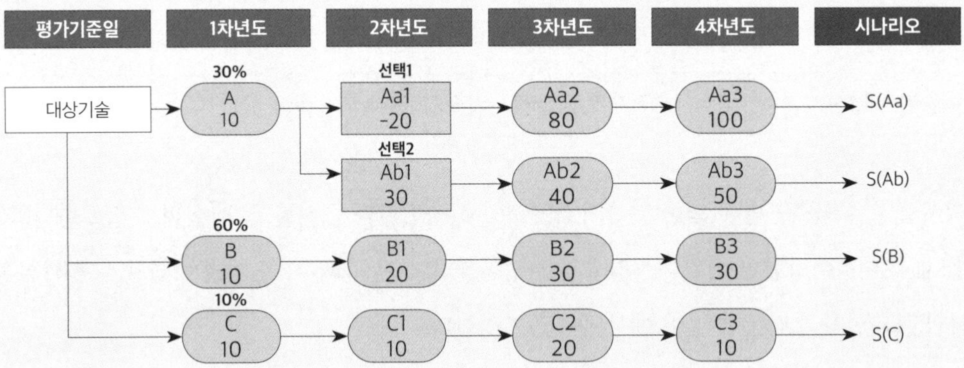

* 노드 안의 값은 여유현금흐름의 크기를 의미함

기본 가정하의 시나리오 S(B)의 여유현금흐름(FCF)을 추정하고 평가시점에서 가장 가까운 시점에 존재하는 시나리오를 대상으로 FCF를 추정하며, 현금흐름 추정방법은 정태적 수익접근법과 동일하다. 각 시나리오별 FCF를 추정한 후 시나리오별 불확실성을 반영하여 최종년도의 FCF로부터 역진계산을 통해 FCF의 현재가치를 산출한다. 현금흐름의 현재가치 산출 시 선택적 불확실성의 반영은 하위노드 중 최대값을 선택하며, 확률적 불확실성의 반영은 하위 노드들의 현재가치와 확률값을 이용하여 기대값으로 산출한다. 마지막으로 기술기여도와 기술비중을 적용하여 최종 기술가치금액을 산출하는 절차로 종료된다.

3. 실물옵션 수익접근법

1) 개요

실물옵션(Real Option)을 이용한 가치평가는 불확실성이 높은 사업환경에 놓여있는 기업에 대해 투자결정을 위한 선택의 유연성을 반영하여 가치를 평가한다. 여기서 옵션이란 옵션 매입자가 일정한 금융자산 또는 비금융자산 등의 기초자산(underlying asset)을 정해진 기간동안, 정해진 가격(행사가격: exercise price)에 일정한 양을 사거나 팔 수 있는 권리를 뜻한다. 이때 기초자산이 주식, 주가, 환율 등 금융자산인 경우 금융옵션(financial option)이라고 하고, 대상이 R&D 프로젝트, 투자안 등 비금융자산인 경우 실물옵션이라고 한다.

옵션은 기본적인 형태에 따라 콜옵션(call option)과 풋옵션(put option)으로 구분된다. 콜옵션은 일정기간이 지난 후 일정가격에 정해진 대상의 일정한 양을 매입할 수 있는 권리이며, 풋옵션은 이를 매각할 수 있는 권리를 의미한다. 콜옵션의 경우 소유자는 옵션의 행사여부를 선택할 수 있기 때문에 기초자산의 가치가 행사가격보다 높을 때에만 옵션의 권리를 행사하게 된다. 반면 풋옵션은 소유자에게 기초자산을 매도할 수 있는 권리를 부여하며 행사가격이 기초자산의 가치보다 높을 때만 행사하게 된다.

새로운 정보를 얻을 때마다 불확실성은 사라지고 현금흐름도 수정된다면 경영자는 새로운 환경에서 이윤을 극대화(또는 손실의 극소화)하기 위해 전략을 바꿀 수 있는 기회를 갖고자 할 것이다. 예를 들어 경영자는 시장환경 변화에 대응하여 프로젝트를 연기하거나, 확장하거나, 축소하거나, 포기하는 기회를 주는 평가방법을 선호할 것이다.

실물옵션평가는 투자에 내재된 연기, 확장, 축소, 포기 등의 선택권의 가치를 금융시장에서 옵션 가치를 평가하는 방법을 이용하여 측정하는 것이다. 이는 전통적으로 사용되는 미래 현금흐름의 가치, 투자비용 등과 같은 변수들뿐만 아니라, 사업의 변동성을 핵심적인 변수로 감안함으로써 보다 유연하고 동적인 투자를 할 수 있는 전략적 도구를 제공해준다.

투자의 가치를 평가하는 전통적 기법인 순현재가치법과 실물옵션평가가 유사한 점은 두 방법 모두 프로젝트나 투자로부터 발생하는 미래의 현금흐름을 현재가치로 할인한다는 측면에서는 동일하다. 실물옵션평가 방법에서 의사결정의 유연성을 고려하지 않은 경우가 바로 순현재가치법으로 실물옵션 평가의 하나의 특수한 형태로 이해할 수 있다. 두 방법의 차이점은 불확실성정도에 따른 투자여부 결정시점에서 찾을 수 있다.

순현재가치법은 현재시점에서 가지고 있는 정보에 기초하여 프로젝트의 현금흐름과 비용을 평가하고, 프로젝트를 채택하는가 기각하는가의 결정을 현재시점에서 결정한다. 즉 여러 가지 대안들의 현재가치를 각각 계산하고 최고의 현재가치를 가져오는 방법을 택한다.

[표 5 - 20] 순현재가치(NPV)와 실물옵션의 비교

정태적 DCF(NPV)관점	동태적 DCF(Real Option) 관점
현재시점에서 확정된 의사결정 경로를 가정	미래의 정보와 경영판단에 의한 의사결정 경로를 인식
불확실성은 투자가치를 감소시킴	불확실성은 옵션가치 상승으로 투자가치를 증대시킴
현재 현금흐름이 없거나 적은 자산의 가치를 저평가함	유연성, 학습 등 무형적 요소의 전략적 가치를 인식
미래의 정보에 대한 제한적 가치를 부여	미래의 정보에 대하여 높은 가치를 부여
‘all or nothing’ 투자안을 채택 또는 기각	‘투자보류’, ‘투자불가’ 등 다양한 대안 존재

* 출처 : 기술보증기금 내부자료

실물옵션[173] 방법에서는 순현금가치법과는 달리 프로젝트의 시작 여부를 현재시점에서 결정할 필요가 없다. 즉 시간이 흐르면서 프로젝트가 가지는 불확실성이 없어지면서, 보다 확실한 상황에서 프로젝트의 가치를 평가하고 투자 여부를 결정한다는 점에서 차이가 있다.

173) 실물옵션평가모형은 블랙-숄즈모형, 이항모형, 옵션트리모형, 다이나믹DCF모형 등 다양하게 존재한다.

여기서 살펴보고자 하는 실물옵션 수익접근법은 금융 옵션과 같이 만기, 행사가격, 기초자산, 자산가치 변동성 등을 고려하여 Black-Scholes 모델[174]을 적용함으로써 자산의 가치를 평가할 수 있다. Black-Scholes 모델은 다음과 같은 가정을 가지고 있다.

- 주식가격은 기하 브라운 운동(Geometric Brownian Motion)을 따른다.
- 단기 이자율은 옵션 기간 동안 일정하며, 이미 알려져 있다.
- 기초자산인 주식에 대한 배당금 지급은 없다.
- 거래비용, 세금 및 공매도 제약이 없는 완전시장이다.
- 기초자산의 수익률 변동성(volatility)은 옵션 기간 동안 변하지 않는다.

이상의 가정들을 기초로 콜옵션의 가격산정을 위한 Black-Scholes 모델은 다음과 같다.

$$C = S \cdot N(d_1) - Ke^{-rt} \cdot N(d_2)$$

$$d_1 = \frac{\ln\left(\frac{S}{K}\right) + \left(r + \frac{\sigma^2}{2}\right)t}{\sigma\sqrt{t}}, \ d_2 = d_1 - \sigma\sqrt{t},$$

여기서, C : 콜옵션의 가치, S : 기초자산의 현재가치, K : 옵션의 행사가격, t : 옵션의 잔존기간 또는 만기, r : 옵션의 잔존기간에 상응하는 무위험이자율, σ : 기초자산의 가치의 변동성, N(•) : 누적 정규분포

옵션의 가격은 기초자산, 변동성, 잔존기간, 행사가격, 무위험 수익률에 따라 결정되며, 옵션의 가격을 결정할 때 변동성(volatility)[175]을 제외한 나머지 변수의 값은 이미 정해져 있거나 주어진 값을 적용할 수 있다.

사업 가치의 할인이자율은 기업의 사업 환경과 위험 요소를 고려한 수익접근법에 의한 할인이자율을 따르고, 개발(상업화) 비용의 할인율은 기업의 환경적 영향보다는 금융 환경의 영향을 받기 때문에 일반적으로 무위험이자율을 적용하는 것이 적절하다[176].

174) Black, F., and Scholes, M.. “The pricing of options and corporate liabilities.” Journal of political economy, 81(3), 637-654, 1973.

175) 변동성은 일정 기간 주식, 채권, 또는 상품의 가격이 변동하는 정도를 나타내는 통계적인 척도를 의미하며 일반적으로 불확실성을 측정하는 수단으로 알려져 있음.

176) Hernandez-Garcia, D., Guemes-Castorena, D., & Jaramillo, I. P., “A real option based model for the valuation of patent protected technological innovation projects.”, Portland International Conference on Management of Engineering and Technology, pp. 1-16. IEEE. 2017

변동성은 옵션 만기까지 자산가치가 변동하는 정도를 의미한다. Black- Scholes 모델에 적용되는 변동성은 옵션 만기까지의 변동성이기 때문에 가격산정 시점에 정확한 값을 알 수 없다. 변동성 추정을 위해 다양한 모형이 존재하나 옵션마다 다른 값으로 산출되므로 특정 옵션 추정방법을 적용하는 것은 대표성의 문제가 발생한다. 따라서 여러 개의 변동성 추정방법을 적절히 조합하여 변동성을 대표할 수 있는 하나의 지수(변동성지수)를 만들어 적용하는데, 미국의 VIX, 한국의 VKOSPI[177]가 대표적이다. 실물옵션분석에서 사용하는 변동성(σ_{ro})은 자산가격의 변동성(σ_{eq})을 부채비율(D/E))로 나누어 할인되도록 조정한다.[178]

$$\sigma_{ro} = \frac{\sigma_{eq}}{1 + D/E}$$

VKOSPI는 전체 주식시장의 변동성을 의미하기 때문에 업종에 대한 특성과 평가 대상기업의 특성을 함께 고려할 필요가 있다. 기업의 여러 특성(산업, 규모 등)을 반영하기 위하여 자기자본과 타인자본비율 정보를 이용하면 기업의 특성을 고려한 변동성을 추정할 수 있다. 최신 연구에서 유사 업종의 기업들에 내재되어 있는 변동성을 평균하여 대상 기업의 변동성을 대용하는 사례들이 나오고 있다. 국내 상황에서 국내 주식시장의 대표지수인 KOSPI200의 변동성을 나타내는 VKOSPI를 대용치(평가일 기준 최근 5년 동안의 값을 활용함)로 사용하고, 업종과 기업의 상황을 고려하여 조정하는 것이 합리적인 대안으로 보고 있다.

2) 산출방법

미래 현금흐름의 불확실성이 인지되는 경우 실물옵션 수익접근법을 적용하며, 정태적 수익접근법을 기반으로 기술개발비용을 고려하는 단계와 옵션을 반영하여 기술가치를 산정하는 단계가 필요하다. 실물옵션 수익접근법은 통상 아래와 같은 경우에 적용한다.

• 기술개발이 완전히 이루어지지 않아 평가대상기술로 인한 매출이 발생하지 않는 기간이 1년

177) 2009년4월부터 적용되고 있는 한국형 변동성지수(Volatility Index of KOSPI 200)로서 KOSPI 200옵션시장에 상장된 최근 월·차근 월 종목을 이용하여 잔존만기 30일 기준으로 산출한다. 한국거래소는 기본적으로 공정분산스왑 방식을 이론모델로 채택하되, 한국 시장의 특성에 맞게 독창적인 산출방식을 고안하였다.

178) Mun, J., "Real options analysis: Tools and techniques for valuing strategic investments and decisions," Vol. 137, John Wiley & Sons, 2002.

을 초과하는 경우

- 기술개발의 성공 확률에 대한 공신력 있는 정보가 존재하지 않았을 때(임상시험 경우처럼 공신력 있는 기관의 정보가 존재하는 경우 위험조정 수익접근법 적용)
- 미래현금흐름에 대한 불확실성이 존재하는 경우

[표 5 - 21] 실물옵션 수익접근법 절차

절 차	설 명
① 사업화 단계의 구조 파악	평가 대상기술을 사업화하는 경우 미래 현금흐름의 크기에 영향을 미칠 수 있는 중요한 사업화 단계와 불확실성 요소 등 파악 - 개발단계에서의 개발 성공 가능성 - 상용화단계에서의 관련 규제, 매출처 확보가능성 등
② 기술개발비용의 현재가치 산정	개발에 사용되는 비용 및 기간 확인 후 현재가치 산정 (할인율은 무위험 이자율 적용)
③ 사업화에 따른 여유 현금흐름 산정	정태적 수익접근법과 동일한 과정을 거쳐 기본 가정에 따라 매출 및 여유현금흐름을 추정
④ 변동성 지수 산출	평가 시점을 반영한 VKOSPI로 변동성지수 산출
⑤ 현재가치 추정	변동성 지수 및 블랙숄즈 모델에 의한 현재가치 산정
⑥ 기술기여도, 기술비중산출	정태적 수익접근법과 동일
⑦ 기술가치 결정	현재가치 합계 × 기술기여도 x 기술비중

4. 위험조정 수익접근법

1) 개요

위험조정 수익접근법(risk-adjusted DCF method)은 전통적인 현금흐름 할인법에 개발단계별 성공확률을 결합한 것으로, 사업화를 위한 개발 및 준비기간이 상당히 길고, 기간 중 불확실성이 존재하는 기술(제약, 바이오 분야 등)에 대한 가치평가방법이다.

정태적 수익접근법을 적용하면 가치금액이 과대평가될 수 있으므로 제약 분야 기술과 비슷한 특성을 가진 기술의 가치를 평가할 때 위험조정 수익접근법을 적용할 수 있다. 위험조정 수익접근법을 적용하려면 기간별 성공확률에 대한 합리적인 정보가 필수적이다. 개발기간이 긴 경우라

할지라도 단계별 구분이 쉽지 않고, 또한 단계별 성공확률에 대한 객관적 정보가 존재하지 않는 경우에는 위험조정 수익접근법을 적용할 수 없다.

위험조정 수익접근법을 적용하기 위해 다음의 식[179]으로 개발 기간에 따른 성공확률을 적용하여 여유현금흐름(rNPV)을 산정한 후, 기술기여도를 반영하여 기술가치를 산출한다.

$$rNPV = NPV_{\mathrm{rev},LOA} - NPV_{dev,\ pro}$$
$$= \sum \frac{r_{LOA} CF_t}{(1+\alpha)^t} - \sum \frac{\mathrm{Pro}_{pt} C_{pt}}{(1+\alpha)^{pt}}$$

여기서, r_{LOA}은 승인 가능성(Likelihood Of Approval), Pro_{pt}은 임상 단계별 진입 가능성, CF_t은 출시 이후의 현금흐름, C_{pt}은 각 임상 단계별 개발비용, t는 경제적수명 기간, pt는 개별 임상시험 기간, α는 할인율(Discounted Rate) 의미함.

최종 위험이 반영된 여유현금흐름(rNPV)은 평가대상기술의 사용승인에 따른 시장 출시 이후 발생하는 수익($NPV_{rev,LOA}$)과 개발과정에서 지출된 비용($NPV_{dev,\ pro}$)의 차이로서 현금흐름 값을 의미한다. 임상시험 진행에 따른 단계별 진입 가능성은 해당 임상 단계로 진입할 가능성을 의미하는 것으로 이전 단계의 성공확률을 곱하여 산출하며, 평가대상기술이 어느 임상 단계에 있더라도 약물 특성을 감안하여 임상단계별 성공 가능성을 적용한다.

제약 바이오 분야 기술은 개발기간이 길고, 여러 단계[180]의 까다로운 임상시험을 통과하여 시판 승인을 받아야 사업화에 이를 수 있다. 단계별 임상시험 성공확률을 산출하기 위해서는 각 단계별 임상시험 진입 건수와 중단된 임상시험 건수가 필요하나, 국내 임상시험 중 중단된 임상시험 건수를 확인하기 어려운 실정이다.[181] 미국(www.clinicaltrials.gov)이나 유럽(www.clinicaltrialsregister.eu)

---

179) 한국보건산업진흥원 "보건의료 기술가치평가 실무가이드"에 제시된 여유현금흐름 계산식을 재인용.

180) **전임상단계**: 도출된 후보물질의 유효성과 독성을 검증하기 위해 동물 모델을 대상으로 생화학적 실험을 하는 단계
임상 1상단계: 건강한 지원자 또는 대상 시험 질병의 위험도가 높은 환자(항암제, HIV 치료제 등)를 대상으로 내약성, 부작용 및 약물의 체내 동태 등 안정성 확인을 하는 단계
임상 2상단계: 소수의 환자를 대상으로 유효성과 안전성을 평가하여 신약 가능성과 최적 용량 용법을 결정하고 치료 효과를 탐색하는 단계. 제형과 처방, 효능, 효과, 용법, 용량, 사용상의 주의사항 등을 결정
임상 3상단계: 다수의 환자를 대상으로 유효성에 대한 추가 정보 및 확증적 자료를 확보하는 단계
임상 4상단계(NDA): 신약이 승인(NDA, New Drug Application)되어 시장에 출시된 후, 시판 전 제한적인 임상시험에서 파악할 수 없었던 부작용이나 새로운 증상을 추가로 조사 연구하는 단계

181) 국내에서 임상시험 공개는 의무 사항이 아니므로 국내 임상시험 성공확률을 추정하거나 데이터를 확보하는 것은 제도적으로 어려운 상황임

은 정부차원에서 임상시험 정보 등록을 의무화하고 있으며, 미국국립보건원(NIH)에 등록된 전세계 임상시험 건수(누적)는 2018년 기준 약 30만건에 근접하는 것으로 알려져 있다.[182] 그러나 국내 임상시험 건수는 NIH 보유 자료의 약 12% 정도로 다양한 임상시험 결과에 대한 정보를 얻는 데 한계가 있다. 따라서 임상시험 단계별 성공확률을 기술가치평가의 투입변수로 활용하는 경우 NIH의 임상 성공확률 자료를 활용하는 것이 적절할 것으로 판단하고 있다.

2) 산출방법

미래 현금흐름의 불확실성이 개발 단계에 따라 확인되는 경우 위험조정 수익접근법을 적용하며, 정태적 수익접근법을 기반으로 현금흐름, 할인율 등을 고려하면서 단계별 성공가능성을 반영하도록 기술가치 산정과정을 구성하여야 한다. 위험조정 수익접근법은 일반적으로 다음의 경우에 적용하는 것을 권장하고 있다.

- 제약 및 바이오 분야에 속하는 기술로서 임상단계별 성공확률이 제시되어 있는 경우(시판 승인 전 개발단계 포함)
- 일반 산업분야에서 개발기간이 상대적으로 길어 성공가능성이 불분명하여 현금흐름의 불확실성이 높다고 인정되는 경우(단, 개발에서 상품화까지 단계별 성공가능성이 구체적으로 제시되어야 함).

위험조정 수익접근법을 적용하여 기술가치평가를 수행할 경우, 매출추정, 할인율 등 평가 파라미터가 현행 기술가치평가 운영지침(정태적 수익접근법)에 기반하여 산출되는 반면, 최종 산출되는 기술가치 금액은 개발단계별 성공확률을 적용하기 때문에 정태적 수익접근법에 의한 가치 산출액 보다 낮은 값으로 산출된다.

182) https://clinicaltrials.gov

[표 5 - 22] 위험조정 수익접근법 절차

절 차	설 명
① 개발 및 사업화 단계의 구조 파악	평가 대상기술을 사업화하는 경우 미래 현금흐름의 크기에 영향을 미칠 수 있는 중요한 개발 및 사업화 단계와 불확실성 요소 등 파악 - 개발단계별 성공 가능성 - 기술특성
② 개발(임상)단계별 특성 파악	개발에 소요되는 비용 및 기간 확인개발단계별 성공확률 결정
③ 여유현금흐름 추정	정태적 수익접근법과 동일한 과정을 거쳐 기본 가정에 따라 단계별 매출 및 여유현금흐름을 추정
④ 현재가치 추정	개발단계별 성공확률을 반영한 현재가치 추정
⑤ 기술기여도, 기술비중 산출	정태적 수익접근법과 동일
⑥ 기술가치 결정	현재가치 합계 × 기술기여도 x 기술비중

5. 증분 수익접근법

1) 개요

증분(increment) 수익접근법은 대상 기술이 적용되지 않은 상태의 현금흐름과 대상 기술이 적용된 후의 현금흐름을 비교하여 만일 후자가 전자보다 크다면 그 차액의 현재가치를 대상 기술이 창출하는 기술가치로 인정하는 방법이다. 신기술이 적용됨으로써 현금흐름이 증가하는 유형은 성능개선형 신기술(신시장 창출형, 기존 시장 대체형)과 공정혁신형 신기술(공정 효율화형, 재료 대체형, 시간 단축형)을 들 수 있다.

성능개선형 신기술의 경우, 자사가 이미 판매하고 있던 상품을 새로운 기술이 적용된 상품으로 대체하거나 신시장을 창출함으로써 발생하는 매출액 차이에 대한 여유현금흐름을 산출하는 것으로 정태적 수익접근법을 적용하는 것이 적절하다고 할 수 있다.

공정혁신형 신기술(공정기술)은 공정개선, 재료대체, 시간단축 등의 형태로 생산성을 향상시키는 것이고, 제품 생산에 투입한 자산 규모와 공정혁신 신기술이 적용되지 않은 경우 제품 생산에 투입한 자산 규모의 차이로부터 여유현금흐름을 산출할 수 있다.

기술진보[183]는 기업의 생산성을 증대시켜 기업의 수익 변화를 유발하며, 기술진보 중 공정기술의 경우 제조 생산성과 직결된다. 공정기술의 진보에 의한 기술가치는 기술의 진보를 통해 이루어지지는 생산성 향상에 대한 기여분이라고 할 수 있다. 기술진보를 측정하기 위해 성장 회계 방식 등 이론적 모형으로 연구되고 있으나 실제 실무에 적용하기에는 어려우므로, 여기서는 생산함수[184] 이론을 토대로 현금흐름 산출 과정을 제시한다.

증분 수익접근법에 의한 공정기술의 기술가치는 공정기술이 적용되지 않은 상태의 현금흐름과 공정기술이 적용된 후의 현금흐름 차이로부터 산정할 수 있다. 공정기술의 적용되기 전후 상태를 기술적 측면에서 보면 현금흐름 상에서 발생하는 차이는 생산원가(매출원가)의 차이라고 할 수 있으며, 다음의 식으로 산정할 수 있다.

$$V = \sum_{t=0}^{T} V_t = \sum_{t=0}^{T} \frac{(C_{t,before} - C_{t,after})}{(1+r)^t} = \sum_{t=0}^{T} \frac{C_{t,before}}{(1+r)^t} \times a_t$$

$$= \sum_{t=0}^{T} \frac{C_{t,before}}{(1+r)^t} \times \left[1 - \frac{M_{t,after} + L_{t,after} + E_{t,after}}{M_{t,before} + L_{t,before} + E_{t,before}}\right]$$

여기서 T: 기술의 경제적수명, r : 할인율, $C_{t,before}$: t 시점에서 공정기술 적용 전 현금흐름-매출원가, $C_{t,after}$: 공정기술 적용 후 현금흐름-매출원가, V_t : t 시점에서 공정기술 가치, a_t: t 시점에서 공정기술 기여율[185]

증분 수익접근법을 적용하는 경우, 평가대상기술의 진보성을 토대로 기술성 및 생산공정 분석 등을 수행한 후 전문가합의를 거쳐 공정기술 기여율을 산정하고 기술가치를 결정한다.

---

183) 기술진보(technical progress)는 발명이 혁신과정을 통하여 생산활동에 현실적으로 나타나는 현상을 말하며 일반적으로 다음과 같은 3유형의 어느 하나 또는 복합적인 형태로 나타나게 된다. (1) 일정한 투입량으로 보다 많은 생산물을 생산한다. 즉, 일정한 산출물을 보다 적은 투입량으로 생산한다. (2) 기존의 생산물이 질적으로 개량된다. (3) 기존의 생산물과는 다른 새로운 생산물이 생산된다. 여기서 (1)의 경우는 생산과정상의 발명에서 나타나게 되며, (2)와 (3)의 경우는 생산물의 발명에 의해 나타나게 된다.

184) 생산함수는 주어진 시간 동안 투입한 생산요소의 양과 생산 가능한 최대 상품량 사이의 관계를 나타내는 함수로서 Q = f (K, L, T)로 표현할 수 있음. Q: 생산량, K: 자본, L: 노동, T: 기술

185) 공정기술 기여율 α(t)는 공정기술 적용 전후의 생산요소(경비, 노무비, 재료비) 투입량 비율로서 다음의 식으로 표현할 수 있음

$$\alpha(t) = \left[1 - \frac{M_{t,after} + L_{t,after} + E_{t,after}}{M_{t,after} + L_{t,before} + E_{t,before}}\right]$$

여기서, $M_{t,i}$: t 시점의 i 상태 재료비 원 단위, $L_{t,i}$: t 시점의 i 상태 노무비 원 단위, $E_{t,i}$: t 시점의 i 상태 경비 원 단위, 원 단위는 상품 1단위 생산에 필요한 생산요소량

2) 산출방법

증분 수익접근법에 의한 기술가치 산출 절차는 다음과 같고, 기술기여도, 기술비중, 할인율 등의 산정과정은 정태적 수익접근법과 동일하다.

[표 5 - 23] 증분 수익접근법 절차

절 차	설 명
① 재무분석	과거 재무자료를 바탕으로 경제적 수명기간 동안의 제조원가 산출
②기술성분석(공정분석 등 포함)	기술의 진보성 등에 대한 분석을 바탕으로 전문가 합의를 거쳐 기술적용 전후 재료비, 노무비, 경비의 단위량 결정
③ 현재가치 산출	공정기술 기여율 및 할인율 적용
④ 기술기여도, 기술비중 산출	정태적 수익접근법과 동일
⑤ 기술가치 결정	현재가치 합계 × 기술기여도 x 기술비중

제 3 절 시장접근법

시장접근법(Market Approach Method)은 전술한 바와 같이 평가대상기술과 비교가능한 기술자산이 활발하게 거래되는 시장에서의 거래가를 조사하여 상대적 우열정도, 거래상황 등을 고려하여 기술의 가치를 산출한다. 이 때 평가를 위해 수집하는 가격정보는 거래사례로부터의 실거래가 또는 유사거래가, 해당 산업이나 기술의 라이선싱 로열티[186] 등이 있다.

기술 시장은 일반적인 상품 시장과는 달리 기술제공자의 의지에 따라 움직이는 판매자가 주도하는 시장(Seller's Market)이므로, 경쟁관점에서 실질적인 평가 자료의 비교가 어려운 실정이다.[187] 또한, 기술거래가 비밀스럽게 이루어지는데다, 기술거래가 있었다는 사실을 알았다 하더

186) 로열티(royalty)는 기술의 실시(사용)에 대한 대가를 말하며 이전 및 양도(매매)에 따른 대가도 로열티 개념에 포함하고 있다. 실시료, 기술대가라고 부르기도 한다. 기술대가가 발생하는 기술거래이전의 형태는 기술매매(양도), 라이선스, 현물출자, 기술제휴 등이 있다. 일반적으로 로열티 대가방식은 정액 로열티와 경상로열티 그리고 고정로열티와 경상로열티가 혼합되어 지급하는 방식이 있다. 정액로열티는 라이선시(licensee)가 기술의 실시, 사용실적과 관계없이 일정한 금액을 지불하는 기술료로서 연도별 또는 일정기간 동안 고정금액을 받는 고정기술료, 기술이전 건에 대해 한꺼번에 전체금액을 받는 총액기술료, 거래초기에 정액으로 미리 지급받는 선불료 등이 있다. 경상로열티(running royalty)는 매출액, 이익, 원가절감액 등에 연동되어 기술대가를 지급하는 것이다.

187) Robert F. Reilly, "The valuation of intangible assets and intellectual properties", Buyouts & Acquisitions, Jan/Feb 1988, pp. 24~30.

라도 거래조건이 공개되지 않는 것이 일반적이어서 비교할 수 없기 때문에 실무에서 실제 거래사례에 근거한 시장접근법을 적용하는 경우는 발견되지 않고 있다.

시장접근법의 세부 평가방법으로는 거래사례법, 로열티참조법, 로열티공제법, 상관행법[188] 등이 있다. 이에 따라 여기서는 실제 거래사례 대신 기술거래시장에서 비교가능한 거래사례 로열티율 자료를 활용하여 기술의 가치를 추정하는 로열티참조법과 로열티 공제법을 중심으로 살펴보기로 한다.[189]

1. 로열티참조법

1) 개념

평가대상기술 관련 기술·업종으로부터 합리적인 로열티율을 참조할 수 있는 경우 과거 유사 또는 동일한 기술·업종의 로열티율을 참조하여 기술의 가치를 추정하는 방법이다.

일반적으로 로열티공제법은 보유 중인 평가대상기술이 만약 제3자로부터 라이선스 되었다고 가정하였을 때 지급해야하는 로열티를 기초로 기술의 가치를 추정하는 방법이다.

반면 로열티참조법은 평가대상기술이 반드시 제3자로부터 라이선스의 대상이 된다고 가정하지 않더라도, 단지 유사기술의 라이선스 거래에 적용한 로열티율을 참조함으로써 보다 다양한 분야에서 기술의 가치를 추정할 수 있는 방법이다.

정리하면 로열티공제법은 권리확보 및 라이선싱을 전제로 하는 지불로열티를 기초로 하나, 로열티참조법은 권리 유무나 라이선스 유·무에 무관하게 유사한 사례의 로열티율을 보다 광범위하게 참조하여 기술가치를 산출하는 방법이다.

로열티참조법은 다음과 같은 산식을 통해 기술가치를 산출한다. 유사비교 기술의 로열티율에 평가대상기술의 특성을 반영하여 조정한 후 기술의 경제적 수명 기간 동안의 매출액 및 할인율을 이용하여 산출하므로, 수익접근법 또는 혼합법으로 분류하는 경우도 있다.

188) 기술공급자와 기술수요자간 상거래 관행에서 일정비율을 기술공급자의 몫으로 인정하는 방법이다. 통상 평가대상기술로 창출된 기대이익의 25%를 로열티율로 설정하고 있으며 경험법칙(Rule of Thumb)이라고도 부른다.

189) 기술보증기금 기술가치평가 매뉴얼(2021)과 산업통상자원부의 기술평가실무가이드(2021)를 토대로 발췌·정리하였음

유사한 기술 및 제품의 거래사례인 경우 기술비중을 고려할 필요는 없으나, 동일한 사례가 없으면 가치산정의 기준이 되는 매출과 제품을 구성하는 기술을 분석하여 기술비중을 반영하여야 한다.

$$\text{기술가치} = \sum_{t=1}^{T} \frac{(\text{로열티율} \times \text{조정계수} \times \text{매출액})(1-\text{법정세율})}{(1+r)^t}$$

여기서, T : 기술의 경제적 수명, r : 할인율

2) 로열티참조법에 의한 산출절차

로열티참조법을 이용하여 기술가치를 산출하는 일반적인 절차는 다음과 같다.

[표 5 - 24] 로열티참조법의 일반적 절차

절 차	설 명
① 시장자료 분석	적절한 거래시장을 조사하여 기술의 종류, 기술의 사용현황, 활용산업, 거래일자 등에 있어서 유사하거나 동일한 기술에 대한 매매거래, 목록 등에 대한 자료 수집
② 사실확인 및 검증	자료의 사실과 일치 여부, 실제 기술거래여부 확인 등 신뢰성 검증
③ 비교방법 결정	비교대상 분석 항목, 비교분석 방법 적용 등
④ 로열티 산출	비교대상기술의 매매 또는 라이선스 거래와 평가대상기술의 거래조건을 통한 최적의 로열티 산출
⑤ 조정계수	기술의 특성을 반영한 조정계수 적용 (기술성, 권리성, 라이선스 계약 우위성, 시장성, 사업성)
⑥ 기술가치 결정	비교대상 거래기술들로부터 산출한 다양한 로열티와 조정계수를 통한 기술가치 추정

가) 참조 로열티율

유사비교 기술의 로열티율은 평가대상기술의 특성과 가장 유사한 기술의 과거 로열티율을 적용하여 산출한다. 기술가치평가에서 한국산업기술진흥원의 업종별 거래사례 분석을 통해 산출된 경상로열티율과 상관행법의 로열티율을 준용하거나, 평가자가 직접 거래사례를 조사하여 로열티율을 추정할 수 있다.

로열티율 자료 분포에서 발생가능성이 상대적으로 높은 로열티율 적정범위[190)]는 로열티율 자

190) 적정범위란 상장 및 비상장기업 범주에서 발생될 가능성이 높은 로열티율 범위를 의미하며, 기술 혹은 계약의 특이 속성으로 인하여 발생될 수 있는 이상 값은 고려하지 않음.

료 분포에서 Q1(하위 25%)과 Q3(상위 25%) 범위로 설정할 수 있다. 이 범위는 로열티율 자료 분포의 양쪽에서 상대적으로 매우 높거나 낮은 로열티율을 제외하고, 상대적으로 거래발생 가능성이 높은 범위라 할 수 있다.

업종별 로열티율(예시)

업종	표본수	최소	P05	Q1	P50	Q3	P95	최대	평균	왜도[191]
C10	10	1.00	1.00	1.63	2.50	4.50	8.95	10.0	3.62	1.36
C20	63	1.66	2.24	3.00	3.84	5.00	7.45	12.8	4.17	1.99
:	79	3.00	3.45	5.00	6.00	10.00	14.1	15.0	7.44	0.70

주) P05, Q1, P50, Q3, P95는 자료 분포에서 각각 하위 5%, 25%, 50%, 75%, 95%에 위치한 값임.

업종별 로열티율 자료 분포의 대표값은 평균(mean)과 중앙값(median)을 사용할 수 있다. 로열티율 자료 분포가 오른쪽으로 치우친 양의 왜도를 갖는 패턴을 보이기 때문에 로열티율 대표값으로 평균보다 중앙값을 사용하는 것이 합리적이다. 상기 표를 살펴보면 기술경쟁력과 시장니즈에 따라 크게 변화될 수 있는 로열티율 범주를 나타내기 위해 업종별 로열티율 자료 분포의 하위 5%와 상위 5% 분위수에 해당되는 로열티율을 참고로 제시하였다.

로열티율을 결정할 때 국내외 관련 사례정보가 중요한 요인이지만, 관련 사례정보가 없거나 충분하지 못할 경우 기업의 영업이익률에서 도출된 상관행법 로열티율 정보를 적용할 수 있다. 상관행법이란 기술대가에 적용하는 관행적인 방법으로서 평가대상기술로 창출된 기대이익의 25%를 로열티율로 설정하는 것이며, 이는 라이선스 협상과정에서 가능한 로열티율을 산출할 때 실무적으로 사용되고 있다.

비상장기업 업종별 상관행법 로열티율은 영업이익률 상위 25% 이상인 기업으로부터 산출한 상관행법 로열티율 분포에 근거하고, P25를 하한, P95을 상한으로 설정한다.

상장기업 업종별 상관행법 로열티율은 영업이익률 상위 50% 이상의 기업으로부터 산출한 상

191) 왜도(비대칭도, skewness)는 자료 분포의 대칭성 혹은 치우친 정도를 나타내는 특성값이다. 즉 분포가 기울어진 방향과 그 기울어진 정도를 나타내는 척도로서 단봉분포에서 긴 꼬리가 왼쪽에 있으면 음(negative)의 왜도, 그 반대의 경우 양(positive)의 왜도를 가진다고 한다. 왜도 계산값이 0이면 좌우대칭분포를 가지고, 0보다 작으면 음의 왜도를, 0보다 크면 양의 왜도를 가진다. 왜도 계산값의 절대값이 클수록 분포의 비대칭 정도가 커진다. 예를 들면 1보다 큰 것은 오른쪽으로 치우친 분포를 의미하는 것으로 상대적으로 로열티율이 높은 이상값이 오른쪽에 발생될 수 있다는 의미이다.

관행법 로열티율 분포에 근거하고, P25를 하한, P95을 상한으로 설정한다.

대부분 거래사례는 일반기업보다는 혁신기업에서 발생할 가능성이 높다고 가정하였고, 혁신기업군은 업종별 분포에서 영업이익률이 평균보다 높고 상위 50% 또는 상위 25%에 속할 가능성이 높다고 판단할 수 있다.

나) 조정계수

조정계수는 유사비교기술의 로열티율에 평가대상기술의 특성을 반영하기 위한 것으로, 평가대상기술에 대한 특허등록 여부 및 라이선스 계약 여부에 따라 조정계수 산출평가표를 적용하여 기술성, 권리성, 라이선스 계약우위성, 시장성, 사업성을 평가한 후 가중합하여 산출하고 있다.

[표 5 - 25] 조정계수 산출 평가표(권리확보 시)

구분	평가항목	특허등록 및 라이선스 계약예정	특허등록 및 라이선스 미계약예정
기술성	기술 혁신성	○	○
	기술 활용성	○	○
	모방난이도	○	○
권리성	권리범위(권리침해 가능성)	○	○
	권리안정성(권리등록 가능성)	○	○
라이선스 계약 우위성	상용화 제한성	○	×
	라이선스의 배타성	○	×
	Licensee/Licensor의 기대효익	○	×
시장성	시장 규모	○	○
	시장 성장성	○	○
	시장 경쟁성	○	○
	시장 진입가능성	○	○
사업성	매출기여도	○	○
	상용화 소요자본	○	○
	파생적 매출	○	○
	수익성(영업이익률)	○	○
합계			
조정계수	= 평점합계/60		

* 주) 평가대상기술의 특허등록 및 라이선스 계약체결여부를 확인하여 조정계수 산출표를 평가하여 조정계수를 산출한다. 평가항목은 5점척도로 평가하며 항목별 가중치가 다르게 설정되어 있다.

[표 5 - 25] 조정계수 산출 평가표(권리 미확보 시)

구분	평가항목	미특허등록 및 라이선스 계약예정	미특허등록 및 라이선스 미계약예정
기술성	기술 혁신성	○	○
	기술 활용성	○	○
	모방난이도	○	○
라이선스 계약 우위성	상용화 제한성	○	×
	라이선스의 배타성	○	×
	Licensee/Licensor의 기대효익	○	×
시장성	시장 규모	○	○
	시장 성장성	○	○
	시장 경쟁성	○	○
	시장 진입가능성	○	○
사업성	매출기여도	○	○
	상용화 소요자본	○	○
	파생적 매출	○	○
	수익성(영업이익률)	○	○

다) 기술의 경제적 수명, 법인(소득)세 등

기술의 경제적 수명 및 할인율은 수익접근법 산출 방법과 동일하다. 적용세율은 로열티금액(로열티율×조정계수×매출액)을 세전이익이라 가정하고, 세법상 법인에 대해 법인세율을 적용하고 개인기업인 경우 종합소득세율을 적용한다.

지금까지 살펴본 로열티참조법의 평가 흐름도는 다음과 같다.

[그림 5 - 9] 로열티참조법의 평가흐름도

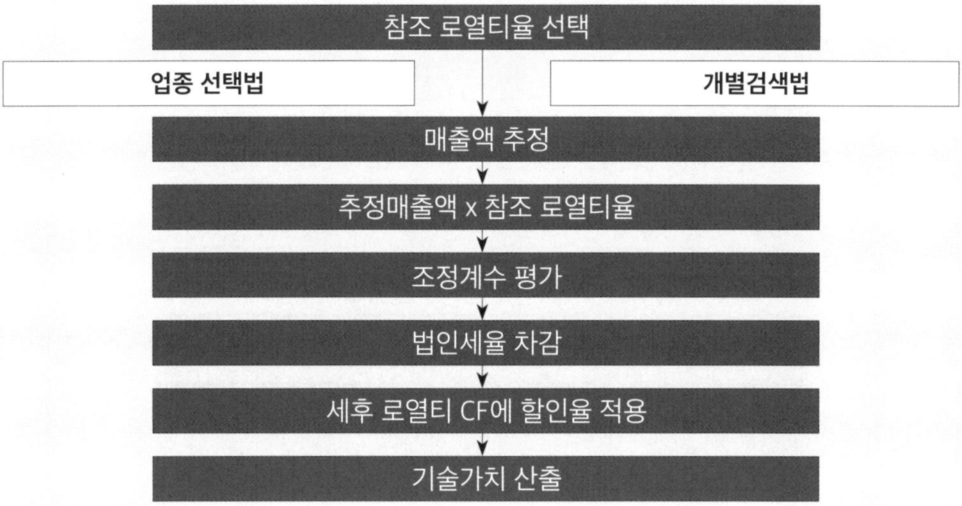

2. 로열티공제법 모델 I

1) 개요

로열티공제법은 기업이 대상기술을 보유하지 못하여 제3자로 부터 라이선스하는 경우를 가정하고, 대상기술의 경제적 수명기간에 라이선스비용으로 지급해야 하는 로열티의 현재가치를 기술의 가치로 추정하는 방법이다. 이 방법은 '기술의 경제적 수명기간'의 추정 로열티 수입을 현재가치로 환원하여 가치금액으로 산출하기 때문에 수익접근법으로 분류할 수 있다. 하지만, 기술시장에서 거래된 거래사례의 로열티율을 참조한다는 점에 착안하여 시장접근법 또는 혼합법으로 분류하는 경우도 있다.

추정된 로열티 수입은 기술을 보유했기 때문에 지불하지 않아도 되는 로열티 비용을 의미하고 이를 현재가치로 환산한 것으로, 할인된 현재가치는 결과적으로 기술소유에 따른 가치금액으로 볼 수 있다. 로열티공제법을 사용하기 위해서는 기술거래시장에서 비교 가능한 거래사례 로열티율 자료가 다수 존재해야 한다. 비교 가능한 거래사례 로열티율 자료가 미흡한 경우에는 업종별 로열티율 통계를 활용할 수 있다(기술평가기준 운영지침 제40조).

로열티공제법 모델 Ⅰ은 다음과 같은 산식으로 기술가치를 산출한다.

$$\text{기술가치} = \sum_{t=1}^{T} \frac{\text{매출액}_t \times (\text{기준 로열티율} \times \text{기술의 비중} \times \text{조정계수1} \times \text{개척률} \times (1-\text{세율}))}{(1+r)^t}$$

여기서, • n: 대상기술의 경제적수명을 고려한 현금흐름추정기간, • t: t년도, • r: 할인율,
- 기준로열티율: 유사사례 로열티율 또는 업종별 로열티율 통계의 중앙값(또는 평균)
- 조정계수1: 로열티율 증감 영향요인 평가에 근거하여 기준로열티율을 조정하는 계수
- 기술의 비중: 대상기술 제품(서비스)을 구성하는 전체 기술 중 대상기술이 차지하는 비중
- 개척률: 제품화에 소요되는 사업화(상용화) 비중의 적정수준(0~100%)

로열티공제법을 사용하는 경우에는 대상기술과 비교하여 동일하거나 유사한 기술거래 로열티율을 기준값으로 설정하고, 대상기술과 비교기술 간 속성의 차이를 비교·분석한 결과에 근거하여 기준 로열티율을 조정하여 산출하고 있다. 기술의 경제적 수명과 매출액 추정 절차와 산출 방법은 전술한 수익접근법과 동일하게 적용한다.

2) 로열티공제법 모델 Ⅰ의 기술가치 산출절차

[그림 5 - 10] 로열티공제법 모델 Ⅰ에 의한 기술가치평가 산출절차

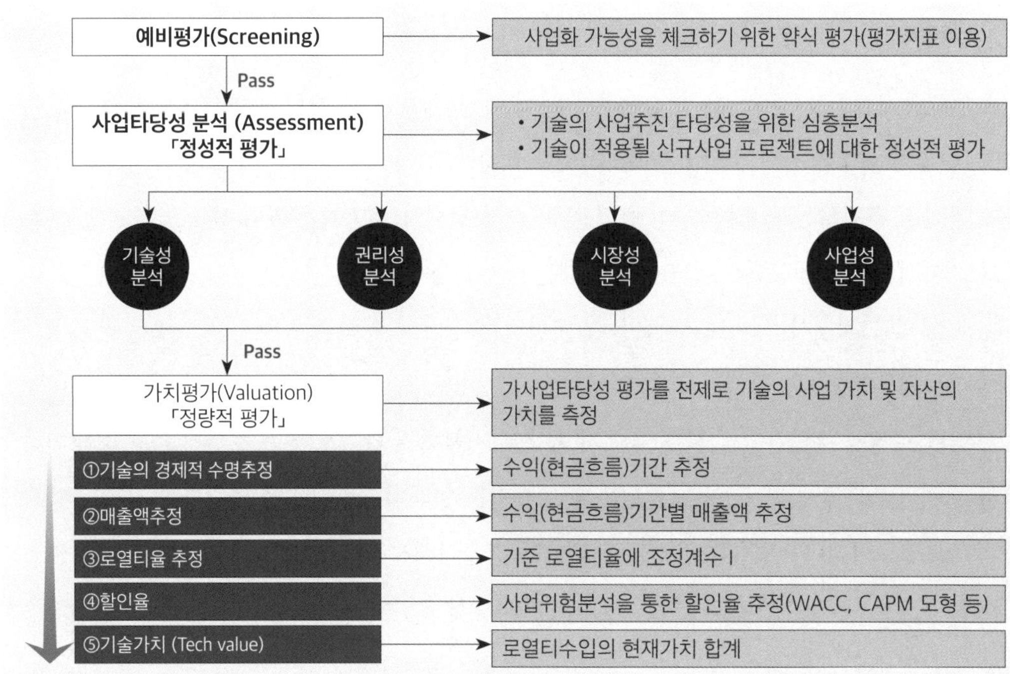

* 출처 : 산업통상자원부의 기술평가실무가이드

가) 로열티율 적용

로열티공제법 모델 Ⅰ에서 기술의 경제적 수명 산출과 매출액 추정방법은 전술한 것처럼 수익접근법과 동일하다. 로열티율 산출과 적용의 우선순위를 살펴보면 다음과 같다.

첫째, 거래시장에서 대상기술과 동일한 기술이나 유사한 기술의 거래 사례 로열티율 자료를 다수 수집할 수 있는 경우에는 해당사례의 로열티율을 토대로 기준로열티율을 직접 산출할 수 있다.

둘째, 비교대상기술의 로열티율 사례가 없거나 매우 적은 경우에는 직접 산출보다는 산업통상자원부의 실무가이드에서 제시하고 있는 업종별 로열티율 통계와 영향요인을 고려하여 산출·적용할 수 있다.

셋째, 업종별 로열티율 자료가 적고(예: 20개 미만) 세부업종의 로열티율 속성이 반영되지 못했다고 판단되면, 기업의 영업이익률에서 도출된 상관행법 로열티율 정보를 대용값으로 사용할 수 있다.

기준로열티율은 업종별 로열티율 자료분포에서 발생가능성이 상대적으로 높은 Q1(하위 25%)과 Q3(상위 25%)범위에서 로열티 통계의 중앙값 또는 평균을 대표값으로 사용할 수 있으나 일반적으로 중앙값을 사용하고 있다. 이는 로열티 자료 분포가 오른쪽으로 치우친 양(+)의 왜도를 갖는 패턴을 보이기 때문에 로열티 대표값으로 평균보다 중앙값을 사용하는 것이 합리적이기 때문이다.

[그림 5 - 11] 기준 로열티율 산출의 우선순위 흐름도

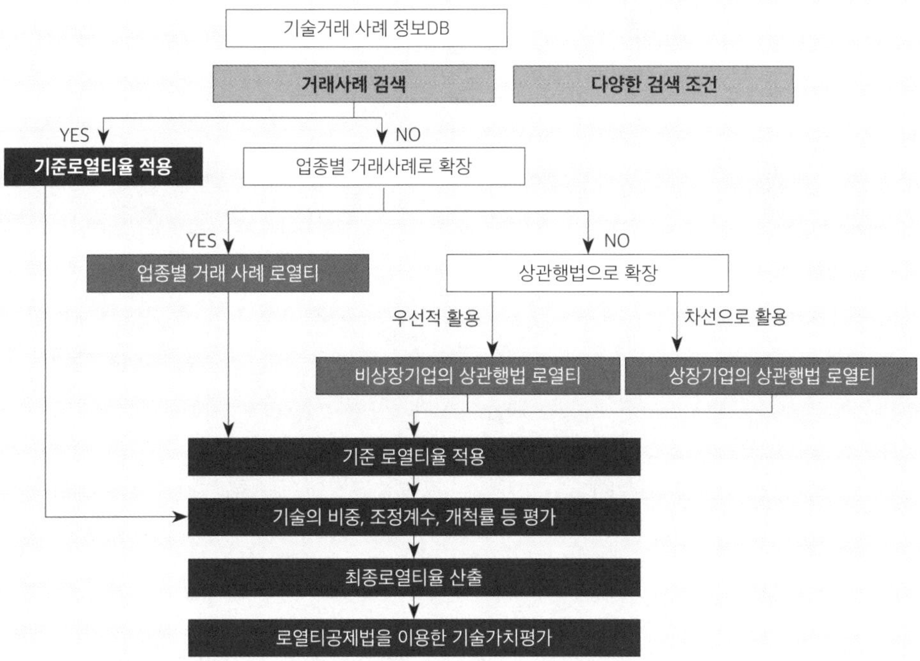

나) 조정계수 산출

업종별 로열티율 통계 또는 상관행법 로열티율을 사용할 경우, 대상기술과 기준로열티율에 영향을 미칠 수 있는 요인을 고려하여 기준로열티율을 조정해야 할 필요가 있다. 이 때 도입된 개념이 조정계수1[192)]인데 기준로열티율을 증가하게 하거나 감소하게 하는 조정률(증감률)을 의미한다. 조정계수1은 대상기술의 기술성, 권리성, 시장성, 사업성 관점에서 로열티율 영향요인과 연관이 있는 평가항목을 평가하여 조정비율을 산정한다.

[표 5 - 26] 조정계수 I 산정표

<table>
<tr><th colspan="2" rowspan="2">구분</th><th rowspan="2">평가항목</th><th colspan="5">평점</th></tr>
<tr><th>-2</th><th>-1</th><th>0</th><th>1</th><th>2</th></tr>
<tr><td rowspan="6">기술성
(6개)</td><td rowspan="2">기술의 유용성</td><td>혁신성</td><td></td><td></td><td></td><td></td><td></td></tr>
<tr><td>활용성</td><td></td><td></td><td></td><td></td><td></td></tr>
<tr><td rowspan="4">기술의 경쟁성</td><td>차별성</td><td></td><td></td><td></td><td></td><td></td></tr>
<tr><td>기술경쟁강도</td><td></td><td></td><td></td><td></td><td></td></tr>
<tr><td>대체가능성</td><td></td><td></td><td></td><td></td><td></td></tr>
<tr><td>모방난이도</td><td></td><td></td><td></td><td></td><td></td></tr>
<tr><td rowspan="3">권리성
(3개)</td><td>권리의 안정성</td><td>권리의 안정성</td><td></td><td></td><td></td><td></td><td></td></tr>
<tr><td>권리범위의 광협</td><td>권리보호강도</td><td></td><td></td><td></td><td></td><td></td></tr>
<tr><td>권리의 충실성</td><td>침해발견 및 입증용이성</td><td></td><td></td><td></td><td></td><td></td></tr>
<tr><td colspan="2" rowspan="6">시장성/사업성
(6개)</td><td>시장경쟁강도</td><td></td><td></td><td></td><td></td><td></td></tr>
<tr><td>수요민감도</td><td></td><td></td><td></td><td></td><td></td></tr>
<tr><td>예상시장점유율</td><td></td><td></td><td></td><td></td><td></td></tr>
<tr><td>사업화 소요자본</td><td></td><td></td><td></td><td></td><td></td></tr>
<tr><td>매출성장추세</td><td></td><td></td><td></td><td></td><td></td></tr>
<tr><td>수익성</td><td></td><td></td><td></td><td></td><td></td></tr>
<tr><td colspan="2" rowspan="3">합계</td><td>소계(항목)</td><td></td><td></td><td></td><td></td><td></td></tr>
<tr><td>소계(점수)</td><td></td><td></td><td></td><td></td><td></td></tr>
<tr><td>총계</td><td></td><td></td><td></td><td></td><td></td></tr>
<tr><td colspan="3">조정계수</td><td colspan="5">= 1 + (평점합계/30)</td></tr>
</table>

192) 로열티공제법 모델 I 의 조정계수는 조정계수1로, 모델 II 의 조정계수는 조정계수2로 표기하여 구분함

다) 개척률

개척률은 대상기술을 제품화하는 과정에서 소요되는 비용 또는 투자액 규모의 수준이 매우 크거나 마케팅, 보급 등에 큰 비용이 소요되는 특수상황이 발생하는 경우 50%~100% 범위에서 로열티율에 미치는 영향력을 고려한 지표이다. 다만, 소요자금 규모가 매우 크다 해도 사업주체가 감당할 수 있는 수준이라면 개척률은 100%로 산정할 수 있다.

제약·바이오 업종에서 해외임상(다국가, 다시설)이나 다수의 임상 사례 또는 임상 환자 모집의 어려움 등으로 기간이 많이 필요하고 상용화에 거대비용이 소요될 경우 조정할 수 있으며, 이 경우 평가보고서에 개척률 산정사유를 설명해야 한다.

3. 로열티공제법 모델 Ⅱ

1) 개요

로열티공제법 모델Ⅱ는 지식재산(IP)가치평가에서 권리성에 관한 독립적인 평가요소를 도입하여 권리성의 영향을 강화시킨 모형으로 IP의 권리로서의 유효성과 거래가능성이 가치산정의 핵심 변수가 되어야 한다는 점을 논리적 근거로 하고 있다. 이모델은 특허청이 IP담보가치평가를 목적으로 개발[193]하여 한국산업은행이 지식재산권의 담보가치 산정을 위한 용도로 사용하고 있다.

기술평가기관에서 담보용 이외의 용도로 로열티공제법 모델Ⅱ를 사용하면서 지식재산 유효성을 반영하지 않는 경우에는 조정계수2에 권리성 평가항목을 추가하는 등 로열티공제법 모델Ⅱ를 수정하여 사용할 수 있다.

로열티공제법 모델Ⅱ에 의한 기술가치는 다음의 산식을 통해 산출하고 있다.

$$기술가치 = \left(\sum_{t=1}^{n} \frac{매출액_t \times (합리적\ 로열티율 \times 지식재산\ 보호\ 비중 \times (1-세율))}{(1+r)^t} \right) \times IP유효성$$

193) 특허청(2013), 「IP담보대출을 위한 IP가치평가모델연구」, 주관연구기관: 한국발명진흥회

여기서, • n : 대상기술의 경제적수명을 고려한 현금흐름추정기간, • t: t년도, • r: 할인율,

- 기준로열티율 : 유사사례 로열티율 또는 업종별 로열티율 통계의 중앙값(또는 평균)
- 합리적 로열티율 : 기준로열티율을 조정계수2로 조정한 비율(기준로열티율×조정계수2)
- 조정계수2 : 로열티율 증감 영향요인 평가에 근거하여 기준로열티율을 조정하는 계수
- 지식재산 보호비중 : 대상 지식재산이 매출액 추정의 대상이 되는 제품(서비스)에서 차지하는 비율(0~100%)
- IP 유효성 : 기술(지식재산)의 권리로서의 유효성과 거래가능성에 대한 평점(0~100%)

2) 로열티공제법 모델 II 의 기술가치 산출절차

로열티공제법 모델 II 를 통한 기술가치평가 절차는 다음과 같다.

[그림 5 - 12] 로열티공제법 모델 II 에 의한 기술가치평가 산출절차

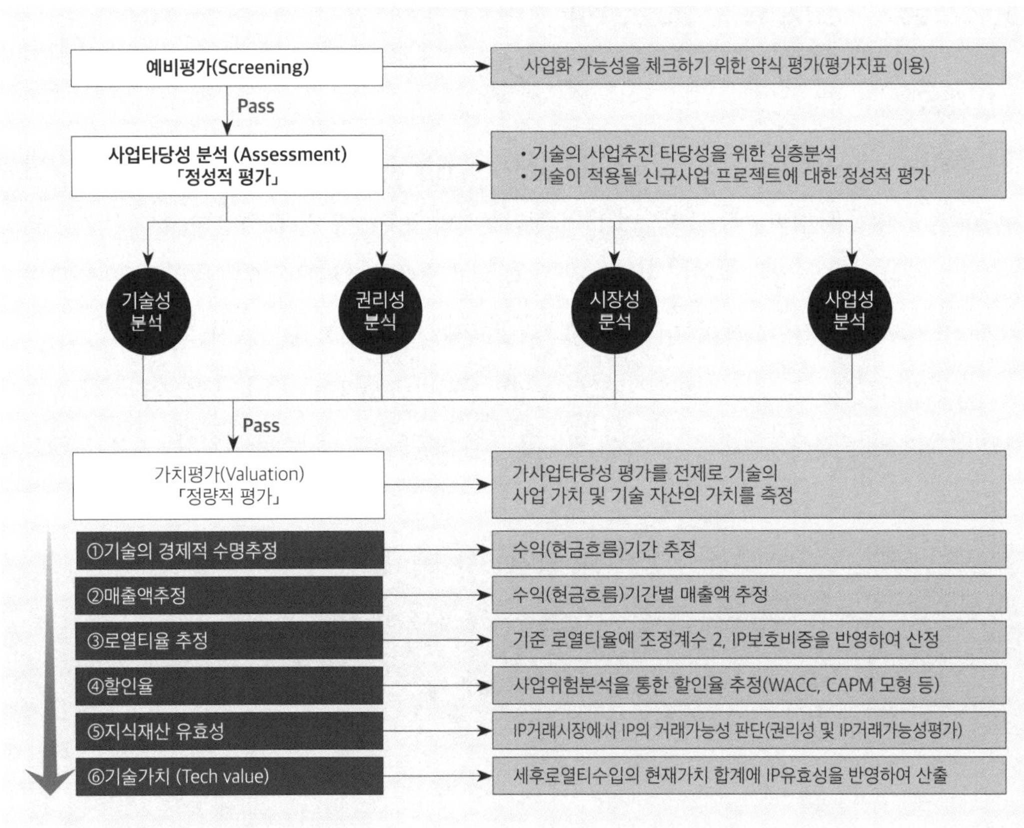

가) 로열티율 산정

로열티 공제법 모델Ⅱ에서 최종 로열티율은 기준로열티율, 조정계수2, 지식재산 보호비중을 활용하여 산정한다. 기준로열티율 적용은 로열티공제법 모델Ⅰ과 동일하다.

최종 로열티율 = 합리적 로열티율 × 지식재산 보호비중

나) 조정계수2

조정계수2는 기준로열티율을 증가하게 하거나 감소하게 하는 평가요소를 의미한다. 즉, 평가대상기술과 유사한 거래사례 또는 업종별 평균(또는 중앙값) 로열티율을 기준로열티율로 사용하기 때문에 평가대상기술과 거래사례 또는 업종별 평균과의 차이를 조정하기 위한 지표이다. 조정계수2는 기술성, 시장성 및 사업성에 대한 평가항목으로만 구성되어 있으며 권리성에 대한 평가항목은 제외된다. 이는 또 하나의 평가요소인 지식재산유효성과의 중복을 피하기 위해서이다.

[표 5 - 27] 조정계수2 산정표

평가요인	평가항목	평점				
		1	2	3	4	5
기술적 속성	혁신성					
	차별성					
	대체가능성					
	전망성					
	파급성					
시장·사업적 속성	시장경쟁강도					
	시장성장전망					
	수요민감도					
	생산용이성					
	수익성					
획득값(점수)		점수합계				

다) 합리적 로열티율

합리적 로열티율[194]은 동종·유사기술 분야의 로열티 데이터를 기준으로 평가대상 IP의 기술성·시장성·사업성 평가를 통해 조정된 로열티율을 의미한다. 즉, 기준 로열티율에 상기 조정계수 2 산정표에서 구한 획득값에 따라 아래와 같은 보간법을 적용하여 산정한다.

• 합리적 로열티율 = $R_m+(R_3-R_m)$[(획득값-기준값)/(최대값-기준값)], 획득값≥기준값
= $R_1+(R_m-R_1)$[(획득값-최소값)/(기준값-최소값)], 획득값<기준값

여기서 • R_m: 업종별 로열티 통계의 중앙값
• R_3: 업종별 로열티 통계의 삼사분위값(또는 최대값)
• R_1: 업종별 로열티 통계의 일사분위값(또는 최소값)
• 획득값: 조정계수2 산정표에서 구한 평점
• 기준값: 30점(전 평가항목을 1~5점 척도의 중앙에 있는 값인 3점으로 평가 시)
• 최대값: 50점(전 평가항목을 1~5점 척도의 최대값인 5점으로 평가 시)

라) 지식재산 보호비중

지식재산 보호비중은 매출액 추정에 사용되는 전체 제품(또는 서비스)에서 특허권 등 지식재산권으로 보호되는 비중을 의미하며 모델Ⅱ는 IP를 기준으로 하고 있고, 모델Ⅰ은 기술을 기준으로 하고 있다는 점에서 모델Ⅰ의 기술의 비중과 동일(유사)한 개념이다.

IP보호비중은 전체 제품을 구성하는 세부기술을 분류하여 원가비중, 소비자의 구매요인 비중, 전문가의 정성적 평가 등을 통해 산정하고 있다. 미국 특허소송에서의 총시장가치 포함의 법리(Entire Market Value Rule)를 적용하여 대상지식재산으로 보호되는 기술이 소비자 구매 요인의 기초가 되거나 제품의 실질적인 가치를 창출하는 것으로 판단되는 경우에는 지식재산 보호비중을 100%로 반영할 수 있다.

194) 합리적 로열티는 미국 특허소송의 손해배상 판례를 통해 형성된 개념으로 특허권자와 침해자가 침해 시작시기에 협상을 한 경우, 즉 가상의 실시권 협상을 한 경우에 양자가 합의했을 로열티를 말한다.

[표 5 - 28] 지식재산 보호비중 산정표(예시)

대분류	비중(A)	소분류	비중(B)	보호여부	A × B
하드웨어	40%	하우징(housing)	12%		
		디스플레이(LCD)	12%		
		가속도 센서	4%		
		저장장치(메모리)	14%		
		위치 인식 모듈(GPS)	6%		
		배터리	10%		
		거치대	2%		
		카메라	12%		
		CPU	14%		
		기타	14%		
소프트웨어	60%	영상 처리	32%	○	19.2%
		녹화방식	22%	○	13.2%
		암호화	10%		
		안내방식	8%		
		녹음	8%		
		메모리 관리	14%	○	8.4%
		기타	6%		
지식재산 보호비중					40.8%

* 출처 : 산업통상자원부(2021)의 기술평가실무가이드

마) 지식재산 유효성

지식재산유효성은 유효한 권리로서 인정될 수 있고 지식재산 거래시장에서 거래될 수 있는가를 판단하는 지표로서 IP담보가치 산정용으로 특화된 변수이다. 대상 IP가 권리로서 유효한지, 대상 IP 제품을 모방으로부터 보호할 수 있는지, 지식재산권 행사의 용이성 여부, 해당분야의 IP거래 및 분쟁 등의 활성도를 평가항목으로 포함하고 있다.

[표 5 - 29]지식재산 유효성 산정표

평가항목		평가지표	점수
권리성	권리 안정성	신규성 또는 진보성 무효 가능성	(5점 척도)
		기타 요인에 의한 무효 가능성	(5점 척도)
	권리보호 가능성	해당 제품(서비스) 보호 가능성	(5점 척도)
		국내외 지식재산포트폴리오 구축의 적절성	(5점 척도)
	권리행사 용이성	침해 발견 및 입증 용이성	(5점 척도)
		권리행사 제한 가능성	(5점 척도)
지식재산거래시장성		분쟁 및 라이선스 활성도	(5점 척도)
		특허출원 활성도	(5점 척도)
지식재산 유효성			(점수 합계) / 40

- 신규성 또는 진보성 무효 가능성
  : 등록된 권리가 선행기술에 의해 무효화되지 않고 안정적으로 유지될 가능성 정도를 평가
- 기타 요인에 의한 무효 가능성
  : 신규성과 진보성 이외의 사유로 인해 무효화되지 않고 안정적으로 유지될 가능성 정도를 평가
- 해당 제품(서비스) 보호 가능성
  : 특허권자가 사업실시 중인 제품·서비스를 보호할 수 있도록 특허청구범위가 작성되어 있는지를 평가
- 국내외 지식재신포드폴리오 구축의 적질싱
  : 대상특허권들 또는 담보로 설정되는 특허권들이 포트폴리오를 구성하여 보유 기술, 생산 제품 또는 서비스를 완벽히 보호할 수 있는지를 평가
- 침해 발견 및 입증 용이성
  : 특허 침해의 발견이 얼마나 용이한가, 특허 침해 입증을 위해 어느 정도의 노력과 비용이 필요한가를 판단하여 평가
- 권리행사 제한 가능성
  : 법적 측면과 외부 환경 측면에서 권리행사의 제한 요소들이 있는가를 평가
- 분쟁 및 라이선스 활성도
  : 특허분쟁(또는 라이센스)이 자주 발생하고 있는지, 향후 특허분쟁(또는 라이센스) 활성화 가능성이 높은지를 평가
- 특허출원 활성도
  : 현재 해당 기술분야에서 특허출원이 활발하게 진행되고 있는가를 의미함.
  최근 5년간 해당 기술분야의 특허출원 증가율과 전체 특허출원 증가율을 비교함.

제 4 절 비용접근법

비용접근법에 대한 개념은 제1절 '기술가치평가 개요'에 설명되어 있다. 비용접근법을 재정리하면 기술자산의 개발이나 획득에 소요된 비용을 측정함으로써 기술의 가치를 평가하는 방법으로 그 대상자산을 현재 시점에서 다시 만든다면 얼마나 소요될 것인가를 계산한 후 가치변동 요인을 반영하여 산출한다.

비용접근법의 장점은 기술을 개발하기까지 소요된 물적, 인적자원의 가치를 단순히 합산한 후 이를 현재가치화하는 방법으로써 측정이 비교적 용이한 점을 들 수 있다. 또한 내부 데이터의 축적만으로 평가가 가능하다는 편의성이 있다. 그러나 기술자산은 제품서비스의 수요나 창출된 이익에 따라 좌우되는데 과거 지향적인 방법이라는 점, 경제적 이익에 대한 가치와 위험, 향유할 수 있는 기간을 고려하지 않고 있다는 점, 진부화 정도를 가치에 반영시키기 위해서는 조정이 필요하지만 진부화에 대한 수치화가 곤란한 경우가 많다는 점이 단점으로 제기되고 있다.

비용접근법은 기술평가시 starting point로 사용하거나 수익접근법 등 다른 방법을 적용한 후 비교목적으로 사용하고자 할 때 적합하다. 또한 진술한 것처럼 기술이전·거래시기술개발 비용 보전의 차원에서 받아야 할 최소 금액으로 제시하고자 할 경우, 평가대상 자산이 쉽게 대체 가능하고, 자산의 개발비용의 재추정이나 대체자산 개발비용 추정이 합리적으로 가능할 경우에도 적용하고 있다. 이외에도 국방조달 등과 같이 수요독점 시장이거나 공공재 등과 같이 사적이익보다는 공익적 효익이 있는 경우 비용접근법을 적용하는 것이 적절하다.

반면 개발이 완료되지 않은 상태의 기술은 자산속성 자체가 완성되지 않아서 진부화율의 기산시점을 설정할 수 없기 때문에 비용접근법을 적용하기가 곤란하다. 또한 대상자산이 전기공급과 같이 독점적인 공급상태에 있는 경우에는 대체자산이 없기 때문에 대체비용법의 적용이 어렵고, 과거투입비용 자료의 신뢰성이 극히 미흡한 경우에도 비용접근법을 적용하는 것은 적절하지 않다.

1. 조정재생산 비용접근법

1) 개요

조정재생산 비용접근법은 기존의 전통적 방법인 역사적 원가법, 재생산 비용법, 감가상각된 대체비용법의 취지를 결합하여 단일화한 방법이다. 기술가치 산출방법은 평가대상 기술의 개발에 투입된 비용을 평가시점으로 환산한 재생산비용에 개발보상비용을 가산 후 진부화로 인한 가치감소분을 감액하여 산출하며, 평가시점의 특수요인으로 가치의 증가가 있을 경우에는 가산하고 있다.

기술가치 = 재생산비용 + 개발보상비용 - 진부화로 인한 가치감소분
+ (선택요인: 시장수요 가산요인)

[표 5 - 30] 전통적인 비용접근법과 조정재생산 비용접근법

종류		설명	조정재생산비용법
전통적 비용접근법	역사적 원가법	·평가대상 기술을 개발하는데 투입되었던 과거의 제반 비용을 합산하여 가치를 평가 ·평가대상기업이 기술개발비용에 대한 적절한 기록을 가지고 있는 경우에 적용가능	과거의 원재료 등 투입항목인정
	재생산 비용법	·같은 원재료, 생산방법, 디자인 등을 사용해 현 시점에 다시 개발한다고 가정했을 때의 비용을 가치로 인정하는 평가방법	평가시점에 재생산 시 예상 투입비용 활용
	감가상각된 대체비용법	·평가대상 기술과 다른 원재료, 형태 또는 외양을 가지지만 동등한 기능과 활용도를 가지는 자산을 재창출하는데 소요되는 비용에 기술의 물리적 퇴화 및 진부화로 인한 가치감소를 반영하여 산출 ·비용접근법 중 공정시장가치를 가장 잘 반영하는 방식임	진부화 등에 의한 가치감소반영

* 출처 : 기술보증기금 기술가치평가 매뉴얼을 참조하여 재작성

2) 산출방법

가) 산출절차

조정재생산 비용접근법에 의한 기술가치 산출절차는 다음과 같다.

[표 5 - 31] 조정재생산비용접근법의 절차도

절 차	설 명
① 재생산비용(A) 추정 및 조정	과거의 생산요소 투입항목은 그대로 유지하되, 생산요소의 단위비용은 평가시점 기준으로 재조정
② 개발보상비용(B) 추정	과거 기술개발에 따른 기회비용
③ 재생산비용(A) + 개발보상비용(B)	재생산비용과 개발보상비용을 합산하면 총비용가치가 됨
④ 진부화율 추정	자산 또는 기술의 가치가 감소하는 진부화율 추정
⑤ (A + B)×진부화율	진부화로 인해 감소되는 비용의 정도 산출
⑥ 시장수요 가산요인(C)(선택적)	평가시점에 해당 기술에 대한 특수한 수요 증가요인이 있을 경우 선택적으로 가산할 수 있음
⑦ 기술가치 = (A + B)×(1-진부화율) + C	총비용가치에 진부화 정도를 차감하여 기술가치 산정

나) 재생산비용

기술개발 시 소요된 인건비, 연구기자재비, 기타연구개발비, 기타운영비 등은 기업조사 자료를 기반으로 직접 추정한다. 기술을 개발하기 위해 사용된 인력, 연구기자재비 등이 평가대상기업만을 위해 100% 사용되었는지를 판단하여 평가대상기술에 해당하는 인력 참여율 및 연구기자재비 등 기여정도를 고려하여 산출하고 있다.

인건비는 평균급여, 인원수, 참여율을 고려한 금액으로, 급여란 연구개발전담부서 또는 연구개발활동에 종사하는 연구요원 및 이들의 연구업무를 직접 지원하는 자에 대하여 금전 등(채무면제에 따른 경제적인 이익을 포함)으로 지급되는 급여, 상여금, 퇴직금(퇴직급여충당금 전입액을 포함)을 대상으로 한다.

연구기자재비는 연구 개발활동을 위하여 직접적으로 필요한 기자재(공구 또는 사무기기 및 통신기기, 시계·시험기기 및 계측기기, 광학기기 및 사진제작기기)를 구입하는데 소요되는 비용을 말한다. 다만, 법인세법 시행규칙 별표2 "업종별 자산의 기준내용연수 및 내용연수범위표"의 적용을 받는 자산으로서 차량 및 운반구, 공구, 기구 및 비품을 제외한다.

기타연구개발비는 훈련비, 시험검사비, 재료비, 금형제작비, 견본구입비, 기술지도비, 위탁연수개발비, 기술도입비, 시험생산시설건설비, 시험생산시설운전비 등 연구 개발활동에 직접적으로 소요된 비용을 말한다. 기타운영비는 인건비, 연구기자재비, 기타연구개발비에 포함되지 않는 개발 투입비용이다.

평가대상기술을 재생산하기 위해 인건비, 연구기자재비 등의 비용을 평가시점에서 재투입하는 것을 가정하고 있다. 그러므로 경기, 물가, 임금 등의 상승 또는 감소율을 고려해 과거의 비용자료를 평가기준시점으로 환산하거나, 평가시점에서 직접 해당 비용을 추정하는 것이 필요하다. 만약, 평가대상기술이 장기간 개발프로젝트의 결과물로서 투입시점과 비용자료가 명확한 경우에는 투입시점에서 개발완료일까지 인건비 환산계수와 물가 환산계수를 적용하여 보정한 후 비용을 산출해야 한다.

인건비 환산계수는 연도별, 업종별, 규모별 전체임금총액(고용노동부의 고용노동통계)을 이용하여 평가기준시점으로 재산출하기 위한 계수이며, 물가 환산계수는 생산자물가지수(한국은행 경제통계시스템)를 이용하여 평가기준시점으로 재산출하기 위한 계수이다.

다) 개발보상비용

개발보상비용(compensation cost)은 개발주체가 개발비용을 대상기술의 연구개발에 투자하고 여타 기회에 투자하지 못함으로써 상실된 이익의 크기를 의미한다. 비용접근법을 이용하여 무형자산 또는 기술의 가치를 산정할 때 과거에 수행된 개발활동의 기회비용을 개발보상비용으로 가산하는 것이 경제학적 비용의 관점에서 타당하다고 할 수 있다.

개발보상비용은 과거 기술개발(R&D)에 투자된 기회비용으로서 개발자의 보상비용으로 간주하여 재생산비용에 가산한다. 개발보상비용은 재생산비용에 동업종 총자본순이익률의 중간값을 곱하여 산출한다.

개발보상비용(개발자 기회비용) = 재생산비용 × 동업종 총자본순이익률의 중간값

실무 편의상 개발완료시점의 기대수익률의 대용치로 해당 업종의 총자본 순이익률의 중간값

을 활용하되, 불합리하다고 판단되는 경우 총자본순이익률의 평균값, 투하자본영업이익률 평균값 및 중간값을 참고하여 직접추정이 가능하다.

• 총자본순이익률 = 당기순이익/연평균 총자본
여기서, 연평균 총자본 = (연초 총자본 + 연말총자본)/2

• 투하자본영업이익률 = 영업이익/연평균 총투하자본
여기서, 연평균 총투하자본 = (연초 총투하자본 + 연말 총투하자본)/2
총투하자본 = 차입금 + 자기자본

라) 진부화

진부화는 신기술 및 신제품이 지속적으로 개발됨에 따라 모든 자산 또는 기술은 그 가치가 감소하고 진부화되는 특성이 있다. 전술한 감가상각된 대체비용법에서 감가상각의 정도를 표현하는 개념이 진부화율이다.

진부화유형은 물리적 진부화, 기능적 진부화, 경제적 진부화로 구분하고 있다.

물리적 진부화는 자산의 사용 및 노후화로 인해 발생하는 진부화로 주로 건물, 설비, 차량, 기계 등 유형자산의 경우 시간의 경과에 따라 발생하는 경우가 많으나 무형자산의 경우 물리적 진부화는 고려할 필요가 없다.

기능적 진부화는 기술의 발전으로 인해 발생하는 진부화로 평가대상기술이 원래의 기능을 충분히 발휘하지 못하게 되어 발생하는 진부화를 의미한다.

경제적 진부화는 기술이 그 기능은 수행하고 있으나 외부적인 요인으로 인해 수익성이 떨어지는 경우 발생하는 진부화이다. 경제적 진부화에 영향을 미치는 요소들로는 하강산업, 인력난, 관련법규 및 규제, 재료 등 투입비용 상승에도 제품가격 상승불가, 수요감소, 경쟁증가 등을 들 수 있다.

진부화의 시작은 기술개발이 완료된 시점부터 진행된다고 간주하고 있으며 기술분야별 개발완료시점은 각각 다르다. 일반제조업, 환경분야 등은 시제품검증완료단계를, S/W는 베타버전 개발완료시점을, 닷컴기술은 알파버전 개발완료시점을, 디자인분야는 시제품 개발완료시점을, 바이오(의약품)분야는 임상3상 통과시점을 기술개발완료시점으로 보고 있다.

진부화는 기술의 경제적 수명기간을 기준으로 개발완료시점부터 평가시점까지 기간에 대하여 정액법 또는 정률법을 적용하여 산출하고 있다. 자산의 내용연수는 기술의 경제적 수명 기간과 개발완료시점부터 평가시점까지의 기간을 더하여 구할 수 있다.

진부화 기간은 기술의 가치가 완전히 소멸되는 내용연수와 동일한 개념이므로 미래 경제적 효익이 존재하는 기술의 경제적수명보다 더 길어야 함을 전제로 하고 있다. 따라서, 진부화 기간은 평가대상기술의 개발이 완료된 시점부터 평가시점까지 경과기간과 평가시점에서 평가자가 추정한 기술의 경제적 수명기간을 더하여 이를 근거로 진부화율로 활용한다. 다만, 기술개발이 완료된 시점부터 평가시점까지 상당한 기간이 경과되면 과거 투입비용 추정의 합리성 부족과 진부화기간의 연장으로 진부화율이 낮아지므로 평가자는 이를 감안하여 합리적인 최대 경과기간(약 3~5년)이내에서 재생산비용을 조정하는 것이 바람직하다.

진부화율은 법인세 시행규칙에 제시된 감가상각자산의 상각률 등을 기준으로 설정한다.

- 정액법의 진부화율 = 1/자산의 내용연수
- 정률법의 진부화율 = $1-0.05^{1/\text{자산의 내용연수}}$

단. 자산의 내용연수 = 기술의 경제적수명 + (개발완료시점부터 평가시점까지의 기간)

기술의 변화 속도가 빠르지 않은 전통 제조분야 기술의 경우 정액법을 적용해도 무방하나, 초기 진부화율이 높은 기술의 특성을 고려할 때 기술 발전 속도가 빠른 하이테크 분야의 경우 정률법을 사용하는 것이 적절하다.

마) 시장수요 가산요인

평가시점에 해당기술에 대한 수요증가 요인 등이 있을 경우 평가자가 판단하여 기술가치에 가산할 수 있다(선택요인).

2. 소프트웨어 비용접근법

소프트웨어(S/W)[195] 가치평가 방법은 S/W특성상 상용화를 목적으로 하는 일부를 제외하고는 시장사례 수집이나 현금흐름의 추정이 현실적으로 불가능한 경우가 많기 때문에 비용접근법을 준용하여 실무에서 적용 가능한 평가방법이 요구된다고 할 수 있다.

현행 S/W 비용접근법은 평가대상 소프트웨어의 품질 특성을 가치평가 결과에 반영할 필요가 있고, 조정재생산비용법의 진부화율 등을 적용하는 것이 불합리하다고 판단되는 경우 활용하고 있다. 산출방법은 평가대상 소프트웨어 개발에 투입된 재생산비용에 소프트웨어 품질에 따른 조정계수를 곱하여 산출한다.

소프트웨어 기술가치 = 재생산비용 × 조정계수
단, 조정계수 = 산출 소프트웨어품질점수/60

재생산비용 추정방법은 조정재생산비용법과 동일한 방법으로 추정하며, 조정계수는 소프트웨어의 품질에 따라 기술가치에 영향을 주는 것으로 소프트웨어 품질평가표의 점수로 산출한다. 소프트웨어 품질평가표는 기능성, 사용성, 초기부담비용, 효율성, 신뢰성 등 내적요인과 이식성, 호환성, 유지보수성 등 외적요인으로 구성된 평가표로 소프트웨어 분야별로 차별화된 가중치를 부여하고 있다.

소프트웨어품질점수(SQS: Software Quality Score)는 ISO/IEC 9126[196]의 소프트웨어품질 표준을 바탕으로 평가 실무적인 특성을 고려하여 개발된 것으로, 전통적인 평가방법[197]과 다소 차이가 있다.

195) 소프트웨어는 "컴퓨터·통신·자동화 등의 장비와 그 주변장치에 대하여 명령·제어·입력·처리·저장·출력·상호 작용이 가능하도록 만드는 지시·명령(음성이나 영상정보를 포함한다)의 집합과 이를 작성하기 위하여 사용된 기술서, 기타 관련 자료"를 말함(소프트웨어산업진흥법 제2조1항)

196) ISO/IEC 9126-Software Engineering Production quality의 SQS(Software Quality Score)의 6대 평가지표 ①기능성(Functionality), ②신뢰성(Reliability), ③사용성(Usability), ④효율성(Efficiency), ⑤유지보수성(Maintainability), ⑥이식성(Portability)를 응용

197) Man-Month, COCOMO(COnstructive Cost MOdel), FP(Function Point) 등

3. R&D 배수법

R&D 배수법은 연구개발 투입비용이 기업의 가치와 비례한다는 가정하에 R&D투입비용, 기술기여도, 조정계수 등을 이용하여 기술가치를 간략하게 산출하는 방법이다. 평가대상기술의 R&D투입비용(또는 예상 R&D투입비용)을 합리적으로 추정이 가능한 경우에 적용하고 있다.

$$\text{기술가치} = \frac{\text{상장기업 기업가치}}{\text{상장기업 R\&D비용}} \times \text{투입R\&D비용} \times \text{기술기여도} \times \text{비상장조정률} \times \text{사업화단계조정}$$

최근 10년간의 상장기업 데이터를 사용하여 상장기업의 R&D배수(기업가치 대비 R&D비용의 비율) 자료 중 중간값으로 산출하였다. 투입 R&D비용은 기술개발에 투입된 총 R&D비용을 말하며, 현재시점으로 환산이 필요하다고 판단되는 경우 환산비용을 적용한다.

기술개발 완료 전인 경우(아이디어단계, 개발단계 등)에는 기술개발 완료까지의 예상 R&D투입비용을 적용한다. 기술기여도는 수익접근법의 기술기여도 산출방법과 동일하다.

비상장조정률은 상장기업의 기업가치 대비 R&D비용 비율을 평가대상 기업인 비상장기업에 적합하도록 조정하기 위한 것으로, 아래 식으로 산출하여 적용한다.

$$\begin{aligned}\text{비상장조정률} &= \text{상장기업 할인율} / \text{비상장기업 할인율}\\ &= \text{CAPM} / (\text{CAPM} + \text{규모위험 프리미엄})\end{aligned}$$

단, 할인율은 수익접근법에서 활용하는 할인율을 적용.

사업화단계조정은 사업화단계에 따른 불확실성을 반영하기 위한 것으로 업종(기술)별 사업화단계에 따라 정해진 단계조정 비율값을 적용한다.

R&D 배수법은 일반적으로 ① 기술개발도 아직 진행되지 아니한 아이디어 단계에서 개략적으로 기술의 가치를 확인하고자 하거나, ② 기술개발이 진행중이나 아직 개발이 완료되지 않은 상태에서 개략적인 기술 가치를 확인하고자 할 때, 또는 ③ 기술개발완료 후 세부 사업화 계획 등이 수립되어 있지 않은 상태이거나 사업화주체가 확정되지 않은 상태에서 개략적인 기술의 가치를 확인하고자 할 때 활용한다.

[표 5-32] R&D 배수법의 사업화단계 조정계수표(예시)

구분	일반기업, 바이오 (의약품 제외), 환경, 융합	S/W	닷컴	전문디자인	적용 조정 계수	바이오 (의약품)	적용 조정 계수
아이디어 초기 단계	순수 아이디어 상태로 구체성이 매우 미흡	순수 아이디어 상태로 구체성이 매우 미흡	순수 아이디어 상태로 구체성이 매우 미흡	순수 아이디어 상태로 구체성이 매우 미흡	5.00%	순수 아이디어 상태로 구체성이 매우 미흡	0.01%
아이디어 구현 단계	아이디어를 특허, 실험실 실험, 보고서, 기획 등으로 구체화 단계	아이디어를 특허, 실험실 실험, 보고서, 기획 등으로 구체화 단계	아이디어를 특허, 실험실 실험, 보고서, 기획 등으로 구체화 단계	기획단계: TREND MAP, IMAGE MAP 등을 기반으로 디자인의 전반적인 컨셉을 구축 중인 상태	■■■	기초연구 단계: 신약후보 물질 등의 도출을 위한 탐색 연구 등	■■■
실험실 수준의 기본 성능 평가 단계	실험실 환경에서 실험 또는 시뮬레이션 등을 통해 기본 성능이 검증되는 단계	코딩진행 단계 : 구축된 아키텍처 등에 따라 프로그램을 개발하는 단계	서비스 시스템 구축 단계: 개발된 콘텐츠, 사업서비스 등을 E-COMMERCE시스템으로 개발	시제품 제작 단계 : 디자인의 전반적인 컨셉이 구축되어 디자인 시제품이 제작되는 단계	■■■	후보물질 도출 단계 : 생물학적 분석, In Vitro/ In Vivo Screening 등을 통한 도출	■■■
실험실 수준의 핵심 성능 평가 단계	실험실 규모의 소재, 부품 등을 사용하여 시험 샘플을 제작, 핵심 성능평가를 진행 중	내부평가 단계 : 개발된 프로그램에 대해 보완을 위한 평가가 이루어지는 단계	내부평가 단계 : 개발된 콘텐츠, 사업서비스 등에 대한 시스템의 내부적인 평가가 진행	시제품 검토단계 : 기업내부에서 시제품에 대한 평가가 진행 중인 단계	■■■	동물실험 단계 : 동물대상으로 후보물질의 안정성과 유효성을 실험단계	■■■
시제품 검증 단계	확정된 소재, 부품 등으로 시제품을 제작, 성능 평가를 진행 중인 단계	알파버전 완료 단계 : 베타버전으로 배포하기 위한 직전단계까지 개발이 진행된 상태	알파버전 완료 단계 : 내부적인 평가를 거쳐 CLOSE-BETA 버전 직전단계까지 개발이 진행됨	시제품 보완 단계 : 시제품에 대한 내부검토 및 평가를 토대로 보완 작업이 이루어지고 있음	■■■	1상 진행 중	■■■
제품화 완료 단계	양산화 전단계로 시제품이 좀 더 구체화되어 양산형태가 완성된 상황(자체 검증 완료)	베타버전 단계 : 상용화 패키지 직전의 단계. 내외부검증자를 대상으로 최종검증	제품화 완료 단계 : 클로즈베타를 거치는 단계로 제품 개발이 완료된 상태	제품화 완료 단계 : 시제품에 대한 보완이 완료되어 최종 제품이 제작된 상태	■■■	2상 진행 중	■■■
양산 준비 단계	양산을 위한 기술적인 문제가 모두 해결된 양산시제품의 마케팅 전략 수립, 설비 투자 계획이 수립됨	패키징 및 커스터마이징 단계 1 : 완성된 프로그램의 마케팅 전략 수립, 기술적 문제가 모두 해결	사업화 준비 단계 1 : 오픈베타 등을 통해 소비자의 만족도 조사와 마케팅전략 수립, 기술적 문제가 모두 해결	디자인 개발 또는 제작 완료 단계 1 : 디자인에 대한 소비자의 만족도, 반응도 검토가 완료된 상태	76.0%	3상 진행 중	62.5%
양산설비 투자 단계	제품 양산을 위한 설비투자가 일정 수준 이상 진행된 단계로 잠재적인 매출처를 확보하였거나 확보중임	패키징 및 커스터마이징 단계 2 : 완성된 프로그램의 잠재적 매출처를 확보 또는 확보 중인 상태	사업화 준비 단계 2 : 시장적용을 위한 모든 준비를 마친 상태에서 잠재적 매출처를 확보 또는 확보중인 상태	디자인 개발 또는 제작 완료 단계 2: 디자인 개발 또는 제작 관련 준비를 모두 완료. 잠재적 매출처를 확보 또는 확보중인 상태	■■■	신약허가 신청 중	■■■
양산 단계	정상적인 매출을 형성하고 있으며, 공정 및 사후성능 검증 체계가 수립된 상태	판매가 시작되어 정상적인 매출이 발생하고 있으며, 내부 판올림(버전업) 및 품질관리체계가 수립된 상태	대량 제작 또는 판매 체계를 갖춘 상태로 라이선스 계약 등에 의해 정상적인 매출을 형성. 서비스 안정화 기반 수립	대량 제작 또는 판매 체계를 갖춘 상태로 라이선스 계약 등에 의해 정상적인 매출을 형성하고 있음	100.0%	신약허가 및 양산단계	100.00%

제6장

기술평가와 금융

과학기술의 발전과 기술혁신이 경제·사회의 새로운 패러다임의 변화를 가져오고 이에 부응한 산업기술정책이 전개되면서 정부 및 기업의 기술혁신활동을 지원하는 기술금융의 중요성이 증대되고 있다.

기술금융은 유형의 담보자산평가 또는 신용평가에 의한 일반 기업금융과 달리, 기술로 인한 성장가능성 또는 미래의 경제적 가치를 산출하는 기술평가를 토대로 발생한다. 즉, 기술의 다면적 속성을 평가한 후 자금공급자인 금융기관 등이 이해할 수 있는 등급·금액·의견 등으로 조정 및 표준화된 기술평가정보를 제공하고 금융기관 등은 이 정보를 활용하여 금융공급 여부를 결정한다.

이에 본 장에서는 먼저 기술금융의 개념을 정리한 다음, 기술금융과 관련된 주요 정부정책 그리고 국내에서 운영중인 대표적인 기술금융수단을 살펴보기로 한다.

기술·지식재산금융

제 1 절 기술·지식재산금융 개요

1. 기술금융의 개념

1) 관련 용어의 이해

가) 금융시스템

금융(金融, finance)의 사전적 의미는 '신용을 바탕으로 남에게 이자를 받고 자금을 융통하여 주는 것'이다. 통상 금융이란 자금이 여유가 있는 주체(S: Surplus)와 자금이 부족한 주체(D: Deficit)가 있을 때, D가 S에게 채무를 지고 자금을 빌며, S는 D에게 자금을 빌려주는 대신 이에 대한 채권을 가짐으로써 발생되는 화폐의 이전현상, 즉 자금[198]의 유통을 말한다.

국민경제의 순환과정에서 가계, 기업, 정부 등 경제주체들은 재화와 서비스를 생산·분배·지출과 같은 경제활동을 하게 된다. 이 과정에서 일어나는 경제주체 간 실물거래를 뒷받침하는 것이 돈(화폐)의 흐름, 바로 금융이다. 화폐의 이전이라고도 부르고 있는 화폐의 흐름은 크게 산업적

198) 돈이 여유가 있는 자가 빌려준 화폐(돈)는 통상 이자가 붙어서 회수되는데, 이자가 붙는 화폐가 경제행위를 수단으로 이용될 경우 우리는 이 화폐를 '자금'이라고 칭한다.

유통(industrial circulation)과 금융적 유통(financial circulation)으로 구분된다. 화폐의 산업적 유통은 재화 및 서비스를 사고 팔 때 이루어지는 돈의 흐름이다. 즉 실물활동에서 발생하는 교환의 매개수단으로서의 금융을 말한다. 화폐의 금융적 유통은 은행에 예금을 하거나 주식을 매매하는 등 금융활동에 수반되는 돈의 흐름을 말한다.

경제주체들은 경제활동을 통해 돈(자금)이 축적되고 여유가 있는 경제주체는 여유자금을 금융기관에 저축하거나 직접 투자를 하고, 자금이 부족한 경제주체는 필요한 자금을 자금여유가 있는 경제주체 또는 금융기관 등으로부터 조달한다.

아래 그림은 돈이 여유있는 경제주체와 부족한 경제주체를 이어주는 중개역할을 하는 은행과 같은 금융기관, 금융시장을 통해서 이루어지고 있는 금융적 유통의 사례로써 전형적인 금융의 흐름이라 할 수 있다

[그림 6 - 1] 화폐의 유통 : 산업적 유통과 금융적 유통

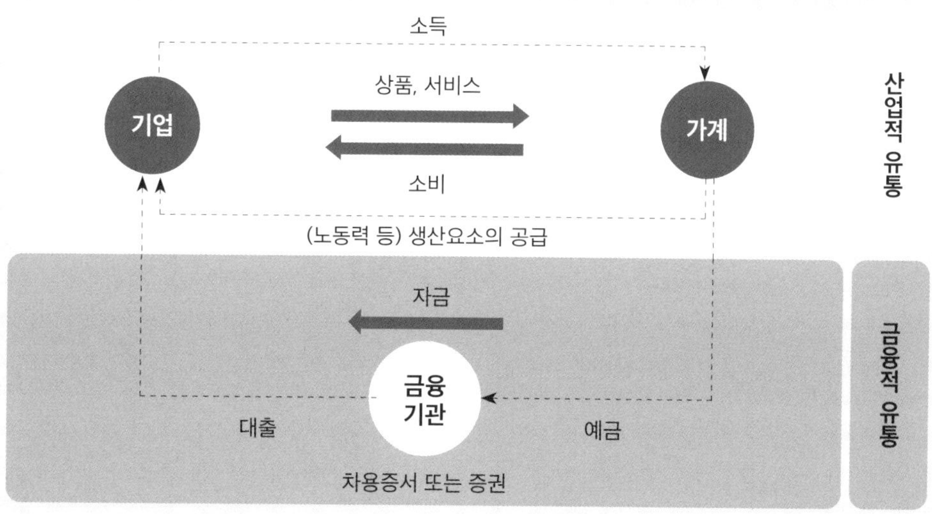

이와같이 자금수요자와 자금공급자를 이어주는 역할을 하는 금융은 금융기관, 금융시장, 금융수단(상품), 이들이 원활하게 기능하도록 하는 각종 법규 및 하부구조로 구성되어 있는데, 이를 일컬어 금융제도 또는 금융시스템(financial system)이라고 한다.

금융기관은 자금의 공급자와 수요자간의 거래를 성사시켜 주는 것을 목적으로 하는 사업체를

말하며, 금융거래를 매개하는 수단으로는 예금증서, 채권, 주식 등이 있다. 금융지원 인프라는 금융시장과 금융기관이 원활히 기능하도록 하는 각종 금융규제 및 감독제도, 금융안전망, 지급결제시스템 등을 총칭하고 있다.

[그림 6 - 2] 금융시스템 구조

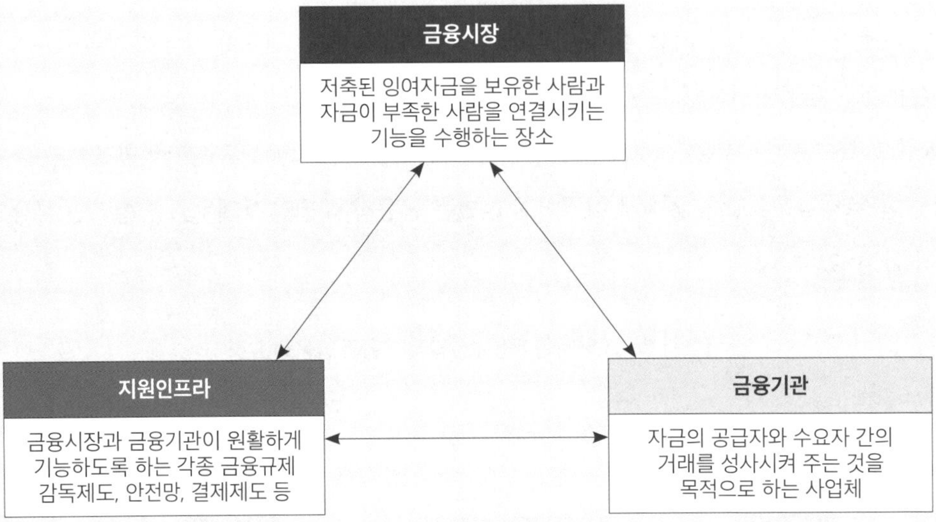

금융시장은 자금공급자와 자금수요자 간에 금융거래가 이루어지는 물리적 장소와 컴퓨터, 인터넷 등의 추상적 공간으로 이루어져 있으며, 다양한 유형의 시장이 존재한다.

금융시장은 금융거래의 만기에 따라 단기금융시장과 장기금융시장(자본시장), 자금이 이동하는 형태에 따라 직접금융시장과 간접금융시장, 금융수단의 성격에 따라 채무증서시장과 주식시장 , 금융거래의 단계에 따라 발행시장과 유통시장으로 구분된다.

단기금융시장은 기업어음, 양도성예금증서와 같이 통상 만기 1년 이내의 금융자산이 거래되는 시장을 말하며 장기금융시장은 만기 1년 이상의 채권(회사채)이나 만기가 없는 주식이 거래되는 시장으로 대개 자본시장이라고 부르고 있다.

직접금융(direct financing)시장은 회사채나 주식처럼 자금수요자가 발행하는 증권을 자금공급자가 매수하여 거래가 직접 이루어지는 시장을 말하며, 간접금융(indirect financing)시장은 자금공급자와 수요자 간 금융거래가 은행 등 금융기관을 통해 이루어지는 금융시장을 말한다.

[그림 6 - 3] 직접금융시장과 간접금융시장의 자금흐름

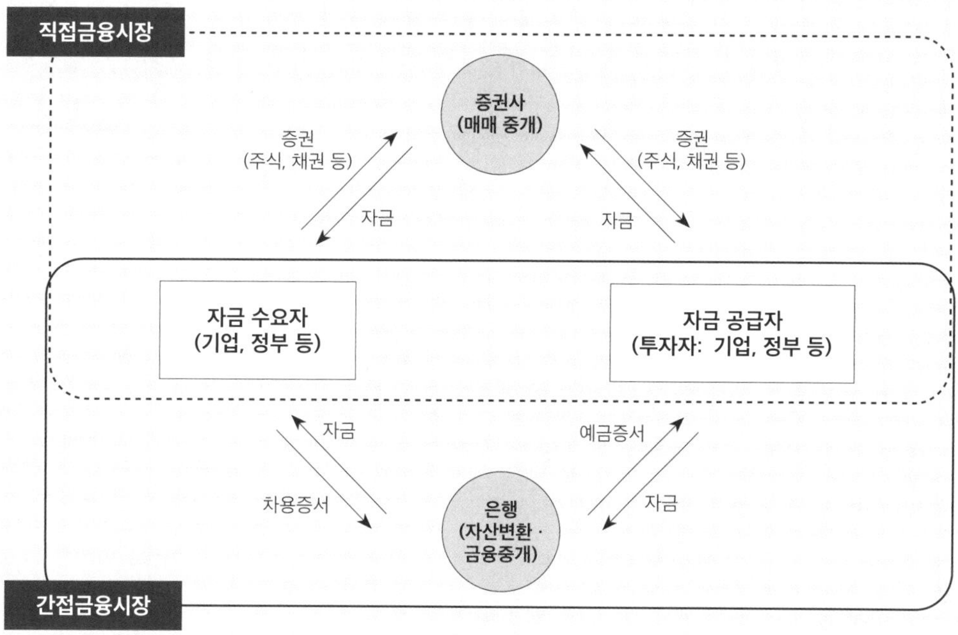

채무증서시장(debt market)은 자금차입자가 만기까지 일정한 이자를 정기적으로 지급할 것을 약속하고 발행한 채무증서(debt instrument)가 거래되는 시장으로 기업어음시장, 국채, 회사채 등 채권시장이 해당된다. 주식시장(equity market)은 회사의 재산에 대한 지분을 나타내는 주식이 거래되는 시장으로 대표적으로 유가증권시장, 코스닥시장 등이 있다.

발행시장(primary market)은 단기금융상품이나 채권, 주식 등 장기금융상품을 신규로 발행하여 투자자(자금공급자)로부터 자금을 조달하는 시장을 말한다. 반면, 유통시장(secondary market)은 이미 발행된 장·단기 금융상품이 투자자들 사이에 거래되는 시장으로 투자자가 보유중인 회사채 또는 주식을 쉽게 현금화할 수 있게 해준다.

나) 기업금융

자금수요자인 기업 측면에서의 기업금융은 '기업이 투자, 운영 등 제반 경영활동에 필요한 자금을 금융시장에서 조달하는 활동'을 말하며, 자금공급자인 금융기관 측면에서는 '기업의 신용과 사업내용 등을 평가하여 대출을 비롯한 각종 금융수단을 제공하는 활동'이다.

기업금융은 자금조달 원천에 따라 내부금융(사내 유보이익, 충당금 등)과 외부금융으로 구분되는데, 일반적으로 기업금융이라 함은 필요한 자금을 외부에서 조달하는 외부금융을 말한다. 외부금융은 자금조달 방법에 따라 직접금융과 간접금융으로, 자금형태에 따라 융자, 투자, 정부출연금으로 구분할 수 있다.

직접금융은 전술한 것처럼 주식, 회사채, 기업어음 등의 발행을 통해 자금을 조달하는 방식을 말하며, 간접금융은 은행 등 금융중개기관으로부터 대출 등을 통해 자금을 조달하는 것을 말한다. 직접금융 방식 중 주식발행을 통해 조달된 자금은 자기자본으로 계리되어 기업의 재무구조를 개선할 수 있으나, 회사채, 기업어음은 타인자본(부채)으로 처리된다.

융자는 기업이 금융기관 등에서 담보능력이나 신용도 등에 따라 자금을 차입하고 상환기일이 도래되면 원리금 상환부담을 갖게 된다. 반면, 투자는 기업의 성장성, 수익성 등 사업성을 평가받아 주식발행을 통해 자금을 조달하여 상환부담이 없는 대신, 투자자는 기업의 주주로서 경영에 직간접적으로 참여하고 투자위험 및 이익을 공유한다. 정부출연금은 법령에 의해 기업의 기술개발 등을 무상으로 지원하는 보조금 성격의 자금이다.

또한 기업금융은 자금용도에 따라 운전자금과 시설자금으로 구분되고, 운용기간에 따라 단기금융과 장기금융으로 구분된다. 운전자금은 기업의 원자재 구매, 판매관리 등 전반적인 경영활동에 사용되는 자금으로 통상 1년내외의 단기간에 필요한 자금이다. 시설자금은 공장 건물 및 생산설비 등의 신·증설에 소요되는 자금으로 일반적으로 자금운용기간이 1년초과 10년이내의 중장기대출을 통해 조달한다.

단기금융은 1년을 기준으로 상환만기가 1년이내인 자금을 공급하는 것을 말하며 여기에는 기업어음(CP)과 같은 초단기자금이 포함된다. 장기금융은 전술한 시설자금대출과 같이 상환만기가 1년을 초과하는 것으로, 상환만기가 1년초과 3년까지는 중기금융, 3년초과 10년까지는 장기금융으로 구분하기도 한다.

한편, 중소기업금융은 금융의사결정 준거에 따라 재무제표에 의한 금융, 자산담보금융, 신용금융, 관계금융, 기술금융으로 구분할 수 있다.

재무제표 준거 금융은 재무상태표, 손익계산서, 현금흐름표 등 재무제표의 질에 의하여 금융공급여부가 결정되는 것으로 적정한 감사 등에 의하여 그 재무제표의 진정성이 담보되거나 회계투명성이 높은 기업에만 적용된다.

자산담보금융은 금융의 결정이 담보의 질에 의존하고 기업의 특성은 대출결정의 가부·조건에 영향을 주지 못한다. 담보가치의 변화에 대한 감시가 필요하기 때문에 담보관리비용이 소요되며, 기업규모에 관계없이 모든 기업에 적용할 수 있는 이점이 있다.

신용금융은 소비자금융에서 활용되고 있는 기법을 기업대출에 활용하는 것으로 과거의 거래 데이터 비교에 의한 파산확률산정으로 대출의 가부·조건 등이 결정된다.

관계금융은 당해 중소기업의 재무제표 등의 정량정보에 더하여 기업과 그 경영자 평판 등에 관한 정성정보(Soft information)를 활용하는 것으로, 정성적인 정보를 확보하려면 기업과의 장기간에 걸친 거래관계의 구축·유지가 필요하다.

다) 정책금융

정책금융은 시간 및 공간상 발생하는 금융시장의 다양한 시장실패로 인해 시장의 상업적 원리로 해소하지 못하는 금융수요를 자금의 가용성·만기·금융비용 측면에서 보완하는 공공적 성격의 금융을 의미한다. 즉, 정부의 정책목적을 달성하기 위하여 기업에 지원하는 제반 금융을 총칭하며 대출, 투자, 보증, 보험, 출연 등의 형태로 공급된다.

금융시장은 정보비대칭성과 외부경제효과 등과 유동성 및 신용리스크 급등으로 시장실패가 항상 발생하는데, 시장원리에 의존하는 상업금융으로는 이를 해소할 수 없기 때문에 시장에서 충족되지 못하는 금융수요가 상존한다. 이처럼 금융시장에서 시장기능이 작동하지 않는 경우 정부는 금융접근성, 만기 구조, 금융비용 등의 수단으로 시장의 실패를 보완하고 있다. 우리나라는 1990년대 후반의 IMF외환위기와 2007~8년의 금융위기에 직면했을 때 금융불안정성으로 인해 정상적이던 시장이 제대로 작동되지 않는 시장실패를 경험하면서 정책금융의 중요성이 새로이 인식되었다.

중소기업은 국가경제의 뿌리이자 성장동력으로서 그 중요성이 크다고 할 수 있다. 그러나 금융시장에서는 중소기업과 금융기관 간 정보비대칭성이 존재하고, 금융기관은 이로 인한 역선택의 우려가 있어 자금공급을 기피함에 따라 기업의 필요자금을 적기에 조달하기가 어려워 만성적인 자금난을 겪고 있다. 이에 따라 정부는 중소기업금융시장에서 금융이 합리적으로 배분되지 않을 때 금융접근성·만기구조·금융비용 등의 수단으로 제약을 완화함으로써 경제활성화를 도모하는 수단이 정책금융이다.

정책금융은 장기 저리의 정책자금 융자를 비롯하여, 모태펀드를 통한 투자, 중소기업의 금융기관채무에 대한 신용보증, 정부출연금, 온렌딩대출 등 다양한 형태로 공급되고 있다.

[표 6 - 1] 정책금융의 범위·유형·공급기관

구분		세부유형	공급기관
정책 금융 (광의)	정책성 금융	자체 조달	산업은행, 기업은행, 수출입은행
			일반은행, 지방은행
	정책금융 (협의)	출연·보조	국가 R&D사업, 기술혁신개발사업 등
		융자	중소벤처기업부(중진공)의 혁신창업사업화자금, 온렌딩대출 등
		보증	기술보증기금, 신용보증기금, 지역보증재단
		투자	모태 펀드

기술개발에서 사업화까지의 기술혁신과정은 기술적·시장적 불확실성과 정보비대칭성이 중첩적으로 존재함에 따라 기술혁신을 추진하는 기업들이 소요자금을 조달하는데 다양한 제약과 난관에 직면한다. 기업이 금융기관 등 외부에서 기술개발자금을 조달하고자 하는 경우 기술개발에 관한 불확실성과 이에 따른 고위험으로 인해 자금 확보 시 프리미엄(비용)을 지불해야 하며, 불확실성 및 리스크가 클수록 외부자금 조달비용이 증가한다. 이러한 상황에서 우량기업들은 소요자금을 외부보다는 내부의 자금으로 충당하지만, 자금력이 미약한 대부분의 비우량기업들은 일반적으로 높은 비용을 부담하더라도 기술개발자금을 외부로부터 조달하고 있다. 반면 자금공급자들은 비우량기업 및 기술에 대한 정보비대칭으로 인해 역선택(adverse selection)의 위험이 존재하는 상황에서는 기술혁신활동에 대한 자금공급(기술금융)을 기피할 가능성이 매우 높아지게 된다.

이와 같이 기술개발 분야 또는 중소기업금융은 일반적으로 시장에서 금융자원 등이 골고루 효율적으로 배분되지 못하는 시장실패영역으로서 이를 다양한 정책수단으로 수정·보완하여 경제를 활성화시키기 위해 정책금융을 공급하고 있다.

[그림 6 - 4] 공익성과 정보비대칭성 기준 정책금융 영역

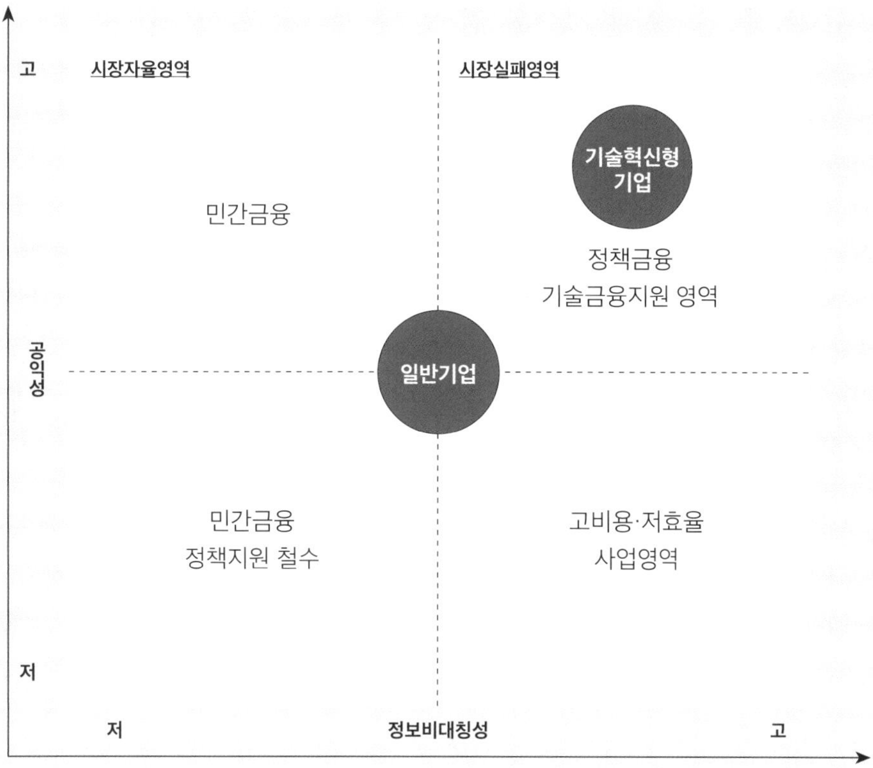

본 장에서 다루는 기술금융의 경우에도 시장기능이 제대로 작동하지 않는 시장실패의 대표적인 분야라고 할 수 있다. 현재 정부에서는 금융기관이 기술금융과 지식재산금융을 적극적으로 공급하도록 보증기관 출연료 차등화 등 인센티브를 제공하거나 기술평가보증 및 지식재산(IP)보증 등 공적 보증확대를 통하여 기술혁신을 추진하는 기업의 금융의 접근가능성과 가용성을 제고하고 있다.

2) 기술금융의 정의

20세기초 경제학자 슘페터((Joseph A. Schumpeter)가 기술혁신[199)]과 금융부문 간의 경제학

199) 슘페터(Joseph A. Schumpeter, 1883-1950)는 혁신을 창조적 파괴로써 새로운 아이디어, 제품, 제도 등을 창안하거나 잘 활용되고 있는 것을 새롭게 도입, 사용하는 일련의 행위로 정의하고 있다. 여기서 창조적 파괴란 기술의 변화와 생산조직의 변화에 의해 새로운 재료, 새로운 제품, 새로운 공정, 새로운 산업조직, 새로운 시장이 창출되면서 나타나는 경제시스템의 구조적 변화라고 설명하고 있다.

적 연구에서 은행이 제공하는 금융은 기업투자와 경제성장을 촉진하는 변수임을 관찰한 이후 혁신 및 경제발전과 금융 간 인과관계에 대한 연구가 지속적으로 진행되어 왔다.

기술혁신은 발명[200)]을 상업화로 연결시키는 활동 즉, 공정, 시장, 재료, 조직 등 생산수단의 새로운 결합을 통하여 신제품이나 서비스를 생산하고 마케팅 및 판매를 하는 일련의 행위이다. 기업들이 새로운 아이디어와 기술을 토대로 기술을 개발하고 개발성과물을 사업화로 연결하는 과정에는 필연적으로 자금이 소요되는데, 이러한 기술혁신활동을 지원하기 위해 공급되는 자금을 기술금융(technology financing) 또는 혁신금융(innovation financing)이라고 부르고 있다.

국내에서 기술금융이란 용어는 1990년대 중반이전까지는 정부가 기업에 지원하는 기술개발자금 위주로 사용되어 오다가 정부 중소기업금융정책이 2000년대 중반 이후 양적 확대에서 성장동력 육성을 위한 질적 내실화를 추진하면서 본격적으로 언급되기 시작되었다.

당시 배경을 간단히 살펴보면, 1990년대 후반이후 제정·시행된 벤처기업법(1998), 기술이전법(2000)에 근거하여 벤처기업확인제도, 기술평가제도, 기술이전사업화 촉진정책 등이 본격 추진되었다. 이어서 2004~2005년 정부의 중소기업체질 강화를 위한 '중소기업경쟁력강화대책'(2004)과 '중소기업 금융지원체계 개편방안'(2005)에서 '기술평가금융활성화방안'이 주요 과제로 포함되면서 '기술금융'이 공식적으로 등장하였고 2007년에는 기술이전법에 기술이전사업화에 대한 금융지원을 명시하였다.

기업금융은 주로 유형자산가치 기반 담보금융, 재무제표 중심의 신용평가 또는 장기간의 거래실적 및 정성정보를 토대로 한 관계금융, 정부정책 목적을 달성하기 위한 정책금융 등의 형태로 공급되고 있다. 이에 따라 전술한 여러 유형의 금융취급경험 및 자료가 축적되어 있고 이론적 연구가 많아 그 개념이 비교적 명확하게 정립되어 있다. 하지만 기술금융은 이미 언급한 것처럼 금융시장에서 주목을 받게 된지 15년정도에 불과하여 이론 및 실증연구가 그리 많지 않아 개념이 아직 명확하게 정립되어 있지 않다. 다만 정부 등 공공부문이 기술금융정책을 추진하는 과정에서 산발적으로 정의를 하고 있으나 표현만 약간 다를 뿐 그 의미는 거의 유사하다. 그간 정부 등 공공부문과 연구자(기관 포함)들이 제시한 기술금융 정의를 간단히 정리하면 다음과 같다.

먼저 연구자 관점에서 정의한 기술금융은 KIST의 "금융혁신과 기술금융제도연구"에서 나타난다.

200) 발명이란 과학적 창의성과 기술적인 아이디어를 통해 새로운 방법이나 기술, 물질, 제품,장치 등을 창조하는 행위를 말한다.

이 연구에서 김광두·정운찬(1992)은 '기술금융은 기업의 기술투자에 소요되는 자금을 정부가 금융기관을 통해 가용성과 금리면에서 지원함으로써 기술투자를 촉진시키려는 방법'으로 정의했는데,[201] 이들은 기술금융의 정책금융 성격을 강조하고 있다.

박순철(2006)은 기술금융을 기술과 금융이 결합된 기업금융의 한 분야로서 기술이 개발되어 사업화되는 일련의 과정에서 발생하는 금융이라고 정의하고 있다. 이어서 기술평가금융은 '기술금융 중 기술기업이 보유하고 있는 기술의 시장성 및 사업성을 기초로 한 기술력 평가나 기술가치평가에 근거한 신용대출 방식의 융자 및 투자'라고 설명하고 있는데[202], 이는 기술금융 공급결정 준거로서 기술평가에 초점을 맞춘 정의라고 할 수 있다.

중소기업연구원(2008)의 '기술금융활성화방안'에서는 'R&D-창업-사업화 등 기술혁신의 全과정에 소요되는 자금의 공급을 포괄적으로 기술금융(Innovation Financing)'이라는 OECD(1995)의 정의를 광의의 기술금융으로 해석하고 있다. 이어서 협의의 기술금융을 '무형자산이 담보로 인정되지 못하고 있는 금융관행 하에서 미래 수익을 가져올 기술에 대한 가치평가를 통하여 기술의 개발·사업화에 자금을 공급하는 것'으로 정의하고 있다.[203]

양동우(2008)는 기술금융 유형과 과정·절차에 주목하여 '기술을 기반으로 사업화하는 기업과 관련된 투자·융자·출연·보증·복합 금융행위가 기술평가를 통하여 이루어지는 일련의 과정 및 절차' 를 기술금융으로 정의하였다.[204]

강요셉(2014)은 전술한 양동우(2008)의 정의를 반영하여 기술금융을 '기술이전·창업·연구개발·제품개발 등 기술사업화 과정에서 소요되는 다양한 형태의 금융과 이러한 금융공급을 결정하는 시스템'이라고 포괄적으로 정의하였다.[205]

한국금융연구원(2010)은 기술보증기금이 의뢰한 연구용역보고서에서 기술금융은 '창업, R&D, 사업화 등 기술혁신 전과정에서 필요한 자금을 기술평가등을 통해 공급하는 고위험 기업금융의 형태'로 정의하고 있다.[206]

---

201) 김광두·정운찬(1992), "금융혁신과 기술금융제도에 관한 연구", 한국과학기술연구원, 정책연구 92-12
202) 박순철(2006), "국내 기술평가금융의 현황과 활성화방안", 한국산업은행「금융연구」
203) 김광희·우제현(2008), "기술금융활성화방안-기술금융상품을 중심으로-", 중소기업연구원, 기본연구 08-16
204) 양동우(2008), "중소기업육성을 위한 기술금융 개선방안 및 정책과제", 기은연구, 2008년 여름
205) 강요셉(2014), "기술사업화 촉진을 위한 기술금융의 역할과 변화방향", 한국과학기술기획평가원, ISSUE PAPER 2014-05
206) 정찬우 외 3인, "기술금융의 수요예측과 적정 위험분담방안", 한국금융연구원, 2010(기보 연구용역).

안병민·최대승(2011)은 전술한 양동우(2008)의 기술금융 정의를 인용한 후, 정책적 측면에서 기술금융을 '기술평가전문기관의 기술평가를 통해 우수기술기업을 선별하여 자금을 지원함으로써, 기업의 기술사업화와 이를 통한 기업성장으로 국가 경제성장에 기여할 수 있도록 하는 매우 중요한 정책적 수단'으로 설명하고 있다.[207)]

과학기술정책연구원(2018)의 연구자들은 기술금융을 '기술이 갖는 리스크(기술과 시장의 불확실성, 정보비대칭성 등)를 인지하고, 기술의 미래가치에 대한 기대(정성적·정량적 가치평가)를 갖고 기술과 시장을 연결하기 위해 투입되는 위험 선호적 자본 운영'이라고 설명하고 있다.[208)]

다음으로 정부 등 공공부문이 기술평가 및 기술금융 활성화 정책을 수립·추진하는 과정에서 선행연구자의 정의를 토대로 정책목적에 맞추어 기술금융을 재정의하고 있다.

금융시장에서 혁신형 중소기업의 자금조달 여건을 개선하기 위한 재정경제부 외(2005)의 '중소기업금융지원체계 개편방안'에서 '기술평가금융'을 '과거 매출실적이나 물적담보가 없더라도 기술력과 사업성에 기초한 금융지원'으로 정의하고 있다.[209)]

지식경제부(한국산업기술진흥원)와 기술보증기금이 공동으로 발표한 '기술평가시장 현황분석 및 활성화방안'(2011)에서 기술금융은 기업이 신기술 확보를 위한 R&D활동, 자체개발 또는 외부에서 이전받은 기술을 제품화하는 활동, 그리고 개발된 제품을 양산화하여 마케팅 활동을 전개하는 등 일련의 기술혁신을 추진함에 있어서 소요되는 자금을 조달하고자 할 때, 해당 기업 또는 해당기업 보유 기술을 평가하여 정부 또는 민간금융기관이 지원하는 자금으로 정의하고 있다.

2013년 신정부가 발표한 '지식재산금융 활성화방안'에서 기술금융은 '기술평가를 통해 기술을 개발하고 사업화하는 기업에게 금융접근성을 제고하기 위한 활동'으로 정의하고 있다.[210)] 이는 기술금융을 지식재산 활용가치를 토대로 금융접근성을 제고하기 위한 정책수단이라는 관점에서 내린 정의라고 할 수 있다.

금융위원회 등 관계부처(2014)가 합동으로 발표한 기술금융 활성화 정책에서 기술금융은

207) 안병민·최대승(2011), "주요국의 기술혁신지원제도 비교분석연구-기술금융시스템을 중심으로-",한국과학기술기획평가원, 연구보고 2011

208)손수정 외4(2018), "기술금융의 역할과 효율화 방안", 과학기술정책연구원, 정책자료 2018-02

209)재정경제부·금융감독위원회·중소기업청(0025), "중소기업 금융지원체계 개편방안" 주요내용: 신용보증제도 개편방안과 기술평가금융활성화 방안(재경부), 정책자금 개편방안(중기청), 시장기능에 의한 금융지원 활성화방안(금감위)

210) 관계부처합동(2013.7), "창조경제 실현을 위한 지식재산금융 활성화 방안"

'아이디어와 기술의 개발·사업화 등 기술혁신 전 과정에 필요한 자금을 지원하는 것' 이라는 OECD(2006)의 정의를 광의의 기술금융으로 해석하고, 협의의 기술금융은 '미래수익 창출이 기대되는 기술과 아이디어 등에 대해 가치평가에 근거하여 필요한 자금을 공급하는 행위'로 명시하고 있다.[211)]

이어서 금융위원회가 발표한 "기술금융 체계화 및 제도개선방안"(2015.6.)에서 기술금융을 "기술력 있는 기업" 또는 특허권 등 "기술자체"에 대한 평가를 기반으로 대출, 투자 등의 방식으로 자금을 공급하는 것으로 재정의하였다.[212)] 이러한 정의는 정부가 중점 추진하고 있는 TCB기반 기술신용대출 구조를 반영한 것으로 해석된다.

국내의 대표적인 기술금융수단으로서 기술평가보증을 개발·운영하고 있는 기술보증기금은 기술금융을 '창업, R&D, 사업화 등 기술혁신 과정에서 필요한 자금을 기술평가를 통해 공급하는 기업금융의 형태'로 정의하고, 그 형태를 지원방법 및 회수조건에 따라 투융자와 보증, 출연, 복합금융 등으로 구분하고 있다.[213)] 한편, 기보의 대내외보고서에는 설립목적을 달성하기 위한 주요사업으로 '기술금융지원사업'을 선정하고 있는데, 여기서 기술금융지원사업은 '자금여력이 부족한 기술중소기업에 대해 기술력 중심의 평가로 금융지원을 활성화함으로써 일자리 창출과 국가기술경쟁력 강화에 기여하는 사업'으로 정의하고 있다.

전술한 기술금융의 정의를 종합해보면, 기술금융은 '① 기업의 기술개발·창업·사업화 등 기술혁신과정에서 필요한 자금을, ② 정성적·정량적 기술평가를 통하여, ③ 고위험 기술사업에 공급하는 기업금융으로 ④ 금융시장의 실패를 보완하는 정책금융'으로 정리할 수 있다.

211) 관계부처합동(2014), "기술금융활성화를 위한 기술평가시스템 구축방안"
212) 금융위원회(2015), "기술금융 체계화 및 제도개선방안" 별첨자료② 기술금융 주요쟁점 Q&A
213) 기술보증기금 홈페이지(2021)

[표 6 - 2] 기술금융에 대한 다양한 정의 요약

<table>
<tr><th colspan="2">연구자(기관)</th><th>정의</th><th>주요 개념</th></tr>
<tr><td rowspan="10">민간</td><td>김광두 외 1
(1992)</td><td>기업의 기술투자에 소요되는 자금을 정부가 금융기관을 통해 가용성과 금리면에서 지원함으로써 기술투자를 촉진시키려는 방법</td><td>기술투자 소요자금,
가용성·금리 지원</td></tr>
<tr><td rowspan="2">박순철
(2006)</td><td>기술금융 : 기술과 금융이 결합된 기업금융의 한 분야로서 기술이 개발되어 사업화되는 일련의 과정에서 발생하는 금융</td><td>기술개발·사업화 과정,
기업금융</td></tr>
<tr><td>기술평가금융 : '기술금융 중 기술기업이 보유하고 있는 기술의 시장성 및 사업성을 기초로 한 기술력 평가나 기술가치 평가에 근거한 신용대출 방식의 융자 및 투자'</td><td>기술력평가,
기술가치평가에 의한 투융자</td></tr>
<tr><td rowspan="2">중소기업
연구원
(2008)</td><td>R&D-창업-사업화 등 기술혁신의 全과정에 소요되는 자금의 공급을 포괄적으로 혁신금융(Innovation Financing)
(* 인용한 OECD의 정의를 광의로 해석)</td><td>기술혁신 전과정
소요자금 공급</td></tr>
<tr><td>(협의) 무형자산이 담보로 인정되지 못하고 있는 금융관행 하에서 미래 수익을 가져올 기술에 대한 가치평가를 통하여 기술의 개발·사업화에 자금을 공급하는 것</td><td>기술가치평가,
기술개발·사업화에 자금공급</td></tr>
<tr><td>양동우
(2008)</td><td>기술을 기반으로 사업화하는 기업과 관련된 투자·융자·출연·보증·복합 금융행위가 기술평가를 통하여 이루어지는 일련의 과정 및 절차</td><td>기술사업화기업에 대한
금융행위, 기술평가</td></tr>
<tr><td>한국
금융연구원
(2010)</td><td>창업, R&D, 사업화 등 기술혁신 전과정에서 필요한 자금을 기술평가등을 통해 공급하는 고위험 기업금융의 형태</td><td>기술혁신 전과정 기술평가,
고위험 기업금융</td></tr>
<tr><td>KISTEP
(2011)</td><td>기술평가전문기관의 기술평가를 통해 우수기술기업을 선별하여 자금을 지원함으로써, 기업의 기술사업화와 이를 통한 기업성장으로 국가 경제성장에 기여할 수 있도록 하는 중요한 정책적 수단</td><td>기술평가전문기관,
기술평가, 기술사업화,
정책적 수단</td></tr>
<tr><td>STEPI
(2018)</td><td>기술이 갖는 리스크(기술과 시장의 불확실성, 정보비대칭성 등)를 인지하고, 기술의 미래가치에 대한 기대(정성적·정량적 가치평가)를 갖고 기술과 시장을 연결하기 위해 투입되는 위험 선호적 자본 운영</td><td>기술리스크,
기술미래가치 평가,
위험선호적 자본운영</td></tr>
<tr><td>공공</td><td>재정경제부
외
(2005)</td><td>기술평가금융 : 과거 매출실적이나 물적담보가 없더라도 기술력과 사업성에 기초한 금융지원</td><td>기술력,
사업성 기초한 금융지원</td></tr>
</table>

연구자(기관)		정의	주요 개념
공공	지식경제부 외 (2011)	기업이 신기술 확보를 위한 R&D활동, 자체개발 또는 외부에서 이전받은 기술을 제품화하는 활동, 그리고 개발된 제품을 양산화하여 마케팅 활동을 전개하는 등 일련의 기술혁신을 추진함에 있어서 소요되는 자금을 조달하고자 할 때, 해당 기업 또는 해당 기업 보유 기술을 평가하여 정부 또는 민간금융기관이 지원하는 자금	기술혁신과정, 기술평가, 정부·민간금융 지원
	관계부처 합동(2013)	기술평가를 통해 기술을 개발하고 사업화하는 기업에게 금융접근성을 제고하기 위한 활동	기술평가, 사업화금융접근성 제고
	관계부처 합동(2014)	아이디어와 기술의 개발·사업화 등 기술혁신 전 과정에 필요한 자금을 지원하는 것으로, 협의의 기술금융은 '미래 수익 창출이 기대되는 기술과 아이디어 등에 대해 가치 평가에 근거하여 필요한 자금을 공급하는 행위'	기술혁신전과정, 기술아이디어 가치평가, 자금공급
	금융위원회 (2015)	"기술력 있는 기업" 또는 특허권 등 "기술자체"에 대한 평가를 기반으로 대출, 투자 등의 방식으로 자금을 공급하는 것	기술신용대출에 초점 (TCB평가)
	기술보증기금	'창업, R&D, 사업화 등 기술혁신 과정에서 필요자금을 기술평가를 통해 공급하는 기업금융의 형태'로 정의, 그 형태를 지원방법 및 회수조건에 따라 투융자와 보증, 출연, 복합금융	기술혁신 전과정, 기술평가, 기업금융

3) 기술금융의 특징

기업의 기술혁신활동은 일반적인 생산·판매활동과 비교하여 산출되는 자산의 성격, 현금흐름, 위험과 담보력 등 여러 가지 측면에서 차이가 있기 때문에 기술혁신활동에 공급되는 기술금융도 일반적인 기업금융과는 다른 특징을 지니고 있다.

① 높은 불확실성 : 기술개발을 포함하여 개발한 기술을 사업화하는 기업의 기술혁신활동은 일반적으로 성공 여부에 높은 불확실성이 내포되어 있다. 불확실성은 발생할 수 있는 대체적인 상황들이 무엇인지 조차 알 수 없음을 의미하는데 안정성, 예측가능성 등을 최우선시하는 금융의 속성상 불확실성에 대해서는 극도로 기피하는 경향이 있다. 기술의 변화와 산업변화가 급격하게 진행됨에 따라 불확실성이 커지고 기술금융 수요기업의 현금흐름에 높은 변동성이 발생하며 이에 따라 미래 현금흐름 가치가 같은 경우에는 기술금융 공급자는 변동성이 낮은 기업을 선호하게 된다.

② 정보비대칭성 상존 : 기술혁신과정에서 필요한 자금을 조달하고자 하는 기업과 금융공급자 사이에 정보 비대칭성(information asymmetry) 혹은 정보의 격차(information gap)가 존

재하는 것이 일반적이다. 기업은 자기가 보유하고 있는 기술 및 시장상황 등에 대하여 정보 우위에 있기 때문에 기회주의적 행동을 할 유인을 갖는다. 즉, 기업의 약점들을 숨기거나 기업의 경영성과를 과대포장하여 금융공급자에게 자신의 기업이 금융을 공여할만한 양호한 기업임을 주장할 수 있다. 또한, 자금조달에 성공한 이후에는 제시한 사업계획과 다르게 불확실한 전략을 취하거나, 개인적 편익을 추구하는 도덕적 해이가 발생할 수 있다. 이 경우 금융공급자는 정보비대칭으로 인해 역선택의 위험에 빠질 우려가 있으므로 기술금융을 기피하게 된다.

③ 담보력이 부족한 무형자산 : 기술기업은 신기술이나 새로운 아이디어를 토대로 기술혁신을 추진하므로 담보력이 있는 유형 자산보다는 특허, 영업비밀, 인적 자본 등의 무형의 지식재산을 핵심 경쟁력으로 하고 있다. 반면 은행 등 금융공급자들은 물적 담보력이 충분하거나 재무상황 및 신용도가 양호하여 회수위험이 낮은 기업들을 선호하는 경향이 있다. 따라서, 기술기업의 경쟁력인 무형의 지식재산을 제대로 평가받지 못하는 상황에서는 담보력과 신용도가 낮은 기업들은 자금조달이 어려울 수 밖에 없다.

④ 기술의 외부효과성 : 기술은 공공재와 마찬가지로 비경합적이고 비배제성을 갖고 있다. 이러한 공공재 성격으로 인해 개별기업이 개발한 기술이라 할지라도 국가나 사회 또는 다른 기업들에게 이익(사회적 이익)을 가져다 줄 수 있으므로 개발이익을 전적으로 사유화하지 못하고 금융공급자들도 충분한 보상을 받지 못할 가능성이 있어 공급을 꺼리게 된다.

⑤ 기술투자의 불가분성 : 기술투자는 기술개발단계에서 사업화단계에 이르기까지 일정 규모 이상의 자금을 필요로 함에 따라 투자 참여를 어렵게 하고 경쟁을 제한하는 요인으로 작용한다. 금융공급자 입장에서는 기술투자를 단계별 프로젝트로 나누어 금융공급을 하는 것이 바람직하지만 여러 단계의 프로젝트로 구분하는 것이 불가능함에 따라 자금공급이 제대로 이루어질 수 없다.

이상과 같이 금융공급의 준거가 되는 기술의 불확실성, 정보의 비대칭성, 담보력 부족, 기술의 외부효과성, 기술투자의 불가분성 등으로 인해 기술개발에서 사업화에 이르는 혁신활동에 자금공급을 기피하는 시장의 실패가 발생한다. 이와 같이 필요수준보다 과소공급되는 금융시장의 실패를 완화하고 보완하기 위해 정부는 기술금융시스템을 구축하고 활성화를 추진함과 아울러 민간금융의 유인을 위해 다양한 인센티브를 제공하는 등 기술금융시장에 적극 개입하고 있다.

2. 기술금융의 유형

기술금융의 유형은 자금의 조달방법에 따라 직접금융과 간접금융, 공급주체에 따라 정책금융과 민간금융으로, 사업화단계에 따라 R&D금융, 창업금융, 성장금융 등으로 구분할 수 있다.

1) 자금조달방법: 직접금융·간접금융

직접금융은 자금 수요자가 자기명의로 발행한 증권을 자금공급자에게 교부하고 그들로부터 자금을 직접 조달하는 것을 말하며 대표적으로 주식, 회사채, 기업어음 등이 있다.

이 중 기술금융시장에서 주로 발생하는 형태가 주식발행에 의한 자금조달이라고 할 수 있는데, 일반적으로 투자자입장에서는 투자라고 칭한다. 투자는 벤처캐피탈 등이 리스크는 있으나 성장유망한 기업을 발굴하여 지분투자 형태로 자금을 공급하는 기술금융으로 고위험·고수익 성격의 모험자본이다.

간접금융은 은행 등과 같은 금융기관의 중개를 통하여 자금공급자와 자금수요자 간에 자금거래가 이루어지는 것을 말하며 대표적으로 융자(대출)가 있다. 융자형태로 공급되는 기술금융은 기업의 신용과 기술력을 평가하여 대출을 실행하는 기술신용대출, 기보의 기술평가보증에 의한 대출, 은행권의 기술력평가대출 및 IP담보대출, 정책자금으로 중진공의 혁신창업사업화자금 중 개발기술사업화자금 등이 있다.

[표 6 - 3] 자금조달방법 별 기술금융 유형 및 대표적 사례

유형	개념	대표적 사례	자금성격
직접금융	자금 수요자가 자기명의로 발행한 증권을 자금 공급자에게 교부하고 그들로부터 자금을 직접 조달	주식(투자)	자기자본
		회사채, 기업어음 등	타인자본
간접금융	은행 등과 같은 금융기관의 중개를 통하여 자금공급자와 자금수요자 간에 자금거래가 이루어지는 것	기술신용대출, 기술보증서대출, IP담보대출, 온렌딩대출, 개발기술사업화자금	타인자본

2) 공급주체: 정책금융·민간금융

기술금융은 자금공급주체에 따라 정책금융과 민간금융으로 구분할 수 있다.

정책금융이란 정부의 특정 정책목적을 달성하기 위해 지원하는 제반 금융을 총칭한다. 전술한 것처럼 정책금융은 시장의 불완전성으로 인해 해소되지 못하는 금융수요에 대하여 정부 등 공공부문이 금융을 공급하는 것으로써 주요 수단으로는 정부산하기관을 통한 자금의 가용성 제고, 금리인하, 투·융자, 보증, 출연, 보조금 등이 있다.

민간금융이란 시중은행, 벤처캐피탈 등이 이윤극대화를 목적으로 기술기업의 혁신활동에 공급하는 시장친화적 형태의 금융을 말하며 대표적으로 은행의 융자, 벤처캐피탈의 투자 등이 있다.

[표 6 - 4] 공급주체별 기술금융 유형 및 대표적 사례

유형		대표적 사례
정책금융	출연·보조금	국가 R&D 사업출연, 기술혁신개발사업 출연 등
	융자	온렌딩대출, 개발기술사업화자금, 정보통신분야기술개발융자 등 정부 등이 기술개발·사업화를 지원하는 융자사업 등
	투자	모태펀드, 성장사다리펀드, 공공기관의 투자 등
	보증[214)]	기술보증기금의 기술평가보증, 지식재산평가보증 등
민간금융	은행 융자	일반은행, 국책은행 등의 기술신용대출[215)] 등
	벤처캐피탈 투자	기술기업에 대한 주식, CB, BW 등

3) 사업화단계: R&D·창업·성장지원금융

기술혁신활동은 R&D 기획 → 연구개발 → 시제품제작 → 사업화 → 성장·성숙단계에 걸쳐 이루어진다. 기술금융은 사업화단계에 따라 R&D금융, 창업금융, 성장지원금융 등으로 구분할 수 있다.

R&D금융은 기술획득을 위해 직접 기술개발을 추진하거나 외부로부터 기술이전을 받는데 소요되는 자금을 말한다. R&D단계는 기술개발 및 시장진출 성공여부의 불확실성과 정보비대칭성

214) 중소기업 보증제도는 신용도 또는 담보력 부족 등의 이유로 금융시장에서 자금조달에 어려움을 겪는 중소기업에 대하여 '공신력있는 기관'이 채무이행을 금융기관에 보증함으로써 기업의 원활한 자금조달을 가능하게 하는 중소기업 금융수단이다. 즉, 은행은 보증서를 담보로 취득하고 기업에게 대출을 실행함으로써 기업이 자금을 조달할 수 있게 하는 금융중개시스템으로 정책금융에 속한다.

215) 기술신용대출은 정부가 추진하는 기술금융수단으로 활성화를 위해 은행들에 대하여 다양한 인센티브와 유인책을 시행하고 있는 측면에서는 넓은 의미의 정책금융에 포함될 수 있다.

등으로 인해 기술사업의 위험이 비교적 높은 단계로써 주로 정부 출연금 및 보조금, 엔젤투자, 크라우드펀딩 등 위험부담형(risk taking) 기술금융을 공급하고 있다.

창업금융은 창업초기단계의 기업 기술을 기반으로 금융공급을 한다. 불확실성이 R&D단계보다는 낮지만 여전히 존재하는 상태로 기술기업과 자금공급자가 위험을 공유(risk sharing)하는 정책자금융자, 공적 보증, 모태펀드·창업펀드 투자 등의 형태로 공급된다.

성장금융은 기업의 업력과 실적이 축적되고 규모가 커지면 금융기관과의 지속적인 거래를 통해 기술사업에 대한 정보비대칭과 불확실성이 완화되어 기술과 기업의 신용을 기반으로 한 기술금융이 가능해진다. 성장단계의 대표적인 기술금융 형태로는 기술신용대출, 자산유동화보증(Primary-CBO보증)이 있다. 이후 성숙단계에서는 기업은 경쟁우위와 신용을 기반으로 자금을 조달하고, 금융공급자는 안정적인 이자 혹은 자본이득을 취할 수 있는 회사채, 기업어음, 지분투자 등 위험해소형(risk clearing)금융을 공급한다.

[표 6 - 5] 사업화단계별 기술금융 유형 및 대표적 사례

단계	R&D	창업	성장	성숙
금융유형 (특징)	R&D금융 (위험부담형)	창업금융 (위험부담·공유형)	성장지원금융 (위험공유형)	시장자율금융 (위험해소형)
공공	출연·보조금, 장기저리·무이자 융자 등	창업혁신사업화자금, 기술평가보증, 창업펀드, TIPS 등	온렌딩대출, P-CBO보증, 공공기관 투자 등	국책은행 공공성 자금 등
민간	엔젤투자, 크라우드 펀딩 등	벤처캐피탈 투자, 엔젤투자, TIPS(정부자금 매칭) 등	기술신용대출, IP담보대출, 벤처캐피탈 펀드 등	상업대출, 회사채, CB, 기업어음, IPO(기술상장특례) 등

3. 지식재산금융의 개념

1) 지식재산금융의 정의

지식재산금융은 기술금융과 마찬가지로 정부의 중소기업금융 정책추진과정에서 파생된 것으로 기술이 아닌 지식재산권(IP)[216]을 기반으로 금융공급이 이루어지고 있다.

국가지식재산위원회에 제출된 연구용역보고서(2012)[217]에서 지식재산금융은 "지속적이거나 일정한 기간 수익이 예상되고 법에 의하여 보호되고 명시되는 무형의 권리를 기초로 하는 재산의 개발 또는 사업화 등을 지원하는 금융활동"으로 정의하고 있다. 즉, 지식재산금융은 권리화가 가능한 기술 또는 아이디어의 연구개발을 통하여 권리화(창출)되었거나 권리화 가능성이 있는 기술의 사업화, 권리화된 기술을 통한 자산가치 상승, 권리화된 기술의 양도 및 이전 등 '권리화된 기술'을 대상으로 한다는 것이다.

2013년에 정부가 발표한 '지식재산금융 활성화방안'에서 지식재산금융을 "지식재산(권)의 활용 가치를 높이고 지식재산에 기초하여 금융기능을 제공하는 제반 활동"이라고 정의하고 있다. 구체적으로는 "지식재산(권)을 기초로 자금수요자와 자금공급자간 자금중개 기능을 수행하거나 유동화, 위험관리 등 금융기능 제공"이라고 설명하고, IP금융 유형을 지식재산기업에 대한 지원(벤처캐피탈형)과 지식재산 자체에 대한 투자·대출(창의자본형)로 구분하고 있다.[218] 또한, 정보비대칭성·불확실성·분리(거래)가능성 측면에서 비교해볼 때 IP금융은 기술금융보다 정보비대칭성과 불확실성이 다소 완화되고, 분리·거래가능성은 높아 금융측면의 활용도가 높은 것으로 설명하고 있다.

한국지식재산연구원(2013)은 지식재산금융을 '산업재산권을 비롯하여 기술과 노하우, 영업비밀, 아이디어 등과 관련된 금융'이라는 포괄적인 개념으로 정의하고, 협의로는 '산업재산권 등 법적으로 보호받고 있는 지식재산권을 매개로 하는 금융'으로 설명하고 있다.[219]

---

216) 지식재산(Intellectual Property, IP)이 권리화된 것을 지식재산권(Intellectual Property Right, IPR)이라고 하는데, 통상 실무에서는 지식재산권을 IP로 통용되고 있다.

217) ㈜펜타노바, "지식재산 금융 국내외 실태조사 및 활성화 방안", 국가지식재산위원회 연구용역보고서, 2012. 11

218) 관계부처합동, "창조경제 실현을 위한 지식재산금융 활성화방안", 2013. 7

219) 한국지식재산연구원, "지식재산가치평가 및 금융생태계 조성방안", 2013. 12

최철외 3(2013)은 "지식재산을 기반으로 가치를 창출하는 제반 활동과 이와 관련된 금융활동을 포함하여 지식재산(IP)금융으로 정의하고 있다. 이어서 지식재산의 자산화 단계와 금융기법의 고도화 단계 등에 따라 IP자산화금융, IP펀드형금융(IP비즈니스금융), IP기반 기술금융 세가지 유형으로 구분하고, IP자산화금융과 IP비즈니스금융을 협의의 IP금융으로, IP기반 기술금융을 포함하여 광의의 IP금융으로 설명하고 있다.[220]

[표 6 - 6] 자산화단계 및 금융기법별 IP금융의 대표적 사례

유형	개념	대표적 사례
IP기반기술금융	IP를 기반으로 한 기술금융으로 일반적인 기술금융과 동일한 의미	IP평가보증, IP평가대출, 모태펀드·벤처캐피탈 투자 등
IP자산화금융	자산으로서의 IP에 대한 평가결과를 토대로 전형적인 금융기법을 적용한 것으로, IP자체의 자산가치에 기반한 자금조달형태임	IP자산유동화, IP담보대출, IP SLB (Sale and License - Back) 등
IP비즈니스 금융	사모펀드 등 재무적 투자자들과 제조기업 등 전략적 투자자들이 집합투자기구(특별자산펀드)를 구성한 뒤 해당 펀드가 지식재산 비즈니스를 직접 영위하거나 IP 전문관리기업에게 자금을 공급하는 구조를 취함	IP펀드(공격형·방어형 펀드)[221] IP인큐베이션 펀드 등

* 출처 : 최철외 3(2013),「지식재산금융」- IP비즈니스와 금융의 결합-을 토대로 작성

금융위와 특허청이 발표한 '지식재산금융 활성화 종합대책'(2018)에서 IP금융의 개념을 '특허권, 상표권, 디자인권, 저작권 등과 같은 지식재산권을 이용해 자금을 융통하는 일련의 금융활동'으로 설명하고, 구체적 방식은 기업이 보유한 지식재산권(IP)에 대한 가치·등급(주로 금액)을 평가하고, IP평가를 기반으로 한 보증·대출·투자[222]를 제시하고 있다.

220) 최철외 3, 「지식재산금융」 IP비즈니스와 금융의 결합 : 구조와 실제, 한국지식재산연구원, 2013

221) • 공격형 IP펀드: 투자자들로부터 모은 자금으로 펀드를 조성하고 소송 가능성이 높은 IP를 집중적으로 매입하고 라이선스, 소송을 통해 손해배상금 및 합의금 등을 취득하여 수익을 추구하는 펀드
• 방어형(Defense)IP펀드: 회원사들이 펀드에 회비를 지급하여 가입하고 펀드는 보유한 IP를 이용하여 펀드 가입한 회원사들을 다른 NPE나 기업에게 받을 수 있는 공격(소송)으로부터 보호해주는 펀드

222) (보증)IP를 기반으로 기업대출에 대한 기보·신보의 보증, (대출)IP를 담보로 은행에서 대출, (투자) 벤처캐피탈이 IP에 직접 투자하거나 우수IP 보유기업에 투자

2) 지식재산금융과 기술금융 개념비교

앞에서 살펴본 기술금융은 기술의 연구개발 - 창업 - 사업화를 위한 직·간접적 금융지원을 모두 포함한다면, IP금융(Intellectual Property Finance)은 지식재산권의 창출·보호·활용에 대한 직·간접적 금융지원이라고 할 수 있다. 일반적으로 R&D·창업·사업화 과정에서 창출된 기술이 지식재산권으로 권리화되고 있으므로 기술금융의 범위와 지식재산금융의 범위는 상당부분 중복된다고 할 수 있다.

[표 6 - 7] IP금융과 기술금융의 개념 및 특징 비교

<table>
<tr><th>구분</th><th>IP금융</th><th>기술금융</th></tr>
<tr><td>개념</td><td>지식재산(권)의 활용 가치를 높이고 지식재산에 기초하여 금융기능을 제공하는 제반 활동 → 지식재산(권)을 기초로 자금수요자와 공급자간 자금중개 기능을 수행하거나 유동화, 위험관리 등 금융기능 제공</td><td>기술평가를 통해 기술을 개발하고 사업화하는 기업에게 금융 접근성을 제고하기 위한 활동 → 특허권, 산업저작권 등은 통상 기술에 기반하고 있기 때문에 지식재산 금융은 기술금융의 특수한 분야</td></tr>
<tr><td>방식</td><td>지식재산기업에 대한 지원,
지식재산 자체에 대한 투자·대출</td><td>기술융자, 기술보증, 기술투자,
기술신탁(기술유동화증권 등)</td></tr>
<tr><td>특징</td><td colspan="2">- 기술금융과 IP금융은 기술 및 지식재산의 내재적 특성으로 필요수준보다 과소공급되는 시장실패가 보편적 현상
- 지식재산은 기술 범주에 포함되지만, 재산적 성격으로 일반기술보다 금융 측면의 활용도가 높으나 국내에서는 IP금융을 별도 구분하지 않고 기술금융으로 인식</td></tr>
<tr><td>정보
비대칭성</td><td rowspan="2">지식재산권은 재산권적 성격으로 정보비대칭성과 불확실성이 다소 완화되고 거래가능성이 높음</td><td>기술보유기업과 금융공급자간 기술 등에 대한 정보비대칭성으로 통상 역선택 또는 도덕적 해이 문제 발생</td></tr>
<tr><td>불확실성</td><td>유형자산에 비해 기술개발과 사업화등 과정에서 평가·관리할 수 없는 불확실한 요소들이 산재</td></tr>
<tr><td>분리
가능성</td><td>담보권 인정 등 지식재산권은 양도와 담보설정이 법률적*으로 허용되어 금융수단으로 활용될 여지가 큼
* 동산·채권등의 담보에 관한 법률</td><td>무형자산적 성격, 대부분의 특정기술 또는 특정기업에 의미가 있어 일반적으로 분리·거래 가능성이 낮음</td></tr>
</table>

* 출처 : 관계부처합동(2013) 발표자료를 토대로 작성

지금까지 전술한 내용을 종합하면, 기술금융은 기업의 R&D-창업-사업화 등 기술혁신 전 과정을 대상으로 지원되는 기업금융이며, 국내에서 주로 발생하는 IP금융도 '권리화 예정 또는 완료된 기술'의 자산가치에 기반한 기술금융으로 기술금융과 IP금융 모두 기업금융에 포함된다.

[그림 6 - 5] 기술금융, 지식재산금융, 기업금융의 관계

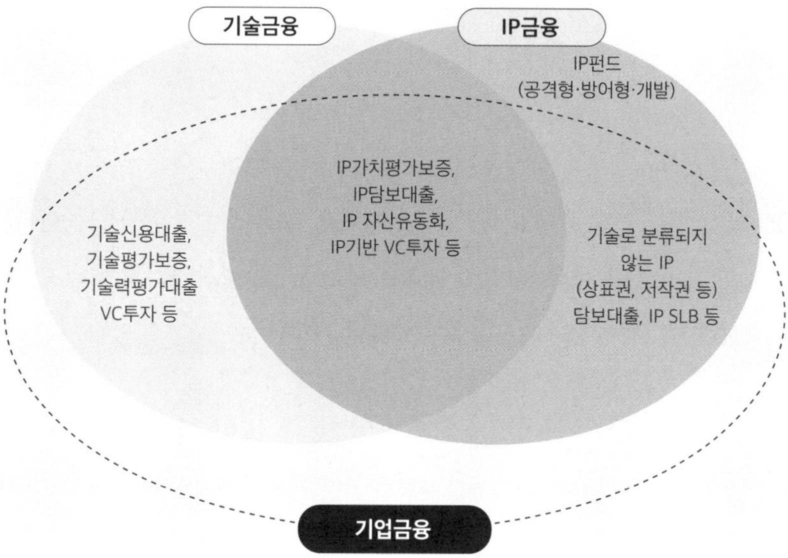

* 출처 : 송경모, '2013 기술보증기금 기술평가세미나 발표'를 토대로 재작성

제 2 절 기술·지식재산금융정책

정부주도의 국내 기술금융 활성화 정책을 시기별로 구분해보면, IMF외환위기 극복시기인 2000년대 전·후와 그리고 금융당국이 기술금융을 획기적으로 확산시키기 위해 범금융권 맞춤형 기술신용평가시스템을 구축·가동하기 시작한 2014년 전·후로 구분할 수 있다.

1. 2000년대 이전

국내 기업에 대한 기술금융의 시초는 한국과학기술연구원(KIST)의 연구결과를 실용화하기 위해 1974년 벤처캐피탈로 설립된 한국기술진흥㈜(KTAC)라고 할 수 있다. 이후 기업의 기술개발자금을 지원하기 위하여 공공벤처캐피탈 성격의 한국기술개발㈜(1981), 한국개발투자금융㈜(1982), 한국기술금융㈜(1984)가 설립되었다.[223] 이 4개 회사는 1986년 12월에 제정된 「신기술사업금융지원에 관한 법률」[224]에 의거 신기술 사업금융회사로 정부의 인가를 받게 되었다. 1986년 4월에는 「중소기업창업지원법」이 제정·시행됨에 따라 중소기업창업투자회사들이 설립되어 영업을 개시하면서 모험자본이 기술금융으로 공급되기 시작하였다.

223) 한국기술진흥(주)는 1991년 기보가 인수하여 기보캐피탈㈜로 운영하다가 2008년 정부의 공공기관 자회사 민영화 추진 정책에 따라 민영화되었다(현재 아주아이비투자), 또한 한국기술개발(주)(KTDC)는 한국종합기술금융(주)로 개편을 거쳐 2000년 KTB네트워크로, 한국개발투자금융(주)(KDIFC)는 큐캐피탈파트너스로 민영화 되었고, 산업은행이 출자한 한국기술금융(주)(KTFC)는 현재 KDB캐피탈로 운영중이다.

224) 2009년 기술보증기금법으로 변경됨

1989년에는 신기술사업에 대한 금융지원을 목적으로 설립된 기술보증기금이 기술보증을 통해 기술금융을 공급하기 시작했고, 1996년에는 장외시장인 코스닥시장이 개설되었다.

1997년말 IMF 외환위기로 인해 국가경제 및 금융시장이 큰 위기에 빠진 상황에서, 같은 해 제정된 '벤처기업을 육성한 특별조치법'에 따라 "벤처기업 확인" 및 금융지원 제도가 시행되면서 기술금융 성격의 벤처금융이 시작되었다. 이 때 국내 금융기관 최초로 기술평가센터를 설치한 기술보증기금이 벤처기업확인을 위한 기술성 평가와 벤처기업 금융지원에 중심역할을 하게 되었다. 이러한 기술성 평가 경험을 토대로 평점모델에 의한 기술평가보증제도를 개발, 시행(1999년)함으로써 금융지원 의사결정에 기술력 평가결과를 반영한 기술금융이 시작되었다고 볼 수 있다.

[표 6 - 8] 기술금융정책 주요 내용(2000년대 이전)

시기	주요 내용	관련기관
~1985	공공벤처캐피탈 설립 : 한국기술진흥금융(주)(1974), 한국기술개발(주)(1981), 한국개발투자금융(1982), 한국기술금융(주)(1984)	KIST, 과학기술처, 국제금융공사, 산은
1986	- 신기술사업금융지원에 관한 법률 제정(* 위 4사 신기술사업금융회사 인가) - 중소기업창업지원법 제정 → 중소기업창업투자회사(모험자본) 설립	중소기업청
1989	기술보증기금 설립	기보
1992	과학기술진흥기금 설치	과학기술처
1996	코스닥시장 개설	재정경제원
1997 ~ 1999	- 기술담보제도(1997-2001)[225] 실시 - 기보 기술평가센터 설치 - 벤처기업법 제정시행(1997), 벤처기업확인제도(1998) - 기보 기술평가보증제도 시행(1999)	통상산업부 기보, 중기청

225) 기업이 보유하고 있는 특허권, 실용신안권 등의 기술가치를 평가하여, 그 기술을 담보로 자금을 대출하는 제도로 통상산업부(시행기관: 생기원 부설 산업기술정책연구소)가 1997년부터 2001년까지 5년동안 265개 기업 272건의 기술에 대해 566억원의 자금을 지원하였다. 당시 기술거래시장이 활성화되어 있지 않아 무형자산인 기술담보채권 회수 불확실성이 높은 점을 감안하여 은행의 대출손실이 발생할 경우 정부가 은행 대출손실의 90%까지 보전해주도록 하였다.

2. 2000년대 이후~2014년 이전

2000년에는 공공부문 기술의 민간이전과 사업화를 촉진하기 위하여 기술이전촉진법이 시행되고, 동 법에 따라 기술거래소가 설립되면서 기술금융 기반이 마련되기 시작했다.

특히, 경쟁력 있는 중소기업을 선별, 집중지원하여 중소기업의 체질을 강화하기 위한 "중소기업경쟁력 강화대책"(2004년)[226]과 혁신형기업에 대한 지원확대를 위한 "중소기업 금융지원체계 개편방안"(2005)[227]에서 '기술금융활성화'가 핵심과제로 포함됨으로써 본격적인 기술금융정책이 추진되었다. 구체적으로 살펴보면 기술보증기금이 개발한 기술평가시스템(KTRS)을 통해 기술력 및 사업성을 평가한 '기술평가인증서'를 은행에 제공하여 신용대출 취급 시 활용(이는 후술하는 TCB대출제도의 모태가 됨)하도록 하였고, 산업은행에서는 자체적으로 평가한 기술평가를 토대로 한 기술평가대출 업무를 개시하였다.

2006년에는 기술이전법에 의거 지정된 기술평가기관의 기술평가결과 및 은행의 여신심사를 기초로 신용대출을 취급한 경우, 기술평가비용을 정부가 지원하는 "혁신형 중소기업 기술금융지원사업"을 추진하는 한편, 기술평가정보유통시스템을 구축하였다. 또한, 같은 해 특허청과 기술보증기금, 산업은행 3개기관이 특허기술가치평가를 실시하여 산출된 특허가치금액을 금융지원하는 업무협약을 체결·시행하였다.

2011년에는 정부가 신성장동력산업에 대한 금융지원 강화를 위해 R&D와 사업화에 대한 정책자금 투자를 촉진하고 기술평가인증서부 대출 실적에 따라 금융기관에 대한 자금배정을 우대하는 정책을 추진하였다. 이듬해 2012년에는 금융위 및 신·기보가 발표한 '창업·중소기업 금융환경 혁신을 위한 기술금융활성화방안'에서 기술가치연계보증제도 도입, 융복합기술 평가체계 구축 및 신기술·산업 평가능력 제고, R&D지원강화를 위한 R&D프로젝트보증 도입 등을 제시하였다.

신정부가 출범한 2013년 5월 정부는 '벤처창업자금 생태계 선순환방안'에서 미래창조펀드, 성

226) 중소기업의 체질강화를 위한 대책 중 기술금융 활성화 과제로 "기술보증기금의 기술평가조직 확대개편", "기술평가인증서를 발급하여 금융기관과 외부기관이 활용하도록 운용" 등이 발표되었다.

227) "중소기업 금융지원체계 개편방안"에 포함된 "기술평가금융활성화방안" 요약
- 기술평가의 신뢰성 및 전문성 제고 : 기술평가활용 확대, 기술평가 표준모델 개발 및 확산, 기술평가기관 전문화
- 기술기업에 적합한 금융지원 확대 : 기술평가대출의 확대, 기술평가정보의 활용 확대, 기술평가보증의 다양화

장사다리펀드[228]결성 등 창업 및 벤처기업육성을 위한 투자확대정책을 발표하였다.

같은해 7월 발표한 "창조경제실현을 위한 지식재산금융 활성화방안(정부합동)"에서는 지식재산을 활용하여 ① 금융접근성 제고, ② 기업성장단계에 맞는 다양한 자금조달 수단 제공, ③ 지식재산 관련 금융생태계 및 인프라 구축을 주요 추진과제로 제시하였다. 곧이어 11월에 금융위원회가 발표한 "금융업경쟁력 강화방안"에서 금융업의 가치제고를 위한 9대목표 중 하나로써 "기술·지식재산금융 활성화"를 제시하였다. 주요 추진과제로는 "① 「기술신용 평가기관」(Tech Credit Bureau, TCB) 설립, ② 기술평가 활용도 제고를 위한 개방형DB 구축 및 기술평가표준모델"을 선정하였다. 이는 수요자 요구에 적합한 맞춤형 평가정보를 제공하는 공신력 있는 기관을 확충하고, 공공재 성격의 기술정보 DB 구축(TDB) 등 효과적인 기술금융인프라를 조성하고 활용해나가겠다는 의지의 표현으로서 2014년의 '기술금융활성화를 위한 기술평가시스템 구축방안'에서 구체화되었다.

[표 6 - 9] 기술금융정책 주요 내용(2000년대 이후~2014년 이전)

시기	주요 내용	관련기관
2000	기술이전법 제정 및 기술이전사업화촉진계획 실시(현재7차 시행중), - 한국기술거래소 설립(2009년 KIAT로 통합) - 벤처기업법에 의거 다산벤처(창투사) 설립(2005년, 현재 한국벤처투자로 개편하여 모태펀드 통합관리·운영) - 특허청 특허기술평가지원사업 개시	산업부, 중기청, 특허청
2001 ~ 2003	기술이전법상 기술평가기관 지정(2001)	산업부(KIAT)
	신기술 아이디어 사업화 타당성평가사업 실시(2002)	중기청
	기술가치평가모형 구축(2003-2008)	산업부(기술거래소), 기보

228) 이는 창업혁신 기업을 중심으로 충분한 자금 공급, 정책자금의 모험자본 역할 수행 및 민간자금 유입 기반 마련, 투융자 복합금융 제공 등을 목적으로 KDB, IBK, 은행권청년창업재단 등의 출자기관이 3년에 걸쳐 총 1조 8,500억원을 출자하였다.

시기	주요 내용	관련기관
2004 ~ 2005	중소기업경쟁력강화 종합대책(기보 기술평가조직 확대, 기술평가인증서 발급 및 외부활용 제시)	재정경제부 기보
	중소기업금융지원체계개편방안(기술평가금융활성화방안, 기술평가대출 확대 및 기술평가보증 다양화, 기술평가인증제도 시행), 기술평가표준모델 개발 및 확산, 중기청 기술평가표준모형(STBR) 구축, 기보 기술평가시스템(KTRS)개발·적용	재정경제부, 기보, 산업은행, 중기청
2006	- 혁신형 중소기업 기술금융지원사업(산업부, KIAT) - 기술평가정보유통시스템 구축(산업부, KIAT) - 특허기술가치평가보증·대출 실시(특허청, 기보, 산은) - 문화기술평가금융지원사업(문화체육부, 기보)	산업부, KIAT, 기보, 산은, 특허청, 문화부
2011 ~ 2012	신성장동력 금융지원강화방안(기술평가인증서기반 신용대출 인센티브 부여, 신성장동력분야 자산유동화증권 발행 및 투자 확대)(2011)	관계부처합동, 기보 등
	창업·중소기업 금융환경혁신을 위한 기술금융활성화방안(기술가치연계 보증제도 도입, 융복합기술평가체계 구축 및 신기술·산업 평가능력 제고, R&D사업지원 강화를 위해 R&D프로젝트보증 도입 등)(2012)	금융위, 신보, 기보
2013	- 벤처창업자금 생태계 선순환 방안(성장사다리펀드 결성 등 투자확대) - 지식재산금융활성화 방안(IP활용한 금융접근성 제고, IP금융생태계구축) - 금융업경쟁력강화 방안(TCB설립 및 개방형 DB 구축 등 추진 발표)	관계부처합동 금융위, 중기청

3. 2014년 이후~현재

신정부 출범 이듬해인 2014년에는 금융당국이 기술금융을 국내 은행권 전반으로 확산시키기 위한 새로운 기술금융시스템을 구축·가동하고 구체적인 실행 로드맵을 제시하였다.

금융위·기재부·특허청 합동으로 발표한 "기술금융활성화를 위한 기술평가시스템 구축방안"에서는 과거 기술금융시장의 문제점을 분석하고 이를 토대로 보다 체계적이고 구체화된 실행계획을 제시하였다. 2014년 7월부터 은행권 기술신용대출(TCB기반 신용대출)과 공공재적 성격의 기술정보 DB(TDB) 서비스 제공을 개시하고, 기술금융실적에 따른 인센티브 부여, TECH평가를 포함한 은행권 혁신성평가방안을 발표하였다.

2015년에는 신용정보법에 '기술신용정보'를 추가하여 법적 근거를 마련하고, 기술금융을 은행의 여신 관행으로 정착시키고 시스템화를 위해 「기술금융체계화 및 제도개선」과 후속조치로서 은행의 자체 TCB평가를 위한 「기술신용대출 정착 로드맵」을 발표하였다.

기술신용대출 도입 3년차에 이른 2017년에는 4월과 11월에 각각 발표한 「건강한 창업생태계 조성지원방안」과 「혁신창업 생태계 조성방안(관계부처 합동)에서 기술금융 확대를 위한 조치가 주요 추진과제로 포함되었다.[229)]

2018년 12월에는 금융위와 특허청이 「지식재산금융 활성화 종합대책」을 발표하였다. 주요내용으로는 민간 주도의 IP금융시장의 안착 및 성장을 위해 ① IP담보대출·보증 활성화, ② IP투자 규모 확대, ③ 금융친화적인 IP가치평가체계 구축, ④ IP금융확산을 위한 인프라 혁신 등 네가지를 추진전략으로 하고 있다. 이 중 IP담보·보증대출 활성화의 세부내용은 IP담보대출 취급기관을 기존 3개의 국책은행에서 모든 시중은행으로 확대, 기술금융상품 다양화, IP우대보증상품 신규 출시, IP담보대출 회수지원시스템 개선 등으로 구성되어 있다.

2019년에는 그간의 운영경험과 운영실태 모니터링 내용을 반영하여 기술금융실적 평가 방법을 개선하고, 2020년에는 은행권과 TCB사 등 기술금융 유관기관의 업무매뉴얼인 「기술금융가이드라인」을 제정하여 2021년부터 적용하고 있다.

---

229) 기술금융 활성화 관련 주요 내용

- 2017년 4월에 발표한 "건강한 창업생태계 조성지원방안"에서는 기술평가 등 기술력에 기반한 자금지원 강화를 위해 TCB 및 TDB 활용 강화조치가 포함되었다.
- 2017년 11월, "혁신창업 생태계 조성방안"에서는 기술금융활성화를 통한 혁신기업 여신공급확대를 위해 신용평가와 기술평가가 결합된 통합 여신모형의 개발·적용 유도 및 기보에 투자연계보증제도 도입이 포함되어 있다.

[표 6 - 10] 기술금융정책 주요 내용[230](2014년 이후~현재)

<table>
<tr><th>시기</th><th>주요 내용</th><th>관련기관</th></tr>
<tr><td rowspan="3">2014</td><td>- 기술금융 활성화를 위한 “기술평가시스템 구축방안” (1월)
• 추진과제 : ① 공공재성격의 TDB 구축, ② 민간TCB 활성화,
③ 은행등 금융권의 기술평가역량제고, ④ 기술신용정보 활용도 제고 방안</td><td>금융위, 기재부, 특허청.
기보, 은행연합회,
CB사 등</td></tr>
<tr><td>- 은행권 기술신용대출 개시(6월)
- 기술정보DB(TDB) 서비스 개시(은행연합회 내 설치)(7월)
- 신용정보업감독규정 및 은행업감독규정 개정
- TCB평가기관지정: 기보, KED(이상`14.6.), 나이스평가정보(`14.7.)</td><td>금융위, 금감원, 은행,
신용평가기관,
기보, 등</td></tr>
<tr><td>- “창조금융 활성화를 위한 금융혁신 실천계획” 발표
- 「TECH(기술금융실적) 평가」 및 인센티브 실시계획 발표(9월)
- 「TECH 평가」가 포함된 「은행권 혁신성 평가방안」 발표(10월)</td><td>금융위, 기보, 정금공,
은행, TCB사 등</td></tr>
<tr><td rowspan="4">2015</td><td>- 신용정보법에 “기술신용정보” 추가(2015) - 기술금융 실태조사 실시(2015)</td><td>금융위, 금감원</td></tr>
<tr><td>- 기술금융_체계화_및_제도_개선방안 발표(6월)
• 개선방안 : ① 기술신용대출의 질적 성장, ② 기업의 현장불편해소,
③ 기술신용평가의 신뢰성제고 ④ 은행권 자체역량 확충
• 투자등 기술금융 외연 확장방안 : TCB 평가 활용영역 확대 등</td><td>금융위, 은행권,
TCB사</td></tr>
<tr><td>- 은행의 자체 TCB평가를 위한 기술신용대출 정착 로드맵 발표(8월)
• 자체 TCB평가 실시요건 : ① 전문인력 수, ② 평가서수준, ③ 실시기간,
④ 기타 물적 요건으로 자체평가 실시 여부 및 단계를 결정</td><td>금융위, 신용정보원</td></tr>
<tr><td>- 투자용 기술금융평가 개시(4월) - 기술금융 만족도 조사 실시(10월)</td><td>금융위, 산자부</td></tr>
<tr><td>2017</td><td>- 실물경제 지원강화방안(1월)
• 주요내용 : ① 질적 평가를 강화하는 방향으로 TECH 평가기준 개선,
② 기술평가와 여신심사일원회, ③ 기술금융 투자 활성화,
④ TCB 신뢰성 및 활용도 제고, ⑤ TDB 인프라 정비
- 건강한 창업생태계 조성지원방안(4월)(TCB, TDB 활용강화 조치)
- 혁신창업생태계 조성방안(통합여신평가모형 개발, 투자연계보증 도입)</td><td>금융위, 은행, TCB사 등</td></tr>
<tr><td>2018</td><td>- 지식재산금융활성화방안(12월)
* 추진과제 : IP담보대출, IP보증, IP투자 활성화, 금융친화적 IP가치평가체계 구축, IP담보대출 회수지원펀드
- TCB 품질 모니터링 및 실태조사 실시(10월)</td><td>금융위, 특허청,
신·기보, 금감원,
신용정보원</td></tr>
<tr><td rowspan="2">2019
~
2020</td><td>- 기술금융실적 평가 개편(2019)
• 주요내용 : 기술금융의 기술기업 지원(신용대출, 창업, R&D, IP)을 강화하고 기술금융 신뢰성 제고 및 고도화를 위한 지표 개선</td><td>금융위</td></tr>
<tr><td>- 기술금융가이드 라인 마련(2020)
• 기술금융 제도 근거 및 기준을 명확히 하고, 대상업종, 업무절차, 신뢰성 제고를 위한 품질관리체계 등을 종합 → 기술금융지원체계 확립</td><td>금융위, 은행,
신용정보원, TCB회사</td></tr>
</table>

* 주) 상세내용은 제3장-제1절 TCB관련 정부정책 및 제도 참조

230)* 상세내용 : 전술한 TCB관련 정부정책 추진경과 요약 참조

제 3 절 기술·지식재산금융제도 현황

기술금융은 전술한 것처럼 기업의 기술개발 및 기술이전·사업화과정에 기술평가를 통해 금융을 공급하는 것으로 분류기준에 따라 다양한 유형으로 구분할 수 있다. 여기서는 현재 기술금융시장에서 주로 발생하고 있는 융자, 보증, 투자 관련 주요 기술금융수단(상품)을 중심으로 정리하였다.

1. 융자

국내 기술금융은 일반적으로 기업이 보유하고 있는 기술을 평가하여 자금을 공급하고 약정기일에 원금과 이자를 상환하는 융자(融資, loan) 형태로 이루어지고 있다. 대표적으로 기술신용대출, IP담보대출, 기술력평가대출, 정책금융으로 온렌딩대출, 개발기술사업화자금 등을 들 수 있다. 이외에도 기술평가보증 또는 지식재산평가보증에 의한 대출, 기술평가인증서대출, 한국은행의 금융중개지원대출 관련 기술형창업지원 프로그램 등이 있다.

1) 기술신용대출

기술신용대출은 기술신용평가기관(TCB평가기관)의 기술신용평가결과를 활용하여 실행되는 신용대출로서, 정부가 기술금융을 금융권 전반으로 확산시키기 위해 2014년 7월에 도입한 기술금융수단이다. 이 제도는 2004년 및 2005년의 중소기업금융지원체계 개편정책에 따라 기보가 운영중인 '기술평가인증서부 신용대출'제도를 기반으로 개발한 것이다. 정부가 제도 안착을 위해 기술금융실적에 따른 인센티브를 부여하는 등 다양한 유인책에 힘입어 2021년 11월말 현재 공급잔액이 잔액이 320조원에 이르고 있다(출처: 은행엽합회 기술금융종합상황판). 기술신용대출은 기존 재무상황중심의 신용평가를 기초로 한 일반금융과 달리 신용평가와 기술력평가를 결합한 기술신용평가를 통해 자금을 공급하는 것으로 우수한 기술력에 비해 상대적으로 신용등급이 낮은 기업의 금융접근성을 높여주는 효과가 있다.

기술신용대출절차를 살펴보면, 기업체가 은행 등 금융기관에 대출을 신청한 경우 은행의 여신담당 직원은 신청기업과의 상담을 통해 기술금융 대상기업 및 TCB평가대상인지 여부를 검토한다. TCB평가대상기술 및 기업으로 판단되면 은행은 TCB평가기관(TCB회사 또는 자체TCB은행의 기술평가전담부서)에 평가의뢰를 한다. 평가기관은 평가에 필요한 자료를 접수·수집한 후 현장실사 및 평가를 거쳐 TCB평가서를 TCB대출은행에 회신하고, 은행은 TCB평가서를 활용하여 기술신용대출을 실행함으로써 종료된다. 상세한 기술신용대출 업무절차는 "제4장-제2절 기술신용평가-3.기술신용평가실무"에 정리하였다.

[그림 6 - 6] 기술금융지원체계

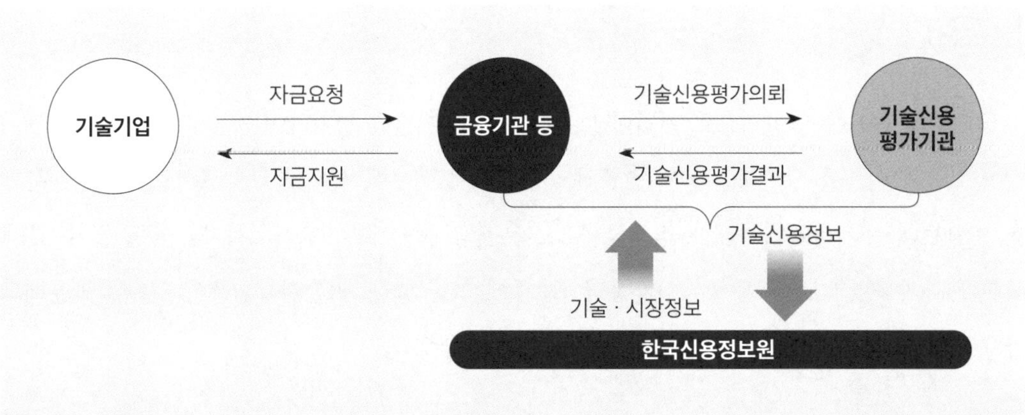

2) IP담보대출

기술기업이 특허와 같은 IP를 은행 등 금융기관에게 담보로 제공하고 기업의 소요자금을 조달하는 기술금융으로 통상 특허담보대출로 부르고 있다.[231] 즉, 기업이 보유하고 있는 특허권을 담보로 한 대출을 금융기관에 신청하면, 금융기관은 기술평가기관의 특허가치평가금액 범위내에서 내부 여신심사절차를 거쳐 특허권을 담보로 취득하고(질권설정) 대출을 실행한다. 한편, 「동산·채권 등의 담보에 관한 법률」제2조에서 "지식재산권담보권"은 '담보약정에 따라 특허권, 실용신안권, 디자인권, 상표권, 저작권, 반도체집적회로의 배치설계권 등 지식재산권(법률에 따라 질권(質權)을 설정할 수 있는 경우로 한정한다)을 목적으로 그 지식재산권을 규율하는 개별 법률에 따라 등록한 담보권'으로 정의하고 있다.

[그림 6 - 7] IP담보대출 흐름도

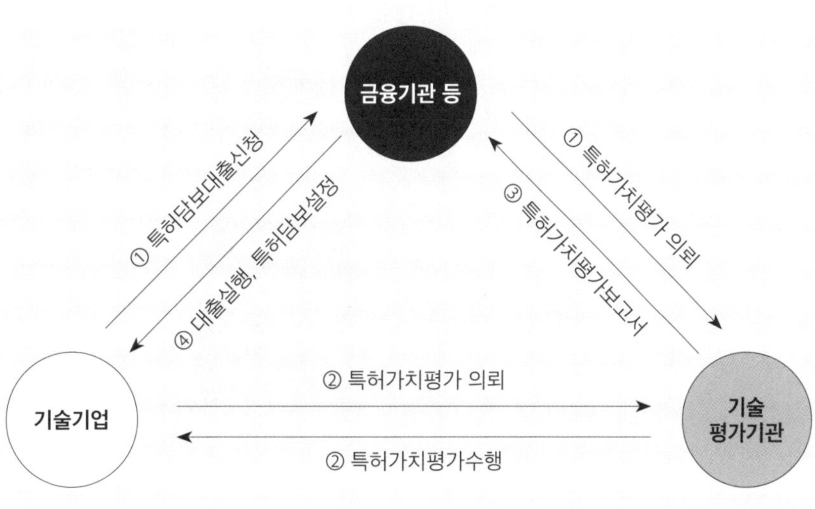

IP담보대출의 문제점은 부실 발생시 IP거래시장이 활성화되어 있지 않은 상황에서 담보로 취득한 IP의 처분이 어려워 채권회수가 곤란하다는 점이다. 이러한 IP담보의 문제점을 보완하고 IP대출활성화기반을 마련하고자 2018년 '지식재산금융활성화 종합대책'에 따라 도입된 제도가 'IP

231) 금융위에서 제정한 「기술금융가이드라인」에서 "IP 담보대출"은 '기업이 보유한 IP에 대하여 「기술의 이전 및 사업화 촉진에 관한 법률」(이하 "기술이전법"이라 한다) 제35조에 따른 기술평가기관 또는 「발명진흥법」제28조에 따른 평가기관에서 발급한 기술가치평가서를 참고하여 은행 또는 보증기관이 특허청 등록원부에 질권설정한 대출'로 정의하고 있다.

담보회수지원시스템'이다. 이 시스템은 IP담보대출 부실 발생시 은행의 손실보전을 위해 정부와 은행권이 공동출자한 회수전문기관이 IP담보의 매입·관리·수익화를 담당하고 있다.

IP담보대출의 회수지원구조를 정리하면 다음과 같다, 우선 동 회수지원기구에 의해 지원을 받으려면 IP담보대출을 실행하고 사업 전담기관(한국발명진흥회)과 협약을 체결한 기관이어야 한다. 담보IP 매입여부와 손실보전율은 회수전문기관이 대출실행 전에 핵심IP 여부를 검토하여 부실발생시 IP 매입여부와 매입시 손실보전율(50~30%)을 결정하고 이후 실제 기업의 채무 불이행으로 은행이 보유하게 된 IP를 매입·수익화하는 절차로 진행된다.

IP담보대출 회수지원기구를 요약하면, IP대출 부실발생 시 담보 IP를 매각 또는 라이선싱등을 통해 수익화할 수 재원으로 펀드를 조성하여 동 펀드에서 은행손실의 일부를 보전해줌으로써 IP 담보대출의 리스크를 분산시키고 있다.

[그림 6 - 8] IP담보대출 회수지원시스템

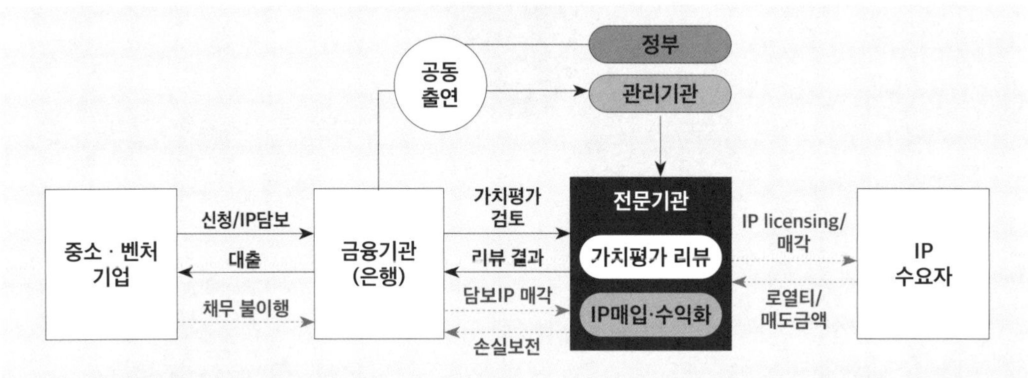

3) 기타 융자형 기술금융

가) 기술력평가대출

기술력평가대출은 기술력이 우수하나 담보력이 부족한 기업의 기술력을 평가한 후 대출취급하는 기술금융상품으로 KDB산업은행이 운영하고 있다. 연구개발단계에서 시장진입단계에 이르기까지 필요기술탐색 및 기술거래지원, 기술사업화컨설팅 및 금융연계 등 전주기적 기술금융상품을 운영하고 있으며 TCB 신용대출과 KDB테크노뱅킹이 대표적 상품이다.

기술평가(TCB)신용대출은 기술력이 우수하나 담보력이 미약한 창업 초기기업에 대하여 무담보, 무보증으로 대출하는 기술금융상품으로 설립 7년이내의 기술력 우수기업 중 TCB평가결과 기술등급 T4이상을 획득한 기업을 대상으로 지원하고 있다.

KDB테크노뱅킹은 법상 기술평가기관인 KDB가 그간 축적된 기술금융 운영경험을 토대로 개발한 은행 특화상품으로 연구개발에서 시장진입단계까지 성장단계별로 IP구입자금대출, IP담보대출, IP사업화금융을 투자·대출·IP유동화 등의 방식으로 지원하고 있다.

[표 6 - 11] 성장단계별 기술금융 상품(KDB테크노뱅킹)

성장 단계	연구개발단계 초기투자·혁신기업	시장진입 및 성장단계 중소벤처·중견기업	성숙단계 중소·중견기업
기술 금융	- IP구입자금대출 : 신사업 추진을 위한 IP구입 지원 (IP구입금액의 80%이내)	- IP담보대출: P를 담보로 금융공급, 기술평가기관의 IP가치평가 금액범위내(최대 20억이내) → IP회수지원시스템과 연계	- 기술·IP사업화금융: IP사업화 지원을 위한 투자·대출·IP유동화 등 종합지원 - IP펀드 : IP Pool 구성을 통한 우수 IP기업지원 → Sales & License back 운영
지원 대상	- KDB의 기술평가 결과 일정 등급 이상인 기업	- KDB의 기술평가 결과 일정 등급 이상인 기업	- 기술거래기업, 기술컨설팅 수혜기업, IP사업화기업, - KDB의 기술평가 결과 일정 등급 이상인 법인기업

* 출처 : KDB산업은행 홈페이지(www.kdb.co.kr)를 참조하여 작성

나) 온렌딩대출

온렌딩(on-lending)대출 제도는 전통산업은 물론 신성장동력산업 등 미래산업 육성을 위하여 KDB산업은행이 중점 운영중인 국내의 대표적인 중소·중견기업 정책금융제도이다.[232)]

중개금융기관(은행 및 여신전문금융회사)이 자체 금융절차에 따라 대출적격 여부 심사 후 KDB산업은행으로부터 장기·저리자금을 전대받아 해당 중소·중견기업을 지원하고 있는 제도로 2009년 (구)정책금융공사(현 KDB)가 독일 재건은행(Kfw)의 On-Lending 제도를 벤치마킹하여 국내에 도입되었다.

232) KDB산업은행 온렌딩금융 디지털 플랫폼(https://onlending.kdb.co.kr)

[그림 6 - 9] 온렌딩대출 절차

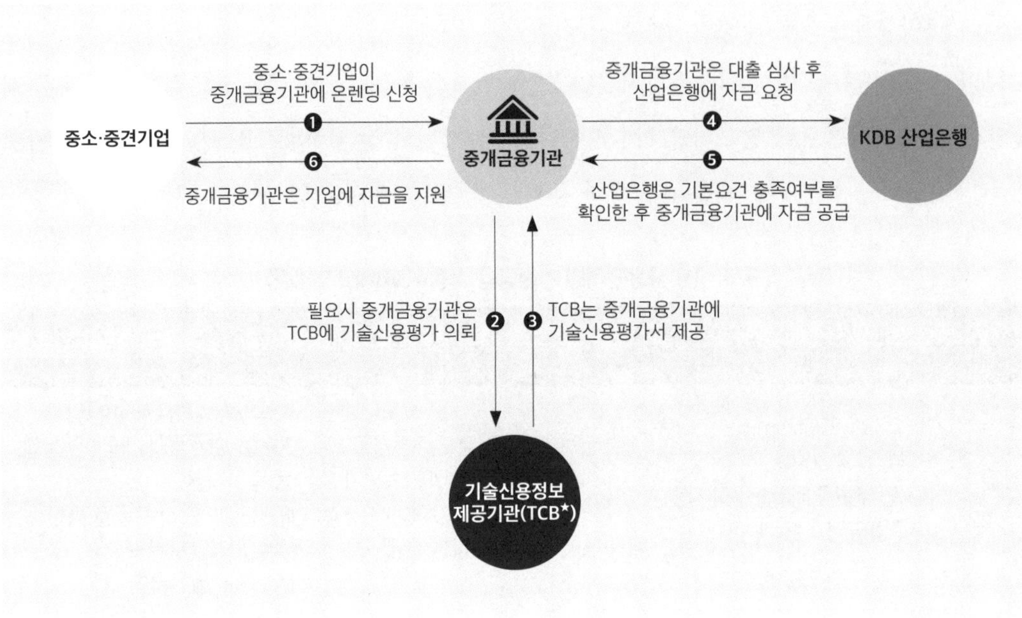

* 출처 : https://onlending.kdb.co.kr

온렌딩 대출분야는 원화 일반 온렌딩, 특별온렌딩(신산업육성, 수출기업지원, 창업벤처기업지원, 일자리창출기업, 지역경제활성화, 스마트공장 보급지원, 친환경기업지원 등), 리스자금 온렌딩, 외화자금 온렌딩이 있다.

지원대상기업은 금감원 표준 신용등급체계상 6~11등급에 해당하는 「중소기업기본법」 상 중소기업과, 금감원 표준 신용등급체계상 7~11등급에 해당하는 「중견기업 성장촉진 및 경쟁력강화에 관한 특별법」 상 중견기업으로 되어 있다.

온렌딩대출기간은 시설자금의 경우 1년이상 10년이내, 운영자금은 1년이상 3년 이내로 거치기간을 두고 시설자금은 연 단위, 운영자금은 3개월 단위로 분할상환이 가능하다.

다) 기타

전술한 제도이외에 기술금융상품으로 중진공의 개발기술사업화자금, 한국은행의 금융중개지원대출, 현행 TCB기반 신용대출의 모태라 할 수 있는 기술평가인증서부 신용대출 등이 있다.

[표 6 - 12] 기타 기술금융상품 요약

구분	주요 내용	취급기관
개발기술 사업화자금	- 중기부, 산자부 등 정부 또는 지자체 출연 연구개발사업에 참여하여 기술개발에 성공(완료)한 기술, 특허·실용신안·저작권 등록 기술, NET등 정부 및 정부 공인기관이 인증한 기술 등을 사업화하고자 하는 중소기업에 대하여 중진공이 직접대출 - 연간 30억원이내에서 대출기간이 시설자금의 경우 10년이내, 운전자금은 5년이내 등 장기로 운영	중진공
금융중개 지원대출	- 한국은행이 시중은행의 중소기업대출실적 등을 감안하여 저리(0.5~0.75%)로 전대하고, 은행은 저리로 대출재원을 조달한 만큼, 중소기업에게 시중금리보다 1.0~1.5%포인트 싼 이자로 대출 - 금융중개지원대출 중 기술형창업지원 프로그램은 성장잠재력이 매우 큰 설립 7년이내의 기술형 창업기업에 대하여 TCB평가 기술등급(우수·양호·보통·미흡·취약)이 '양호'이상인 경우 지원	시중은행
기술평가 인증서 신용대출	- 특허권 등 개별 기술 또는 기업의 기술력을 평가한 후 평가등급(금액), 용도, 유효기간 등을 명시하여 금융기관 등에게 제공 - 금융기관 등은 융자, 투자, 기술거래 및 M&A등에 활용함으로써 기술에 관한 정보비대칭성을 완화 - 혁신선도형 중소기업에 대한 신용대출 활성화정책에 따라 기보가 개발하고, 주요 은행과 인증서부 신용대출 협약을 맺어 운영 - 신용대출 부실률이 높아 활성화되지 못했으나 현행 TCB제도 개발의 기반을 제공	기보,기업은행, 국민은행,우리은행, 신한은행 등

2. 보증

국내의 중소기업 보증제도는 신용도 또는 담보력 부족 등의 이유로 금융시장에서 자금조달에 어려움을 겪는 중소기업에 대하여 '공신력있는 기관'이 금융기관에 부담하고 있는 중소기업의 채무이행을 보증해주는 중소기업 금융수단이다. 국내에서 보증형태의 기술금융은 기보의 기술평가보증이 주도하고 있으며, 신용보증기금, 지역신용보증재단도 기술금융활성화정책에 따라 보증심사 시 기술·IP를 평가하여 보증지원하는 제도를 운영하고 있다.

1) 기술평가보증

기술보증기금은 기술력은 있으나 담보 능력이 부족한 중소·벤처기업이 보유하고 있는 기술을 평가하여 이를 기반으로 은행의 대출을 보증해주는 기관으로서, 국내에서 기술금융제도 개발 및 공급의 선도적 역할을 수행하고 있다.

[그림 6 - 10] 기술평가보증 업무 흐름도

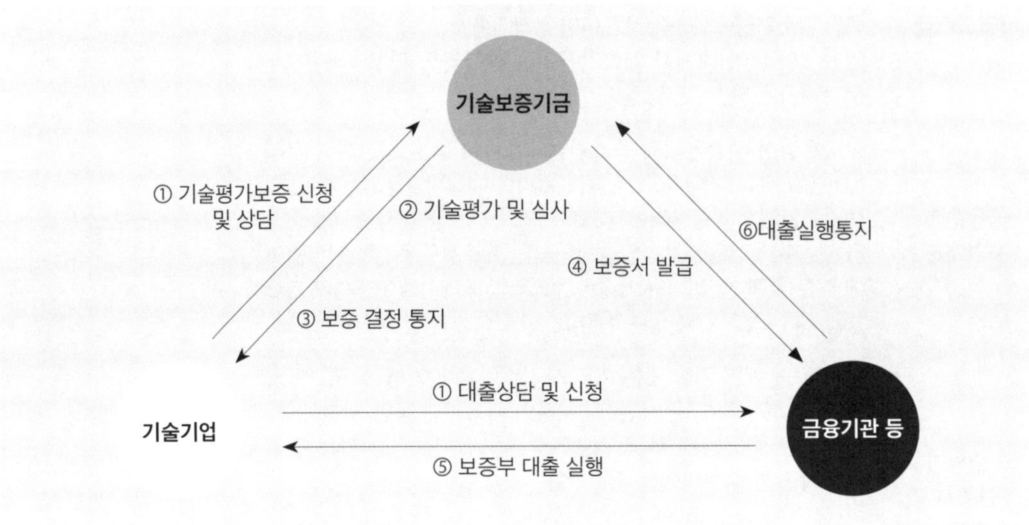

기보의 초기 기술보증은 기술력이 우수하다고 인정되는 기업 또는 각종 기술개발자금에 대하여 특허권·기술인력·부설연구소 등 기술관련 인프라와 기술개발실적 등을 체크리스트방식으로 검토하여 일정기준을 충족한 경우 지원한도 및 보증비율 등을 우대하는 '기술우대보증제도'를 운영하였다. 이후 1997년 기술평가센터를 설치하고 기술가치평가, 벤처기업 기술성 평가 등 기술평가사업 및 기술평가연계 보증을 운영해오다가 1999년 평점방식의 기술평가보증제도를 도입함으로써 보증방식을 통한 기술금융의 기틀을 마련하였다.

기보의 기술금융 근간인 기술평가시스템(KTRS)은 '중소기업경쟁력강화대책'(2004)과 '중소기업금융지원체계 개편방안'(2005)의 핵심과제인 '기술평가금융활성화' 실행수단으로 개발·도입되었다. 이후 기술평가보증과 일반보증으로 이원화되어 운영해오다가 정부의 기술평가보증 확대 정책에 따라 2006년말부터 기술평가보증 심사체계로 일원화하여 운영하고 있다.

기보의 기술금융은 기업보유 기술의 평가에 최적화된 기술평가시스템(KTRS)을 통해 기사업의 미래 성공가능성과 부실가능성을 종합적으로 평가하여, 그 기술평가결과를 토대로 보증의사 결정을 하는 기술평가보증 중심으로 이루어지고 있다. 2021년부터는 그간의 기술평가 빅데이터를 기반으로 인공지능(AI) 등의 신기술을 적용한 新기술평가시스템(AIRATE)을 개발하여 기술평가보증업무 등에 활용하고 있다. 기술평가보증과 일반보증을 비교해보면, 일반보증이 재무상황 및 신용도, 과거실적과 채무상환능력 위주로 심사를 하는 반면, 기술평가보증은 기술력 및 사업성 등을 평가하여 미래 성장가능성 중심으로 심사를 하고 있다. 보증금액 지원한도 결정방법도 일반보증은 과거 매출실적을 기준으로 하고 있으나 기술평가보증은 해당 기술사업의 소요자금범위 이내에서 결정하는 점이 다르다.

[표 6 - 13] 기술평가보증과 일반보증 비교

유형	기술평가보증	일반보증
평가 주안점	- 기술성·사업성·시장성 등 평가 - 미래 성장가능성에 관심	- 경영전반 및 신용도 등 - 과거 실적 및 현재업황, 상환능력에 관심
주요 평가항목	- 경영주 기술능력 - 기술의 우수성 - 기술의 시장성, 수익성 - 기술사업의 타당성 등	- 경영주 및 경영전반 - 영업상황 - 사업전망 - 재무상황 및 신용도 등
보증금액사정	기술사업의 성공가능성을 참고하여 계획사업의 소요자금 범위 내	매출실적의 일정비율 (1회전 운전자금: 매출액의 1/3, 1/4, 1/6 등)

* 출처 : (사)한국정부회계학회(2006), '기술평가보증의 운용성과 및 발전방안' 참조하여 재작성

지식재산(IP)평가보증은 산업재산권, 저작권, 신지식재산권 등 지식재산권의 가치를 평가하여 지식재산 가치평가금액 범위내에서 일반 기술평가보증 절차에 따라 지원하는 기술금융제도이다. 즉, 지식재산(IP)을 개발 완료후 제품화 완료·양산준비·양산 등 IP를 사업화하는 기업으로서 기술사업화평가등급이 'B'이상인 경우 IP사업화에 소요되는 운전자금을 지원하고 있으며 정부, 금융기관 등과 협약에 의한 IP평가보증은 협약기관이 평가료 일부를 지원하기도 한다.

종합하면 기술보증기금 등은 R&D 및 창업(준비)단계에서 도약·성장단계에 이르기까지 성장단계별, 산업별, 기업규모별로 특화된 기술평가모형과 다양한 기술금융상품(R&D보증, 기술창업보증, 기술평가보증, IP평가보증, 보증연계투자 등)을 운영하는 한편, 기술가치평가, 벤처기업확인, INNO-BIZ 인증평가, 기술거래 중개지원 등을 통해 기업의 기술혁신활동을 지원하고 있다.

2) 자산유동화보증(P-CBO 보증)

자산유동화[233]는 대출채권, 부동산 등 비유동성 자산(illiquid asset)을 집합화(pooling)하여 그 자산을 기초로 유가증권을 발행하고 이를 통하여 자본시장에서 자금을 조달하는 것을 말한다. 유동화전문회사인 특수목적회사(SPC: Special Purpose Company)가 자산보유자로부터 유동화자산[234]을 양도 또는 신탁받아 이를 기초로 유동화증권[235]을 발행하고 해당 유동화자산의 관리·운용·처분에 의한 수익으로 유동화증권의 원리금 또는 배당금을 지급하는 일련의 행위를 의미한다.

자산유동화는 자산보유자의 신용위험과 분리하여 유동화자산 그 자체에서 발생되는 현금흐름을 바탕으로 자금을 조달하는 새로운 금융기법으로 기술기업의 재무구조 개선, 자금조달비용 절감 및 투자자 확대 등의 이점이 있다. 자산유동화 형태의 대표적인 기술금융상품으로는 기술보증기금의 유동화회사 보증(Primary CBO)과 정부에서 추진하는 지식재산권 유동화 활성화 사업 등이 있다.

기보의 P-CBO보증 관련 자산유동화는 중소벤처기업이 발행한 주식관련 사채(CB, BW)[236]를 모아(pooling) 유동화대상 자산으로 하여 유동화전문회사(SPC)가 P-CBO[237]를 발행하고, 이를 시장에 매각하여 조달한 자금을 사채발행기업에 지급하는 방식으로 자금을 공급하는 금융기법이다.

이러한 자산유동화 과정에서 기보는 SPC가 발행하는 P-CBO 중 선순위 증권의 원리금 지급을 보장하기 위해 SPC가 은행 등과 체결하는 신용공여 약정에 대하여 기보가 신용보증을 제공한다. P-CBO(유동화 증권) 원리금이 기한내에 상환되지 않거나 채무이행불능상태에 빠진 경우 기보가

233) 자산유동화법 제2조제1호에서 "자산유동화"라 함은 다음 각목의 1에 해당하는 행위를 말한다.
가. 유동화전문회사(자산유동화업무를 전업으로 하는 외국법인 포함)가 자산보유자로부터 유동화자산을 양도받아 이를 기초로 유동화증권을 발행하고, 당해 유동화자산의 관리·운용·처분에 의한 수익이나 차입금 등으로 유동화증권의 원리금 또는 배당금을 지급하는 일련의 행위
나 ~ 라 (생략)

234) "유동화자산"이란 자산유동화의 대상이 되는 채권, 부동산 기타의 재산권을 말함(자산유동화법제2조)

235) "유동화증권"이란 유동화자산을 기초로 하여 자산유동화법 제3조의 규정에 의한 자산유동화계획에 따라 발행되는 출자증권, 사채, 수익증권 기타의 증권 또는 증서를 말한다.

236) - 전환사채(Convertible Bond, CB): 주식으로 전환할 수 있는 권리가 부여된 사채, 즉 일정한 기간이 지난 뒤 사채권자(소유자)의 청구가 있을 때 미리 결정된 조건대로 발행회사 주식(보통주식)으로 전환할 수 있는 특약이 있는 사채로서 주식으로 전환되기까지는 정기적으로 이자가 지급된다.
- 신주인수권부 사채(bond with warrants, BW): BW는 사채권자에게 사채발행회사의 신주인수권이 부여된 사채를 말한다. 사채권자는 일반 사채와 마찬가지로 일정한 이자를 받으면서 만기에 사채금액을 상환받을 수 있는 권리에 신주를 받을 수 있는 권리가 더해졌다는 점에서 주식전환시 채권의 기능을 상실하게 되는 전환사채와 차이가 있다.

237) P-CBO: Primary Collateralized Bond Obligation(자산담보부 유동화증권)

보증인으로서 보증채무를 이행한다. 이 제도는 신용도가 낮아 회사채발행이 어려운 중소벤처기업이 회사채 발행을 통해 자본시장에서 직접자금 조달이 가능하여 자금조달비용 절감과 자금난 해소에 기여하고 있다. 후순위 CBO는 총발행금액의 3~5%수준으로 발행되며, 회사채 발행기업이 후순위 CBO를 인수하고 있다.

[그림 6 - 11] 기술보증기금의 P-CBO보증 흐름도

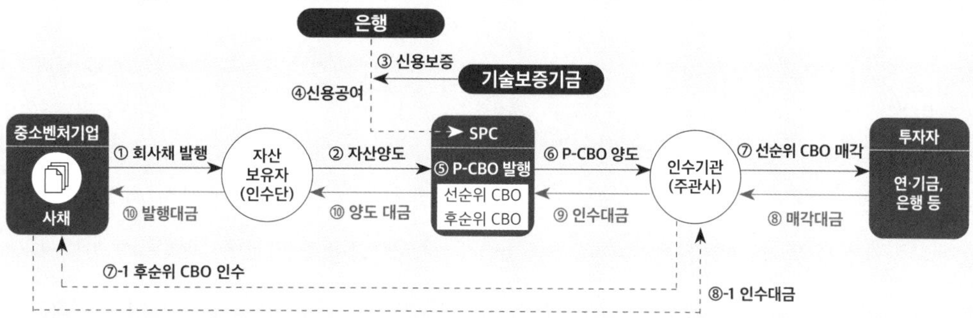

한편, P-CBO 보증 대상기업 선정 시 기보의 기술평가를 거쳐 일정수준이상인 기업을 Pool에 참여시키고 있기 때문에 기술금융에 포함된다고 할 수 있다.

3. 투자

투자는 투자자가 성장유망한 기업을 발굴하여 지분투자(equity investment) 형태로 자금을 공급하는 금융기법이다. 투자주체는 민간과 공공 벤처캐피탈, 금융권 등이 있는데, 여기서는 벤처캐피탈, 모태펀드, 중기부가 운영하는 TIPS 프로그램을 간단히 소개하였다.

1) 벤처캐피탈 투자

벤처캐피탈(Venture Capital, VC)은 통상적으로 리스크는 높으나 기술력이 우수하고 미래 성장가능성이 큰 중소벤처기업에 대하여 지분참여 방식으로 자본을 투자하고, 기술 또는 경영지원을 통해 성장시켜 지분매각으로 고수익을 실현하려는 모험자본이다.

VC는 은행과 같은 전통적인 금융기관과 달리 기술과 시장기반 확대를 위해 최소한 5~8년이상이 소요되는 분야에 투자하는 장기 모험자본으로, 자본이외에 다양한 자원을 투자기업에 제공한다. 즉, VC는 첨단기술을 기반으로 한 스타트업에게 양질의 자본을 제공하는 측면에서 매우 이상적인 기술금융이라고 할 수 있다. 또한 자본제공과 함께 모니터링 및 경영자문, 네트워킹, 마케팅 등의 종합지원을 통해 벤처기업 성장 경로를 관리해준다는 측면에서는 벤처생태계 조성에 중요한 역할을 수행하고 있다.

국내 벤처캐피탈시장은 일반적으로 투자재원을 확보하기 위한 자금조달 → 투자 → 자금회수 그리고 다시 자금조달로 이어지는 순환관정이 반복되고 있다.

VC 순환과정의 출발점인 자금조달은 벤처캐피탈과 외부 투자자간의 계약과 상호작용이 이루어지는 단계이다. 국내 VC의 자금조달원은 통상 중소벤처기업부의 창업투자회사(창업투자조합, 한국벤처투자조합)와 금융위원회의 신기술금융회사(신기술금융조합)로 이원화되어 있다. 마지막 과정인 회수는 벤처캐피탈과 자본시장(기업공개의 경우) 또는 새로운 제3의 투자자(M&A의 경우)의 관계가 중요한 단계이다.

중간과정인 투자는 벤처캐피탈과 벤처기업이 서로 상호작용하는 단계로서 벤처캐피탈 본연의 업무라 할 수 있는 세 단계의 행동이 순차적으로 나타난다. 첫 단계는 벤처캐피탈이 투자조합을 결성한 이후 조달된 자금으로 투자할 유망기업을 발굴하고 선별·평가·결정하기까지의 과정이다. 그 다음으로 투자를 실행하기 위해 투자의 조건들을 구체적으로 정하고 계약을 체결하며, 마지막으로 투자결정이 이루어진 후 회수하기까지 투자기업의 정보 수집 및 경영전반을 모니터링하고 지원한다.

벤처캐피탈은 투자주체에 따라 공공벤처캐피탈, 독립벤처캐티탈, 금융권 벤처캐피탈과 기업벤처캐피탈 4가지 유형이 있으며 투자대상과 방법, 투자자의 유형 등에 따라 다양하게 구분된다.

공공벤처캐피탈은 정부 등 공공성 기관이나 기금이 투자재원을 조달하여 금융시장에서 정보비대칭성과 고위험으로 소외되기 쉬운 중소벤처기업에게 투자함으로써 시장의 실패를 보완하는 역할을 수행한다.

독립벤처캐피탈은 민간투자자들이 자본 이득을 얻기 위해 설립한 창업투자회사(또는 조합), 신기술사업금융회사 등 일반 벤처캐피탈을 지칭한다.

금융권 벤처캐피탈은 은행, 보험·증권회사 등이 투자재원을 조달하여 금융운용에 관한 전문지식과 경험, 네트워크 역량을 바탕으로 모험자본시장에 참여하고 있다.

기업벤처캐피탈(CVC: Corporate Venture Capital)은 대기업 등이 출자한 벤처캐피탈을 말하는데, 자본이득을 목적으로 투자하거나 모기업이 전략적으로 추진하는 사업에 시너지효과를 가져올 수 있는 기업에 투자한다. 이들은 모기업의 인적·물적 자원, 인프라를 제공하여 창업기업이 성장 기반을 마련하도록 지원하기도 한다.

벤처캐피탈 투자의 특징과 투자기업에 미치는 영향을 다음과 같이 정리할 수 있다.

첫째, 융자(loan)가 아닌 지분 투자(Equity Investment)를 통해 자금을 공급함으로써 기업 입장에서는 금융비용 또는 상환 부담이 없는 자금을 영구적으로 사용할 수 있으며, 자기자본 증가로 재무구조를 개선할 수 있다. 둘째, 벤처캐피탈은 자금지원과 동시에 벤처기업이 필요로 하는 재무, 마케팅, 기술지원 등 기업의 성장을 위한 경영지원 서비스를 제공한다. 즉, 벤처캐피탈이 단기적 이익배당보다 기업 가치를 증대시켜 주식매각을 통해 투자수익의 극대화를 도모하기 때문에 벤처캐피탈과 피투자기업은 긴밀한 상생의 관계가 형성된다. 셋째, 벤처캐피탈은 기업공개시 자본조정에 필요한 자금을 연결시켜주고 경영권 보호를 위한 지분 분산 등 기업공개가 원활하게 이루어질 수 있도록 지원한다. 이외에도 통상 5년~10년이상이 소요되는 투자와 회수기간 동안 기업경영에 관한 감시와 통제를 통해 위험을 관리하고 정보비대칭성 및 대리인 문제를 완화하며 기업경영의 투명성을 높일 수 있다.

벤처기업의 성장단계는 7년을 기준으로 창업기업과 비창업기업으로 창업기업은 통상 3년을 기준으로 발아 및 신생기업단계(0~3년, seed & 1st stage)와 성장초기 및 확장단계(3~7년, early-growth & expansion)로 구분하고 있다. 발아단계는 신기술·사업 아이디어의 개발, 기술, 시장, 경제성 등 사업타당성을 검토하는 단계이다. 신생기업 단계는 아이디어·신기술의 개념을 정립하고 시제품을 개발하며, 초기 시장조사 및 마케팅을 시행하는 단계로써 사업이 정식으로 개시되는 단계이다. 성장초기 단계는 시제품의 소규모 상용화와 향후 양산을 위해 준비하는 단계이며, 확장단계는 양산으로 시장 영향력을 확대해 나가는 단계이다.

VC의 투자는 전술한 성장단계별 특성에 따라 그 행태와 유형도 다르게 나타난다.

초기단계(1st stage)인 발아 및 신생단계는 매출이나 이익이 발생하지 않으며 매출이 발생한다고 하여도 주로 소규모의 시제품 매출이 발생한다. 이 단계는 불확실성이 크고 Screening이 어렵다는 특성이 있기 때문에 벤처캐피탈 등의 외부 전문투자자의 투자는 거의 일어나지 않고 주로 창업자(팀)의 자체자금을 비롯하여 가족, 친구, 엔젤[238], 정부지원금 등을 통해 자금이 공급된다.

중기단계(성장초기 및 확장 단계)는 주로 창업 초기 투자 전문 벤처캐피탈이 활동하며, 확장 단계이후에는 벤처캐피탈뿐만 아니라 안정적인 사업에 투자하는 사모펀드(PEF, Private Equity Fund)[239] 등이 투자한다.

중기와 후기단계(Later Stage)의 투자는 초기에 비해 Screening이 쉽고 기술사업화 제품·서비스의 불확실성은 낮아지는 반면, 시장상황, 회수시기 및 규모 등의 예측이 가능하기 때문에 투자단가가 비교적 높고 큰 수익을 기대하기는 어려운 특성을 갖고 있다. VC는 기본적으로 타인의 자본을 맡아 운영하는 선량한 관리자로서의 의무를 가지고 있기 때문에 향후 성장성 및 시장성공가능성이 양호하더라도 과도한 위험을 가진 투자대상에 투자하기는 어렵다. 이러한 이유로 안정적 수익률을 확보할 수 있는 확장단계 및 업력 7년이후의 후기단계 기업에 대한 투자를 선호하게 된다.

2) 모태펀드

가) 한국벤처투자 모태펀드

모태펀드 (Fund of Funds)는 기업에 직접 투자하기 보다는 개별 펀드(투자조합)에 출자하여 직접적인 투자위험을 줄이면서 수익을 추구하는 펀드이다. 전체 출자자금을 하나의 펀드(母펀드)로 결성하고, 母펀드를 통해 펀드운용사가 결성하는 투자 펀드(子펀드)에 출자하는 펀드로서 벤처기업법에 따라 중소벤처기업부, 중진공, 문화체육관광부 등으로부터 출자를 받아 조성된 펀드이다. 현재 한국벤처투자(주)가 운영하고 있는 모태펀드의 투자대상은 창업투자조합, 한국벤처투자조합, 기업구조조정조합, 사모투자전문회사 등이다.

---

238) - (사)한국엔젤투자협회에서는'아이디어와 기술력은 있으나 자금이 부족한 예비창업자, 창업초기단계 기업에 투자하고 경영 자문도 하면서 성공적으로 성장시킨 후 투자 이익을 회수하는 개인투자자'로 정의하고 있다. 엔젤은 대체로 일반투자자, 엔젤클럽, 전문엔젤 투자자 등으로 구분하고 있다.
- 엔젤클럽: 엔젤투자자들이 동호회 형태로 모여 투자정보를 공유하고, 공동으로 투자를 검토하고 집행하는 모임으로서, 엔젤투자지원센터 등록 시 클럽활동비 지원 및 엔젤투자매칭펀드 신청이 가능함.
- 전문엔젤투자자: 개인이 투자실적, 경력, 자격요건 등 대통령령으로 정하는 기준에 충족하여 전문엔젤투자자 자격을 부여받은 자로서, 코넥스 참여가 가능하며, 투자기업은 벤처기업 인증을 받을 수 있음.

239) 운용사가 비공개적으로 투자자들을 모집하여 그들로부터 장기자금을 조달한 다음 저평가기업 등에 투자하여 고수익을 추구하는 펀드

[그림 6 - 12] 모태펀드의 자금흐름 및 구조

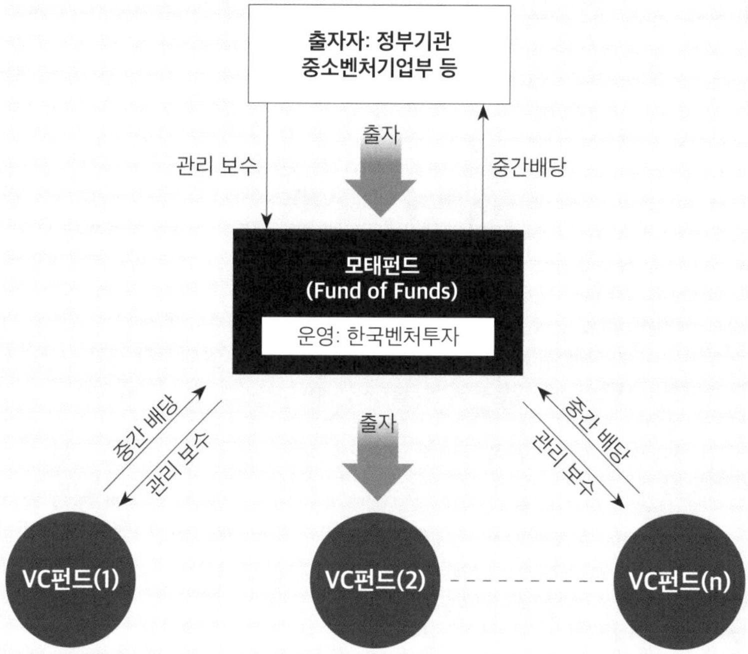

한국 모태펀드(KFoF)는 벤처기업법에 설립근거를 두고 있으며, 혁신형 중소벤처기업에 대한 안정적인 투자재원 공급, 중소벤처기업의 성장과 발전을 위한 투자촉진, 벤처캐피털의 활성화 및 선진화 등을 목적으로 하고 있다. 투자재원의 공급은 안정적인 벤처캐피털을 통해서 집행하되, 자산운용은 공공성과 수익성을 고려하여 운용하도록 유도하고 있다.

국내 창업투자회사 등 VC들은 KFoF의 출자금(펀드결성총액의 30~70%내)을 Seed Money로 하여 벤처투자 펀드를 결성, 자금을 타 출자자들로부터 유치하고 벤처기업에 투자하고 있다.

KFoF의 출자자는 정부 기관으로 각각의 출자대상이 해당 부처의 정책 목적에 따라 제한되어 있으며 출자기관별 별도의 계정으로 관리, 구분하고 있다.

[표 6 - 14] 주요 출자기관별 계정

계정	출자대상
일반계정 (중소벤처기업부)	일반 계정은 모든 투자 중심에서 파트너십 펀드에 출자할 수 있음. 다만, 특허계정은 특허 상용화, 문화 계정 및 영화 계정은 관련된 파트너십 펀드에 우선적으로 출자되어 관련 분야의 펀드에 우선 참여
문화계정 (문화체육관광부)	"문화 산업 진흥 기본법" 제 2조에 언급된 문화 산업과 관련된 파트너쉽 펀드에 참여할 수 있으며, 문화 파트너십 펀드 중 더 많은 정책 지원이 필요한 펀드에 우선적으로 참여 * 참여대상 예시: 공연, 문화 신산업(DMB, WiBro, IP-TV, 모바일 콘텐츠), 만화, 디자인, 전자책/멀티미디어, 모바일, 인터넷 콘텐츠(문화콘텐츠 요소 포함), 게임, 한국 영화 등
특허계정 (특허청)	발명 활동 및 촉진 촉진과 관련된 발명 특허 관리 회사를 대상으로 하는 파트너십 펀드에 우선적으로 참여. 발명진흥법 제3조 제2항에 따른 발명의 결과에 대한 권리의 확보 및 발명품의 양도, 발명품의 상업화 촉진에 관한 파트너쉽 자금을 지원
방송 계정 (한국방송위원회)	방송 및 커뮤니케이션과 관련된 파트너십 펀드에 우선적으로 참여
영화 계정 (한국영화위원회	한국 영화와 장편 만화 영화에 투자하는 파트너십 펀드에 출자
보건계정 (보건복지부)	보건산업에 투자하는 펀드

* 출처 : (사)한국벤처창업학회(2020), "중소기업 모태조합 출자사업의 효과성과 개선방향연구"에서 발췌

나) 한국성장금융의 모태펀드

2013년 8월, 유망 벤처·중소기업, 성장자금이 필요한 중견기업을 발굴하여 창업과 성장에 필요한 자금을 투융자 복합방식으로 지원하고자 「자본시장과 금융투자업에 관한 법률」에 따라 성장사다리 펀드가 조성되었다.

성장사다리펀드는 성장 단계별 자금공급 목적과 구조를 가진 다양한 母펀드와 子펀드로 구성된 Fund of Fund로 운영되며, 3개 출자기관(산업은행, 기업은행, 은행권 청년창업재단)과 민간자금을 매칭하여 3년간 총 6조원을 조성하는 것을 목표로 하였다. 자금 모집은 정책금융기관과 민간 투자자가 각각 별도로 자금을 결성하고 개별 펀드 단계에서 자금을 결합하는 방식으로서, 정책금융기관은 매년 출자 규모를 약정한 후 집행 시기에 맞추어 모펀드와 자펀드에 자금을 출자하여 운용하는 Capital call[240)]방식으로 운영한다. 한편, 연기금 등 민간 자금은 자체 자금별 투

240) capital call: 목표 투자자금 전체를 미리 조성한 뒤 투자금액을 집행하지 않고 투자가 필요할 때마다 미리 약정된 계약에 따라 투자금액을 조성하고 집행하는 방식

자 원칙과 기준에 따라 펀드를 결성하여 성장사다리 펀드와 공동 투자할 수 있고 성장사다리펀드가 조성한 펀드에 참여하는 형태로도 참여 가능하다.

펀드 조성 목적은 기업의 성장곡선상 자금수급 불균형으로 발생하는 금융 사각지대를 해소하고 장기 모험자본의 공급을 활성화하기 위하여, 창업·혁신 기업에 대하여 투융자 복합방식의 자금을 공급하고, 정책자금의 모험자본 역할 수행과 민간자금 유입 기반을 마련하며, 지식재산권 등 다양한 자산을 활용한 자금조달 여건을 조성하는데 있다.

2016년에는 산업은행, 기업은행, 은행권청년창업재단이 공동으로 운영하던 성장사다리펀드 등을 효율적으로 운용하기 위하여 독립적인 자산운용사로 한국성장금융투자운용이 설립되었다. 현재, 자본시장내 창업벤처자금의 선순환과 혁신성장(scale-up)을 위해 성장사다리펀드를 비롯하여 뉴딜산업스케일업펀드, 기업구조혁신펀드 등 다양한 목적의 펀드를 운영하여 기업 성장단계별 투자자본을 시장에 공급하는 마중물 역할을 수행하고 있다.

3) TIPS 프로그램

중소벤처기업부의 'TIPS(Tech Incubator Program for Startup)' 프로그램은 민간과 공공의 투자 및 컨설팅이 조합된 민간투자주도형 기술창업지원 프로그램이다. 중소기업청(현 중기부)이 이스라엘의 인큐베이팅 프로그램(TI, Technological Incubator Program)을 벤치마킹하여 2013년부터 시행중인 TIPS는 민간 엑셀러레이터가 주도하고 공공은 후원하는 형태로 자금뿐만 아니라 TIPS 운영사의 보육·후속투자 유치 등 다양한 지원을 하고 있는 국내의 대표적인 기술창업육성프로그램이다.

팁스 프로그램의 주체는 TIPS 운영사와 창업팀, 그리고 정부로 구성되어 있다.

TIPS운영사는 성공한 벤처인 중심의 엔젤투자사, 초기기업전문 VC, 기술대기업 등 민간 벤처육성기관으로 구성되어 있으며, 창업팀에게 실질적인 멘토링을 제공하여 성공가능성을 높임으로써 유망한 창업팀을 투자 대상으로 확보하고 성장이익을 공유할 수 있는 기회를 획득한다. 창업팀은 기술아이템을 보유한 기술창업팀을 대상으로 TIPS 운영사가 자신들의 투자 노하우를 바탕으로 유망한 창업팀을 선발한다.

정부는 팁스 관리기관으로서 팁스 프로그램 활성화 및 창업 네트워크 확산을 위해 스타트업, 투자사, 지원기관들이 입주한 창업보육공간 '팁스타운'을 관리한다. 현재 중소벤처기업부가 본 프로그램을 총괄하고 한국엔젤투자협회와 창업진흥원이 개별 프로그램과 팁스타운을 관리하고 있다.

팁스 프로그램 운영절차는 운영사 선정 → 창업팀 선정 → 보육멘토링 → 졸업·후속투자의 순으로 이루어지고 있다, 구체적으로 살펴보면 먼저, 중기부가 프로그램을 공고하면 창업팀은 팁스 운영사를 통해 프로그램에 지원한다. 다음으로 팁스 운영사는 투자심사를 통해 투자할 기술창업팀을 선정하고 정부에 추천하면, 정부는 운영사가 추천한 창업팀을 대상으로 선정평가를 진행한다. 이어서 선정된 창업팀은 TIPS운영사의 BI 또는 팁스타운 입주 후에 보육과 상담·지도를 받고 동시에 정부 R&D, 창업사업화, 해외마케팅 자금 등을 지원받는다. 마지막으로 TIPS 성공 판정을 받은 창업팀은 글로벌 벤처로의 성장을 지원하는 Post-TIPS(포스트팁스)를 후속 지원받을 수 있다.

팁스 프로그램의 지원내용은 최장 3년이내의 기간 동안 창업팀당 최대 10억원 범위내에서 엔젤투자(1억원), 성공벤처인의 보육·멘토링, R&D(5억원), 추가지원 4억원(창업자금, 엔젤매칭펀드, 해외마케팅) 등으로 되어 있다.

[표 6 - 15] TIPS 프로그램 지원내용

<table>
<tr><th rowspan="3">구분</th><th rowspan="3">보육
기간</th><th>창업·사업화자금</th><th colspan="3">기술개발자금(R&D)</th><th rowspan="3">추가연계지원</th></tr>
<tr><th rowspan="2">엔젤투자금
(운영사)</th><th rowspan="2">정부출연금</th><th colspan="2">민간부담금</th></tr>
<tr><th>현금</th><th>현물</th></tr>
<tr><td rowspan="2">창업팀
(1팀
기준)</td><td rowspan="2">2~3년</td><td rowspan="2">1억원 내외
(정부출연금
20%이상)</td><td>최대 5억원</td><td>민간부담금의
50%이상</td><td>해당금액</td><td rowspan="2">- 창업지금
연계지원 1억원
- 엔젤매칭펀드
2억원
- 해외마케팅 1억원</td></tr>
<tr><td>기술개발자금의
80%이내</td><td colspan="2">기술개발자금의
20%이상</td></tr>
</table>

* 출처 : TIPS 프로그램 홈페이지(http://www.jointips.or.kr)

4. 기타 기술금융상품

지금까지 살펴본 융자, 보증, 투자 형태 이외에도 다양한 기술금융수단이 있다. 여기서는 현장 실무에서 가끔 발생하는 주요 기술금융상품을 요약 정리하였다.

1) 투·융자 복합금융

투융자복합금융은 리스크가 큰 사업에 대한 원활한 자금공급을 위해 일정금리 외에 사업 성공시 투자자에게 주식관련 권리(신주인수권, 주식전환권 등)와 같은 '성공보수'를 제공하고 자금을 조달하는 금융기법으로 메자닌 금융(Mezzanine finance)[241)]이라고도 칭한다.

투융자복합금융을 위해 발행되는 증권은 대표적으로 신주인수권부사채(BW)와 전환사채(CB)가 있는데, 자기자본적 요소와 부채적 요소가 필요에 따라 다양하게 결합할 수 있어 차입기업의 상황에 따라 유연한 형태의 자본조달을 가능하게 한다. BW는 사채 보유자가 일정 기간 내에 정해진 가격으로 정해진 수량의 발행회사 주식을 매입할 수 있는 권리가 부여된 채권이다. CB는 투자자의 의사에 따라 전환기간 내 일정 조건을 만족할 경우 발행회사의 주식으로 전환할 수 있는 권리(전환청구권)가 부여된 채권이다.현재 공공부문인 중진공의 투융자복합금융과 신·기보의 보증연계투자,[242)] 은행권 등에서 메자닌 금융을 취급하고 있다.

2) 기술자산유동화

기술자산 유동화는 대출채권, 부동산 등을 기초자산으로 하는 일반적인 자산유동화와 달리 특허권 또는 특허권으로 인한 채권 등과 같은 기술자산을 기초로 증권 등을 발행하여 일반 투자자로부터 자금을 조달하는 것이다. 기술자산화에 대하여 기술이전법 제2조에서는 기술 등 및 기술 등으로 인한 채권·지분과 그 밖의 재산권을 유동화자산으로 하는 자산유동화에 관한 법률 제2조 제1호에 따른 자산유동화로 정의하고 있다.

241) 메자닌(Mezzanine)'은 건물 1층과 2층 사이에 있는 라운지를 뜻하는 이탈리아어로 부채와 자본의 중간적 성격을 가진다는 점에서 유래되었다.

242) 기술성 및 사업성이 우수한 기술혁신형 중소기업에 보증과 연계하여 기금이 직접 투자(주식, 전환산채, 신주인수권부사채 인수)함으로써 기술혁신형 중소기업의 직접금융활성화를 위하여 도입한 보증·투자연계 복합상품이다.

기술자산유동화란 현금능력을 보강하기 위해 중개기관이 자산보유자로부터 위탁받은 특허권과 같은 기술자산을 신용평가기관의 평가를 거쳐 시중에 유통시키는 것을 말한다. 유동성(liquidity)의 증대는 주로 증권의 형태로 이루어지는데 이러한 증권화는 유동성이 부족한 지식재산 등을 자본시장에서 가치가 있는 권리로 화체(化體, embodied)[243]되어 자금을 융통하는 행위라는 점에서 이를 유동화로 부르고 있다. 국내에서 지식재산권은 신탁업법상 신탁의 대상으로 포함되어 있으며 자산유동화법에서도 자산유동화의 대상을 '재산적 가치가 있는 것'이면 포함하고 있다. 여기서 기술유동화 대상자산으로서의 기술은 광의로는 현금을 창출할 수 있는 모든 기술을 포함하며, 좁은 의미로는 자산유동화법상 "기타의 재산권"에 포함되고 기술의 사용에 있어 법적 보호를 받을 수 있는 기술로 정의할 수 있다.

기술자산 유동화의 기본구조는 IP보유기업이 특허, 로열티채권을 SPC에 양도하고 SPC는 양도받은 '특허권 또는 로열티채권과 관련된 현금흐름'을 기초자산으로 하여 기술유동화증권(TBS: Technology Backed Securities)을 발행하는 형태로 진행된다. 보증기관이 TBS에 신용보증을 하게 되면 우량증권(선순위 TBS)으로 바뀌게 되며, 이를 시장의 투자자에게 판매한다.

[그림 6 - 13] 기술자산유동화의 기본구조(특허권 양도 시)

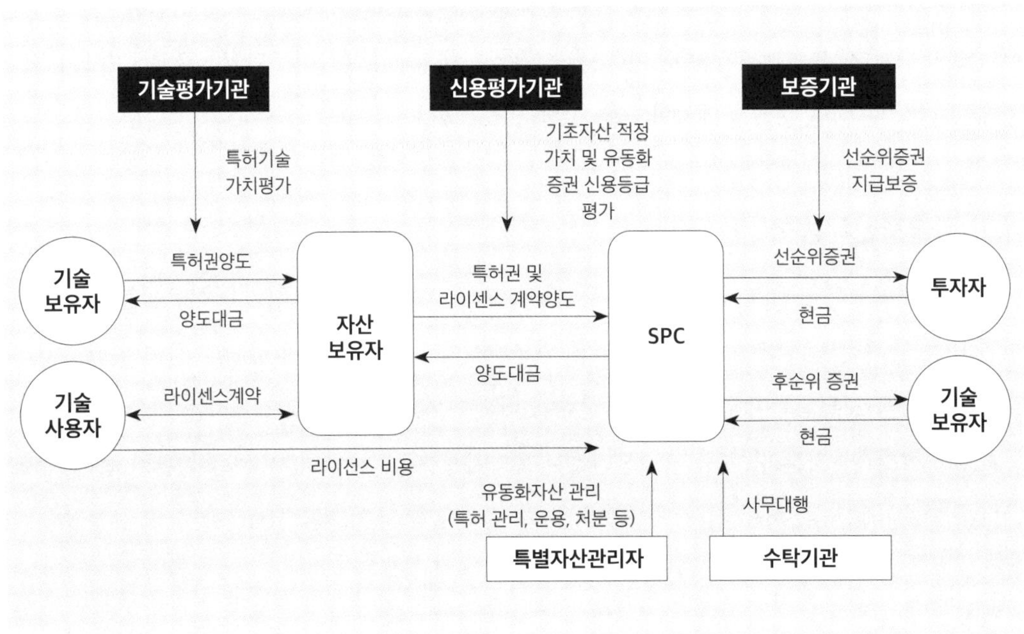

243) 화체는 무형의 권리가 유형의 증권으로 표시되어 그 증권이 그 권리를 표장한다는 권리와 증권간의 밀접한 결합관계를 나타내는 용어이다.(출처 : 한국법제연구원 법령용어사전)

기술자산유동화의 참가자는 기술보유자, 유동화회사(SPC), 자산보유자, 자산관리자, 특별자산관리기관 수탁기관, 기술평가기관, 신용보강기관, 주관 증권사등이 있다. 기술보유자는 보유한 기술의 현금흐름을 자산보유자에게 양도하는 자로서 기술유동화 증권 발생을 통한 자금지원대상이 된다.

유동화전문회사는 자산보유자가 보유하고 있는 기술유동화자산을 자산보유자로부터 양도받은 후 이를 유동화하기 위해 기술자산유동화 증권을 발행하는 특수목적법인(SPC)으로 자산관리자 및 제반 업무를 수행하게 된다. 자산보유자는 자산유동화를 위해 유동화회사에 자산을 양도하는 기관으로 자금을 조달하는 실질적인 조달주체로서 법률에 의해 자산보유자의 자격이 제한되어 있다.

자산관리자는 유동화증권 발행 후 유동화회사를 대신해 자산을 관리하는 기관으로 실질적인 자산관리 여부가 상환에 영향을 미친다. 적절한 자산관리능력 및 신용도, 자산관리의 연속성 등이 중요하며, 자산관리자의 주요 업무는 사전적으로 자산관리계약에 구체적으로 명시되어 있다. 일반적으로 자산관리자는 자산보유자, 신용정보업자 및 전문 자산관리회사(AMC)가 맡고 있다.

특별자산관리기관은 기술사업화의 관리와 기술에 의한 현금흐름의 실질적인 관리업무를 담당하며 유동화회사가 자산관리업무의 일부를 위탁하는 형태로 관리업무를 담당한다.

수탁기관(Trustee)은 자산관리상황에 대한 Monitoring 및 주요 유동화계약의 승인업무를 담당한다. 유동화자산으로부터 회수된 현금 및 주요계좌의 관리, 사전에 약정한 방식에 따라 재투자를 하는 기관이다.

기술평가기관은 기술의 가치평가 및 기술의 사업화 가능성을 평가하는 기관이다. 신용보강기관은 선순위증권의 신용도 제고를 위해 보증 및 신용공여를 제공하는 기관이다. 신용보강기관의 신용등급이 발행증권의 신용등급에 영향을 미친다. 주관증권사는 자산유동화증권의 발행구조를 설계하고 발행한 증권의 총액인수를 담당한다.

3) IP-SLB

전술한 기술자산유동화 구조와 동일하나 일정기간(펀드만기) 후 재매입조건으로 매각하고 사용료(로열티)를 지급하는 세일 앤 라이선스백(Sale & License-back, SLB)펀드가 있다. 이 제도는 지식재산권을 담보로 제공(sale)하여 필요자금을 조달하고 일정기간 동안 실시료(이자)를 지급하는 양도담보의 성격을 띠고 있다.

IP-SLB는 기업이 특허권을 IP펀드에 소유권을 이전하여 받은 양도대금으로 기업경쟁력 강화에 활용하고, IP자산 또는 관련 로열티채권을 금융상품으로 재구성하여 자본시장에 공급할 수 있는 장점이 있다. 또한 기업은 특허권에 대한 전용실시권 계약을 통해 독점권을 유지하면서 다른 기업에게 통상실시권을 허여하도록 하여 추가수익 창출이 가능하다. 아래 그림을 보면 기업1이 보유한 특허를 IP펀드가 매입하고 기업1은 실시권을 확보하며 IP펀드는 매입한 특허를 통해 기업1에게 실시권을 허여하고 매년 실시료를 받으며, 펀드 만기가 되었을 때 기업은 펀드에 매도한 금액으로 특허를 재매입한다.

기업측면에서 IP-SLB의 이점을 정리해보면, ① 회사채 및 은행 차입이 아니라, 보유 IP를 활용한 자금조달(Monetization)을 통해 기업경쟁력 강화에 활용, ② 기업은 단순 자산이 아닌 금융상품으로 재구성하여 자본시장에 공급, ③ IP의 고유특성인 전용실시권제도의 장점을 살려 기업은 특허에 대한 독점권을 유지하면서 통상실시권 제도를 통해 추가수익 창출이 가능한 점 등을 들 수 있다. 아래 그림에서처럼, 전용실시권자인 기업1의 동의하에 IP펀드는 IP필요기업 2·3·4와 통상실시권 계약을 통해 추가 라이선싱 및 수익을 올릴 수 있다.

[그림 6 - 14] IP-SLB 펀드 구조

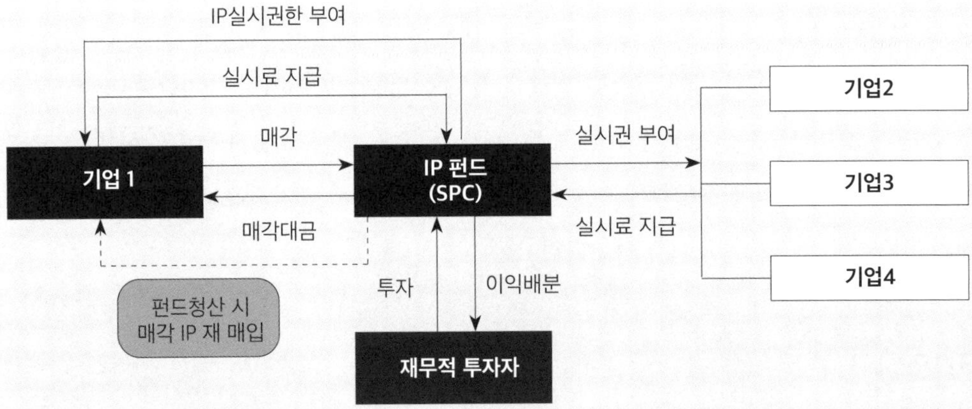

4) 특허권을 활용한 현물출자

현물출자란 금전 이외의 재산을 출자의 목적으로 하는 것을 말한다. 상법이 만일 현금출자만을 인정한다면 금전 이외의 재산을 가지고 있는 자가 출자를 위해 재산을 환가해야 하므로 회사가 설립 후 구입해야 할 재산을 가지고 있을 경우 환가절차를 거쳐야 하나, 현물출자를 인정할 경우에는 이러한 환가절차를 거치지 아니하고 그 재산을 출자의 목적으로 인정해 줌으로써 이중거래의 번거로움을 생략할 수 있는 장점이 있다. 다만 현물출자는 현금(금전)출자와는 달리 그 출자재산이 과대평가되는 경우 회사의 자본충실을 저해하여 다른 주주나 채권자를 침해할 수 있다. 따라서 이를 올바르게 평가되었는지를 검사인이 평가하거나 감정인으로 하여금 현물출자의 가액을 감정하도록 규제하고 있다.

현행 벤처기업법(제6조)에서는 벤처기업에 한하여 특허권 등 산업재산권을 자본금으로 출자할 수 있는 법적근거가 명시되어 있다. 벤처기업이 특허권 등을 출자하고자 할 경우 법상 지정된 기술평가기관이 가치평가를 실시하여 가치평가금액을 자본금으로 계상을 할 수 있다. 벤처기업의 산업재산권 현물출자제도는 벤처기업 CEO가 금전이 없더라도 보유하고 있는 산업재산권으로 과세하지 않고 출자가 가능하며, 특허권을 통해 자본금을 확대함으로써 부채비율감소와 같은 재무구조를 개선할 수 있다는 장점이 있다. 창업기업의 경우 벤처캐피탈 등의 외부투자를 유치하거나 금융권으로부터 자금조달 시특허권을 미리 확보하여 특허권을 현물출자함으로써 좀더 유리한 조건으로 투자나 융자를 받을 수 있다.

[그림 6 - 15] 특허권의 현물출자 과정

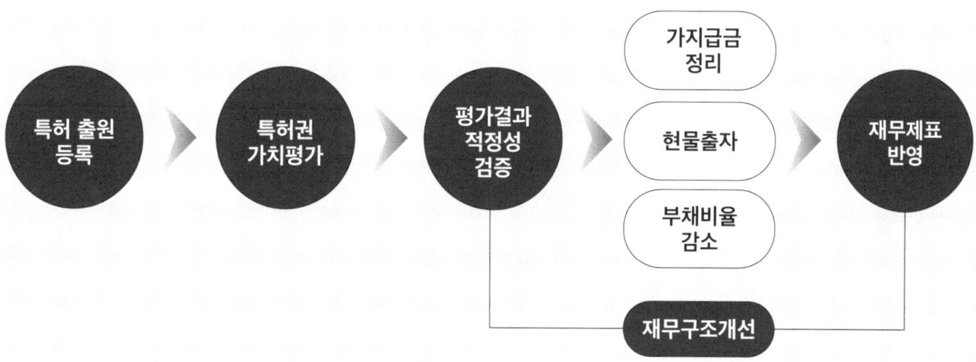

5) 크라우드 펀딩(Crowd Funding)

크라우드 펀딩은 군중 또는 다수를 의미하는 영어단어 '크라우드(crowd)'와 자금조달을 뜻하는 '펀딩(funding)'을 조합한 용어로, 창의적 아이템을 가진 초기 기업가를 비롯한 자금수요자가 중개업자(온라인 소액투자중개업자)의 온라인 플랫폼에서 집단지성(The Wisdom of Crowds)을 활용하여 다수의 소액투자자로부터 자금을 조달하는 행위를 말한다.[244)]

크라우드펀딩 유형은 자금모집 및 지급방식에 따라 후원·기부형, 대출형, 증권형으로 구분된다. 후원·기부형은 투자를 대가로 현물 또는 서비스를 받는데, 리워드(Reward)를 받으면 후원형(보상형), 제공하지 않는다면 기부형으로 분류한다. 이 유형은 주로 문화·예술·복지·아이디어 상품 등 공익, 사회이슈 프로젝트에서 활용된다. 대출형은 P2P대출(Peer-to-peer lending)로써 자금이 필요한 개인 또는 사업자(개설자)가 신용정보와 필요금액을 등록하면 불특정 다수의 개인들이 투자를 하고 금전적 보상(원금+이자)을 기대하는 유형을 말한다. 증권형(투자형)은 자금을 모집할 때 주식이나 채권 등의 증권을 발행하고 투자의 대가로 원금과 이자수익, 배당금 등으로 보상하는데 창업초기의 자금조달수단으로 효과적이다. 증권형으로 펀딩을 받고자 하는 기업은 업력 7년이내의 창업중소기업이어야 하나 벤처·이노비기업, 메인비즈기업, 사회적기업은 업력이 7년을 경과해도 증권형 펀딩을 받을 수 있다.

정부는 창업·벤처·중소기업이 크라우드 펀딩을 통해 소요자금을 원활하게 조달할 수 있도록 증권발행한도를 30억원으로 확대하였고, 또한 크라우드 펀딩 대상사업도 기존의 문화산업, 신기술개발, 산업재산권 창출 등의 분야에서 금융·보험업, 부동산 및 유흥업을 제외한 모든 분야로 확대하였다. 이외에도 정부출자기관을 통해 IP로열티 수입에 기반한 크라우드 펀딩형 투자상품을 시범 출시하여 IP에 대한 개인투자자의 직접투자의 기반을 마련하였다.

[그림 6 - 16] 크라우드 펀딩 흐름도

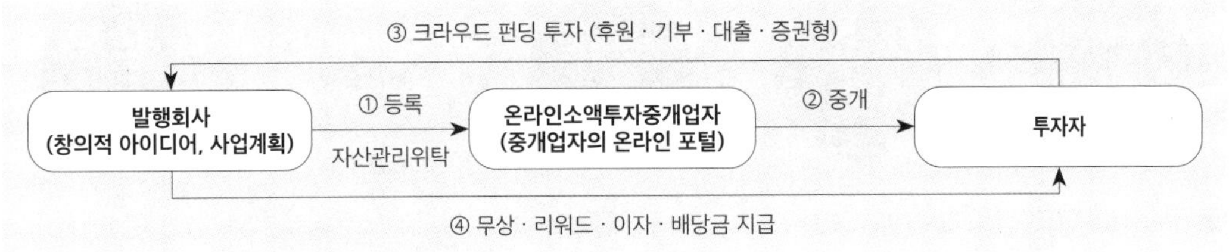

244) 한국예탁결제원의 증권형 크라우드 펀딩 포털 CrowdNet(https://www.crowdnet.or.kr)를 참조하여 정리함

6) 기술상장특례제도

유망 기술기업의 증권시장 진입 기회를 부여하기 위해 해당 기업 기술력을 평가하여 일정요건을 충족하는 기술기업은 상장함으로써 자금을 조달할 수 있는데, KOSDAQ과 중소기업 전용 주식시장인 KONEX가 있다.

한국거래소의 코스닥시장 상장규정중 기술성장기업 요건에 따라 기술력과 성장성을 인정받아 상장하고자 하는 기업(기술성장기업 상장특례)은 전문평가기관(기보, NICE평가정보, 한국기업데이터) 중 2개 기관으로부터의 기술평가결과가 일정등급 이상일 경우 기술성장기업으로 상장예비심사 청구자격이 부여된다.[245]

[표 6 - 16] 기술성장기업 상장특례 상장요건

<table>
<tr><th rowspan="2">구분</th><th colspan="2">일반기업(벤처 포함)</th><th colspan="2">기술성장기업</th></tr>
<tr><th>수익성·매출액 기준</th><th>시장평가·성장성 기준</th><th>기술평가 특례</th><th>성장성 추천</th></tr>
<tr><td rowspan="2">경영성과, 이익규모, 매출액, 시가총액</td><td colspan="2">다음 요건 중 택일</td><td colspan="2" rowspan="2">1. 자기자본 10억원
2. 시가총액 90억원</td></tr>
<tr><td>01. 법인세차감전 사업이익20억원[벤처 : 10억원] & 시총90억원
02. 법인세차감전 사업이익20억원[벤처: 10억원] &자기자본 30억원 [벤처 : 15억원]
03. 법인세차감전 사업이익있을것 & 시총200억원 & 매출액100억원[벤처: 50억원]
04. 법인세차감전사업이익50억원</td><td>01. 시총500억 & 매출30억 & 최근 2사업연도 평균 매출증가율 20% 이상
02. 시총300억 & 매출액 100억원이상 [벤처50억원]
03. 시총500억원 & PBR 200%
04. 시총1,000억원
05. 자기자본 250억원</td></tr>
<tr><td>최대 주주 등 지분의 매각 제한</td><td colspan="2">상장 후 6월</td><td colspan="2">상장 후 1년</td></tr>
</table>

245) 전문평가기관* 중 2개 기관으로부터의 기술평가결과가 일정등급이상**일 경우, 기술성장기업으로 상장예비심사 청구자격을 부여한다.

* 1. 기술보증기금, 나이스평가정보, 한국기업데이터, 이크레더블등 4사

2. 한국과학기술연구원, 한국과학기술정보연구원, 한국보건산업진흥원, 한국산업기술평가관리원, 한국전자통신연구원, 정보통신기술진흥센터, 한국생명공학연구원 등 7사

** A등급이상(단, 위 1번 기관 평가등급이 BBB이나, 2번 기관의 평가등급이 A이상일 경우는 인정)

한국거래소의 코넥스시장 상장규정중 기술성장기업 요건에 따라 기술력과 성장성을 인정받아 상장하고자 하는 기업(기술평가기업 상장특례)은 기술평가기관 중 1개 기관으로부터의 기술평가 결과가 일정등급 이상일 경우 기술평가기업으로 상장심사 청구자격이 부여된다.

지금까지 살펴본 기술사업화 단계별 기술·IP금융제도를 그림으로 나타내면 다음과 같다.

[그림 6 - 17] 기술사업화 성장 단계별 기술·IP금융수단

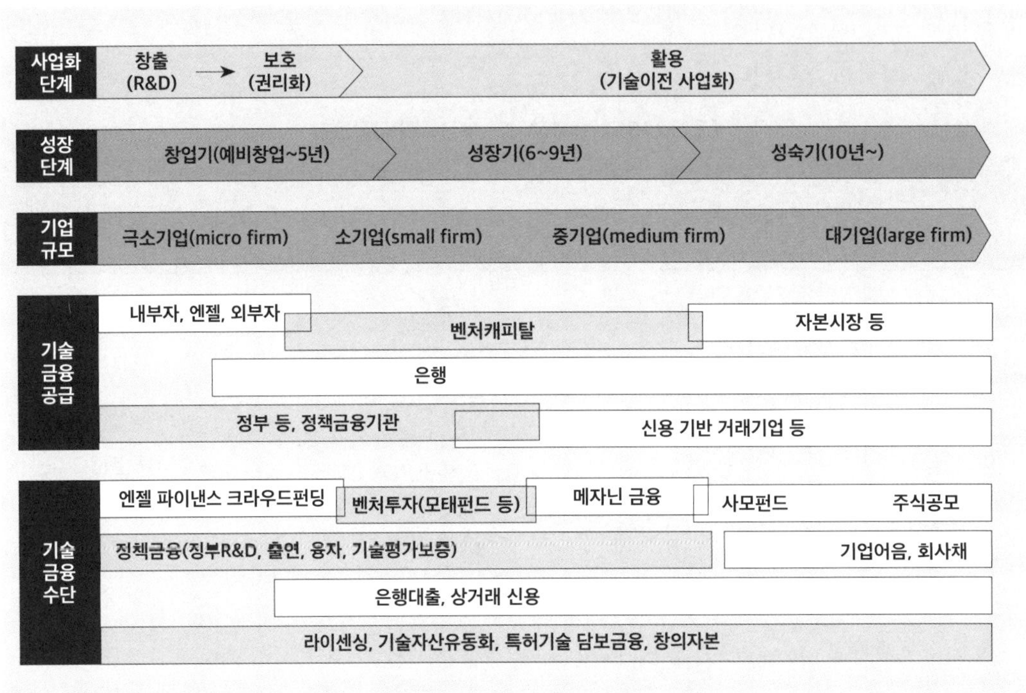

(참고)주요국의 기술금융제도 요약

1. 미국

미국에서는 한국에서 통용되는 기술금융과 정확하게 상응하는 용어는 발견되지 않고, 다만 기술기업에 대해서는 창업금융(entrepreneurial finance)이라는 용어가 많이 쓰이고 있다. 투자주체에 따라서는 벤처캐피탈(VC), 개인투자자(angel), VC와 엔젤을 아우르는 기업벤처캐피탈(CVC) 또는 사모펀드(private equity)가 구체적으로 사용되고 있다. 한국과 마찬가지로 기술을 기반으로 한 보증, 융자, 벤처투자 등의 방식이 미국에서도 적용되나, 벤처투자가 특히 활발하다는 점에서 그 차이가 있다.[246] 정부주도의 기술사업화 지원 프로그램으로는 SBIR(Small Business Innovation Research), SBIC(Small Business Ivestment Corporation), STTR(Small Business Technology Transfer), NTTC(National Technology Transfer Center)등이 있다.[247]

[표 4 - 14] 미국의 주요 기술사업화지원 프로그램

프로그램	세부 내용
SBIR	- 정부주도로 신기술을 개발하는 중소기업의 자금지원 프로그램임 - 1982년 소기업 혁신지원법((Small Business Innovation Act)에 의해 수립된 프로그램으로 정부부처 R&D 지원예산의 2.5%를 소규모 기업군이 수행하는 R&D에 지원 - 기술혁신성, 상업적 응용성, 개발역량, 상품화 가능성 등을 기준으로, 3단계로 지원 · 제 1단계 : 기술적 특장점, 수행가능성, 개발완료시 사업화잠재력을 평가하여 지원 · 제 2단계 : 시제품제작단계로 상품성시험·평가, 사업화 잠재력을 중심으로 평가,지원 · 제 3단계 : 신기술이 상품화되는 단계로 VC둥 민간부문으로부터 자금을 조달할 수 있도록 도와주되, 직접적인 자금지원은 하지 않음
SBIC (중소기업 투자회사)	- 창업 및 성장단계의 중소기업들이 필요로 하는 자금의 수급 불균형을 보완 - 전체 VC중 차지하는 비중이 미미하지만 초기 신생기업에 대한 투자비중은 민간VC보다 월등하게 높음 - 지원대상기업의 결정은 민간 VC에 맡기고 SBIC는 VC들을 모태펀드로서 지원하거나 혁신적 중소기업에 대해 보증 지원
STTR	- 1992년 소기업 기술이전촉진법((Small Business Technology Transfer Act)에 의해 수립된 산학기술교류 촉진 프로그램으로, 소규모기업이 대학이나 연구기관 등과 공동개발하는 프로젝트에 지원하며, 지원체계는 SBIR과 동일하게 3단계로 지원

246) 손수정외 4(2018), "기술금융의 역할과 효율화방안",p50, 과학기술정책연구원 정책자료 2018-02

247) 김상훈·김계환(2020), "혁신성장을 위한 기술금융의 역할(선진국 사례와 시사점)"을 참고하여 작성

프로그램	세부 내용
NTTC	- 미국의회와 NASA에 의해 정부연구성과의 사업화 촉진목적으로 설립된 기술이전기관으로 기술사업화, 기술이전, 기술평가등의 분야에서 국제적인 준거가 되었음 - 연방정부가 지원한 연구소 및 대학의 연구결과를 민간 등으로 이전하며 금융제공은 하지 않고 있음
SVB (Silicon Valley Bank)	- 1983년 미국 캘리포니아에 설립된 벤처 전문 종합금융지원 은행으로 상업은행과 투자은행 기능을 모두 가지고 있으며 벤처기업가와 벤처투자자에 한정하여 지원 - VC와의 연계하여 기업에게 저리의 운영자금을 대출하고, 주식을 담보물로 받는 비즈니스 모델을 갖고 있음 - 혁신기업에게 VC/사모펀드, 브릿지론, 주식관리, 상업은행 서비스 등 다양한 금융 서비스와 컨설팅 제공

2. 유럽

유럽에서는 2000년대 초반부터 기술평가기반의 기술금융 활성화를 중요 정책이슈 중 하나로 인식하고 범 EU차원의 기술혁신에 관하여 논의를 계속하고 있다. 기술혁신에 의한 경쟁력 제고의 중요성에 대한 인식이 EU 전체로 확산되면서 리스본전략(Lisbon Strategy)으로 이어졌고, 리스본 전략에 따라 다양한 기술혁신지원 프로젝트가 추진되고 있다. 리스본 전략은 2000년 3월 EU회원국이 합의한 장기발전전략으로 경쟁력 있는 지식 및 기술기반 경제를 구현하여 미국과의 경제격차를 만회하고자 수립되었으며, 그 중 대표적인 중소기업정책은 '다년간 중소기업 지원프로그램(MAP)'을 들 수 있다.

[표 4 - 15] 유럽의 주요 기술금융제도

국가	세부 내용
EU의 MAP (다년간 중소기업 지원 프로그램)	- EU 중장기 발전전략인 '리스본 전략'('00년), '新리스본 전략'('05년)의 중소기업 경쟁력 확보를 위한 핵심 정책임 - MAP의 주요 금융지원 수단 ① 기술창업지원기구(ETF-SU) : 중소기업에 투자하는 VC에 위험자본을 제공, 창업단계의 중소기업에 자금 공급. ② 중소기업보증기금(SMEG) : 중소기업에 대출하는 금융기관에 대해 상호보증, 재보증, 직접보증을 제공. ③ 시드캐피털액션(SCA) : 유럽 내 후진국의 중소기업 전문 금융기관의 창업을 지원, 선진국 투자전문가 고용비용지원 ④ 유럽조인트벤처(JEV) : 유럽지역 내 각각 다른 나라에 존재하는 중소기업 2개 이상을 결합시켜 창업시 지원

국가	세부 내용
EU의 EIF (유럽 투자기금)	- 성장잠재력이 있고 혁신적인 신기술 집약적인 중소기업을 지원 → 보증을 제공하면서 중소기업 투자 위험성을 감소 - 신용보증, 신용보험, 구조화투자기금: 자체적 위험 부담방식과 EC로부터 위임을 받아 보증 제공방식으로 구분
영국	- DTI(무역산업성)를 통한 중소기업 지원 보조금과 DTI의 감독 하에 있는 SBS가 중소기업의 융자 보증을 지원 · 스마트프로그램(SMART: Small firm Merit Award for Research and Technology)은 중소기업 기술혁신을 지원하는 프로그램으로 기술금융제도의 일종임 - 2012년 중소기업부문에 효율적 금융지원 강화를 위해 기업에너지산업전략부가 100% 지분을 가진 BBB(British Business Bank)를 설립 · BBB는 중소기업을 직접 지원하지 않고,민간 금융기관을 통해 단계별로 간접지원 → 금융지원 수단은 지분투자, 대출, 보증, 구조화금융 등
독일	- 기술금융은 부흥금융공사(KfW)와 주거래은행간 역할분담을 통해 시장친화적인 중소기업 정책금융 시스템을 구축(온랜딩) - 정부의 초기단계 벤처투자 지원정책은 ERP 프로그램으로 실행하며 전체 벤처창업 투자 건의 75%에 공동투자하는 방식으로 참여 · 정부는 민간이 수행할 수 없거나 어려운 부분만을 간접적으로 지원하겠다는 시장기능 보완 역할을 강조
프랑스	- 혁신시스템을 진단하고 혁신자본 공급을 위한 정책을 도입 → 기술이전을 위한 공공지원, 기업이나 연구자의 공동연구 유도, 공공연구 프로젝트 자금지원 강화 - 프랑스 공공투자은행(Bpifrance)은 민간부문에 의한 혁신금융이 충분히 발달하지 못한 상황에서 공공부문이 이를 보완하기 위해 2012년말에 설립됨 - 기존 공적 금융기관인 중소기업은행(OSEO), 전략투자펀드(FSI), 저축은행(CDC)를 자회사로 편입 → 스타트업 - 시제품 - 스케일업의 전주기 맞춤형 금융수요에 부응
핀란드	- 중소기업 혁신 지원은 기술혁신투자청(TEKES)과 핀란드수출금융공사(Finnvera)를 중심으로 이루어지고 있음 - TEKES는 R&D 투자 촉진 및 국제경쟁력 향상을 목적으로 1983년 설립됨 → 공동 혁신활동과 지식공유를 목적으로 기업과 기타 주체들의 협력을 촉진하며 업체·대학·연구기관 및 공공부문 사이의 협력을 강화 - 1999년 중소기업 정책금융기관으로 설립한 Finnvera는 보증 및 직접융자를 지원
스페인	- 금융공고(ICO)를 통한 간접 융자와 기술혁신회사(Empresa Naciona de Innovacin, S.A.: ENISA)를 통한 직접융자지원 · ICO는 중소기업, 지역개발, 기술혁신 관련 프로젝트에 민간중개기관을 통해 간접융자 지원 → EU가맹국으로서 스페인의 중소기업 정책 금융은 EIB가 관여 · ENISA는 리스크는 높지만 성장성이 높은 중소기업의 기술혁신 등에 자본 참가형 직접 융자를 실시

3. 일본

일본은 R&D강국이긴 하나, 대부분의 R&D 정부지원금은 대학 등의 순수 원천기술 또는 요소 기술 개발 쪽으로 지원되고 있고, 기업에 직접 지원하는 경우는 거의 없다. 이는 ① 대기업 등이 직접 보유한 자금력이 매우 막강하고, ② 일본 대기업들 자체가 주로 기술경쟁력을 기반으로 성장해온 풍토하에서 기업들 스스로가 필요한 R&D를 자체적으로 수행, ③ 벤처기업 등의 창업에 필요한 기업가 정신이 다소 부족하기 때문인 것으로 보인다.

국가	세부내용
일본	- 경제 규모에 비해 기술금융·기술평가는 부진한 편, VC 투자도 활성화되어 있지 않고, 금융기관의 담보대출관행 여전 - 정부는 대학교 등의 기초과학연구 및 동 결과물을 기업이 활용할 수 있는 기술로 전환하는데 주로 보조금을 제공 · 일본의 기술금융은 1990년대 중반부터 통산성의 주관으로 유망산업을 정한 후 담보평가 시스템을 개발 · 선정된 산업의 기술평가를 위해 일본 공업기술진협회에 기술평가전담기관을 설치, 일본개발은행, 장기신용은행, 스미토모은행, 오가키공립은행을 통해 지적재산권 담보대출 실시

참고문헌

■ 국내 도서

1. 「국가과학기술연감」, 국가과학기술위원회, 2011.
2. 「기술거래 기본원리와 전략」, 한국기술거래소, 2003.
3. 「기술경영」, 이영덕·조석홍, 도서출판 두남, 2013.
4. 「기술경영학개론」, 김영준 외 4, 2017.
5. 「기술금융의 이해와 실무」개정4판, 김재진·송경모 외 3, 조세통람, 2021.
6. 「기술사업화」, 이영덕, 도서출판 두남, 2010.
7. 「대학기술이전매뉴얼」, 한국기술거래소, 2003.
8. 「2010 기술이전사업화백서」, 지식경제부, 2011.
9. 「기술지식경영」, 생능, 2020.
10. 「기술평가실무가이드」, 산업통상자원부, 2021.
11. 「기업기술의 평가」, 기술보증기금, 2008.
12. 「민법총칙」, 곽윤직, 박영사, 2005.
13. 「제3세대 R&D 그이후」, 정형지, 홍대순 외 5, 케이디북스, 2007.
14. 「기업회계기준서」, 한국회계기준원
15. 「지식재산금융」 IP비즈니스와 금융의 결합 : 구조와 실제, 최철 외 3, 한국지식재산연구원, 2013.

■ 국내 논문 등

1. 강요셉, “기술사업화 촉진을 위한 기술금융의 역할과 변화방향”, ISSUE PAPER 2014-05, 한국과학기술기획평가원, 2014.
2. 강희동, “국내외의 기술분류체계”, 한국산업기술평가원, 2004.
3. 권영관, “산업기술생태계 관점에서 본 기술이전사업화의 새로운 패러다임”, KIAT ISSUE PAPER 2011-6, 한국산업기술진흥원, 2011.
4. 금융감독원, “신BIS협약의 신용리스크 규제자본 산출” , 2007.
5. 기술보증기금 외, “투자용 기술평가 매뉴얼”, 2016.
6. 김광두·정운찬, “금융혁신과 기술금융제도에 관한 연구”, 한국과학기술연구원, 정책연구 92-12, 1992.
7. 김광희, 우제현, “기술금융활성화방안 - 기술금융상품을 중심으로 - ”, 중소기업업구원(기본연구 08 - 16), 2008.
8. 김상훈·김계환, “혁신성장을 위한 기술금융의 역할(선진국 사례와 시사점)”, 산업연구원, 정책자료 2020-16, 2020.
9. 김영인, “한국의 상장·코스닥 기업에 있어서의 지적자본의 측정에 대한 탐색적 연구”, 경영논집 제37권 제1호, pp. 45-7, 2003.
10. 김재우 외 4, “국내외 기술평가 모델 체계화”, 2004년 전략산업정보분석 연구보고서, 한국과학기술정보연구원, 2004.
11. 노순규, “사업계획과 사업타당성분석”, 한국기업경영연구원, 2010.
12. 박다현, 박상욱, “신기술/신제품 개발이 기업의 수익성에 미치는 영향과 조절변수에 대한 연구”, 경영정보논총 제17권제1호, pp. 59-75, 2007.
13. 박순철, “국내 기술평가금융의 현황과 활성화방안”, 산업은행 금융연구, 2006.
14. 박종복, “우리나라 기업의 기술사업화 활동특성과 기술보증운용에의 시사점”, 기술보증기금, 2012.

15 박종복, “한국 기술사업화의 실태와 발전과제”, 산업연구원, Issue Paper 2008-233, 2008.

16. 변정은 외 2, “기술분야별 기술혁신패턴과 특성의 차이분석”, 한국기술혁신학회 2015춘계학술대회, pp. 477-490, 2015.
17. 산업통상자원부, 기술평가기준 운영지침, 산업통상자원부 고시 제114호, 2016.
18. 손수정 외 4, “기술금융의 역할과 효율화 방안”, 과학기술정책연구원, 정책자료 2018-02, 2018.
19. 손수정·이윤준·정승일·임채윤, “기술사업화 촉진을 위한 기술시장 메커니즘 활성화 방안”, 과학기술정책연구원, 2009.
20. 신재호, “지적재산의 개념에 관한 고찰”, 한국지식재산학회, 산업재산권 제17호, 2005.
21. 안병민·최대승, “주요국의 기술혁신지원제도 비교분석연구-기술금융시스템을 중심으로-”, 한국과학기술기획평가원, 연구보고 2011.
22. 양동우, “중소기업육성을 위한 기술금융 개선방안 및 정책과제”, 기은연구, 2008년 여름, 2008.
23. 양동욱 외 2 “기업의 지식재산경영 전략 연구, 기술수명주기 및 기업의 내외부 환경을 중심으로”, 지식재산연구, 10(4), 211-254, 2015.
24. 유경만·양혜영, “기초원천연구의 개념정립 및 추진방안에 대한 정책제언”, R&D FOCUS 제9호, 한국과학기술기획평가원, 2008.
25. 이공래, “기술혁신이론 개관, 과학기술정책연구원, 2000.
26. 이광호 외 6, “기초·원천기술확보를 통한 과학기반산업 육성방안”, 정책연구 2009-6, 과학기술정책연구원, 2009.
27. 이국철 외 2, “기술포트폴리오 지도(TRM) 방법론 적용에 관한 연구”, 한국전자통신학회 논문지 제4권 제2호, pp. 152-161, 2009.
28. 이민형 외 3, “국가 기반기술확보전략 및 추진방안”, 정책연구 2011-09, 과학기술정책연구원, 2011.
29. 이영대, “소유권 개념의 변화와 지적재산권”, 정보통신정책연구원 연구보고서 04-16, 2004.
30. 이재식, “2020 기술평가세미나”, 기술보증기금 및 한국경제신문, 2020.
31. 이재억 외 4, “연구과제의 경제성 평가모형”, 과학기술정책연구원 정책연구 2000-15, 2000.

32. 정찬우 외 3, "기술금융의 수요예측과 적정 위험분담방안", 기술보증기금연구용역보고서, 한국금융연구원, 2010.
33. 중소기업청·창업진흥원, "기술창업의 정의 및 범위의 표준화 방안 연구", 2013.
34. 지식경제부 외 "기술평가시장현황분석 및 활성화방안", 2011.
35. ㈜펜타노바, "지식재산 금융 국내외 실태조사 및 활성화 방안", 국가지식재산위원회 연구용역보고서, 2012.
36. 한국거래소. "전문평가제도 운영지침" '별표1', 2020.
37. 한국발명진흥회, 「IP담보대출을 위한 IP가치평가모델연구」, 특허청 연구보고서, 2013.
38. 한국전자통신연구원, "기초·기반기술연구의 개념 정의", 1995.
39. (사)한국벤처창업학회, "중소기업 모태조합 출자사업의 효과성과 개선방향연구", 2020.
40. (사)한국정부회계학회, '기술평가보증의 운용성과 및 발전방안', 기술보증기금, 2006.
41. 한국지식재산연구원, "지식기반경제의 이해", 2008.
42. 한국지식재산연구원, "지식재산가치평가 및 금융생태계 조성방안", 2013.
43. 홍성욱, "과학과 기술의 상호작용", 창작과 비평, 22(4), pp. 329-350, 1994.
44. 홍순기, "제조업의 기술력 측정과 지표개발에 관한 연구 : 방법과 사례분석", 정책자료, pp. 1-63, 과학기술정책연구원, 2006.
45. 홍지승, "중소기업의 기술혁신 유형화와 정책적 시사점", 연구보고서 547호, 산업연구원, 2008.

■ 해외 도서(번역서 포함)

1. 「The valuation of intangible assets and intellectual properties」, Buyouts & Acquisitions, Robert F. Reilly, Jan/Feb 1988, pp. 24~30.
2. 「The valuation of proprietary technology」, Management Accounting, Robert F. Reilly, Vol. 79, pp. 45-49, Jan., 1998.
3. 「Valuation of Intellectual Property and Intangible assets」, Gordon V. Smith & Russell L. Parr, New York : John Wiley & Sons, 1994.

■ 해외 논문 등

1. Brooking, A., "Intellectual Capital: Core Asset for the Third Millennium Enterprise", International Thomson Business Press, 1996.
2. Burton-Jones, A., "Knowledge Capitalism: Business, Work and Learning in the New Economy", Oxford University Press, UK, 1999.
3. Cooper, Robert G., "Winning at New Products: Accelerating the Process from Idea to Launch". 2nd Ed.,Cambridge, Mass: AddisonWesley, 1993.
4. Daft, R.L., "Organizational Theory and Design". 2nd (ed.), St. Paul, N: West Publishing Co., 1986.
5. Dahlman, C.J., and L.E. Westphal, "The Acquisition of Technological Mastery in Industry", Department of Economic Development, World Bank, April, 1981.
6. Edvinsson, L., & Malone, M. S., "Intellectual Capital: Realizing Your Company's True Value by Finding Its Hidden Brainpower", Harper Business, 1997.
7. Jolly, V. K, "Commercializing New Technologies", Harvard Business School Press, 1997.
8. Joseph F. Coates, "The Role of Formal Models in Technology Assessment," Technological Forecasting and Social Change, Vol.9, Issues 1-2, 139-190, 1976.
9. Kline, S.J. and Rosenberg, N., "An overview of innovation. The positive sum strategy", Harnessing technology for economic growth, 14, 275-305, 1986.
10. Knox, S.D. & Denison, T.J., "R&D centered innovation : extending the supply side paradigm", R&D Management, 1990.
11. Martino, J. P., "Technological Forecasting for Decision Making", McGraw Hill, New York, 1993.
12. OECD, "Science, Technology and Industry Scoreboard 2005 Edition", 2005.
13. OECD, "The Knowlege-based Economy", Paris: OECD., 1996.
14. RAND, "Technology Transfer of Federally Funded R&D: Perspectives from a Forum", RAND Science and Technology Policy Institute, Arlington, VA., 2003.

15. Rosegger, G., “The Economics of Production and Innovation(2nd)”, Pergamon Press, 1986.
16. Rothwell, R. and W. Zegveld, “Reindustrialization and Technology”, Longmans: London, 1985.
17. Schmookler, J., “Invention and Economic Growth”, Harvard University Press, 1966.
18. Solow, R., “Technical Change and the Aggregate Production Function”, Review of Economics and Statistics, Vol.39, No.3, pp. 312-320, 1957.
19. Stevens, G. and Burley, J., “3,000 Raw Ideas = 1 Commercial Success” Research Technology Management, 40(3), 16-27, 1997.
20. Stewart, T. A., “Intellectual Capital: The New Wealth of Organizations”, New York: Doubleday, 1997.
21. Tassey, G., “Technology Infrastructure and Competitive Position”, 2009.
22. Utterback, J.M., and Abernathy, W.J., “A dynamic model of process and product innovation”, Omega, 3(6), 639-656, 1975.

■ 홈페이지

1. KDB산업은행 온렌딩금융 디지털 플랫폼(https://onlending.kdb.co.kr)
2. TIPS 프로그램(http://www.jointips.or.kr)
3. 기술보증기금(https://kibo.or.kr)
4. 오션토모(https://www.oceantomo.com/intangible-asset-market-value-study)
5. 중소벤처기업진흥공단(www.kosmes.or.kr)
6. 특허청(www.kipo.go.kr)
7. 한국발명진흥회(www.kipa.org)
8. 한국신용정보원(www.kcredit.or.kr)

용어 찾아보기

[ㅅ]

[ㅇ]

[ㅈ]

[ㅊ]

[ㅋ]

[ㅌ]

[ㅍ]

[ㅎ]